1,000,000 Books

are available to read at

Forgotten Books

www.ForgottenBooks.com

Read online
Download PDF
Purchase in print

ISBN 978-0-265-64157-6
PIBN 10993406

This book is a reproduction of an important historical work. Forgotten Books uses state-of-the-art technology to digitally reconstruct the work, preserving the original format whilst repairing imperfections present in the aged copy. In rare cases, an imperfection in the original, such as a blemish or missing page, may be replicated in our edition. We do, however, repair the vast majority of imperfections successfully; any imperfections that remain are intentionally left to preserve the state of such historical works.

Forgotten Books is a registered trademark of FB &c Ltd.
Copyright © 2018 FB &c Ltd.
FB &c Ltd, Dalton House, 60 Windsor Avenue, London, SW19 2RR.
Company number 08720141. Registered in England and Wales.

For support please visit www.forgottenbooks.com

1 MONTH OF FREE READING

at

www.ForgottenBooks.com

By purchasing this book you are eligible for one month membership to ForgottenBooks.com, giving you unlimited access to our entire collection of over 1,000,000 titles via our web site and mobile apps.

To claim your free month visit:

www.forgottenbooks.com/free993406

*Offer is valid for 45 days from date of purchase. Terms and conditions apply.

English
Français
Deutsche
Italiano
Español
Português

www.forgottenbooks.com

Mythology Photography **Fiction** Fishing Christianity **Art** Cooking Essays Buddhism Freemasonry Medicine **Biology** Music **Ancient Egypt** Evolution Carpentry Physics Dance Geology **Mathematics** Fitness Shakespeare **Folklore** Yoga Marketing **Confidence** Immortality Biographies Poetry **Psychology** Witchcraft Electronics Chemistry History **Law** Accounting **Philosophy** Anthropology Alchemy Drama Quantum Mechanics Atheism Sexual Health **Ancient History** **Entrepreneurship** Languages Sport Paleontology Needlework Islam **Metaphysics** Investment Archaeology Parenting Statistics Criminology **Motivational**

I. Bibliography, Swedish.

Allgemeines Schwedisches Gelehrsamkeits-Archiv

unter

Gustafs des Dritten Regierung.

Erster Theil
für das Jahr 1752.

Von verschiedenen Gelehrten in Schweden ausgearbeitet,

und herausgegeben

von

Christoph Wilhelm Lübeke,

Doctor der Gottesgelehrsamkeit, Pastor Primarius der deutschen Gemeine zu Stockholm und Assessor des Stockholmischen Consistoriums.

Leipzig,
bey Johann Friedrich Junius. 1781.

Dem

erhabenen Urbilde

dieses

schwachen Abdrucks.

Allerdurchlauchtigster,
Großmächtigster König,

Allergnädigster König und Herr!

Ew. Majestät den ersten Theil dieses Werkes ehrfurchtsvoll zuzueignen, und sogar Ew. Majestät glorreichen Namen

Namen dem Titel desselben einzuverleiben, erheischte dessen ganz besonderer Gegenstand und Inhalt. Es sind darin die Producte der Gelehrsamkeit und des Witzes Ihrer Nation in dem Ew. Majestät und dieser gleich merkwürdigen Krönungsjahre den Eingebornen und Ausländern vorgelegt. Die Welt findet darunter Ew. Majestät selbst, als den erhabensten und ersten Schriftsteller in mehrern Sprachen. Glückliche Vorbedeutung für dieß Werk! — in seiner Art das erste für Schweden und andere Länder.

Solches

Solches muß auch zugleich bey Ew. Majestät die allerhuldreichste Nachsicht erwecken, daß Ihr Bildniß an die Spitze desselben gesetzet worden: ein jeder nachfolgender Theil wird mit dem Bildnisse eines Ihrer gelehrten und andenkenswürdigen Unterthanen gezieret seyn.

Möchten doch lange — lange — Schwedens Gelehrsamkeit und Wissenschaften unter dem erhabenen Zepter Ew. Majestät für das Wohl der Menschheit und der Religion blühen, und die Gelehrten so glücklich seyn, in Ihrer heiligen

Person

Person ihren gekrönten Schutzherrn zu verehren! Niemand wünschet dies inbrünstiger, als,

Ew. Majestät,

Stockholm,
den 27sten März
1781.

alleruntertänigster Knecht und
getreuster Fürbitter,
C. W. Lüdeke.

Vorrede.

Vorrede.

Von mehrern Ländern hat man eigentliche und zum Theile ausführliche Nachrichten über den gesammten Zustand der Gelehrsamkeit und der Producte derselben nicht allein in vielen gelehrten Zeitungen, sondern auch in so genannten Journalen, Bibliotheken, Magazinen u. d. gl. Bey Schweden findet sich bis hieher darin ein Mangel. Dasjenige, was man darüber außerhalb Landes wußte und noch weiß, ist in den Göttingenschen gelehrten Anzeigen, den Greifsw. kritischen Nachrichten und hie und da sonst zerstreuet bekannt gemacht worden, so daß die meisten Ausländer wenig von dem Zustande der schwedischen Litteratur wissen.

In Schweden selbst hat man Schwierigkeit, sich von der Lage derselben in dem Grade zu unterrichten, als man es wünschet. Der Weg, sich die Nachrichten davon mitzutheilen, ist noch nicht hinreichend geöffnet, und der einzige, bis hieher etwas davon im Allgemeinen zu erfahren, war

Vorrede.

fast allein die an ihrem Orte mit gehörigem Ruhme anzuzeigende gelehrte Zeitung des Herrn Assessors Gjörwell. Da aber diese die Eingebornen hauptsächlich mit dem Zustande der ausländischen Litteratur unterhalten wollte: so konnten ihre Leser billigerweise nicht umständliche Nachrichten von der einländischen Gelehrsamkeit erwarten.

Aus dieser Ursache habe ich geglaubt, so wohl dem ein- als ausländischen gelehrten Publico keinen unangenehmen Dienst zu leisten, wenn ich mich einer Bekanntmachung dieser Art unterzöge. Ich habe, als ein Ausländer, natürlich lange dabey angestanden, und dies Unternehmen lieber den Eingebornen überlassen wollen. Da sich aber unter solchen bisher Niemand daran gewaget hat: so habe ich den Entschluß gefasset, selbst, so viel meine zerstreuenden Geschäfte mir Zeit übrig liessen, die Hand an das Werk zu legen.

Eine der größten Schwierigkeiten war der Mangel solcher Mitarbeiter, die bey erfoderlicher Kenntniß der deutschen Sprache in den Gelehr-

Vorrede.

samkeitsfächern, darin ich ein Frembling bin, hinlänglich erfahren wären; und eine andere nicht minder große bestand darin, die zerstreueten Nachrichten aus dem weitläuftigen schwedischen Reiche zusammenzubringen. Diese beyden, anderer nicht zu gedenken, haben mich über zwey Jahre im Zweifel erhalten, ob ich mich an diese Arbeit wagen solle? Nachdem sie inzwischen ziemlich überwunden worden: so erscheint nun der erste Theil eines Allgemeinen schwedischen Gelehrsamkeitsarchivs unter **Gustafs des dritten Regierung.**

Da der Titel eines Buches nicht ganz gleichgültig ist, so denke ich auch weder einen ungewöhnlichen, noch unschicklichen, erwählet zu haben. Man hat in Schweden und Deutschland von historischen, philanthropinischen und andern Archiven gehöret. Man findet hier also eine Niederlage der Gelehrsamkeits- und Wissenschaftsproducte für das itzige und zukünftige Zeitalter. Beyde sollen dadurch in den Stand gesetzet werden, von der Güte oder der schlechten Beschaffenheit

Vorrede.

heit der gelehrten Ausgeburten, von dem jährlichen Zuwachse oder der Abnahme, und überhaupt von der Lage der Litteratur in ihrem ganzen Umfange richtig zu urtheilen, und daraus zu schließen, was darin bereits geleistet sey, oder noch zukünftig geleistet werden müsse.

Diese periodische Schrift wird, wie der Inhalt der Hauptabschnitte und Kapitel ausweiset, die ganze schwedische Litteratur, die finnische und lappische mit einbegriffen, in allen Zweigen der Gelehrsamkeit in sich halten, und die Art der Ausgabe derselben annalistisch seyn. Vieler Ursachen, besonders des Endzwecks und des Zusammenhangs, halber war es rathsam, mit dem Krönungsjahre Sr. Majestät des itzigen Königs, und also mit 1772 anzufangen, und die gelehrten Arbeiten eines jeden Jahrs sobald als möglich zu liefern; blos mit dieser Vorerinnerung, daß, da vieles von dem angezeigten Jahre an bis 1780 bekannt ist, man darauf sorgfältig Rücksicht nehmen, und deswegen das Bekannte und inner= auch außerhalb Landes Recensirte nur kurz, höchstens mit der Hinweisung,

Vorrede.

sung, wo es hinlänglich recensiret worden, berühren wird. Vielleicht werden deswegen die ersten Jahrgänge, den gegenwärtigen ausgenommen, kaum die Hälfte der später folgenden in der Dicke betragen.

Um aber der Vermuthung vorzubeugen, daß die Leser blos mit vorjährigen Sachen unterhalten werden, hingegen mit den neuesten Begebenheiten und Producten der schwedischen Litteratur in ihrem angezeigten Umfange vor der Hand unbekannt bleiben dürften, wird der dritte und vierte Hauptabschnitt dieses Werks, jener in dem gelehrten Anzeiger, dieser in dem gelehrten Anhange, bey jedem der vorigen Jahrgänge das gegenwärtige Neue zugleich und auch das Zukünftige im voraus bekannt machen, bis die Verfasser g. G. mit den eben laufenden Jahren ihre Arbeiten fortsetzen können.

Da die ersten Schwierigkeiten überwunden, und in vielen Stücken für die folgenden Jahrgänge voraus gearbeitet worden: so werden die nächsten bald, und auf Michaelis die von 1773 und 1774, wo nicht mehrere, zugleich erscheinen.

Der

Vorrede.

Der Leser wird in diesem Jahrgange mehrere Dürre und Magerheit bey manchen Zweigen der Gelehrsamkeit, als vielleicht in den folgenden antreffen. Dies ist dem Herausgeber und seinen Mitarbeitern ganz fühlbar geworden. — Man denkt aber, keinen Irrthum zu begehen, wenn man die Ursache davon dem damaligen Reichstage, und besonders der Stellung der Regierung zuschreibt, welche das Nachdenken und die Beschäftigung vieler großen Köpfe auf ganz andere, als die Gelehrsamkeitsgegenstände, leitete. Ueberhaupt darf man freylich die reichen Aehrenlesen von Schriften in Schweden nicht erwarten, die besonders in Deutschland, hiernächst in Frankreich, England u. s. w. jährlich angestellet werden; dort bey einer minder zahlreichen Nation, und einer fast allein in ihrem Reiche eingeschränkten Mundart, hier bey erstaunlich zahlreichen Völkern und ihren weit außer ihren Grenzen verbreiteten Sprachen. — Die ziemliche Menge der aus andern Sprachen in die schwedische übersetzten Bücher wird auch etwas auffallend seyn; welche Länder

Vorrede.

Länder haben nicht ihre zahlreichen Ueberſetzungsfabriken? Darin wäre auch an ſich nichts ſchädliches, ſondern vielmehr vortheilhaftes, wenn nur keinen andern als des Ueberſetzens würdigen Büchern, nicht aber elenden Scharteken, dieſe Ehre, und im erſten Falle nur von geſchickten Federn widerführe. Es verräth auf der einen Seite einen närriſchen Stolz, nichts von ausländiſchen Schriften überſetzen zu wollen; auf der andern aber Eigennutz und Unverſtand, dies bey unnützen Schriften zu thun, oder die Arbeit ſchlecht auszurichten.

Zum Behufe der Ausländer muß über das Verhältniß des ſchwediſchen Geldes in Rückſicht auf die meiſtentheils angezeigten Bücherpreiſe eine Nachricht gegeben werden. Itzt iſt der ehemals ſo ungebührlich veränderliche Geldlauf alſo beſtimmt, daß nach Reichsthalern Species gerechnet wird, deren ein jeder 48 Schillinge, und von dieſen ein jeder 12 Rundſtücke in ſich hält. Das abgekürzte Zeichen von jenen iſt Rthlr., von dieſen Sch., und von den letzten r. Ein holländiſcher

und

Vorrede.

und also ein jeder Ducat von gleichem Belaufe wird gewöhnlich für 1 Rthlr. 45 bis 46 Sch. angebracht.

Sollten die Ausländer Schriften, welche in Schweden gedruckt sind, verlangen, so können sie zu Leipzig durch den Verleger dieses Werks dazu Anleitung bekommen, oder sich auch geradezu an die Herren Buchhändler Fougt, Fyrberg, Holmberg, Lange, Swederus und andere zu Stockholm wenden, die mit dem, was verlanget wird, an die Hand gehen werden.

Die Geneigtheit, welche sich der Herausgeber und seine Mitarbeiter von den ein- und ausländischen Gelehrten und allen Beförderern der Litteratur erbitten, ist diese: daß sie an der möglichsten Berichtigung dieses Werks mit arbeiten helfen, und von den ausgelassenen, besonders außerhalb Landes gedruckten und oft hier unbekannten, jedoch zu diesem Archive auf einige Weise gehörigen Schriften eine vollständige Anzeige geben wollen. Stockholm, den 27sten März 1781.

Der Herausgeber.

Inhalt

Inhalt der schnitte Kapitel.

Erster Abschnitt.
Weitläuftigere Recensionen.

I. Tornaei Beskrifning öfver Torna och Kemi-Lappmarken   S. 3

II. Alnanders Anvisning til et utvaldt Theol. Biblioth.   8

III. Handlingar til Konung Carl XI. Historia   19

VI. Kgl. Vetenskaps Academiens Handlingar   33

VII. Vier zu Lund unter dem Vorsitze des Hrn. D. Munck gehaltne philosophisch-kritische Disputationen   45

Inhalt

Zweyter Abschnitt.

Kurzgefaßte Recensionen nach den verschiedenen Wissenschaften.

I. Gottesgelehrsamkeit

VI. Geschichte, Geographie, Reisen und Lebensbeschreibungen ... 83

VII. Staats-, Haushaltungs-, Erziehungs-, Handlungs- und Kunstschriften ... 88

VIII. Poesie, Reden, Briefe, schöne Künste und Wissenschaften, Musik u. d. gl. ... 103

X. Verzeichnisse von den Synodal- und Universitäts-

XI. Schriften schwedischer Schriftsteller, welche außerhalb Landes gedruckt, und auch solcher, die aus dem Schwedischen in andere Sprachen übersetzt worden ... 199

XIII. Gelehrte Anekdoten, die in den vorigen Artikeln nicht bequem Platz finden konnten, als: Kupferstiche, Landcharten, Schaumünzen u. s. w. ... 204

Dritter

der Abschnitte und Kapitel.

Dritter Abschnitt.

Gelehrter Anzeiger von neuen Büchern, Preisaufgaben und andern die schwedische Gelehrsamkeit betreffenden Dingen.

I. Nachricht von der Verfertigung neuer Welt- und Himmelskugeln S. 215
II. Björnståhls Resa 218
III. D. Is. Lindboms Orationes sacrae 219
IV. Upfostrings Sällsk. lärda Tidningar 219
V. Lexicon Lapponicum 220
VI. Wecko-Skrift för Läkare och Naturforskare 225
VII. Barnabok 226
VIII. Nachricht, wie weit es mit der neuen Bibelübersetzung gekommen ist 228
IX. Anzeige einer Charte von Polynesien oder dem fünften Welttheile 229

Vierter Abschnitt.

Gelehrter Anhang, oder Nachrichten von allerley mit dem Zustande der Gelehrsamkeit in Schweden verbundenen Gegenständen.

I. Kurze Vorstellung der sämmtlichen Akademien und gelehrten Societäten in Schweden zwischen 1779 — 1780 239
II. Zustand der Buchdruckereyen in Schweden in eben dem Zeitraume 240
III. Nachricht von den schwedischen gelehrten Zeitungen bis auf das Jahr 1780 243

IV. Kurz-

Inhalt der Abschnitte und Kapitel.

IV. Kurzgefaßte Geschichte des Zustandes der Dichtkunst in Schweden bis auf 1772   S. 246

V. Geschichte und Beschaffenheit der Kalender in Schweden   251

VI. Lectionscatalogus der Universität Åbo im Durchschnitte der Jahre 1772 — 1774   255

VII. Berechnung der Anzahl der Studirenden daselbst in dem Zeitraume von 1771 — 1780   260

VIII. Nachricht von den Gebräuchen der finnischen Nation, benebst dem Zustande der Gelehrsamkeit und der Wissenschaften in dem Großfürstenthume Finnland. Erstes Stück   261

IX. Kurze Geschichte der Bibelübersetzung in finnischer Sprache   269

X. Nachricht von der zu Stockholm errichteten Erziehungsgesellschaft   280

Erster

Erster Abschnitt.
Weitläuftigere Recensionen.

I.

M. Ioh. I. Tornaei Beskrifning öfver Tornå och Kemi Lappmarker. Författad. År 1672. Stockh. hos Carlbohm. 1772. 8. außer einem Bogen Titel und Vorrede 67. S. 4 Sch.

Diese Beschreibung über die Tornå und Kemi Districte Lapplands ist von dem Verfasser, der Probst und Pastor der Stadt Tornå ward, im Jahre 1672 abgefaßet, und zwar, wie der Herausgeber, Herr S. S. Lönbom, nicht ungegründet muthmaßet, auf Verlangen des damaligen Antiquitäts-Collegiums. Ob nun gleich bis jetzt diese Beschreibung ungedruckt geblieben, so behauptet doch der dieser Sachen ganz wohl kundige Herausgeber in der Vorrede, daß sie einen vorzüglichen Platz unter den Beschreibungen von Lappland einnehme, wenn sie auch gleich nur vorzüglich auf die beyden angezeigten Districte desselben gehe.

Die Vorrede verdienet deswegen eine umständliche Anzeige, weil sie sicherlich das vollständigste Verzeichniß nicht allein der lappländischen Bücher, sondern auch der über jenes Land herausgekommenen Abhandlungen und Schriften liefert. Ich glaube mit dessen, doch hie und da abgekürzten Einrückung dem Leser einen Gefallen zu erweisen, wobey aber dasjenige übergangen wird, was sich davon in Rudbeckii Atlantica und Olai Magni Historia findet:

1) Ioan-

Erster Abschnitt.

1) *Ioan. Schefferi Lapponia, seu gentis regionisque Lapponum descriptio accurata* cum fig. *Francf.* 1673. 4. Es ward mehrmals abgedruckt, auch 1674. zu Orfurt ins Englische, wie auch ins Deutsche, theils stückweise, theils ganz übersetzet. Französisch erschien es unter dem Titel: Histoire de la Laponie par Jean Scheffer, traduite en François par le P. Lubin. Paris 1678. 4. Scheffer hat gewiß des J. Tornäus Arbeit genützet.

2) *O Petri Niurenii Descriptio Lapponiae.* Mnscrpt. in der Upsal. Bibliothek.

3) *Io. Renhorn de Origine Lapponum.* Soll auch noch im Mnscrpt. seyn. Eben so muthmaßlich

4) *S. Rhen Descriptio Lapponiae.*

5) *Damiani à Goës, Equit. Lusitani, Deploratio Lappianae gentis et Lappiae descriptio.* 1500. zugleich mit seinem Buche: *Fides, religio moresque Aethiopum* etc. und ist mehrmals aufgelegt worden.

6) *Olavi Rudbecki, Filii, Nora Samolad, siue Lapponia Illustrata* etc. Upsal. 1701. Diese seltene Schrift ist nur der Anfang zu einem Werke, welches nach des Verfassers Vorsatze aus 12 Theilen bestehen sollte; allein die unglückliche Feuersbrunst zu Upsala 1702. hinderte die weitere Fortsetzung.

7) *Nic. Örns Lappländische Beschreibung.* Hannover. 1704. Der Verfasser scheint entweder ein Schwärmer oder Betrüger gewesen zu seyn *).

8) *I. G. Schellerns Reisebeschreibung von Lappland und Bothnien.* Jena 8. 1727. 6 Bogen in 8.

9) *I.*

---

*) Der verstorbene Björnstähl in seiner ausländischen Reise Del 2. Br. 30. meldet: Er besitze ein Buch unter dem Titel: *La Lapponia descritta da Francesco Negri.* Venez. 1705. 8. und hält diese Beschreibung von Lappland mit Recht für eine Seltenheit.

9) *I. E. Ask Diss. de Vrbe Vma et adiacentibus Paroeciis.* Praeside F. Törner. *Ups.* 1731. 4.
10) *P. Stecksenii Graan Diss. de Vrbe Pitoula et adiacentibus Paroeciis.* Praes. F. Törner. *Ups.* 1731. 4.
11) *N. Hackzell Diss. de Vrbe Lula eiusque Paroeciis.* Praes. Io. Hermansson. *Ups.* 1731. 4.
12) *E. Brunnii Diss. de Vrbe Torna eiusque adiacentibus Paroeciis.* Praes. Er. Alstrin. *Ups.* 1731. 4.
13) *I. D. Stecksenii Diss. de Westro-Bothnia.* Praes. F. Törner. *Ups.* 1731. 4. In dieser werden die unter der Num. 2. 3. 4. 5. gemeldeten Stücke angezogen.
14) *P. N. Matthesii Diss. de Ostro-Bothnia.* Praes. F. Törner. *Ups.* 1734. 4. Diese 6 Dissertationen können als Hülfsmittel zu einiger Kenntniß eben derselben nordischen Oerter angesehen werden.
15) *C. Linnaei Flora Lapponica, exhibens plantas per Lapponiam crescentes, secundum sistema sexuale collectas etc. Amstel.* 1737. Ohne Zueignungsschrift, Prolegomenen und 12 Kupf. 372 S. 8. In der Vorrede findet sich eine kurze und hinlängliche Beschreibung von Lappland. Als einen Vorläufer dieses Werks gab er *Florulam Lapponicam* heraus; deren erster Theil in Act. Lit. Suec. 1732. p. 46-48. steht.
16) *Journal d'un Voiage au Nord en 1736. et 1737. enrichi de Fig. en taille-douces, par Mr. Outhier. Amst.* 1746. 370 S. in 8. außer Dedication, Vorr. und Reg. Ist hernach in gr. 4. wieder aufgelegt worden.
17) *Iordens-Figur upfunnen af Herrar* de Maupertuis, Clairaut etc. *Stockh.* 1738. 68 S. 8. Ist die aus dem Franz. übersetzte Schrift des de Maupertuis von der erfundenen Gestalt der Erde.

18) A. Ehrenmalms *Resa genom Wester-Norrland til Asele Lappmark.* Stockh. 1743. 8. (A. E. Reise durch W. N. nach A. L.)
19) *M. P. Högström Beskrifning öfwer de til Sweriges Krona lydande Lappmarker etc.* Stockholm. 1747. 8. Dies ist vermuthlich die vollständigste unter allen Beschreibungen. Das Jahr darauf kam sie unter folgendem Titel in deutscher Sprache heraus: M. P. Högströms Beschreibung von dem unter schwedischer Crone gehörigen Lappland ꝛc. Stockh. und Leipz. 328 S. in 8. benebst einer Charte und einem Kupfer.
20) P. Fiellström *Kort berättelse om Lapparnes Björnafänge.* (Kurze Nachricht von dem Bärenfange der Lappländer.) Stockh. 1755. 8.
21) *Afhandling om Wästerbottens och Lappmarkens upodling, af F. Fryxell.* (Abh. von der Verbesserung Westbothniens und Lappmarken.) Steht im zweyten Stücke der Abh. der Schwedischen Patriotischen Gesellschaft.
22) N. Marelius *Om-Land- och Fjäll-Ryggarna i Swerige och Norrige.* (N. M. Von den Land- und Berge-Rücken in Schweden und Norwegen.) Hierüber sind mehrere Stücke in die Abh. der K. Akad. der Wissensch. der Jahre 1771 und 1772 eingerücket.

Von der Bekehrung der Lappländer zur christlichen Religion wird in folgender eigenen Dissertation gehandelt:
23) *Zelus Regum Septentrionalium in convertendis Lappis.* Praes. And. Grönvall, Resp. And. Swebelius. *Ups.* 1721. 8.

Zum Unterrichte der Lappländer in der christlichen Religion können folgende Bücher namhaft gemacht werden.
24) *Nya Testamentet på Lappska.* Stockholm 1755. 8.
25) *I.*

25) *I. Tornaei Manuale Lapponicum. Stockh.* 1648. 8. in quo continentur: 1) Pſalmi Dauidis. 2) Salomonis Prouerbia. 3) Liber Sapientiae. 4) Syracides. 5) Catechiſmus Lutheri. 6) Rituale Eccleſiae. 7) Euangelia et Epiſtolae. 8) Hiſtoria Paſſionis Chriſti. 9) Deſolatio Hieroſolymorum. 10) Cantiónes et Pſalmi rythimice. Das Buch ward auf königliche Koſten gedrucket.

26) O. Graans *Spörsmål öfwer Catechesen för Lappmarken*, Stöckh. 1667. 8. (O. G. Fragen über den Kat. für Lappmarken.) Vielleicht iſt dies eben das Buch unter dem Titel: Graan *Korta Frågor och Swar af Paulini Theſaurus Catecheticus*. (Kurze Fragen und Antworten aus P. Th. C.) in lappl. Sprache. Stockh. 1668. 8.

27) *P. Fjellſtröms Lappſka Öfwerſättning af Doct. Swebelii Förklaring öfwer Lutheri lilla Catches*. (P. F. lappländiſche Ueberſetzung des D. S. Erklärung über L. kleinen Kat.) Stockh. 1738. 8.

Von der lappländiſchen Sprache kann man aus folgenden Büchern Nachricht einziehen:

28) *P. Fjellſtröms Grammatica Lapponica.* St. 1738. 8.

29) *Ej. Dictionarium Sveco-Lapponicum.* St. 1738. 8.

30) *Ioh. Ohrlings Diſſ. Obſeruationes in Orthographiam Lapponicam.* Praeſ. Ioh. Ihre. Upſ. 1742. 4.

31) *H. Ganandri Grammatica Lapponica.* St. 1743. 8.

Was den Tornäiſchen Tractat ſelbſt anbetrifft, ſo wird nach einer ganz kurzen Einleitung von dem Urſprunge der Lappländer gehandelt, welche aus tatariſchen und ſcythiſchen Gegenden ausgegangen ſeyn ſollen. Von ihrer Ausbreitung wird nur wenig, etwas mehreres von der Lage Lapplands geſagt. (S. 1 — 13.) Was von der

der alten Religion der Lappländer, ihrer Bekehrung zum Christenthum und ihrem Gottesdienste gesagt wird, (S. 13 — 35.) ist aus dem Högström in die Acta historico-ecclef. Vinar. umständlich genug eingerücket worden. — Die Freyerey geht unter ihnen langsam von statten; denn weil die Aeltern das höchste Recht über ihre Kinder haben, so läßt sich eine Tochter ohne derselben Vorwissen darin nicht ein. Das Laster der Hurerey ist ziemlich unbekannt unter ihnen. Weder Vielweiberey noch Ehescheidung hat bey ihnen unter dem Heiden- und Christenthume statt gefunden. (S. 35 — 43.) Von der Jagd, den Rennthieren, dem Fisch- und Vogelfange, den Speisen, der Kleidung, den Reisen, der Gastfreyheit, Handlung und der äussern Gestalt der Lappländer wird der Tractat beschlossen. R**.

II.

Anvisning till et utvaldt Theologisk Bibliothek af S. J. Alnander. (Anweisung zu einer anserlesenen theol. Bibliothek.) Neun Theile. Stockholm, von 1762 — 1772. bey Hesselberg. Gegen 4 Alph. in 8. auf Schreibpapier 2 Rthlr. 8 Sch. auf Druckpapier 1 Rthlr. 32 Sch.

Dies ist das erste und einzige Werk in dieser Art, welches Schweden hat. Der Verfasser, der zu früh für Schweden starb, hatte bey dem Besitzer einer großen Bibliothek, der zugleich ein guter Bücherkenner war, mehrere Jahre Gelegenheit gehabt, sich Kenntnisse in diesem Fach zu verschaffen, trat auch damit nicht sogleich, als mit einer frühzeitigen Geburt, an das Licht der gelehrten Welt, sondern arbeitete mehrere Jahre durch

durch wiederholte Ueberſicht daran, und gab ſo den Abſchluß ſeiner Arbeit innerhalb zehn Jahren heraus. Er giebt davon ſelbſt in der Vorrede folgende Nachricht: „Unter gewiſſen kleinern Abtheilungen werden blos die „Titel von den Büchern angeführt, die da würdig ſchei„nen vorgeſchlagen zu werden, damit man gleichſam in „einem Augenblicke alles erhebliche überſehen möge; dar„unter werden hernach umſtändlichere Nachrichten zur „Erläuterung des Werths und Inhalts der angezeigten „Werke beygefüget. Woſern ich bey jenen zu kurz und „in dieſen bisweilen zu weitläufig ſcheinen dürfte, ſo „entſchuldige ich mich allein mit meinem Endzwecke und „mit meinem Geſchmacke. Meine Abſicht war es, zu „den beſten und nothwendigſten Schriften in jedem Fa„che der theologiſchen Gelehrſamkeit blos einen Vor„ſchlag zu geben; da ich aber ſelbſt allemal mit min„derm Vergnügen trockene Bücherregiſter durchge„laufen bin, als ſolche Anweiſungen zur Auswahl von „Büchern, die ſich auf Nachrichten von der Vortreff„lichkeit ihrer Verfaſſer, den Unterſchied ihrer mannig„faltigen Auflagen, die Aufgabe ihres Inhalts, die „Beurtheilung ihres Werthes und eingemiſchte ge„lehrte Anekdoten gründeten: ſo hat mich die Eigen„liebe zu der Vermuthung gebracht, daß meine Leſer „eben ſo denken würden.“

Aus neun Abſchnitten beſteht das Werk, deren jeder einen beſondern Theil ausmacht, und die alſo von ungleicher Dicke ſind.

Der erſte Theil auf 239 Seiten, das Regiſter mit eingeſchloſſen, vertritt die Stelle einer Einleitung, weiſet die Quellen an, woraus die Kenntniß theologiſcher Schriften erlanget wird, und giebt zu ihrem eigentlichen Gebrauche die nöthige Anleitung in dreyen Abtheilungen. Die erſte handelt von der Geſchichte der Gelehrſamlehrsamkeit überhaupt. In der nähern Einleitung dazu erscheinen Morhofs Polyhistor und Heumanns Conspectus mit andern sämmtlich Deutschen, einen Schweden, Bring, ausgenommen. Zu den Büchern, welche zur allgemeinen Kenntniß der Schriftsteller führen, gehören besonders die historischen Wörterbücher, und dergleichen Werke, als: eines Baile, Moreri, Marchand, Buddeus, Hoffmann, Jöcher ꝛc. Die Bücherkunde wird, außer solchen in fast unzähligen andern Büchern angetroffen. Bökler, Formey, Baumgarten, Clement, Vogt u. s. w. kommen hier vor. Dem Baumgarten, den viele in Deutschland nun herabsetzen wollen, um sich dadurch desto besser über ihn zu erheben, und seinen Nachrichten von merkwürdigen Büchern, auch von einer Hallischen Bibliothek, wird hier das billige Lob ertheilet. In den gelehrten Journalen würden die Mängel der Anweisungen zur Schriftsteller- und Bücherkunde ersetzet, man müsse aber darunter bey ihrer Mannigfaltigkeit und großen Anzahl eine kluge Auswahl anstellen. Hier wird ein ziemliches Verzeichniß derselben mit kurzen Beurtheilungen eingerücket, und gewissermaßen den Actis Eruditorum Lipsiensibus der Vorzug vor allen gegeben. Die zweyte Abtheilung handelt die Geschichte der theologischen Gelehrsamkeit besonders ab. Hier werden allein deutsche Schriftsteller angeführt, welche hierzu den Weg bahneten. Es sind Buddeus, Stolle, Löscher, Lange, Pfaff und Walch. Ueber die ältern Kirchenlehrer hat J. A. Fabriz, Bellarminus, Du Pin, Cave und Bose; über die neuern nach der Reformation aber Adami, Witte, Pipping, Götze, Moser u. s. w. Nachrichten geliefert. Anweisungen zum theologischen Büchervorrathe geben Walch in seiner Biblioth. Theol. selecta, und Dorn in seiner Biblioth. Theol. Critica, und die Wahl sey leicht getroffen, wenn

man

man des Lipenius, J. Fabriz, Reimmanns u. s. w. Bibliothecas kenne; theologische Journale sind dazu besonders nützlich: z. E. die unschuldigen Nachrichten, Acta hist. eccl. Vinariensia, Kraffts, Ernesti und andere Bibliotheken. Die dritte Abtheilung zeiget die Hülfsmittel zu dem rechten Gebrauche der theologischen Bücher an. Solche sind von einer gedoppelten Art. Entweder weisen sie den Grund zu einer wahren theologischen Gelehrsamkeit, oder zeigen auch die Ordnung und die Mittel, wodurch sie erlanget werden kann. Hier sind bloß Werke deutscher Schriftsteller angeführet: **Buddeus, Rambach, Röcher, von Mosheim, Reimmann, Gerhard, Calovius, Franke.** Hier findet man (S. 220.) die Aeußerung: daß die theologische Facultät zu Helmstädt selten der Orthodoxie halber berühmt gewesen wäre.

Der zweyte Theil vom J. 1763 ist, ohne das Register zu rechnen, auf 334 Seiten abgedruckt, und der exegetischen Theologie gewidmet. Der Verfasser führet seine Leser durch sieben Abschnitte. — Schriften, welche eine Einleitung dazu geben, als: Le Long Bibliotheca S., Lilienthals Archivarius u. s. w. und die hermeneutischen Anweisungen eines **Glassius, Flacius, Rambachs, Baumgartens** ꝛc. — Ausgaben der biblischen Bücher in den Grundsprachen, sowohl Polyglotten als Ausgaben des Alten oder des Neuen Testaments, oder der apokryphischen Bücher allein. — Zu den Uebersetzungen der heiligen Schrift gehörten die griechische der sogenannten siebenzig Dollmetscher, die lateinische der Vulgate und anderer, viele deutsche von Luther und andern, französische, engländische, holländische, dänische, schwedische u. s. w. — Zubereitungsschriften eines gründlichen Forschens der heiligen Schrift, sowohl eigentliche Einleitungen, als: eines Heideg-

Heideggers, Börners, Lamy, Carpzow, Michaelis, Pritius, Lenfant ꝛc. als auch Anweisungen zur Kritik von Pfeifer, Dupin, Blackwall, Simonis, Carpzow ꝛc. und Geschichte der Schicksale der biblischen Bücher von Wolf, Fabricius, Walther, Simon und andern. — Glossirte Bibeln und Commentarien über die ganze heilige Schrift haben unter den Evangelisch-Lutherischen in Schweden die beyden Bischöfe Gezelii, unter den Deutschen viele, als: Stark, Calov, Osiander, Pfaff, Lange u. s. w., die Weimarsche und Würtembergische Bibeln nicht zu rechnen, geliefert; die reformirte Kirche hat dergleichen auch in dem großen englischen Bibelwerke, wovon die Uebersetzung mit Vermehrungen in Deutschland herausgekommen, den Criticis Sacris, Poli Synopsi, Saurins, Roques und Beausobre Discours u. s. w., und die römischkatholische in der Biblia sacra cum Glossa ordinaria, dem Calmet, le Maître de Sacy etc. — Der Auslegungen und Erklärungen über größere und kleinere Theile der heiligen Schrift sind fast unzählige; — es fehlet auch nicht an allerley Hülfsmitteln in Menge: z. E. für die Geschichte und Zeitrechnung ein Prideaux mit den dazu gehörigen Werken des Schuckford und Abadie, ein Petav, Usher, des Vignoles, Bengel u. s. w.; für die Geographie ein Reland, Bochart, Wells u. s. w.; für die Alterthümer ein Reland, Lundius ꝛc.; für die Naturgeschichte und Arzneykunde ein Wideburg, Franz, Celsius, Bartholinus, Mead ꝛc. Auch gehören dazu die Concordanzen, als: des Buxtorfs hebräische und chaldäische, des Trommius und Schmids griechische, des Stephanus lateinische, des Lankischens und Büchners deutsche, und des Halenius schwedische; benebst den eigentlichen biblischen, sowohl Real- als Verballexicis, wo eines Calmet, Buxtorfs, Simonis, Stock,

Stock, Schöttgen, Mintert, Hiller u. s. w. gedacht wird.

Der dritte Theil von 1766 auf 88 Seiten beschreibt die Bücher in der dogmatischen Theologie. Hier wird ganz kurz von den vor der Reformation bekanntgemachten Schriften des Cyrillus Hierof., Ioannes Damascenus, Pet. Abaelardus und Pet. Lombardus, alsdann aber von den Lehrbüchern unserer und anderer Kirchen geredet. In der unsrigen haben die Katechismen den ersten Platz, deren eine große Anzahl, von Luthers kleinem Katechismus an, namhaft gemacht wird. Sonst fehlet es weder an Compendien noch an Systemen. Die Deutschen haben in beyden Fächern vom Melanchthon an bis zum Baumgarten und Schubert erstaunlich viel zusammengeschrieben, und man wundert sich, daß, ohnerachtet manches mehrmals aufgelegt worden, doch so vieles abgegangen. Was andere Kirchen anbetrifft, so werden zuerst ihre Katechismen und hernach ihre systematischen Lehrbücher namhaft gemacht, und diese Anzeige erstrecket sich über die reformirte Kirche in allen ihren Zweigen, den Schweizern, Franzosen, Episkopalen und Presbyterianern, über die Römischkatholischen, Socinianer, Arminianer, Mennoniten, Quaker, Schwenkfelder, Herrnhuther und Griechen, ja auch über die Juden.

Der vierte Theil beschäftigt sich mit der theologischen Moral, das Register unberechnet, auf 119 Seiten. Die Hauptgeschichte dieser Wissenschaft findet man in G. T. Meyeri Introductione in vniuersum Theol. mor. studium; wie man sie aber gründlich und nützlich treiben soll, lehren J. M. Geißen in seinen Anmerkungen über die Sittenlehre der Christen, A. Wesenfeld in seinem Versuche einer Verbesserung der Sittenlehre unter den Christen, welches Buch 1746 in das Schwedische übersetzet worden, und andere.

andere. Unter den Büchern, welche die theologische Moral abhandeln, finden sich Compendien und Systeme, doch reichet ihre Anzahl bey weitem nicht an die große Fabrik der Dogmatiken. Calixtus, Schmidt, Lange zeichnen sich in der Verfertigung der kürzern, Mosheim, Baumgarten, Buddeus, Rambach, Pictet, Placette u. s. w. in der Abfassung der ausführlichern aus. Hierzu kommen die ascetischen Schriften, welche die ganze Lehre der Gottseligkeit in sich fassen sollen, nämlich: eines Arndts, Scrivers, Porsts, Fresenius, Doddridge, Roques u. s. w.; nicht minder Erbauungs- und Andachtsschriften über allerley zerstreuete Materien eines Arnolds, Franke, Speners, Steinmetz ꝛc.; und endlich praktische Lebensbeschreibungen, die ein Henkel, Gerber ꝛc. gesammelt haben. Hier wundere ich mich, daß das so bekannte Buch: Die ganze Pflicht des Menschen, sowohl die alte als sehr vermehrte neue Ausgabe übergangen worden. In einem Anhange wird von den mystischen Schriften geredet, zu deren rechtem Gebrauche vorzüglich I. W. Jägers Examen Theol. Myst. Vet. et Nouae vorgeschlagen wird; die mystischen Schriften selbst vom Taulerus, Kempis, Molinos, Fenelon, Guion u. s. w. sind wenigstens dem Namen nach nicht unbekannt.

Der fünfte Theil auf 42 Seiten giebt Nachrichten von Schriften in der Pastoraltheologie. Einige verbreiten über dieses ganze Fach das nöthige Licht. Tarnov, Breithaupt, der schwedische Bischof Rydelius und mehrere haben Erweckungsschriften zur rechten Verwaltung des Lehramtes, andere eigentliche Pastoralvorschriften ertheilet. Pantoppidan, Hartmann, Olearius, Baumgarten, Roques, Steinmetz, Fresenius haben hierin viel geleistet. Die Casuistik steht mit jener in der genauesten Verbindung. Balduinus in seinen Casibus Conscientiæ, Taylor in seinem

seinem Doctore Dubitantium und mehrere geben dazu Anleitungen ab; und Spener, Baumgarten, Dedekenn benebst den Consiliis Theol. Wittemb. liefern eine Menge von aufgelöseten Gewissensfragen. Auch das Kirchenrecht darf nicht übergangen werden. Einige haben sich darum in größern Werken verdient gemacht, als Brunnemann, Carpzow, Böhmer, andere in kleinern, als Pfaff, von Mosheim ꝛc. Für Schweden hat in diesem Fache Bälter und Wilskmann gearbeitet; jener in seinen *Anmärkningar om Kyrko-Ceremonierna* etc. Stockholm, 1762 auf 1006 Seiten in 8; dieser in *Svenska Ecclesiastique-Wärk* etc. Skara, 1760. über 4 Alphabeth in 4. wovon eine neue Ausgabe erwartet wird.

Der sechste Theil ist, so wie die beyden vorigen, noch von 1766, und enthält auf einigen 30 Seiten die Hauptschriften in der symbolischen Theologie in sich. Allgemeine Einleitungen dazu haben Walch, Rechenberg, Pipping, Röcher ꝛc.; nähere Einleitungen über die einzelnen symbolischen Bücher aber Salig, Chyträus, Cyprian, Hutter; lateinische Ausgaben der symbolischen Bücher selbst haben Rechenberg, Müller, Pfaff; deutsche, Pipping und Baumgarten; lateinischdeutsche, Walch und Reineccius; schwedische, Broocmann geliefert. Ihr Inhalt ist von Börnern in seinen *Institutionibus Theol. Symbol.* und andern zusammengezogen, und von Carpzow, Anton und Baumgarten Erläuterungen über alle, von Reinbeck, Müller, Saubertus, Hutter und andern aber über einzelne derselben herausgegeben worden.

Der siebente Theil von 1772, so wie die beyden folgenden von eben dem Jahre sind, fasset auf 320 Seiten die Religionsstreitschriften in sich. J. G. Walch und C. W. F. Walch, auch Baumgarten haben dazu Einleitungen, der letzte aber benebst dem

dem Schubert, Stapfern und mehrern größere Abhandlungen darüber ertheilet. Die Anzeige von Streitschriften mit Religionsfeinden innerhalb der christlichen Kirche, ist beträchtlich. Zu einer allgemeinen Grundlage dabey dienen N. Wallerii Praenotiones Theol. (sechs Theile in 8. von 1756 bis 1765.), Reimmanns Idea Compendii Theol. und Lelands mit anderer Arbeiten. Das Heer der freygeisterischen Schriftsteller ist zahlreich (S. 23 - 125.); aber auch die Anzahl der Religionsvertheidiger nicht minder (bis S. 150.). Auffallend ist es, daß Nösselts Vertheidigung der christlichen Religion übergangen ist, welches kaum glaublich scheinen dürfte. Nicht minder sind auch die Schriften zahlreich, die für und wider die Feinde des Christenthums außerhalb der christlichen Kirche, nämlich die Heiden, Juden und Muhammedaner, herausgekommen sind, so wie auch die Streitschriften mit den sowohl größern von der evangelischlutherischen Kirche abweichenden Religionspartheyen, den Römischkatholischen, Reformirten und Griechen, als auch kleinern, den Arminianern, Socinianern, Herrnhuthern ꝛc.; und endlich Schriften, wozu die Streitigkeiten in der evangelischen Kirche selbst, als die synkretistischen, pietistischen u. s. w., Gelegenheit gegeben haben.

Der achte Theil ist auf 100 Seiten abgedruckt, und kömmt auf die homiletische Theologie. Die Einleitung dazu besteht in historischen Nachrichten über die Homiletik und in Anzeige der Homiletiken selbst. Von den neuern werden hier die des Mosheims, Arnoldts, Leß und Stapfers anempfohlen. Nun folgen die Muster, nach denen man sich bilden soll. So groß dieser Anzahl ist, so sagt doch der Verfasser, daß der Raum ihm nicht zugelassen hätte mehrere zu nennen. Er würde alsdann nun seit 1772 bis 1780 noch viel weniger Raum dazu haben. Er theilt alsdann diese

Muster

Muster ein. Sogenannte Evangelienpostillen, deutsche und schwedische, eben dergleichen, aber doch wenigere Epistelpostillen, Passions-, Katechismus- und solche Predigten, welche über die Hauptstücke der christlichen Lehre und über ausgewählte Texte der heiligen Schrift von evangelischen, reformirten und römischkatholischen Predigern aus allerley Nationen in erstaunlicher und fast unglaublicher Menge gehalten worden, wechseln hier nach einander ab; einzelner Predigten nicht zu gedenken. Es fehlet nicht an Hülfsmitteln, Predigten auszuarbeiten. Es giebt Anleitungen zu Dispositionen von Baumgarten, Roken, den Gezeliis in Finnland; es giebt Dispositionen selbst, die an vielen Orten vor der Ablegung der Predigten (Gott weiß! nützlicher oder unnützerweise) herauskommen, und auch biblische Lexica, z. E. von Stock.

Der letzte Theil giebt auf 88 Seiten die Arbeiten in der Kirchengeschichte an. Hier werden verschiedene Sammlungen dieser Art nach und nach angegeben. Sagittarius, Cave, Fabricius und andere haben allgemeine Vorbereitungsmittel dazu geliefert; man braucht aber auch besondere für die weltliche Geschichte, Zeitrechnung und Erdbeschreibung, und dafür haben die allgemeine Weltgeschichte, Bossuet, du Fresnoy, Schenmark (in seinem Computo Ecclesiastico, Upsal 1759.), Büsching und Bachiene gesorget. Es ist kein Mangel an allgemeinen Abhandlungen in der Kirchengeschichte; man hat das Compendium Gothanum, und Rechenbergs, Pfaffs, Junkers, Langes, Heinsius, Basnages, Spanheims und Alexanders Kirchengeschichte; auch nicht an Abhandlungen der alttestamentischen, z. E. Lange, Buddeus, Hollberg, den Josephus und andere nicht zu rechnen, und besonders ist ein großer Vorrath von Werken über die neutestamentische Geschichte vorhanden, z. E. Jablons-

I. Theil. B ty,

ky, Baumgarten, Turretin, Walch, Weismann, Mosheim, Schröckh, Cotta, Semler, Arnoldt, Fleury, die Centuriatores Magd. und der Baronius. Den Beschluß dieses Theils machen die Abhandlungen über besondere Theile der Kirchengeschichte. Für die ältesten Zeiten dienen Valesius, Arnold, Cave, Buddeus, Ittig, Tillemont; für die Geschichte der römischkatholischen Kirche, Bower, Walch, Caranza, Sarpi, Helgot, Martene u. s. w.; für die Reformationsgeschichte im Allgemeinen, Seckendorf, Sleidan, Löscher, H. v. d. Hardt, Walch und Gerdes, derer nicht zu gedenken, welche die Reformationsgeschichte einzelner Länder beschrieben haben; endlich für die Kirchenalterthümer und Gebräuche, Baumgarten, Walch, Schmid, Bingham und Ugolini. Ein Hauptregister über alle neun Theile ist diesem nützlichen Buche angehängt.

Es versteht sich von selbst, daß alle diejenigen Schriften fehlen, die über die verschiedenen hier abgehandelten Materien seit jenen Jahren herausgekommen sind, und wodurch alle Werke dieser Art mit der Zeit Supplemente nöthig haben. Wie versichert wird, so soll auch dergleichen, und zwar von einer geschickten Hand bald erfolgen. Alsdenn dürften vielleicht manche Berichtigungen hier und da, Vergleichung mit den Ausgaben der Bücher selbst und Berathfragungen der neuern Urtheile über diese oder jene Bücher nöthig seyn, welche nun, es sey mit Recht oder Unrecht, anders als ehemals lauten. Selten hat Alnander selbst geurtheilet, sondern sich auf diejenigen Schriften verlassen, die er in dem ersten Theile namhaft gemacht hat. Wenn man diese theologische Bibliothek mit D. J. P. Miller's (1773 zu Leipzig in 8. herausgekommener) Anleitung zur Kenntniß auserlesener Bücher in der Theologie und in den damit verbundenen Wissenschaften,

schaften, hiernächst mit D. J. A. Nösselt Anweisung zur Kenntniß der besten allgemeinern Bücher in allen Theilen der Theologie (Leipzig, 1779. 8.) vergleicht, so wird man finden, daß diese beyden, besonders Miller, sich in ein viel weitläuftigeres Feld eingelassen, und Mathematik, Philosophie u. s. w. mit eingebracht haben. Alnander läßt sich dagegen weder in so viele Fächer ein, noch führt er auch so viele Schriften an, obgleich in dieser Recension nur ein kleiner Theil derselben namhaft gemacht worden. Dabey hat er das Verdienst, daß er meistentheils die hauptsächlichen Ausgaben davon anzeiget, verschiedene Lebens- und andere Umstände von den Schriftstellern, ihren Werken und Ausgaben beybringt, also sein Buch gewissermaßen für die Lesung angenehm macht. Die beyden deutschen Schriftsteller hingegen liefern fast nur bloße, obgleich sehr wohl classificirte Bücherverzeichnisse, so daß Alnander dabey mit Nutzen gebraucht werden kann. E**.

III.

Handlingar til Konung Carl den XI:tes Historia. (Oeffentliche zur Geschichte des Königs Karls XI. gehörige Schriften.) Erste bis dreyzehnte Sammlung von 1763 — 1772. 8. Stockh. bey Langen. Das 14te und 15te Stück vom Jahre 1774 machet den Beschluß dieser Sammlungen, welche hier zugleich mit am bequemsten recensiret werden können.

Die erste dieser Sammlungen kam also bereits 1763 auf 136 Seiten (für 6 Sch.) heraus. Der Besorger davon ist der durch manche ähnliche Bemühungen

gen rühmlichst bekannte Sam. S. Lönbom. Dieser merket in der Vorrede an, daß kaum ein Zeitpunkt in der schwedischen Geschichte weniger bearbeitet worden, als der von Karl XI., ohnerachtet er einer der merkwürdigsten wäre. Die Reichsstände hatten bey dem vorhergehenden letzten Reichstage dem Reichshistiograph Schönberg die Aufklärung desselben aufgetragen. Der Canzelleyrath von Celse hatte manches zu diesem Behufe gesammlet, und Lönbom gab nun solches heraus. Seiner ganz glaubwürdigen Versicherung nach sey alles aus den Archiven großer Herren sorgfältig abgeschrieben; die Documente enthielten vieles in sich, was nicht allgemein bekannt wäre, und lieferten, wofern auch die Hauptmaterien nicht vollständig ausgeführet würden, doch viele wichtige Particularien. Dies Urtheil des Herausgebers rechtfertiget sich augenscheinlich durch die bekanntgemachten Sammlungen, davon die Ueberschriften nach einander hergesetzet werden sollen: 1) Zwo Urkunden, den Streit zwischen Schweden und Dänemark über die drey Kronen in dem schwedischen Wapen betreffend. 2) Des römischkaiserlichen Gesandten Gr. v. Stahremberg Bericht von Schweden in italiänischer Sprache; so wie überhaupt alle in fremden Sprachen abgefaßte Acten auch in den Originalen abgedrucket worden. 3) Des Reichsraths Grafen M. G. de la Gardie Verantwortung wider einige harte Beschuldigungen. 4) Zween Briefe über die Schlacht bey Lund 1676. 5) Von der liefländischen Güterreduction. 6) Zehn eigenhändige Briefe vom Könige an den Grafen B. Oxenstjerna. 7) Von der Reductionsliquidation. 8) Nachricht von einem besondern Vorfalle, der sich auf dem Königl. Lustschlosse Carlberg ereignet haben soll. — Zweyte Samml. 1764 auf 154 Seiten. (6 Sch. 8 r.) In der Vorrede berichtet der Herausgeber, aus welchen Archiven er die historischen

Weitläuftigere Recensionen. 21

storischen Documente des ersten Stücks genommen, und liefert weiter folgende: 9) Des Gr. B. Oxenstjerna Brief an den Schatzmeister Gr. G. Bonde. 10) Vier Documente von den Mißhelligkeiten der schwedischen und französischen Gesandten zu Nimwegen 1678. 11) Des Oberhofpredigers D. Spegels Brief an den Reichsadmiral Grafen Stenbock. 12) Ebendesselben Trauungsrede bey Karls XI. Vermählung 1680. 13) Von dem Staatssystem in Europa gleich nach dem Friedensschlusse von 1679, ziemlich weitläuftig. 14) Dreyzehn Handbriefe des Königs an den Grafen B. Oxenstjerna. 15) Drey Briefe in verschiedenen Angelegenheiten. 16) Von des Herzogs Ad. Johann Begräbnisse 1690. — Der dritte Theil von eben dem Jahre auf 191 Seiten. (8 Sch.) 17) Drey Documente über die wichtige Streitigkeit bey dem Zustande des Reichs im Jahre 1670. 18) Graf B. Oxenstjerna Brief an den König, und die Deduction über einige in diesem Zeitraum vorgefallene Begebenheiten mit dreyen Allegaten. 19) Ein Brief über verschiedene Gegenstände. 20) Zwo Abhandlungen über die Gelehrsamkeitsgeschichte in diesem Zeitraume, nämlich über eine theologische Streitigkeit und über Dahlbergs Suecia Antiqua et Hodierna. — Der vierte Theil vom Jahr 1765 auf 179 Seiten. (8 Sch.) 21) Des Königl. Handelscollegii Bericht über den Zustand des Handels. 22) Nachricht von dem allgemeinen Zustande des Reichs unter des Königs Minderjährigkeit bis zum Antritte der Regierung. 23) Oeffentliche Schriften über des Königs Vermittelung zwischen den kriegenden Mächten 1673. 24) Des Reichsraths Brief an den König, um nicht persönlich dem Feldzuge in Schonen 1675 beyzuwohnen. 25) Urtheil über Johann Lyseri Schrift von den mehrmaligen Ehen 1679. 26) Rede des Landmarschalls bey dem Anfange und

Schlusse des Reichstags von 1689. — Fünfter Theil von eben dem Jahre auf 176 Seiten. (8 Sch.) 27) Ueber das einländische Staats- und Finanzwerk zwischen 1680 — 1697. 28) Von des Königs erstem Eintritte in den Rath 1671. 29) Ueber seinen Antritt zur Regierung 1672. 30) Oeffentliche Schriften zur Geschichte des Krieges zwischen Dänemark und Brandenburg. 31) Zwey Documente über die Uneinigkeit zwischen den schwedischen Gesandten in Polen und der Stadt Danzig. 32) Brief des Königs über verschiedene Gegenstände. — Sechster Theil vom Jahre 1766 auf 174 Seiten. (8 Sch.) 33) Lebensbeschreibung von des Königs Gemahlinn Ulrica Eleonora, die, ein paar Bogen ausgenommen, den ganzen Theil ausfüllet. 34) Des R. R. Grafen B. Oxenstjerna Rede abseiten des Senats bey der vorbenannten Königinn Ankunft zu Jakobsthal. 35) Ein königlicher Brief über verschiedene Gegenstände. — Der siebenten Sammlung von eben dem Jahre auf 200 Seiten (11 Sch. 4 r.) hat der Herausgeber einen Vorbericht vorgesetzet, darin er die Aufmunterung des Kanzelleycollegii zur Fortsetzung der Ausgabe dieser historischen Denkmäler meldet. 36) Bericht von dem Zustande des schwedischen Reichs in Absicht der Lage mit den Ausländern vom 30ten April 1697. Sie ist nach des Herausgebers Anzeige eine der seltensten Handschriften in der schwedischen Geschichte, nimmt weit über die Hälfte dieser Sammlung ein, und ist von dem Verfasser selbst mit einer Tabelle über die abgehandelten Materien versehen worden. 37) Von der Einnahme der Stadt Landskrona 1676. 38) Des Generalquartiermeisters P. L. Lejonsparre Aufsatz von seinen eigenen Lebensumständen. Sie verbreiten über Karls XI. und XII. Regierung manches Licht. 39) Des Erzbischofs D. Olai Swebelii Rede bey dem Schlusse

und

und Anfange des Reichstages vom Jahr 1686. 40) Vier kleine Schriften über verschiedene Gegenstände. — Die achte Sammlung ist vom Jahr 1767 auf 224 Seiten. (10 Sch. 8 r.)   41) Von eines gewissen Joran Krabbes Verbrechen und Verurtheilung. 42) Der sämmtlichen Reichsstände Memorial an den König, auf dem Reichstage zu Halmstadt 1678 übergeben. 43) Urkunden zu dem Reichstage des Jahrs 1680. 44) Eine Bittschrift des vor einer großen Commission angeklagten schwedischen Senats im Jahre 1681. 45) Des königlichen Handelscollegii Bedenken über die schwedische Handlung im Jahr 1682. 46) Von der Religionsübung der Reformirten in Schweden. 47) Vier kleine Schriften über verschiedene Gegenstände. 48) Verschiedene königliche Briefe, z. E. einer, darin er dem Staatscomptoir befiehlt, zweyhundert Rthlr. Species zur Herstellung des abgebrannten Hauses Luthers und desselben Einrichtung zu einer Bibliothek, Schule und Hospital auszuzahlen. — Die neunte Sammlung vom Jahre 1768 auf 160 Seiten. (8 Sch.) 49) Von des Königs Reise nach Daland 1673. 50) Ein gründlicher Bericht von dem schwachen und dürftigen Zustande, darin der König das Staats- und Vertheidigungswerk in allen dazu gehörigen Theilen fand, als er 1672 die Regierung antrat, von den Ursachen desselben, und von den Maaßregeln, wodurch er das Reich wieder aufgerichtet und hergestellet hat. Einer der allervollständigsten Aufsätze in dieser Art, und nimmt von Seite 28. an den ganzen Theil ein. — Die zehnte Sammlung vom Jahre 1769 auf 232 Seiten. (10 Sch. 8 r.). Hier werden blos die Beylagen zu dem in der vorhergehenden Sammlung abgedruckten Berichte von dem hülflosen Zustande des Reichs bey dem Antritte der Regierung Karls XI. geliefert. — Die eilfte Sammlung von eben dem Jahre auf 177 Seiten (10 Sch.)

Sch.) enthält zuvörderst den Schluß jener Beylagen; hernach 51) des königlichen Admiralitätscollegii besondern Bericht, wie das Admiralitätswesen unter des verstorbenen Königs Karl XI. Regierung bestritten, und zu welchem Zustande solches gebracht worden, mit den auf Folioblättern von S. 108. bis zum Schlusse abgedruckten Tabellen der damaligen schwedischen Flotte. Das größte Schiff führte 126 Kanonen. — Die zwölfte Sammlung von 1772 auf 192 Seiten (9 Sch.) enthält allein 52) des Königs und Reichs-Bergscollegii Bericht von dem Zustande des Bergwerkswesens zu Karls XI. Zeiten vom Jahre 1697. — In der dreyzehnten Sammlung vom vorbenannten Jahre (9 Sch. 4 r.) folget die Fortsetzung dieses Berichts fast auf eben so vielen Seiten. 53) Ein merkwürdiges Bedenken über die Reduction der Güter, welche von den ehemaligen Reichserbfürsten weggeschenket worden. — In der vierzehnten Sammlung von 1774 auf 240 Seiten (11 Sch, 3 r.) kommen vor: 54) Acten von dem Reichstage zu Stockholm 1660. Hieraus ersieht man, gleichsam wie auf einer Tafel, den Zustand des Reichs bey dem Anfange der Regierung des Königs Karls. 55) Sein Vortrag an die Reichsstände bey dem Anfange des Reichstags im Jahre 1660. 56) Eben dergleichen im Jahre 1668. 57) Ausführlichere Acten von dem Reichstage 1680, der für Schweden so merkwürdig war. 58) Bericht von des Reichs innerm Zustande 1693. — In der funfzehnten Sammlung auch vom Jahre 1774 auf 228 Seiten (10 Sch. 9 r.) finden sich 59) zwo Nachrichten von dem Zustande der Kriegsmacht zu Lande zwischen 1660 — 1664. 60) Des Königs und Reichscanzelleycollegii Bericht von dem Justizwesen unter Karls XI. Regierung vom Jahre 1697. Ein höchst wichtiger Bericht in seiner Art, der mit einem kurzen Register

über

über die darin angetroffenen Punkte beschlossen wird. Endlich macht ein chronologisches Register über alle 15 Sammlungen dieser Acten, von S. 193 bis Ende, den Schluß dieser für die schwedische, und zum Theil die übrige europäische Geschichte jenes Zeitraums höchstwichtigen Sammlung von Urkunden, deren niemand entbehren kann, der jene genau kennen oder gar darüber schreiben will. — Ein noch weitläuftigerer Auszug dieser Sammlungen würde hier am unrechten Orte stehen, da die meisten Theile derselben schon vor 1772 herausgekommen sind, und nun ein jeder hinlänglich weiß, was er darin suchen und finden kann. K***.

IV.

Tankar om Lagfarenhetens nuvarande tilſtånd i Suea Rike. (Gedanken über den gegenwärtigen Zustand der Rechtsgelahrheit im schwedischen Reiche.) Disput. unter Dr. Olof Rabenii Vorsitz vertheidigt vom Freyherrn Adolf Fredrik von Knorring. 22 S. in 4. Upsala, bey Joh. Edman.

§. 1 und 2. Einleitung. §. 3. Anfang der Geschichte der Rechtsgelahrheit von den ältesten Zeiten an. Zu Odens Zeit war sie in großem Ansehen. Der König und die Großen im Reich handhabten die Gesetze selbst, die meist in Sprichwörtern und Regeln, welche man dem Gedächtnisse des Volks einprägte, und nicht ohne die größte Nothwendigkeit abänderte, bestanden. Daher hat sich noch eine große Menge derselben bis auf unsre Zeiten erhalten. Zur Zeit der Ausschließung des Geschlechts der Ynglinge vom schwedischen Throne fieng man zuerst an, die Gesetze in Ordnung und Zusammenhang zu bringen, und in jeder Landschaft ward ein Mann (Lagman genannt) bestellet, der, wenn es gefordert

fordert ward, den Inhalt eines jeden Gesetzes angab. Die Lagmänner waren nächst dem Könige die Vornehmsten im Reiche, und die einzigen Gesetzkundigen. Sie waren Repräsentanten des Volks, suchten das Gesetz unverrückt zu erhalten, und dem Gedächtnisse des Volks einzuprägen, standen dabey in solchem Ansehen, daß oft das Oberhaupt des Reichs vor demselben zitterte. Nun ward die christliche Religion eingeführt, und die Gesetze wurden, so wie es bey den angrenzenden Völkern geschah, schriftlich aufgezeichnet. Das Amt der Lagmänner ward zwar beybehalten; allein da man nun, um die Gesetze zu verstehen, mußte lesen und schreiben können, welches blos die Geistlichen verstanden, so waren diese die einzigen Gelehrten und Gesetzverständigen, welchen auch manches Gesetz mehr Deutlichkeit und Licht zu verdanken hatte. Die Gesetzbücher wurden in schwedischer Sprache abgefaßt, und jedem Lagman ein Exemplar in Verwahrung gegeben. Diesem war ein Clericus an die Seite gesetzt, der die auszufertigenden Briefe und Urtheile abzufassen und bey jährlichen Landgerichten das Gesetzbuch abzulesen hatte. Hiernächst kam die lateinische Sprache in Gebrauch, besonders bey wichtigen Urkunden, zu deren Abfassung nur Geistliche gebraucht werden konnten, die auf solche Weise auch alle Anwendung und Auslegung derselben in Händen hatten. Bald darauf kamen auch die akademischen Ehrentitel auf, die mehrentheils aus Paris und andern ausländischen Akademien geholt wurden, und in solchem Ansehen waren, daß ein Doctor juris civilis oder canonici mit den Capitularen bey den Domkirchen und den Prälaten gleiche Ehrenzeichen, als z. B. eine viereckte sammtne Mütze, trüg, und bloß den Bischöfen den Rang über sich gestattete. Bey alle dem blieben die Gesetze, die Stadtgesetze ausgenommen, ziemlich unverändert, wofür die Geistlichen besonders Sorge trugen; indessen legte man sich mehr

auf

auf das Studium derselben, und sahe es als eine eigene Wissenschaft an. Aber wie zur Zeit der Reformation die römischkatholische Klerisey zernichtet ward, gieng mit ihr beynahe alle Gesetzkunde, die bisher bloß das Eigenthum der Kleriker gewesen war, verloren. Dies dauerte bis auf die Zeiten Gustav Adolphs. Denn ob man inzwischen gleich allerley Vorschläge hatte, z. B. das Gesetzbuch nachsehen, verbessern und drucken zu lassen, eine juridische Facultät anzulegen, ausländische Rechtslehrer zu berufen u. s. w. so kam doch nichts zu Stande. Bey der Unwissenheit in der Jurisprudenz, die hieraus entstand, darf man sich nicht wundern, wie ein deutscher Doctor der Rechte, mit Namen Peutinger, sich zu dieser Zeit durch seine mäßigen juristischen Einsichten bis zum Reichsrathe und Canzler empor hob; allein wenige ließen sich durch sein Beyspiel reizen, die Gesetze blieben kurz und unvollständig, und man glaubte, es erfordere keine Wissenschaft dazu, sie gut anwenden zu können. (§. 4.) Aber mit K. Gustav Adolphs Regierung gieng der Rechtsgelahrheit ein neues Licht auf; besonders machte sich sein Minister, R. Rath Johan Skytte, um sie verdient. Die Akademie zu Upsala bekam eine ganz neue Einrichtung, und eine eigene juridische Facultät, welche theils mit ausländischen Rechtsgelehrten, theils mit Schweden, die auswärtig die Jurisprudenz studirt hatten, besetzt ward. Ein Messenius, Loccenius, Lundius, Silfwerschöld, Gyllenstolpe u. s. w. richteten große Dinge aus. Ein jeder, der sich gründliche Kenntnisse in der Rechtsgelahrheit erworben hatte, konnte wegen seiner Beförderung unbesorgt seyn; besonders ward dies durch Erlangung der Doctorwürde erleichtert, die noch in so großem Ansehen stand, daß sie der Würde eines Hofcanzlers gleich geachtet ward. Die auf auswärtigen Akademien studirten, und dies thaten sehr viele, brachten zwar lauter

römisches

römisches Recht zurück; allein dies erzeugte bey einer klüglichen Anwendung und gehörigen Kenntniß der schwedischen Verfassung die größten Rechtsgelehrten. Der Proceß bekam eine ganz neue und festere Einrichtung dadurch, daß die höchsten Reichsgerichte, die vordem ambulatorisch waren, jetzt an bestimmte Oerter niedergesetzt und mit Personen versehen wurden, die ihr Amt auf Zeit Lebens bekleideten. — Es wurden bey Erfordernissen königliche Verordnungen und Befehle, die mit der größten Genauigkeit und Deutlichkeit abgefaßt wurden, gegeben, und an einem allgemeinen Gesetzbuche ein ganzes Jahrhundert hindurch gearbeitet, welches endlich 1736 zu Stande gekommen ist. (§. 5.) Die Schweden gewannen ihre Freyheit wieder, und dieses hatte eine außerordentliche Wirkung auf die schwedische Jurisprudenz. Eine uneingeschränkte Regierung erfordert ganz andere Einrichtungen, als eine freye Reichsverfassung; wenn jene oft der Geist des Krieges belebt, so ist Oekonomie und Vermögenheit der Bürger oft der Gegenstand dieser. Das Land war nach einem unglücklichen Kriege in der größten Dürftigkeit; dieser sollte durch kluge Gesetze abgeholfen werden, u. s. w. Hierdurch ward die Anzahl der Gesetze noch um ein Großes vermehrt, viele alte theils eingeschränkt, theils abgeschafft, theils vergessen; und bey vielen Gelegenheiten entstand hieraus eine mit der zur Zeit Justinians vor Abfassung des Corp. Iuris Rom. herrschenden ähnliche Incertitudo juris. Durch des Königs Fürsorge sind freylich jetzt solche Anstalten theils schon getroffen, theils noch im Vorschlage, die dieser Ungewißheit einigermaßen abhelfen können. Man hat z. B. die ältern sowohl als neuern Verordnungen gesammelt, und allgemein bekannt gemacht. Allein dieses ist noch unzulänglich, es sind noch viele ungedruckte Specialgesetze und manche zweifelhafte vorhanden. — Der Recensent bedauert,

daß

daß er den Auszug dieser mit Fleiß geschriebenen Abhandlung nicht fortsetzen kann, da der Verfasser sie hier abbricht, und an der weitern Fortsetzung durch den Tod gehindert worden. Im 6ten und folgenden §§. war er gesonnen, nach dieser vorausgeschickten Geschichte, den gegenwärtigen Zustand der Rechtsgelahrheit näher zu schildern, und die Mittel anzugeben, wie ihren Mängeln abgeholfen werden könnte. *Gr.*

V.

Chrifter Berchs, Iur. Oec. et Comm. Adj. Afhandling, om Nederlags Rätt i Sverige, grundad i Kongl. Stadgar och Förordningar. Upſala hos I. Edman. (Abhandlung vom Niederlagsrechte in Schweden, gegründet auf königliche Statuten und Verordnungen.) 32 Quartseiten. —

Der verschiedentliche Mangel und Ueberfluß der Producte in den verschiedenen Ländern bewirkt unter ihnen eine Handelsgemeinschaft; damit aber diese nicht schädlich werde, schränkt jedes Land sie durch Verordnungen besonders zu seinem eigenen möglichsten Vortheile ein. Schweden genießt dem zufolge in allen europäischen Staaten sowohl als auch in entfernteren Handelsplätzen einen freyen Handel, und die Fremden von dort her genießen eben so diese Freyheit in Schweden; jedoch mit der Einschränkung von beyden Seiten, daß theils der Handel nur in gewissen Städten, theils nur mit gewissen Waaren, theils beständig, theils nur bey gewissen Gelegenheiten getrieben werden kann. Hier werden die verschiedenen Tractaten zwischen Schweden und andern Reichen zur näheren Bestimmung desselben angeführt (§. 1.). Was für Nahrungszweige sind also

den

menden Waaren verzollt oder exportirt werden müſſen (§. 11.). Die Krone hat wegen ihres auf ſolche Niederlagswaaren ihr zuſtehenden Zolles das Pfandrecht auf dieſelben, und der Eigenthümer hat alſo keine freye Diſpoſition über dieſelben (§. 12.). Der Eigner kann ſeine Niederlagswaare mit Vorwiſſen des Zoll- und Niederlagscomptoirs an einen andern abſtehen; will er die Waare aber innerhalb Landes verkaufen, ſo muß er zuvor den großen Seezoll bezahlen. Will er ſie endlich innerhalb der Niederlagszeit wieder ausſchiffen, ſo iſt er völlig zollfrey, muß aber von dem fremden Ort her, wohin er die Waare gebracht, Beweis darüber einſchicken (§. 13.). Obgleich die wieder auszuſchiffende Niederlagswaare völlig zollfrey iſt, bezahlt ſie doch eine gelinde Niederlagsrecognition von $\frac{1}{2}$ Prct. (§. 14.). Eine andre Beſchaffenheit hat es mit der Niederlage, welche die Städte **Weſterås, Arboga, Kjöping** und **Geſle** in Anſehung des Falunſchen Bergwerks genießen. Wenn hier bey der Landung der kleine Zoll bezahlt iſt, ſo iſt die Niederlagsfreyheit uneingeſchränkt (§. 15.). Wenn allen Nationen zugeſtanden wird, in einem Hafen des Niederlagsrechtes für alle mitgebrachte Waaren zu genießen, und nur für die daſelbſt verkauften Waaren den Zoll zu bezahlen, ſo heißt man ihn Porto-Franco. Unter den auf deutſchem Boden belegenen Städten hat Schweden die Stadt **Wismar** darzu auserleſen, und ſie deshalb mit verſchiedenen Privilegien verſehen (§. 16.). Im Jahre 1640 ward **Göthenburg** auch für einen Freyhafen und 1663 ebenfalls **Landscrona** dafür erkläret (§. 17.). — Dieſer ſorgfältige Auszug dieſer praktiſchen Abhandlung des jetzigen Herrn Prof. Berchs mag ſtatt aller weitern Beurtheilung dienen. Es verſteht ſich von ſelbſt, daß manche Punkte ihres Inhalts durch nachfolgende Staatsgeſetze eingeſchränket oder erweitert werden können. Gr.

VI. *Kongl.*

VI.

Kongl. Vetenskaps Academiens Handlingar, för År 1772. Vol. XXXIII. *Stockholm,* bey Salvius. 8. 32 Sch. (Abhandlungen der königlichen Akademie der Wissenschaften für das Jahr 1772.) *)

Von diesen Abhandlungen ist seit Errichtung der königlichen Akademie im Jahr 1739 alle Vierteljahre, bey Abwechselung des Vorsitzes, ununterbrochen ein Stück erschienen; welche bis aufs Jahr 1779 eine Sammlung von 40 Bänden ausmachen, und mit eben diesem Jahre beschlossen worden, von 1780 aber unter der Aufschrift Neuer Abhandlungen fortgesetzet werden. Da man seit verschiedenen Jahren die deutsche Uebersetzung derselben entbehren muß, wird man den kurzen Inhalt dieses berühmten Werkes, nach Ordnung der Materien, nicht ungerne bemerken.

Astronomie.

Seite 206 und 307. erscheinet die Fortsetzung und der Schluß von der wichtigen Abhandlung des Herrn Professor Melanders über die größere oder kleinere Dauerhaftigkeit der sichtbaren Welt durch Erhaltung derjenigen Kräfte, welche derselben vom Anfang mitgetheilet worden. Die Frage

---

*) Sollte sich auch von diesem Jahrgange irgendwo eine Recension finden: so wird doch diese ihren Werth haben. Sie ist von einem vieljährigen Mitgliede der Akademie verfertiget worden, welches mit dem Geiste des Inhalts ihrer Abhandlungen genau bekannt ist. Anm des Herausg.

Frage betrifft eigentlich nur den Umlauf und die Bewegung der himmlischen Weltkörper um die Sonne; welche nach bekannten Gründen auf dem Verhältnisse und dem Gleichgewicht derjenigen Kräfte beruht, durch welche diese Körper theils von der Sonne angezogen, theils nach den Tangenten ihrer Bahn fortlaufen. Würden jene durch Abnahme der Sonne geschwächet, so müßten diese Körper sich immer weiter und weiter von der Sonne entfernen. Würden aber diese durch den Widerstand des durch den Himmelsraum verbreiteten Aethers oder des Lichtes verringert, so müßten diese Körper der Sonne immer näher kommen. Die Bestimmung hieraus entspringender Veränderungen aber würde in jedem Falle hauptsächlich auf dem Gesetze der Schwere oder dem Verhältnisse beruhen, in welchem die Centripetalkraft gegen die Sonne mit dem Abstande von derselben zu- oder abnimmt. Und eben hier zeiget sich die Weisheit des Schöpfers der Welt, daß unter allen möglichen Verhältnissen, nach welchen diese allgemeine Schwere oder anziehende Kraft gegen die Sonne hätte können bestimmt werden, eben dasjenige wirklich in der Natur Statt findet, welches unter allen möglichen das einzige war, nach welchem die einmal getroffene Einrichtung des Weltgebäudes bey vorfallenden Veränderungen am besten konnte erhalten werden. Diese Erhaltung beruhet nun hauptsächlich auf dem fortdauernden Umlaufe der Weltkörper in gewissen, in sich selbst zurücklaufenden elliptischen Kreisen; und eben diese können durch kein ander Centralgesetz, als dasjenige, so in der Natur da ist, und nach welchem die anziehende Kraft der Sonne der zweyten Potenz des Abstandes umgekehrt entspricht, erhalten werden. Dieses zu beweisen, werden nach einer neuen sinnreichen Methode S. 209. die allgemeinen Formeln entwickelt, durch welche die Art der Laufbahn, und besonders die Absides der himmlischen Körper, bey jedem andern bern Centralgeſetze zu beſtimmen ſind, nach welchem dieſe Kraft der Potenz des Abſtandes umgekehrt entſpricht; und wovon die Anwendung hier beſonders auf drey Hauptfälle gemacht wird, in welchen das Verhältniß dieſer Kraft dem Verhältniſſe der Cuborum oder dritten Potenz des Abſtandes umgekehrt, entweder gleichet, oder größer, oder auch kleiner als daſſelbe iſt. Im erſten und dritten Falle wird der Körper entweder in das Centrum ſelbſt fallen, oder ſich unendlich weit von demſelben entfernen. Eben dieſes wird im dritten Falle, nebſt verſchiedenen andern unordentlichen, und dem Beſtande des Weltgebäudes zuwiderlaufenden Bewegungen ſtatt finden: nur alsdann nicht, wenn der Exponent 2 iſt, und die Kraft im umgekehrten Verhältniß der Quadrate des Abſtandes zu- oder abnimmt; als bey welchem Geſetze der Körper bey Veränderung der ihn treibenden Kräfte dennoch jederzeit eine, obgleich veränderte elliptiſche Kreisbahn behält, und nach Maßgebung widrig wirkender Urſachen ebenfalls eine und dieſelbe Laufbahn. Wodurch alſo bey gegenwärtiger Einrichtung des Planetenſyſtems, in ſo ferne daſſelbe auf der anziehenden Kraft der Sonne beruhet, die Dauerhaftigkeit und der Beſtand der Natur einzig und am beſten kann erhalten werden.

Seite 183 und 358. ſucht Herr Planman die Horizontalparallaxe der Sonne aus denen im Jahr 1769 beym Durchgange der Venus angeſtellten Obſervationen zu beſtimmen. Er fand für die mittlere Entfernung 8,43, in der beygefügten Anmerkung S. 358. aber 8,38 Secunden. Nimmt man 8,5 Secunden an, ſo beträgt der mittlere Abſtand der Sonne von der Erde 14,512,473 ſchwediſche Meilen.

Erster Abschnitt.

Geographie.

Herr Marelius liefert S. 1. den Schluß und die dritte seiner merkwürdigen Karten und Erklärungen über die Lage und Streckung der Land- und Alpenhöhe, nebst der Reichsgrenze zwischen Schweden und Norwegen. Die ganze länge der schwedischen Grenze gegen Norwegen beträgt 208¼ Meilen, und 2924 Ellen.

Seite 17, 222 und 349. liefert der Herr M. Lagus eine umständliche Beschreibung über das Kirchspiel Kusamo in Kimi-Lappmarken. Die natürliche Beschaffenheit, das Klima und Naturalien des Landes werden hier, nebst dessen Einwohnern, deren Geschichte und Anzahl genau beschrieben.

Physik.

Seite 61. beschreibt Herr Wilcke ein neues, an Ferngläser und Microscope anzubringendes Perspectiv-Micrometer, wodurch nach Art des Storchschnabels sowohl entfernte als sehr kleine Objecte leicht nachgezeichnet werden. Das Instrument hat den Vorzug, daß Bild und Kreuzfäden dem Auge gleich deutlich erscheinen.

Seite 66. füget Herr Mallet seinen vorjährigen, zur Vertheidigung des Herrn Klingenstierna gereichenden Anmerkungen gegen Herrn d'Alambert über die Zerstreuung der Lichtstralen noch einiges bey, und zeiget, daß weder Newtons noch Eulers Refractionsgesetze neuern Versuchen ein Genüge leisten.

Seite 97. handelt Herr Wilcke von der Kälte des schmelzenden Schnees; bey welchem er den merkwürdigen Umstand entdeckte, daß zu dessen Zerschmelzung viel Wärme erfordert werde, ohne daß solches im geringsten an dem daraus entstandenen Wasser zu spüren sey, und solchergestalt gleichsam verloren gehet. Gießet man

eiskaltes

eiskaltes Waſſer in warmes hinein, ſo behält die Miſchung einen Grad der Wärme, welcher nach der Richmänniſchen Regel leicht zu beſtimmen iſt. Wirft man aber, dem Gewichte nach, gleichvielen Schnee hinein, ſo gehet noch weit mehr Wärme verloren. Dieſer Verluſt an Wärme in der Miſchung mit Schnee gegen eiskaltes Waſſer wird durch eine Reihe nach verſchiedenen Verhältniſſen der Miſchung angeſtellter Verſuche für alle Fälle durch eine allgemeine Formel beſtimmt, und daraus geſchloſſen: daß der Schnee nur, um flüſſig, und doch nicht wärmer zu werden, ſo viel Wärme erfordere und gleichſam figire, als dazu gehören würde, eben ſo viel eiskaltes Waſſer, dem Gewichte nach, bis auf den 72ſten Grad des ſchwediſchen Thermometers zu erwärmen. Der Ueberſchuß von Wärme aber bleibt unverändert, wird gleichförmig vertheilt, und machet die am Thermometer ſichtbare Wärme der Miſchung aus. Umgekehrt verliert ein ſchon eiskaltes Waſſer beym Gefrieren annoch ſo viel Wärme, daß ſolche, dem eiskalten Waſſer zugeſetzt, das Thermometer auf 72 Grad würde erhoben haben. Die zur bloßen Flüſſigkeit des Waſſers erforderliche und gleichſam figirte Wärme iſt alſo wohl von deſſen freyen und ſich vertheilenden Wärme zu unterſcheiden. Auch kann die abſolute Menge der letztern durch beygemiſchten Schnee beſtimmt werden. Aus dieſen Verſuchen folgt weiter: daß die Ausdehnung des Queckſilbers im Thermometer ſich direct, wie die Menge der Wärme des Waſſers, verhalte, und wenn obgedachter Zuſtand des Schnees, 72 Grad Wärme verſchlucken zu können, als abſoluter Mangel angeſehen wird, die Grade des Thermometers ebenfalls die abſolute Menge der Wärme wirklich meſſen, oder derſelben proportionirt ſind. Mit kochendem Waſſer kann daher nie mehr als ein und ein drittelmal ſo viel Schnee geſchmolzen werden, und alsdann iſt die

C 3 Miſchung

Mischung eiskalt. Ferner lassen sich hieraus die mehresten Umstände des künstlichen Gefrierens erklären. Die mehresten ins Wasser geworfenen Salze erkälten dasselbe, indem sie beym Zerschmelzen dessen Wärme so wie das Eis figiren. Auf ähnliche Art wirket eine Mischung aus Schnee und Salz um so viel stärker. Saure Salze vermehren die Kälte des Schnees, indem sie dessen Theile trennen, und zum Anziehen der Wärme geschickt machen, ihre eigne Wärme aber stärker als der Schnee anziehen, und also auch in größter Kälte behalten. Woraus ferner die Ursache erhellet, daß Salpetergeist im kalten Wasser Wärme, im Schnee und Eise hingegen große Kälte hervorbringt. Da sich nun aus allem diesem deutlich ergiebt, daß Wärme eine wirkliche Materie sey, deren Menge sich messen läßt, so können auch alle übrigen Phänomene von Wärme und Kälte aus Ueberfluß, Mangel, Vertheilung und ungleicher Anziehung dieser Materie hergeleitet werden; und Obiges dienet zur Aussicht in das sich hier öffnende weite Feld von neuen Untersuchungen, welche den Forscher noch lange beschäftigen werden, und in der Folge schon wirklich zu wichtigen Entdeckungen geleitet haben.

S. 262. Bemerkungen mit dem Inclinations-Compasse, welche der Herr Capitain Ekeberg auf seiner Reise von Gothenburg nach Canton in China, und wieder zurück, in den Jahren 1770 und 1771, gesammlet und angestellet hat.

S. 288. beschreibt Herr Wilcke die von ihm zu diesen Versuchen des Herrn Ekebergs eingerichteten Inclinationscompasse. Der vormals 1766 und 1767 gebrauchte kleinere, mit einer Nadel von zehn Zoll, hieng einfach am doppelten Gewinde. Der letztere größere hängt in doppelten Schwungringen, hat eine Nadel von 12,8 Zoll, und verschiedene zur Verification dienliche Zusätze erhalten. In beyden rollet die Achse der
Nadel

Nadel frey auf gläsernen Cylindern, und wird durch angebrachte Schieber ins Centrum gebracht. Bey beyden ward zur Berichtigung der Nadel der doppelt verkehrte Anstrich der Pole, und zu der Observation das Mittel achtdoppelter Stellung der Nadel gebraucht; überdies ist bey der größern Nadel zur Richtung des Schwerpunktes ein Ring mit vier Stellschrauben angebracht. Aus genauer Betrachtung der Ekebergischen Observationen werden hierauf allgemeine Anmerkungen über das Verhalten sowohl der Instrumente, als der magnetischen Kraft überhaupt beygebracht, und diejenigen Verbesserungen und Abänderungen angezeiget, welche in der 1769 vom Herrn Wilcke entworfenen Inclinationscharte nach Maasgebung dieser neuern Observationen, besonders im indischen Meere, nöthig zu seyn scheinen.

Naturlehre.

S. 93. Beschreibt Herr Joh. Abr. Grill die Art der Chinesen ächte Perlen nachzumachen. Des Sommers, zu der Zeit, wenn die Muscheln anfangen sich an die Oberfläche des Wassers heraufzubegeben und im Sonnenscheine offen liegen, lässet man unvermerkt eine mit kleinen Kügelchen von Perlenmutter besetzte Schnur in dieselben fallen, worauf die Muschel sich sogleich mit diesem Fange in die Tiefe begiebt, und wenn selbige im folgenden Jahre wieder aufgefischet wird, findet man die eingelegten Kügelchen mit einer neuen Perlenschale überzogen, welche ächten Perlen völlig gleichet.

S. 236. giebt Herr Bergius die Beschreibung und Abbildung eines seltenen americanischen Gewächses (*Perdicium Laevigatum*), welches der Chirurgus Pibl von Porto-bello mitgebracht hatte.

S. 239. Herr **Gyllenhahl** thut aus genauer Untersuchung und Zeichnung dar, daß die sogenannten **Kryſtalläpfel** und **Kalkballen** Petrificate aus dem Geſchlechte der Echinorum ſind.

S. 329. Herr **Aſcanius** beſchreibt ein neues zu den Moluſcis gehörendes Seethier, *Philine Quadripartita*, welches bey Arendal in Norwegen vierzig Faden tief auf moderichtem Boden vorkömmt.

Mineralogie und Chemie.

S. 28. und 120. Herr **Bench Quiſt** Anderſons Verſuche mit *Terra Puzzolana* und Cementen. Die auf Koſten und Vorſorge des Ritters Jennings aus Italien und Civita Vecchia erhaltene und annoch unzermalmete Puzzolanerde ward von ihm mühſam ſortirt, jede Abänderung für ſich beſchrieben, chemiſch unterſuchet, und daraus der Schluß gemacht, daß der Grundſtoff dieſer Erde ein eiſenhaltiger, verſteinerter und mit Kalkerde vergeſellſchafteter Thon von der Art der ſogenannten Baſalten und gewiſſer eiſenhaltiger Thonſchiefern ſey, der von unterirdiſchem Feuer nach verſchiedenen Graden verſchlackt und calciniret worden. Dieſem zufolge ward eine beträchtliche Anzahl von Cementverſuchen, ſowohl mit der Terra Puzzolana und andern vulcaniſchen Producten, als verſchiedenen ähnlichen, annoch unveränderten, zu dieſer Abſicht aber nach verſchiedenen Graden ausgebrannten Erd- und Steinarten gemacht. Aus allen obigen zur Hälfte mit Kalk vermiſchten und durch Waſſer auf gewöhnliche Art zubereiteten Arten wurden kleine Cylinder formirt, deren Feſtigkeit und Stärke nach zwölftägiger Austrocknung durch angehangene Gewichte beſtimmt, und hier in einer compendiöſen Tabelle vorgeſtellet werden. Härte, Stärke und Unauflöslichkeit im Waſſer machen die Güte der

der Cemente aus, wozu die Zartheit der Theile vieles beyträgt, am meisten aber das gegenseitige Anziehen unter diesen Theilen, dessen Stärke hauptsächlich auf bestimmten Graden der Calcinirung beruhet.

S. 71. beschreibt Herr v. Engström eine gar bequeme Art portativer chemischer Oefen, welche aus zweyen, über- und gegen einander gesetzten, und vermittelst eiserner Ringe und Schrauben befestigten Bleyerztiegeln zu verfertigen sind.

S. 170. Herr Grill hatte aus China eine Art sogenanntes Kien oder natives Alcali minerale mitgebracht, welches S. 172. vom Herrn Engström untersucht und für ein wahres Alcali minerale erkannt wird, dem jedoch ein weniges von fremden Materien, als Salzsäure, Brennbares, Eisen, Kalk und Thon, beygemischet ist.

S. 194. beschließet Herr Bergman die Geschichte von Vereinigung des Quecksilbers mit der Salzsäure, und geht besonders die verschiedenen Arten durch, wie das milde Sublimat verschiedentlich ist und auf die beste Art kann zubereitet werden, worauf ebenfalls die Ursachen der veränderten Wirkungen dieser Präparate und deren Nutzen im gemeinen Leben gründlich berühret werden.

S. 321. theilet Herr Grill abermals den aus China mitgebrachten Poun-xa, oder nativen Borax, aus Tibeth mit, welcher S. 322. vom Herrn Engström näher geprüft wird; der auch sowohl aus der zugleich beygefügten Erde, in welcher der Borax gefunden wird, als noch zwey andern, ihm unter dem Namen Tincal vorgekommenen Stücken zeiget, daß dieser Borax kein Product der Kunst, sondern der Natur sey.

Medicin, Anatomie und Chirurgie.

S. 43. Versuche und Erfahrungen mit Frauenmilch von Herrn Peter Jon. Bergius. Frischgelassene Milch von einer gesunden Amme, welche vermischt vegetabilische und animalische Nahrung reichlich genoß, konnte durch keine von allen derselben beygemischten Säuren, beym Aufkochen aber nur allein von saurem Salz- und Salpetergeiste zum Gerinnen gebracht werden. Eben diese Milch gab in warmer Stube, stillestehend, häufigen Rahm; behielt aber, ohne zu gerinnen oder sauer zu werden, ihre milde Süßigkeit bis auf den letzten Tropfen. Milch von einer Frau hingegen, welche zum Versuche acht Tage lang lauter vegetabilische Nahrung genossen, konnte mit Essig und Salzgeiste, aber keinesweges mit der Vitriolsäure zum Gerinnen gebracht werden, welches dennoch nach achttägigem Stillestehen von selbst erfolgte: woraus, nebst vielen andern für Aerzte nützlichen Betrachtungen, gefolgert wird, daß vegetabilische Diät großen Einfluß auf die Milch einer Amme habe; daß saure Dinge Kindern, ohne Furcht die genossene Milch gerinnen zu machen, können eingegeben werden; und daß eine so milde Nahrung, als Frauenmilch ist, in vielen chronischen Krankheiten, besonders der Lungensucht, mit Vortheile angewandt werden kann und zu gebrauchen ist.

S. 85. berichtet Herr Bierche'n die Geschichte und Cur eines fünfjährigen Kindes, welches eine Aehre vom Alopecurus niedergeschlucket hatte, welche nach Verlauf von fünf Wochen aber durch Magen und Lunge zwischen den Rippen unter dem rechten Schulterblatte herausschwoll, herausgezogen wurde, und der Knabe in dreyen Wochen völlig genas.

S. 164. Herr Odhelius von einer lange nach verrichteter Staar-Operation entstandenen,
aber

Weitläuftigere Recensionen. 43

aber durch eine neue besondere Operation gehobenen Blindheit. Da die zusammengezogene und angefüllte Pupille sich nicht erweitern ließ, ward mit La Fayes Messer die Iris von der Pupille an bis an das Ligamentum ciliare gegen die Nase zu durchschnitten, und das Gesicht durch die erhaltene dreyeckige Oeffnung als durch eine neue Pupille wiederhergestellet.

S. 168. wird diese vom **Cheselden** erfundene, und von Herrn **Richter** in Göttingen beschriebene Art zu operiren vom Herrn Acrell gebilliget, und durch verschiedene Anmerkungen bestätiget.

S. 278. Herr **Hagströms** Anmerkungen vom Fette der Thiere. Er will in den Apotheken nur vom Hunde, dem Schweine, der Gans und der Viper das Fett beybehalten, und diesen noch die frische ungesalzene Butter beyfügen. Inwendig genommen thun diese alle Dienste der gepreßten Oele, statt deren er dieselben auch in verschiedenen Fällen, besonders Husten, mit Nutzen gebraucht hat.

S. 332. giebt Herr **Salomon** verschiedene umständliche Berichte von Kindern, die vom Würgbusten (Morbus strangulatorius) angegriffen, und theils gestorben, theils genesen sind, woraus sowohl, als der

S. 344. vom Herrn **Baeck** beygefügten Zulage, die bey dieser Krankheit in der Luftröhre entstehende zähe Haut, woran die Patienten ersticken, bestätiget, und verschiedene wichtige Momente der nöthigen Heilungsart selbst erläutert werden.

Mathematik und Mechanik.

S. 92. zeigt Herr **Melander**, wie die Differential-Aequation $d^3 ydy + addyddy + bddydy^2 + cdy^4 = 0$ zu integriren sey.

S. 370.

44 **Erster Abschnitt.**

S. 370. Da in Schweden verschiedene Arten von Maaß und Gewichten die Gestalt abgekürzter Kegel und Pyramiden haben müssen, so zeigt Herr Plantin, auf was Art die Modelle, nach welchen selbige gegossen werden, geometrisch zu bestimmen und genau zu berechnen sind.

S. 132. beschreibt Herr Rinman sehr umständlich und genau den Bau der Walz- und Schneidewerke, nebst deren vortheilhaftesten und neuesten, größtentheils von ihm selbst dabey angebrachten Verbesserungen.

Oekonomie und Haushaltungskunst.

S. 79. geben Herr Strandbergs Anmerkungen über die Fischerey in dem See Hielmar verschiedene, dieser reichen Fischerey theils nachtheilige, theils vortheilhafte Umstände zu erkennen. Man soll der jungen Brut und der Fische selbst in der Laichzeit mehr schonen, auch selbige von gar zu flachen Ufern abzuhalten suchen.

S. 84. zeigt ebenderselbe die merkwürdige Zunahme der Einwohner in dem Kirchspiele Lennäs im östlichen Nerike an, welche er dem reichlichen Fischessen, als einer sehr gesunden Speise, zuschreibt.

S. 157. liefert der Bischof Friis einen umständlichen Bericht von der Brygd-Fischerey (Squalus Maximus Linn.) im nordlichen Norwegen. Dieser Fisch wird hauptsächlich seiner großen Leber wegen oft mit Gefahr und Verluste gesucht, und mit Harpunen gefangen.

S. 179. Herrn Brauners Versuche und Erfahrungen, dem Miswachse bey der Frühlingsaussaat vorzubeugen. Es kömmt hauptsächlich

lich darauf an, daß das Saatkorn nicht in dürre, sondern feuchte Erde kömmt, zu welchem Ende dasselbe nicht nur mit Nutzen vorher eingeweichet, sondern auch in neugepflügte offene Furche ausgesäet und von der Egge sogleich bedecket wird.

S. 276. Ebenderselbe vom Nutzen, den zur Aussaat bestimmten Roggen zu räuchern.

S. 283. bestätigt der Baron *Orenstierna* aus eigner, mit 70 Stücken angestellter Erfahrung, daß klein zerhacktes Fichtenlaub (Granris) zur Ausfütterung der Ochsen, der Kühe, ja selbst der Pferde, ohne Schaben und mit Vortheile könne angewandt werden.

S. 285. schließt Herr *Melander* aus verschiedenen über das Brandkorn im Waizen gemachten Anmerkungen, daß wenigstens eine der Ursachen desselben im magern Acker liege.

S. 361. beschreibt Herr *Wåström* umständlich den Bau einer von ihm erfundenen Art kleiner Darren zum allgemeinen Hausbehufe, welche zum Trocknen des Getreides statt der geheizten Badstuben dienen, und schon von vielen mit Vortheile versuchet worden sind. Man gewinnet dadurch an Zeit, Arbeit und Feurung ein Merkliches.

VII.

Vier zu Lund unter dem Vorsitze des Herrn Dr. *Munck* gehaltene philologisch-kritische Disputationen von folgenden Respondenten:

D. S. Bodin Diss. hist.-crit. de Lectionibus variantibus Textus Hebr., speciatim Kennicotti. 20 Quartf.

E. P. Bethen Diss. philol.-crit. de Lectionum variantium V. T. usu et abusu. 22 Quartf.

C. T. Mon-

C. T. Montan Diss. phil.-crit. de Instituti Kennicotiani usu et abusu. 26 Quartf.

R. I. Bruzelius Diss. crit.-phil. sistens Accentuationem dicti 1 Sam. 6, 19. Kennicoto aduersum. 13 Quartf.

Der Inhalt dieser Disputationen fließt aus einerley Quelle, und macht gewissermaßen ein System der Denkungsart über einen Theil der hebräischen Litteratur auf jener hohen Schule aus, daher sie aus dem hernach folgenden Abschnitte der akademischen Disputationen nicht uneben herausgerissen werden, und ihre Anzeige bey der nöthigen Ausführlichkeit ganz bequem im voraus hier einen Platz einnimmt.

Von den heiligen Schriften haben wir nicht mehr die Urschriften. Sie sind verloren gegangen. (§. 1.) — Es wurden also Abschriften davon in den ältesten, und aus jenen in den spätern Zeiten gemacht. Diese werden von den Kritikern in die öffentlichen Codices convolutos der Synagogen, oder die zum Privatgebrauche dienenden Codices quadratos eingetheilt. Jene sind auf Pergament ohne Punkte geschrieben, und enthalten allein Mosis Bücher; in diesen finden sich auch die übrigen heiligen Bücher mit beygesetzten Punkten, auch oft beygeschriebener chaldäischer Version oder der Masora. (§. 2.) — Obgleich nicht alle Handschriften verdorben worden, so hat doch leichtlich hie und da eine Aenderung vorgehen können. Diese nennt man Lectiones variantes, und sie sind theils älter theils neuer. Zu jenen gehöret das Keri und Kethib, das Piska, und diejenigen, welche in den orientalischen, das ist, babylonischen, und abendländischen, das ist, palästinischen, angetroffen werden. (§. 3.) — Diese hat Houbigant in seinen Bibliis Hebr. cum notis criticis, Lutet. Par. 1753. gesammelt, und nun sammelt sie Kennikott in

seinem

seinem bekannten Bibelwerke. (§. 4.) So weit der Inhalt der ersten.

Nach vorausgesetzter Unverfälschung des hebräischen Textes (§. 1. der zweyten Disp.) findet gleichwohl eine Verschiedenheit der Handschriften statt. (§. 2.) — Freylich je älter eine Handschrift ist, desto vorzüglicher ist sie; weil aber die Unterschriften sehr betrüglich, und nach dem Urtheile aller Kritiker keine sichere Kennzeichen auszumachen sind, auch keine hebräische Handschrift leichtlich über 1000 Jahre alt ist (§. 3.): so scheine aus ihrer Vergleichung kein großer Vortheil entstehen zu können; und der Verfasser ist also der Meynung, daß unter der göttlichen Vorsehung in den zur Seligkeit leitenden Schriftstellen keine Verfälschung vorgegangen. Es sey also ein großer Misbrauch, die Varianten ins Unendliche zu vermehren; übel geschähe es durch die Aufnahme der aus den Kirchenvätern angezogenen und von unserm Texte abweichenden Aussprüche; auch sollten die offenbaren Schreibfehler nicht angemerket, und die Varianten aus keinem Privatwillkühre oder bloßen Muthmaßungen in den Text aufgenommen werden. Die Frage: Ob man nun den gebräuchlichen Text nach der Verschiedenheit der Handschriften umändern solle? verneinet er. Theils seyn die ältesten Ausgaben des hebräischen Textes nach den besten Handschriften abgedrucket, und die spätern nach jenen oder nach guten Handschriften verbessert worden; theils würde dadurch der Originaltext ganz ungewiß werden. (§. 4.) — Daraus schließt er nun, daß wenig Nutzen von den Varianten und Handschriften zu hoffen sey: denn die jetzigen reichten nicht bis zum sechsten Jahrhunderte, und damals hätten die Masorethen den Text in diejenige Ordnung gebracht, der unser gedruckter Text gefolget wäre; man handele also übel, wenn man ihn herabsetze. Man könne zwar die Handschriften vergleichen,

gleichen, aber hauptsächlich sollte es in Absicht der Punkte und Accente geschehen, obgleich der göttliche Ursprung derselben hinlänglich gesichert wäre. Man sollte die Varianten bemerken und bekannt machen, dadurch würde die Unverfälschtheit des heutigen Textes desto deutlicher dargethan werden, wie das bey dem Neuen Testamente des Mills statt fünde. Inzwischen solle man sich der Aenderung des bis jetzt gedruckten hebräischen Textes enthalten, bey Dingen von Wichtigkeit aber, worin die neuern Ausgaben von den ältern abwichen, zu der Uebereinstimmung und dem Zeugnisse bewährter Handschriften seine Zuflucht nehmen, um daraus zu entscheiden, welcher Ausgabe man folgen solle. Von des Kennikotts Bemühungen müsse man endlich nicht mehr Vortheile erwarten, als billigerweise erwartet werden könnten. Hiervon findet man nun das Weitere in der dritten.

Der V. derselben zeiget gleich anfänglich an, daß er nichts weiter als über Kennikotts Grundsätze urtheilen wollen. (§. 1.) Solcher behaupte: 1) die bisher gedruckten hebr. Bibeln stimmten mit den neuern und schlechtern Handschriften überein, giengen aber von den ältern ab. Der V. antwortet, weil nach aller Geständnisse bey weitem keine hebr. Handschrift das Alter von 1000 Jahren erreiche, also keine, die aus den Urschriften ab- und vor den tiberiensischen Masorethen im sechsten, oder vor den Talmudisten im zweyten oder dritten Jahrhunderte geschrieben wäre, die vorgeblich neuern aber von guten alten abgeschrieben seyn könnten: so dürfe in den angenommenen Lesearten auch bey gefundenem Unterschiede nichts geändert werden. (§. 2.) — 2) Die ältesten Handschriften kämen weniger mit dem gedruckten Texte, mehr aber mit dem Zusammenhange der Stellen selbst, den Anführungen im N. T, und den alten Ueber-

setzungen

setzungen überein. Der V. will es abwarten, bis K. dies durch seine Bibelausgabe zeige. Inzwischen erinnert er, daß der Zusammenhang eine schlüpfrige Erkenntnißquelle abgebe, die Anführungen nicht immer den Worten, sondern nur dem Verstande nach, und dabey auf eine freye Weise geschehen wären, und zuvor eine Berichtigung der alten Versionen und ihrer Ausgaben, welche aller Eingeständnisse nach noch in großen Zweifeln und Dunkelheiten vergraben seyn, besorget werden müßte, und füget hinzu, daß die vorgeblich alten Handschriften vielleicht fehlerhafter abgeschrieben seyn könnten, als die neuern, die oft aus noch ältern abgeschrieben worden. (§. 3.) — 3) Eine der ältesten engländischen Handschriften des Pentateuchs welche in 2000 Varianten von dem gedruckten Texte ab, mache die heil. Urschrift klärer, und stimme mehr mit den alten Uebersetzungen zusammen; in einer hebr. Handschrift fänden sich 700 von dem gedruckten Texte abweichende, aber mit dem samaritanischen Pentateuch übereinkommende Wörter, und in einer andern seyn über den Esaias auf 1000 Varianten. Das Entscheidungsrecht hierin will der V. nicht dem R. allein einräumen, seine Varianten aus einer und der andern Handschrift allererst durch mehrere bestätigt sehen, den samaritanischen Text nicht von allen Fehlern frey sprechen, den Uebersetzungen nur eine bejahende Stimme, wenn sie mit dem gedruckten Texte übereinstimmen, nicht aber eine verneinende, wenn sie davon abgehen, einräumen. (§. 4.) — 4) Einige Kritiker hätten den gedruckten hebr. Text für fehlerfrey, andere für fehlerhaft gehalten, aber dabey gemeynt, daß die Veränderungen durch Handschriften wenig oder gar nicht verbessert werden könnten; ja man habe ohne Grund geglaubt, daß alle Handschriften unter einander übereinstimmten, ob sie gleich sehr von einander abgiengen; selbst die Bibel von 1494, deren sich Luther bedienet hätte, welche sehr von den neuern gedruckten Ausgaben ab. Mit vieler Bescheidenheit gesteht der V. Schreib- und Druckfehler ein, und will solche durch eine Vergleichung mit andern Exemplaren verbessert wissen, ist aber der Meynung, daß die göttliche Vorsehung nicht zugeben würde, daß ein besserer Codex verlassen, und ein schlechterer abgedrucket würde; die Vergleichung aber müßte mit der von ihm anempfohlnen Behutsamkeit geschehen. Schreib- und Druckfehler müßten also nicht in Anschlag kommen, und die Codices conuoluti der Synagogen den Quadratis der Privatleute vorgezogen werden. (§. 5.) — Die Antworten, welche K. auf die Einwürfe seiner Gegner, als ob eine Vergleichung der Handschriften unnütz wäre, giebt, läßt der V. meistentheils gelten, hin und wieder aber zeigt er auch das Unrichtige darin. Z. E. einmal berufet sich K. auf die Versionen überhaupt, ein andermal aber behauptet er die Unrichtigkeit der chaldäischen. (§. 6.) — Endlich neiget sich die Abhandlung auf den Gebrauch und Misbrauch der Kennikottschen Unternehmung. Sie scheint dem Verfasser lobenswürdig; nur will er nicht, daß K. ein andrer Houbigant werde. Es kömmt ihm seltsam vor, daß K. die Handschriften, woraus unser gedruckter Text hergenommen ist, so herabsetzet, und andere so sehr erhebt; wünschet, daß die Religionsfeinde keine Gelegenheit zur Bestärkung ihrer Angriffe daraus hernehmen möchten, und überläßt es, unter brünstigen Wünschen für die Aufrechthaltung des unverfälschten göttlichen Worts, den damals eben zum Reichstage versammleten Reichsständen, ob man die damals beschlossene neue schwedische Uebersetzung des A. T. nach dem bisherigen Texte, oder nach K. Handschriftensammlung verfertigen solle. Der Rec. kann nicht umhin, dieser Dissertation in den meisten Stücken seinen Beyfall zu geben.

ben. Der Verfasser derselben hat über K. Arbeit solche Aeußerungen gethan, und eine Art von Mittelweg betreten, den im Jahre 1772 wenige einschlugen, und entweder übermäßig große Vortheile oder Nachtheile daraus vermutheten. Beynahe erwartete man ein ganz anderes A. T. und eine große Aenderung in dem daraus bis jetzt bekannten Lehrbegriffe der Christen und Juden. Eine thörichte Erwartung! deren Ungrund man aus der Variantensammlung des N. T. zur Gnüge abnehmen können, und bedenken sollte, daß der verschiedene Lehrbegriff der Christen und Juden aus einerley Quellen nicht seit dem Anfange der Buchdruckerey, sondern aus Handschriften entstanden, von welchen unsere jetzt vorhandene ältesten kaum Enkel oder Urenkel sind. So sehr man dem Verfasser Recht geben muß, wenn er die Schlüpfrigkeit des Kennikottschen Grundes von der Uebereinstimmung seiner Handschriften mit den alten Versionen in seiner Blöße darstellet: so schlüpfrig ist es gleichwohl, wenn er sich bey der reinen Erhaltung unsers Textes immer auf die göttliche Vorsehung berufet. Man muß doch stets sich erinnern, daß es eine weislich zulassende Vorsehung giebt, die nicht allen Unfug auf Erden mit Gewalt hindert. Auch dürften die Religionsfeinde bey dem Variantenwuste nicht gewinnen; ihnen wird vielmehr noch der Schlupfwinkel, wohin sie, wenn sie nicht weiter kommen konnten, selbst Voltaire, ihre Zuflucht nehmen mußten, versperret, als ob es nämlich ununtersuchte Codices gäbe, worin sich, Gott weiß! was für Dinge zur Bestärkung ihres Unglaubens fänden.

Die vierte liefert anfänglich eine Probe, wie man nach der Grammatik den Vers accentuiren müsse, und sich denn daraus ergebe, daß K. in seiner Hypothese Unrecht habe *). Jenes kann immerhin für einen lernen-

D 2 den

---

*) Darüber sehe man die unter eben dem Praeside in diesem Jahre von J. Riber vertheidigte Dissertation an seinem Orte nach.

den in der hebr. Sprache seinen Nutzen haben; wenn aber das hier mit der mehrmaligen Wiederholung des Liedes von dem göttlichen Ursprunge der Accente geschieht, so muß der Rec. darüber ein Wort sagen. Er stimmte auch so lange in dasselbe ein, bis er selbst in dem Oriente war, und aus dem Augenscheine lernte, wie es mit Sprachen gehe, denen die Vocale nicht durch Buchstaben, sondern durch Zeichen zugefüget sind. Er sah, daß die türkischen und persischen Inschriften, welche für Sprachverständige und Erwachsene ausgefertiget waren, ohne, diejenigen aber, welche für die Kinder zum Erlernen der Sprache, oder für Unkundige bestimmet waren, mit Zeichen, aber selten mehr als in schwerern Wörtern versehen waren. Er fand, daß in den alten arabischen Büchern, z. E. dem Korane, weil die Sprache darin entweder schon überhaupt aus dem Gebrauche gekommen, oder den Türken nur durch Erlernung derselben bekannt ist, viele, oder wohl gar alle Zeichen beygefüget waren; und sollten diese Sprachen in dem Oriente nach und nach so aus der Bekanntschaft kommen, wie das alte Hebräische, so werden jene Völker ihre Vocale und Unterscheidungszeichen weit mehrern und endlich allen Wörtern beyfügen, und wird dann vielleicht eben auch so, wie bey uns von den Rabbinen her, behauptet werden, wenigstens mit gleichem Rechte behauptet werden können, dergleichen Schriftzeichen seyn vermittelst des Muhammeds göttlichen Ursprungs und mit den Consonanten gleichen Alters. Gewiß sind diese grammatikalischen Kleinigkeiten nicht das Gepräge des Ursprungs, sondern der weitern und mehrere Jahrhunderte erfordernden Cultur einer Sprache, woran bey den Masorethen und Rabbinen religiöse Aengstlichkeit und auch wohl Aberglauben Theil hatten, welche unter der göttlichen Vorsehung bey der mehr und mehr aussterbenden und nun ganz ausgestorbenen Sprache nützliche Folgen gehabt haben. Was hier von den Vocalen gesagt wird, gilt noch mehr von den
Accenten,

Accenten, die weit unerheblicher und unentbehrlicher sind als jene. Die Punctation unserer Bibel vertritt also einen seines Alters halben ehrwürdigen, jedoch keinen untrüglichen Zeugen, nämlich: wie man ohngefähr vom 2ten bis 5ten Jahrhunderte die hebräischen Wörter gelesen habe. Deswegen aber, wie andere hinlänglich bemerket haben, ist diese Punctation nicht ganz willkührlich gerathen. Denn viele, zumal durch unrichtige Punctation leichtlich zum Mißverstande führende Wörter, sind, wie bey den Morgenländern noch geschieht, zur Warnung der Leser, besonders der Unkundigen, auch in der damals noch lebenden hebräischen Sprache punktiret worden, nur nicht gleich mit so vielen Puncten und ihren Zeichen, wie nun die grammatikalisch gekünstelte hebräische Sprache hat, sondern anfänglich mit einfachern; wie sich ja die Araber mit dreyen Zeichen begnügen; und so nach und nach von den Grammatikern diejenigen herausgekünstelt worden, welche wir noch jetzt haben. Auch fehlet es darüber nicht an zureichenden Gewährsmännern aus der Geschichte, und dann verräth es Eigensinn oder gar Hartnäckigkeit, forthin die Göttlichkeit der Punctation zu behaupten, und daraus Aussprüche und Lehren zu bestärken, welche dieser unnöthigen Stützen nicht brauchen und durch sie nicht göttlicher werden. Höchstverkehrt würde es inzwischen seyn, diese Punctation willkührlich zu verlassen, da sie zu den Zeiten eingeführt ward, wo die hebräische Sprache noch nicht so aus der Gewohnheit gekommen war, als heut zu Tage; und die Rabbinen verdienen deswegen unsern schuldigen Dank.

VIII.

Okyskhetens skadeliga påfölgder etc. (Die schädlichen Folgen der Unkeuschheit aus der Vernunft, der Offenbarung und der täglichen Erfahrung dargethan.)

dargethan.) Stockh. 1772. 91 S. in 8. bey Wennb. und Nordstr. 5½ Sch.

Die Abhandlung des ungenannten Verfassers, welches Herr Fr. Westerdahl seyn soll, der ein paar Jahre zuvor *Underrättelse om Hälsans Bevarande* herausgegeben, zerfällt in zwey Kapitel — Das erste hat zur Ueberschrift: daß die Tugend uns allein auf Erden glücklich mache. Die Vortrefflichkeit der menschlichen Natur und der heilige Endzweck des Schöpfers werden hier natürlich zum Grunde gesetzt. (§. 1.) — Auffallend ist es, daß ein Theil der Menschen, das für Ordnung hält, was der andere verachtet, und daß es diesemnach gleichgültig seyn soll, wie beyde Geschlechter mit einander umgehen. Einige geben vor: das natürliche Gesetz verbiete dem Menschen die Ausübung der fleischlichen Lüste nicht, wozu er die Kräfte bekommen hätte; menschliche Gesetze dürften ihn hierin nicht einschränken; man müsse der Natur folgen, die dazu reize; man könne nicht gleich Frau und Familie unterhalten. Der V. erwiedert darauf mit Recht: der Mensch habe Vernunft, solle kein Thier werden, habe auch das Vermögen erhalten, die Leidenschaften zu dämpfen, und könne durch nichts von der Keuschheit losgesprochen werden. (§. 2.) — Die Sittenlehre stellet Keuschheit und Unkeuschheit als gerade mit einander streitend vor. Es entstehe also die Frage: Ob unverheurathete Personen die der menschlichen Gesellschaft schuldige Tugendübung aufheben können? Mit nichten! Sie werden dadurch ein freches Gesindel. Es ist ein himmelweiter Unterschied, sogar nur nach der Wollust abgemessen, zwischen der Verehlichung mit einer ehrlichen Witwe und einer Hure. Bey den heidnischen Griechen und Römern wurden Hurer und Huren für Greuel gehalten. (§. 3 — 7.) Er wirft weiter die Fragen auf: Ist es anständig in Gesellschaften ein Herold der Unkeuschheit zu seyn? Kann jemand ein tugendhaftes Mitglied der menschlichen Gesellschaft seyn, der die Ehrbarkeit beleidiget, und andere, sie zu übertreten, verleitet? Beweiset dergleichen Zusammenkuppelung Ordnung in der menschlichen Gesellschaft? Ist es für jemanden anständig, die Lüderlichkeitswinkel zu besuchen? Ist es für Standespersonen würdig, mit lüderlichem Gesindel Umgang zu pflegen, indem dadurch leichtlich Geheimnisse verrathen werden können? (und wie der Réc. hinzusetzet, oft verrathen worden sind.) Eben so unvernünftig, unordentlich, schändlich, ja noch weit mehr ist dies bey verehlichten Personen. (§. 8 — 13.) — Den Ehestand aufheben und eine Gemeinschaft beyder Geschlechter einführen zu wollen, ist gar rasend. Treue, Familienordnung, Volksmenge würden alsdenn aufhören, und zugleich die Ordnung und der Anstand aufgehoben werden, den man der menschlichen Gesellschaft schuldig ist. (§. 14. 15.) — Welches von beyden Geschlechtern ist hier aber am meisten schuldig? Meistentheils glaubt man, das weibliche; allein das männliche nicht weniger, ja es ist gewissermaßen am schuldigsten. Die Freyheit des Jünglings und die Anleitung der Jungfrau zur Schönheit trägt dazu viel bey, obgleich die Keuschheit die eigentliche Beylage der Natur ist, daher sie überall geschätzet wird und man sich der Unkeuschheit im Allgemeinen schämet. (§. 16 — 21.) — Das zweyte Kap. (von S. 31 bis E.) hat die Worte aus Johannis 2ten Ep. zur Ueberschrift: **Wer da übertritt und bleibt nicht bey der Lehre Christi, der hat keinen Gott!** — Hier wird die Heiligkeit Gottes und die Häßlichkeit aller, besonders der Unkeuschheitssünden, aus dem Alten und Neuen Testamente gezeiget (§. 1.), und die Frage aufgeworfen: Ob die Vernunft in ihrer Pflicht etwa versäumete uns zu erinnern, daß dergleichen Lüste auch Laster wären? Keinesweges! nur wird jene von diesen oft beherrschet und überwunden. (§. 2.) — Kann denn das Gewissen dazu schweigen? Nein! Es klaget uns an, verurtheilet

theilet und ängstiget uns, (§. 3.) — Die Folgen dieses Lasters sind schwer. Schon eine jede Sünde führet auch ihre Strafe mit sich; Unfall ist mit der Sklaverey der Leidenschaften verbunden; Unglück folget solchen Thoren in guten und bösen Tagen nach; Irrthum und Auszehrung sind ihr Lohn; Verminderung oder wohl gar Durchbringung des Vermögens die Beylage; auf Ehegatten und Kinder kömmt Elend; die göttlichen Strafen bleiben nicht aus, und die Besserung ist oft unmöglich. (§. 4 — 15.) — Er beantwortet hierauf den Einwurf, ob nicht viele Heurathen ein blinder Zufall wären? aus der Schrift; zeiget, wie leichtsinnig und oft wider Gottes Willen die Menschen da zu Werke gehen; schlägt das Suchen göttlicher Hülfe vor, und berühret die unangenehmen und traurigen Folgen der zufälligen und aus unrichtigen Absichten geschlossenen Heurathen. (§. 16. 17.) — Nachdem er endlich die Vielweiberey bestritten, (§. 18.) giebt er folgende Mittel eines tugendhaften Lebens an: Erziehung, Sittenaufseher, Abhelfung der Ueppigkeit und Schwelgerey, Ausweichung des Concubinats, Untersuchung bey dem Krieges- und Seevolke, um den venerischen Krankheiten zuvorzukommen, Schärfe der Gesetze und Vermeidung alles Heurathszwanges; und schließt die ganze Abhandl. mit einem Gebete. (§. 19. 20.) — Ohnerachtet darin offenbar viele gute Gedanken vorkommen, die als ein Wort zu seiner Zeit geredet angesehen werden können: so wäre doch wohl mehrere Ordnung in dem Ganzen des Vortrags, mehrere Freyheit darin, und hie und da bald mehrere Abkürzung, bald mehrere Ausführlichkeit zu wünschen, damit es ein Lesebuch auch für Witzlinge und Vornehme abgeben könnte. So wie es jetzt ist, scheint es nur für Leser von einer gewissen Klasse lesenswürdig zu seyn. E.

Zweyter

Zweyter Abschnitt.
Kurzgefaßte Recensionen
nach
den verschiedenen Wissenschaften.

I. Gottesgelehrsamkeit.

Barna-Bibel. (Kinder-Bibel.) Wåster. 1772. 8. Neue Aufl. 122 S. 6 Sch.

Es sind hier unter gewisse Artikel, welche mit dem von Gott anfangen, und mit dem von den so genannten letzten Dingen aufhören, zuerst einige Lehrsprüche der heil. Schrift gesammlet, alsdenn einige damit übereinstimmige Verse aus Gesängen verbunden, und zuletzt mit einem Gebete beschlossen worden. Die letzten scheinen für die Absicht oft etwas zu lang zu seyn.

Barna-Frågor i Christendomen och Bibliska Historien. 1772. 8. 2 Bogen. Stockh. bey Fougt. 2 Sch. 2te Aufl.

Diese Kinder-Fragen im Christenthume und der biblischen Geschichte sollen den um das Erziehungswerk in Schweden verdienstvollen Herrn Probst und Hofprediger Thenstedt zum Verfasser haben. Sie sind an sich kurz, und auch mit Hinweisung auf die Stellen in der Bibel kurz beantwortet.

Beatty (C.) *Guds Nådes Verk* etc. (C. B. Gottes Gnadenwerk unter den Heyden; erstes Stück, welches ein Tagebuch einer zweymonatlichen Reise auf den Pensylvanischen Gränzen, zuerst zu den Christen, hernach zu den Heyden u. s. w. in sich enthält; von C. Beatty in englischer Sprache herausgegeben.) Stockh. 1772. bey Fougt. 89 Octavs. 4 Sch.

Die Societät Pro Fide et Christianismo hat die schwedische Uebersetzung veranstalten lassen. Vermuthlich ist der Tractat auch deutsch in den Klosterbergischen Sammlungen anzutreffen.

Betrak-

Betraktelser, Christeliga, at nyttjas af de enfaldiga etc. (Christliche Betrachtungen zum Gebrauche der Einfältigen auf jeden Tag im Jahre.) Stockh. 1772. bey Stolpe. gr. 12. 6 Sch. 8 r.

Dieß ist bloß der erste Theil für die ersten drey Monate. Der ungenannte Verf. versichert, diese Betrachtungen zu seiner eigenen Erbauung aufgesetzt zu haben. Er habe sie nicht für die Klugen (doch wohl nicht für Unkluge?) und Gelehrte geschrieben, sondern nur für die Einfältigen; und wenn diese drey Monate Beyfall fänden, so wolle er auch dergleichen für die übrigen Quartale herausgeben. Die Einrichtung gleichet derjenigen, die in dem so genannten Schatzkästlein angetroffen wird. Ein Spruch aus der Bibel oben, die Betrachtung darunter, und endlich ein kleines Gebet mit einem Verse, so daß ein jeder Tag ein Blatt, weiter oder enger gedruckt, einnimmt. Ob das Büchelchen den Unklugen und Einfältigen gefallen habe oder nicht, kann der Rec. nicht sagen; fast sollte er das letzte vermuthen: denn es war bis 1780 noch keiner der andern drey angesetzten Theile heraus gekommen. Eine Probe von der Arbeit zu geben, wäre nach dem Vorberichte des Verfassers unnöthig.

Bald (A.) tolf Christendoms Reglor. (B. Zwölf Christenthums-Regeln.) Stockh. 1772. 8. bey Holmberg.

Sind zur Belehrung des gemeinen Haufens aufgesetzt.

Concordants öfver den Svenska Psalmboken etc. (Concordanz über das schwedische Gesangbuch, die den kürzesten Weg anweiset, die hauptsächlichsten darin vorkommenden Materien aufzufinden.) Upsala 1772. 8. 15½ Bog. 16 Sch.

Der Titel des Buchs ist Recension genug.

D. Doddridge (Ph.) om den Christna Religionens Vißhet. (Von der Wahrheit der Christl. Religion.) Stockh. 1772. 125 Octavseiten. 6 Sch. bey Fougt.

Ist durch Besorgung der Societät Pro F. et Christ. aus dem Englischen übersetzt worden. Bey den dem Texte unten zugefügten Noten ist kein Zeichen befindlich, um diejenigen, die dem Verfasser zugehören, von denen zu unterscheiden, welche von dem Uebersetzer herrühren.

Enroths (Haq.) *den korta och oskattbara Nådenes Tid* etc. (S. Kurze und unschätzbare Gnadenzeit, wie sie von allen Menschen müsse gehörig wahrgenommen, recht genutzet und gebrauchet werden, und zwar besonders in Rücksicht auf unser kurzes und ungewisses Leben.) Wäst. 1772. 14 Bog. 8. zweyte Aufl. 9 Sch. 4 r.

Dieser Tractat ist aus dem Dänischen übersetzt; doch wird von der Urschrift nicht die mindeste Nachricht gegeben. Zur Ueberschrift, und als eine Summe der Abhandlung, sind die Worte: Schicket euch in die Zeit! Eph. 5, 16. erwählet; und nach einer Einleitung auf 10 Seiten folgende sechs Punkte nach einander betrachtet worden: 1) Was für eine Waare der Apostel feil habe? Die Zeit. 2) Wie und mit welchem Gelde sie erkaufet werde? 3) Wer sie kaufen solle? 4) Wo und woher man sie kaufen müsse? — Von eiteln Gedanken, unnützen Reden und fleischlichen Handlungen. 5) Zu welchem Nutzen und Gebrauche? 6) Was uns dazu bewegen solle? — Mit einer Betrachtung über Tod, jüngstes Gericht, und der Gottlosen Strafe in der Hölle wird der Schluß gemacht.

Francken (H.) *Gudeliga Lefnads Reglor.* (F. Göttliche Lebensregeln.) Stockh. 1772. 8. bey Karlbohm.

Ist im Deutschen hinlänglich bekannt.

Guldberg (Ove) *En omvänd Fritänkares Lefvernes Beskrifning.* (G. Lebensbeschreibung eines bekehrten Freygeistes.) Stockh. 1772. 9 Bog. 8. bey Langen. 8 Sch.

Ist von dem im Uebersetzen sehr bekannten Schulmanne, dem Herrn Rector Rönigk, aus dem Dänischen übersetzt wor-

worden; ohne doch die mindeste Anzeige von dem Originale noch der Methode in der Uebersetzung zu thun, welches von keinem Uebersetzer unterlassen werden sollte.

Handbok. (Handbuch, worin die Anweisung ertheilet wird, wie der Gottesdienst mit christl. Cärimonien und Kirchengebräuchen verrichtet werden soll.) Stockh. 1772. ohngefähr ¾ Alph. 4. bey Stolpe. 16 Sch).

Das ist die gegenwärtig in Schweden gebräuchliche Liturgie, welche in verschiedenen Formaten und an mehrern Oertern im Reiche gedruckt worden. Nach der Reformation litte die Liturgie verschiedene Veränderungen, bis eine vermehrte und verbesserte zu Stockh. 1599 erschien, die 1608 übersehen, und 1693 der neuen Kirchenordnung gemäß eingerichtet ward. Hiervon sind alle bisherigen Ausgaben abgedruckt worden. Nach Königs Carl Edicte und des Upsalischen Erzbischofes P. Kennivii Vorrede folget die Liturgie selbst in folgenden 10 Kapiteln: — Von der Taufe; der Nothtaufe; der Juden- Türken- Mohren- und Heydentaufe; dem Gottesdienste an den Sonn- Fest- Bet- Dank- und andern heiligen Tagen; der Copulation; dem Kirchgange der Sechswöchnerinnen; den Krankenbesuchen; den Begräbnissen; der Behandlung der hinzurichtenden Missethäter. Die Litaney und andere Gebetsformeln machen den Beschluß.

Handlingar om en ny förbättrad Bibel-Version. (Documente von einer neuen verbesserten Bibel-Uebersetzung.) Stockh. 1772. 2 ½ Bog. 4 bey Pfeifern.

Hievon kann man in den Actis historico-ecclesiasticis Vinariensibus nostri temporis, Th. 2. S. 285. u. s. w. nachsehen. Nur ist durch einen Druckfehler das Jahr der Ausgabe der vorstehenden Schrift um eins später, nämlich auf 1773, angesetzt worden. S. 311-319 daselbst ist ein hinlänglich ausführlicher Auszug dieser Documente befindlich. Noch weitläuftiger trifft man es in Hrn. D. Schinmeiers Versuche einer schwedischen Bibel-Uebersetzung St. 3. S. 167-180. an, so daß der Recensent eines weitern Berichts davon überhoben seyn kann.

Her-

Herveys (S.) *Betraktelser och djupsinnige Tankar.* (H. Betrachtungen und tiefsinnige Gedanken.) Erster Theil. Nyköping, 1772. 9 Bog. in 12. 8 Sch.

Dieser erste Theil enthält des bekannten Engländers Betrachtungen bey den Gräbern, Anmerkungen bey einem Blumengarten und Auslegung der Schöpfung. Der 2te Theil war bis 1780 noch nicht heraus.

Hübners (I.) *Biblifka Historier.* (H. Zweymal zwey und funfzig ausgesuchte biblische Historien aus dem A. und N. T.) Wäst. 1772. 1 Alph. 7 Bog. in 8. vierte Aufl. 16 Sch.

Außer der Vorrede und einer vorstehenden kurzen Unterweisung von den zur Seligkeit nöthigsten Stücken, sind hier die bekannten biblischen Historien des sel. Hübners mit eingedruckten groben Holzstichen, so wie die gewöhnlichen deutschen Ausgaben, abgedruckt.

Iacobi (I. F.) *Anledning til en förnuftig och christelig Sinnes-Författning emot Dödsfrugtan.* Stockh. 1772. 126 Octavseiten, bey Nordström. 8 Sch.

Diese Jacobische Anleitung zu einer vernünftigen und christlichen Gemüthsfassung gegen die Furcht vor dem Tode ist von Alnander übersetzt, und mit des Hrn. D. Rosen Anmerkungen versehen worden. Der Name dieser beyden Männer leistet für die Güte der Uebersetzung hinlängliche Bürgschaft.

Meade, so när en Christen. (M. Beynahe ein Christ.) Upsala 1772. 8. 10 Sch. 8 r.

Dieser Tractat ist von Joh. Wikström aus der deutschen Uebersetzung in das Schwedische übersetzt worden. Warum nicht lieber aus der Urkunde?

Neumeisters (E.) *Tilgången til Jesu Christi Nåda-Stål* etc. (M. Zugang zu J. C. Gnadenstuhle, oder christl.

christl. Gebete vor und nach dem Genusse des heil. Abendmahls, seines vortrefflichen Inhalts wegen zum drittenmale aufgelegt, und mit 20 dazu schicklichen Gesängen vermehret.) Wäster. 1772. 166 Duodezseiten. 4 Sch. 8 r.

Diese Gebete sind in der Ursprache hinlänglich bekannt.

Nibelii (I.) En Christens Resa igenom den stenige Arabien til Himmelen etc. (N. Eines Christen Reise durch das steinigte Arabien zum Himmel, in einem Gespräche zwischen Mosen und Paulum.) Wäst. 1772. 8. 5 Sch. 4 r.

Der Uebersetzer sagt nicht, ob er diesen Tractat (vermuthlich des Bunians) aus dem Originale selbst, oder aber einer andern Uebersetzung verfertiget habe. Dergleichen Nachläßigkeit müßte sich billig kein einziger Uebersetzer zur Schuld kommen lassen.

Pantoppidans (D. E.) Afton-Stunder etc. (P. Angenehme Abendstunden oder verschiedene Gespräche.) Wäst. 1772. 8. 4 Bog. 4 Sch.

Ohne weitere Anzeige steht blos auf dem Titel, daß diese Gespräche zwischen dreyen vertrauten Freunden, Philemon, Cato und Evander, aus dem Dänischen übersetzt seyn.

Pantoppidans (D. E.) urgamla och enfaldiga Christendom. (P. Uraltes und einfältiges Christenthum.) Stockh. 1772. 8. bey Stolpe. 13 Sch. 4 r.

Dieß aus dem Dänischen übersetzte Buch eines überall rühmlichst bekannten Schriftstellers stellet das Wesentliche in der christlichen Glaubens- und Sittenlehre blos mit Jesu und der Apostel eigenen Worten vor, ohne die geringste Mischung menschlicher Deutungen und Zusätze.

Menoza. Aus dem Dänischen in das Schwedische übersetzt. Wäster. Erster Theil. 1771. 8. beynahe ein Alph. — Zweyter Th. 1772. beynahe eben so stark. — Drit-

— Dritter Th. 1773. ein Alph. 6 Bog. zusammen 1 Rthlr. 5 Sch. 4 r.

Dieß Werk des berühmten Pantoppidan ist auch im Deutschen hinlänglich bekannt. Wie? wenn es von seinen anderweitig bekannten geographischen, historischen und anekdotenmäßigen, oft unnöthigen Zusätzen befreyet, übrigens aber, was die Materien der Religion anbetrifft, in seiner leichten Vorstellungsart gelassen würde? Alsdenn dürfte es für unstudirte Leser eine der besten Einleitungen zur Religion seyn.

※ ※ ※

Predigten und heilige Reden.

Bergs (C. I.) *Prof-Predikan i Arboga Stads-Kyrka &c.* (B. Probepredigt in der Stadtkirche zu Arboga auf den 14ten Trinit. Sonntag.) Wäst. 1772. 4. 2 Sch. 8 r.

In dieser Predigt wird die rechte Art und Weise vorgestellt, Christi theilhaftig zu werden.

Brunmarks (P.) *Predikan, at vi äre Guds Slägte.* (B. Predigt, daß wir göttlichen Geschlechts sind.) Wäst. 1772. 4. 2 Sch.

Ward in Gegenwart der königl. Familie am Mar. Verkündigungsfeste gehalten.

Filenius (D. Pet.) *Lik-Predikan öfver K. Adolph Fr. Begrafning.* (Dr. F. Leichenpredigt bey des K. Ad. Fr. Begräbnisse.) Stockh. 1772. 6½ Bog. in Fol. Titel, Dedication und die zur Musik gebrauchten Texte mit eingerechnet, bey Lange. 8 Sch.

Die Predigt ist größtentheils, das Cärimonielle ausgenommen, aus biblischen Sprüchen zusammengesetzt. Der Text war: Syr. 44, 12. Der Hauptsatz aber: Der Gerechten lebender Name in Ewigkeit nach ihren Siegen im Streite und Friede im Grabe.

I. Theil. E Fil-

Filenius (D. Pet.) Krönings-Predikan. (F. der Theol. Doctors und Bischofs von Linköping, Krönungspredigt.) Stockh. 1772. 6½ Bog. in Fol. bey Lange. 4 Sch.

In dieser Predigt stellte der nun verstorbene Bischof bey Gelegenheit der Krönung Gustafs III. und seiner Gemahlinn über Jos. 1, 9. einen von Gott in seinem Reiche gestärkten heldenmüthigen und großen König vor.

Flodin (I. G.) Predikan på Tacksajelse Dagen &c. (F. Dankpredigt nach der Revolution bey des Königs hohen Gegenwart den 23sten Aug. 1772. in der Hauptpfarrkirche zu Stockholm.) Stockh. 1772. 4. 2½ Bog. bey Fougt. 3 Sch.

Dem Verfasser dieser Predigt ward diejenige seltene Münze Gustaf Adolphs zuerkannt, welche Herr P. Jacobi im Hannöverischen für den eingesandt hatte, der nach dem Urtheile des Königs eine der Revolution wohl angemessene Predigt halten würde. Der Hauptsatz darin über das Evang. am 10ten Trin. Sonntage ist: Unser schuldiger Eifer wider die Uebertreter des Gesetzes.

Flodmann Pred. de Dödes Salighet. (F. Predigt: Die Seligkeit der Todten.) Nyk. 1772. 4. 5 Bog. 5 Sch.

Ist auch eine Leichenpredigt über des Königs Adolph Friedrichs Tod. Der Eingang ist aus Offenb. 14, 13. der Text aber aus Syr. 44, 12. 13. hergenommen. Man muß sich wundern, daß in Schweden noch oft die apokr. Bücher Texte zu Feyerlichkeitspredigten liefern.

Herslebs Tal öfver Gal. 2, 20. hållit vid Präftvigning. Ej. Tal öfver 2 Cor. 5, 21. (H. Reden über Gal. und 2 Cor. bey Priesterweihen.) Stockh. bey Grefing, zusammen 81 Seiten. 8.

Das sind des Kopenhagener Bischofs zwo Ordinationsreden. Jene stellet die beste Art vor, Christi Leiden zu unserer Seelen Heile zu betrachten, und kam 1772 heraus; diese

diese erwäget Christi Leiden in Absicht auf uns, und ward 1773 gedruckt.

Murrey (G.) Rede bey der durchs Loos geschehenen Wahl eines neuen Pastors der Deutschen Gemeine zu Stockholm. Stockh. 1772. 13 Octavseiten.

War eine solcher Feyerlichkeit wohl angemessene Altarsrede, die gleich darauf auf eben so vielen Seiten in einer schwedischen Uebersetzung erschien.

Strickers (D. I. C.) Lik-Predikan. (S. Leichenpredigt über die Witwe Mesterton.) Stockh. 1772. 4. bey Fougt. 3 Sch.

Der Text ist Ps. 62, 2. 3. Der Verfasser ist als ein gelehrter Prediger in Schweden bekannt.

Tolstadius (B.) om Bepröfvelsen. (T. von der Prüfung.) Stockh. 1772. 4. 4 Sch.

Die Abhandlung ist nicht neu. Des Verf. Leben ist auch in das Deutsche übersetzt worden, und er daraus als ein Mann bekannt, der es in der Religion eher zu strenge, als zu leicht aufnahm.

Wrangels (D. C. M.) Pred. på Kgl. Wasa-Ordens första Dubbnings dag. (W. Pr. auf den ersten Ritterschlagstag des Königl. Wasa-Ordens.) Stockh. 1772. 2 Bog. 4. bey Fougt. 2 Sch.

Der Text dazu ist Pred. Sal. 5, 8. und der Hauptsatz: Der dem Ackerbaue mitfolgende Segen. Auf des Königs Befehl ward sie gedruckt.

❊ ❊ ❊

Samfundets pro Fide et Christianismo första gåfva &c. (Der Societät Pro F. e. C. Erstes Geschenk, oder: Zärtliche Vorstellung an sichere Sünder, nebst einer Anweisung für erweckte Seelen zur Selbstprüfung in der Kenntniß ihres Christenthums.) Stockh. 1772. auf 110 Octavs. bey Fougt. 5 Sch.

Die ehrwürdige Societät ließ von diesem Tractate 4500 Exemplare unter die Armen austheilen, daher sie ihn das erste Geschenk nannte. Er ist eine ganz freye, und in den Betrachtungen oft anders geordnete Uebersetzung der engländischen Urschrift: A compassionate Addreſs to the Christian world.

Struenſees och Brandts Omvåldelſes Hiſtorie af Herrarne Münter och Hee. Stockh. 1772. 8. bey Nordſtr. 32 Sch.

Der Titel: Struenſees und Brandts Bekehrungsgeschichte durch die Herren M. und H. ist Recension genug für diese Tractate, die zu ihrer Zeit ein so großes Aufsehen machten, und in mehrere Sprachen übersetzt wurden. Die Brandtsche steht voran, weil sie eher heraus und nach Schweden kam, als die andere. Beyde sind unter Aufsicht des berühmten Herrn Assessors Gjörwell aus dem Deutschen und Dänischen durch einen beyder Sprachen kundigen Mann übersetzt worden. Zum Schlusse findet sich noch ein Entwurf einer Münterschen in der Petrikirche zu Kopenhagen an dem Dankfeste nach der Revolution 1772 gehaltenen Predigt.

Svedbergs (D. Iesper) Katechiſmi gudeliga öfning &c. (S. göttl. Uebung des Katechismus. Stockh. 1772. 8. bey Karlbohm. 21 Sch. 4 r.

Der Verfasser dieses Werks ist der gottesfürchtige Bischof und Vater des berüchtigten Swedenborgs. Die erste Auflage kam 1709 heraus; die neue ist in Absicht der Sprache, die in jener etwas rauh war, nach der heutigen Reinigkeit verbessert worden. Ein tröstlich Gespräch einer höchst betrübten Seele über schwere Empfindungen von Jugendfehlern und andern Sünden, ist hinten angehängt.

Synodens (Kongl.) i Rendsburg välmenta föreſtällning &c. (Des königl. Synods zu R. wohlgemeynte Vorstellung und Erinnerung an die sämmtlichen Lehrer in den Herzogthümern Schleßwig und Holstein.) Stockh. 1772. 6 Bog. 8. bey Fougt. 4 Sch.

Ist die bekannte nützliche, durch Veranstaltung der Societät P. F. et C. in das Schwedische übersetzte Pastoralschrift, die in der Ursprache bereits 1738 erschienen war.

Vernets (I. I.) Betraktelser öfver goda Seder &c. (W. Betrachtungen über gute Sitten, die Religion und den öffentlichen Gottesdienst.) Stockh. 1772. auf 122 Octavs. bey Fougt. 5 Sch. 4 r.

Diese bekannten Betrachtungen des Genfer Theologen suchte die Gesellschaft P. F. et C. durch eine Uebersetzung auch in Schweden bekannt, und ihren Inhalt nützlich zu machen. Je seltener der öffentliche Gottesdienst bey den vielen unter Standespersonen eingeführten Hauspredigten besucht wird, desto mehr ist die gute Aufnahme und Befolgung dieser Schrift zu wünschen.

Wettersten (D.) Öfversättning af Eg. G. Hellmunds svar &c. Stockh. 1772. 88 Octavseiten, bey Lange. 4 Sch. (D. i. W. theol. Antwort auf die beyden Fragen: 1) Ob das nun zur Zeit gebräuchliche Tanzen, 2) Spielen, Sünde sey?)

Das deutsche Original, worin beyde Fragen mit Ja beantwortet werden, war zuerst 1719 zu Halberstadt, und 1720 zu Wetzlar herausgekommen. Die Censur des Stockh. Consistorii merket darüber an: daß diese Fragen nicht so gründlich beantwortet worden, daß nicht manches darwider eingewandt werden könne.

II. Rechtsgelehrsamkeit.

Kort Inledning til Ius Publicum Romano-Germanicum, eller Tyska Rikets Grund-Lagar &c. (Kurze Einleitung in das römisch-deutsche Staatsrecht, oder die deutschen Reichsgrundgesetze, zum Dienste der studirenden und handelnden Jugend.) Stockh. gedruckt bey Wennberg und Nordström. 1772. 80 Seiten in 8.

Eine seltene Erscheinung für das schwedische Publicum, obgleich nichts weiter als ein kurzer, aber zweckmäßiger

Zweyter Abschnitt.

Auszug der Principiorum juris publici des sel. Mascov. Wir haben das Büchlein mit Vergnügen durchgelesen, und nur mehr als einmal bedauert, daß es nicht ein wenig besser gedruckt, und reiner von Druckfehlern ist. Der Herausgeber sagt in der Vorrede, weil in dieser Wissenschaft noch nichts Sonderliches auf schwedisch herausgekommen, und ihm unter andern Manuscripten gegenwärtiges in die Hände gerathen sey, welches ein von irgend einem in dieser Wissenschaft gelehrten Manne gehaltenes Collegium zu seyn schiene, und dessen Gründlichkeit und Kürze den würdigen Verfasser lobe, und es dem Publicum nützlich und schmackhaft mache, so hätte er sich berechtigt geglaubt, es zum Drucke zu befördern. Nach einer kurzen Einleitung handelt das 1ste Stück, eben so wie bey Mascov, von den deutschen Reichsgrundgesetzen. Das 2te vom Ursprunge des deutschen Reichs und dessen Gränzen. Das 3te von der Regierungsform, Kaiserwahl u. s. w. Das 4te von den Reichsständen. Das 5te von der höchsten Macht in geistlichen und weltlichen Dingen. Das 6te von den Territorien und der Landeshoheit der Stände. Endlich das 7te von der unmittelbaren Reichsritterschaft und Adel.

Protocoll hållit i Kgl. Maj. Råd-Kammare. Stockh. 1772. 4 Quartseiten, bey Fougt. 6 r.

In den meisten Staaten hat man, unter allerley, oft angenehmen Titeln, Oerter und Werkzeuge, die zur Untersuchung und Bestrafung der wirklichen oder vermeyntlichen Missethäter dienen. Außer den gewöhnlichen häßlichen Gefängnissen befand sich auch in der Hauptstadt Schwedens eine sogenannte Rosenkammer. Der menschenfreundliche und aller Grausamkeit gehäßige Gustaf hob also durch dieses Protocoll diese elenden Stätten auf, so bald er durch die Revolution mehrere Macht erhalten hatte. Seine Aeußerung darüber verdienet diesem Archiv einverleibt zu werden: „Er erachte es für nöthig, daß alle solche Werkzeuge, wel„che keinen Grund in den Gesetzen hätten, sondern vielmehr „mit einer rechtmäßigen Freyheit, ja selbst mit der Mensch„lichkeit und Billigkeit im Widerspruche wären, leichtlich „aber zur Ausübung von Gewaltthätigkeit und Tyranney „gegen freye Mitbürger gemisbrauchet werden könnten, „gänzlich abgeschafft und zerstöret würden. Er wolle also

„an

"an das Oberstatthalteramt zu Stockholm, an alle Ge-
"richtshöfe und Landeshauptleute Befehl ertheilen, daß in
"der Residenz die Rosenkammer, überall aber die Tortur-
"zimmer aufgehoben würden."

Ein erlauchter Senat pflichtete natürlich mit Danksagung einer solchen menschlichen und christlichen Aeußerung und Anordnung bey. Wollte Gott, sie fände überall Nachfolge, vertriebe dadurch die Ueberbleibsel der heidnischen Barbarey, und sicherte einmal auch in diesem Stücke die Rechte der Menschlichkeit, die so oft mit Füßen getreten werden!

Westdahls (A. C.) Uttydning öfwer Sweriges Rikes Lag, eller Kårt Innehåll af Kongl. Förordningar, Bref, Resolutioner och Kungörelser, &c. (Auslegung über des schwedischen Reichs Gesetz, oder kurzer Inhalt königl. Verordnungen, Briefe, Resolutionen und Kundmachungen rc. welche das allgemeine Gesetz aufheben, ändern oder erklären, nebst gesetzkluger Männer und eignen Gedanken, welche die darin gefundenen dunkeln und undeutlichen Stellen erläutern.) Stockh. gedruckt auf Direct. Lars Salvii Verlag, erster Theil 1770. ohne Dedication, Vorrede und Register, 284 Seiten in 4. Zweyter Theil 1772. in fortlaufender Seitenzahl bis 612.

Schweden gehört zu den wenigen Reichen, die ihr eigenthümliches, in der Muttersprache und einer gedrungenen Kürze abgefaßtes Gesetzbuch haben. Der 1780 bey Fougt herausgekommene saubere Abdruck desselben macht einen mäßigen Octavband von 400 Seiten aus, den jeder bequem bey sich führen kann. König Friedrich war unter seiner Regierung so glücklich, dieses Gesetzbuch, so wie es gegenwärtig ist, endlich 1736 zu Stande zu bringen, nachdem schon seit Carls Zeiten daran gedacht und gearbeitet war. Dieses Gesetzbuch, welches mit einer die Geschichte desselben erzählenden Vorrede vom Königl. und Reichscanzley-collegium, und der Bestätigungsurkunde König Friedrichs versehen ist, theilt sich in 9 *Balkar*, oder Abschnitte, und jeder von diesen wieder in Kapitel und §§. Zwo Verordnun-

ordnungen des jetzigen Königs sind ihm angehängt: die eine von 1777, worin wegen der Fatalien bey der Appellation von den finländischen Untergerichten an das von eben diesem Monarchen errichtete Wasa-Hofgericht neue und zweckmäßigere Bestimmungen gemacht sind; die andere von 1779, worin verschiedene der wichtigsten, sowohl Civil als besonders Criminalpuncte des eben genannten Gesetzbuches verbessert und berichtiget sind. Alsdann folgen von Seite 273 bis 382 ein vollständiges Register, und zum Schlusse auf 14 Seiten einige allgemeine Regeln, wornach ein Richter sich genau zu richten hat. — Das angezeigte Werk des Hrn. Westdahls, welches er dem Könige und den Reichsständen gewidmet hat, ist eine genaue und sorgfältige Erklärung der ersten 4 Balkar, oder Abschnitte, dieses schwedischen Gesetzbuches, welche *Giftermåls Balk*, oder von der Ehe, *Ärfda Balk*, oder von Erbschaften, *Jorda Balk*, oder vom Grund und Boden, und *Bygninga Balk*, oder vom Bauen, überschrieben sind: eine Arbeit, die den Beyfall der Kenner in Schweden nach Verdienste erhalten hat. In der Vorrede macht uns der Verfasser, nachdem er sich über seine bedrängten Umstände, die die Ausgabe des Werks lange aufgeschoben haben, beklagt hat, mit der Absicht und dem Inhalte seines Buchs bekannt. Der Text des Gesetzbuches ist vollständig eingerückt, und die Worte, die einer Erklärung bedurften, mit gröbern Lettern gedruckt, und mit Buchstaben bezeichnet, worauf die Anmerkungen, die jedem §. folgen, sich beziehen. Diese Anmerkungen enthalten gemeiniglich Erklärungen alter Wörter, genauere Bestimmungen der lakonischen Gesetzsprache, und Erläuterungen derselben durch Anführung anderer Stellen eben desselben Gesetzbuches, aupassende Beyspiele, Anzeigen neuer königlicher Verordnungen, die nunmehr das Gesetz anders bestimmt haben, und Hinweisung auf die Erklärung und Meynung anderer Rechtsgelehrten. Wir wollen dem Leser eine Anmerkung, die uns zuerst in die Hand fällt, zur Probe vorlegen: z. B. im 16 Cap. 1 §. Ärfda B. steht, daß zur Verfertigung eines Testaments zweene gute Männer (*goda män*) als Zeugen erfordert werden. Die Anmerkung des Verfassers dabey ist diese: „Daß das Wort *man* auch *quinna* (Weibsen) bedeute, ist „vorher gesagt, und obgleich eine Frauensperson nicht we„niger als eine Mannsperson ein Zeugniß ablegen kann, 17
„C. 10

„C. 10 §. *Rättegångs B.*; so ist es doch am gerathesten, sich „in solchem Falle des Zeugnisses einer Mannsperson zu be- „dienen; conf. Proc. civ. p. 233. §. 18. Aber wenn die „Gelegenheit zu diesem fehlt, z. B. wenn eine Gebähre- „rinn ein Testament macht, so kann es deswegen nicht „verworfen werden, daß Frauenzimmer, und nicht Män- „ner, ihre Verordnung gehört haben; conf. 5 C. 1 §. h. „t. Welche *goda män* genannt werden, ist im 13.C. h. t. „gesagt. Im 14 C. 4 §. Rätteg. B. werden sie auch *tro- „värdiga män* (glaubwürdige Männer) genannt. Wenn „die Zeugen sterben, ehe das Testament zur Frage kommt, „so hat ihre Unterschrift beweisende Kraft, wenn nur an „der Eigenhändigkeit und Richtigkeit der Unterschrift nicht „gezweifelt wird; aber noch zuverläßiger scheint es zu seyn, „wenn man der Zeugen Ableben befürchtet, sie gehörig, ehe „Streit über das Testament entsteht, abhören zu lassen. „Lies 17 C. 23. §. R. B. und Proc. civ. p. 246 und 233 „seq." — Die übrigen 5 Abschnitte, welche Hr. West- dahl unerklärt gelassen hat, sind: *Handels- Misgiernings- Straff-Utsöknings-* und *Rättegångs Balk*, oder vom Han- del, von Verbrechen, von Strafen, von der Execution und vom Proceß. Will jemand den nähern Inhalt dieses schwedischen Privatgesetzes kennen lernen, so kann dazu ei- ne lateinische Uebersetzung von C. König, die zu Stock- holm 1736 in 4. herausgekommen ist, dienen. Gr.

III. Arzeneykunde.

Haartmann (D. I. I.) *Disp. om Pesten. Åbo* 1772. 1 Octavb. 1 Sch.

Obgleich dieser Bogen eine Disputation heißt, und von einem Studirenden E. Elfwenberg vertheidiget worden: so ist es doch eigentlich ein sehr zusammengedrungener Auf- satz über das, was von diesem unangenehmen Gegenstande, der Pest, nach den bisherigen Wahrnehmungen gesagt wer- den kann, mit besonderer Beziehung auf Finnland, und besonders die Stadt Åbo bey der damaligen in einem nicht entfernten Reiche herrschenden Pestseuche. Die Abhand- lung selbst ist zum Nutzen des Publicums in schwedischer Sprache geschrieben, der Inhalt der §§. aber in der latei- nischen also angegeben worden: Definitio; Diagnosis; Gene-

Genesis et Natura; Propagatio; Potentia virulenta; Dispositio; Caussae Proëgumenae et Procatarcticae; Prognosis; Prophylaxis, so wohl generalis, als auch politica maiestatis supremae, potestatis subordinatae, oeconomica privata, medica specialis; Cura generalis et specialis.

Odhelius (D. I. L.) *Påminnelser vid Ögats sjukdomar.* Stockh. bey Holmerus 1772. 8. 32 S. Titel, Zueignung und Antwort des königl. medicinischen Collegii mit einbegriffen. 2 Sch.

Diese Anmerkungen über Augenkrankheiten, und die gewöhnliche Art, sie zu heilen, machen den Inhalt einer Rede des auch außerhalb Schweden bekannten Herrn Verfassers aus, als er Sitz und Stimme in dem vorbenannten Collegio einnahm, und bey der Gelegenheit seine Gedanken der Prüfung desselben unterwarf. Diese gehen darauf hinaus, diejenigen, welche sich mit den Augencuren abgeben, zu überzeugen, was für ein großer Unterschied zwischen den Entzündungen statt finde, wodurch andere Glieder des Körpers angegriffen werden, und denen, die am Auge entstehen. Bey jenen hält man die Eiterung für eine vortheilhafte Verbesserung, wodurch, wenn keine Zertheilung bewirket werden kann, oft die gefährlichsten Entzündungen gehoben werden; hingegen am Gesichte darf selten, ja fast nie eine Eiterung statt finden. Der Verfasser warnet also nach seiner Erfahrung vor allen Arzeneymitteln, wodurch solche befördert wird; also (S. 17.) vor allen warmen Breyen auf dem Augapfel, wovon sie auch, wäre es auch vom Aceto Saturni, gemacht worden, oder von gebratenen Aepfeln, Alaun und Eyerweiß, hart gekochten Eyern, Kräuterküssen zur Bedeckung der Augen, geistischen oder stark kampherirten Augenwassern u. d. gl. Statt aller dieser räth er zum Anfange kaltes Wasser an, hernach Blutigel, Aderlassen und kühlende Abführung. Mit Compressen soll man nicht verbinden, sondern bloß die Lichtstralen durch ein finsteres Zimmer abhalten. Alterantia sollen nach Beschaffenheit der Säfte nicht vergessen werden. Der Patient müsse, so viel er könne, herum gehen, der Bettwärme ausweichen, sich nicht in Federbetten einwickeln und den Kopf erhitzen, sondern je eher je lieber sich angewöhnen,

wöhnen, das Tageslicht zu ertragen, weil solches nach den ersten Unbequemlichkeiten nie schade; hingegen müsse er Feuerlicht, Rauch und Dampf vermeiden. — Spanische Fliegen werden nicht gebilliget. Selten leisteten sie eine wirkliche Hülfe, und die Zeit würde damit oft so lange verloren, daß die Eiterung sich einstellen könne, wo denn meistentheils alle weitere Hoffnung verschwinde. — Kühlendes und stärkendes Augenwasser wird gerühmet und schließlich angemerket: daß diese Heilungsart sich auch auf die Staar= und alle andere Operationen am Augapfel erstrecke, und in vielen Stücken mit demjenigen übereinstimme, was der Herr Prof. Richter zu Göttingen in seinen Obs. chirurgicis angerathen hätte.

Rosen von Rosenstein Hus-och Rese - Apotheque. Stockh. 1772. 8. bey Lange.

Dieß ist die vermehrte und verbesserte Auflage der auch in das Deutsche übersetzten Haus- und Reiseapotheke dieses schwedischen Hippokrats. D.

IV. Weltweisheit, Mathematik, Kriegswissenschaft, Naturlehre, Naturgeschichte und Chemie.

Bergenstjerna (A.) Anvisning til Gulds och Silfvers proberande &c. (A. B. Oberdirectors bey dem Controllwerke, Anweisung zur Probirung, Scheidung, Raffinirung und vortheilhafter Zurückbringung des Goldes und Silbers aus seinen Auflösungsmitteln und seiner Krätze, *) benebst den Beschickungsrechnungen **) und den dazu gehörigen Tabellen; zum Dienste der Gold- und Silberarbeiter.) Stockh. 1772. 10 Bog. 4. bey Fougt. 16 Sch.

Der

---
*) Krätze bedeutet hier den Feilstaub und das Abschabsel in den Werkstücken der Gold- und Silberschmiede.
**) Das sind die berechneten Verhältnisse des edlern Inhalts eines kleinen Theils der Krätze von einer großen Masse zu dem Ganzen derselben.

Zweyter Abschnitt.

Der Verf. gab dieß Werk auf königl. Befehl heraus. Er hat sein Werk blos in 66. eingetheilet, deren Inhalt folgender ist: Die Abwägung des Golds und Silbers (§. 1-7); nöthige Instrumente und Werkzeuge (§. 8.); wie die Materien ins Feine gebracht, und die Ingredienzien zubereitet werden sollen. Dazu gehören: die Kapellen (§. 9.); englisch Bley (§. 10.); die Fällung oder Präcipitirung des Scheidewassers (§. 11.); das Gold durch das Antimonium oder Spießglas zu gießen (§. 12.); die Reinigung des Silbers vom Golde (§. 13.). Weitere Anweisung, die feine Probe auf das Silber anzustellen (§. 14-17.); die Hinterhaltsprobe (§. 18.); die Probe des Goldes zum Feinen (§. 19.); die Probe des güldischen Silbers auf Gold (§. 20. 21.); die trockene und die nasse Scheidung (§. 22. 23); die Abtreibung des Silbers auf dem Teste (§. 24.); die Reinigung des Silbers durch Salpeter (§. 25.); die Krätze und Schleife überhaupt, und besonders im Tiegel gut zu machen (§. 26. 27.). Die Beschickungsrechnungen (§. 28.) sind auf 20 Seiten zum Schlusse beygedruckt worden. Wer da weiß, wie genau und strenge auf das Controllwerk in Schweden gesehen wird, der kann sich von dieser Anweisung keine andere, als günstige Vorstellung machen.

Holthusen (von) *Regements Detaillen.* (v. H. Reg. Det. oder militairische Anmerkungen über jedermanns Geschäfte bey einem Infanterieregimente.) Stockh. 1772. 4 Octavb. bey Salvius. 4 Sch. zweyter Th.

Voran steht eine Anempfehlung dieser Schrift von dem berühmten Herrn Gr. Axel Fersen. Der erste Theil war Stockh. 1771. bey Hesselb. eben so groß, und eben so theuer heraus gekommen, und die Veranlassung dazu dem Verf. auf dem letzten Reichstage von der Kriegsbefehlshaberschaft gegeben worden. Der erste Abschnitt darin handelte von den geringern Stabsbedienten; den Regimentswäbeln; den Regiments- und Musterschreibern und Commissarien; den Regimentsfeldscheerern und Gesellen; den Regiments- und Bataillonspredigern und den Auditören: der zweyte von den Unterofficieren, nämlich den Rüstmeistern, Fourieren, Führern, Sergeanten, Feldwäbeln: der dritte von dem Zuge der Kriegsvölker. In dem zweyten Theile folget der vierte Abschnitt von den Compagnieofficieren: den Fähndrichen,

drichen, Lieutenanten und Capitänen. — Das Werk hat freylich seine besondere Rücksicht auf Schweden.

Mallet (F.) Almän eller Mathematisk Beskrifning om Jordklotet etc. (Allgemeine oder mathematische Beschreibung der Erdkugel ꝛc.) Upſ. 1772. 411 Octavſ.

Dieſes vortreffliche Werk iſt den Eingebornen aus des Herrn Aſſ. Gjörwell *lärda Tidn.* vom J. 1774. St. 43. den Ausländern durch eine vom Herrn Profeſſ. L. H. Röbl zu Greifsw. beſorgte und im J. 1774. herausgekommene Ueberſetzung unter dem Titel: Der Weltbeſchreibung zweyter Theil u. ſ. w. 2 Alph. 8. bekannt gemacht worden. Den erſten Theil der Weltbeſchreibung macht das Bergmanniſche Werk, nämlich die phyſiſche Erdbeſchreibung, aus; deſſen erſte Auflage 1766, die zweyte aber 1773 herauskam, und wovon an ſeinem Orte Meldung geſchehen wird.

Retzius (A. I.) Inledning til Djur-Riket. (Einleitung zum Thierreiche.) Stockh. 1772. 15 B. 8. ohne Regiſter, mit 4 ſaubern Kupfern. 18 Sch. 8 r.

In der Greifswaldiſchen gel. Zeitung vom Jahr 1774. S. 79. wird dies Werk mit einer kurzen Anzeige ſeines Inhalts gerühmet, und eine deutſche Ueberſetzung deſſelben angekündiget. In Schweden ſelbſt hat ſich dieſe Auflage bald vergriffen.

Stenbocks Reglementet för Armeen 1710. (St. Regl. für die Armee.) Stockh. 1772. 28 Octavſ.

In dem Vorber. wird gemeldet, daß dieſe Anordnung für eine neugeworbene Armee als ein Meiſterſtück angeſehen worden. Sie hätte die gute Folge gehabt, daß eine gänzlich ungeübte Armee von Bauern, die aus dem ganzen Reiche zuſammengebracht worden, mit einem unerſchrockenen Muthe innerhalb zween Monaten ein mächtiges und an Kriegsübungen lange gewohntes Heer vertrieben hätte. Sie ſey übrigens aus ſichern Handſchriften abgedrucket worden.

Wallerii

Wallerii (I. G.) Systema Mineralogicum, quo corpora mineralia in Classes, Ordines, Genera et Species suis cum Varietatibus diuisa, describuntur, atque Obseruationibus, Experimentis et Figuris aeneis illustrantur. P. I. Stockh. 1772. 8. mit 1 K. bey Salvius. 1 Rthlr. 1 Alph. 4 B. ohne Titel, Vorr. und Reg.

Die Werke eines in seinem Fache so großen Mannes, als W. war, sind den Ein- und Ausländern so frühzeitig bekannt, und besonders das hier angezeigte ist mit dem Cronstedtschen Werke in eben dieser Wissenschaft einer solchen Prüfung und Beurtheilung unterworfen worden, daß eine weitläuftige Rec. jetzt viel zu spät käme. Schon vor 25 Jahren hatte der berühmte Verf. sein Mineralreich in schwedischer Sprache herausgegeben. Seit der Zeit hatten sehr viele die Früchte ihres Fleißes hierin bekannt gemacht, und er selbst war auch stets eifrig in seinen Nachforschungen gewesen, so daß er sich entschloß, dies Werk in lateinischer Sprache zum allgemeinen Besten heraus zu geben; doch so, daß er die specifischen Namen der Mineralkörper im Schwed. Franz. und Deutschen dabey setzte. In der Einleitung geht natürlich die Erklärung voran, was ein Mineralsystem und die Mineralkörper seyn; und diese werden, in Beziehung auf ihren Ursprung, in einheimische (eigentlich Mineralien) und in fremde (die von einigen Fossilien genannt würden); und diese beyde in Rücksicht auf ihre verschiedene Natur abermals in fünf Klassen: nämlich Erdarten, Steine, Salze, Schwefel und Harze, und endlich Halb- und Ganzmetalle eingetheilt. (§. 1 — 5.) Von den Mineralkörpern werden vier Klassen angegeben: Erd-, Stein-, Erzarten und Steinwüchse (Terrae, Lapides, Minerae, Concreta vel Aduentitia); in diesem ersten Theile aber nur die beyden ersten in Betrachtung gezogen. — Die erste Klasse besteht demnach in Erdarten, und hat folgende Hauptgattungen unter sich (§. 6 — 8): I. Terrae macrae, wozu diese Untergattungen gehören: 1) Humus, 2) Terrae calcareae, 3) Terrae gypseae, 4) Terrae Manganenses. (§. 9 — 17.) II. Terrae tenaces mit den Untergattungen: 1) Argillae; 2) Margae. (18 — 22.) III. Terrae minerales, Ochrae. (§. 23 — 25.) IV. Terrae durae

durae mit: Glarea, Tripela, Caementum, Arenae, Arena metallica, Arena animalis. (§. 26 — 36.) — Die zweyte Klasse handelt die Steine ab, und zählet folgende Hauptgattungen: I. Lapides Calcarei. (§. 37 — 39.) Hier kommen vor: Calcareus, Spathum, Gypsum, Fluor mineralis. (§. 40 — 47.) II. Lapides Vitrescentes mit folgenden: Lapides arenacei; Spathum scintillans; Quarzum; Gemmae; Granatici lapides; Silices, Petrosilices, Achati; Iaspis. (§. 48. — 62.) III. Lapides fusibiles; wozu gehören: Lapides Zeolitici, Lapides Manganenses, Lapides fissiles, Lapides Margasei, Lapides Cornei. (§. 63 — 72.) IV. Lapides Apyri mit folgenden Unterarten: Lapides Micasei, Lapides Steatitici, Asbestus, Amiantus. (§. 73 — 79.) V. Saxa, sowohl mixta als aggregata. (§. 80 — 82.) Kl**.

V. Philologie, Sprachkunde, Alterthümer und andere Schulwissenschaften.

Anvisning til Finska och Svenska Språket. Stockh. bey Karlb. 1772. 8. 2 Sch.

Das ist freylich eine sehr kurze Anweisung in der finnischen und schwedischen Sprache auf wenigen Blättern.

Büschings (A. F.) Läro- Bok för Ungdomen. St. 1772. bey Lange. 10 Sch. 8 r. (B. Lehrbuch für die Jugend).

Ist von A. Bergmark in das Schwedische übersetzet worden. Die Unnützlichkeit und Zweckwidrigkeit der Uebersetzung des bekannten Libri latini hat der Hr. B. in der neuen Vorrede zur Ausgabe desselben Berl. und Str. 1773. selbst bescheiden und hinlänglich gerüget, so daß Rec. dessen überhoben seyn kann.

Ihre (I. von) Bref til C. R. Lagerbrink rörande den Isländska Edda etc. Upf. 1772. 43 Octavseiten 4 Sch.

Diesen Brief richtet der große Ihre an den berühmten Lagerbr. über die isländische Edda, und besonders die

Hand-

Handschrift davon, welche auf der königl. Bibliothek zu Upsal verwahret wird. Jener in nordischen Sachen so erfahrne und große Gelehrte giebt hier der Edda, als einer vermeyntlichen nordischen Geschichte einen tödlichen Stoß. Doch bleiben auch bey den bündigsten Belehrungen oft Menschen ungläubig. Von dieser Art war der Stettinsche Schimmelmann. Er blieb bis an sein Ende dabey, die Edda sey nicht bloß eine nordische Geschichte, sondern gar eine göttliche Offenbarung, und schrieb, troß einem Ihre, einen dicken Quartanten, das zu beweisen.

Imitationes Parallelae öfver Corn. Nepos etc. Wäst. 1772. 8. 6¾ Sch.

Es sollen nach des anonymischen Herausgebers Vorrede die in Deutschland herausgekommenen Imitat. parall. des J. F. Mickelius über den Cornelius seyn, die nur kürzer und dem schwedischen Sprachgebrauche angemessener ausgefertiget wären.

Sahlstedts (A. M.) Svensk Grammatika. Stockholm 1772. bey Stolpe 46 Octavs. 2 Sch.

Ist für die schwedische Jugend zur Erlernung ihrer Landssprache aufgesetzet, und handelt nach einer kurzen Einleitung in II. Kap. vom Nom. Substant. den Declinationen, dem Nom. Adj. dem Pronom. dem Verbo auxil. den Conjugationen, dem Verbo anom. dem Participio und Supino, den Partikeln, und von der Art und Weise das Schwedische zu buchstabiren. Uebrigens ist dies der Auszug einer von eben dem Verf. auf Zustimmung der königl. Akad. der Wissensch. herausgegebenen größern schwedischen Grammatik, Upsala 1769, 93 Octavs. 6 Sch. 9 r.

Telemaque (Aventures de). Wäst. 1772. 1 Alph. 15 B. 8. 40 Sch.

Ist auf gut Papier, und gut gedruckt. Die schwedischen Noten sind auf den Fuß wie die unter dem Namen Sinceri bey den deutschen Ausgaben der lateinischen classischen Schriftsteller eingerichtet. Wie viele Versuche und Zeiten werden nicht erfordert, bis die der Schuljugend nützlichen Ausgaben der Schriftsteller in fremden Sprachen auf den gehörigen

gehörigen Fuß, und zwar aller Orten eingerichtet seyn werden! Wird es noch lange währen, bis man, statt solcher Eselsbrücken unter dem Texte, brauchbare Register zum Schlusse aller solcher Werke finden, und dadurch die Jugend zum Nachsinnen, Nachschlagen und zur eigenen Arbeitsamkeit anleiten wird?

Tessins (Gr. C. G.) Arbeten i Svenska Stenstylen. (Gr. C. G. T. Arbeiten in Schwed. Steinschrift.) Upſ. 1772. 8. 8 Sch.

Das ist ein Versuch, wie man nach der Weise der alten römischen Stein-Inschriften (mit litteris vncialibus) dergleichen kurze schwedische für Grabsteine u. s. w. verfertigen könne. Es ist ein bloßer Abdruck der schönern Auflage, welche 1751 und 1752. Fol. bey Salvius zu Stockh. für 16 Sch. herausgekommen ist.

Ziervogels (Ev.) Föreläsningar öfver Upsala Acad. Mynt-Samling. (E. Z. Vorlesungen über die Münzsammlung der Upsal. Akademie.) Upſ. 1772. 1 Alph. 4. 16 Sch.

Der Verfass. dieses Werks ist der verstorbene Herr Prof. und Vicebibliothekar Z. zu Upsal, welcher von dem gleichfalls verstorbenen Herrn Kanzleyr. Berch, diesem großen Münzkenner, vielen Beytritt erhalten hatte. Es enthält dem weitläuftigen Titel nach sowohl eine Einleitung zur Münzkenntniß überhaupt, als auch eine kurze historische Beschreibung der schwedischen Könige und ihrer Münzen von Olaf Trätelja bis auf Christian II. Es ist ein wichtiges und für die schwedische Münzkunde unentbehrliches Werk, auch dabey um so viel zuverlässiger, als es nicht nach unsichern Nachrichten, sondern nach der reichen upsalischen Münzsammlung verfertiget worden. Der Inhalt der 39 Kap. woraus es besteht, wird solches rechtfertigen. Es wird natürlich mit einer Abhandlung von dem Alter der Münzen und ihrem Ursprunge der Anfang gemacht, welcher zwo andere von den allgemeinen Begriffen über die Münzkunde überhaupt, ziemlich weitläuftig, und von den schwedischen Münzen im Allgemeinen (K. 1 — 3.) folgen. Von den zu dieser upsal. schwedischen Sammlung ge-

I. Theil. F hörigen

hörigen unbekannten Münzen wird nur kurz geredet, und dann eine Einleitung zu der Beschreibung des Numophylacii Ehrenpreusiani gegeben (K. 4. 5.). Dies überließ der ehemalige Reichsrath und Kanzler der Akademie, Graf Ehrenpreus, derselben im Jahr 1751. Es bestand aus 2699 ältern und neuern meistentheils schwedischen Münzen und Schaumünzen, die an Gold 427¼ Dukaten, an Silber 2363 Loth, und an Kupfer, Zinn und Erz 864 Loth wogen. Aus den ältesten Zeiten sind folgende Könige und ihre Münzen aufgestellet worden: Olaf Trätelja, Björn, Sigurd Ring, Erich Segersäll, Olaf Skettkonung (sehr weitläuftig), Amund Jakob, Emund der ältere, Stenkill, Håkan Röde, Inge Stenkill, Philipp und Inge, Ragwald Knapböding (diesen Zunamen hatte er, weil er ehemals der Hauptmann der Knapen, d. i. der Leibträbanten, gewesen war), Kol und Erich Årsell, Schwercher Kolson (K. 6 — 19.). Aus dem zwölften Jahrhunderte sind noch: Erich, Karl Swercherson und Knut Erichson (K. 19 — 22.). Aus dem dreyzehnten Jahrhunderte: Swercher Karlson (welcher 1210 aus dem Reiche getrieben ward), Erich Knutson, Johann Swercherson, Erich Erichson, Waldemar, Magnus Ladulås und Birger, der aus dem Reiche vertrieben ward (K. 23 — 29). Aus dem vierzehnten Jahrhunderte: Magnus Smek, Albrecht und die Königinn Margaretha (K. 30 — 32.). Aus dem funfzehnten Jahrhundert: der bereits 1396 erwählte, aber 1439 abgesetzte und 1459 verstorbene Erich von Pommern, Christopher, Karl VIII. und Christian I., Sten Sture (der ältere, Reichsverweser zum erstenmal), König Johann der zweyte; aus dem sechzehnten Jahrhundert: Sten Sture (der ältere, Reichsverweser zum zweytenmal), Swante Sture, nach ihm Sten Sture der jüngere (beyde Reichsverweser), und endlich König Christian II. (K. 30—39.) Ein Register macht den Beschluß. Auf des Brenners Thes. Num. Sueogoth. ist natürlich öftere Rücksicht genommen worden.

Ofningar (nyttiga och nöjsama) för Barn och Ungdom. (Nützliche und angenehme Uebungen für Kinder und die Jugend.) Stockh. 1772. 12. bey Salvius. Dritter Theil. 8 Sch.

Dies ist die Uebersetzung des bekannten französischen Werkes, des Magazin des Enfans der Mad. le Pr. de Beaumont.

Beaumont. Die vorigen Theile waren in eben dem Formate 1768 herausgekommen, und der erste durch den Hrn. Prof. Ziervogel übersetzet worden. Der vierte erschien 1774 durch C. K. Die vier Theile kosten zusammen 32 Schill. Der dritte Theil kam auch in einer besondern Uebersetzung allein zu Gefle 1772 unter dem Titel *Hof-Mästarinnan*, oder: Mad. le Pr. de B. Mag. des Enfans heraus. E.

VI. Geschichte, Geographie, Reisen und Lebensbeschreibungen.

Archivum (Svensk). Dritter Theil. Stockh. Alte Königl. Buchdr. 1772. 8 Octavb.

Der erste Theil dieses schwedischen Archivs kam durch Besorgung des durch mehrere ähnliche nützliche Arbeiten bekannten Lönboms auf 15 B. 1766, und der zweyte auf 14 B. 1768 heraus. Dieser dritte und letzte liefert: 1) die Fortsetzung und den Schluß der im vorigen Bande angefangenen Abhandlung: Relation und summarische Deduction über die Rathschläge und Handlungen, welche durch den König von 1655 bis zum Jänner 1660 unternommen worden. Sie ward den Reichsständen zu Gothenburg den fünften Jänner des letzten Jahres vorgelesen. 2) E. Brenners Bericht von den Münzen der vorhergehenden Könige. Dieser findet sich deutsch in Nettelblatts Schwed. Bibl. Th. IV. S. 255.

Berättelse om det märkvärdigaste etc. (Ganz kurzer Bericht von den merkwürdigen Feyerlichkeiten, die zu St. bey J. K. Majestäten hohen Krönung den 29sten May bis zu der am 1sten Junius folgenden Huldigung vorgefallen.) Wäst. 1772. 8. 1½ Sch.

Berättelse om det märkvärdiga, som etc. (Bericht von dem, was sich zu Stockh. vom 19ten bis den 21sten Aug. merkwürdiges zugetragen.) Stockh. bey Wennb. und Nordstr. 1772. 1½ Quartb.

Der Titel von beyden ist auch zugleich Recension. Es sind darin die beyden bekannten Gegenstände ungefähr so abgehandelt worden, als sie sich damals den Berichten in den Zeitungen nach zugetragen.

Beskrifning (Lefvernes) öfver Pr. och K. Forsies. (Lebensbeschreibung des Prof. und Past. F.) Stockh. 1772. 4o Octavf. m. d. Bildnisse. 3 Sch.

Er lebte bey dem Wechsel des 16ten und 17ten Jahrhunderts; war ein, besonders in der Mathematik, sehr gelehrter Mann, dabey aber der Astrologie ergeben, wodurch er sich in große Ungelegenheiten stürzete. Auch die gründlichsten Wissenschaften, wozu offenbar die Mathematik gehöret, sichern nicht allemal den Menschen vor Thorheiten.

Bref til Gr. Struensee etc. (Brief an den Graf Struensee von dessen Vater.) Stockh. 1772. bey Holmb.

Aus dem Deutschen übersetzet.

Bref ifrån en Sv. Man i Kopenh. etc. (Brief eines Schweden zu Kopenh. nach Anleitung der merkwürdigen politischen Veränderungen, welche sich neulich in Dänemark zugetragen.) Stockh. 1772. 4. bey Fougt. 1 Sch.

Es wird darin von der Schwierigkeit geredet, welcher uneingeschränkte Regenten bey ihrer großen Macht unterworfen sind, rechtschaffene Rathgeber zu haben, und deswegen die Druckfreyheit als ein vortreffliches Mittel in jener Ermangelung vorgeschlagen, auch solches durch das Exempel eines zu Kopenh. herausgekommenen Gedichts, *Neue Probe der Schreibfreyheit*, dargethan, welches an die regierende Königinn gestellet gewesen, und wovon einige Verse eingerücket werden. Muthmaßlich hatte dieser Brief seine Beziehung auf die Lage, worin sich damals Schweden fand.

Byrons (I.) Resa etc. (J. B. Reise um die Welt in den Jahren 1764 — 1766.) Upf. 1772. 8 B. in 8. 8 Sch.

Ist eine Uebersetzung der bekannten Reisebeschreibung.

Cartouches

Cartouches Lefverne. (Des großen Diebes C. leben.) Stockh. 1772. 8. 4 Sch.

Es ist wehmüthig, Verstand, Feder und Presse zur Verewigung eines Spitzbuben gemisbrauchet zu sehen. Selten können dergleichen Producte etwas anderes als Bewunderung der List, Betrügerey und anderer Laster erwecken, und dabey leichtlich Gelegenheit und Veranlassung zur Nachfolge geben.

Gyllenborgs Vägvisare öfver Stockh. Höfdingedöme. (G. Wegweiser über die Stockholmische Landshauptmannschaft.) Stockh. 1772. auf 130 Quartf. bey Holmb. 24 Sch. mit einer Charte darüber.

Erstlich steht ein Verzeichniß der Vogteyen, Districte und Kirchspiele (S. 1 — 8.). Hernach ein anderes von den Königl. Landgütern, den Rittergütern und den, gewissen Bedienungen zugeschlagenen Höfen (bis S. 64.). Endlich die Beschaffenheit der darin liegenden Städte und der darin dienstleistenden Militär-, Civil- und kirchlichen Personen. Alles ist sehr genau und tabellarisch geordnet. Die gemeldete Charte ist ziemlich sauber und genau von einem Landmessercommissarius, G. B. Westmann, verfertiget, und auf einen gewöhnlichen Foliobogen abgedruckt worden.

Handlingar om Baron Görz. (Documente den B. G. betreffend.) Stockh. 1772. bey Holmerus.

Historia om Prinz Udalric af Böhmen. (Geschichte von dem Pr. U. von B.) Stockh. 1772. 8. 3 Sch. — Uebersetzung.

Insulin (S.) Verlds - Beskrifningens 3dje del etc. (S. J. Weltbeschreibung dritter Theil, von den Sitten und der Beschaffenheit der Völker.) Strengn. 1772. 438 S. 8.

Nach so vielen neuen und vortrefflichen geographischen Werken und Reisebeschreibungen hätte man von dem Verfasser wohl noch mehrers erwarten können, als von ihm wirklich geleistet worden; so daß man bey einem Büsching seines Werkes entbehren kann.

L. (S.) *Berättelse om Sv. R. A. F. Carl Philipps Lefverne* etc. (S. L. Bericht von dem Leben und den ausländischen Reisen des schwedischen Reichserbfürsten C. P.) Stockh. 1772. 109 Octavſ. bey Pfeifern. 5⅓ Sch.

Der Herausgeber, Lönbom, meldet in der Vorrede, daß er bey Lieferung einer Uebersetzung des deutschen Tagebuchs von des benannten Prinzen ausländischer Reise verschiedene der hauptsächlichsten Lebensumstände desselben aus allgemeinern Schriften zusammengetragen habe, und zeiget zugleich die besondern an, welche davon handeln. In zweene Abschnitte theilet sich die Nachricht ab. Der erste handelt auf 39 Seiten von seinem Leben, und der andere, in dem Ueberreste, von seiner Reise außerhalb Schweden. Der Prinz war Karl IX. jüngster Sohn, und 1601 zu Reval geboren. In seinem 11ten Jahre ward er zum russischen Throne gerufen; woraus aber bey der Uneinigkeit der Russen und allerley Schwierigkeiten abseiten der königl. schwedischen Familie nichts ward. Diese war damals unglücklicherweise durch Uneinigkeit getrennet, und es ist darüber ein Brief eingerücket, den der K. Gustaf Adolph in deutscher Sprache an seine Frau Mutter ergehen ließ. Der Prinz ward der Welt frühzeitig 1622 zu Narva entrissen, sein entseelter Leichnam aber nach Schweden herübergebracht, und liegt in der Domkirche zu Strengnäs begraben. Die Reise des Prinzen gieng über Dänemark durch das Holsteinische, Lüneburgsche, Kasselsche, die Pfalz, von da durch Frankreich über Paris, nach Baden, und so durch das Würtembergische, Franken, Sachsen und das Meklenburgsche nach Schweden zurück. Ueberall wird angemerket, was dem Prinzen gezeiget und wie viel Ehre ihm erwiesen, auch wie er beschenket worden.

Schröckh (I. M.) Lefvernes - Beskr. om D. M. Luther. Stockh. 1772. 8. bey Nordstr. 10. Sch. 8 r.

Diese in Deutschland hinlänglich und mit Ruhm bekannte Schröckhische Lebensbeschreibung des großen Mannes

nes ist von dem Anander auf eine freye Weise in das Schwedische übersetzet worden.

Schröckh (I. M.) Lefvernes - Beskr. om Stora Kur-Fursten i Brandenb. Friedrich Wilhelm. Stockh. 1772. 9 Octavb. bey Nordstr. 10 Sch. 8 r.

Ist durch Herrn Luth aus Schröckhs Biographie der Hauptsache nach übersetzet, die Puffendorfsche Historie vom K. Karl Gustaf zu Rathe gezogen, und dadurch die Lebensbeschreibung des großen Churfürsten mit Anmerkungen bereichert worden.

Struensees (Gr.) Lefnad och öde. (Des Grafs Str. Leben und Schicksale.) Gothenb. 1772. 8. 3 Sch.

Ist aus dem Dänischen übersetzet.

Utdrag af Tourneforts Rese - Beskrifning etc. (Auszug aus T. Reisebeschreibung der Levante in Rücksicht auf dasjenige, was eigentlich das türkische Kaiserthum, dessen Religion, Politik, Sitten, Lebensart u. d. gl. betrifft.) Stockh. 1772. 9½ B. in 8. bey Fougt. 9 Sch.

Der Titel ist nicht genau. Es ist kein Auszug, sondern eine bloße Uebersetzung des 13ten und 14ten Briefes der Tournef. Reisebeschreibung, so daß nur die Complimente des Anfanges und Schlusses der Briefe sind weggelassen worden. Die darin gemachten Abtheilungen richten sich nach den unvollständigen und mangelhaften Randglossen der französischen Ausgabe. So findet sich z. E. unter dem Titel: Lilla Bairam (ein gewisses Fest der Türken), wovon kaum eine Octavseite handelt, fast alles das, was zur Kenntniß des häuslichen Zustandes der Türken von S. 97 bis Ende gehöret. Die türkischen Wörter, welche Tournef. schon oft unrichtig im Französischen geschrieben, sind im Schwedischen ohne Veränderung der Buchstaben gelassen, und also für die schwedische Aussprache gleichsam doppelt unrichtig angegeben worden. Doch das geschieht in den meisten solcher Uebersetzungen auch in andern Sprachen. K.

Zweyter Abschnitt.

VII. Staats-, Haushaltungs-, Erziehungs-, Handlungs- und Kunstschriften.

Bjelkes (N.) *Underrättelse som bästa sättet* &c. (B. Unterricht von der besten Art und Weise, mit wenigen Kosten und Heuersparung das Vieh zu füttern.) Wäst. 4. 1 Sch.

Dienet für das Landvolk.

Brauner (I.) *Tankar vid skötseln och nyttan af Boskap och Fiäderfä* &c. (B. Gedanken über die Wartung und den Nutzen des zahmen und Federviehes mit den Arzeneymitteln bey den gewöhnlichen Krankheiten desselben, benebst dem Gebrauche und Misbrauche der Wälder in allen darauf gegründeten Haushaltungsangelegenheiten. Auch eine Anweisung, schwedische Weine aus allerley Gattungen von Beeren, Früchten, Rosen, Blumen und Gräsern zu verfertigen.) Stockh. 1772. 8. mit 4 Tabellen, bey Fougt. 16 Sch.

Dies ist die zweyte Auflage dieses in seinem weitläuftigen Titel hinlänglich angezeigten Buchs, und ist also keine weitere Recension nöthig.

Bref (en stor Mans) *til en lärd rörande de publ. Informations Verket.* Stockh. 1772. 1 B. bey Nordstr.

Eines großen Mannes Brief an einen Gelehrten über das öffentliche Unterrichtungswesen kann auf einem Bogen nicht viel liefern.

Burenschiöld (L. v.) *Project til en ny Skogs-Ordning.* Stockh. 1772. 4. bey Fougt. 4 Sch. 6 r.

Dieß Project zu einer neuen Waldordnung ward den Ständen bey dem damaligen Reichstage vorgelegt.

Erxleben (I. C. P.) *om Boskaps Kännedom och Skötsel.*
(E. von

(E. von der Kenntniß und Wartung des Viehes.) Stockh. 1772.

Ist aus dem Deutschen übersetzt.

Fischerströms Bref om Landtbruket. (F. Brief über den Landbau.) Stockh. 1772. 8. 2 Sch.

Kann natürlich nicht viel von diesem wichtigen Gegenstande sagen.

Funcks (Bar.) Beskrifning om Tjäru- och Kol-ugnars inrättande. (F. Beschreibung von der Einrichtung der Theer- und Kohlenöfen.) Stockh. 1772. 4. 7½ Bog. mit Kupf. bey Lange. 8 Sch.

Im Vorberichte wird gemeldet, daß die königl. Akademie der Wissenschaften, der dieser Tractat zur Prüfung übergeben worden, ihn durch zwey dieser Sachen kundige Mitglieder prüfen lassen, und so gut befunden, daß er gedruckt werden sollte. Die Kupferstiche stellen auf vier halben Bogen die Vorderseite, das Perspectiv, den Grundriß und die Durchschnitte der Grundrisse von diesen Oefen vor. Der Text bezieht sich auf diese Kupfer, und beschreibt ganz genau die Einrichtung, die Kosten und die Bereitung derselben. Ueber alles sind Berechnungen und Tabellen beygefüget.

Handbok för Hushållare och Konstnärer. (Handbuch für Haushalter und Künstler.) Stockh. 1772. 3 Bog. 8. bey Wennberg. Erster Theil.

Dienet blos für gemeine Leute, und giebt ihnen die Regeln an die Hand, wie sie z. E. färben, Flecken aus Kleidern bringen, Salz verwahren, Fleisch, Schinken u. d. gl. räuchern sollen.

Iordpärons Plantering. (Anpflanzung der Potatos.) Stockh. 1772. 4. bey Fougt. 1 Sch.

War schon im Jahr 1749 durch das Handelscollegium herausgegeben worden, und ward nun von der patriotischen Gesellschaft zum zweytenmal zum Druck befördert.

Malmö-Receß daterad d. 18. Sept. 1662. Stockh. 2 Quartbogen. 1772. bey Fougt.

Dieß ist ein erneuerter Abdruck des bekannten zu Malmö errichteten Recesses, als Schonen unter schwedische Botmäßigkeit kam.

Red-dejan (Svenska) eller välöfvade Hushållerskan &c. (Die schwedische Landhaushälterinn, oder wohlgeübte Haushälterinn, wie sie das ihr anvertraute zahme und Federvieh pflegen und warten, ihre häuslichen Geschäfte bestreiten, und Flachs und Hanf, Kohl und Gewürze besorgen möge ꝛc.) Wåster 1772. 14 Bog. in 8. mit einem so genannten Gesundheitsbuche auf 6 Bog. Zusammen 16 Sch.

Ist zum Behufe des Landvolks von einem, der sich K. D. unterschrieben, heraus gegeben worden.

* * *

Reichstags- und andere dazu gehörigen, oder bey der Gelegenheit herausgekommene Schriften. *)

H. K. Maj. Konung Gustaf den III. Tal af Thronen d. 1. Iun. 1772.

Kongl. Maj. Tal til Riksens Ständer etc. d. 21. Aug. 1772.

Kongl. Maj. Tal til Riksens Ständer etc. d. 25. Aug. 1772.

Kongl. Maj. Tal vid Riksdagens Slut d. 9. Sept. 1772. Stockh. 2½ Bog. 4. bey Fougt. Zusammen 2 Sch. 6 r. Die beyden letzten Reden sind auch bey Karlbohm in finnischer Sprache herausgekommen.

---

*) Alle Reichstagsschriften vom Jahr 1771 fehlen; von dem Jahr 1772 werden wenige, höchstens nur unerhebliche ausgelassen seyn.

Das sind folgende feyerliche Reden des itzigen Königs: den 1sten Junius, als die Reichsstände den Huldigungseid ablegten; — den 21sten und 25sten Aug. bey Gelegenheit der Revolution; — den 9ten Sept. bey dem Beschlusse des damaligen Reichstages. Diese kurzen, obgleich höchst merkwürdigen Reden haben die Schweden in der Ursprache, die Ausländer in Uebersetzungen. In jener zeichnen sie sich, des wichtigen Inhalts nicht zu gedenken, durch die Zierlichkeit und Stärke des Ausdrucks, welchen der König völlig in seiner Gewalt hat, sehr vortheilhaft aus. Hätte der Leser das rührende Beyspiel, den gekrönten Redner in einer solchen Reichstagsversammlung, welche die einzige in ihrer Art auf der Welt ist, von dem Throne selbst reden zu hören, so würde er wünschen, daß diejenigen, welche oft reden müssen, nur ein gewisses Theil seiner Talente haben möchten; so vortheilhaft sind sie, den Reden selbst Eingang und Nachdruck zu verschaffen. Die Rede am 21sten Aug. ist auf einer Seite eines Folioblattes für 1¼ Sch. besonders abgedruckt, und die Exemplare derselben in goldenen Rahm eingefaßt, und in den meisten Kirchen zum Angedenken aufgehänget worden.

Tankar (oförgripelige) at Skånska etc. Räntegifvare &c. (Unvorgreifliche Gedanken, daß die Rentgeber der Schonschen, Bohuslehnschen und Blekingenschen Provinzen nach den Friedensverträgen und dem Malmöschen Receß von 1662 gehalten sind, die Renten des Ländereyschätzungsbuches auf gleiche Art, als die Provinz Halland, zu entrichten.) Stockh. 1772. 4. bey Lange. 6 Sch.

Riksens Ständers Secrete Deputations Betänkande af den 2. Apr. 1772. etc. rörande Herrar Riksens Råd. Stockh. 7 Bog. 4. bey Fougt. 8 Sch. — *Bilagor.* 5 Bog. 4. bey Fougt. 4 Sch. — *Protocoll hållit hos Ridderskapet.* Stockh. 1772. 10 Bog. 4. bey Fougt. 12 Sch. — *Utdrag af de Protocoller, hvilka uti Borgareståndet* &c. Stockh. 1772. 6 Bog. 4. bey Lan-

Länge. 4 Sch. — *Protocoll uti Bonde-Ståndet.* St. 1772. bey Fougt. 2 Sch.

Das Bedenken des geheimen Ausschusses enthält die Ursache zur feyerlichen Anklage und Absetzung vieler der damaligen Herren Reichsräthe in sich. In den Beylagen sind die vorgegebenen Species facti befindlich. Die darauf folgenden Protocolle sind wichtige Urkunden für den damaligen Reichstag vor der Revolution, woraus erhellet, wie der größte Theil der damaligen Herren Reichsräthe des Amtes verlustig erkläret wurden.

Utdrag af Landshöfdingens etc. A. I. Raab Riksdags Relation &c. (Auszug aus des Herrn Landshauptmanns A. J. R. Reichstagsberichte.) Stockh. 1772. 6 Bog. in Kl. 8. mit vier Tabellen, bey Holmerus.

Dieser Bericht betrifft den Anbau der Ländereyen zu Aeckern und Wiesen, die ungebaueten Felder u. s. w. in dem Kronoborgschen Lehne, und kann vielleicht zur Vergleichung des nachherigen ökonomischen Zustandes solcher Provinz mit dem damaligen sehr vortheilhaft verglichen werden.

Dreyers Memorial. — Wiers Memorial. — Langhammers Memorial. — Hedeens Memorial. — Rikets Vinst eller Förlust af Bränvins Tilvärkning. — Välmenta Tankar huru med Bränvins-Bränningen kunde förhållas. Sind theils bey Fougt, theils in der alten königl. Buchdruckerey herausgekommen, betragen zusammen zwischen 3-4 Bogen, und kosten eben so viele Sch.

Betreffen blos das Branntweinbrennen, welches auf dem damaligen Reichstage wirklich abgeschafft und verboten, wenige Jahre darauf aber vom Könige zu einem Regale gemacht, und durch königl. Bediente bestritten ward.

Riksens Ständers beslutne Sammanträdes etv. senare Protocoller rörande Svea Konunga- Försäkrans afgifvande &c. (Letztere Protocolle des von den
Reichs-

Reichsständen beschlossenen Zusammentritts zwischen dem geheimen Ausschusse, der geheimen Deputation und 25 Gliedern des Bauernstandes, betreffend die Ablieferung der schwedischen Könige Versicherung zu des Königs Maj. gnädigsten Unterschrift.) Stockh. 1772. 6 Bog. 4. bey Fougt. 8 Sch.

Vor dieser Schrift giengen folgende zum Theil vom J. 1771 vorher, welche gleichsam die Vorbereitung dazu abgaben: *Protocoller uti Riksens Ständers beslutne Sammanträde etc. til öfverseende af Svea Konunga Försäkran*, mit einem Vorschlage dazu 1771. 10 Bog. 4. bey Fougt. 9 Sch. — *Bonde-Ståndets Protocolls Utdrag om Utöfningen af deras rättighet &c.* (Auszug des Bauernstandes-Protokolls über die Ausübung ihrer Gerechtsame, den geh. Ausschuß mit 25 Gliedern ihres Standes in solchen Angelegenheiten zu verstärken, welche das Staats- und Vertheidigungswesen angehen, und das in Kraft der dem Stande den Gesetzen gemäß zukommenden Schätzungsmacht.) Stockh. 1772. 1½ Bog. 4. bey Fougt. 1 Sch. 6 r. — *Protocoller och Handl. som utvisa, huru Bonde-Ståndets Rättighet &c.* (Protocolle und Documente, welche beweisen, wie des ehrsamen Bauernstandes Gerechtsame, an des geh. Ausschusses Ueberlegungen Antheil zu nehmen, bey den vorigen Reichstägen bewachet und angesehen worden.) Stockh. 1772. 2 Quartb. bey Fougt. 2 Sch. — *H. Bonde-Ståndets ytterligare föreställning.* (Des ehrsamen Bauernstandes weitere Vorstellung.) 1 Bog. 4. — *Ridderskapets Extr. Protocolli.* 1 Bog. — *Extracta Protocolli ifrån Präste-Borgare- och Bonde-Ståndet.* 2½ Bog. — *Ridderskapets Extr. Protocolli til Pr. B. och B. Stån-*

Ständen gjorde ytterligare Föreställning. 2 Bog. mit *C. Frietzckijs Dictamen til Protocollum. — Präste- Borgare- och Bonde- Ståndens sluteliga utlåtende* &c. 3 Bog. — *Protocoll uti Riksens Ständers Expeditions-Deputation vid Svea Konunga-Försäkrans Expedierande.* Stockh. 1772. 3 Bog. 4. bey Fougt. 3 Sch. Hierauf erfolgte denn nach so vielen Berathschlagungen und Protokollen der Reichsstände:

Svea Konunga-Försäkran. Stockh. 1772. 3 Bog. bey Fougt.

Die vom Könige damals beschworne und unterschriebene Versicherung, die aber hernach, wie bekannt, durch die Revolution eine beträchtliche Veränderung erlitten.

Riksens Ständers Expeditions Deputations Protocoll &c. (Das Protocoll der Reichsstände-Expeditionsdeputation, betreffend den Entwurf einer Instruction für den geheimen Ausschuß auf den Reichstag des Jahres 1771.) Stockh. 1772. 4. bey Fougt. 3 Bog.

Zum Schlusse steht die Instruction selbst.

Secrete Utskottets Extr. Protocolli med Stats-Förslag för år 1772. ein Bog. in Fol. 2 Sch.

Folgendes war der Vorschlag des Protocollextracts des geheimen Ausschusses:

Königl.

Kurzgefaßte Recensionen.

	Königl. Schloß-Staats collegien	Für den Sergenannt und die dienten Staats	Für die übrigen Civilbedienten des Finnland	Kriegs Staat in Schwerdtaits- und Berthbidi-	Admiralitätsstaat	Pensionsrer	Extraordinairer Staat in Schweden und Finnland
	1,968455.	1,829554.	512963.	2,628106.	2,947651.	99181	1,480215.

Summa Summarum: 11,466125.

Ganze Capitalschuld der Krone bis zum Schluß des J. 1770	Schuldcapitale mit den Interessen für das Jahr 1772		Kron-Einkünfte auf das Jahr 1772	Debet. Calculation.	Credit.
60,309738.	5,335734.		11,089122.	Die Schuld des Staats bey dem Schluße des Jahres 1764 55,782289.	Darauf war bezahlet bis zum August des Jahres 1769 8,833707. War also zu derselbigen Zeit noch zu bezahlen übrig: 46,948582.

Summa: 16,801859.

NB. Alles ist nach Thl. Silbermünze berechnet, deren sechs einen Reichsthaler Species ausmachen; also machen 60,309738 Thl. S. M. 10,051623 Reichsthlr.

Schlüßlich wird eine neue Berechnung von der Schuld des Jahres 1771 hinzugefüget, welche 60,309738 Thl. beträgt.

Secrete-Utskottets Protocoller, angående Kgl. Maj. d. 28 Nov. 1771. hållne nådige Tal &c. (Des geheimen Ausschusses Protocolle, betreffend des Königs an den Landmarschall und die übrigen Sprecher gehaltene gnädige Rede ꝛc.) Stockh. 1772. 11 Bog. 4. bey Fougt. 10 Sch.

*Betänkande til Riksens Ständers Iustitiae Deputa-
tion*

tion angående allmänna Creditens uphjelpande.&c. (Bedenken für der Reichsstände Justizdeputation, betreffend die Aufhelfung des allgemeinen Credits durch die Verbesserung der Gesetze in dem Concurs- und Executionswerke.) Mit dem Projecte selbst. Stockh. 1772. 4. 10 Bog. bey Lange. 8 Sch.

Ist von dem berühmten Justizkanzler Hrn. J. W. Liljeståle abgefasset worden. Darauf kam heraus:

Oförgripelige och vördsamste Påminnelser vid det Projekt til en ny Förordning, angående Cessions etc. mål, &c. (Unvorgreifliche und geziemende Erinnerungen bey dem Vorschlage zu einer neuen Verordnung über die Cessions- Concurs- Ehegutstheilungs- und Erbschafts-Entsagungshändel, welcher von acht grossen Rechtsgelehrten abgefasset worden.) Stockh. 1772. 4. 2 Bog. bey Fougt. 2 Sch.

Riksens Ständers Iustitiae Deputations Betänkande rörande de alt mer och mer öfverhand tagande Banquerouter. (Der Reichsstände J. D. Bedenken der überhandnehmenden Bankeroute halber.) Stockh. 1772. 2 Quartb. bey Fougt. 2 Sch.

Es ist auch ein Vorschlag zu dem königl. Edicte angehängt.

Bref ifrån Landet etc. om Finance-Verk. (Brief vom Lande an einen Freund zu St. über das nun unter Händen seyende Finanzwesen.) Stockh. 1772. 2 Quartb. bey Holmerus. Darauf erschien:

Tankar om Sveriges Finance-Verk. (Gedanken über das schwedische Finanzwesen.) Stockh. 1772. 4 Quartbog. bey Fougt. 4 Sch.

Darin thut der anonymische Verfasser dar, wie und auf welche Weise der schwedische Staat auf vier Grundpfeilern, dem Ackerbaue, dem Bergbaue, dem Handel und den Fabriken, ruhe.

Försök til en naturlig Finance-Systeme. (Versuch zu einem

einem natürlichen Finanzsystem.) Stockh. 1772. 2 Quartb, bey Fougt. 2 Sch.

Hiervon kam nur der erste Theil heraus.

Genwäg til Reglisation utan hjelp af utrikes län. (Kurzer Weg zur Realisation ohne den Beystand einer ausländischen Anleihe.) Stockh. 1772. 4. bey Fougt. 1 Sch.

Plan til en naturlig etc. Realisation. (Vorschlag zu einer Realisation, die natürlich, sicher, gleich ins Werk zu stellen, und keinen für das Reich gefährlichen Folgen unterworfen ist.) Stockh. 1772. 2 Bog. bey Lange. 2 Sch.

Betänkande angående Kronans ingälder &c. (Des Königs und Reichskammercollegii Bedenken über der Krone Einkünfte und Ausgaben, in Rücksicht auf den ungleichen Berechnungswerth der Münze.) Stockh. 1772. 4. bey Fougt. 4 Sch.

Anmärkninger (Nordencranz) vid åtskilligas Tankar etc. angående orsakerne &c. (N. Anmerkungen über Verschiedener Gedanken, betreffend die Ursachen und Urheber zu des Reichs, der Bank und des Finanzwesens gegenwärtigem Zustande und Hülfsmitteln.) Stockh. 1772. 2½ Bog. 4. bey Karlbohm.

Der Verfasser arbeitete diese Anm. auf Befehl der Reichsstände aus. Ueber diese Schrift erschienen:

Von Essens och C. Frietzckys Memorialer. Stockh. 1772. 1 Quartb. bey Fougt.

Secrete Utskottets Protocolls Utdrag i anledning af Nordencr. Upgifter. (Des geh. Ausschusses Prot. Auszug in Anleitung der Nordencranzischen Aufgaben.) Stockh. 2½ Bog. 4. bey Fougt.

Lindlöofs Memorial. Eben daselbst. 1 Bog.

Banco-Deputations Protocolls-Utdrag af den 14. Jul. 1772. (Prot. Auszug der Bancodeputation nebst einem Bedenken über die Aufhelfung und Verbesserung des Finanz- und Geldwesens.) Stockh. 1772. 4 Quartb. bey Fougt. 4 Sch. Darauf erschien:

Adlermarks (B.) *Tankar om Banco-D. Betänkande* (A. Gedanken über der Bancodeputation Bedenken, das Finanzwesen betreffend.) Stockh. 1772. 2 Quartb. bey Fougt. 2 Sch.

Tankar vid B. Dep. Betänkande &c. (Gedanken bey dem Bancodeputations-Bedenken.) Stockh. 1772. 2 Quartb. bey Lange. 2 Sch.

Gyllenbalance (af) *Tankar til högre eftertanka &c.* (Von G. Gedanken zum weitern Nachdenken, oder ein neuer Vorschlag zur Verbesserung der Reichsfinanzen mit Anmerkungen darüber.) Stockh. 1772. 5 Quartb. bey Hesselberg. 4 Sch. 6 r.

Secrete Utskottets Berättelse af den 24. Jul. 1772. &c. (Des geh. Ausschusses Bericht von dem 24sten Jul. 1772. über die Verwaltung der Wechsel- und Finanzoperationen, benebst den ein- und ausländischen Kronanleihen.) Stockh. 1772. 10 Bog. 4. bey Fougt. 8 Sch. mit Tabellen und Berechnungen. Darüber erfolgte:

G. Tollstorps Betänkande etc. (G. T. Bedenken über die Aufhelfung und Verbesserung des Finanz- und Geldwesens.) Stockh. 1772. 2½ Bog. 4. in der alten königl. Buchdr. Und hierüber:

Tankar i anledning af Betänkandet &c. (Gedanken in Anleitung des Bedenkens ꝛc.) Stockh. 1772. 2 Quartb. bey Fougt. 2 Sch.

Diese Schriften betreffen den damals sehr streitigen Punkt von dem Papiergelde und dessen Realisation. Außer Schwe-

Schweden ist vieles darin unverständlich. Der König hat wenige Jahre darauf diesen nodum Gordium durch die Einführung und Festsetzung der Speciesrechnung aufgelöset.

Kgl. Commerce - Collegii Protocoll med Assessorens Forseens afgifne yttrande etc. (Des K. C. C. Pr. mit des Ass. F. abgegebener Aeußerung und dessen gethane weitere Erklärung nach der über jene abseiten der Reichsstände Handels- und Manufacturdeputationsausschusses geschehenen Anmerkung, betreffend die Mittel und Auswege, dem Mangel am Salze und andern nothwendigen Waaren abzuhelfen, benebst der Verbesserung des Handels- und Finanzwesens im Allgemeinen u. s. w.) Stockh. 1772. 5½ B. bey Gresing.

Bref til en Vän, angående den för tu år sedan utkomne skriften etc. (Br. an einen Freund, betreffend die vor zwey Jahren bereits herausgekommene Schrift unter dem Titel: — Gedanken über folgende Schrift: Eines Adelichen Gedanken über die Gerechtsame des adelichen und der unadelichen Stände in Ansehung der Beförderungen.) Stockh. 1772. 2 Quartb. bey Fougt. 2 Sch.

Riksens Ständers Secrete Dep. Betänkande i. onledning ad Råds Protocollet för den första Maji 1770. etc. (Bedenken der R. St. Geh. Deputation in Anleitung des Senatsprotocolls vom 1sten May 1770, über die einländischen civilen Angelegenheiten, betreffend der Unadelichen Beförderungsgerechtsame zu den höhern Reichsämtern.) Stockh. 1772. 1 Quartb. bey Fougt. 1 Sch.

Präste-Ståndets Protocolls Utdrag etc. öfver Doct. Ruthström. (Des Priesterstandes-Protocolls Auszug benebst Herr Frypells Memorial, den wider den

D. Ruthström geführten Religionproceß betreffend.) Stockh. 1772. 3 Quartb. bey Fougt. 3 Sch.

Er ward darin zum Kammerier bey der Banco-Papierfabrike aus Barmherzigkeit vorgeschlagen.

Svea Rikes Regerings-Form af d. 21 Aug. 1772. (Die Regierungsform des schwedischen Reichs u. s. w.) Stockh. 1772. In schwedischer und englischer Sprache bey Fougt, jede auf zwey Quartb. und für 4 Sch. — In finnischer Sprache bey Karlb. 3 Sch.

Ist überall bekannt und durch die feyerliche Versicherungsacte des Königs auf dem Reichstage 1779 aufs neue bestätiget worden.

Sveriges Rikes Ständers Bevilning til almän Contribution etc. (Der schwedischen Reichsstände Bewilligung zur allgemeinen Contribution ꝛc.) Stockh. 1772. 2 Quartb. bey Fougt. 2 Sch.

Sv. R. St. Beslut gjordt, samtyckt etc. (Der Schw. R. St. auf dem allgemeinen zu Stockholm den 9 Sept. 1772 geendigten Reichstage gemachter, bewilligter und vollzogener Beschluß.) Stockholm. 3 Quartb. bey Fougt. 3 Sch.

Nach einer historischen Einleitung der Zusammenkunft der Stände zu solchem Reichstage bezeugen sie ihre Betrübniß über den Tod des vorigen Königs (§. 1.); äußern sich über das Witwenthum der verwitweten Königinn (§. 2.); freuen sich, daß der König mit der veranstalteten Bibelübersetzung den Anfang seiner Regierung mache (§. 3.); erwähnen der Krönung und Huldigung des jetzigen Königs mit Freude (§. 4.); sehen die Stiftung des Wasaordens für sehr nützlich an (§. 5.); bekräftigen die Revolution durch die festgestellte Regierungsform (§. 6.); empfehlen dem Könige des Reichs Beste in allen seinen Zweigen (§. 7.); machen die Vorkehrungen, die nöthigen Auflagen einzuheben (§. 8.); überlassen dem Könige in Beziehung auf den Vorschlag des Bankausschusses die Realisation, d. i. die Einführung der zu einem festgestellten Werthe gesetzten Münze,

Münze, damit der Unsicherheit des Curses und den dadurch bis dahin entstandenen Verlegenheiten vorgebeuget werden möge (§. 9.); und auch endlich (§. 10.) die Zeit, wenn er aus wichtigen Gründen nöthig finden sollte, wieder **einen Reichstag** auszuschreiben.

Rinman (Sw.) Anledningar til Kunskap etc. (S. R. Anleitungen zur Kenntniß der gröbern Eisen- und Stahlveredlungen, benebst ihrer Verbesserung u. s. w.) Stockh. 1772. 1 Alph. 8. bey Fougt. 24 Sch.

Dies Werk ist nach dem Urtheile der Kenner voll von nutzbaren Bemerkungen, die sich auf eine vieljährige Erfahrung des Verfassers gründen, und das auch außerhalb Landes bekannt zu werden verdiene. Für die meisten Leser dieser Schrift dürfte zwar wohl nicht eine eigentliche Recension desselben, aber doch eine Anzeige seiner 15 Kap. angenehm und für Bergwerksverständige nützlich seyn. Hier ist sie! Von der Veredlung des Eisens und Stahls überhaupt; der Eisenmaterie im Allgemeinen; den zu derselben Bearbeitung erforderlichen Materialien; der dazu schicklichen Einrichtung und Haushaltung; den Manufactureinrichtungen und Eisenhämmern; der Zubereitung der eisernen Dachplatten; dem verzinnten Bleche; den Kneip- und Zangenhämmern; der Nägelschmiede; dem Walz- und Schneidwerke; der Dratzieherey; dem Stahle überhaupt; dem Schmelz- und Gerbstahle; dem Brennstahle; und endlich von den Schmieden.

Robertsons (Dionys.) Konsten, at curera Hästar. (D. R. Kunst Pferde zu curiren.) Stockh. 1772. 8. fast ein Alph. bey Lange. 20 Sch.

Ist von der zu Berlin 1767 herausgekommenen Urschrift in ihrer neuen und vermehrten Auflage von dem Rittmeister P. L. zum Dienste des Publicums übersetzet worden. Das Kupfer, welches sich muthmaßlich auch bey dem Originale findet, stellet ein Pferd und die zur Cur desselben nöthigen Instrumente vor.

Salanders Gårds Fogde Instruction. (S. Instruction für Pächter.) Wäster, 1772. 8. 20 Sch.

Erscheinet

Erscheinet hier in einer neuen Auflage, nachdem es schon vorher einigemal war abgedrucket worden.

Sefström (E.) Handels-Bibliothek etc. (E. S. Handelsbibliothek, welche Berichte und Abhandlungen über den ein- und ausländischen Handel in sich fasset.) Erstes St. Stockh. 1772. 144 Octavs. bey Holmerus.

Der Verfass. Notarius des schwed. Handelscollegiums, liefert hier auf höhere Veranlassung sechs wichtige Beyträge zur Kenntniß des schwed. Handels. Der erste und zweyte zeiget, wie Schweden zur hinlänglichen Gold= und Silbermünze kommen möge, und rühret von dem jetzigen Staatssekretär Herrn Bar. Liliencranz her. Der dritte betrachtet den für Schweden so vortheilhaften Eisenhandel auf England, den aber dieses Reich durch Aufhelfung des rußischen Eisenhandels, wobey es mehr gewinnt, stets zu schwächen suchet. Der folgende liefert Anmerkungen über den Handel zu Livorno, und hat einen unvollständigen Artikel von den Hindernissen der schwedischen Karawanenfahrt zwischen Italien und der Levante zum Anhange. Der letzte betrifft den Seidenhandel. Die 3 folgenden Theile kamen 1774, 1775 und 1777 heraus, und kosten alle 4 zusammen 40 Sch.

Stadfästelse och Privilegier för Civil-Statens, Enke- och Pupill-Cassa. (Sr. K. M. Bekräftigung und Privilegien für die Civil-, Witwen- und Waisencasse.) Stockh. 1772. 4. bey Fougt. 5 Sch. Sie sind bereits den 1 Febr. 1743 datiret.

Kgl. Vasa-Ordens Statuter. (Des Königl. Wasaordens Statuten.) Stockh. 1772. Fol. bey Fougt. 16 Sch. mit 2 Kupf.

Die Statuten des von dem jetzt regierenden Könige gestifteten Wasaordens, die auch deutsch im deutschen Museo stehen.

Sundblads (I.) Project om medel etc. (J. S. Mittel und Auswege zu Kinderhauseinrichtungen in jeder Landshauptmannschaft.) Stockh. 1772. 4. bey Lange. 1 Sch.

Zetter-

Zetterſten (Er.) märkvärdiga Anmärkningar öfver Mynt etc. (E. Z. merkwürdige Anmerkungen über Münze und Banken mit zwey beygefügten Tabellen.) Stockh. 1772. 12 B. Vermehrte und verbesserte Aufl. 16 Sch.

Der Name des in Handlungsſachen bekannten Verfaſſ. und der geſchwinde Abgang der erſten Aufl. waren die beſten Anempfehlungen für dieſe zweyte.

Ärindran (En trogen Svensks) til sine Landsmän d. 19 Aug. 1772. (Eines getreuen Schweden Erinnerung an ſeine Landsleute u. ſ. w.) Stockh. 1772. 1 Quartb. bey Greſing.

Der eigentliche Endzweck des Verf., der ſich am Ende J. Lanner unterſchreibt, bey dieſer Erinnerung war, denenjenigen ſeiner Landsleute, die entweder keinen oder nicht genug richtigen Begriff des Unterſchiedes zwiſchen Souveränität und Abänderung der vorigen Regierungsform hätten, und ſich deshalb noch nicht ganz zum Beytritte der guten Sache entſchloſſen hatten, etwas mehr Licht zu geben. Des Verf. guten Willen ausgenommen, hätte dieſer Bogen mit etlichen hunderten ſeines gleichen, die durch dieſe wichtige Begebenheit veranlaſſet worden, immerhin ungedruckt bleiben können.

Örte-Bok etc. (Kräuterbuch, worin die einheimiſchen Bäume und Gewächſe nach ihren Tugenden wider verſchiedene Krankheiten beſchrieben werden.) Wäſt. 1772. 3 Octavbl. Neue Aufl. 2 Sch.

Iſt von dem gemeinen Schlage derer Schriften, welche für den Landmann dienlich ſeyn ſollen.

VIII. Poeſie *), Reden, Briefe, ſchöne Künſte und Wiſſenſchaften, Muſik u. ſ. w.

Abrahams Bepröfvelſe. (Abr. Prüfung.) Stockh. 1772. 8. bey Fougt. 4 Sch.

Gewiß

---
*) Von dem Zuſtande der Dichtkunſt in Schweden leſe man zuvor Num. IV. in dem vierten Abſchn., wo gleichſam eine Einleitung zu dieſem Artikel vorkömmt.

»Gewiß übersetzt! Aber aus welcher Sprache? von welchem Verfasser? und von welchem Uebersetzer? — Das ist nicht angezeigt.

Borgare skolan, Comedie i 3 Akter. (Bürgerschule, eine Komödie in 3 Handlungen.) Stockh. 1772. 5 Octavb. bey Holm. 4 Sch.

Uebersetzung.

Dygden, Hjeltequäde. (Tugenden, ein Heldengedichte.) Karlskr. 1772. 102 S. 8.

Ein moralisches in sieben Gesänge vertheiltes Gedicht, welches die christl. Tugenden besinget, worin auch die vornehmsten aus der Offenbarung bekannten Lehren, dem Inhalte des Gegenstandes gemäß, beygebracht, mit erbaulichem Witze ausgeführet, und auf eine rührende Weise vorgestellet werden. Hie und da scheinet es, daß dasjenige, was dem Satan und seinen Wirkungen zugeschrieben worden, ganz natürlich von dem sittlichen Verderben des Menschen hergeleitet werden könne.

Krönungs- und Huldigungsschriften.

Cantata, per la Festa data in Stokholm all' occasione dell' incoronazione di S. M. il Rè di Svezia da S. E. il Signore Conte d' Ostermann etc. (Mit einer schwedischen Uebersetzung.) Stockh. 1772. 4. bey Fougt. 4 Sch.

Celsii (D. O.) Tal til Stokholms Stads Presterskap. Stockh. 1772. 8 Quartf. bey Fougt. 1½ Sch.

Diese Rede des seines körnichten Ausdrucks halber hinlänglich bekannten Schriftstellers an die stockh. Geistlichkeit bey Ablegung des Huldigungseides hat einen allgemeinen Beyfall erhalten.

Chydenii (A.) Tal etc. Stockh. 1772. bey Lange. 2 Sch.

Diese Rede ward von dem Verf., der sich hernach durch Schriften von allerley Art sehr bekannt gemacht hat, an dem

dem Krönungstage zu Gamla-Carleby in Finnland auf dem Rathhause gehalten.

Cronanders (Dr. Sam.) Underdånigſt Loſtal öfver deras Kongl. Maj.ters Kröning. (Unterthänigſte Lobrede auf die hohe höchſterfreuliche Krönung Ihrer königlichen Majeſtäten, gehalten auf dem großen Ritterhausſaale zu Stockholm den 4ten Junius 1772. von Dr. Sam. Cronander, ſector bey dem königl. Gymn. in Wexid.) Stockholm, bey Fougt 1772. 23 S. in 4. 3 Sch.

Voller Jamben und Reimen, die ſich mit kaltem Blute, aber nicht ohne Langeweile durchleſen laſſen. So ganz fein ſcheinen uns eben auch des Verfaſſers Complimente nicht zu ſeyn.

Gadd (P. A.) Underdånigt fägnetal om ſvenſka frihetens öden och de Regenters höga egenſkaper, ſom den ſtadgat och förvarat etc. (Unterthänigſte Freudensbezeugung über die Schickſale der ſchwediſchen Freyheit und die hohen Eigenſchaften derſenigen Regenten, die ſie gegründet und verwahret haben, zur Erinnerung des königl. Krönungsfeſtes.) Stockholm, bey Fougt 1772. 40 S. in 8. 3 Sch.

Eine Rede voll der heißeſten Vaterlandsliebe und Kenntniß der vaterländiſchen Geſchichte, die eine gute Ueberſetzung in andere Sprache verdient. Der Herr Verfaſſer iſt in andern Wiſſenſchaften ſo ſehr bekannt, daß es überflüſſig wäre mehreres zu ſeinem wohlverdienten Lobe hinzu zu ſetzen.

Groskurds (C. H.) Rede am Namensfeſte des Königs im Hörſaale der Schule der Deutſchen Gemeine zu Stockholm. Stockh. 1772. 36 S. 4. bey Holmerus.

Iſt eine beſcheidene Lobrede von dieſem in mehrerer Abſicht rühmlichſt bekannten Schulmanne auf den König, und entwirft ein ſehr ausdrückendes Gemälde von der Art und Weiſe des Antrittes ſeiner Regierung.

Guſtafs gärningar, Sveriges ſällhet. (Guſtafs Thaten, Schwedens Glückſeligkeit.) Stockh. bey Lange. 1772. 1 Bog. in 4.

„Ich würde gewiß (ſagt der Verf.) den Glanz ſeines (des „Königs) Ruhms verdunkeln, wenn ich ein glücklicher Ora„tor wäre, und dann beredtſam zu beſchreiben anfienge ſei„nen Heldenmuth, ſeine Weisheit u. ſ. w." Was der Verf. unter einem glücklichen Orator verſtehet, iſt nicht wohl zu errathen; daß er aber nie fürchten darf ein ſolcher zu werden, kann man ihm ohne Bedingung verſprechen.

Tal öfver Konung Guſtaf III:s Kröning — af en ſvenſk Medborgare. (Rede über des Königs Guſtaf des dritten Krönung, gehalten auf dem Ritterhauſe zu Stockh. den 31 May 1772. von einem ſchwediſchen Mitbürger.) Stockholm, gedruckt bey Lars Salvius. 1772. 35 S. in 8. 2 Sch.

In der Zueignung an den König unterſchreibt ſich der Verfaſſer Carl Ingman. Weder dieſe Zuſchrift, die in gebundenem Style geſchrieben iſt, noch das Poem, das am Schluſſe ſtehet, hat die Stärke und Wärme, mit welcher die Rede ſelbſt in Proſa abgefaßt iſt. Man höre den Verfaſſer ſelbſt: „Der (Regent), der mit ſeinen weitumfaſſen„den Kenntniſſen der Menſchlichkeit Schickſale, der Länder „Stärke und Schwäche, der Völker Entſtehung und Un„tergang, der Geſetze Fehler und Vortheile abgemeſſen hat, „der auch genau des Reichs Beſchaffenheit kennt, und zu„gleich des Volkes, über das er herrſchen ſoll, Zuſtand, „Denkungsart und Sitten; der iſt bloß ein großer König „in der Geſchichte. Der aber, der ſich ſelbſt erſt als Menſch „kennen gelernt hat, ehe er ſich würdig glaubt Menſchen „zu beherrſchen; der ſeine eigenen Seelenkräfte ſo weit über „andere erhoben, daß ſeine Weisheit ihnen ein Leitſtern, „ſeine Tugenden ihnen eine Richtſchnur ſeyn können; der „Scharfſinn genug hat, ſeines Reiches Wohl gewiß feſt zu „ſetzen, und Herz genug, ſich durch alle Hinderniſſe an das „Ziel hinzudringen; der ſeine Unterthanen aus eigenem Triebe „liebt, mit Zärtlichkeit ihre Fehler erträgt, mit Geduld an „ihrer Verbeſſerung arbeitet; der jeden Tag ſeines Lebens „für verloren hält, den er nicht mit wirklichen Wohlthaten „auszeich-

"auszeichnet; der endlich in seinen eigenen Fehlern sich gröſ„ſer zeigt als andere: der iſt allein würdig unter große Re„genten geſetzt zu werden; denn er iſt der größte Menſch. „Mitbürger! das iſt bloß der Schatten zum Bilde Gu„ſtafs!" Ein Gemälde würdig des großen Königs! So ungerne wir des Raums wegen uns genöthiget ſehen, viele der ſchönſten Züge unangezeigt zu laſſen, so unmöglich iſt es uns, eine Stelle zu übergehen, die den warmen Patriotismus des Verfaſſers ſo genau bezeichnet: „Mitbürger!" (sagt er,) „nie ſoll uns der Schlummer einwiegen, auf den „die ausländiſche Politik Luſt haben dürfte, Millionen zu „wagen! ſondern laßt uns bedenken, daß wir nicht anders „frey ſind, als in ſo fern wir ſelbſt unſere Gedanken be„herrſchen, und die Geſetze uns einen Schutz für unſer Le„ben, unſre Ehre und unſer Eigenthum gewähren, den „weder Zeitwechſel noch Eigendünkel beunruhigen kann."

Iuringius (P.) Tal om Konung Guſtaf den III, och Drottning Sophia Magdalenas Kröning. (Rede über die Krönung des Königs Guſtafs und der Königinn Sophia Magdalena, gehalten von der Geſellſchaft Utile Dulci.) Stockholm, bey Fougt 1772. 13 S. in 4. 3 Sch).

Reime, und weiter nichts.

Lanaerus (A.) Sverrges trenne Guſtaver. Skaldequäde — pa K. Guſtavs Krönungsfäſt. (Schwedens drey Guſtave in einem Gedichte auf Sr. Königl. Majeſtät königl. Krönungsfeſt, in tiefſter Unterthänigkeit beſungen von Anders Lanärus Andersſon, Hospitalpaſtor.) Stockh. bey Fougt, 1772. 14 S. 4. 2 Sch.

Guſtaf der erſte, Guſtaf Adolph, und endlich der jetzige König, ſind der Stoff des Gedichts. Die Anlage des Herrn Verf. zur Dichtkunſt würde sich deutlicher gezeiget haben, wenn er nicht ein Metrum gewählt hätte, das fürs erſte dem Inhalte des Gedichts zu wenig angemeſſen, und dann des ewigen Hüpfens der Daktylen wegen dem Ohre nicht allzu angenehm iſt. Der V. ſetzte ſich dieſes Sylbenmaßes halber

halber manchmal in die unvermeidliche Lage, den eigentlichen Accent der Worte verwechseln zu müssen. Ohne Zweifel wollte der V. der Ungelegenheit ausweichen, welcher seine Sprache in Ansehung der jambischen Versart ausgesetzt ist; aber es scheint nicht, daß er den besten Mittelweg getroffen haben möchte.

Lindblom (G. A.) Tal vid Konung Guſtaf III. och Drottning Sophia Magdalenas Kröning. (Rede bey Gelegenheit der hohen Krönung Ihrer Majestäten des Königes Guſtaf des III. und der Königinn Sophia Magdalena den 29 May 1772, gehalten in Upſala von der oſtgothiſchen Landsmannschaft von G. A. Lindblom, einem Mitgliede derselben.) Stockh. gedruckt bey Fougt 1772. 19 S. 8. 2 Sch.

Der Herr Verfaſſer bittet ſeine Landsleute gleich im Eingange ihn zu entſchuldigen: „denn (ſagt er,) ein Thron mit „Majeſtät umgeben, auf diesem Throne ein König, deſſen „Eigenschaften ohne Abänderung glänzen, das verdunkelt „meinen Blick. Ein Begriff, der an ſo hohe Vorſtellungen nicht gewöhnt iſt, kann ſie nicht anders als mit einer „wunderbaren Undeutlichkeit faſſen u. ſ. w." und da ſollte man vielleicht folgern, daß der Herr Verfaſſer in Entwickelung ſeiner wunderbar undeutlichen Ideen eben so wunderbar undeutlich ſeyn möchte; aber nichts weniger. Wiewohl im übrigen des Herrn Verfaſſers Compliment an ſeine Zuhörer etwas mehr als ein bloßes Compliment ſeyn möchte.

Svedenmarcks (C. C.) Poëme öfver H. K. M. Konung Guſtafs III. Kröning. St. 1772. 8. bey Lange. 1 Schill.

Auch die weibliche Leyer wollte ſich am 29ſten May hören laſſen. So viel der Rec. weiß, ward ſie ſonſt nicht an dieſem Tage von dem schönen Geſchlechte gerühret.

På H. K. M. Konungens Kröningsfest — af Sällſkapet Utile dulci. (Auf Sr. M. des Königs hohes Krönungsfest unterthänigſt von der Gesellschaft Utile dulci.)

dulci.) Stockholm, bey Fougt 1772. ein halber Bogen in 8.

Reinheit der Sprache, Richtigkeit der Gedanken, und eine besondere Leichtigkeit im Reimen merken den Verf. vorzüglich aus; Feuer aber mangelt ihm. Wenn ich nicht irre, so hat sich der Verfasser durch mehrere Gedichte bekannt gemacht.

* * *

Liljestråle (I. W.) Fidei-Commiß til min Son Ingemund. (Fideicommiß an meinen Sohn Ingemund.) Stockholm, gedruckt in der alten königlichen Druckerey 1772. 75 S. 4. 12 Sch.

Der Verfasser dieses moralischen Testaments in gebundener Rede ist der gelehrte Justizkanzler Joachim. Wilh. Liljestråle, der zugleich als ein vorzüglicher Kenner seiner vaterländischen Dichtkunst bekannt ist. Die vollkommene Einsicht des Verf. in seine Sprache ist Ursache der Leichtigkeit, mit welcher er sich in allen seinen Schriften so sehr auszeichnet. Bey alle dem müssen wir doch gestehen, daß die etlichen Bruchstücke von Uebersetzungen, die wir sowohl hier angetroffen haben, als auch sonst von ihm bekannt sind, ungemein besser gefallen haben, als dies vor uns liegende Poem. Da der Herr Verf. selbst so gewissenhaft die Stellen der alten Dichter und Prosaisten angezeigt hat, wo sie entweder mit seinen Ausdrücken etwan eine Gleichheit hatten, oder wo sie seine Gedanken als Beweise mehr bestätigen sollten, giebt er uns Erlaubniß, sein Gedicht blos als eine versificirte moralische Abhandlung zu betrachten. In diesem Betrachte verdient des Herrn Verfassers unverdroßne Mühe, die er angewandt, die schönen Denksprüche der Alten genau in seine Sprache überzutragen, allezeit Dank, und seine Belesenheit Lob. Etwas fremd ist es für das Auge, solche Namen, wie z. B. Virgil, das Offenbarungsbuch, Plautus, Lucas, Petronius Arbiter, Sirach, Lucretius und die fünf Mosisbücher beysammen zu finden.

Liljestråle (I. W.) Tal vid Hr. A. Nordencranz Begrafning. Stockh. 1772. 8. bey Fougt. 1½ Sch.

Standrede des eben zuvor mit Ruhme angezeigten grossen Mannes und Schriftstellers bey dem N. Begräbnisse.

Michelessi

Zweyter Abschnitt.

Micheleſſi Canto per l'Ordine Reale di Waſa inſtituto da S. M. Guſtavo III. Stockh. 1772. 8. bey Fougt. 6 Sch.

Es iſt auch eine franzöſiſche und ſchwediſche Ueberſetzung dieſes Geſanges beygefüget, den M. auf die Stiftung des Waſaordens verfertigte.

Revolutionsſchriften.

Bergklints (O.) Minnet af den 19, 20 och 21 Aug. etc. (Gedächtniß des 19, 20 und 21 Auguſt 1772 in einer unterthänigen Rede von O. B. vor der Geſellſchaft Pro Patria den 5 September deſſelben Jahres geſeyert.) Stockh. 1772. 38 Octavſ. $3\frac{1}{2}$ Sch.

Der Verfaſſer, damaliger Notarius des Hofconſiſtoriums, malet darin auf eine ſehr umſtändliche und rührende Weiſe den bekannten politiſchen Gegenſtand ab.

Ingman (C.) Minnet af den 21 Auguſti 1772. etc. (Das Gedächtniß des 21 Auguſt 1772, an welchem Schwedens wahre Freyheit und Glückſeligkeit durch Guſtaf III. den Großen hergeſtellt wurde, in einer auf dem Ritterhauſe gehaltenen Rede von einem ſchwediſchen Mitbürger aufgezeichnet.) Stockh. bey Heſſelberg. 1772. 25 S. in 8. 3 Sch.

Hätte ſich auch der Verfaſſer in der Zueignung an den König nicht genannt, ſo hätten wir doch außer allem Zweifel den Herrn Ingman errathen, deſſen vorige Rede wir kurz vorher angezeigt haben. Daß ſich der Verfaſſer auch hier mit der ihm eigenen Stärke und dem nämlichen Feuer auszeichnet, könnten wir mit den ſchönſten Beweiſen belegen, wenn wir nicht zu weitläuftig zu werden befürchteten. Ein vollkommneres und mehr lebhaft ausgemaltes Bild der ſchwediſchen Lage, worinnen ſich Schweden vor der Revolution befand, erinnern wir uns nie angetroffen zu haben. Wer dieſes Reich in ſeiner damaligen bedenklichen Lage ſehen will, gehe mit dem Verf. von S. 3 bis 7. von S. 15 u. ſ. w., und enthalte ſich dann, wenn er kann,

kann, mit dem Verf. den Heldenarm zu segnen, der sein Vaterland daraus rettet. Zum Schluße hat der Verfasser wieder ein kleines Poem, das ihm glücklicher gerathen ist als das oben angezeigte. Die Vergleichung der drey Gustafe in Schweden ist der Stoff des Gedichtes.

* * *

Witterhets Nojen. Tredje delen. (Wissenschaftsvergnügungen. Dritter Theil.) Stockh. 1772. 9 B. 8. bey Fougt. 10⅔ Sch.

Der erste Theil kam bey Lange 1769 heraus. In der Vorrede bezeuget die Gesellschaft Utile dulci, welche ihn bekannt machte, die Absicht gehabt zu haben, durch vereinigte Arbeiten guter Mitglieder einem gebundenen Witze und edlem Herzen Vergnügen zu verschaffen, und statt schädlicher Romanen und anderer verführerischen Bücher nützliche Lesungen in die Hände zu geben. Diese Lieferung, so wie auch die folgenden, bestehen allein in Versen. (10⅔ Sch.) — Der zweyte Theil kam für eben den Preis 1770 in der Grefingschen Druckerey heraus. — Der dritte und zugleich letzte Theil (denn bis 1780 ist keine weitere Fortsetzung erschienen,) hält folgende Gedichte in sich: 1) auf den Geburtstag des jetzigen Königs, damaligen Kronprinzen. 2) Auf des vorigen Königs Tod. 3) Ode über das Leben. 4) Der Morgen. 5) Prüfung: eine Satyre. 6) Ode über die Vergänglichkeit. 7) Bey Adils Tode. 8) Das böse Gewissen. 9) Die Freundschaft. 10) Ueber eine starke und langwierige Sonnenhitze. 11) Fabel. 12) Abschied an einen Freund. 13) Der Vergnügte. 14) An Camilla. 15) Die Wirkung der Flüchtigkeit. 16) Rath für Eurille. 17) An Zephys. 18) Nutzen des Widerstandes. 19) Uebersetzungen aus dem Anakreon. — Alles ist sehr sauber mit lateinischen Lettern abgedruckt, und die gelieferten Stücke haben den Beyfall der Nation erhalten. St.

IX. Verzeichnisse von den Synodal- und Universitätsdissertationen, den Abhandlungen der verschiedenen Wissenschaftsakademien und Societäten, und auch den darin gehaltenen merkwürdigen Reden.

A.) Synodaldissertationen kommen in diesem Jahre nicht vor.

B.) Universitätsdissertationen *).

a) Zu Upsal. Unter dem Vorsitze des Herrn *Erich Kinmark*, Theol. Prof. Kalf.
Praenotionum Theol. Diss. V. P. Löfwander.
— — — VI. E. Juringius.
— — — VII. N. J. Lundeberg.
— — — VIII. J. C. Kugelberg.

Von diesen, den vorhergehenden und nachfolgenden Dissertationen wird an seinem Orte g. G. eine zusammenhängende Rec. erfolgen.

Ol. Rabenius, d. v. I. Pract. Prof.
Om Lagfarenhetens nu varande tilstånd i Svea-Rike.
A. F. Bar. v. Knorring.

Ist in dem ersten Abschnitt recensiret worden.

Caroli von Linné, Med. Prof.
Respiratio diaetetica. 26 S. J. Ullholm.

Der Verfasser handelt von den Wirkungen der Luft auf die Körper der Thiere, besonders in Rücksicht auf die diätetischen Regeln; liefert eine anatomische und physiologische Beschreibung der Lungen in den Säugthieren und Vögeln, und

*) Gewöhnlich wird der Bogen mit sechs Runstücken bezahlt; ältere und seltnere haben keinen festen Preis. Jetzt werden sie gewöhnlich in 4., ehemals wurden sie auch in kleinern Formaten abgedruckt.

und leitet nach beygebrachten verschiedenen, die Wirkung der Luft auf den menschlichen Körper erklärenden, Versuchen die Schlußfolge daraus her, daß die Lungen so gewiß zu der Structur und Ordnung des Gehirns (Systema cerebrosum), als die Hirnkammer zu den Adern und dergleichen kleinen Gefäßen in dem Körper gehöre. Er erinnert, daß, wenn irdische Theile mit der Luft vermischet seyn, diese in der Höhle der Stirn durch krumme Gänge geleitet, und daselbst abgesondert werde, und rechnet endlich die verschiedenen Abwechselungen der Luft auf, nämlich: in Rücksicht auf die Kälte und Wärme, die Trockenheit und Feuchtigkeit, die Leichtigkeit und Schwere u. d. gl. benebst den daraus für das Leben und die Gesundheit entstehenden Vortheilen und Nachtheilen.

De Haemorrhagiis ex plethora. E. von Heidenstam. 32 S.

Nur die Blutflüsse, welche aus der Vollblütigkeit entstehen, werden hier abgehandelt. In dem Vorberichte berühret der V. in etwas die Nothwendigkeit des Blutes für das Leben der Thiere, und giebt zugleich einen kurzen Inhalt der einzelnen §§. Zuvörderst zeiget er die Bedeutung des Worts *Häemorrhagia*, und worin die Arten derselben, wovon er handelt, von den übrigen Blutflüssen unterschieden sind: Alsdenn macht er die verschiedenen Hämorrhagien, benebst den Gefäßen, woraus sie entstehen, nambaft. Weiter beschreibt er die Vollblütigkeit, stellet die leichtlich dazu geneigten Personen dar, zeiget die Ursachen derselben in solchen an, benebst den Kennzeichen, woran sie sich offenbaret. Hierauf untersuchet er, was für Vollblütige besonders dieser Art von Blutflüssen unterworfen sind; die Ursachen, wodurch sie dazu kommen; die Vorboten des nahen Ausbruchs; das Vorhererkennen derselben; die Maaßregeln, ihnen zuvorzukommen, und endlich die Cur selbst.

Fraga Vesca. S. A. Hedin. 13 S.

Gleich anfänglich stehen diese Worte: „Fragaria plantis „annumeratur iis, quae omnes quatuor mundi partes „incolunt, quod neque sine numine factum, quum ean„dem forte praecipuo vsui generis humani destinauerit „natura." Nach der botanischen Beschreibung folget der medicinische Gebrauch, welchen der V. so erhebet, daß er kein Mittel kennet, welches in dem Podagra und der Gicht der Erdbeere zu vergleichen sey. Er berufet sich auf die Erfahrung, und führet umständlich das Exempel eines heftigen podagrischen Anfalls mit Beulen an den Zehen an, womit der Präses selbst im J. 1750 befallen, aber durch den Gebrauch der Erdbeeren wieder hergestellet worden.

Observationes in Materiam Medicam. J. Lindwall. 8 S.

Um sicherer in dem Gebrauche der Arzeneyen zu Werke zu gehen, macht der Verf. 1) diejenigen, die in allen Apotheken seyn sollen, namhaft, welche bey des Präses öffentlichen Vorlesungen über die Materia medica wegen irgend einer besondern Wirkung angemerket worden, und bezeichnet sie mit desselben Geschlechts- und im gemeinen Leben gewöhnlichen Namen; 2) rechnet er die unbekannten und zweifelhaften auf, damit die Aerzte mit mehrerer Sorgfalt, als bisher geschehen, sich um ihre Erkenntniß bemühen, und ihren Gebrauch beurtheilen mögen.

De Suturis vulnerum in genere. C. E. Böcler, 20. S.

Der Verf. giebt zuvörderst eine allgemeine Eintheilung der Wunden in Beziehung der Zufälle, und der Art und Weise, wie sie verursachet werden. Nun folget die Erklärung der Naht. Sie ist der chirurgische Handgriff, wodurch der Rand der Wunden, die Festigkeit zu befördern, und die Häßlichkeit der Narbe zu verhindern, zusammengefüget werden. Er theilet alsdenn diese Nahten in ihre Haupt- und Untergattungen ab, und schließt mit dem praktischen Gebrauche derselben, und der in der Anwendung zu beobachtenden Behutsamkeit.

Ionae Sidrén, Med. Pract. Prof.
Observationes anatomicae circa infundibulum cerebri; ossium capitis in foetu structuram alienam; partemque nerui intercostalis ceruicalem. A. Murray. 31 S. m. einem K.

In der ersten Beobachtung theilet der Verf. eine anatomische Beschreibung des Trichters im Gehirn mit, löset die ihm von dem verstorbenen von Haller zur Untersuchung anempfohlne Frage: ob solches geöffnet oder fest sey (peruium an solidum)? durch angestellte Versuche auf, und behauptet das erste. Physiologisch handelt er von dem Gebrauche dieses Trichters. Die zweyte Beobachtung stellet er über den seltsamen Knochenbau eines Kopfes bey einem Kinde an, welches mit der Zange aus Mutterleibe genommen werden mußte; und die letzte über gewisse, aber auf eine unzertrennliche Art unter sich verbundene Verschiedenheiten und Abweichungen in parte ceruicali nerui intercostalis.

Diss. sistens Ascitis simplicis casum. J. M. Restelius. 12 S.

Es wird hier die Geschichte einer solchen 51 Jahr alten Wassersüchtigen erzählet, welche den 19 März 1767 in das dortige Lazareth aufgenommen ward. Gereinigter Weinstein, mit einer gleichen Portion weißen Zuckers vermischt, und Pillen von Teufelsdreck mit wenigem Kümmelöle wurden täglich vom 20sten bis den 27sten März, einige Erleichterung im Stuhlgange ausgenommen, ohne Nutzen gebraucht. Man fassete also den Entschluß, ihr täglich drey bis viermal gr. j Meerzwiebeln mit ℈j Krauseminzzuckeröl, und dabey angebrachtem Klystiere von ℔ß ▽ und ʒj Teufelsdreck zu geben. Die Kranke hatte hiervon bis zum 20sten May viele Erleichterung, und es schien einige Hoffnung zur Genesung vorhanden zu seyn; aber solche fieng an, vom 21sten May zu verschwinden, und sie starb nach überhandgenommener Schwächlichkeit den 4ten Jun. In den Noten wird von dem Unterschiede der einfachen Blasen- und peritonäischen Wassersucht unter sich und von allen andern Krankheiten, mit Beybringung mancher hieher gehörigen Bemerkungen gehandelt, und zur weitern Erläuterung die Section des Leichnams hinzugefüget.

De usu strammonii in Conuulsionibus. A. F. Wedenberg. 32 S.

Gleich anfänglich zeiget der Verf., von welchem Gewichte die heroischen Arzneymittel, ja sogar die Gifte in gemäßigmäßigter Dose bey Krankheiten sind, die sonst kaum vertrieben werden könnten. Besonders bringt er die verschiedenen Meynungen der Schriftsteller über die Materia medica und Botanik von dem Strammoniengewächse bey, und füget in einer kleinen Note hinzu, was Linné davon geschrieben hat. Hierauf kömmt er auf die Art und Weise, den Extract dieser Pflanze zuzubereiten, und läßt sich kürzlich über die Wirkung dieses Arzeneymittels auf den menschlichen Körper ein. Er giebt alsdenn einen allgemeinen Begriff von Convulsionen, ihrer Erklärung und Eintheilung; zeiget, in welchen besondern Fällen dieß Mittel zuträglich sey, welche Vorsichtigkeitsregeln dabey zu beobachten, und bekräftiget solches mit vier Beobachtungen. Die Dissertation ist überall mit vielen und gelehrten Anführungen versehen.

Petrus Ekermann, Eloqu. Prof.
De vi et efficacia Temperamentorum in formando Oratore, P. post. S. Oehrling.

Der erste Th. war schon 1761 herausgekommen; der 2te geht von S. 22=31. Von dem Redner giebt er diese Erklärung: Est ille, qui scientia gaudet adeo perfecta, vt bene ornateque dicendo animos auditorum et doceat et delectet, et ad cognitionem veri bonique exsecutionem permoueat. Die Beredtsamkeit könne ohne Natur, Kunst und Uebung nicht statt finden. Zu jener rechnet er Witz, Einbildungs= und Beurtheilungskraft, Gedächtniß mit den Gemüthsbewegungen und der Leibesstellung. Nun geht er (§. 9=12.) die vier Temperamente kürzlich durch. Das Resultat davon ist: das cholerische diene zu allem Großen und Pathetischen; das phlegmatische höchstens nur zu gemeinen und alltäglichen Dingen; das sanguinische zum Rührenden, Beweglichen und Freudigen; das melancholische zum Nachdrücklichen, Traurigen und Drohenden.

Curios simulare et Bacchanalia viuere. J. Björkman.

Ein jugendliches Probestück auf 12 S., worin des Juvenals Bestrafung (L. I. Satyr. 2 ab initio) derer Leute erkläret wird, welche sich anstelleten, so mäßig als ein

Curi=

Curtius zu leben, aber doch nichts weiter als Bacchusdiener wären.

De Aristotele laudibus, at non religioso cultu prosequendo. P. post. **C. G. Zyser.**

– Der erste Theil kam bereits 1764 heraus, worin, nach einer kurzen Einleitung, des Aristoteles großer Fleiß, Lehrbegierde und Belesenheit, hiernächst sein Fleiß im Lehren und Bücherschreiben (§. 1–4.) gerühmet worden. Der 2te Th. zeigt: wie die griechischen Commentatoren seine Schule nach seinem Tode berühmt machten; erzählet seine arabischen und lateinischen Nachfolger; und lehret endlich, wie die Scholastiker, welche sich zwar zu seiner Philosophie bekannten, aber der griechischen Sprache unkundig waren, und sich schlechter Uebersetzungen bedienten, seine Lehrsätze gar sehr verderbt haben (§. 5–7.). Die Fortsetzung war bis 1780 noch nicht erschienen.

Ephemerides Romanorum. **C. Petri.**

Die alten Römer merkten sich, was sie nicht vergessen wollten, in Tafeln ein, die sie Ephemerides nannten. Dergleichen gab es öffentliche und private (§. 1–3.). Jenes waren zuvörderst die Annales Pontificum, hernach Senatorum; mit der Zeit wurden auch öffentliche Scribae bestellet: von diesen hat man ein Exempel an Cäsars Commentarien (§. 4.). — Für Studierende sey es nützlich, dergleichen Ephemeriden sich zu halten. Collectaneen seyn von geringerer Gattung (§. 5–8.). — In den neuern Zeiten hätte man bessere öffentliche Ephemerides, nämlich die von den verschiedenen Akademien.

De Moderatione Publ. Scipionis commemorabili. **O. Reinholdsson.**

Ein Probestück auf vier Blättern über die Stelle bey dem Valer. Max. L. IV. C. I. §. 6.

Nihil est simul inuentum et perfectum. **H. Lundberg.** 10 S.

Dieser Ausspruch des Cicero in seinem Brutus K. 18. wird

wird also behandelt, daß verschiedene Axiomata der Alten hierüber gesammelt werden, und dann gezeiget wird: es weise sich hierin die göttliche Weisheit; die meisten Erfindungen seyn mehr einem Zufalle, als der Vorüberlegung zuzuschreiben, obgleich die Gelehrten hernach sie vollkommnet hätten; die Erfindungen seyn stets anfänglich unvollkommen gewesen; alles, als: Flüsse, Bäume, Menschen ꝛc. gebe vom Kleinern zum Größern fort; und die allgemeine Erfahrung und Geschichte beweise den kleinen Anfang der Künste, Wissenschaften, Institute und ganzer Reiche.

De morum bonorum similitudine perinsignem vitae communi praebitura vsum. M. Backelin.

Das wird nach dem Zeugnisse des Cicero Offic. L. I. c. 17. auf fünf Blättern abgehandelt.

Ioh. Ihre, Eloqu. et Pol. Prof. Skytt.

De Conuenientia Linguae Hungaricae cum Lapponica. E. J. Oehrling. 16 S.

Der Resp. und Verf. berühret anfänglich ganz kurz des O. Rudbecks Meynung über den Ursprung der Lappländer, und der mit ihnen verwandten Finnen, und bringt aus des Leibnitz Miscell. Berol. p. 8. die Nachricht bey, daß schon J. A. Comenius zuerst eben das bemerkt hätte, was in unsern Zeiten der Pater Hell über diesen Gegenstand deutlicher gemacht hat (§. 1.): — Folgende Uebereinstimmung findet sich zwischen den beyden Sprachen. Die Aussprache der Buchstaben und Wörter ist einander ähnlich; in den Wörtern selbst eben die Gleichheit, als in andern mit einander verwandten Sprachen; die Declinationen, Vergleichungsstaffeln, und die Numeralien in ihrem Gebrauche kommen mit einander überein. Es finden sich ähnliche Pronomina, Affixa, Suffixa und Präpositionen bey beyden. Endlich findet sich viel gemeinschaftliches in den Conjugationen und den Hülfsverbis (§. 2. 6.). — Er füget ein Verzeichniß ähnlicher Wörter bey. Ein größeres würde der liefern können, der beyde Sprachen wüßte (§. 7. 8.). — Wenn freylich ein großer Unterschied übrig bliebe: so käme das von der frühen Trennung der Finnen und Lappländer

länder von den Hungaren her, die schon längst vor Attila's Zeiten statt gefunden hätte, und von der Annahme vieler gothischen, schwedischen, Norwegischen und selbstgemachter Wörter (§. 9. 10.). — In der Disp. wird besonders Joh.Sainovics Demonstratio, idioma Vngarorum et Lapponum idem esse, angezogen.

De morali hominum natura, P. pr. J. Dubb. S. 1-19.

Der Verf. schicket die Vortrefflichkeit der sittlichen Natur des Menschen statt einer Einleitung voran. So göttlich auch das Verstandsvermögen ist, so ist es doch ohne jene ganz unnütz (§. 1.). — Die Haupteigenschaften, welche die sittliche Natur ausmachen, sind die Freyheit und die Gemüthsbewegungen. Jene würde ohne Gewissen und Offenbarung ein unnützes Geschenk seyn; diese werden durch den Trieb nach Glück und Ruhme gereizet (§. 2.). — In Bestimmung der sittlichen Freyheit gehen freylich die Meynungen sehr von einander ab. Die Peripatetiker haben die einfache Wahrheit mit unnützen und unauflöslichen Distinctionen verdunkelt. Zwo Partheyen gehen ihre einander entgegenstehende Irrwege. Die eine erweitert, die andere engert die Gränzen der Freyheit zu sehr. Jene meynt, die Freyheit laufe Gefahr, wenn man mit dem Locke und Colin sagen wollte: daß der Mensch nur nach dem Lichte des Verstandes handele, und der Wille nothwendig den Bewegungsgründen folge; der Wille sey also gar keinen Bewegungsgründen unterworfen, und werde durch keine Vorstellungen des Verstandes geleitet, sondern handele nach Belieben. Diese folget dem Baile und dem Hobbes, deren der eine den Willen nur für ein leidentliches, keineswegs thätiges Vermögen hält, der andere ihn in einem gewissen Zustande zu handeln, und in der Abwesenheit der Hindernisse setzet; derjenigen nicht zu gedenken, die darunter blos eine Auswahl unter zweyen Objecten verstanden (§. 3.). — Um den rechten Begriff der Freyheit fest zu setzen, wird die psychologische, oder das Vermögen, von der moralischen, oder der Macht, nach Belieben zu handeln, unterschieden. Die letzte käme nicht allein einzelnen Menschen, sondern auch einem ganzen Volke zu; die erste bestehe nicht in dem bloßen Vermögen, sondern der Macht der

der menschlichen Seele, da sie nach eigenem Bestreben und ohne einen äußern Einfluß Gedanken anfangen, fortsetzen und endigen, und den Leib bewegen oder ruhen lassen könne: Sie gebiete allen Kräften der Seele, ja gewissermaßen den Sinnen und den Leibesgliedern (§. 4.). — Die Freyheit habe verschiedene aus der Leibesstellung, der Gewohnheit, den Seelenkräften und Temperamenten entstandene Stufen. Wären jene übel beschaffen, und herrscheten die Gemüthsbewegungen, so erfolge die moralische Knechtschaft (§. 5.). Aus der Freyheit entstehe die Zurechnung der Handlungen, daß sie entweder Lob oder Tadel, Belohnung oder Strafe verdienten. Doch habe sie auch ihre Stufen. Uebrigens sey die Freyheit die Quelle wahrer Glückseligkeit. (§. 6. 7.)

Vpsaliae illustratae P. VIII et vltima. H. Engmark. S. 97-114.

Die Disputationen über diesen Gegenstand sind nach und nach von 1769 herausgekommen. Es sind das des Job. Scheffers Verbesserungen und Zusätze aus dem eigenhändigen Exemplare seines im vorigen Jahrhunderte herausgekommenen Buchs: Vpsalia, wodurch damals so viele Streitigkeiten mit einigen Gelehrten veranlasset wurden.

Car. Fr. Georgii, Hist. Prof.

De Helsingia. Contin. III. C. Justus.

Die Schweden pflegen zur Vervollkommnung ihrer einländischen Geographie Dissertationen zu schreiben. Diese handelt von der Provinz Helsingen. Bälter und Flodberg hatten darüber schon ein paar herausgegeben. Hier folget die Fortsetzung, die sich allein mit einem großen Kirchspiele Skog beschäftiget, und von dem Namen, der Lage, dem Anfange und Fortgange, den Sümpfen und Flüssen, Häfen, Eisenbergwerken, Wäldern, der Kirche, den Pfarrern, der Anzahl, Beschaffenheit und den Nahrungsmitteln der Einwohner desselben in 10 §§. Nachricht giebt.

Dan. Melander, Astron. Prof.

Disputatio, An et quousque Systema mundanum manum

manum Dei emendatricem aliquando sit desideraturum, disquirens. S. Wimermark. 24 S.

Newton hatte irgendwo geschrieben, es sey wahrscheinlich, daß die Unordnungen, welche aus den gegenseitigen Wirkungen der Planeten und Kometen entstehen, mit der Zeit größer werden, und der Weltbau einer Verbesserung nöthig haben möchte. Hierüber erhob Leibnitz, und wider ihn Clarke, einen weitläuftigen metaphysischen Streit, der dem Hrn. Verfasser Anlaß giebt, obige Frage würdiger physisch zu untersuchen. So lange die Sonne und übrigen Centra der Hauptplaneten unbeweglich sind; so lange keine andere, als gegen diese Hauptcentra gerichtete Kräfte wirken; so lange kein widerstehendes Medium die Bewegung aufhält, und die Kräfte der Sonne und Planeten eben dieselben verbleiben: wird auch die Weltmaschine, so lange es dem Schöpfer gefällt, unverrückt in ihrer Ordnung bleiben, und niemals eine Verbesserung nöthig haben. Da sich aber aus Betrachtung der Natur ergiebt, daß die anziehende Kraft der Materie allgemein, und nach allen Seiten wirksam sey; und daher bey dem Monde, den Hauptplaneten und deren Trabanten, den Kometen, der Figur der Weltkörper, dem Meere, in Absicht der Geschwindigkeit, der Lage ihrer Bahnen, u. s. w. wirkliche und große Veränderungen (welche hier alle deutlich beschrieben und angeführet werden,) vorgehen und entstehen; unter diesen verschiedne auch von der Art sind, daß sie in keinem umlaufenden Perioden wieder ersetzet, und ins Gleichgewicht gebracht werden: so ist allerdings glaublich, daß nach vielen tausend Seculis endlich der Umsturz des ganzen Weltgebäudes daraus erfolgen würde. Hiezu kommt, daß die Sonne durch den beständigen Ausfluß des Lichtes abnimmt, die Anzahl der Kometen, welche zu ihrer Nahrung dienen, mit der Zeit kleiner wird, der Widerstand des Aethers, oder die um alle Weltkörper gehäuften Atmosphären, die Bewegung immer mehr hindern. Und obgleich diese Kräfte weislich so gegen einander wirken und abgewogen sind, daß der elliptische Umlauf, wiewohl in andern Gleisen, auf jede beliebige Zeit bestehen kann: so ist dennoch aus allem nichts anders, als ein endlicher Umsturz und Zusammenfallen der Weltkörper in einen Haufen zu erwarten; welches aber von dem Schöpfer der Welt, so weit als es ihm nur immer beliebet, hat hinausgesetzt werden können. Bis dahin bleibt also der Weltbau in seiner Ordnung, und bedarf unterhalten, sodann aber gar nicht mehr verbessert zu werden. Der Raum verbietet, alle wichtige Gründe und Entdeckungen dieser merkwürdigen Abhandlung gehörig zu entwickeln.

De initio et progressibus Astronomiae. P. I. D. Friesendahl. 19 S.

Wird mit der Fortsetzung an seinem Orte recensiret werden.

Ioh. Floderus, Graec. Litt. Pr.
De termino legis et prophetarum. Matth. 11, 13. J. M. Norberg. 14 S.

Nach einer kurzen Anzeige des Zusammenhanges werden zuerst die unwahrscheinlichen Meynungen durchgegangen. Schöttgen meynete, die Propheten reichten nicht über Johannis Zeiten hinaus, sondern alle giengen höchstens bis auf die Zeit von Jerusalems Zerstörung in Erfüllung; Heumann aber: alle Propheten und das Gesetz hätten geweissaget auf die Zeiten Johannis. Unter den Alten haben Justinus Martyr und Athanasius geglaubt, die unter den Juden vorher so gewöhnliche Gabe der Weißagung habe mit Johanne aufgehört (§. 1=4.). — Es wird hierauf gezeiget, daß auf den 12ten V. viel ankomme, und das darin befindliche Wort βιασμὸς auf die Zeit gehe, worin Johannes sein öffentliches Lehramt zu verwalten angefangen, und darunter nichts anders zu verstehen sey, als daß das Evangelium mit einer solchen Kraft in die menschlichen Seelen eindringe, daß es auch die abgeneigtesten und härtesten zum Beyfalle reize (§. 5. 6.). Das Gesetz sey also das ganze mosaische Religionssystem; dieß hätte benebst der Propheten Weißagungen bis auf Johannes seine Kraft gehabt, höre aber nun bey der messianischen Haushaltung auf. Luc. 16, 16. Röm. 3, 21. Joh. 1, 17. (§. 7.)

De accelerato excidio Hierosolymitano propter Electos. Matth. 24, 22. L. Solenius. 14 S.

Der V. zeiget zuvörderst den wahren Verstand dieser Worte Christi, nicht allein aus des Wetsteins Noten, son-
bern

dern auch dem Aristoteles de gener. animal. L. IV. beweiset er, daß εκολοβωθησαν abkürzen, nicht vorrücken bedeute; und der Ausspruch: ουκ αν εσωθη πασα σαρξ zu übersetzen sey: Aus einem so zahlreichen in Jerusalem und seiner Nachbarschaft zusammengeflüchteten Haufen von Menschen würde niemand das Leben retten u. s. w. Hernach zeiget er die Unrichtigkeit der Meynung des N. Knatchbull und des ihm folgenden J. P. Ludewig in seinen gel. Anzeigen, die des Erlösers Worte dahin ausgelegt hatten: „So der Herr diese Tage (der Zerstörung Jerusalems) nicht „verkürzet, d. i. zeitiger geschehen lassen, würde kein Mensch „selig; vielmehr die Lehre von Christo durch die Macht „der jüdischen Finsterniß ersticket. Aber um der Auser„wählten willen hat er jene verkürzet, und wird die Zerstö„rung zum Besten der Auserwählten zeitiger kommen." Der Verf. zeiget den Ungrund dieser Hypothese aus dem Sprachgebrauche und der Geschichte ganz wohl, ob er gleich, wie billig, nicht leugnet, daß die Zerstörung Jerusalems die Ausbreitung der christl. Religion befördert habe.

Ordo Epistolarum Paulinar. chronologicus. J. Ed. berg. 25 S.

Ist eine nach dem Pritius, Pearson, Usserius, Lange, Spanheim, Witsius und andern aus der Apostelgesch. und den paulinischen Briefen entworfene kurze Lebensbeschreibung Pauli nach seiner Bekehrung, und eine derselben eingewebte Darstellung, in welcher Zeitordnung die paulinischen Briefe wohl am wahrscheinlichsten auf einander folgen möchten. Ihr ist am Ende die gegen einander über abgedruckte Millische und Pearsonsche chronol. Tabelle über die Zeitordnung dieser Briefe angehängt worden. Beyde stimmen darin bekanntlich mit einander überein, daß die erste derselben (die erste an die Thessal.) um das Jahr Christi 52; die letzte darunter aber (die 2te an den Timoth.) um das Jahr 67 geschrieben worden.

Acta Pauli Corinthiaca. A. Wendgren. 10 S.

Ein akademisches Probestück.

De varia Reipublicae Atheniensis forma. P. post. J. D. Drissel.

Im

Im J. 1770 kam der erste Th. dieser Disp. auf 22, so wie dieser zweyte auf eben so vielen Quartseiten heraus. Hier wird mit der Einrichtung angefangen, welche Klisthenes zu Athen veranstaltete, hiernächst mit den Abwechselungen fortgefahren, die dieser Staat unter dem peloponnesischen Kriege erlitten, und dann werden die übrigen Schicksale dieser Art unter den Macedoniern erzählet, bis Athen unter die römische Oberherrschaft kam; wo es, so sehr es auch herabgekommen war, doch selbst in währender Regierung des Tiberius nach seinen Gesetzen leben konnte. Die genauern Schicksale Athens unter Roms Herrschaft, und hernach, werden auf eine andere Zeit versprochen.

Versio Suecana selectorum ex Paulinis Epistolis locorum. P. X. **J. Stenfelt.** S. 105-118. — P. XI. **G. Sigelkow.** S. 119-127. — P. XII. S. 129-139.

Der in der griechischen Litteratur so berühmte Herr Prof. **Floderus**, welcher ein Mitglied der schwedischen Bibelkommission ist, hatte schon von dem J. 1763-1771 Exercitationes philologicas in Matthaei Euangelium eiusque Metaphrasin Suecanam an der Zahl 21 herausgegeben. Mit dem Schlusse derselben machte er sich an die paulinischen Briefe. Die Abhandlungen darüber führen den Titel: Versio Suecana selectorum ex Pauli Ep. locorum ad examen reuocata. P. I-IX. kamen 1771 heraus, und bis 1777 erschienen in allem 21 Stücke. Er bereitete sich darin den Weg zu verschiedenen Veränderungen, die, was den Matth. und die Briefe Pauli anbetrifft, darin vorgenommen werden müßten. In den Stellen, welche P. X-XII. verbessert werden, könnte Luthers Uebersetzung eine ebenmäßige Veränderung erhalten, weil gerade die bisherige schwedische ihr darin folget. Es sind die Stellen: 2 Cor. 1, 5. 6. 7. 9. 11. 17. Kap. 4, 8. 5, 3. 6, 11. 12. 13. 7, 2. 4. 8, 3. 4. 16. 9, 12.

Ioh. P. Sleincour, Mor. et Pol. Prof.

De gustus varietate eiusque usu politico. **J. D. Rögberg.** 23 S.

Im ersten §. wird der Geschmack per facultatem, percipiencipiendi voluptatem e sublimium sensu perfectionum orituram erkläret, und angezeiget, daß er sich weiter als auf die gewöhnlichen fünf Sinne erstrecke, und verschiedentlich verändert werde. — Der 2te §. handelt von der Verschiedenheit des Geschmacks in Meynungen, sinnlichen und andern Dingen. So schwer es sey, den Ursprung und Fortgang dieser Verschiedenheit zu erklären; so finde man ihn doch einigermaßen in der Einrichtung der Natur, den Gemüthsbewegungen, der Erziehung, den Gewohnheiten und Exempeln, den Himmelsgegenden, Nahrungsmitteln, Altersstufen u. s. w. Ueberhaupt sey sie eine weise Einrichtung Gottes. Es gebe einen guten und schlechten Geschmack. Man könne ihm die Freyheit nicht absprechen, und daher komme das Sprüchwort: daß über den Geschmack nicht gestritten werden müsse (§. 3. 4.). — Den allgemeinen Nutzen dieser Verschiedenheit behauptet der 5. §. Sie komme von Gott. So nützlich sie allen Ständen und Umständen des menschlichen Geschlechts wäre, so übel würde es um solche aussehen, wenn alle einerley Geschmack hätten. Ohne sie würde die Mannigfaltigkeit der Spuren göttlicher Vorsehung und der Vollkommenheiten nicht empfunden werden; sie sey der Antrieb zu Wissenschaften, Handel und Künsten. — Den politischen Nutzen stellet der 6te §. vor. Dadurch wird der Ehestand, die Volksmenge und Erziehung der Jugend, Wissenschaften, Künste, Handlung und alle Handthierungen befördert. Im letzten §. wird mit dem Rathe geschlossen, wie man die Verschiedenheit des Geschmacks dem Staate nützlich machen könne. Die Obrigkeit soll ihn durch ihr erhabenes Exempel leiten, den Ausschweifungen desselben steuern, dem ausländischen und dem veränderlichen vorbeugen, und selbst nach einem wahren philosophischen Geschmacke trachten.

Monita quaedam circa pietatis et scelerum coniunctionem. P. P. Meurling. 15 S.

So wie in der Natur Licht und Finsterniß, Frost und Hitze, Dürre und Nässe mit einander streiten, so in dem menschlichen Körper die weichen und harten, die flüssigen und festen Theile, besonders die Muskeln, und in der menschlichen Seele die Fähigkeit zu behalten, aber auch zu vergessen, vorzüglich die einander widersprechenden Gemüthsbewegungen. Dieß muß gehörig eingeleitet, und nicht

nicht zur Vermischung der guten und bösen Handlungen in Religion und Leben angewandt werden (§. 1.). — Recht verstandne und ausgeübte Religion ist allerdings ein grosses Gut; nur muß man sie nicht blos in der Erkenntniß des Daseyns Gottes und seiner Eigenschaften setzen, sondern hauptsächlich in der kindlichen Liebe zu ihm und dem Gehorsam unter seinen Willen. (§ 2.). — Es giebt Beyspiele von Menschen, welche den Schein von Religion haben, aber dabey ein gleichsam aus Frömmigkeit und Gottlosigkeit zusammengesetztes Leben führen. Kaum scheint es glaublich zu seyn, daß Beten und Fluchen zugleich aus einem Munde gehe, öffentliche Gottesdienstlichkeit und häusliche Gottlosigkeit zusammen statt finde, und sich Menschen wohl gar durch gottesdienstliche Handlungen zu Gottlosigkeiten zubereiten (§. 3.). — Niemanden muß diese Mischung befremden. Sie hat ihren allgemeinen Grund in unserer durch Gedanken und Begierden sich gleich stark beweisenden Schwachheit (§. 4.); besonders in verkehrten Begriffen von Gott und seinem Willen, vom Ruhme und der Glückseligkeit, und der Art, sie zu erlangen, und vorzüglich in dem Eindrucke, den die gegenwärtigen Dinge vor den abwesenden auf uns haben (§. 5.). — Dergleichen Mischung ist sehr schädlich: die Gottseligkeit wird für Heuchelei gehalten, die Religion herabgesetzet, bürgerliche Gesellschaft und Staat zerrüttet, und die zukünftige Glückseligkeit verloren. (§. 6.)

Dissertatio gradualis: *de Ordine servando in Societate civili.* J. A. Livin. 26 S. in 4. ohne vier Seiten Titel und Dedication an acht Gönner; in lateinischer, französischer und schwedischer Sprache.

Diese bunte und gelehrt scheinende akademische Probeschrift trägt in 9 §§. sehr bekannte Dinge von der Ordnung vor, die man in einem Staate antrifft. Auf jeder Seite finden sich weitläuftige Citata bald aus Dichtern, bald aus Gedächtnißreden ꝛc. griechische, schwedische, lateinische, englische und französische, die schon für sich mehr als acht Seiten ausmachen (§. 1.). In der ganzen Natur ist Ordnung (§. 2.). Im Staate ist sie die Uebereinstimmung aller Handlungen des Regenten und der Unterthanen zum gemeinen Wohl (§. 3.). Volksverbindungen entstanden, damit die

die Menschen sicherer vor auswärtiger Gewalt wären
(§. 4.); Staaten aber, weil die innere Bosheit der Glieder
durch einen machthabenden Regenten gezähmt werden mußte (§. 5 und 6.). Es werden einige Rechte und Pflichten
des Regenten ohne Auswahl und Bestimmtheit angegeben
(§. 7 und 8.). Sodann wird etwas von Pflichten und Rechten der Unterthanen berührt, und (§. 9.) mit einigen christlichen Wünschen geschlossen.

Principium juris naturae. C. Falck. 20 S.

Es wird theils gezeiget, was ein solches sey, und was
dazu erfordert werde; theils wie schwer es sey, dergleichen
hier ausfündig zu machen; theils das Hauptsächlichste in
dieser Formel angegeben: Quaere perfectionem.

Pet. Nic. Christiernin, Phil. Theor. Prof.
Tankar i Svenska Lagstiftnings Vetenskapen, om
Viten, Bratt och Straff. (Von Geldbuße, Ver-
brechen und Strafe.) D. M. Diedrichsson. 40
Quartseiten.

Diese mit vielem Nachdenken geschriebene Abhandlung
liefert in 10 §§. nach der Absicht des Verf. (vermuthlich
Herrn Christiernins) nur einige Anmerkungen über diesen
so wichtigen Gegenstand. Erst werden die natürlichen
Gründe zum Unterschiede zwischen Recht und Unrecht, Verbrechen und Strafe, und allgemeine Begriffe von dem, was
rühmlich und lasterhaft, gerecht und ungerecht, Befugniß
und Verbindlichkeit heißt, angegeben. Dann handelt der
Verf. von der gesetzgebenden Klugheit, den Verbrechen vorzubeugen, und mit welcher Vorsicht der Gesetzgeber bey Bestimmung der Strafen auf Verbrechen zu Werke gehen
müsse. Vorzüglich wird erfordert, daß die Strafgesetze
sich aufs genaueste ausdrücken, und vom Richter nach dem
Buchstaben ohne alle Ausdeutung befolgt und angewandt
werden. Die Ausübung und Anwendung der Strafgerechtigkeit auf jedes ungleiche Verbrechen erfordert die größte
Klugheit und Vorsichtigkeit, wenn sie zur allgemeinen Zu-
friedenheit, Nutzen und Besserung des Volks gereichen soll.
Besonders muß sie zwischen der Größe des Verbrechens
und der Schwere der Strafe ein genaues Verhältniß beobachten.

achten. Selten muß der Gesetzgeber Todesstrafe verordnen (§. 8.): denn des Menschen Leben ist das Kostbarste, was er besitzet. Doch stimmt es mit dem Gesetze des Gewissens überein, daß der, welcher mit vorsetzlicher Bosheit einem vernünftigen Menschen das Leben nimmt, sich dadurch eines eben so gewaltsamen Todes schuldig macht. Dieser Grund, den Herr C. aus dem Gesetze des Gewissens für die Gerechtigkeit der Todesstrafe herleitet, scheinet Recensenten nicht sehr einleuchtend, viel weniger so zulänglich zu seyn, daß man der andern Gründe nicht bedürfe. Der Verf. führet hierauf einige Verbrechen an, worauf das schwedische Gesetz ohne Noth Todesstrafe setzet, als Sodomie, Abtreibung der Leibesfrucht, thätigen Vorsatz zur Vergiftung, Raub und Diebstahl, und fügt bey jedem sehr vernünftige Gründe für seine Behauptung hinzu. Im §. 9. wird vom Criminalprocesse gehandelt. Er müsse so getrieben werden, daß der Unschuldige nie möge verurtheilt, der Schuldige aber nie frey gesprochen werden können. Alle Gerichte müssen genau nach einerley Gesetze urtheilen und verfahren; Gnade und Verschonung sey dem Könige vorbehalten.

De immaterialitate animae. O. Bjurbäck. 20 S.

In dem Menschen lassen sich offenbar zwey Subjecte von einander unterscheiden, die auf verschiedene Weise wirken, nämlich die Seele und der organische Körper. Diese sind zwar ihrer Natur nach von einander abgesondert, jedoch in manchen Wirkungen auf das genaueste vereiniget und zusammenwirkend (§. 1.). — Die Handlungen der Seele und des Körpers sind sehr von einander unterschieden. Es giebt Wirkungen, wo die Seele ohne die Werkzeuge und Glieder des Körpers nicht fertig werden kann; es giebt aber auch Veränderungen und Handlungen, welche dieser ohne das mindeste Zuthun der Seele, ja oft wider ihren Willen verrichtet; es giebt endlich solche, die gleichsam in der Seele bleiben, und ohne einige, wenigstens merkliche Mitwirkung des Körpers geschehen (§. 2.). — Diese letzten gehören allein in den Plan des Verf. Er beruft sich dabey auf die Erfahrung: daß der Seele die Kraft zukomme, die Gegenstände von einander zu unterscheiden, und sich zu den verschiedenen vorgestellten Handlungen zu bestimmen; (§. 3.) und daß sie oft eine große Menge und Mannigfaltigkeit von

Vorstellun-

Vorstellungen und Begierden, die zugleich da sind, in sich unterscheide (§. 4.). — Die Geschwindigkeit finde, der Vorstellung nach, in den Wirkungen der Seele Statt, in so fern verschiedene Handlungen mit einem und eben demselben Gedanken in eben demselben Zeitraume zugleich da wären, daß, wenn ein Gedanke oder eine Begierde entstünde, die vorhergehende aufhörete (§. 5.). — Es lasse sich leichtlich wahrnehmen, daß die Gedanken und Begierden der Seele mit der größten Mannigfaltigkeit und Geschwindigkeit auf einander folgen (§. 6.). — Ein jeder Gedanke, er sey von gegenwärtigen, oder vergangenen, oder zukünftigen Dingen, schließt mehrere deutliche unzertrennliche Wirkungen in sich, welche in einem untheilbaren Subjecte beständig verbunden werden. Wenn sich schon bey dem einfachsten Gedanken drey theilbare Wirkungen in einer unzertrennlichen Verbindung vereinbarten: 1) der zu empfindende Gegenstand, welcher die Seele rühre; 2) der Begriff jener Empfindung; 3) die Vorstellung des Unterschieds jener empfundenen Sache von dem Begriffe davon, und der Unterschied des Denkenden von beyden: was müsse denn nicht bey dem zusammengesetzten Gedanken vieler verschiedenen Gegenstände statt finden? (§. 7.) — Alle Materie, auch die, woraus unser Körper bestehe, sey beweglich und theilbar. So wie daraus, daß unzählige Dinge nicht von uns gesehen werden, fälschlich geschlossen würde, daß wir gar nichts sehen: so folge auch daraus, weil uns viele Eigenschaften der Körper unbekannt wären, im mindesten nicht, daß wir von den Eigenschaften der Materie keine gewisse Erkenntniß hätten (§. 8.). — Es sey von aller Wahrscheinlichkeit entfernt, daß unsere Gedanken und Begierden allein durch die Bewegungen und Veränderungen materieller Theile in dem Gehirne hervorgebracht und vollständig gemacht werden sollten. Man möge der Materie für Figuren und Theile, und diesen so viele Veränderungen zugestehen, als man wolle, so könne doch Niemand in diesen bewegten Theilen einen Gedanken vermuthen. Besonders verstehe es sich von selbst, daß die Gedanken von abstracten, immateriellen, sittlichen und andern von den äußern Sinnen entfernten Dingen, nie in den Figuren und Bewegungen materieller Theile vorgestellet werden könnten: so wenig man die Menge, Mannigfaltigkeit, Geschwindigkeit und Dauer der Gedanken und Begierden in einem materiellen und körperlichen

I. Theil.   J   Subjecte

Subjecte suchen dürfe (§. 9.). — Das Bewußtseyn seiner selbst, oder die gleichzeitige Handlung, welche mehrere zugleich daseyende oder auf einander folgende Begriffe und Begierden unterscheidet, könne gar keinem, auch nicht dem feinsten materiellen Subjecte zukommen. Wollte man das Gegentheil annehmen: so müßte es durch die Hinzufügung neuer Theile, oder durch die innerliche Bewegung der gegenwärtig daseyenden flüssigen oder festen Theile geschehen. Nicht durch jene, weil die Gedanken keine Substanzen, sondern Veränderungen sind, die sich als Accidenzen in dem denkenden Subjecte finden; nicht durch diese, oder die Bewegung der flüssigen Theile, welche ihrer Flüssigkeit wegen nicht einen Augenblick unverändert bleiben, also kein gedankenfähiges Subject abgeben könnte; nicht zu gedenken, daß ihre unvermeidliche Vermischung nothwendig eine Verwirrung der Gedanken erzeugen würde: endlich auch nicht durch die Bewegung der festen Theile, die einander ganz ungleich sind, und also die gegenwärtigen und vergangenen Eindrücke nicht mit einander vergleichen könnten. Die Seele müsse also nicht aus Theilen zusammengesetzet, sondern einfach und immateriell seyn. Wollte man das Denken in der feinsten, gleichsam atomistischen Materie suchen, so bleibe diese doch noch zusammengesetzt, und nun müsse es entweder in einzelnen, oder in dem Umfange von allen Theilen gesetzet werden. Nicht in jenen; denn so gäbe es viele denkende Subjecte: nicht in diesen, da durch eine Häufung mehrerer Theile das nicht entstehen könnte, wozu sich in den einzelnen keine Anlage fände. Ob es nun gleich wahr sey, daß die Seele den Körper als ihr Werkzeug brauche, und auch durch ihn oft leide, darneben die Wirkungen des Verstandes durch die Verletzungen des Gehirns und der Nerven gestöret würden: so könne doch daraus so wenig die materielle Natur der Seele, als aus der Schärfe des Verstandes die Feinheit und geistische Beschaffenheit des mit ihr verbundenen Körpers geschlossen werden. Was dem Schmiede die Hämmer, Feile u. s. w. sind, das sind der Seele die Nerven und andere Gehirntheile (§. 10.). Sie vergeht also nicht mit dem Leibe, und kann von keiner endlichen Kraft zerstöret werden.

Guſt.

Gust. A. Boudrie, Acad. Secr.

Praecepta Horatii de Arte Poëtica. **O. Söderlund.**
12 S.

Ist blos eine exegetische und dogmatische Erläuterung des horazianischen Aphorismus: Pictoribus atque poëtis quidlibet audendi semper fuit aequa potestas.

Laur. Palmberg, Phil. Adj.

De Carmine Lyrico. **L. P. Hambräus.** 5 Bogen.

Musik und Dichtkunst sind mit einander verschwistert. Ueber die Erfinder der harmonischen Poesie sind die Schriftsteller sehr getheilter Meynung (§. 1. 2.). Anfänglich ward besonders die lyrische Poesie zum Lobe der Götter und der Menschen, hernach aber zu Gastmählern, Spielen, Liebeshändeln 2c. gebraucht, doch dienet sie am meisten zu Loberhebungen und Glückwünschungen (§. 3 — 5.). Nach Verschiedenheit des Gegenstandes richtet sich auch ihre Art und Weise nachzuahmen, besteht aus einer kurzen Vorrede, Erzählung und Schlußrede; empfiehlt sich vorzüglich durch Annehmlichkeit; beobachtet eben dasselbige Sylbenmaß, und wird durch Instrumentalmusik lieblicher gemacht (§.6 — 10.). Von den Griechen nahmen die Lateiner die Musik an, und diese ist in den mittlern und neuern Zeiten in Choral- und Figuralmusik eingetheilet worden. (§. 11. 12.) Dies ist der kurze Inhalt dieser mit vielem Fleiße ausgearbeiteten Dissertation.

Petr. Suedelius, Phil. Adj.

De Oratorum ac Poëtarum imitatione sobria et prudenti. **J. Troilius.** 19 S.

Der Verf. räth zuvörderst an, daß man nicht den Irrthümern der Alten in Religionssachen und in den Wissenschaften nachahmen, auch sich nicht ganz in ihre Denkungsart hineinbilden, und ihre Gedanken und Aussprüche für die seinigen ausgeben solle (§. 1 — 3.). — Sich und seine Producte müsse man ja nicht zu hoch in Anschlag bringen (§. 4.). — Auf zwo Fragen käme es dabey an: theils, was man sich für ein Muster zur Nachfolge vorsetzen; theils, worauf

worauf man bey dessen Nachahmung hauptsächlich sehen müsse? Auf die erste antwortet er (§. 5.): Man müsse den erwählen, den man für den vortrefflichsten halte; aber auch kein größeres Werk unternehmen, als dem man gewachsen sey, und sich nicht sklavisch bloß an einen binden. Bey der zweyten übergeht er die jugendliche Nachahmung, die sich nur mit Wörtern, Redensarten und Sätzen beschäftiget, und fodert in der Nachahmung der Vorgänger Fruchtbarkeit im Erfinden, Zierlichkeit in der Ausarbeitung und Reinigkeit im Ausdrucke (§. 6.). Dabey solle man sich hüten, nicht gleich alles, eben weil es den Alten wohl angestanden, auch als für unsere Zeiten anpassend anzusehen, sondern auf Zeiten und Menschen, worin man lebe, und womit man umgehe, Rücksicht nehmen. Virgils Exempel braucht er schließlich (§. 7.) zur Erläuterung.

Ioh. Henr. Lidén, Phil. Adj. ad Acad. Carol. Historiola Litteraria Poëtarum Suecanorum. D. **Cnattingius.**

Der Verf. hatte 7 Jahre zuvor angefangen diesen Gegenstand zu behandeln, und setzet ihn hier (S. 79 — 108.) mit den berühmtesten Proben seiner Nation fort. Der Baron Rosenhane aus dem vorigen Jahrh., der Kriegsr. Isr. Holmström, der Sekr. Joh. Ramius und der Erzbischof Hákin Spegel aus dem Schlusse des vorigen und dem Anfange des gegenwärtigen werden hier aufgestellet. Es wird etwas von ihren Lebensumständen gesagt, Exempel ihres Dichtertalents angeführet, ihre hauptsächlichsten poetischen Werke angezeiget, und alles mit vielen litterarischen Noten begleitet. Der erste darunter hat in der Mitte des vorigen Jahrh. eine anonymische Klageschrift in Versen herausgegeben, daß die schwedische Sprache verachtet würde, und man alles deutsch, am wenigsten von allen Sprachen aber schwedisch haben wolle.

Pet. Tiliander, Phil. Mag. Nótio Των τȣ Κυριȣ Αδελφων. Matth. 12, 46. Marc. 3, 31. Luc. 8, 19. C. G. Hedin. 20 S.

Nachdem der Verf. dargethan, daß die griechischen Partikeln ἕως ȣ̔, ἕως ἄν und ἄχρις ȣ̔ ἄν nach dem Gebrauche des

des hebräischen עד eher eine Fortdauer als eine Endzeit bezeichnen; und πρωτοτοκος mit μονογενης nach dem hebr. בכור gleichbedeutend sind; daraus also nicht folget, daß Maria nach Jesu andere Kinder gehabt haben müsse: so beweiset er: 1) daß das griechische αδελφος mit dem hebr. אח übereinstimmet, und auch einen Blutsverwandten bedeutet, Gen. 13, 8. wie es Rasche selbst eingesteht; 2) alle diejenigen bezeichnet, die in Rücksicht auf Gott, als den allgemeinen Vater, gleichsam durch geistliche Anverwandtschaft mit einander verbunden sind, Matth. 23, 8. Luc. 22, 32. oder zu einer Nation gehören, Röm. 9, 3. — Man dürfe auch nicht die Meynung des Epiphanius und der ihm folgenden Griechen annehmen: daß die Brüder Jesu Kinder einer etwanigen ersten Ehe des Josephs wären; sondern sie seyn seine Geschwisterkinder. Vergl. Matth. 13, 55. mit 27, 56. Marc. 15, 40. 16, 1. Luc. 24, 10. Marc. 15, 47. Joh. 19, 25. Judä V. 1.

Car. Ulr. Göthe, Phil. Mag.
Genealogia Cognitionis humanae. P. post. **G. A. Tayarden.**

Hier werden (S. 29—60.) die Kenntnisse, welche die Vermehrung und Befestigung der menschlichen Verhältnisse erforderten, also geordnet: Schriftart durch Denkmäler, Schrift durch Zeichen (Hieroglyphe), und zuletzt durch Buchstaben; Musik; Poesie; Redekunst. Da denen Künsten, die mit Händen verrichtet werden, ein sehr hohes Alter zukömmt, so sey es doch zweifelhaft, ob die Weltweisheit oder die schönen Künste voran zu setzen wären? Der Verf. hält das letzte für richtiger. Die praktischen wären eher als die theoretischen. Die Mechanik, Arithmetik, Geographie, Chronologie, Medicin, Naturkunde, benebst der Theologie, Moral, Psychologie, rechnet er zu jenen; Logik und Metaphysik zu diesen.

Ad. Holm, Phil. Mag.
Historia Librorum Lutheranorum ap. Romanenses Saeculo Reformationis. **G. Cralius.** 24 S.

Erster Abschnitt. Man habe sie verbannet und zu vertilgen gesuchet. Dies sey bewerkstelliget worden durch die tridentinischen Patres, Karl V., Ferdinand von Spanien, die Könige von Frankreich Franz I. und Heinrich, Sigismund den K. von Polen, die Engländer, zu Ofen, die Jesuiten, den Herzog Georg von Sachsen, besonders in Rücksicht auf Luthers Bibelübersetzung u. s. w. (§. 1.) — Vorzüglich habe man wider Luthers Werke und seine deutsche Bibelübersetzung gewütet (§. 2.). Im zweyten Abschn. werden die Unterdrückungen und Vernichtungen der Bibeln, Katechismen und der symbol. BB. erzählet.

And. Norberg, Phil. Mag.

De variis gentium moribus. P. II. J. P. Morenius.

Der erste Theil war unter dem Vorsitze des Herrn Prof. Georgii von dem Herrn Norberg 1770 vertheidigt worden. Die Religion und heiligen Gebräuche haben einen großen Einfluß auf die Sitten gehabt, eben so auf die verschiedenen Stände, besonders den Ehestand. Keine, als die christliche Religion führet zu wahrhaftig guten Sitten. Besonders hat sie auf die Staaten und die Regierung ihre Wirkungen geäußert. (S. 1 — 24.) Die versprochene Fortsetzung ist bis 1780 noch nicht erfolget.

A. Herrnberg, Adj. Fac. Iurid.

Academisk Afhandling i Svenska Cameral-Lag-farenheten, *om Hemmans-Skattlägningar i synnerhet i Upland*. (Von der Beschatzung der Landgüter, insonderheit in Upland.) Lars Tunelius. 58 S.

Erst wird die natürliche Billigkeit zur Beschatzung liegender Gründe, und die Art und Weise der ältern Beschatzung und ihr Ursprung vorgestellet, hierauf von der jetzigen Beschatzungsart gehandelt. Unter Beschatzung versteht man (§. 3.) die Schätzung der Vortheile eines Guts in Acker, Wiesen, Wald, Fischerey, Viehweiden und andern Zubehörden, wornach die jährlichen Einkünfte ausgerechnet, und hievon die Abgabe bestimmt wird. Diese Materie erlaubt dem Recensenten keinen Auszug; sie ist dem unverständlich, der die schwedische Eintheilung der Landeigenthümer nicht kennet. Der Verf. geht in seinen Untersuchungen stets auf den ersten Ursprung zurück, und belegt alle

alle Angaben mit königlichen Verordnungen und publiken Tabellen, so daß man an der Zuverläßigkeit derselben, so wie an der mühsamen Arbeit, die diese gründliche Abhandlung dem Verf. gemacht haben muß, nicht zweifeln darf.

Chr. Berch, Iuris Oec. Adj.
Om Nederlags Rätt i Sverige.

Ist bereits unter den weitläuftigern Recensionen erwähnet worden.

I. A. Brandt, Not. Conf. Acad.
Afhandling i Svenska Sjö - Lagfarenheten, *om Sjörätts - Saker, och theras handterande vid Laga domstol.* (Von Seerechtssachen und deren Behandlung vor dem rechtmäßigen Gerichte.) Joh. Fried. Granschoug. 30 Seiten in 4.

Nach einem allgemeinen Eingange über den Wohlstand der Staaten, der durch Handel und Schifffahrt erlangt wird, kömmt der Verf. näher zu seinem Gegenstande, und handelt im 1sten §. von dem, was unter einer Seerechtssache zu verstehen ist. Im 2ten §. sondert er die Sachen ab, die zwar ihren Ursprung auch von Factis, deren in den Seegesetzen Erwähnung geschiehet, haben, aber dennoch dem allgemeinen Gesetze unterworfen, oder durch besondere königliche Verordnungen bestimmt sind. Im 3ten §. spricht er von den Streitigkeiten, die theils aus dem Contracte der zwischen dem Eigner des Schiffs und dem Schiffer, theils aus dem, der zwischen letzterm und dem Schiffsvolke geschlossen wird, entstehen können. Das schwedische Gesetz nennet sie Skipmanna-mål. Hiernächst kommen die Skipslego - mål im §. 4. in Erwägung. Dies sind alle solche Streitigkeiten, welche sich wegen des Befrachtungscontracts, der zwischen dem Schiffseigner oder dessen Schiffer im Namen des erstern und dem Befrachter geschlossen wird, ergeben können; diese sind überaus mannigfaltig, und oft von großer Wichtigkeit. §. 5. Om Rederi - mål. Die Rechte und Verbindlichkeiten, welche theils aus der Vereinbarung unter den Rhedern oder Ausrüstern eines Schiffs zwischen ihnen selbst, theils zwischen ihnen und dem Schiffer entstanden

standen sind, geben häufige Veranlassung zu Streitigkeiten, und diese sind es, die das Gesetz unter Rederi-mål versteht. §. 6. handelt von Bodmeri und Bilbrefs-saker. Ersteres ist gerade das foenus nauticum in den römischen Gesetzen; Bilbref aber ist ein mutuum, wo zum Besten des Schiffes eine Summe angeliehen wird, wogegen das Schiff in Pfand steht, welches aber, wenn dieses gleich sollte verloren gehen, dennoch von dem schuldigen Theile wieder gefordert werden kann. §. 7. Von Seeschäden und Hawerey. Hieraus entstehen mannigfaltige Processe. Im §. 8. geschieht einer ganz eigenen Gewohnheit Erwähnung, welche Ammiralskap genannt wird. Wenn nämlich in Kriegszeiten schwedische Schiffe in einem Hafen zusammenstoßen, und von da her wieder segelfertig werden, so sind sie verbunden bey einander zu bleiben, so lange sie können, und sich auf alle Art zu helfen und beyzustehen. Die Schiffer der vornehmsten und größten Schiffe werden zu Admiralen, Viceadmiralen und Majoren für die andern ernannt, die ihnen folgen und gehorchen müssen ꝛc. Nun kommt der fleißige Herr Verf. im §. 9. auf das Forum in allen diesen oberwähnten Seerechtssachen. Im 10ten §. handelt er de citatione rei et sequestro, weil in den mehresten Seerechtssachen die Ersetzung vom Schiffe und Gute gesucht wird; im 11ten §. von der litis contestatione, dem gesetzmäßigen Beweise, dem Verhöre und dem Rechtsurtheile; und endlich im 12ten §. von der Appellation und Revision in Seerechtssachen. Wir wünschten eine bequeme Gelegenheit, unsern deutschen Lesern von dieser ausführlichen und gründlichen Abhandlung eine deutsche Uebersetzung geben zu können.

J. Lindblom, Phil. M. et Extr. Bibl. Aman. Illustriores Linguae Romanae Critici. Sect. I. **E. E. Waldius.** 22 S.

Nachdem der Verfasser diejenigen zurecht gewiesen, welche aus der lateinischen Sprache entweder zu viel oder zu wenig machen (§. 1. 2.), so kömmt er auf den Ursprung der Kritik und der Kritiker. So hießen in den ältesten Zeiten diejenigen Grammatiker, die mit der Ausbesserung der Schriftsteller und Beurtheilung der Handschriften beschäftiget waren. Diese wurden oft für älter ausgegeben, jene aber

aber oft verfälschet (§. 3.). Anfänglich wurden sie bey den Römern gar nicht geachtet, nach und nach wurden sie sehr erhoben und belohnet (§. 4.). — Bey reiferm Alter der lateinischen Sprache gab es drey Ordnungen der Grammatik, die technische oder methodische, die historische und die kritische. Die erste bestand im Reden und Schreiben, die zweyte im Lesen und Erzählen, die dritte im Beurtheilen. Grammatiker der letzten Ordnung hießen Kritiker. Die Kritik kann man in die alte, mittlere und neue eintheilen (§. 5.). — Hier endiget sich das erste Kapitel, welches die Schicksale der römischen Kritik in den ältern Zeiten erzählet; das zweyte soll das Verzeichniß der berühmten römischen Kritiker bis zum Tode des Kaisers Augustus liefern. Hier werden (§. 1.) Crates Mallotes, Spurius Caruilius, M. Ant. Gnipho, Iul. Caesar, und (§. 2.) Cicero, Lucius Aelius, M. Ter. Varro, P. Nig. Figulus, Curtius Nicias, Verrius Flaccus kurz durchgegangen.

Fr. Lebell, Ph. Mag. et V. D. M.
De eloquentia Regis Salomonis. **J. Wallstedt.**

Von diesem Gegenstande ist auf 6 Blättern das Hauptsächlichste nach Anleitung der historischen BB. der heiligen Schrift und der eigenen Schriften Salomons zusammengezogen worden.

b) Zu Åbo unter dem Vorsitze des Herrn

Is. Roß, Theol. D. et Pr.

Diss. exponens Νεκρωσιν Κυριε Ιησε. 2 Cor. 4, 10. **E. Syppen.** 6 S.

Ist aus des Mosheims, Calovs und Wolfs Erläuterungen über diese Ausdrücke kurz vorgestellet worden.

Diss. phil. crit. de Methodo hebraizandi metaphysica. **J. Törnquist.**

Der Verf. bestreitet hier auf 12 Seiten den Gussetius und so viele ein- und ausländische Gelehrte, welche die hebräisch. Sprache durch metaphysische Grillenfängereyen erlernen, und dadurch in das Heiligthum derselben eindringen

gen wollen. Er läßt es dahin gestellet seyn, ob der erste Mensch übernatürlicherweise oder durch die ihm angeborne Schärfe seines Verstandes die Sprache überkommen. Adams erste Namen der Dinge schlössen keine andere Art und Weise des Bezeichnens in sich, als wie wir den zuerst gesehenen oder gehörten Sachen die Namen ertheilen. Man müsse also offenbar überall und auch in der hebräischen Sprache nicht auf die metaphysischen Gipfel hinaufsteigen, wo leere Abstractionswinde regiereten, sondern in die physischen Ebenen hinabsteigen, wo feste Körper mit ihren sinnlichen Eigenschaften befindlich wären, die bey dem Anblicke der Individuen allererst recht begriffen würden.

Diss. hist. phil. De statu et religione Cornelii Centurionis, ante eius ad Iesu fidem conuersionem. J. Sundelin.

Auf den weitläuftig gedruckten sieben Seiten konnte nichts mehr (und das nur ganz kurz) gesagt werden, als was darüber in dem angeführten Stark, Heumann und Bälter mit Zuziehung des Stocks und Pfeifers steht.

I. I. Haartmann, Med. D. et Pr.
Diss. om Pesten.

Ist schon unter dem Artikel Arzneykunde angezeiget worden.

P. Kalm, Theol. D. et Oecon. Prof.
Menlöse Tankar om Bräd-Sågning. C. G. Widquist.

Diese auf 6 Quartseiten geäußerten Unschuldige Gedanken von dem Sägen der Breter bestehen darin, daß statt der Sägemühlen das Sägen derselben mit der Hand vorgeschlagen und dazu die Anweisung gegeben wird, wodurch in Finnland die Wälder gesparet und die Breter wohlfeiler werden würden.

Diss. academica, Usum Animalium sylvestrium domitorum exhibens. Gabriel Avellan.

Es scheint, der Verfasser wolle nur einige besondere bey gezähmten Waldthieren gemachte Beobachtungen anführen. Das Elend- und Renntbier sind ihres Fleisches, ihrer Haut und schnellen Laufens wegen auch zum Vorspannen zu gebrauchen. Der Bär kann zum Diener hinten auf Schlitten, das Umwerfen abzuwehren, gebraucht werden. Alt schlachtet man ihn, und benutzet Fell, Fleisch und Fett. Er läßt sich auch wie der Wolf zum Wachthunde weidender Heerden abrichten. Die Fischotter kann zum Fischen, das Hermelin zum Mäusefangen dienen. Der Schwan hat schöne Federn, singt gar lieblich, und dessen Fett heilet Wunden. Die wilde Gans ist bey der Gänsezucht, die Art zu verstärken, nicht wohl zu entbehren. Verschiedene Raubvögel dienen zur Jagd. Der Chinese läßt den Pelican Fische fangen; ob solches mit andern Wasservögeln auch angehe, und ob überhaupt bey allen obigen der Nutzen die Mühe verlohne, ist noch die Frage.

Dissertatio de Incrementis Frigoris in Terris borealibus annis proxime præterlapsis observatis. Js. Nordlund.

Man glaubt, das Klima verschiedener Länder sey durch Cultur sehr gemildert. In Absicht der Kälte scheint solches aber nicht völlig einzutreffen, da diese in den letztern Jahren nach genauen meteorologischen Wahrnehmungen mehr zu- als abgenommen hat, worüber merkwürdige Beweise angeführet werden. Das erste sind Auszüge in Tabellen über die Anzahl der Tage, an welchen das Thermometer seit 1752 bis 1772 bis auf 20, 25, 30 und mehr Grade unter den Gefrierpunkt gefallen sey; wie oft solches bey diesem Puncte stehen geblieben, und überhaupt in allen Jahren sich unter demselben befunden habe. In den Jahren 1770, 1771 und 1772 stand das Thermometer öfter als in allen vorhergehenden unter 0. Von 1752 bis 1759 fiel solches nie bis 30, welches aber nach diesem Jahre öfters, ja bis 33 und 36 geschehen, und hat sich selbst in den Sommermonaten eine ungewöhnliche Kälte gezeigt. Diesem werden die Bemerkungen des Herrn Hülphers über den Abgang des Eises vom Mälarsee *) beygefügt. Seit 1712

---

*) Bekanntlich ist das der See, welcher sich bey Stockholm mit einem Busen der Ostsee vereiniget.

1712 geschahe solches 20 Jahre lang um den 16ten, die folgenden 20 Jahre aber erst den 25ten April. In erster Periode war der Mälar zu dreyen malen schon im März schiffbar, und nur einmal noch im May befroren; dagegen in der letztern Zeit nur einmal im März ohne Eis, aber zehnmal noch im May damit bedeckt. Im Jahr 1709 hielt man es für etwas ganz ungewöhnliches das Alandische Haff so befroren zu finden, daß man mit Schlitten darüber fahren konnte, welches in den letztern Jahren fast gewöhnlich geworden. Im J. 1771 war der bothnische Meerbusen weiter als jemals mit Eise bedeckt. Die Ursache dieser zunehmenden Kälte wird mit vieler Wahrscheinlichkeit dem im nordlichen Weltmeere zunehmenden und näher herangetriebenen Eise zugeschrieben. Doch hoffet man, daß solches, wie in ältern Zeiten schon öfters geschehen, seine gewisse Perioden, und wir künftig wieder gelindere Jahre zu erwarten haben werden.

Afh. om oeconomiska Nyttan af Manna-Gräs. J. Blomberg. 8 S.

Beschreibt den ökonomischen Nutzen des Mannagrases in der Haushaltung, meistentheils aus dem Linné, sowohl seiner Flora Suecica, als auch seiner Reise in Schonen. Dies Gras wächst wild in Finnland.

Afh. om Gräsväxtens Aftagande på våra ängar och deß Botemedel. A. Paulin. 9 S.

Diese Abhandlung schlägt die Mittel vor, der Abnahme der Grasgewächse auf den finnländischen Feldern vorzubeugen.

Afh. om hvarjehanda allmänna Hinder i hushållningen. G. F. Stilman. 16 S.

Verschiedenes dieser Abhandlung über allerley allgemeine Hindernisse in der Haushaltung läßt sich auch wohl auf andre Länder anwenden; das Meiste aber dienet nur besonders für Finnland.

Beskr.

Beſkr. öfver Svarta Vinbärs-Buſkars nytta i Hushållningen. C. Meurling. 10 S.

Beschreibung von dem Nutzen der schwarzen Johannisbeeren in der Haushaltung.

Diſſ. de Cura imperantis circa sanitatem subditorum. J. Sourander. 16 S.

Ein Staat muß auf die Erhaltung und Vermehrung seiner Volksmenge bedacht seyn; also ist die Gesundheit der Unterthanen zu befördern, welche theils von ihrer Leibesstellung, theils von ihrer Lebensart herrühret. In Absicht der erstern müßten die Heurathen schwächlicher und kränklicher Leute verboten seyn, der Armuth aufs möglichste vorgebeuget, der Ackerbau befördert, Waisenhäuser angelegt und den Theuerungen abgeholfen werden (§. 1. 2.). — Geschickte Hebammen sollten überall bestellet seyn: denn aus den Todtenlisten erhelle, daß bey deren Ermangelung auf dem Lande meistentheils noch einmal so viele Kinder als in den Städten stürben. Auf die physische Kinderzucht müsse man bedacht seyn, möglichstwenige Säugammen, und deren keine andere als durch Aerzte wohlgeprüfte hinzulassen, auch Aeltern nach der Anzahl ihrer Kinder eine verhältnißmäßige Erleichterung angedeihen lassen, und die Blattereinimpfung zu befördern suchen. In Absicht der letztern, nämlich der Lebensart der Erwachsenen, und um derselben Gesundheit zu bewirken, müßte die Errichtung der Wohnstätte an keinen andern als an gesunden Oertern verstattet, und die Ursachen der Ungesundheit bey den schon errichteten hinweggeschaffet werden, die Reinlichkeit dadurch befördert, unnöthige Kriege vermieden, die Kriegesheere mit gesunden Lebensmitteln versehen, und der unmäßige Gebrauch starker Getränke, wie auch die Ueppigkeit, verboten werden (§. 3—6.). Wachsamkeit wider die Pest und alle ansteckende Krankheiten, benebst der Bestellung guter Aerzte, sey höchstnothwendig, auch bey den weitläuftigen Kirchspielen in Finnland (die wohl hie und da auf 10 deutsche Meilen im Umfange haben,) den Predigern medicinische Kenntnisse anzuempfehlen; endlich müßten hinreichende, gute und wohlfeile Medicamente überall zu haben seyn, und mehrere Lazarethe für die Aermern errichtet werden. Das sind fast alles pia desideria im Geiste Speners,

ners, aber da unerfüllbar, wo mehr auf die Abgaben der Landeseinwohner als auf ihr Leben und ihren Wohlstand gesehen wird.

P. A. Gadd, Chem. Prof.
Tentamen Speciminis Chemiae opticae. Nic. Avellan. 16 S.

Die optische Chemie beschäftigt sich mit Hervorbringung leuchtender Körper und deren Farben; ist von der Färberey und Enkaustik unterschieden, statt deren dieselbe 1) die Phosphoros, als Brandts, Balduins, Hombergs, Neumanns, Comini, Albins und den flüssigen bereitet; 2) die Farben der Körper in flüssigen Auflösungsmitteln, als weiß, gelb, roth, blau, grün, schwarz, hervorzubringen lehrt; und 3) die Farbe fester Körper ändert, wohin die sympathetische Dinte, die Scotophori, das blaue Anlaufen des Eisens, das Weißkochen des Goldes und Silbers, die sophistische Silbervergoldung, die Bläsſe des Kupfers und Mussivvergoldung des Zinns gerechnet, und alle diese Operationen kürzlich, doch deutlich, beschrieben werden.

Disquisitio Chemica Palingenesiae zoologicae. H. G. Borenius. 14 S.

Der Verfasser giebt davon im 2. §. folgende Erklärung: „Est illa naturae vel artis operatio, qua corpora ani„malium, vel ex principiis suis proximis secundum le„ges mixtionis et approximationis chemicae, nec non „specialis organismi producuntur, vel destructa eodem „modo ad pristinam figuram et pristinas simul proprie„tates resuscitantur." Dies wird denn kürzlich an dem Pflanzen- und Thierreiche, besonders dem Menschen, mit Verwerfung der kabbalistischen und paracelsischen Träume, gezeiget.

Afh. om Skidsrukts-Växter och Legumēr. J. Gsös. 16 S.

Diese Abhandlung von Hülsenfrüchten liefert vorläufig derselben Kennzeichen, und dann ihre Arten in 5 Abtheilungen,

gen, nämlich solche, die für die Nahrung des Menschen, zur Arzney, Färberey, zum Wiesen= und Gartenbau dienen.

Afh. om Solidago Canadensis, dess ans och nytta i Färgerier. G. Avellan. 16 S.

Abhandlung, wie die canadische Schwarzwurz gewartet und in Färbereyen gebrauchet werden könne.

Underr., at på Hårdvalls ängar etc. J. Ursinus. 12 S.

Unterricht, wie man auf hohen und trockenen Wiesen vermittelst dienlicher Gewächse den vortheilhaftesten Heuwuchs befördern könne. — Es werden dazu spanischer Kleewer, Esparcette, Luzerne, schwedischer, westgothischer, sibirischer und finnischer Heusaamen vorgeschlagen.

Om ursprunget och beskaffenheten af de största Vattudragi Finnland. G. Ståhle. 16 S.

Von dem Ursprunge und der Beschaffenheit der größten Wassergänge in Finnland. (Das sind die Gräben, welche sich das Wasser durch morastige Gegenden selbst macht, und sich so nach stehenden Seen oder nach Flüssen abzieht.)

Försök til en politisk och oeconomisk Afh. om Näringarnas Samband etc. (Versuch zu einer polit. und ökon. Abhandlung von der Verbindung der Nahrungszweige und ihrer Mitwirkung auf einander.) Fr. Brandell. 36 S.

Was die Seele in einem natürlichen Körper ist, das sind die Nahrungszweige in einem bürgerlichen. Sie müssen also mit aller Vorsichtigkeit angelegt und unterhalten, alle aber auf einmal zur Erreichung der möglichsten Höhe in Bewegung gesetzet werden; denn sie hängen gleich einem Uhrwerke zusammen, wo das Ganze auch des kleinsten Theilchens nicht entbehren kann. So ist's auch vom Anbeginn der Welt her eingesehen worden (§. 1 — 4.). — Auf vier Hauptzweige bringt denn der Verfasser die verschiedenen

schiedenen Nahrungsarten zurück, und zeiget sowohl überhaupt, als in besonderer Rücksicht auf Schweden, wie der Ackerbau, das Bergwesen, die Künste und Gewerke, der Handel benebst Seefahrt und Fischerey, politisch und ökonomisch mit einander verbunden wären (§. 5 — 8.), auf eine solche Weise und beym Schlusse mit so gesunden Folgesätzen, daß ein jeder diese Abhandlung mit Vergnügen liest, welche ohnehin mit ausgesuchten Belegen aus andern Reichen und auch dem schwedischen versehen ist.

Prudentia Principis in mutandis legibus oeconomicis. J. Hellenius. 12 S.

Der Verf. scheint besondere Rücksicht auf die ziemlich allgemein angenommene ökonomische Klugheitsregel zu nehmen: daß häufige und plötzliche Veränderungen sorgfältig vermieden werden müßten. Die damalige Regierungsform in Schweden mochte wohl zum Theil mit Veranlassung zu dem Stoffe dieser Abh. gegeben haben.

Om Uplanningars Beskaffenhet i Finnland. (Physischökonomische Abh. von der Beschaffenheit des Landeszuwachses in Finnland.) E. W. Widenius. 18 S.

Der Erdboden ist überhaupt vielen Veränderungen unterworfen gewesen. Das hat auch in Norden ehemals statt gefunden, und findet noch statt. Das Wasser ist weggeschaffet worden, oder hat sich auch selbst zurück und abgezogen, und dadurch ist ein Zuwachs und Vermehrung der Erde entstanden (§. 1. 2.). — Jedes Frühjahr geschieht dergleichen durch die von dem Lande in die See sich ergießenden Wasser, durch Treibeis und ungewöhnliche Wasserfluthen, durch das bey dem Aufthauen die Erde aufhebende Grundeis (§. 3 — 5.); hiernächst durch manche Grasarten und andere Seegewächse, durch künstliche oder natürliche Veränderungen des Laufs der Flüsse und anderer Gewässer, und durch Reinigung der Ströme und Erweiterung der Canäle. (§. 6 — 8.) Alles dies wird durch ausländische und einheimische Beyspiele aus der Geschichte hinlänglich erläutert.

Om

Om Beskaffenheten af Finlands Fjäll-och Kjäll-Vatn. (Von der Beschaffenheit des Berg- und Quellwassers in Finnland.) G. **Wijnquist.** 18 S.

Dieser hydrologische Versuch dienet dem Titel nach bloß für Finnland, und zur Kenntniß der auf den dortigen Bergen entspringenden oder in den Ebnen aus der Erde hervorquellenden Wasser.

Om Tennets och dess Malmers Beskaffenhet. (Versuch zu einer chemischen und metallurgischen Abh. von der Beschaffenheit des Zinns und dessen Erzerde.) A. **Nordenskjöld.** 6 Bogen.

Von dieser wichtigen Abhandlung kann man sich durch die Ueberschrift der §§. eine hinlängliche Vorstellung machen, die ohnehin bey ihrem reichhaltigen Inhalte keinen weitläuftigern Auszug leidet. — Von dem Alter des Zinns; den Oertern, wo es gefunden wird (§. 1. 2.); der Art und Beschaffenheit der Zinngruben, und der Beschaffenheit der Luft und des Wassers darin; wie auch von den Erzarten, welche der Mineralisation gemäß mit dem Zinnerze vereiniget zu seyn pflegen (§. 3. 4.). — Von dem Verhältnisse des Zinnes im Feuer gegen Wasser, Salze, Schwefel und Metalle (§. 5.). Wie und von welcher Beschaffenheit man das Zinn natürlich mineralisirt findet, nämlich Stannum nativum, calciforme und mineralisatum (§. 6.). — Von der Probe des Zinnes, seiner Zerreibung, Waschung und Ausbrennung; auch von dem Processe des Zinnerzes, oder dessen Ausschmelzung im Großen, und seiner nähern Reinigung, auch dem erforderlichen Gehalte und Probirung (§. 8 — 10.). — Von dem Nutzen oder Schaden der Verzinnungen, auch dem Gebrauche des Zinnes in Künsten, Gewerken und allerley Hausbedürfnissen, und dem Handel mit Zinne (§. 11. 12.). Schade, daß der Ausländer halber diese Abh. nicht lateinisch geschrieben ist!

Om Strömreningens nytta och nödvändighet i Björneborgslän. G. N. **Idmann.** 2 B. mit Kupfern.

Diese Abh. von dem Nutzen und der Nothwendigkeit der Reinigung der Flüsse in der finnländischen Landshauptmannschaft

I. Theil.

schaft Björneborg ist schon in der Zug. zu den Götl. gel. Anz. 1775. St. 16. angezeiget worden.

M. Ioh. Billmark, Hist. et Phil. Pract. Prof. Meditationes morales circa considerationem corporum coelestium. J. Stenhagen. 16 S.

Diese moralischen Betrachtungen werden über das ganze Firmament; die Farbe des Himmelsgewölbes; die Sonne, Farben und Licht; den Merkur; die Venus; unsere Erde; den Mond; den Mars und den Jupiter in 12 §§. angestellet. Hin und wieder scheinen sie sich Gottholds zufälligen Andachten zu nähern.

De Fulcris Hierarchiae Pontificiae. E. Widenius. 14 S.

Nach einigen kurzen Anmerkungen, wie die päpstliche Gewalt zu der bekannten Höhe aufgekommen sey, findet der Verf. ihre Stützen in der Unwissenheit, dem Aberglauben, dem Bind- und Löseschlüssel, der Beichte und dem Jesuiterorden. Er ist der Meynung, sie sey in unsern Tagen ziemlich herabgesetzt, und werde noch immer mehr und mehr herabgesetzet werden.

Historisk Afh. om Sjö-Staden Raumo. (Histor. Abh. von der Seestadt Raumo.) S. Mellenius.

Die erste Abh. kam 1770 heraus. Beyde sind auf 32 S. abgedruckt. Der Name dieser Stadt, ohne sich in alte, und wohl gar hebräische Etymologien einzulassen, ist am sichersten von dem finnischen Worte Rauma, welches einen Sund bedeutet, abzuleiten. Ihre Polhöhe ist 61 Gr. 7 Minuten; die Länge ist noch nicht ausgemacht. Sie liegt sechs schwed. Schuhe höher als das Wasser, und hätte, wenn des Dalins Hypothese von der Abnahme des Wassers gegründet wäre, anfänglich in der See selbst angelegt seyn müssen, und sich kaum seit dem Empfange ihres ersten Privilegii vor 330 Jahren so hoch heraus erheben können. Sie ist ganz unregelmäßig bauet. Acht ihrer ältesten Privilegien, worunter das erste von 1442 ist, sind eingedruckt (§. 1 — 5.). — Noch in den päpstlichen Zeiten war eine berühmte Schulanstalt unter den Namen Collegium

legium Raumense dort. Bey der Reformation wurden die Einkünfte desselben anderswohin gelegt; doch hat die Schule hernach noch immer unter den finnländischen Schulen einen ansehnlichen Platz behauptet, und der Rector ist stets durch eine königliche Vollmacht bestätiget worden. Ehemals waren zwo Kirchen da (§. 6. 7.). Von den übrigen Gebäuden, dem Stadtsiegel, den zum Theile sehr betrübten Schicksalen der Stadt, den Nahrungszweigen, Predigern, Rectoribus und Burgermeistern wird bis zum 17 §. gehandelt, und im letzten mit den beygedruckten Geburts- und Sterbelisten von 1721 bis 1770 diese Beschreibung beschlossen.

De secretis Societatibus litterariis. C. Ekman. 16 S.

Es giebt öffentliche, es giebt private gelehrte Gesellschaften. Jene genießen der obrigkeitlichen Vollmacht, diese bestehen ohne solche für sich. Es kann nämlich eine Anzahl von Personen daran ein Vergnügen finden, nicht öffentlich unter solchen oder solchen Prädicaten bekannt werden zu wollen; dem ohnerachtet ist Ordnung darin wie in den ersten (§. 1 — 3.). — Auch in den ältesten Zeiten gab es dergleichen sowohl unter den Heiden, als Juden, als Christen. Wenn der Verf. zu den jüdischen den jährlichen Eingang des Hohenpriesters in das Allerheiligste und der Priester in das Heilige rechnet, so ist das zu weit gegangen (§. 4 — 6.). — In den neuern Zeiten seyn dergleichen zum Nutzen, aber auch zum Vergnügen errichtet worden, und er macht dabey die Freymäurer, die stockholmsche Gesellschaft Utile Dulci, und die um die Zeit zu Abo errichtete, und hernach unter dem Namen Aurora bekanntgewordene Gesellschaft namhaft (§. 7. 8.). Sind aber das wirklich drey gelehrte Gesellschaften? Daran zweifelt der Recensent: Ihr Endzweck ist am mindesten, und höchstens nur zufällig die Gelehrsamkeit.

An vitiosae rei detur praescriptio? C. Schwindt. 16 S.

Der Verf. holet etwas weit aus; erläutert philosophisch, was Zeit, Moralität der Handlung, Wahrheit und Präscription sey, auf vier Blättern; verneinet dann die

Frage

Frage theils durch allgemeine Exempel, theils durch das besondere von den Irrthümern der römischen Kirche in Rücksicht auf die Reformation.

De officiis hominum circa mala naturalia. M. Polviander. 16 S.

Es giebt allgemeine, besondere und einzelne Uebel. Das physische Uebel hat seinen Grund in dem moralischen; allein jenes folgt nicht auf dieses auf einerley Art und Weise, auch nicht sogleich, und auf der Stelle (§. 1.). Hierbey haben wir Pflichten zu beobachten: 1) gegen Gott, nämlich: ihn zu fürchten, zu lieben, auf seine Vorsehung zu vertrauen, seine Güte auch unter den vorher erwähnten dreyfachen natürlichen Uebeln zu verehren (§. 2 — 7.); 2) gegen uns selbst, indem wir uns dagegen weislich in Sicherheit setzen, und ihnen auszuweichen suchen, uns bessern, sie geduldig ertragen, und nicht darunter verzweifeln (§. 8 — 11.); 3) gegen andere endlich müssen wir uns des Neides enthalten.

Hypomnemata quaedam in Chronicon Episcoporum Aboensium a Paulo Iusten consignatum P. post. E. R. Bergstadius.

In der vorhergehenden Diss. waren die 12 ersten Nacherinnerungen vorgetragen worden, wodurch des P. Justen Chronik der Bischöfe zu Abo berichtiget wird; hier sind die Numern von 13 — 25 befindlich. Der Bischof Hemmingus ist der einzige unter den gemeldeten Bischöfen, der kanonisiret worden. Dies Verdienst erhielt er einer doppelten Gefangenschaft wegen, die er sich durch den Widerstand wider den schwedischen König Magnus Smek zuzog, der sich den Peterspfennig zueignete. Der Bischof Johannes Petri hatte zu Paris einen solchen Gelehrsamkeitsruhm erlanget, daß er zum Rector der dortigen Akademie war erwählet worden. Um die Zeit studierten die Schweden und Finnen oft zu Paris, und ein Bischof von Skara, Brynolphus, unterhielt daselbst ein ordentliches Institut für 12 Studierende aus Schonen. Der Bischof Olavus Henrici war auch zuvor Rector der parisischen Akademie gewesen. A. Kurck war der letzte papistische, so
wie

wie M. Skytte der erste evangelische Bischof. M. Agricola war Luthers Schüler, und suchte die Pracht der papistischen Bischöfe beyzubehalten. So viel dienet zur Probe, um daraus abzunehmen, wie nöthig diese Hypomnemata zu des Justens Chronik sind, die man in des Freyherrn von Nettelbladt schwedischer Bibliothek Th. I. S. 70. abgedruckt findet.

Diss. grad. *Historiam Magnorum Ducum Finlandiae leuiter breuiterque adumbrans.* J. H. Kellgren. 16 S.

Der Titel Herzog schiene aus der Edda die sicherste Herleitung zu erhalten, worin Här ein Heer, und tog oder tug leiten bedeute. Herzog scheine mehr als Fürst zu seyn. Florenz und Rußland hätten sich Großfürstenthümer genannt. Herzog sey zu Friedens = und Kriegszeiten der nächste nach dem Könige gewesen (§. 1 — 3.). Ueber den Ursprung der schwedischgothischen Herzoge stimmten die Schriftsteller nicht mit einander überein. Der erste sey Gutorm Ostmadersson, der heil. Helena Vater, doch der Titel noch lange Zeit in Schweden selten gewesen (§. 4.). Manche Könige, und darunter Erich IX. und Birger Jarl stelleten Kreuzzüge nach Finnland an. Der erste zuverlässige Herzog von Finnland war Benedictus, des letztern Sohn und des Königs Waldemar Bruder. Ihn bestätigte Papst Alexander IV. 1255 in dieser Würde. Er war ein frommer Herr, und ward, jedoch mit Beybehaltung seines Herzogthums, 1268 zum Archidiakonus zu Upsal, 1272 zum Archidiakonus von Linköping und 1268 zum Bischofe des letztern Ortes erwählet, und vom Papste bestätiget. Er nannte sich also: *Benedictus* Dei gratia Lincopensis Episcopus et Dux Finlandiae, und starb 1291 an der Pest. — Ihm folgte sein Vetter Waldemar, ein Sohn des Königs Magnus Ladulas. Die herzogliche Gewalt war damals sehr eingeschränkt. Sein Bruder, der König Birger, ließ ihn und seinen Bruder Erich 1317 auf dem Schlosse zu Nyköping von Unreinigkeit und Hunger umkommen. Von da an findet man bis auf Gustaf I. keine Meldung von finnländischen Herzogen. Dieser machte einen seiner Söhne, Johann, dazu, und dieser residirte auch von 1555 — 1557 zu Åbo, kehrte hernach von Schweden dahin

dahin wieder zurück, und blieb daselbst, bis sein Bruder, der König Erich, ihn und seine Gemahlinn gefangen davon wegführen, und auf das Schloß Gripsholm gefangen setzen ließ. Als er aber nach ihm König geworden war, ernannte er seinen Sohn Sigismund dazu, und da dieser das Königreich Polen erhielt, seinen andern Sohn Johann, der bey des Vaters Tode seinem Oheim Karl das Reich überließ. Nach diesem ward Gustaf Adolph von seinem Vater zum Herzoge von Finnland ernannt. Dieser nahm den Titel Großfürst an, den sein Oheim, Johann III. um 1582 zuerst gebraucht zu haben scheint. Vom Jahr 1622 ward festgesetzet, daß die Reichsprovinzen nicht mehr an die königlichen Söhne unter dem herzoglichen Titel vertheilet werden sollten. Zwar wollte die Königinn Christina vor ihrer Reichsabdankung ihrem Günstlinge Tott den Titel Herzog geben, und, damit solches nicht zu vielen Widerstand fände, ihn auch dem Axel Oxenstierna und Peter Brahe ertheilen; weil aber diese sich weigerten, so mußte sich jener dessen auch begeben (§. 5.). Dies ist das Wesentliche dieser Diss., bey deren Inhalte an mehreren Stellen man sich des Ciceronianischen Ausrufes nicht enthalten kann: O tempora, o mores!

De Litaniis. J. Blomberg. 10 S.

Auch die Heiden fleheten Gottes Barmherzigkeit an. Das Wort λιτανια kömmt von λιτανευω, und dieses von λιττομαι, fußfällig bitten, her. Die Litanien waren theils festgesetzte, theils angeordnete. Jene wurden von dem Concilio zu Orleans vor Christi Himmelfahrt bestimmt, diese bey sich eräugenden allgemeinen Landplagen anbefohlen. Die Papisten fügten allerley Processionen hinzu (§. 1—3.). — Der darin gebräuchlichen Formel κυριε ελεησον gedenkt zuerst Basilius M. um das Jahr 375. In einer um 440 gehaltenen Kirchenversammlung wird sie verbindlich vorgeschrieben. Es giebt eine größere und kleinere Litaney. Jene, die auch für älter gehalten wird, soll 446 zu Vienne aufgekommen und 452 verbessert, (Greg. Turon. L. II. c. 34.) diese von dem großen Ceremonienstifter, dem Papste Gregorius M., gegen das Ende des 6ten Jahrhunderts aufgebracht worden seyn. Luther schnitt die Auswüchse des Aberglaubens ab, und so übersetzte sie Laur. Petri in das Schwedische. Doch gieng hernach

hernach eine kleine Veränderung mit ihr vor (§. 4—7.). — Die Anrufung der Heiligen kam nach dem 5ten Jahrhunderte hinein. Daß sie aber von Knaben mit Beantwortung der Gemeine abgesungen wird, beruhet auf der Erzählung, daß bey einem Absingen der Litaney, während einer Procession zu Rom unter Gregorii Regierung, ein Engel in der Gestalt eines Knaben die Beendigung der Pest angekündigt hätte.

De situ veteris Finlandiae. **L. Palander.** 12 S.

Nachdem der Verf. die aus dem Plinius und Tacitus angenommene Meynung, als ob das heutige Finnland auch das alte wäre, durch ziemlich wahrscheinliche Gründe umgestoßen, und dargethan, daß jenes ehemals Osterlandia und Ostergardia genannt worden, so zeiget er, daß das alte Finnland das heutige Angermanland, Westerbothnien und Lappmarken gewesen, und sich von dem bothnischen Meerbusen mit Inbegriffe der riphäischnorwegischen Gebirge bis zum weißen Meere erstrecket hätte. In dem 11ten und 12ten Jahrhunderte wären die alten Finnen nach ihren heutigen Wohnsitzen meistentheils durch die grausamen Einfälle der norwegischen Könige getrieben worden, obgleich auch viele in den vorigen zurückgeblieben wären.

De Praepositis Aboensibus, Comitibus quondam Palatinis. **J. Arenius.** 12 S.

Die römischkatholische Geistlichkeit hatte auch in Schweden allerley Ehrenprädicate. Zu Abo gab es Dompröpste, welche der Verfasser kurz namhaft macht, bis auf den **Magnus Nicolai** (§. 1.). Dieser ward mit allen seinen Nachfolgern durch ein feyerliches Diplom vom Kaiser Friedrich III. zu Pfalzgrafen creiret, welches sie auch bis zur Reformation waren (§. 2.). Diese Pfalzgrafen waren bis auf die Zeit der Ottonen in großem Ansehen. Anfänglich konnten dergleichen nur die Kaiser machen, hernach maßten sich es die Päpste an und die kaiserlichen Reichsvicarii (§. 3.). Gelehrsamkeit und Verdienste bahneten dazu den Weg. Bey ihrer vermehrten Anzahl fiel auch ihre Würde (§. 4.). Die Vorrechte der Dompröpste zu Abo als Pfalzgrafen bestanden darin, daß sie in Finn- und Deutschland öffentliche Notarien bestellen, die unehelichen Kinder unter dem geringern Adel und den Unadelichen für ehelich erklären könnten u. d. gl.

Mala Libertinismi religionum in Republica. A. **Molander.** 15 S.

Religion und Republik sind genau mit einander verbunden, doch ist es ungereimt, deswegen zu sagen, daß die erste um der letztern willen erdacht worden. (§. 1.) So wie nur ein Gott ist, so auch nur eine wahre Religion. Die Libertiner, worunter sich Voltaire besonders auszeichnet, suchen dies letzte besonders zu bestreiten (§. 2—4.). Sie haben zwar nie eine Secte und förmliche Parthey ausgemacht, inzwischen hat es nie an Menschen gefehlet, die ihren Grundsätzen anhiengen. Der Verfasser glaubet sie unter den Gnostikern, Manichäern, den Fratribus liberi Spiritus zu finden, und nennet namentlich, außer dem oberwähnten Voltaire, noch den Spinoza (§. 5.). Er folget dann der bekannten Eintheilung des Libertinismus in den biblischen, exegetischen und dogmatischen, und giebt alsdenn die unmäßige Erhebung der menschlichen Vernunft, ein böses Herz, philosophischen mit der Einfalt der Religion streitenden Stolz, und die Verwirrung der Gränzen zwischen Vernunft und Offenbarung als Ursachen davon an.

De Coloniis Svecorum in Finlandiam deductis. C. **C. Wahlberg.** 12 S.

Es ist merkwürdig, daß die Ufer Finnlands nach der Seite des finnischen und bothnischen Meerbusens mit schwedischen Colonien bewohnet sind. Von den Kriegen der schwedischen Könige, Erichs des Emunds Sohns, und des Erichs Segersäll, scheinen Soldaten zurückgeblieben zu seyn. Hernach that Erich IX., dem der Aberglaube seines Zeitalters den Zunamen des Heiligen gegeben hat, auf des Papstes Alexanders III. Veranlassung einen ordentlichen Kreuzzug wider die Finnen, mit Beyhülfe des upsalischen Erzbischofes Stephans und des Herzogs Gutormus, und drangen ihnen also theils mit Gründen, theils mit Zwange die christliche Religion auf. Außer dem letztern hatte Erich noch einen General, Sable Bure, bey sich. Diese beyden führeten Helsinger, Gestrikländer und Dalekarlen nach Nyland. Man zählete ohngefähr 240 dieser Anpflanzer.

Anpflanzer. Einige Jahrhunderte hindurch vermehrten sich solche beträchtlich durch Heurathen. Gleichwohl war eine jede Nation auf ihre Sprache eifersüchtig. Daher es gekommen ist, daß an einigen Orten nur in einer von beyden, an andern in allen beyden geredet, und der Gottesdienst verrichtet ward, hie und da auch eine Sprache die andere verdrängte. Zu den Zeiten des Königs Birger und unter den folkungischen, auch dänischdeutschen Unruhen in Schweden geselleten sich viele Flüchtlinge daraus zu jenen ersten Anpflanzern. Die finnische Seite des ostbothnischen Meerbusens ist hauptsächlich zu den Zeiten der vorgenannten Erichs und Birgers von den gegenüberliegenden schwedischen Provinzen Helsingen und Gestrikland bevölkert werden. X.

Undersökning om Lagskipningen uti Finland i de äldre tider. (Untersuchung der Gesetzpflege in Finnland in den ältern Zeiten.) Joh. Lizelius. 15 S. in 4.

Fortsättning af Undersökningen om Lagskipningen uti Finland i de äldre tider. Engelbr. Rancken. 12 S. in 4.

Die Volksanzahl der Finnen war in den ältesten Zeiten sehr klein, das Land weitläuftig, und überall mit den herrlichsten Naturgaben versehen. Die Einwohner besaßen ihr Land gemeinschaftlich, und keiner eignete sich ein Stück insbesondere zu. Wildpret und Kräuter waren ihre Nahrung, Thierfelle ihre Kleider, die Erde ihr Bette. Bey dieser natürlichen Einfalt der Menschen und dem Ueberflusse der Naturproducte konnten nur selten Streitigkeiten entstehen, die Gesetzpflege konnte also zu der Zeit so wenig weitläuftig, als beschwerlich seyn. Entstand gleichwohl ein Streit, so entschied entweder das Faustrecht auf der Stelle, oder der Ausspruch eines redlichen Mannes, worauf die Streitigkeiten compromittirten. Einen solchen ehrlichen Schiedsrichter konnte man, unter einem Volke von natürlicher Rechtschaffenheit und Sanftmuth, welches aber sehr weitläuftig von einander, und stets wegen der Jagd auf einem flüchtigen Fuße lebte, leichter finden, als einen ordentlichen vom Volke dazu bestellten Richter. Vermuthlich lebte dieses Volk auch damals in einer bloßen gesellschaftlichen Verbindung ohne eigentliches Oberhaupt; denn in ihrer Sprache findet sich kein wirklich finnisches Wort für König oder Regent, sondern die Ausdrücke, die man gegenwärtig davon in derselben hat, sind erst in der Folge, nachdem Finnland unter schwedische Botmäßigkeit gebracht ist, aus dem Gothischen entlehnt. Eben so wenig findet man alte Volkssagen oder irgend einige Rudera, welche es glaublich machen könnten, daß in den alten Zeiten je ein König die Finnen beherrscht hätte. Zwar weiß man, daß von Schweden aus damals einige sogenannte Seekönige der Seeräubereyen wegen an den finnischen Küsten gelandet sind; allein nie sind diese bis ins Land gedrungen, und die Finnen haben nicht einmal ihre Namen aussprechen können. Mit der Zeit vermehrten sich die Finnen, und erhielten einige nähere Kenntnisse von ihren policirteren Nachbarn. Sie fanden, daß ihre allzufreye und flüchtige Lebensart sie weniger glücklich machte, als eine sittsamere; sie wählten sich daher feste Wohnsitze, und baueten sich Hütten und Häuser, wurden täglich umgänglicher, und führten unter sich allerley neue Gebräuche und Gewohnheiten ein, wobey die hausväterliche Herrschaft als die beste angesehen ward. — Eric Emundsson kam auf seinen Zügen durch Esthland und Curland auch nach Finnland, unterwarf sich dasselbe, und suchte seine Gesetze darin einzuführen; allein bald ward diese Oberherrschaft wieder abgeworfen. Im 10 Jahrhundert mußte der schwedische König Eric Segersfäll hier eine militairische Execution halten, um seine Herrschaft an dieser Seite des bothnischen Meerbusens zu befestigen. Die zwey nächsten Jahrhunderte darauf hatten die schwedischen Könige nie Ruhe, gegen Finnland etwas vorzunehmen; die Finnen im Gegentheile zogen näher an die Seeküsten, fanden Geschmack an der Seeräuberey, und thäten selbst mit Hülfe der Nachbarn einen Einfall nach dem andern ins Herz von Schweden, wovon sie gemeiniglich mit reicher Beute zurückkehrten. Dies bewog Eric den Heiligen, in der Mitte des 12 Jahrhunderts einige Kriegszüge nach Finnland vorzunehmen, wobey er sich auch einen großen Theil dieses heidnischen Volks, besonders in der Gegend von Åbo herum, unterwarf, und es zum Christenthum bekehrte. Achtzig Jahre hierauf kam der muthige Reichsvorsteher, Birger Jarl von Bjelbo nach

Finn-

Finnland, und unterwarf das ganze Land der schwedischen Krone. Nun wurden gewisse sogenannte Handgångisman verordnet, die Rechtspflege zu verwalten, nebst welchen die Bischöfe in Abo die schwersten in ihrem Districte vorkommenden Rechtssachen schlichteten. Der nachmalige Reichsvorsteher Torkel Knutsson legte verschiedene Städte an, und ließ das upländische Gesetz durch den Lagman Brahe zum Besten der Finnen übersetzen und verbessern. Unter der Calmar-Union war die Gesetzpflege in Finnland wie in Schweden. Die Amtleute des Königs Eric von Pommern erpreßten übermäßige Abgaben von den Finnen, welches der König auf ihre Klagen einschränkte, und darauf eine Verordnung wegen eines in Abo anzustellenden höchsten Landgerichts gab, welches aus dem Bischofe und etlichen vom Kapitel, einigen Reichsräthen, den Lagmännern, allen Unterrichtern und königl. Vögten bestand, und dieses sollte die Sachen, die von den Untergerichten an dasselbe gebracht würden, schlichten. Hierauf ward Finnland in 2 Gerichtsdistricte, den Norder- und Süderdistrict, getheilt, und jeder bekam nun seinen Vorsteher. — So weit die erste Probeschrift. Die zweyte, eine Fortsetzung desselben Gegenstandes, läuft nun schon mehr bekannte Zeiten durch. Unter dem Papstthume mischten sich die Geistlichen fast in alle wichtige Sachen. Verschiedene Bischöfe von Abo waren zugleich Kanzler ihrer Könige, und da sie ihren Sitz in Finnland hatten, wohin die Könige nur selten kamen, wurden ihnen deswegen nicht nur die geistlichen, sondern auch die weltlichen Angelegenheiten daselbst anvertraut. Diese ordneten daher eigne Gerichte an, unter welchen besonders alle geistliche Personen standen. Allein dieses verursachte in tausend Fällen Verwirrung und Collision mit den weltlichen Gerichten. Lange hatte man schon ein Project zu einem neuen Gesetzbuche fürs ganze Königreich gemacht, welches eingeführt werden sollte; allein da die Geistlichen mehr Schaden als Vortheil dabey fanden, setzten sie sich dawider. Endlich unter König Christophers Regierung mußten sie sich zur Einführung desselben bequemen, und dieses sogenannte Christophersgesetz ward auch in Finnland angenommen und publicirt. — Was nun endlich noch besonders den Proceß (Rättegång) betrifft, so ist derselbe, seit Finnland Schweden einverleibt ist, mit dem schwedischen auf einerley Art, und also durch verschiedene

dene Instanzen geführt. Als ein allgemeines Oberappellationsgericht ward 1614 das königl. schwedische Hofgericht (Svea Hofrätt) errichtet; allein da Finnland von Schweden durch ein Meer geschieden war, so erhielt Finnland 9 Jahre darauf in Åbo sein eigenes Hofgericht. — Recensent will hier am Schluß nur noch hinzufügen, daß der jetzige König zum wahren Wohl und einer großen Bequemlichkeit für Finnland 1776 zu Wasa ein zweytes Hofgericht anlegte, und demselben die nördlichern Provinzen untergeordnet hat. Gr.

M. Andr. Planmann, Phys. Prof.

Diss. grad. *De Velocitate luminis.* Andreas Röring. 8 S. 4.

Nach einer kurzen Erzählung der Geschichte dieser von Cassini und Roemer gemachten, von Maraldi und Wargentin aber außer allen Zweifel gesetzten wichtigen Entdeckung, wird, nach Maßgebung der, beym Durchgange der Venus gefundenen Horizontalparallaxe der Sonne von 8″3 Secunden die wahre Geschwindigkeit des Lichtes in einer Secunde auf 30502 schwedische Meilen bestimmt, und hieraus die Zeit, in welcher dasselbe bey mittlerm Abstande der himmlischen Körper von selbigen zur Erde gelanget: vom Mercur und der Venus in 8 Min. 7 Secunden; vom Mars in 12 Min. 22 Sec.; vom Jupiter in 42 Min. 13 Sec; vom Saturn in 1 Stunde 17 Min. 26 Sec.; vom Monde in etwa $1\frac{1}{10}$ Secunden. Wäre der nächste Stern 206265 Halbmesser von der Erde entfernt, so würde das Licht 3 Jahre, 67 Tage, 15 Stunden, 4 Min. und 15 Sec. brauchen, diesen Weg zu durchlaufen; und so alt ist wirklich der uns jetzt sichtbare Zustand der Sterne, welche längstens könnten verschwunden seyn, und uns dennoch so lange erscheinen, als das von ihnen ausgegangene Licht Zeit braucht, zu uns zu kommen.

Diss. *De Ascensu Vaporum.* J. Brunnerus. 12 S.

Die Gedanken der Herren Le Roi und Nollets, daß die Luft das Wasser einsauge und auflöse; Chauvini, Leibnitzens und Kratzensteins Meynung, daß Dünste hohle Bläs-

Bläschen sind; und Hrn. Wallerii Versuche im luftleeren Raum, werden kürzlich erzählt, und die Erklärung des letztern, daß eine zurückstoßende Kraft die Dünste anfangs erhebe, die größere Schwere der Luft solche aber, als specifik leichtere Körperchen, in die Höhe treibe, als die wahrscheinlichste angenommen: dennoch kann bis dato nichts gewisses bestimmt werden.

Diss. *Hypotheses quasdam de Caussa Electricitatis perstringens.* P. I. 11 S. P. II. G. Polviander. 20 S.

Nachdem die Hypothesen der Herren Euler, Frisii und Beraud, durch den vom Hrn. Klingenstierna erzählten Watsonischen Versuch, nach welchem die elektrische Materie deutlich durch den reibenden Körper gegen die geriebene Kugel zu fließet, abgefertiget worden, wird im zweyten Theile die Franklinische Theorie, durch die von Herrn Wilke und Bergman mit Phosphoro auf Spitzen angestellten Versuche, ebenfalls bezweifelt; gegen die Gedanken der letztern von zween verschiedenen elektrischen Materien aber gleichfalls der Einwurf beygebracht, daß die Phänomene sich noch wohl aus einer einzigen auf eben die Art herleiten ließen, wie bey eröffneten Thüren warmer Zimmer die Luft an einer Stelle hinein, an der andern aber herausfließet. Daß aber die erstere kalt und schwer, die andere warm und leicht sey, wird nicht angeführt. Versuche im luftleeren Raume würden die Sache am besten erläutern.

Diss. grad. *De Variatione Directionis Gravium.* S. Ringbohm. 13 S.

Erzählet die Versuche, welche zuerst von Alexander Calignon de Peirins über die Bewegung sehr langer Pendeln angestellet, und vom Gassendo als Spuren einer beständigen Veränderung in der Richtung der Schwere angesehen worden, nachdem aber von Mersenno und Caramuel geläugnet, und ebenfalls von J. B. Morin bestritten wurden; bis auf Mairans Ermunterung Hr. Le Cat und abermals de Grante die Bewegung der Pendel durch neue Versuche bestätigten; deren wahre Ursache endlich Herr Bouguer, gar nicht in veränderter Richtung der Schwere, sondern in deutlicher Wirkung der Kälte und Wärme

auf

auf die Ausdehnung der Gebäude, woran die Pendel hängen, entdeckte. Welches denn auch bey mauerfesten astronomischen Instrumenten wohl in Acht zu nehmen ist.

Diss. *De Epicycloide simplici.* N. G. Schulteen. 8 S.

Aus einer schon vormals vom Herrn Planman entdeckten Eigenschaft der einfachen Epicycloide wird hier sehr nett und kurz die Art, die Tangenten, die Krümmung und die Rectification dieser krummen Linie zu finden, gezeigt; wie auch die Art, vermittelst derselben die krumme Linie zu bestimmen, von welcher ein Lichtstrahl nach zweymaliger Reflexion wieder in den Punkt des Ausflusses zurückkömmt.

Animaduersiones subitaneae in Appendicem Hellianam ad Ephemerides anni 1773. de Parallaxi Solis. J. Kreander. 12 S.

Es hatte der Herr Hell in benanntem Appendice die Observation des Herrn Planmans zu Cajaneburg, eines beträchtlichen Fehlers beschuldigen wollen; welches hier mit triftigen Gründen, aus sowohl einer irrig angenommenen Wirkung der Parallaxe, als gar zu großen Meridianunterschieden, widerlegt, beantwortet, und vielmehr gethan wird: daß die Cajaneburgische Observation mit den besten sehr wohl, die Hellische in Wardhus aber gar nicht übereinstimme, und also letztere mit Recht vom Herrn De la Lande ausgeschlossen worden.

Diss. grad. *De Observationibus d'Alamberti in Disquisitionem Newtonianae legis refractionis Klingenstiernianam.* A. N. Clewberg. 16 S.

Erzählet ausführlich den Hauptinhalt des gelehrten Streits, in welchem der Herr Mallet in Upsal die von Hrn. Klingenstierna angestellte Untersuchung, über Newtons aus gewissen Refractionsversuchen gezogene Schlüsse, gegen die vom Hrn. d'Alambert dagegen gemachten Anmerkungen vertheidiget hat.

Diss. grad. *De Differentia Meridianorum propinquo-*
rum

rum expedite determinanda. A. E. Hedeen.
6 S. 4.

Zu Bestimmung der Meridianunterschiede weit entfernter Oerter thun bekanntermaßen die Bedeckungen der Jupiterstrabanten, die Mond- und Sonnenfinsternisse, und selbst der Abstand des Mondes von den Sternen gute Dienste. Bey nahe gelegnen Orten machen dagegen unvermeidliche Fehler von wenigen Secunden alle diese Methoden völlig unbrauchbar. Und daher muß man, wie schon Condamine angegeben, und Roemer es bey Uranienburg und dem Kopenhagner Thurme gemacht, andere Feuerzeichen ausersehen, welche an beyden Orten zugleich können gesehen, und die Zeit der Uhr mit dem Durchgange eines Sternes durch den Mittagskreis verglichen werden. Entzündetes Schießpulver und zerspringende Feuerkugeln würden hiezu besser, als schnellbedeckte Feuer dienen. W.

M. Laur. Lefrén, L L. Or. et Gr. Pr.
Diss. crit. phil. *de Veriori indole et valore literae hebraeae Aleph.* J. Törnquist. 6 S.

Es wird hier vom Aleph epenthetico und paragogico, und dann aus *I. Simonis* Arcano Formarum nominum von der Beschaffenheit und dem valore, schließlich auch ganz kurz von dem valore interno oder hieroglyphico dieses Buchstabens gehandelt.

M. Henr. G. Porthan, Aman. Bibl. Eloqu. et Poes. Doc.
Historia Bibliothecae Reg. Acad. Åboensis. P. II. III. und IV.

Hiervon wird zukünftig bey dem Schlusse dieser Disputationen eine ausführliche Anzeige geschehen.

M. Abr. Nic. Clewberg, Phys. et Hist. Litt. Doc.
De caussis florescentis et marcescentis reipublicae litterariae. L. A. Hoffrén.

Der erste Theil war unter des Hrn. Pr. Bilmark Vorsitze

size, das Jahr vorher von dem Hrn. M. Clewberg vertheidigt worden. Dieß ist der zweyte Theil. 40 S.

Diese durch allerley und allerwärts zusammengesuchte Anführungen ziemlich weitläuftige, und in vielen abstracten Distinctionen eingehüllete Diss. muß gewiß ihrem V. Mühe gekostet haben. Er erkläret gleich anfänglich die auf derselben Titelblatte vorkommenden Wörter; lehret, daß die hauptsächlichste und allgemeine Ursache des blühenden Zustandes edler Wissenschaften in Gott, dem höchsten Gute, hingegen die erste Ursache der Abnahme des Gelehrsamkeitszustandes in der verderbten Beschaffenheit des Menschen zu suchen und zu finden sey (§. 1=3.). — So wie nun da, wo die der Gelehrsamkeit Beflissenen gute und rechtschaffene Endzwecke, welches allein Religionslauterkeit und Glück des Staats sind, vor Augen haben, die Gelehrtenrepublik blühet: so sieht es da traurig aus, wo sich jenen ganz entgegengesetzte und widrige Endzwecke, nämlich: Gelehrsamkeits-, Ruhm-, Reichthumssucht, und Begierde, andern zu schaden, und wohl gar die Wahrheit zu bestreiten, finden (§. 4. 5.). — Außer jenen Endzwecken verdienet das Materielle oder der Gegenstand, womit sich die Gelehrtenrepublik beschäftiget, eine genauere Betrachtung. Blos und allein blühet sie durch reelle Erkenntnißarten; da hingegen verschlimmert sich ihr Zustand, wo ihre Mitglieder gründliche Sacherkenntniß hintenansetzen, und den Ruhm der Gelehrsamkeit allein nach Wortklaubereyen abmessen (§. 6. 7.). — Zu jener (der gel. Republ.) Wohlstande gehöret gar sehr eine Auswahl der Gegenstände unserer Erkenntniß, damit nicht eine eitele und schädliche Gelehrsamkeit statt einer nützlichen und heilsamen erlanget werde. Jedoch finden sich in der Anwendung dieses allgemeinen Grundsatzes von der Beurtheilung der Nutzbarkeit menschlicher Wissenschaften mehrere Schwierigkeiten, als man denken sollte (§. 8. 9.). — Der Verf. theilet also verschiedene Kennzeichen darüber mit, die er, um seine ursprüngliche Worte zu gebrauchen, von den caussis, effectis, obiectis, subiectis und adiunctis hernimmt: (§. 10. 11.) — dabey aber vor dem Uebelstande in der gelehrten Republik warnet, wenn jemand unbedachtsamerweise den Fleiß des Nachdenkens hintenansetzen, und alles Lob gründlicher Wissenschaft allein aus der Empfindung und dem Geschmacke herleiten wollte. (§. 12.) L.

c) Auf

c) **Auf der hohen Schule zu Lund.**
Unter dem Vorsitze des Herrn
D. *L. I. Colling*, Iur. Patr. et Rom. Prof. O.

De Arresto ciuili. H. C. **Schmidt.** 20 Seiten in 4. wovon aber 6 Seiten für 4 Dedicationen abgehen. *)

Im schwedischen Gesetzbuche macht man unter Arrestum, welches auf die Person, und Sequestrum, welches auf die Sache geht, einen Unterschied, ersteres wird *Byfättning*, letzteres *Qvarstad* genannt. Der Arrest theilt sich in den bürgerlichen und peinlichen; letzterer erfordert ein begangenes grobes Verbrechen, ein öffentliches Gefängniß und eine strengere Aufsicht und Bewachung. Beym Civilarrest hingegen bleibt der Arrestant gewöhnlich in seinem Hause, welches mit Wache gehörig besetzt wird; welcher Bequemlichkeit besonders Standespersonen, als Edelleute, Ritter, Geistliche, königl. Beamte u. d. gl. gemeiniglich auch Frauenzimmer genießen; zuweilen erfordern aber die Umstände, daß auch beym bürgerlichen Arrest die Personen in einem öffentlichen Hause aufbewahret werden, wozu im königl. Schlosse oder der Burg gemeiniglich einige Gemächer eingerichtet sind, welche das Gesetz *Vacktmästare Cammaren* nennet. In Stockholm findet sich eine besondere Gattung des bürgerlichen Arrestes für Schuldner, welches *Gäldstufva* genannt wird. Der Schuldner kann hier seine Schuld abarbeiten, auch werden täglich 24 Ör für seinen Unterhalt von der Schuld abgerechnet. Eine andere Gattung ist das sogenannte *Port-Förbud*, oder Verbot an den Thoren, jemanden aus der Stadt zu lassen. — Die Ursachen zum bürgerlichen Arreste sind vorzüglich geringere Verbrechen, als unerlaubter Beyschlaf (*Lägersmål*), kleine Diebereyen (*Snatteri*) unter 10 Thaler Silbermünze, Ablehnung eines Zeugnisses, ferner wenn jemand keinen sichern Bürgen stellen kann, oder befürchten läßt,

*) Zukünftig wird blos die Seitenzahl der Diss. angemerket, und gleich die Anzahl der mit Dedicationen angefüllten Seiten abgezogen werden. Jene werden gewöhnlich bey den Dissert. der andern Akademien gar nicht mit in die Seitenzahl derselben gebracht, oder fehlen auch gänzlich; bey den Lundenschen aber füllen sie oft mehrere Seiten.

I. Theil.

läßt, daß er wegen eines Verbrechens entweiche, und endlich wegen liquider Schuldsachen.

De Iudiciis superioribus. H. P. Mutzell. 18 S.

Obergerichte (*Öfver-Domstolar*) sind solche, die keinen andern Gerichten untergeordnet sind, sondern unmittelbar unterm Könige stehen. Zu den ordentlichen Obergerichten gehören des Königs und Reichs Hofgerichte (*Kongl. M:ts och Rikets Hof-Rätter*), wovon das älteste zu Stockholm, das zweyte zu Åbo, das dritte zu Jönköping (und das vierte seit 1776 zu Wasa neuerrichtet) ist. Das Hofgericht zu Greifswald kann hiezu nicht gezählt werden, weil es ein untergeordnetes Gericht ist; wohl aber das königliche hohe Tribunal zu Wismar, welches ein wahres und sehr privilegirtes Obergericht für die schwedischen Besitzungen in Deutschland ist. Die übrigen königl. Obercollegia, als das Kriegs-, Admiralitäts-, Canzley-, Cammercollegium, Staatscontoir, Bergs-, Commerzcollegium und Cammerrevision, haben zwar außer dem Staatscontoir, welches blos die Staatsökonomie zu verwalten hat, auch eine gewisse Jurisdiction; allein sie können doch keinesweges zu den ordentlichen Oberjustizcollegien gerechnet werden. Als besondere Obergerichte kann man das Oberhofgericht (*Öfver-Borg-Rätten*), welches sich über alle Hofbediente in allen Sachen, sie mögen Leib, Ehre, Dienst oder Gut betreffen, erstreckt; ferner das Oberadmiralitätsgericht (*Amiralitets Öfver-Rätten*), das Generalkriegsleuterationsgericht, und, als das neueste, das *Försäkrings-* oder *Assecurance-Rätt* ansehen. In gewissem Betrachte kann man endlich auch hieher die Oberjurisdiction des academischen Kanzlers in einigen besondern Fällen, in welchen er die Entscheidungen des Rectors und Consistoriums bestätigt oder auch moderirt, rechnen.

De Iure adsecurationum. C. L. Bager. 18 S.

Unter den Contractibus aleae verdient besonders der Contr. Assecurationis (*Försäkring*) abgehandelt zu werden, welches bisher noch nie auf schwedischen Akademien geschehen ist. In der königl. Constitution hierüber von 1750 wird er also definirt: Versicherung oder Assecurance ist eine bona fide geschlossene Abhandlung, vermittelst deren

deren eine oder mehrere gegen eine gewisse bedungene Versicherungsabgabe, oder sogenannte Prämie, alle Gefahr, welcher eines andern Schiff und Fahrzeug oder Gut und Eigenthum unterworfen seyn oder werden kann, auf sich nehmen, so daß bey vorfallendem Schaden oder Unglücke ersterer, oder der Versicherungsgeber letzterem, oder dem Versicherungsnehmer den Werth desselben, laut des darüber aufgesetzten Versicherungsbriefes, ersetzet. (§. 3.) Die Juden haben diesen Contract um das Jahr 1182 bey Gelegenheit ihrer Vertreibung aus Frankreich erfunden; von da ist er nach Italien, Deutschland, und so weiter nach Schweden gekommen. Die Römer haben schon etwas ähnliches gehabt. In Schweden ist er 1667 im Seerechte zuerst gesetzlich bestimmt, 1739 aber auf dem Reichstage zu mehrerer Vollkommenheit gebracht, und 1766 auf dem Reichstage noch erweitert. (§. 4.) Der Assurateur und der Assurirte sind die Hauptpersonen bey diesem Contracte; die zum Assecurancegerichte gehörigen Personen, die Directeurs und Bedienung bey der Assecurancecompagnie, die Dispacheurs, Mäkler und Schiffsclarirer machen die Nebenpersonen aus. Jeder mündige Einwohner Schwedens hat das Recht, Versicherung zu geben. (§. 5.) Die Assecurance im Allgemeinen theilt sich in die zu Lande und die zur See. Zur erstern gehört besonders die Versicherung der Häuser wegen Feuersbrunst, welche das durch eine königl. Verordnung von 1746 eingerichtete Brand-Assecurance-Contoir giebt. (§. 6.) Auf was für Dinge die Assecurance zur See gehen kann. (§. 7.) Verboten ist die Assecurance auf alles, was declarirten Reichsfeinden zugehört, ferner auf der Menschen Leben, (doch mit einiger Einschränkung,) und dann bey der Versicherung der Häuser sind das königl. Schloß und die Kirchen ausgenommen. (§. 8.) Die Klage, die aus diesem Contracte entsteht, heißt Actio assecuratoria oder aversi periculi, und wird vor dem Assecurance- oder Versicherungsgerichte, welches 1750 in Stockholm mittelst königl. Verordnung errichtet ist, angebracht, von dessen Entscheidung weiter keine Appellation statt findet. (§. 9.) Die in Schweden hierüber geltenden Gesetze.

De Foro Commerciali. Joh. Bauert. 21 S.

Aus dem Handel entstehen vielfache Processe, wovon

sich ein Theil durch freundschaftliche Beylegung, ein anderer durch gerichtlichen Vergleich, ein dritter durch Mittelsmänner, die das Gesetz *goda Män* nennt, noch ein anderer durch der Handelsagenten und Consuln Beytritt zerschlägt. Wo aber die Sache zu einem gerichtlichen Verfahren kommt, erfordern die Natur des kaufmännischen Gewerbes sowohl als die Gesetze, daß der Proceß stets summarisch getrieben werde (§. 3.). *Forum commerciale* ist ein vom König angestelltes Gericht, die Handelssachen nach den gemeinen sowohl, als Handelsgesetzen und Verträgen zu untersuchen und zu entscheiden. Hiebey giebt es Ober- und Untergerichte. (§. 4.) Zu letztern gehören besonders die Seezolls-Grenz-Accise und Zollgerichte. (§. 5.) Ferner die Hallgerichte, welche aus einer Magistratsperson, 2 Großhändlern, 2 Fabriqueurs, 2 Manufacturisten ꝛc. bestehen, und besonders in Fabriksachen zu entscheiden haben. (§. 6.) Ueber alle diese ist das Commerzcollegium das ordentliche Obergericht. Dem zufolge hat es die letzte Entscheidung über Accise- und Confiscationssachen. (Ueber Wechsel- und Seerechtssachen ist sie ihm 1723 durch königl. Verordnung genommen, und den gemeinen Gerichten zugelegt.) Ferner hat es dieselbe über Streitigkeiten wegen algierischer Pässe, wegen Wassertaucher und geretteten Schiffguts. (Capereysachen sind 1741 von ihm auf die Admiralitätsgerichte transportirt.) Auch steht sie ihm zu über die Verwaltung des Seemannshauses (*Sjömans-huset*), über alle Handelscontracte, Fischerey, Hindernisse im Handel, Plantagen, Färbereyen u. s. w. (§. 7.) Unter den speciellen Oberhandelsgerichten ist vorzüglich das Assecurancegericht (*Försäkrings Rätten*) zu bemerken, welchem die Entscheidung über alle Assurance- und Hawereysachen zukommt (§. 9.). Die neuerer Zeiten errichtete Generalzolldirection, so nahe dieses Institut mit dem Handel verwandt ist, hat keine Jurisdiction, macht folglich auch keine neue Handelsgerichtsinstanz aus (§. 10.). Nach welchen Gesetzen die Handelsgerichte ihre Entscheidungen einzurichten haben.

De Iurisdictione metallica. J. A. Corne'er. 20 S.

Diese ist eine vom Gesetzgeber gewissen Gerichten vermittelst eines Privilegs ertheilte Gewalt, Streitigkeiten, die die Bergleute sowohl als Bergwerkssachen betreffen, zu untersutersuchen und zu entscheiden. Was die personellen Streitsachen betrifft, so soll, laut der Eisenbergwerksordnung von 1649 der Bergmeister jährlich, oder nach Bedürfniß öfter, Grubengerichte (*Grufve Ting*) halten, dazu alle Arbeiter, Schmiede, Lehrjungen ꝛc. berufen, und nebst dem Altermann und 6 Beysitzern alle Klagen und Beschwerden zwischen den Brodherren und ihrem Dienstvolk entscheiden. So will auch die Hammerschmiedsordnung von 1703, daß die Berggerichte genau den Ursprung der Verschuldung der Schmiede untersuchen sollen. Ferner gehören hieher die Fälle, wenn jemand eines andern Stempel nimmt, und sein Eisen damit merkt, wenn jemand den Bergrichter außergerichtlich mit Worten oder Handlungen beleidigt ꝛc. Die *caussae reales* betreffen theils die Güter und liegenden Gründe der Bergleute, welche entweder *Bergsmanshemman*, d. i. Krongüter, die den Bergleuten unter gewissen Privilegien verliehen worden, oder *Bergfrälse* sind, d. i. gewisse edlere, den Bergleuten besonders zugeeignete Grundstücke, die vor andern Bergmannsgütern gewisse Immunitäten genießen; theils die Verleihung und Anbauung der Bergwerke; theils die Hülfsmittel zum Baue derselben, nämlich die Wälder; theils die Pränumeration unter den Bergleuten und ihren Creditoren, auf schwedisch *Förlag* genannt; und endlich die Disposition und Liquidation der Bergwerkseinkünfte.

De Formalibus Processus. L. G. Hoppenstedt, 2 B.

Die Formalien des Processes sind gewisse Regeln des bürgerlichen Rechts, welche, ob sie gleich nicht nothwendig sind, doch vieles zur glücklichern Anstellung, Fortsetzung und Beendigung des Processes beytragen. Hieher gehöret 1) die Distinction unter dem mündlichen und schriftlichen Proceß. Erstern kann jeder, der sich fähig dazu fühlt, gebrauchen; letzterer ist ein Formale proceß. und als eine den Streitenden ertheilte Wohlthat anzusehen, die bey verwickelten Fällen ihren großen Nutzen hat, so wie der mündliche besonders dazu dient, eine Sache leichter und geschwinder zu beendigen. Aus dem schriftlichen Vortrage erwachsen besonders 4 Actenstücke: Libell, Exception, Replic und Duplic, und zuweilen noch ein Memoriale loco conferentiae.

Triplic und Quadruplic kennt man in den schwedischen Gerichten nicht. Dieses Formale der 4 Wechselschriften hat den Gesetzgeber wegen der hieraus zuweilen erwachsenen Weitläuftigkeit der Acten veranlaßt, ein neues, nämlich das Formale Rotuli actorum et Relationis ad tenorem, anzuordnen. So ist auch aus dem Processu scripto die Einführung des Stempelpapiers bey Streitschriften, und ein anderes wohlthätiges, zu Steuer der Gerechtigkeit besonders dienendes Formale entstanden, daß nämlich ein jeder nicht allein die Acten, sondern auch das Urtheil der Richter cum votis vermöge königl. Verordnung von 1766. 2 Dec. drucken lassen kann. 2) Gehören hieher die Advocaten, welche nach der gegenwärtigen Beschaffenheit des Processes fast unentbehrlich, keinesweges aber nothwendig sind. 3) Wenn jemand zur Beweisführung mehr als 2 Zeugen adhibirt. Diese Gewohnheit ward in den vorigen Zeiten bis zu 6, ja 12 Zeugen erweitert, ob es gleich grosse Kosten und oft nicht geringe Verwirrung hervorbrachte, da 2 unverwerfliche Zeugen völlig zureichend waren. 4) Das *Adfixum Iudicii* (*Rättens anslag*), d. i. die Citirung der Partheyen durch ein angeschlagenes Proclama. Dieß könnte eben so gut bey der letzten Zusammenkunft mündlich vom Richter geschehen. Es gereicht den Partheyen zur grossen Beschwerde, weil sie stets aufs Ungewisse nachsehen müssen, an welchem Tage sie erscheinen sollen. Bequemer und billiger würde es seyn, wenn jedes Gericht an einem gewissen Tage die Citationen über alle Sachen anschlagen ließe. 5) Die in neuern Zeiten angeordneten verschiedenen Instanzen, wozu die Ungerechtigkeit, Unwissenheit und Trägheit der Richter Anlaß gegeben hat. 6) Der *Stilus curiae*, und andre weniger erhebliche Formalien.

De Literis Quinquennalibus. C. G. Rasch. 19 S.

Moratorium, eiserner Brief (*Anstånds-Beskärmelse-Iärn-bref*), ist ein Rescript des Fürsten, wodurch der noch nicht ganz von der Hoffnung zu bezahlen verlassene Schuldner während einer nach Umständen festgesetzten Zeit von der persönlichen sowohl als reellen Verfolgung der Gläubiger frey erklärt wird. (§. 6.) Wie die Supplic an den König deshalb einzurichten sey. (§. 7.) Es fehlt nicht an Beyspielen, daß Schuldner, die auf viele Jahre dergleichen Moraratoria erhielten, statt an die Bezahlung ihrer Gläubiger zu denken, inzwischen alles übrige Vermögen durchbrachten. Zwar schließen die Gesetze die durch Verschwendung, Spiel, Faulheit und Fahrläßigkeit Verarmten von dieser Wohlthat aus; allein die Bosheit, die alles überschreitet und entkräftet, macht auch hier die Gesetze wankend, und die öffentliche Ueberlegung zweifelhaft, ob dergleichen Moratoria überhaupt verboten oder geduldet werden sollten. (§. 8.) Die Gründe für und wider dieselben, (§. 9.) und endlich der Schluß, daß sie zu verstatten sind: 1) bey wahrhafter Verarmung; 2) welche durch bloße Unglücksfälle zugezogen, und solches 3) durch das Zeugniß des Magistrats oder wohl gar des Schuldners Eid bekräftigt ist, 4) wobey der Supplicant den Creditoren Sicherheit stellet, und 5) das Moratorium nur für seine Person, und zwar 6) nur auf fünf Jahre erzählt.

De Immunitate a Vectigali vulgo *Tull-Frihet*. H. Schlüter. 18. S.

Die öffentlichen Abgaben sind entweder personelle, als *Koppskatt* (Kopfsteuer), *Begrafningshjelp* (Begräbnißhülfe) ꝛc.; oder reelle, als *Tionde* (der Zehnte), *Kongs-hästar* (Königspferde), *Qvarn-Tull* (Mühlenzoll) ꝛc. Zu letztern gehört aller Zoll. Die Befreyung von demselben geschieht theils in Rücksicht gewisser Personen, theils gewisser Sachen. In Ansehung des erstern kann der König ohne Zweifel seine eigenen oder die zu seinem Gebrauch bestimmten Sachen zollfrey erklären. Ferner genießen die Gesandten in verschiednen Stücken, nach besondern Verträgen und Gewohnheiten, dieser Zollfreyheit. Was sie nämlich bey ihrer Ankunft mit sich führen, paßirt den Zoll unverhindert, und muß der Zollbediente, es durchzusehen, in ihr Haus kommen. Meubeln, Kleider, Equipage ꝛc. sind gänzlich zollfrey. Außerdem hat ein Ambassadeur für 1500 Thlr., ein Envoyé für 900 Thlr., ein Resident für 500 Thlr. Gut zollfrey einzubringen. Hiernächst finden sich von solcher personellen Zollfreyheit Beyspiele für ganze Völker. So hatte Schweden vor 1720 dieselbe im Sunde; so hat es nach dem Friedensschluß mit Rußland von 1721 das Recht, jährlich für 50000 Rubel Getreide ohne allen Zoll oder Abgabe von dort her zu holen. Was nun zweytens die

die Zollfreyheit in Rücksicht der Sachen betrifft, so hat sie ihren Grund entweder in dem Bedürfnisse: dahin gehört Getreide, Salz, Apothekerwaare ꝛc. oder in der Erleichterung der Arbeit, zufolge dessen Modelle, Werkzeuge zu Fabriken, Rudimaterien, im Lande gebaute Schiffe ꝛc. Zollfreyheiten genießen; oder endlich in der Aufmunterung zu gefahrvollen, waglichen Arbeiten: wohin die verschiedenen Immunitäten der Bergleute, als z. B. wegen der Häute, die sie zu ledernen Linien bey den Förderschachten gebrauchen, ferner die Privilegien der ostindischen und westindischen Gesellschaft gehören.

De Essentialibus Processus. C. Testrup. 2 B.

Man hat bey den Essent. proc. zu betrachten: 1) die Jurisdiction, die entweder personalis oder realis, ordinaria oder extraordinaria, alta oder bassa, competens oder incompetens, prorogata oder abrogata, vniuers. oder partic. ist. 2) Den Richter, d. i. eine geschickte vom Regenten dazu verordnete Person, die Streitsachen innerhalb den Grenzen seiner Jurisdiction zu untersuchen und zu entscheiden. 3) Die Partheyen, welche der Actor, der Respondens und zuweilen ein tertius interueniens ausmachen. Ueberhaupt müssen diese volljährig, d. i. 19 Jahr alt, vernünftig, der Sprache und des Processes mächtig, und von unbescholtenem Rufe seyn. 4) Die Citation, die in verschiedene Arten eingetheilt wird, und unter andern besonders den Effect hat, daß sie alle weitere Verfährung hindert, den statum controv. befestigt, und eine Litispendenz bewirkt. 5) Die Untersuchung (*Ransakning*) und den Beweis. Erstere geschieht durch die Klage und die Einreden, auch wohl Repl. und Dupl.; dieser ist entweder artificialis oder nicht, d. i. er wird entweder durch Vermuthungen nach logischen Schlüssen, oder durch das eigene Bekenntniß des Gegners, durch Documente, Zeugen, und endlich den Augenschein geführt. (Der Prob. per juramentum ist gar nicht gedacht.) 6) Das Urtheil, welches entweder präliminair oder definitiv ist.

De Legibus militaribus. G. Testrup. 26. S.

Der Verf. theilt seine Abhandlung in 4 Kapitel. Das erste handelt de LL. milit. in genere. Das zweyte de LL.

quae

quae personarum jura et obl. demonstrant, das dritte de LL. circa res militares, und das vierte de LL. milit. processualibus. In Ansehung der ersten sind für die Landmacht die Kriegsartikel von 1682, den 2ten März die neuesten. Zwar hat man 1756 auf dem Reichstage ein Schema neuerer Kriegsartikel gemacht, sie sind aber noch nicht von den Reichsständen bestätigt. Für die Seemacht sind die Sjöarticlar von 1685, den 2ten May die neuesten, da die 1755 projectirten neuern Seeartikel ebenfalls noch nicht von den Reichsständen anerkannt sind. Im zweyten Kap. wird die Eintheilung der verschiedenen Kriegspersonen gemacht, und für jede Classe die sie besonders angehenden Gesetze citirt. Sie theilen sich in Gemeine und Officiere, ferner in Land- und Seetruppen, jene wieder in Fußvolk (das aus eigentlicher Infanterie, Artillerie und Fortification besteht,) und in Reuter. Endlich gehören noch gewisse Personen hiezu, als die Prediger, Wundärzte, Auditeurs und andere. Kap. 3. Unter den Kriegsbedürfnissen sind die vorzüglichsten der Sold oder Lebensunterhalt, und die Kleidung der Soldaten. Ferner die Rüstung, wohin Wehr und Waffen, Pferde, Ammunition, Schiffe u. s. w. gehören. Es ist zu bemerken, daß der größte Theil der Kriegsmacht in Schweden keinen Lohn in Geld zieht, sondern sich in Friedenszeiten von gewissen Krongütern auf dem Lande unterhält. Kap. 4. Ganz kurz vom Processe in den Militairgerichten, wobey aber die Hauptschriftsteller hierüber angeführt sind.

Gr.

D. *Sv. Lagerbring*, Reg. Canc. Consil., Hist. Prof. Diss. hist. De statu rei litterariae in Suecia per tempora Vnionis Calmariensis. A. F. Kjellin. 33 S.

So finster es auch an dem gothischen gelehrten Himmelskreise zu dieser Zeit aussah, so war doch stets einige Dämmerung übrig. Der Papst Honorius III. befahl den schwedischen Bischöfen und Domkapiteln die Ansetzung der Lehrer ausdrücklich. Es gab also Domschulen, besonders ein damals sogenanntes Generale studium zu Skenningen, und Klosterschulen. Da jenes durch mönchische und anderer feindselige Angriffe herabgesetzet ward, so blieb doch wenigstens ein Studium triuiale übrig; auch waren die Schulen zu Upsal und Lund berühmt, und fanden sich ähnliche

liche in den meisten damaligen Landstädten. Etwas von der Theologie ausgenommen, schränkte sich das übrige in die Grammatik, Logik, Naturgeschichte, Mathematik, und Figuralmusik ein. (§. 1. 2.) — Aus den Klöstern wurden die größern Lehrer geholet, wie denn auch darin Bücher gesammelt und Bibliotheken angelegt wurden. Viele besuchten die auswärtigen Schulen, und besonders Paris, und kamen von dort mit den Titeln von Magistern ꝛc. beehret zurück. An dem letztern Orte war ein schwedisches Erziehungshaus; eben dergleichen hatte auch die heilige Brigitte Brahe zu Rom angelegt. (§. 3. 4.) — Endlich dachte man an die Anlegung einer Akademie. Das geschah zu Upsal. Anfänglich erhielt sie die Privilegien der Akademie zu Bologna, hernach die von Paris. Das Lyceum zu Lund fieng an so berühmt zu werden, daß man dort die Akademischen Würden austheilte. (§. 5.) — Was den auf dem Diss.=Titel angezeigten Zeitraum anbetrifft: so muß man freylich eingestehen, daß die Gottesgelehrsamkeit durch die Behandlung der Mönche sehr verkehret worden; doch war die heil. Schrift keineswegs unbekannt. Es gab nicht allein eine Uebersetzung derselben, sondern auch des Lebens und des Leidens Christi, Fest=Fasten= und dergleichen Predigten, Gesänge in schwedischer Sprache, welches mit Beyspielen belegt wird (§. 6.); weniger läßt sich von der Rechts= und Arzneygelehrsamkeit sagen. (§. 7.) — Die Chemie; die philosophischen, besonders scholastischen Wissenschaften; die Mathematik, besonders der Computus Ecclesiasticus; die Geschichte, vorzüglich von einem selbst durch den Conring sehr gerühmten Erich von Upsal; die Dichtkunst, wurden nicht hintenangesetzt. (§. 8=11.) — Wie weit es mit den Einsichten in fremde Sprachen, besonders die orientalischen, gegangen sey, ist nicht so ausgemacht. Die lateinische war gewiß überall, und die griechische wohl auch hie und da bekannt.

M. *Lars Laurell*, Phil. Theor. Prof.
Diss. Orthographiam linguae Sueonum philosophicam sistens. J. A. Laurell. 24 S.

Statt einer Recension soll folgende Stelle aus der Vorrede eingerückt werden: „In lingua nostra Gothica pri„mae aperturae vocis humanae coincidunt cum diuisio„ne

„ne circuli in gradus, adeo vt fint nec plures, nec pau„ciores in sua varietate, quam 360. Est hoc prae aliis „linguis linguae nostrae peculiare quid." (Ganz gewiß! Nur ists traurig, daß dies Besondere den übrigen Schweden nicht in den Kopf will.) „Compositio sua quoque „adeo simplex est, vt primitus non habuerit nisi vnam „coniugationem, sed tamen adeo foecundam in sua sim„plicitate, vt praebuerit 48 Tempora indicatiui modi „et totidem in coniunctiuo. Quod videtur superare in„genium humanum. — Literae nostrae primae, Ru„nae dictae, habuerunt singulae notionem suam artifici„alem, et procedunt omnes a Caduceo vel virgula Mer„curii, cuius, vt hodiernae nostrae felicitatis, funda„mentum est *G*. etc." Eheu, iam satis est! Wer das nicht glauben will, der reise nach Lund, und lasse sich es ad oculum et quatuor sensus reliquos demonstriren.

D. *Clas Bl. Trozelius*, Oecon. Prof.
Rätta Delnings - Grunden vid Stor - Skifte. (Rechter Eintheilungsgrund bey den Landgütern, um diejenigen, deren Theile von einander getrennet sind, in ein größeres Ganze zu vereinigen.) 4 Theile. **C. Nyman. — H. Lenquist. — S. J. Alander. — L. Klockhof.** 46 S.

Die Beleuchtung und Benutzung dieser Abhandlung gehöret an höhere Behörde, als für einen gelehrten Recensenten.

Förslag til nya Brygg- och Drickes-Ämnen. (Vorschlag zu neuen Bier- und Getränkmaterien.) **P. J. Lindström.** 18 S.

Diese Vorschläge, aus allerley Beeren und andern Gewächsen Getränke, starke und schwache, zuzubereiten, werden den Destillateurs, Branntweinbrennern, Bierbrauern, Gastwirthen u. s. w. überlassen.

Diss. de Sacerdote Botanico. **J. B. Brandström.** 12. S.

Mit dem Könige Salomo und seinen Sinnsprüchen, von der Ceder auf Libanon an, bis zum Ysope an der Wand herab,

herab, wird angefangen, und so an dem Acker-, Wiesen- und Bienenbaue, an Speise und Tranke dargethan, wie vortheilhaft den Predigern die Kräuterkunde sey. E.

M. *Nils Schenmark*, Mathem. Prof.
Diss. grad. De Solidis Archimedaeis. J. Cronholm.
20 S. mit einer Figurtafel.

Nachdem der Autor sich schon vor einigen Jahren mit den allgemeinen Formeln für die platonischen Solida, oder so genannten fünf regulären Körper beschäftiget hatte, hat er sich jetzt ebenfalls an die 13 Archimedeischen gemacht, welche zwar von gleichseitigen und gleichwinklichten, aber nicht lauter ähnlichen Vielecken umschlossen werden, und aus Verstümmelung der regulären platonischen zum Vorscheine kommen. Die allgemeinen Formeln, den Inhalt, die Flächen und umgebenden Kugeln dieser in gewöhnlichen Geometrien wenig vorkommenden Körper (Hederich hat zu den meisten die Netze geliefert,) zu berechnen, werden ausführlich und gründlich entwickelt, und das in Zahlen berechnete Verhältniß derselben in Tafeln vorgestellet, welche, nebst der Auflösung verschiedener hieher gehörenden Aufgaben, Liebhabern dieser Wissenschaft zum Nutzen und Vergnügen gereichen werden. W.

M. *Gust. Sommelius*, Bibliothecar.
De genuina notione vocis πληρωσαι. Matth. 5, 17.
P. Blohm. 18 S.

Vitringa und Heumann werden hier bestritten, welche darunter lehren und vollständig erklären verstehen wollten. Der Verf. führet ihre ziemlich leichten und schwachen Gründe an, widerlegt sie, und bleibt bey der alten Auslegung, welche daraus Obedientiam Christi actiuam herleitet. So wenig der Rec. diesen Lehrsatz leugnet, so wenig hat er doch jenen Ausdruck für einen Sitz desselben halten können. Es ist dazu hier in Christi Worten gar keine Anleitung, aber aus dem Zusammenhange gar zu einleuchtend, daß es heißt: die Lehren des A. T. durch die Predigt des Evangelii vollständig machen, oder diesem die Vollständigkeit geben, die jenes seiner Absicht und Einrichtung nach nicht haben konnte. Vergl. Marc. 1, 15. Deut. 18, 18. 19.

Disp.

Disp. Apostolum Hebr. c. 9. non de templo, sed de tabernaculo loqui, demonstrans. **J. H. Denell.** 16 S.

Man soll hier einen kurzen Inbegriff dessen finden, was von beyden hierüber gesagt worden. In dem ersten Abschn. werden die unwichtigen Gründe derer, die dies von dem Tempel verstehen wollen, widerlegt; im zweyten diejenigen angeführt, welche hier ganz richtig die Stiftshütte verstehen. Das Scheinbarste ist, ob wohl der Apostel von der längst verloren gegangenen Stiftshütte reden könne, und nicht vielmehr von dem damals noch stehenden Tempel reden müsse? Die Antwort ist ganz richtig: jene war eher als dieser, und bey der Stiftung des sinaitischen Bundes von Gott in einem Bilde gezeiget, und so ein Muster für diesen geworden.

De Minore in regno coelorum. Matth. 11, 11. **H. Lindhult.** 32 S.

In dem angezogenen V. sey eine doppelte Schwierigkeit; der Verf. will aber nur die auf dem Titel angezeigte berühren (§. 1.). — Unter dem μικροτερος etc. wollen einige die Engel oder die verstorbenen Heiligen verstehen; andere den Täufer selbst; andere die Pharisäer; andere den geringsten Christen oder Jünger Christi (§. 2 — 8.); andere endlich Christum selbst (§. 9. — E.). — Die ersten drey Meynungen seyn ganz unwahrscheinlich; bey den beyden letztern bleibe eigentlich die Untersuchung stehn. Die vorletzte werde auch nicht auf einerley Art und Weise erkläret. Manche verständen einen der geringsten Apostel Jesu; manche die Kirchenlehrer des N. T.; manche alle und jede Gläubige darunter. Am Ende läuft dies in der Ursache und dem Grunde auf eins hinaus; denn nach dieser Meynung entsteht der Vorzug daher, weil alle diese Personen das erfüllet sahen oder noch sehen, was Johannes mit den Propheten nur im voraus sah. Der letzten unter den obigen fünf Meynungen ist der Verf. zugethan, und will es denn mit Berufung auf Matth. 3, 11. benebst vielen berühmten Schriftauslegern durch Jünger, d. i. der nach dem Täufer geboren sey, übersetzen. Der R. kann dem nicht beypflichten. Die vierte Meynung ist ihm die gegründetste, und die Stelle

Luc.

Luc. 10, 23. 24., ob er sie gleich für solche nirgends, wenigstens nicht hier angeführt gefunden hat, giebt dafür einen entscheidenden Ausschlag.

De Anna et Caiapha. Luc. 3, 2. **G. S. Flodin.**
Einige 20 S.

Nach angezeigter Schwierigkeit, den Ehrentitel Hoherpriester zweenen zugleich beygelegt zu finden (§. 1.), werden die verschiedenen Meynungen der Ausleger angeführet. Einige haben geglaubet, Christi und Johannes Lehramt falle weder in des Hannas, noch K., sondern in beyder Priesterthum zugleich (§. 2.); nach andrer Meynung sey einer von diesen der wirkliche Hohepriester, der andere aber, weil er es zuvor gewesen, nur so vom Lucas genannt worden (§. 3 — 5.); noch andere wollen, beyde hätten wechselsweise das Amt verwaltet (§. 6 — 9.); und noch andere, Kaiphas sey zwar der eigentliche Hohepriester gewesen, Hannas aber so genannt worden, weil er das Haupt des Synedriums gewesen (§. 10.). — Endlich nach anderer Behauptung, der der Verf. auch nach Widerlegung der vorigen Meynungen beytritt, werde Hannas Hoherpriester genannt, weil er der Vicarius desselben, den die Hebräer ןגס nannten, gewesen sey. Er bringt darüber aus jüdischen Schriftstellern solche Zeugnisse bey, daß seine Meynung entweder die richtige, oder unter allen doch die sicherste ist, und Hammonds Einwürfe dawider unerheblich sind (§. 11. 12.).

De Βιβλω γενεσεως. Matth. 1, 1. **L. Klockhoff.** 8 S.

Soll dieser Ausdruck das ganze Evangelium Matthäi oder nur die Erzählung von Christi Geschlechtregister und Geburt Matth. 1, 1 — 17. bezeichnen? Der Verf. behauptet das letzte. Der Rec. widerspricht ihm nicht, sieht aber den (§. 3.) angebrachten Grund für ungültig an, daß, wenn das erste angenommen würde, das Ev. zwo Ueberschriften hätte, indem es so schon die bekannte Τo κατα Ματθαιον Ev. hätte. Dies fällt hinweg, da bekanntlich dergleichen Ueberschriften der bibl. Bücher neuen und menschlichen Ursprungs sind.

De

De Auctore Cap. XXI. Evangelii Iohannis. P. Stark. Gegen 20 S.

Grotius, nach anderer, z. E. des Theodors von Mopsvest, Vorgange, sprach dem Ap. dies Kap. ab (§. 1.), und zwar aus folgenden Gründen: 1) der Evangelist hätte wohl nach dem Schlusse K. 20. nicht auch hier einen solchen Schluß gemacht; 2) die Worte οιδαμεν etc. B. 24. schienen nicht ein Zusatz von einem, sondern von mehrern zu seyn; 3) es sey unschicklich, daß, da der Ap. von sich vorher gesagt hätte: ετος εςιν ὁ μαθητης, in der dritten Person, er nun in der ersten von sich reden sollte. 4) Pfaff meyne, Johannes hätte von sich so nicht schreiben können (§. 2.). — Auf das erste und dritte antwortet der Verf. mit dem Maldonat: den Schluß zu K. 20. hätte der Ap. hinzugefüget, weil er damit diejenigen Wunder beschlossen, die Christus vor seinen Jüngern, sie von seiner Auferstehung zu überzeugen, gethan; zu K. 21. aber, um sein Zeugniß mit dem Bewußtseyn der übrigen Jünger zu bekräftigen, daher er in der vielfachen Zahl reden müssen (§. 3. 4. 6.). Das zweyte sey nichts ungewöhnliches, vergl. Joh. 1, 14. 16. 18. 1 Joh. 1, 1 — 5. (§. 5.) Was den letzten Einwurf betreffe, so habe Johannes nichts anders gethan, als was Christus und die andern Apostel, laut der Ap. Gesch. gethan hätten; er hätte sich doch aber stillschweigend auf der andern Zeugniß berufen.

De Eminentia Ioannis Baptistae. Matth. 11, 11. C. Rahm. 16 S.

Hier wird die Schwierigkeit in der ersten Hälfte des B. untersuchet (§. 1.). — Maldonatus habe solche durch Einwürfe von der Person Mosis und der heil. Jungfrau noch zu vermehren gesuchet (§. 2.). — Jene aufzulösen habe Triller gemeynet: εγηγερται könne durch erwecket werden und auferstanden seyn übersetzet werden, weil seine Aeltern zum Kinderzeugen ganz erstorben gewesen wären (§. 3.). — Galatinus habe eine noch seltsamere Auslegung (§. 4.). — Andere Ausleger hätten durch Erklärung der Worte εν γεννητοις γυναικων die Schwierigkeit auflösen wollen. Theils hätte man γυναικων in hauptsächliche Betrachtung gezogen; Johannes sey der Größere unter allen von einem Weibe geboren, nur den von einer

Jungfrau

Jungfrau ausgenommen (§. 5.): theils ἐν γεννητοις, so daß es einen nach dem gewöhnlichen Laufe der Natur Gebornen anzeige, da Christus hingegen von dem heil. Geiste geboren sey (§. 6.); theils von den Weibern geborne würden den aus Gott gebornen entgegengesetzt. Nachdem dies als unstatthaft widerlegt worden, wird angenommen, daß hier überhaupt natürlich geborne Menschen verstanden würden, aber nur laut Luc. 7, 28. von den vor Johanne vorhergegangen Propheten die Rede sey. Matthäus habe nur das Wort προφητης hier ausgelassen, weil er es schon V. 9. gesetzt gehabt. Dies sey kein Widerspruch mit Mosis Vorzügen, Deut. 34, 10. welche in ganz andern Dingen bestanden hätten. Johannes hatte die seinigen als unmittelbarer Vorläufer des Messias (§. 7. 8.).

De Virtute regni coelorum. Matth. 11, 12. R. Akermann. 34 S.

Απο των ἡμερων etc. bedeutet von der Zeit des Anfangs seiner Predigt; ἑως αρτι ist die Zeit, wo Christus diese seine Rede von dem Täufer hielt (§. 1.). Βασιλεια τ. κρ. ist mit βασ. τῦ θεῦ einerley, und zeiget hier das geistliche Reich des Messias, oder die Haushaltung des Gnadenbundes im N. T. an (§. 2.). Das Wort βιαζεται macht die meiste Schwierigkeit. Von vielen wird es in der leidentlichen (passiven) Bedeutung genommen. Es soll, doch ganz unwahrscheinlich, die Gewaltthätigkeit derer bezeichnen, welche der wahren Lehre widerstehen (§. 3. 4.); — die Gewalt, welche dem Reiche Gottes angethan wird, z. E. durch Ertödtung, Buße, Verfolgung, Armuth u. d. gl.; (allein dadurch würde man sich, nicht aber dem Reiche Gottes Gewalt anthun;) und andere mehrere dergleichen weit hergesuchte Auslegungen (§. 5 — 10.); endlich das dringende Verlangen, welches sich durch nichts abhalten läßt. So kömmt es wirklich im Lucian, Josephus, Clemens Alexandrinus u. s. w. vor (§. 11.). — Von andern wird dieser Ausdruck in der thätigen (activen) Bedeutung genommen, und soll also übersetzet werden: das Reich Gottes bricht mit Gewalt herein, indem es die Gemüther der Menschen überredet und beuget. Die Parallelstelle Luc. 16, 16., gleiche Bedeutungen dieses Ausdrucks beym Lucian und Plato, und Röm. 1, 16., benebst dem Zusammenhange werden dabey angezogen (§. 12. 13.). — Und so wäre hier von einem

nem doppelten βιασμω die Rede. Eine Gewalt übte das Reich Gottes selbst, indem es bey seiner Verkündigung seine Kraft bewiese; eine andere würde von den Menschen durch Verlangen und Eindringen in jenes bewiesen (§. 14.). Diese Diss. kömmt mit der zu Upsal unter dem Herrn Floderus vier Monate zuvor gehaltenen de termino legis et prophetarum ziemlich, sogar in Absicht der angeführten Exempel überein, doch ist die lundensche weitläuftiger und ausführlicher als die upsalsche.

D. *Pehr Munck*, LL. OO. Pr.
Diss. medico-philol. de Morbo Iobi. E. P. Bethen. 15 S.

Die biblische Pathologie ist einem Theologen sehr nützlich, und daher auch von vielen behandelt worden. Diese werden mit Vorsichtigkeit zu Anführern bey der Krankheit des Hiobs zu Rathe gezogen werden (§. 1.). Es giebt natürliche, aber auch unnatürliche Krankheiten. Das letzte haben Euripides und Hippokrates eingestanden, und Hiob selbst hat die seinige für eine der letzten Gattungen angesehen. Ohne Zweifel seyn den Teufeln manche Krankheiten zuzuschreiben (§. 2.). — Die hebr. Worte, womit diese Krankheit beschrieben wird, werden durchgegangen, und zugleich eine Geschichte derselben aus dem Buche Hiob geliefert (§. 3.). — Linnéus hielt sie für eine Untergattung der Morborum exanthematicorum contagiosorum oder deformium colorum, Bartholin für den Skorbut, andere für den Aussatz, noch andere für die venerische Seuche. Allein dies reime sich nicht mit den vorher aufgesuchten Kennzeichen dieser Krankheit. Am sichersten sey es eine sehr bösartige Elephantiasis gewesen, dergleichen die Aegyptier erfuhren, als Moses sie mit Beulen strafete. Die Beschreibung, welche Alte und Neuere von dieser Krankheit geben, und das Zeugniß des Origenes, Chrysostomus und anderer bestätigen es. Dem ohnerachtet war es wohl zugleich mit eine Häufung mehrerer Krankheiten. Ist dem Rec. recht, doch behauptet er es nicht mit Gewißheit; so hat der Herr Hofr. Michaelis zu Göttingen schon vor mehrern Jahren eben diesen Gedanken geäußert.

Diss. med.-philol. de Sanatione per massam ficuum. Es. 38, 21. H. Wulf. 20 S.

Mit einer langschweifigen Weitläuftigkeit wird von der Art dieser Krankheit, welche doch am Ende ungewiß sey, geredet; eben auch so von den Feigen und dem Feigenpflaster. Von der Cur ist denn das Resultat: daß der Gebrauch der Feigen kein hinreichendes Arzneymittel, sondern nur ein äußerliches Zeichen gewesen, welches zwar an sich nicht schädlich, aber nur zur Erweckung der Aufmerksamkeit dienlich war. Diese Cur sey also einer wundervollen Wirkung Gottes zuzuschreiben.

De incolis planetarum. L. H. Norbeck. 21 S.

Sehr viele alte und neuere Gelehrte, die auch zum Theil namentlich angeführet werden, haben die Planeten für Wohnungen vernünftiger Wesen gehalten (§. 1. 2.), und man hat zu Gründen davon angeführet: 1) Gott und die Natur thäten nichts umsonst; 2) die göttliche Ehre würde dadurch vermehret; 3) verschiedene Schriftstellen schienen es zu bestätigen (§. 3 — 5.). — Die Einwürfe dawider sind unerheblich, und also kömmt diese Meynung dem Verf. höchst wahrscheinlich vor.

De Poena innocentum iuri diuino publico aduersa. S. M. Almquist. 20 S.

Nach vorausgeschickten Begriffen von Herrschaft, Geist, Gesetz, Gerechtigkeit, Vergeltung und Unschuldig wird der Satz einiger Päpstler, des Amyralds, und einiger Religionsspötter bestritten: Gott könne es bewirken, daß ein Frommer ewig unglücklich würde. Der Verf. zeiget den großen Unterschied zwischen den Fragen an: was Gott nach seiner Macht thun könne, und in Rücksicht auf alle seine Eigenschaften wirklich thäte (§. 1. 2.)? Er geht alsdenn die Einwürfe durch: Isaak habe den Tod nicht verdienet, und Gott doch dem Vater befohlen, ihn aufzuopfern; die Sünde Adams werde den Nachkommen zugerechnet; der unschuldige Christus sey gekreuziget worden; Gott wolle die Sünde der Aeltern an den Kindern abstrafen (§. 3 — 6.). So sehr jene Behauptung den gesunden Menschenverstand und die heil. Schrift

Schrift beleidiget; so elend und seichte sind auch die aufgesuchten Einwürfe. — Die Disp. soll fortgesetzet werden.

Diss. hist.-crit. de Lectionibus variantibus Textus hebr. etc.

Diss. philol.-crit. de Lectionum variantium V. T. vsu etc.

Beyde sind schon in dem ersten Abschn. recensiret worden.

De constantia et interna actiuitate animae humanae. L. Weibull. 10 S.

Ist einem großen Theile nach aus des Wallerius Metaphysik, einer Engeströmschen Dissert. und einer Rydeliusischen Schrift verfasset.

Diss. crit.-philol. de Paraphrasi chald. Onkelosi. A. Wistrand. 20 S.

Sie heißt auf Chaldäisch Thargum, d. i. Auslegung, und geht über den Pentateuch; die chaldäischen Auslegungen über die andern alttestamentischen Bücher heißen eher Paraphrasen, weil sie sich nicht, so wie jene, an den Text binden (§. 1.). — Ihr Verf. Onkelos war ein muthmaßlich frühzeitiger Proselyt, und lebte zu Christi Zeiten (§. 2.). — Sicherlich entstanden diese chaldäische Paraphrasen nicht eher, als nachdem die hebräische Sprache aufgehört hatte, verständlich zu seyn. Das geschah besonders von der Zeit an, da Palästina unter der Römer Botmäßigkeit kam. Vielleicht waren schon andere chald. Uebersetzungen vorher vorhanden, aber die vom Onkelos verdrang sie (§. 3.). — Diese verdienet der des Daniels und Esrä Schriften nahe kommenden Reinigkeit der Sprache halber vieles Lob; doch ist sie nicht, wie die Juden meynen, ohne Fehler (§. 4.). — Sie dienet zur Erklärung der seltenern und schwerern Wörter im Hebräischen, drücket die uneigentlichen Redensarten durch eigenliebe oft gut aus, und zeuget in den Streitigkeiten mit den Juden wider sie. In den Lesearten bestärket sie den hebräischen Text, wenn sie mit ihm übereinstimmet; im widrigen Falle aber darf man ohne wahren Grund solchen nicht nach dem Chald. ändern (§. 5.). — Diese Diss.

ist nach des Verf. Anzeige, und wie auch der Augenschein lehret, ein, und zwar guter Auszug aus dem Bartoloccius, Pfeifer, Carpzov, Walton u. s. w.

Diss. philol.-crit. de Instituti Kennicotiani vsu et abusu. Ist schon in dem ersten Abschn. recensiret worden.

De Palo Paulli. 2 Cor. 12, 7. O. Hellichius.

Nach der großen Menge angezeigter Hauptmeynungen der Ausleger über diese Stelle wird σκολοψ für mittelbare und unmittelbare Aengsten Leibes und der Seele erkläret, welche dem Apostel gleich dem Hiob von einem bösen Aengel widerfahren, und er dadurch συμμορφος της εικονος τȣ υιȣ Röm. 8, 20. geworden. Dreymal bat Christus um die Abwendung des Kelchs, dreymal Paulus um die Wegweichung des Satans; nach dreymaligem Gebete ward jener durch einen Aengel gestärket, dieser aber erhielt den Trost: Laß dir an meiner Gnade gnügen. Nicht waren es bloß Leibes-, nicht bloß Geistes-, sondern beyderley Leiden (§. 1. 2.). — Σαρξ ist die Person des Apostels nach Leib und Seele (§. 3.). — Σαταν zeige hier nicht einen bösen Aengel überhaupt, sondern nur muthmaßlich das indiuiduum unter den bösen Geistern an, welches bey dem Sündenfalle und Christi Versuchung, und nun auch bey dem Apostel entweder unmittelbar, oder durch böse Menschen so geschäftig gewesen, weil er hier in ganz besondern Ausdrücken und nicht wie bey seinen anderweitigen auch noch so grossem Leiden rede (§. 4.). — Κολαφιζειν heißt also: der Seele des Apostels durch Versuchungen, und seinem Körper durch Schmerzen zusetzen. Die zum zweytenmale geschehene Meldung, daß dies geschehe, damit er sich seiner Offenbarungen nicht überhübe, werde zwar von einigen verworfen; allein die meisten Codices hätten sie; der Syrer und Araber übersetzten es, und bey außerordentlichen Sachen geschähe die Wiederholung öfters (§. 5.).

De Anima humana cognitionis attributorum diuinorum comprehensiue non capaci. P. Casparsson. 10 S.

Der Verfasser redet gleich anfänglich von der aus der Dogmatik bekannten Art, die Eigenschaften Gottes erkennen zu lernen; hernach von der menschlichen Seele als einem endlichen oder eingeschränkten Geiste, und zeiget dessen unzureichendes Vermögen, Gottes unendlichen Verstand, vollkommensten Willen, Allmacht und Allweisheit vollständig zu fassen.

Diss. ostendens, Praescientiam divinam rebus praescitis nullam imponere necessitatem. G. Thulin, 8 Seiten.

Dieses wird wider die Socinianer, Scholastiker u. s. w. dargethan. Fehlte Gotte das Vorherwissen, so wäre er nicht der Allervollkommenste. Er weiß alle mögliche Dinge; was aber davon wirklich werden soll, hängt von seinem bewirkenden oder zulassenden Rathschlusse ab. Dadurch wird die Zufälligkeit der Dinge nicht aufgehoben; sonst wären sie ewig, und dann könnten sie nicht mehr zukünftig genannt werden. Gott würde auch dann der Urheber der Sünde genannt werden müssen. Gleichwohl geschehen die Dinge nicht, weil sie Gott vorher sieht; sondern weil sie durch gewisse Bewegursachen und Triebfedern geschehen werden, so sieht sie Gott vorher. Dabey ist gleichwohl dies Vorhersehen untrüglich, daß die zufälligen Dinge so und nicht anders erfolgen werden: z. E. die vorhergewußte Verrätherey Judä und die Drangsale Israels in Aegypten. In dem göttlichen Vorherwissen dieser Dinge liegt nicht ihre absolute Nothwendigkeit. Dadurch wird also unsere Freyheit nicht aufgehoben. Daraus kann die Verkaufung Josephs von seinen Brüdern, die Verstockung Pharao nicht hergeleitet werden. Wir können zwar die Sache nicht völlig einsehen, es uns aber doch durch unser Vorhersehen zukünftiger Dinge erklären, ohne daß solche dadurch nothwendig werden. Die Gewißheit zufälliger Dinge hängt also nicht von Gottes Vorhersehen ab, obgleich ohne seinen bewirkenden oder zulassenden Rathschluß nichts geschieht.

De Angelis malis nec restitutis, nec restituendis. Ebr. 2, 16. P. J. Wickelgren. 22 S.

Der Verstand der Stelle auch bey verschiedenen Auslegungen sey offenbar, daß, so wie ἐπιλαμβανεσθαι, mit σπερμα-

σπερματος Αβρααμ zusammengesetzet, die Annehmung der menschlichen Natur bedeute, vergl. Vers 14. und Joh.1, 14., so auch mit αγγελων eine Annehmung der Aengelnatur bedeuten müsse (§. 1.). — Inzwischen wollen doch die Lehrer der Wiederbringung eine noch dereinst zu hoffende Erlösung der bösen Aengel behaupten. Jedoch wäre ihnen auch Matth. 25, 41. Judä V 6. zuwider; auch sey ihr Verbrechen unendlich größer als der Sündenfall der Menschen. Je mehr sie diese an Vollkommenheit des Verstandes und Willens übertreffen, und nicht durch eine moralische (wie bey Adams Nachkommen), sondern durch eine physische selbsteigene Willenshandlung gesündiget (§.2— 4.), und bey eigener Selbstverführung die Stammältern zum Falle verführet hätten; desto schwerer sey ihre Sünde (§. 5.). Andere hier wider die Wiederherstellung der bösen Aengel vorgebrachte Gründe entschieden nichts (§. 6 — 10.). — Vieles sey uns hier dunkel, doch wohl so viel gewiß, daß sie weder sich selbst, noch irgend eine andere Creatur sie versöhnen könne. (§. 11 — 13.)

De Sermone otioso. Matth. 12, 36. J. Ongre'n. 9 S.

Des erheblichen Gebrauchs und Misbrauchs der Zunge halber ist der Ausspruch Christi von großem Gewichte. Ρημα bedeutet hier nicht Wort, sondern eine Rede, welche eine völlige Meynung ausdrückt. Luc. 1, 38. Hierbey kömmt es nicht auf die Anzahl der Wörter, ihre scherzhafte und zierliche Beschaffenheit oder Weitschweifigkeit, auch nicht darauf an, daß man auf den Ausdruck αργον, welches seiner Herleitung nach unnütz bedeutet, sieht; sondern auf den Zusammenhang mit dem vorhergehenden Betragen der Pharisäer gegen Christum; und so bezeichnet es alle die Reden, wodurch die Pflichten gegen Gott in Gotteslästerung, pharisäischer Polylogie, unerlaubten Eiden; gegen den Nächsten in Schmähungen, Verleumdungen, Lügen, Heucheley, Grobheit, Verführung; gegen sich selbst in Pralen, Narrheiten u. d. gl. übertreten werden, und ist mit Eph. 4, 29. einerley.

De Origine legitimae potestatis ex dicto Rom 13, 1. J. L. Gutman. 12 S.

Die Regierungen kommen von Gott (§. 1.). — Paulus redet in der angezogenen Stelle nicht von allen, sondern nur den rechtmäßigen Regierungen und Regenten. (§. 2.) Ueber die Bedeutung von πασα ψυχη und εξουσια ist kein Streit (§. 3.); aber über ουσαι, welches nur von rechtmäßigen zu verstehen und mit υπο τȣ Θεȣ τεταγμεναι einerley ist, so wie ων ποιμην, Joh. 10, 11. 12. eben das, was καλος ist, und wie es so auch die Profanscribenten gebrauchen (§. 4.). — Wo also Regierungen und Regenten zu Mosis, Saul u. s. w. Zeiten unmittelbar von Gott, oder durch Verträge und Gesetze von Menschen angeordnet worden, da ist eine rechtmäßige, im Gegentheile aber eine unrechtmäßige Obrigkeit, welcher man erstlich mit Vorstellungen, und, wenn die nicht helfen wollen, mit Gewalt widerstehen kann (§. 5.). Die damalige römische Regierung war rechtmäßig.

De Theologia naturali insita. Rom. 1, 19. 2, 14. 15. D. J. Chenon. 24 S.

Nach einer kurzen Erläuterung der beyden Paulinischen Aussprüche (§. 1.) führet der Verfasser die gewöhnliche Meynung der Theologen über diese Erkenntniß an, zeiget ihre Gewißheit (§. 2. 3.), erzählet sehr umständlich einen gelehrten Streit, der über die Beschaffenheit dieser Erkenntniß zwischen dem Herrn D. und Prof. Kinmarck zu Upsal und dem Herrn D. und Dompropste Knös zu Skara entstanden war (§. 4.), und schließt (§. 5.) mit einer summarischen Vorstellung der ganzen Sache.

De Crimine et clade Bethsemitarum, 1 Sam. 6, 19. praecipue Cel. Kennicoto opposita. J. Riber. 19 S.

In der angezeigten Stelle hat man die bekannte Schwierigkeit zu finden geglaubt, daß 50070 Menschen ums Leben gekommen wären. (§. 1.) — Die Sünde der mit dem Tode bestraften bestand darin, daß sie in die Bundeslade gesehen hatten, welches bey Todesstrafe verboten war, Num. 4, 18—20., und daß sie wider Levit. 22, 19. Kühe opferten. (§. 2.) — Josephus erzählet, es sey nur ein kleiner Flecken gewesen, obgleich der größere Haufen sicherlich aus der Nachbarschaft herbeygekommen ist; und er erwähnet

wähnet auch nur 70 ums Leben gekommener. Die Ausleger sind zu allerley Auslegungsmethoden geschritten; Kennikott aber hat in seinen Anmerkungen über diesen Text die Worte 50000 Mann als falsch ausmärzen wollen. (§. 3.) — Viele seiner vermeyntlichen Gründe gehören gar nicht zur Sache, weil er, doch unrichtigerweise, voraussetzt, daß bey der masorethischen Leseart alle diese Menschen umgekommen wären. Aber auch seine eigentlichen Hauptgründe sind unstatthaft. Er berufet sich auf zwo Handschriften, eine von 500 Jahren, und eine andere zu Paris, wo blos 70 ständen; allein die machen die Sache nicht aus. (§. 4.) — Er giebt vor, daß die hebräischen Zahlen ehemals mit Zeichen, nicht in Wörtern ausgedrucket worden; allein fälschlich, denn die Ziffern sind neuer, ja rabbinischer Erfindung, und es ist also höchstens nur eine bloße Muthmaßung. (§. 5.) — In dem Texte ist übrigens die Schwierigkeit nicht unauflöslich. Man muß nur die beyden Summen oder Zahlen 70 und 50000 nicht mit einander verbinden, sondern trennen; und dazu ist man berechtiget: denn das ו copulatiuum fehlet zwischen beyden, ein größerer Accent trennet sie, und die kleinere Zahl steht ganz ungewöhnlich der größern vor. Jene bezeichnet die Anzahl der Getödteten, diese der blos Gegenwärtigen. Bey der größern Zahl ist eine Ellipse, wie z. E. היו (waren) oder מ (von) einzurücken. Den Beweis aus der hier vorkommenden Reihe von Accenten schenket man dem Verf. gerne, da diese offenbar eben so neuern Ursprungs als die vorgenannten Ziffern, und weiter nichts als masorethische Schriftzeichen sind. (§. 5. 6.)

De Accentuatione dicti 1 Sam. 6, 19. Kennicoto adversa.

Ist schon in dem ersten Abschnitt recensiret worden.

Notio miraculorum scripturaria. J. G. Ingellman. 16 S.

Was ein Wunder ist, wie es an den Geistern und Körpern geschehen kann, Folgesätze daraus, und daß die in der heiligen Schrift erzählten wirkliche Wunder gewesen, wird in den 4 §§. dieser Diff. dargethan.

M. *Ioh. Iac. Hellmann*, Fac. Theol. Adj. etc.
Diss. theol. de Conuenientia fidei saluificae in V. et
N. Testamento, celeb. I. D. Michaëlis opposita,
J. Öngren.

Dies ist das sogenannte Specimen primum in 9 §§. auf 26 Seiten, wovon bey der Fortsetzung dieser Dissert. Nachricht gegeben werden soll.

M. *Iacob Quiding*.
Diss. de Festis atque Sabbatis Iudaeorum eorumque sanctificatione. Er. Kruse. S. 25 — 36.

Der Verf. hatte 1769 den ersten Theil herausgegeben. Nach richtiger Herleitung des Worts Sabbath aus dem Hebräischen wird angezeiget, daß der Sonnabend, ein jedes, und besonders das Osterfest, und eine Woche mit diesem Worte bezeichnet werde. (§. 1 — 3.) — Die Bibel rede sonst von einem dreyfachen Sabbathe oder Ruhe, nämlich der Schöpfung, der Heiligung des siebenten Tages und des zukünftigen Lebens. (§. 4.) — Gewöhnlich werde das Wort Sabbath von dem 7ten Tage gebraucht, hernach von dem ersten Tage eines jeden Monats, der von dem ersten Tage eines jeden neuen Jahres wohl zu unterscheiden ist. (§. 5 — 7.) — Hierauf folget das Versöhnungs-, Lauberhütten- und das acht Tage hinterher fallende Versammlungsfest. (§. 8 — 10.) — Bey allen diesen, so wie auch den folgenden Festen, werden zugleich aus der Bibel, Goodwini Mose et Arone, Calouii Bibl. illustr. etc., die Feyerlichkeiten beygebracht. Das Osterfest sey das hauptsächlichste von allen, sollte an die Befreyung aus Aegypten erinnern, und die dereinst zukünftige Erlösung durch Christum abbilden. Bey der richtigen Herleitung des Worts Pascha aus dem Hebräischen will der Verf. die falsche aus dem griechischen Worte $\pi\alpha\chi\omega$ nicht verwerfen. Digna, sagt er, quum sit pia, quae acceptetur. Das ist ein sehr schlüpfriger Bestimmungsgrund. Da er des Osterlammsblutes gedenkt, womit die Thüren bestrichen wurden, so ist es den Worten nach schwer zu unterscheiden, ob dies blos bey der ersten Feyer in Aegypten, oder auch hernach statt gefunden habe. Er hat noch die Vorstellung, daß das Pascha mehr ein Sacrament als ein Opfer gewesen, mit dem Beysatze: Sacramentum enim in eo consistit, vt sub signo aliquo terrestri coeleste beneficium conferatur. Aber wenn dies mit einer Anwendung auf das Pascha gilt, so haben wir auch im Neuen Testamente mehr Sacramente als zwey. Es ist auch kein beneficium coeleste bey dem Passah, dergleichen nach dem Begriffe der evangelischen Kirche bey einem Sacramente seyn soll (§. 11—13.). Was von den Gästen des Passah und dem Orte seines Genusses (§. 14. 15.) gesagt wird, hat nichts bedenkliches, als daß es zuletzt heißt: Quum non esset sacrificium, sed sacramentum, (woher? Gott selbst nennt es ja ein Opfer, Exod. 34, 25.) sacrificia autem sola in templo ex necessitate mactarentur, non opus erat, vt fieret cum Passah. Was von der Zurichtung des Osterlamms, der Zeit des Genusses, dem darauf folgenden Feste des ungesäuerten Brodtes und der Pfingsten, dem Sabbath und Jubeljahre, den mit der Zeit durch civile Anordnung gestifteten Festen (§. 16—18.) vorgetragen wird, ist bekannt, auch die Absicht dieser Feste und ihre strenge Heiligung. (§. 19. 20.) — Die daraus angestellte Vergleichung mit den neutestamentischen Festen ist (§. 21.) diese: An beyden sollen heilige Zusammenkünfte, Vorlesung des göttlichen Wortes, Gebete und Gesang, und eine gewisse Enthaltung von Arbeit u. d. gl. statt finden; hingegen bey uns keine solche Vorbereitung auf die Feste, nicht die gesetzliche Bestimmtheit der Tage, nicht Opfer, nicht die strenge Enthaltung von Geschäften, nicht der Zwang zu Festen u. d. gl.

M. *Ion. Nehrmann*, Ord. Aman. Reg. Bibl. Lundens. De Saxone Grammatico historico. M. Lönberg. 18 S.

Nach des Stephanius Prolegomenen zu seiner Ausgabe des S. Gr. schiene nicht viel zur Nachlese übrig geblieben zu seyn (§. 1.). Durch den Namen Saxo müsse sich ja niemand betrügen lassen und ihn für einen Sachsen halten. Er sey wirklich ein Däne gewesen. (§. 2.) — Der streitigste Punkt in seinem Leben sey der, ob er Propst zu Roschild gewesen? Das hat Stephanius in den angezogenen Prolegomenen behauptet, aber sich selbst widerlegt, indem er von ihm K. 13. behauptet, der S. sey um 1150 geboren,

ren, und K. 11. erzählet, daß er als Propst zu Roschild 1161 nach Paris gesandt worden. (§. 3. 4.) — Aus sichern und namhaft gemachten Gründen ist er einer der untern Canonicorum bey der damaligen erzbischöflichen Kirche zu Lund gewesen. (§. 5.) Einige haben ihn sehr erhoben, andere sehr herabgesetzt. Herr Lagerbring fället dieses Urtheil von ihm: „Es ist Schade, daß er alles, was „ihm in die Hände fiel, ohne Auswahl und Ordnung zu„sammengetragen, und zugleich bey allen Gelegenheiten, „die, seiner Einbildung nach, die Ehre seines Landes und „seiner Nation betreffen, einen starken Hang dafür durch„scheinen läßt. Ohne Zweifel ist es billig, die Ehre seines „Vaterlandes überall zu befördern; allein die Wahrheit „bleibt doch für den Geschichtschreiber das höchste Gesetz, „und es ist ein überaus uneinträgliches Amt, für sein Va„terland zu lügen. Deswegen ist man oft genöthiget wor„den, des S. Berichte, wenn sie sich von andern zuverläs„sigern Wegweisern zu weit entfernen, hintenanzusetzen.„ (§. 6.) — Ueber seinen Styl ist kein Streit. Alle, selbst Erasmus und Possius bewundern ihn als ein unerwartetes Licht des barbarischen Weltalters, darin er lebte. (§. 7.) — Seine Geschichte ist zu Paris 1514, zu Basel 1534, zu Frankf. 1576, zu Soroe 1644 durch den Stephanius, zu Leipzig 1771 durch den Klotz herausgegeben worden, und der Herr Suhm war beschäftiget, dies Werk chronologisch und mit Vergleichung anderer Geschichtschreiber herauszugeben. Eine vorgebliche Ausgabe zu Basel 1524 scheint Resenius durch einen Irrthum aufgebracht zu haben.

M. F. Kjellin.

De Euangelio mortuis annuntiato. 1 Pet. 4, 6. C. C. Flodin. 13 S.

Wie schwer diese Stelle den Philologen vorgekommen, hat Wolf in seinen Curis bemerket. Die verschiedenen Auslegungen darüber sollen hier gesammelt werden. Die sogenannten Origenisten mit den Herrnhuthern und dem Petersen wollten diese Stelle mit 1 Pet. 3, 19. vergleichen, (Praef. u. §. 1. 2.) viele das νεκροις metaphorisch für geistlich Todte erklären, entweder so, daß darunter der Sünde Abgestorbene oder die geistlich in Sünden Erstorbenen verstanden würden. Dies suche besonders Whitby zu zeigen.

zeigen. Allein dem steht entgegen, theils, daß man von der eigentlichen Bedeutung des Worts νεκρος, wornach es einen wirklich Verstorbenen bedeutet, nicht wohl abgehen kann; theils, daß hier σαρξ einen fleischlich-, und πνευμα einen geistlichgesinnten Menschen anzeigen, und nicht in der eigentlichen Bedeutung genommen werden soll; und theils endlich κρινεσθαι actiue genommen, und so viel als streiten, unterdrücken heißen solle (§. 3. 4.). Starkens Auslegung dünket dem Verf. also die vorzüglichste zu seyn. „Zu dem „V. 2. angezeigten Endzwecke ist auch den ehemals Gläu-„benden, aber nun Verstorbenen, das Evangelium gepre-„diget worden, daß sie zwar, was den Leib und ihre welt-„lichen Umstände anbetrifft, nach dem Menschen (ihren bö-„sen Unternehmungen) gerichtet, das ist, geplaget wür-„den, da sie inzwischen, was ihren Geist anbetrifft, nach „Gotte und seiner Gnade lebten." Hier, meynet der Rec., sey das Vorwort κατα, wie in dem ziemlich ähnlichen 14ten V., durch bey zu übersetzen, und hauptsächlich V. 17—19. zu vergleichen, wodurch denn alles auf eine natürliche Weise leicht wird. Es fallen also des Knatchball und Vitringa noch unwahrscheinlichere Erklärungen gänzlich weg (§. 5. 6.).

Es sey dem Rec. erlaubt, über die akademischen Dissertationen, von denen er bereits mehrere Jahre recensiret fertig liegen hat, einige allgemeine Anmerkungen zu machen, die besonders bey den exegetischen und philologischen Platz haben. Die zu Upsal und Abo gehaltenen setzen die Noten, Anführungen u. s. w. fast stets unter, die Lundenschen rücken sie fast stets in den Text ein. In allen, vorzüglich aber den beyden letztern, äußert sich viele Kenntniß der deutschen Sprache und Schriftsteller. Die Lundenschen setzen fast nie Summarien oder den Hauptinhalt bey, die andern wohl, zumal bey den weitläuftigern. Unter ebendenselben scheinen manche exegetische nichts weiter als ein Aufschlagen der verschiedenen Ausleger zu seyn, woraus aller Meynungen meistentheils nach der Zeit, darin sie gelebet haben; oder nach jener mehrerer oder minderer Wahrscheinlichkeit aufgestellet und widerlegt werden, zuletzt aber die dem Verf. wahrscheinlichste Meynung angeführet und bestätiget wird. Sie drehen sich also auch fast immer in dem Zirkel ebenderselben Anzahl von Auslegern herum. So wird es freylich leicht, Dissertationen zu verfertigen.

Die

Die neuern Ausleger sind inzwischen entweder nicht gekannt oder nicht angeführet worden. Meistens bleibt man bey dem Heumann, Baumgarten oder auch Langens Licht und Rechte stehen; höchstens kömmt es zu dem in das Deutsche übersetzten und durch deutsche Schriftsteller vermehrten und berichtigten englischen Bibelwerke. Durch dergleichen weitläuftige und in den Text eingerückte, aber nicht durch schwabacher Lettern unterschiedene deutsche Anführungen, und durch den Druck ziemlich großer Buchstaben werden sie dicker, als sie sonst eigentlich sind. K.

C.) **Abhandlungen der königlichen Akademien.**

Die Abhandlungen der königl. Akad. der Wissenschaften sind schon im ersten Abschn. recensiret worden; es bleiben also nur die darin gehaltenen Reden übrig. Die Akademie der schönen Künste und Wissenschaften hat in diesem Jahre nichts herausgegeben.

Reden, welche in der königlichen Akademie der Wissenschaften sind gehalten worden.

Diese Reden sind verschiedener Art und Inhalts*). Bey Niederlegung des vierteljährigen Vorsitzes lieset der abgehende Präses gewöhnlich eine gelehrte Abhandlung in Form einer Rede ab, welche im Namen der Akademie von ihrem Sekretär beantwortet wird. Neue Mitglieder pflegen beym ersten Besuche der akademischen Versammlung ebenfalls eine dergleichen in ihr Fach gehörende Eintrittsrede zu halten, worauf der jederzeitige Präses die Antwort ertheilet. Ueber verstorbene Mitglieder werden von andern Mitgliedern öffentliche Gedächtnißreden gehalten, und darin der Lebenslauf, die Schriften und Arbeiten des Verstorbenen erzählt und beschrieben. Bey solennen Gelegenheiten kommen zuweilen noch andere Reden vor; und außer allem diesem befördert die Akademie nicht nur gekrönte Antworten aufgegebner Preisfragen, sondern auch andere gemeinnützige Ausarbeitungen und Schriften, zum Drucke. Von solchen sind in diesem Jahre erschienen:

Tal hållne i Kongl. Vetenskaps Academien, då Hans Kongl. Majestet etc. *den 5. Februarii 1772.* (Reden,

*) Fast ohne Ausnahme werden alle in 8. abgedruckt.

welche in der königl. Akademie der Wissenschaften gehalten worden, da Se. königl. Majestät die Akademie zum erstenmal mit Ihrer hohen Gegenwart begnadigten.) Stockh. bey Salvius. 1772. 6 S.

An Se. Königl. Majestät.

Im Namen der Akademie, von deren jetzigem Präses, Sr. Exc. dem Herrn Reichsrathe, Akademie-Kanzler, wie auch Ritter und Commandeur der königl. Orden, Grafen Carl Rudenschöld.

Allergnädigster König!

Nachdem Ew. Königl. Majestät Akademie die Gnade widerfahren ist, in Ew. M. theuren Person einen huldreichen Schutzherrn zu verehren, so konnte derselben auch nichts froheres, nichts ermunterndes begegnen, als da E. K. M. annoch gnädigst geruhen wollen, ihre Ueberlegungen mit Ihrer hohen Gegenwart zu beehren. Nur dieses fehlte noch, das Glück der Akademie in diesem Stücke und derselben unterthänigst lebhafteste Erkenntlichkeit im gleichen Maaße vollkommen zu machen.

Es stellet sich hier den Augen Ew. K. M. eine Gesellschaft dar, die in der Stille für eigne und andrer Aufklärung arbeitet; wo kein Mistrauen, kein Neid, kein Parteyzank Eingang gefunden, wo auch kein Wettstreit, als nur derjenige Statt findet, wodurch alle insgemein und jeder in seinem Kreise aufs möglichste ihre Schuldigkeit als emsige Unterthanen und nützliche Mitbürger gegen diese und die Nachwelt zu erfüllen sich bestreben, mit einem Worte, ihres hohen Schutzherrn würdig, und der Königl. Gnade und Huld nicht unwerth zu seyn, in welche die Akademie, sich jetzt und forthin eingeschlossen zu bleiben, unterthänigst flehet.

Sr. königl. Majestät gnädige Antwort.

Die Beschäftigungen der Akademie sind dem gemeinen Wesen so nützlich, die Einsichten ihrer Mitglieder dem Reiche so rühmlich, daß selbige nicht nöthig gehabt hätte, sich mehrere Gerechtsame auf mein Wohlwollen zu erwerben.

Die

Die Wahl, welche die Akademie an Mir, Ihrem Schutzherrn getroffen, giebt mir nur Gelegenheit, den Nutzen näher kennen zu lernen, welchen das Vaterland von ihren Arbeiten einziehet.

Durch Beywohnung eurer Ueberlegungen werde ich neue Kenntnisse zu erlangen suchen, durch mein Beyspiel die nützlichen Wissenschaften ermuntern, welche ihr mit so vielem Fortgange bearbeitet, und durch mein Zuthun euch schützen, daferne es wider Vermuthen jemals geschehen könnte, Widerwärtigkeiten bloß gestellet zu werden, welche den Witz, die Ehre und gute Sitten gemeiniglich begleiten, und von Unwissenheit und Neide unterhalten werden.

Ich verbleibe euch sammt und sonders mit aller königl. Gnade und Gunst wohlgewogen.

Tal om Pesten etc. *af Nils Rosén von Rosenstein.* (Rede von der Pest und deren Abhaltung von einem Lande, gehalten vor der königl. Akademie der Wissenschaften bey Ablegung des Präsidii, den 6ten May, von *Nils Rosén von Rosenstein*, Archiater und Ritter des Nordsternordens.) Stockh. bey Salvius. 1772. 24 S.

Natürlich finden sich hier über diesen Gegenstand Gedanken, die eines Rosenst. würdig sind.

Tal om Näringars inbördes Förbindelse etc. d. 15. Iulii, 1772. *af A. Schönberg. Historiographus Regni.* (Rede von gegenseitiger Verbindung der Gewerbe von *Anders Schönberg.*) Stockh. bey Salvius. 1772. 44 S.

Tal om Förbindelsen imellan Grundlagarnas Art, och Folkets Sällhet etc. *af H. E. Carl Fredric Scheffer.* (Rede von der Verbindung der Grundgesetze mit der Glückseligkeit des Volkes, welches nach selbigen soll regieret werden; gehalten den 28sten Oct. bey Niederlegung des geführten Vorsitzes von Sr. Exc. dem Reichsrathe, Ritter, Commandeur

mandeur und Kanzler aller königl. Orden, Herrn Grafen C. J. Sch.) Stockh. bey Salvius. 1772. 32. S.

Eintrittsreden.

Tal om Dé på Diur anstaldte Röns etc. hållet d. 4. Martii År 1772. af I. A. Murray. (Rede von der Unzuverlässigkeit der an Thieren gemachten Versuche und Erfahrungen bey der Anwendung auf den menschlichen Körper, von Johann Andreas Murray, Dr. und Prof. der Medicin und Botanik in Göttingen.) Stockh. bey Salvius. 1772. 24 S.

Inträdes-Tal etc. d. 29. Iulii 1772. af Abbé Michelessi. (Eintrittsrede in die königl. Akad. der Wissenschaften, gehalten vom Abbt Michelessi.) Stockh. bey Salvius. 1772. 20 S.

Gedächtnißreden.

Åminnelse Tal öfver etc. Mårten Strömer etc. af Bengt Ferner. (Gedächtnißrede über Herrn M. Martin Strömer, Professor der Astronomie, gehalten vom Herrn Kanzleyrathe Bengt Ferner.) Stockh. bey Salvius. 1772. 8. 52 S.

Åminnelse Tal öfver etc. Nils Gissler etc. af Anders Schönberg. (Gedächtnißrede über Herrn Nils Gissler, M. D., Lector der Logik und Naturlehre am königl. Gymnasio zu Hernösand, und Provincialmedicus in Westernorrland; auf Befehl der königl. Akademie gehalten von Anders Schönberg, Reichshistoriographus.) Stockh. bey Salvius. 1772. 46. S.

Åminnelse Tal öfver Grefve Carl Fredric Piper etc. af Anders Schönberg. (Gedächtnißrede über den Hochwohlgebornen Grafen, Herrn Carl Friedrich Piper, Präsidenten des königl. Kammercollegiums,

Ritter

Ritter und Commandeur der königl. Orden, von Herrn Anders Schönberg, Reichshistoriographus.) 40 S.

Dito *öfver etc. Emanuel Svedenborg, af Samuel Sandel.* (Gedächtnißrede über Herrn Emanuel Svedenborg, Assessor des königl. Bergscollegii, vom Hrn. Bergrath Samuel Sandel.) Stockh. bey Salvius. 1772. 26 S., welche zugleich von den vielen Schriften dieses gelehrten und besonderlichen Mannes folgendes umständliche Verzeichniß liefert:

1. Disp. L. Annaei Senecae et Pub. Syri Mimi, forsan et aliorum Selectae Sententiae, cum annotat. Erasmi et graeca versione Scaligeri. Upsal. 1709.

2. *Ludus Heliconius*, siue Carmina miscellanea quae variis in locis cecinit Em. Swedberg. Skara. 1710.

3. *Daedalus Hyperboreus.* 6 Th. Stockh. 1716-1718.

4. *Algebra. Regel-Konsten.* 1719.

5. Förslag til Mynts och Måls indelning så at räkningen kan lättas och alt bråk afskaffas. Stockh. 1719. (Vorschlag, um die Eintheilung der Münze und des Gewichts zur Erleichterung der Rechnung und Abschaffung aller Brüche einzurichten.)

6. *Afhandling* om Jordens och Planeternas Gäng och ständ. Ebendas. (Abhandlung von dem Gange und der Stellung der Erde und der Planeten.)

7. *Om Vattnets Högt* och Förra werldens starka Ebb och Flod, med Bewis utur Swerige. Ebendas. (Von der Höhe des Wassers und der starken Ebbe und Fluth der vorigen Welt mit Beweisen aus Schweden.)

8. *Prodromus principiorum rerum naturalium*, siue nouorum Tentam. Chemiam et Physicam experimentalem geometrice explicandi.

9. *Noua obseruata et inuenta* circa ferrum et ignem, praecipue naturam ignis elementarem, una cum noua Camini inuentione.

10. *Methodus noua* inueniendi Longitudines locorum, terrae marique, ope Lunae.

I. Theil.   N   11. Mo-

11. *Modus construendi receptacula naualia,* vulgo: *Docke byggnader.*

12. *Noua construction aggeris aquatici.*

13. *Modus mechanice explorandi virtutes nauigiorum.* (Alle gedruckt zu Amsterdam 1721 und wieder aufgelegt 1727.)

14. *Miscellanea obseruata* circa res naturales et praesertim mineralia, ignem et montium strata. 3 Part. Lipſ. et 4ta Hamburg. 1722.

15. *Opera Philosophica et mineralia.* III Tomi. Folio. Dresd. et Lipſ. 1734. Tom. 1. Principia rerum naturalium, siue nouorum tentaminum, Phaenomena mundi elementaris philosophice explicandi. T. II. Regnum subterraneum siue minerale de Ferro. Tom. III. Regn. subterr. ſ. min. de Cupro et Aurichalco.

16. *Prodromus Philosophiae ratiocinantis* de infinito, de causa creationis, et de mechanismo operationis animae et corporis. Dresd. 1733.

17. *Oeconomia regni animalis.* Part. II. Amsterd. 1740. 1741.

18. *Regnum Animale.* Part. III. Hag. 1744. Lond. 1745.

19. *De Cultu et Amore Dei.* Lond. 1745.

20. *Arcana coelestia.* Part. VIII. 1745 - 1756.

21. *De vltimo iudicio* et de Babylonia destructa ex auditis et visis. Lond. 1758.

22. *De coelo* et eius mirabilibus, et *de inferno,* ex aud. et visis. Lond. 1758.

23. *De equo albo,* et dein de Verbo, et eius sensu spirituali seu interno. Lond. 1758.

24. *De telluribus* in mundo nostro solari, seu Planetis quae voc. Planetae, et de telluribus in coelo astrifero, deque illarum incolis tum de Spiritibus et angelis ibi ex aud. et visis. Lond. 1758.

25. *De noua Hierosolyma.* Lond. 1758.

26. *De amore coniugiali* et scortatorio. Amsterd. 1750.

27. Sapientia angelica *de Diuino Amore et Sapientia.*

28. *Do.*

28. *Doctrina nouae Hierosolymae de Domino.* Amsterd. 1763.

29. *Sapientia angelica de Prouidentia diuina.* Amst. 1764.

30. *Apocalypsis reuelata.* 1766.

31. *Summaria expositio doctrinae nouae Ecclesiae.*

32. *De commercio animae et corporis.* Amst. 1769.

33. *Vera christiana Religio.* Lond. 1771.

Svar på K. V. Ac. Fråga *Ituru Sveriges ringa Folkhop bäst kan användas? af Anders Gust. Barchaeus.* (Antwort auf die Frage der königl. Akademie der Wissenschaften: Wie Schwedens geringe Volksmenge am besten anzuwenden sey? welche die ausgesetzte Belohnung gewonnen; eingegeben von A. G. B. Vicenotarius am königl. schwedischen Hofgericht.) Stockh. bey Salvius. 1772. 42 S. W.

D) Abhandlungen der Societäten.

Die upsalische Societät der Wissenschaften hat in diesem Jahre nichts geliefert; von der patriotischen Gesellschaft wird zu seiner Zeit das Nöthige vorkommen; die Schriften der Societät Pro Fide et Christianismo sind unter dem Abschnitte Gottesgelehrsamkeit angemerket worden.

X. Schriften anderweitigen und vermischten Inhalts, Romanen u. d. gl.

Afhandling om Man och Quinnan. Stockh. 1772.

Diese Abhandlung vom Manne und der Frau ist aus der französischen Urschrift übersetzet: De l'homme et de la femme considérés physiquement dans l'état du mariage, par Mr. de L. *Lille.* 1772. 8. Weder diese noch die Uebersetzung haben itzt einer weitern Anzeige nötbig, da ihrer umständlicher unter 1776. 1778 unter dem Titel: Ägtenskaps Ståndet &c. gedacht werden wird.

Anmärkningar öfver Skriften, den väpnade Avis-skrifvaren eller Anecdoter om Franska Hofvet. Stockh. 1772. 8. mit einem Kupfer, bey Wennb. 6 B. 8 Sch.

Dieß ist eine bloße Uebersetzung der Anecdotes scandaleuses de la Cour de France. Der zweyte Theil ist bis 1780 nicht herausgekommen, und kann auch ohne Schaden blos in der Ursprache bleiben. Der erste und hier übersetzte Theil ist auch unter folgendem veränderten Titel herausgekommen: Tidninge-Skrifvare. Ueberall versteht man die Kunst, die Leser durch Titel zum Kaufe anzulocken; und am Ende trifft oft Gellerts Vers ein:

— — — „Du kaufst und liest!
„Was denn? — Daß du betrogen bist."

Brefväxling imellan tvenne Fruntimmer. Stockh. bey Carlb. 1772.

Von diesem Briefwechsel zwischen zwo Frauenspersonen kamen 24 Numern heraus. Er bestand in freundschaftlichen Sendschreiben moralischen Inhalts.

Chinki, Saga. Stockh. 1772. 8. bey Fougt. 5 B. 6 Sch.

Diese Schrift hat auf dem Titel die Inschrift: Freyheit und Sicherheit, und ist eine gute Uebersetzung der französischen Urschrift.

Crusoe (den Engelskan Robinson) *Lefvernes Beskrifning.* (R. C. von ihm selbst abgefaßte wunderbare und seltsame Reise- und Lebensbeschreibung.) Wäst. 8 Octavb. 1772. 6 Sch.

Bey dieser zweyten Auflage ist keine Anzeige befindlich, ob es eine förmliche Uebersetzung, oder nur, wie man fast aus der geringen Anzahl der Bogen schließen sollte, ein Auszug ist. Im letztern Falle wäre es ein Vorläufer des nützlichen und auch ausgeführten Vorschlages des Hrn. Educationsraths Campe, durch einen guten Auszug dieses R. Crusoe der Jugend ein nützliches und zugleich angenehmes und leichtes Lesebuch in die Hände zu geben.

Flygan-

Flygande Folket eller P. Wilkins Lefvernes Beskrifning. 1772. 8. 3 Theile, mit einigen Kupfern. 28 Sch.

Von dieser Uebersetzung aus dem Französischen kam der erste Theil zu Upsal, die beyden andern zu Nyköping heraus, ohne anzuzeigen, von wem?

Fruntimmers Nojen. Stockh. 1772. bey Holmerus.

Von diesen Frauenzimmervergnügungen kamen 40 Numern heraus. Man weiß im Allgemeinen schon den Inhalt solcher periodischen Blätter, die sich wie ein Proteus in allerley möglichen Formen umändern. Von eben dem Schlage waren auch:

Fruntimmers Tidningar. (Frauenzimmerzeitungen.) Th. 1. Stockh. 1772. 8. bey Wennb. 24 Sch.

Sind meistentheils Uebersetzungen, kleine Verse, allerley ein- und ausländische Neuigkeiten. Weil es scheint, daß das Frauenzimmer keinen Gefallen daran gehabt, und die Mannspersonen es nicht als eine Lesung für sich ansahen, so ist der zweyte Theil nicht herausgekommen.

Gullivers (Cap. Lemuel) Resor &c. (L. G. Reisen in weit entlegene Länder.) West. 1772. 2 Theile auf 22 Octavb. mit einigen Kupf. 18 Sch. 8 r.

Dieß ist die zweyte Auflage eines Romans, den der berühmte D. Swift verfertiget hat, und schon durch seinen Namen ist auch der Werth des Buchs bestimmt. Die schwedische Uebersetzung ist aus einer französischen gemacht, von einem, der sich in der Vorrede O. B. R. unterschreibt. Dieser zeiget zugleich an, daß er die unanständigen und unnützen Wörter ausgeschlossen, hingegen taugliche Sachen hinzugefüget habe. O hätte doch der Uebersetzer allein aus der Urquelle geschöpfet, und dann seinen Namen ganz ausgeschrieben! Bey einem anonymischen Uebersetzer ist oft gar zu viel Bedenkliches.

Hemlighster, den sent omsider updagade Frimurare. — (Die endlich einmal entdeckten Freymäurergeheim-

heimniſſe.) Stockh. 1772. bey Carlb. 5 B. 8.
5 Sch.

Es geschieht gar keine Anzeige, ob es, wie es scheint, ein
Original, oder eine Uebersetzung, noch wer der Verfasser
ist. Das Cärimoniel zur Aufnahme in den Orden geht
voran, benebst einer Erläuterung der Art und Weise solcher
Aufnahme. Hernach kommen ihre Zeichen, das Hände-
anfassen, und die Art und Weise, sich wieder zu kennen, vor.
Eine weit in die verflossenen, nicht Jahrhunderte, sondern
Jahrtausende hinaufgehende Geschichte des Ordens macht
den Beschluß; denn es ist bekannt, daß er seinen Ursprung
von Noah, so wie der Karmeliterorden den seinigen unter
den Römischkatholischen vom Elias und einer Höhle auf
dem Berge Karmel, herleitet. Ob sich nun dadurch die
Freymäurer in ihren Heimlichkeiten werden entdeckt, und
diejenigen, welche es nicht sind, hinlänglich eingeweihet sehen, hinter den Vorhang einzublicken? das mögen diese-
nigen beurtheilen, welche mehr Lüsternheit nach vorgegebenen Geheimnissen, und mehr Unterscheidungsgabe in solchen Dingen haben, als der Recensent.

Historier, ſedolärande noiſamma &c. (Angenehme
moralische aus den Schriften verschiedener berühmten Männer gesammelte und übersetzte Historien.)
Stockh. 1772. 84 Octavſ. bey Fougt. 6 Sch.

Wenn der Titel blos hieße: Angenehme moralische
Historien, so könnte es für den Leser einerley seyn, woher
sie genommen wären; wird aber dabey versichert, daß solche aus verschiedener berühmter Männer Schriften gesammelt und übersetzt wären, so wünschet er mit Recht die Quellen zu wissen. Die sind aber nicht angezeiget worden. Folgende Ueberschriften der Historien findet man durch einander: Faulheit und unnütze Geschäftigkeit; Spielkrankheit;
falsches und wirkliches Mitleiden; der Religionsspötter auf
der Bühne; Baratier, der frühzeitige Gelehrte; das wilde
Mädchen; Junker Hans; der Kaufmann u. s. w. alles, wie
Kraut und Rüben durch einander.

Landt-Nojet. (Das Landvergnügen.) Stockh. 1772.
8. bey Holmb. 40 Sch.

Das

Das sind größtentheils Stücke, die aus dem Marmontel und andern französischen Werken übersetzt, und auch mit Zusätzen vermehret sind. Herr Kamerier Schmidt hat dieß besorget.

Mourzahad. Stockh. 1772. 8. bey Holmb.

Diese orientalische Fabel ist aus dem Französischen übersetzt.

Rofs, eller Verkningar &c. (Rose, oder Wirkungen des Hasses, der Freundschaft und der Liebe.) Upsal. 1772. 8. 6 Sch.

Der erste Th. besteht aus 68, und der zweyte aus 147 Seiten, und ist von einem E. M. ohne weitere Anzeige aus dem Französischen übersetzt worden.

Thougtlheß, Fröken Betsy, Historia. (Des Fräulein B. T. Historie.) Gothenb. 1772-1773. Vier Theile. 1 Alph. 4 B. klein 8. 20 Sch.

Der anonymische Uebersetzer sagt in dem kurzen Vorberichte: daß er nicht wörtlich aus dem Französischen übersetzt hätte, weil das für einen Roman dieser Art unschmackhaft seyn würde, sondern oft mit Zusammenziehung und Abschneidung der ihm überflüssig geschienenen Dinge.

Tidninge-Skrifvare. Man sehe kurz zuvor: *Anmärkningar,* etc. D.

XI. Schriften schwedischer Schriftsteller, welche außerhalb Landes gedruckt und auch solcher, die aus dem Schwedischen in andere Sprachen übersetzt worden.

Briefwechsel zwischen Sr. K. Hoheit dem Prinzen Gustaf von Schweden und Sr. Excell. dem Hrn. R. R. Gr. v. Scheffer. Greifsw. 1772. 256 S. in 8.

Diese gute Uebersetzung hat der Hr. Prof. Gadebusch verfertiget, und ist ihres geschwinden Absatzes halber zum zweytenmal aufgelegt worden. Der Inhalt dieses wichtigen Briefwechsels ist seiner erhabenen Verfasser würdig.

Correspondence entre S. A. R. le Prince Gustav de Suede et S. E. le Senateur Comte de Scheffer. à Greifsw. 1772. 17 B. 8.

Dieß ist die Urschrift des vorher angezeigten Briefwechsels in einem ziemlich saubern Nachdrucke. Der Greifswaldische Buchführer giebt zur Entschuldigung desselben die Ursache an, daß des Winters halber keine Exemplare von jenem in Deutschland zu erhalten wären, und er sich also bey dem großen Verlangen, diesen Briefwechsel in der Ursprache zu lesen, entschlossen hätte, ihn ungesäumt nachzudrucken.

Gustaui III. Sueciae Regis Orationes e Sueco in Latinum conuersae. Berol. 1772. 43 Octavs.

Diese königl. Reden sind durch den Abt Michelessi zum Gebrauche des Papstes Clemens XIV. in das Lateinische übersetzt worden, und eben dieselbigen, welche der Uebersetzer seinen bekannten französischen Briefen über die Revolution dieses Jahres beygefüget hat.

Höpken (Gr. And. I. von) *im J. 1771. auf den berühmten Grafen Tessin gehaltene Gedächtnißrede.* —

Erschien zu Greifswalde in einer deutschen, zu Bützow aber in einer französischen Uebersetzung. Zu Paris ward davon 1774. durch Hrn. Jabern eine neue französische Uebersetzung auf 61 S. in gr. 8. veranstaltet. — Die Schweden, Deutschen und Franzosen stimmen in dem ungemein günstigen Urtheile über diese Rede mit einander überein.

Keralio (de) *Mémoires de l'Académie Roiale des Sciences de Stockholme* Paris 1772. 543 S. 4. mit 16 Kupf.

Der Verfasser, ein angesehener französischer Officier, hat die sämtlichen 29 Octavbände der Stockh. Wissenschaftsakademie in diesen Quartband zusammengezogen, und aus jenen das Merkwürdigste in der Naturgeschichte,

Natur-

Naturlehre, Arzeney- und Kräuterkunde, Haushaltung, und Sternkunde für die Ausländer, besonders die Franzosen, gesammelt. Gelehrte Schweden bezeugen, daß diese Arbeit wohl gerathen sey. Der Verfasser ward zur Belohnung dafür zum Mitgliede der schwedischen Akademie der Wissenschaften erwählet. Unter verändertem Titel steht dieß Werk in T. XI. Collection académique composée de l'Histoire et des Mémoires des plus célebres Académies de l'Europe, concernant l'histoire naturelle etc.

Lexell (A. I.) Disquisitio de inuestiganda vera quantitate Parallaxeos Solis, ex transitu Veneris ante discum Solis a. 1769; cui accedunt Animaduersiones in Tractatum Rev. Pat. Hell de Parallaxi Solis. Petersb. 1772. 131 Quartf.

Dieß Werk theilet sich ganz natürlich in zween Abschnitte ein. Der erste liefert die sogenannte Disquisition auf 71 Seiten, und der zweyte die Gegenerinnerungen wider die Hellische Untersuchung von der Parallaxe der Sonne. Die ganze Schrift macht ihrem Verfasser Ehre.

Linné (C. a) materia Medica per tria regna naturae. Editio alt. auctior, curante I. C. D. *Schrebero*. Leipz. und Erl. 1772. 1 Alph. 2 B. 8.

Sowohl der Verfasser als der Herausgeber sind über des Recensenten Urtheil erhaben.

Diss. de Bilance gentium. Praes. *M. I. C. Muhrbeck*; Resp. *de Bering*. Gryphisw. 1772. 4.

Sammlung etlicher Briefe Hrn. Em. Svedenborgs, betreffend einige Nachrichten von seinem Leben und Schriften, von einem Kenner und Liebhaber ins Deutsche übersetzt. Ohne Druckort. 1772. 32 Octavs.

Stjerneman (Ol. de) Essai sur l'Application de la Discipline militaire des anciens Grecs et Romains à notre temps d'aujourd'hui, selon la nature des armes à feu en usage présentement. *Strasburg.* 1772. 134 S. 4. mit 6 Kupf.

Zwenter Abschnitt.

Diese Schrift handelt in 9 Abschn. von der Eintheilung der Fußvölker; ihrer Bewaffnung; der Art und Weise zu fechten; der Reuterey; der Eintheilung der Mannschaft in Legionen nach der alten Römer Weise; der Legionen Schlachtordnung; ihrem Gefechte; den Eigenschaften eines Oberkriegsbefehlshabers, und dem Unterhalte der Mannschaft im Felde. Die Grundsätze der alten Taktik werden überall auf die jetzige angewandt, welche durch die Erfindung des Schießgewehrs in vielen Stücken eine so veränderte Gestalt bekommen hat. Der König von Schweden, dem dies Werk zugeeignet worden, nahm es so wohl auf, daß er es den Häuptern aller Regimenter mittheilen, und ihnen anbefehlen ließ, sich zu äußern, was darin für das schwedische Kriegsheer brauchbar seyn möchte, dem Verf. aber tausend Platen oder $333\frac{1}{3}$ Reichsthl. Species zum Geschenke machte. Auch bezeigte der König von Preußen demselben sein Wohlgefallen schriftlich *) darüber.

Stjerneman

*) Da derer Briefe so viele nicht sind, womit die Schriftsteller von gekrönten Häuptern beehret werden, und eine solche bisher noch nicht vorhandene Sammlung so dicke nicht eben werden dürfte: so verdienet der oben genannte Brief gewiß hier einen Platz, und vertritt für die Nachwelt zugleich die Stelle einer Recension der beyden Stjernemanschen Werke.

Mr. le Major de Stjerneman. De tous les ouvrages d'esprit et de génie ceux, qui ont un rapport immédiat à l'Art militaire, Me font le plus de plaisir. Ce n'est donc, qu'avec bien de la satisfaction, que J'ai reçu votre Application des Principes militaires des anciens Grecs et Romains à notre siècle, ainsi que vos Reflexions sur les Loix et Mœurs d'aujourd'hui, relativement aux usages des anciens Romains; et Je ne doute nullement, que l'un et l'autre de ces ouvrages ne contribue à réléver vôtre mérite militaire. Je vous remercie en attendant de l'attention, que vous avez euë de M'en adresser un exemplaire; et Je serai bien charmé, si jamais il se présente une occasion favorable, à vous en témoigner Ma reconnoissance. Sur ce je prie Dieu, qu'il vous ait, Mr. le Major de Stjerneman, en sa sainte et digne garde. Potzdam, ce 29. Mars. 1774. FREDERIC.

So steht auch dieser Brief in *Stockh. lärda Tidn.* N. 18. und Stockholms Dagl. Alleh. Nr. 99. dieses Jahres.

Stjerneman (Ol. de) Reflexions fur les Loix et les Mœurs relativement aux ufages des Anciens Romains durant le temps de la République. Strasb. 1772. 97. S. 4.

Das Jahr zuvor war die erste Auflage dieses Buchs unter einem etwas veränderten Titel herausgekommen. Nun ward es verändert und vermehret. Sein Inhalt trägt in sechs Kap. die Natur einer freyen Regierungsform vor; die Einfalt der römischen Sitten in dem ersten Alter der Republik; jener Verfall mit dieser ihrem Untergange; den Verfall der freyen Regierungsform zu Rom als eine natürliche Folge des Verderbens der Sitten; das Entstehen, den Ursprung und die Wirkungen der Ueppigkeit; und die Mittel, diese so einzuschränken, daß sie unschädlich werden.

XII. Merkwürdige Schriften der Ausländer, oder auch solcher außerhalb Schweden wohnenden Schriftsteller, welche in die schwedische Litteratur einschlagen.

Micheleßis Bref til Hr. Visconti i Wien etc. Stockh. 1772. 8. bey Holmb.

Dieser Brief des um die Zeit in Schweden so berühmten Abtes M. giebt an den päpstlichen Nuntius V. zu W. Nachricht von der in Schweden vorgefallenen Revolution. So wie jener durch Nachrichten von diesem Gegenstande in fremden Sprachen die Schweden ehrete, so glaubten diese Gleiches mit Gleichem zu vergelten, wenn sie seinen Brief in die Landessprache übersetzten.

Murrey Antiquitates Septemtrionales et Britannicae atque Hibernicae inter se comparatae.

Eine Vorlesung in der königl. Wissenschaftssocietät zu Göttingen; wovon sich in den dortigen Anzeigen vom J. 1772. ein hinlänglicher Auszug findet.

Thummanns (I.) Unterſuchungen über die alte Geſchichte einiger nordiſchen Völker; mit H. D. Büſchings Vorrede. Berlin 1772. 8.

Jene ſind auf 323, dieſe iſt auf 36 Seiten abgedrucket. Den Deutſchen iſt dies Buch bereits aus Herrn Büſchings wöchentlichen Nachrichten vom Jahr 1773. Nr. 1, den Schweden aber aus Herrn Gjörwells lärda Tidn. 1774. S. 292. bekannt. *Le.*

XIII. Gelehrte Anekdoten, die in den vorigen Artikeln nicht bequem Platz finden konnten; als: Kupferſtiche, Landcharten, Schaumünzen u. ſ. w.

Um dieſen Abſchnitt nicht mit zu vielen Artikeln auf einmal zu beſchweren, ſo ſollen für diesmal bloß die Schaumünzen von 1772 — 1780 in einer Reihe angezeiget werden. Bekannt iſt es, daß ſolche in Schweden im Allgemeinen ſehr wohl ausgepräget ſind, und mit den beſten und ausdrückendſten Schaumünzen in allen andern Ländern um den Vorzug ſtreiten. Das Verzeichniß iſt um ſo viel richtiger, als der Herausgeber ſolches unter der günſtigen Verſtattung des Archivaufſehers, des königl. Herrn Sekr. Adlerbeth, aus dem Archivsverzeichniſſe und den vor Augen liegenden Schaumünzen verfertigen können.

1) Guſtavus III. *) D. G. Rex Sueciae. Bruſtbild in königl. Tracht. Die Rückſeite hat die Umſchrift: Patriae cura salusque tuae. (Aus Ouid. LL. Triſt. II. 574.) Der König zu Pferde, ebenfalls im vollen Ornate. Unten ſteht Caronat. Holmiae d. 29. Maii. 1772. — Von der 19ten Größe. — G. Ljungbergers Arbeit.

2) Guſtavus Adolphi Filius Rex. Bruſtbild mit Krone und Mantel. — Rückſ. Generis et virtutum consensu
Suecorum

*) Es verſteht ſich von ſelbſt, daß auf den Münzen lauter ſo genannte römiſche Buchſtaben gebraucht, auch die darauf gebrauchten Wörter, die in dem hier gelieferten Verzeichniſſe vollſtändig geleſen werden, oft abbreviret worden. Auf den König, als ehemaligen Kronprinzen, waren bereits einige geſchlagen worden.

Saecorum sceptra crescens. A. 1772. d. 29. Maii. Von der 7ten Größe. C. G. Fehrmans Arbeit. — Sie ward unter das Volk ausgeworfen.

3) Gustavus III. D. G. Rex Sueciae. Brustbild in gewöhnlicher Tracht. — Tibi munera montes. Der Anfangsbuchstabe des königl. Namens in einem Schilde, von einer nützlichen Eisenschmiede und Gießerey umgeben. Unten steht d. 29. Mai A. 1772. — Von der 19ten Größe. — Ein Ehrengedächtniß über des Königs Krönung abseiten des Eisencomptoirs.

4) Regia Academia Scientiarum — mit dem gewöhnlichen Stempel der Akademie, welches in einem stralenden Sterne zwischen den dreyen schwedischen Kronen und der königlichen darüber besteht. — Rücks. Nutrit praeparatque labori. (Aus Ouid. Metam. IV. 216.) Ein Bund voll Aehren, als das Sinnbild der Gustavianischen Familie; darunter: Gust. III. R. S. Protector. — Von der 8ten Größe.

5) Gustavus III. D. G. Rex Sueciae. — Brustbild in gewöhnlicher Tracht. — Rücks. Kgl. Sv. Patr. Sällsk. (das ist, Königlich-schwedische patriotische Gesellschaft.) Die Sonne kömmt hinter dem Berge hervor, und bestrahlet allerley Handels-, Seefahrts-, Bergwerks-, Ackerbaus- und Webergerätschaft. — Von der 8ten Größe. — Ljungbergers *) Arbeit.

6) Libertas manens. Die Freyheit in der Gestalt eines Frauenzimmers hält in der linken Hand einen Scepter mit einem Hute darauf, und stützet den Ellenbogen auf einen Pfeiler, worauf die Grundgesetze liegen; die rechte Hand strecket sie gen Himmel; mit der Unterschrift: Proscripta Licentia. — Rücks. Gustavo III. Sv. G. V. Q. regi forma regiminis quae antiqua fuerat ab ordinibus regni reddita A. 1772. d. 21. Aug. et iisdem rogantibus fundatae quietis nummo inscripta memoria. — 16te Gr.

7) Des Königs Namen und Bild. — Rücks. Concordes regique fideles. Ein Bienenschwarm, der seinem Könige

---

*) Der Herr Ljungberger ist Professor bey der Maler- und Bildhauerakademie zu Stockholm, nunmehr Hofmedailleur, ein Mann, darauf Schweden stolz seyn kann. Die meisten seit 1772 im Reiche geprägten Schaumünzen, daran so viel Geschmack und Kunst sichtbar sind, rühren von ihm her.

Könige folget, mit der Unterschrift: Ciues Holmenses. A. 1772. d. 19. Aug. — Ist eine kleine Ovalmünze von der 11ten Höhe, und ist denen aus der Bürgerschaft, zum Angedenken im Knopfloche zu tragen, gegeben worden, die sich dem Könige freywillig zur Leibwache gemacht hatten, als er umher ritte, und versicherte, daß er seine Unterthanen auf eine mit ihrem wahren Besten übereinstimmigere Weise regieren wolle, und darauf alsbald sowohl von der Garnison als der Bürgerschaft den Eid der Treue empfieng.

8) Ebendasselbige Brustbild — Rückf. *Rikets Välmagt*. (Des Reiches Glück.) Eine Korngarbe mit der Unterschrift: *För idoga medborgare af Samhället Pro Patria*. (Für fleißige Mitbürger. Von der Gesellschaft *) Pro Patria.) Die Münze ist von der Größe eines Zahl- und Rechenpfennigs (Jetton).

9) Guftavus III. Dei Gratia Suec. Goth. Vand. que Rex. Brustbild. — Rückf. Guftavo Erici Patriae Libertatis Religionis vindici. Der König ist in seiner ganzen Person in königlicher Tracht, aber mit einem Lorbeerkranze auf dem Haupte. Unten steht: Ex nobili ciue opt. regi post II. Saec. posuit ordo equestris. 1773. (Beyde Inschriften: Guftavo Erici etc. und Ex nobili ciue etc. finden sich zusammen auf einer an dem Fußgestelle der Ehrensäule **) befindlichen Kupfertafel.)

10) Des Königs Bild und Namen. — Rückf. Iuuat indulgere labori. (Aus Virg. Aen. VI, 135.) Das Wasaordens-

---

*) Diese Gesellschaft ist von der so genannten patriotischen unterschieden, und hat eigentlich zum Endzwecke, die armen Arbeiter zu unterstützen, wie das auch bey der großen Hungersnoth 1773 in Daland geschah, wohin viel Getreide zur Nahrung und Aussaat geschicket ward.

**) Diese dem Könige Guftaf Erichsson auf dem Ritterhausmarkte zu Stockholm errichtete Ehrensäule ist zwar von einem Franzosen, der aber schwedischer Hofbildhauer war, Archevêque, modellirt, von dem Herrn Oberdirector Meier aber in Kupfer gegossen, und den 13ten Dec. 1773 auf ein rundes Fußgestell von schwedischem Marmor aufgerichtet worden. Doch ward sie bis den 23sten Jun. 1774, als an dem ehemaligen Einzugstage dieses Königs in Stockholm, gerade vor 251 Jahren nach Vertreibung der Dänen, verdeckt gehalten, und an dem gemeldeten Tage allererst aufgedecket.

faordenszeichen mit der Umschrift: *Guftaf den Tredje inftiktare* (G. III. der Stifter). 1772. Unten: d. 29 Maji. Das ist der Tag, wo die Statuten unterschrieben worden. — Ein Zahlpfennig von der 7ten Größe; ward 1775 fertig.

11) Der Königinn Brustbild mit der Krone auf dem Haupte und der Umschrift: Sophia Magd. D. G. Regina Speciae Magnorum foboles regum. — Rückf. Sie steht in ihrem ganzen königlichen Gewande mit der Unterschrift: Solium occupat. 1772. — 19te Größe.

12) Des Königs Brustbild und Namen. — Rückf. Suecor. cum Holfatis coniugium VI. Beyde hohe Vermählte, der Herzog von Südermannland und die Prinzessinn von Holstein-Eutin in fürstlicher Tracht, geben einander die Hände. Unten steht: Caroli Fratris et Hedu. Elif. Charl. 1774. — Von der 14ten Größe.

13) Carolus D. G. Regn. Suec. Pr. haer. et Dux Suderm. Das Brustbild. — Rückf. Affulfit populo, gratior it dies. (Horat. Carm. IV. Ode 5.) Die Stadt Stockholm, welche als eine Frauensperson auf Klippen an dem Meeresstrande sitzet, den linken Arm auf das Stadtwapen lehnet, die rechte aber zu dem Ehegotte ausrecket, der zu ihr fliegend mit einem Blumenkranze kömmt. Unten steht: Praefidii memori Holmiae. — Von der 17ten Größe; auf Kosten der Stockh. Bürgerschaft.

14) Des Herzogs von Südermannland und seiner Gemahlinn Wapen unter einer schwedischen herzoglichen aus Stralen und Wasen bestehenden Krone gegen einander angelehnet. — Rückf. Jetton de S. A. R. Mad. la Duchesse de Sudermannie. — Achteckicht, auf Weihnachten selbigen Jahres geschlagen.

15) Ein Reuter in vollem Sprunge mit der Lanze in der Hand, wie auf den alten römischen Medaillen, darunter: Decurfio in hippodromo regio 1776. (Carouffel auf dem königlichen Schlosse Ekolsund.) — Rückf. ein Lorbeerkranz, und darunter: Virtutis praemium. — Von der 9ten Größe.

16) Des Königs Brustbild und Namen. — Rückf. Miferis perfugium, malis pernicies. (Salluft. Bell. Catil., wo er vom Cäsar und Cato redet.) Die Gerechtigkeit sitzet und stützet sich mit dem linken Arme auf das Wasawapen. Unten steht: Tribunal Vafaeum 1775. — Von der 19ten Größe.

17) Des

17) Des Königs Brustbild und Namen. — Rücks. Veteres reuocauit artes. Allerley Gewehr, Fahnen u. d. gl. (die bey dem Turnier- und Ritterspiele zu Stockh. gebraucht wurden.) Unten: Holmiae 1777. — Von der 7ten Größe.

18) *Spelpenning i Stockholm* 1777. in einem Lorbeerkranze. — Rücks. *Hvilan gifver styrkan.* (Die Ruhe giebt Stärke.) Der Schlaf, als ein Knabe abgebildet, liegt in guter Ruhe unter einem Zelte. — Achteckicht, von der 9ten Höhe.

19) *Spelpenning på Gripsholm* (Spielpfennig auf Gripsholm). 1777. in einem Lorbeerkranze. — Rücks. *Tyglas af Mandom.* (Wird durch Männlichkeit im Zaume gehalten.) Das Glück ist stehend vorgestellet. — Achteckicht, von der vorhergehenden Größe.

20) Des Königs Brustbild und Namen — Rücks. Illi mea robora curae. Eine gekrönte Frau hält mit dem rechten Arme ein Fruchtbarkeitshorn, den linken aber auf einen offenen mit Gelde angefüllten Kasten. Zur rechten Hand ist ein Pfeiler mit dem Sinnbilde der vier Stände, und ein daran gelehnter die drey schwedischen Kronen in sich fassender Schild. Unten steht: Holmiae d. 27 Maj. (an eben dem Tage, woran der König die Bank besuchet hatte,) 1777. — Von der 19ten Größe.

21) *Spelpenning*; geschrieben in einem Kranze. — Rücks. des Herzogs von Ostgothland Wapen mit der Ordenskette, der herzoglichen Krone und der Devise: Fide Auita. — Von der 9ten Größe.

22) Gustavus Pr. Haered. regni Sueciae Sophia Magd. Pr. Haered. regni Daniae et Noruegiae. Beyder Brustbilder gegen einander gekehret. — Rücks. Auspicato Connubio. Die Schilde der schwedischen und dänischen Wapen unter einer Krone vereinigt, mit Hymens Fackeln gezieret und von zweenen Löwen unterstützet. Unten: Acclamante Populo. 1766. (In welchem Jahre das Beylager geschah.) — Von der 19ten Größe. Ward erstlich 1778 fertig.

23) *Gustaf III. Sveriges Göthes och Wendes Konung.* Brustbild. — Rücks. *Gläder än et Tidehvarf.* (Freudiger als irgend ein Zeitpunkt.) Eine Wase mit vollen Aehren. Unten: Fortplantad (Fortgepflanzet). 1778. Ein Schaupfennig von der 9ten Größe, der nach dem Kirchgange der Königinn unter das Volk ausgeworfen ward:

24) Des Königs Brustbild, Namen und Titel. — Rücks. In sechs geraden Linien diese Inschrift: Inter gaudia publica d. 1 Nov. 1778. primitias offert Societas argenti

genti fodinae Daliae. — Von der 9ten Größe. — Von dem ersten Silber der Grube geschlagen. Der Stempel zur Bildseite ist von Ljungberger, und eben derjenige, der sich Nr. 8. findet; die Rückseite aber ist von einem Anfänger verfertiget, dessen Arbeit auch in das Auge fällt.

25) Des Königs und der Königinn Brustbilder und Titel. — Rückf. Montesque, siluaeque laetantur. (Virg. Ecl. — Montesque feri siluaeque loquuntur.) Ein Bergwerk. Unten: d. 1 Nov. 1778. — Von der 19 Gr. — Auf Besorgung und Kosten des Eisencomptoirs.

26) Guſtavus III. D. G. Rex Sueciae. Des Königs Brustbild in schwedischer Nationaltracht. — Deo et Patriae. Der König überliefert vor dem Altare in der Schloßkapelle den neugebornen Kronprinzen den durch den Landmarschall und die drey Sprecher vorgestellten Reichsständen. Unten steht: Guſt. Ad. Pr. Haer. nat. d. 1 Nov. bapt. d. 10. Nov. 1778.

27) *Guſtaf III. Sveriges Konung.* Des Königs Brustbild. — Ein besonderer Schmuck an einer Kette um den Hals zu tragen, welcher denenjenigen unter den Reichsſtändegliedern, welche Taufzeugen bey dem Kronprinzen waren, vom Könige zugestellet ward. Es war nach dem Unterschiede des Standes von mehrerer oder minderer Kostbarkeit.

28) K. Guſt. Ad. und Guſtafs III. Köpfe gegen einander gewandt mit der Umschrift: Pater eſt et Rector vterque. (Ouid. Met. L. XV.) und unten: A. 1626 und 1778. In jenem Jahre fertigte jener die Ritterhausordnung aus; in diesem stellete sie der letztere wieder her. — Rückf. diese Inschrift von sieben Linien in einem Lorbeerkranze: Guſtavo III. Optimo Regi Ordo Equeſter ob redditum ſibi priſtina cum forma priſtinum decus. A. 1778. (Nämlich: auf dem Reichstage solchen Jahres ſtellete der König die Claſſification unter dem Adel wieder her, und führete bey solchem selbſt das Wort.) — Von der 19ten Gr.

29) G. III. D. G. Rex Sueciae. Des Königs Kopf bis zum Halſe. — Rückf. Sua munera laetus Apollo. (Virg. Aen. L. XII.) Die Sinnbilder und Geräthschaften von allerley freyen Künsten. Unten: Praemium in Regia picturae et ſculpturae Academia adſignatum. — Von der 19ten Größe. — Diese Schaumünze macht die größere Belohnung aus; die kleinere iſt ebendieselbe, welche

I. Theil. O

che auf den Herrn Gerh. Meyer geschlagen worden, und die hernach vorkömmt.

30) Ueber des Kronprinzen G. A. Geburt, eine gleiche mit Nr. 26., nur von der 12ten Größe, 1780.

31) Dieses ist eine holländische, aber doch zu Schweden gehörige Schaumünze auf den Neutralitätstractat:
De gewapende Neutralität. Das russische Wapen mit den dänischen, schwedischen und holländischen durch eine Kette zusammengebunden und von einem bewaffneten Arme in die Höhe gehalten. — Rücks. unter Gottes allsehendem Auge diese Inschrift:

  Jehovah Wreeker der Verbonden,
   Staaf Catharina Hulpverdrag;
   Zoo blif't onzydig Zeegezag,
  Tot Heil der Volken ongeschonden! *)
    MDCCLXXX.

Jetton zur 8ten Größe, in Holland geschlagen.

Außer den vorstehenden Schaumünzen des königlichen Hauses sind folgende auf Privatpersonen geschlagen worden:

1) Jetton de *Mr. le Comte Fréd. Axel v. Fersen.* 1756. — Rücks. Nec citra, nec vltra. Des damaligen Generalmajors Familienwapen mit Greifen zu Schildhaltern, und das Kreuz des Schwerdtordens unten. Dieser achteckichte Spielpfennig ward von Fehrmann 1772. verfertiget.

2) Axel von Fersen Comes et Mareschallus comitiorum 1756. Das Bild. — Rücks. Ex difficili. Hercules sitzet, ruhet nach seiner Arbeit, und hält den errungenen Ehrenkranz. Unten: Ordines regni Suec. cudi iusserunt. — Ward von Fehrmann 1773. verfertiget.

3) Carolus Frid. Scheffer Comes Regis et Regni Sueciae Senator. Sein Brustbild, durch Ljungberger, von der 19ten Größe, 1777. — Rücks. Quod patriae studuit. Pallas lehnet sich mit der einen Hand auf ihren Aegis (eigenthümlichen Schild), und hält mit der andern einen Kranz. Sie hat vor sich einen Glob und allerley Zeichen des Handels und der Künste. Unten: Regia Societas Patria Sueca.

4) Nic.

---

*) Das ist: „Jehovah, Rächer der Bündnisse, unterstütze Catharinens Hülfsvertrag; so wird die keinem einseitig zukommende Oberherrschaft zur See zum Besten der Völker ungeschändet bleiben."

4) Nic. Sahlgren Dir. Commercii Sueco-Indici et Eques Torquatus ordinis Vasaei. Brustb. von Ljungberger. — Rücks. Extendens ventura in saecula curas. Ein Kornkranz und allerley Erdfrüchte, darin in 5 Linien steht: Certamina georgica instituit anno 1773. Ganz unten: Bene merito Regia Academia Scientiarum cudi fecit. — Von der 17ten Gr.

5) Eben solche von der 9ten Gr. im J. 1780. *Nic. Sahlgren* Dir. vid O. I. Comp. Comm. af K. Wasa Ord. — Rücks. ist wie vorher.

6) Jonas Alström̈er Consil. Commerciorum et eques auratus. Brustbild. — Curat oues ouiumque magistros. (Virg. Ecl. II. 33.) Pan sitzet bey einem Baume, und vervielfältigt die Pfeifen. Unten: Senior meritissimus Acad. Reg. Scient. Sueciae.

7) Carolus de Geer Mareschallus Aulicus et Eques Torquatus Ordinis Vasaei. Brustb. — Rücks. in einem Lorbeerkranze in geraden Linien: Optimo Coniugi Charlotta Ribbing feci curauit. 1778. — Von der 14ten Größe.

8) Jac. Faggot Rer. Geodaet. Praefectus. Brustb. — Rücks. Acad. Regiae Scient. Suec. Socius et per tres annos Secretarius Meritissimus. Natus 1699. Den. 1777. — Von der 9ten Größe.

9) Carolus Alb. a Rosenadler. Brustbild. — Rücks. in einem Lorbeerkranze in geraden Linien: Regia Acad. Scient. Stockholmiensis Socio Munifico. 1778. — Von der 17ten Größe. — Zur Erkenntlichkeit, weil er der Akademie 8366 Rthlr. Spec. zu Anfange vorbenannten Jahres zum Geschenke machte.

10) Car. Renaldus Berch Regis Sueciae a Consiliis Cancellariae et Eques auratus. Brustb. — Rücks. Diuos Musa referre dedit. (Hor. art. poet. v. 83.) Eine Muse, welche den linken Arm auf einen Pfeiler und ein darauf liegendes Buch stützet, und in der Rechten mit einer Trompete versehen ist. Unten: Post XLVI. annorum cum laude stipendia nummo publico donatus. 1777. — Von der 17 Gr.

11) Car. de Geer Mareschallus Aulicus et Eques torqu. Ord. Vasaei. Brustb. — Rücks. Sibimet superstes. Ein unter seiner Puppa ausgekrochener Schmetterling. Unten: Reg. Acad. Scient. Sueca cudi fecit. — Von der 9ten Größe.

12) *Chr. Faxel Öfver-Inspektor vid Landtmäteriet.* (C. F. Oberinspector bey der Landmesserey.) Bild von Ljung-

Ljungberger. — Rückſ. Kgl. Sv. Patr. Sällſk., übrigens wie bey Num. 5. unter den königlichen Schaumünzen.

13) Saeculi decus indelebile noſtri. Roſens Bild, von Ljungberger. — Rückſ. Nic. Roſén de Roſenſtein Eques auratus, Archiater regis Sueciae et Academiae Scient. membrum, artis ſalutaris diſcipulis deſideratus obiit. A. C. 1773. aetatis 67. — Jetton auf Koſten der Akademie.

14) Ant. von Swab Eques Auratus obiit. A. 1768. Das Haupt à l'antique. Unten: Aetat. 65. — Rückſ. Collegae per memoriam virtutis et meritorum deſideratiſſimo regni Sueciae collegium metallicum et regia acad. ſcient. coniuncto dolore cudi fecerunt. Gewöhnliche Jettonsgröße.

15) Martinus Strömer Aſtron. Prof. Vpſal. — Bild. — Rückſ. In memoriam ſocii deſideratiſſimi Acad. reg. ſcient. Stockholmienſis curauit feci. Gewöhnliche Jettonsgröße.

16) Car. Linnaeus Archiater Regius Eques auratus. Bild im Profil. — Rückſ. Deum luctus angit amiſſi. Cybele ganz kenntlich, von Thieren und Gewächſen umgeben, ſteht mit der Hand unter dem Haupte, und beklaget gleichſam ihren Verluſt. Unten: Poſt obitum Upſaliae, d. 10 Ian. 1778. Rege Iubente. Von der 17ten Größe.

17) Iac. I. Biörnſtåhl Philologus. Kopf im Profil. — Rückſ. Celeberrimo Peregrinatori dedit Sudermannia cunas 1731. Theſſalonica cippum 1779. Holmia nummum 1780. — Von der 9ten Größe.

18) Gerh. Meyer Eques ordinis Vaſaei. Bruſtbild. — Rückſ. Te colet iſta domus. Die Vorderſeite ſeines der königlichen Maler- und Bildhauerakademie geſchenkten Hauſes. Unten: Regiae Academiae picturae et ſculpturae donata 1775. — Von der 14ten Größe. Die Akademie ließ dies zur Dankbarkeit 1779 ſchlagen.

Dritter

Dritter Abschnitt.
Gelehrter Anzeiger
von
neuen Büchern, Preisaufgaben und andern die schwedische Gelehrsamkeit betreffenden Dingen.

I.
Nachricht von der Verfertigung neuer Welt- und Himmelskugeln.*)

Seine Königl. Majestät geruheten im vorigen Jahre allergnädigst zu befehlen, daß die Globenwerkstätte, welche der verstorbene Kupferstecher Akermann zu Upsal eingerichtet hatte, und nun nach dessen Tode ein Eigenthum der Krone geworden war, nach Stockholm gebracht, und daselbst unter der Aufsicht der königl. Wissenschaftsakademie und der kosmographischen Societät forthin zum Vortheile der geographischen Wissenschaften von dem Kupferstecher Akrel betrieben werden sollte. Diesem Befehle gemäß ward sie ihm auch unter den zugleich festgesetzten Bedingungen übergeben. Seitdem ist er beschäftiget gewesen, sie in Ordnung zu setzen, die in den Platten abgenutzten Stellen wieder aufzustechen, und sie mit leserlichern und reinern Buchstaben zu zieren. Um auch die Erdgloben den Berichtigungen, die man seit Akermanns Zeiten in der Geographie erhalten hat, ganz gleichförmig zu machen, hat er 1) die Entdeckungen hinzugefüget, die in den spätern Zeiten durch den Bougainville, Cook, Marion, Crozet und Kerguelen gemacht worden; 2) die Küsten von Amerika, der Meerenge Anian und Rio de Aguilar nach den von unserm bekannten Geographen Djurberg darüber eingezogenen Nachrichten zugesetzt; 3) mit desselben Beytritte die Lage der Latronischen und Carolinschen Inseln berichtiget; 4) die Lage der Insel Jeso Gasime nach einer Charte des Anville angezeichnet, so wie 5) die Grenzen von Polen nach der letzten Theilung; 6) die Lage von Tschutschi, Kamtschatka, dem Archipel zwischen Asien und Amerika, benebst den Grenzen von Rußland, Sibirien und seinen Landshauptmannschaften, nach einer vom Schmidio und Trescotto 1777. herausgekommenen Generalcharte über Rußland berichtiget, und nach

solcher

*) Sie ist fast wörtlich aus dem Schwedischen übersetzt worden, so wie sie in den gelehrten und politischen Zeitungen gestanden.

solcher eine Meerenge über Nova Sembla angebracht; 7) die auf Akermanns Globen um den Südpol nach Muthmaßung angebrachten Länder ausgelöschet, und an deren Stelle des Cap. Cooks Reise um solchen von 1773 bis 1775 angebracht, da diese einen hinreichenden Beweis gegeben, daß jene nicht vorhanden sind; 8) zum Besten der Seefahrer die Passatwinde, benebst der Abweichung der Magnetnadel deutlicher angezeiget, jedoch die letzte so beybehalten, als Akermann sie nach der Bestimmung des Lectors Jegolström für das Jahr 1750 aufgetragen hatte. Man hätte wohl nach der Veränderung, der die obbemannten Compaßlinien von Zeit zu Zeit unterworfen sind, ihr Verhältniß für die gegenwärtige Zeit einrichten sollen; aber das ließ sich mit den beyzubehaltenden Kupferplatten keinesweges thun, weshalben man genöthiget war, anzuzeigen, wie solches für das Jahr 1750 gelte. 9) Findet man eine Magnetregion bey dem Süderpole nach den neulich darüber von dem Hrn. Prof. Wilke angestellten Untersuchungen ausgezeichnet. Es hat solcher die von Cook auf seiner vorgemeldeten Reise angestellten Beobachtungen über die Abweichung der Magnetnadel gesammelt. Hierauf hat er, nach Halleys Muthmaßung von zweenen Polen, Versuche auf einer besondern Charte mit zween Magneten angestellt, welche die auf die Charte ausgestreueten Feilspäne an sich zogen; und nachdem jene auf die gehörigen Stellen angebracht waren, so zeigete der Feilstaub eben diejenigen Striche oder Linien, welche die Magnetnadel nach den Beobachtungen gehabt hat. Nach mehrern angestellten Versuchen fand der Herr Professor, daß diese beyden Magnetpole mit noch mehreren dazwischen liegenden zusammenhiengen, und solche mit einander einen zusammenhängenden Magnetkreis ausmachten, der in einer weitern Entfernung als ein einzelner Pol wirkete, dessen eine Seite aber muthmaßlich in der Stärke abnimmt, und wodurch eben alle sichtbare Veränderungen in der Abweichung der Magnetnadel verursachet würden. — Endlich sind des Cooks Beobachtungen über die Magnetnadel auf gewisse Stellen mit Ziffern, und selbst die Stellung der Nadel mit Pfeilen angezeichnet, welche alle auf den durch Versuche gefundenen Magnetkreis hinweisen. Nachdem Herr Akrel die Globen auf solche Weise verneuert, und mit reinen Farben, auch netten Stativen versehen, hat er neulich

lich einen von der erften Größe der königl. Wiffenſchafts-
akademie zur Prüfung vorgewieſen, wobey ſolche die vorſtehenden Angaben mit der Ausführung zu ihrer Genüge
übereinſtimmig fand, und ſolches hiermit hat zu erkennen
geben wollen, damit diejenigen, die ſich dieſe neue Ausgabe der Globen des Akermann anſchaffen wollen, ſowohl
von ihrer Zuverläßigkeit, als auch Beſchaffenheit unterrichtet würden.

Dieſer Aeußerung der königl. Wiſſenſchaftsakademie
zufolge mache ich hiermit dem Publico geziemend bekannt,
daß dieſe Globen von verſchiedener Größe auf folgende
Weiſe verkaufet werden:

Die größte Satt. zu 2Fuß im Durchſchn. 50Rthlr. das Paar.
Die mittlere — — 1 — — — — 10 — —
Die kleinſte — — 5 Zollen — — — 3 — 16 Sch. —

Für diejenigen, welche die Himmelsgloben nicht verlangen, ſtehen die Erdgloben für den halben Preis eines Paa-
res zu Dienſten. Diejenigen, welche die größten Globen
von Akermann haben, und ſie mit neuen Charten wollen
überziehen laſſen, können dazu für 6 Rthlr. kommen. Zugleich erſuche ich auch, daß diejenigen, welche die angezeigten Globen zu beſitzen wünſchen, ihre Namen im Voraus bey mir angeben wollen, damit ich daraus abnehmen
möge, wie weit ich dieſe nützliche Einrichtung fortſetzen
könne oder nicht. Stockholm den 5ten Oct. 1780.

Fried. Akrel.

Nach einer ſolchen hinlänglich beglaubigten Bekanntmachung, hätte der Herausgeber wohl nicht nöthig, etwas
hinzu zu fügen. Er kann aber doch nicht umhin, ſeine
Freude zu bezeugen, daß man es nun in der großen Sache der Lage faſt aller Weltländer ſo weit in der Gewißheit darin gebracht hat, als es bey den Akrelſchen Globen ſichtbar iſt. Der geſchickte Verfertiger hat noch die
ehemalige Vignette, die nach dem Nordpole zu, zwiſchen
Aſia und Amerika, angebracht war, weggethan, und wird
auf das daſelbſt entſtandene Leere die letzten Entdeckungen des Cook auftragen, ſo bald ſolche in England bekannt gemacht worden. Einheimiſche und Ausländer
können ſich gewiß nicht beſſer, zuverläßiger und ſchöner,
als mit dieſen Globen verſehen, und ſie thun wohl, dadurch

durch zugleich den geschickten Verfertiger aufzumuntern und die kosmographische Werkstätte, welche wahrscheinlich die einzige in ihrer Art ist, in einem nützlichen Gange aufrecht zu erhalten.

II. *Jac. Jon. Björnståhl Resa til Frankrike* &c. (J. J. B. Reise nach Frankreich, Italien, Schweiz, Deutschland, Holland, England, Türkey und Griechenland ꝛc. nach dessen Tode herausgegeben von C. C. Gjörwell, Königl. Bibliothekar.) Stockh. bey Nordstr. drey Theile. 1780. Mit einem sehr saubern Kupfer, welches ein Kopfstück von dem berühmten Verf. vorstellet.

— Diese Reise ist nicht allein in ihrer Ursprache, sondern auch ein Theil derselben, schon in der deutschen Sprache bekannt. Eine ausführliche Rec. davon würde hier an dem unrechten Platze stehen; aber was und wie viel hier geliefert wird, das und mehrere Umstände müssen hier vorläufig angezeiget werden. — Der erste Th. enthält auf 548 Seiten 46 Briefe. Zweene von Paris von 1769 und noch sieben eben daher vom J. 1770. Drey von Genf und zweene von Marseille von eben demselben J. — Der 15te von Toulon und Rom vom Schlusse des letzten und dem Anfange des folgenden Jahres. Die Numern 16 — 25 sind alle von Neapel. — Im Jahre 1772 schrieb er sechs Briefe von Rom, drey von Florenz, einen von Livorno, einen von Bologna, drey von Venedig, und einen von Verona; und in dem folgenden zweene von Meiland, einen von Pavia, einen von Genua und zweene von Turin. Diesen ist ein weitläuftiger Anhang in einem Briefe an den verstorbenen Herrn Kanzeleyr. Berch angehängt, der von den besonders zu Rom befindlichen schwedischen Alterthümern verschiedener, vorzüglich der Königinn Christina, Zeiten Nachricht giebt. — Der zweyte Theil auf 251 Seiten liefert vom J. 1773 einen Brief von Chambery, vier von Genf, einen von Ferney, zweene von Lausanne, vier von Bern und einen von Baden; vom J. 1774 einen vom Haag; vom J. 1775 einen von London und drey von Oxford; und vom J. 1776 noch einen von London. In dem Anhange ist ein Brief

aus

aus Karlsruhe an den verst. Herrn von Linné, und einer aus London an den Herrn Pr. Lide'n. — Der dritte Theil fasset zweene Briefe des Jahres 1777. von Konstantinopel und Pera; und zehen des folgenden von eben daher, nebst einem auch noch daher von 1779. und zweene von Volo in Griechenland in sich. Dem 7ten darunter sind einige Beylagen von Smyrna, betreffend das große Erdbeben daselbst, beygefüget. In dem Anhange stehen Auszüge aus dreyen Briefen. — Diese drey Theile sind ganz sauber mit ziemlich großen lateinischen Lettern auf holländisch Papier gedruckt. Bey dem Abdrucke des letzten waren schon gegen 900 Subscribenten. Diesen sind sie zu 2 Rthlr. 17 Sch. Spec. angerechnet. Außer der Pränumeration kosten sie 2 Rthlr. 43 Sch. 3 r. Drey Theile werden noch erwartet, mit deren Abdrucke schon der Anfang gemacht ist, und worin eigentlich Auszüge der Tagebücher des berühmten Reisenden vorkommen werden.

III. Lindbom (D. If.) Orationes sacrae iunioribus ecclesiae Ministris in absolutionis officio constitutis ad aliquem vsum accommodatae. *Aros.* 1780. 8. Octavb. Sauber gedruckt.

Es ist gewiß ein sehr nützliches Unternehmen, in lateinischer Sprache solche Beichtreden bekannt zu machen, deren hier 23 geliefert worden, und deren sich junge und angehende Prediger bedienen können. Sie werden auch bey deren Gebrauche ziemlich sicher seyn, daß sie nicht von den Zuhörern eines Plagii beschuldiget werden. Es wäre also völlig zweckwidrig, wenn sie in die Landessprache übersetzt würden, denn für die Zuhörer sind sie nicht bestimmt; und wer nicht Latein versteht, wird kein Prediger. Inzwischen saget doch das Gerücht, daß auch diese Reden würden übersetzet werden. So groß ist die Uebersetzungs- und Gewinnsucht!

IV. Ankündigung der neuen schwedischen gelehrten Zeitung unter dem Titel: *Upfostrings-Sällskapets Tidningar.*

Der Herr Assessor und königl. Bibliothekar C. C. Gjörwell machte hierüber bey dem Schlusse seiner eigenen gelehrten Zeitung 1780. Folgendes bekannt:

„Weil

„Weil auf der einen Seite meine bekannten Geschäfte fast alle meine Zeit wegnehmen, und auf der andern meine Jahre für die Ausfertigung periodischer Arbeiten, wenigstens solcher als Zeitungen sind, mehr und mehr hinderlicher werden: so befiehlt mir alles, nach einer täglichen Beschäftigung mit Journalen und Zeitungen innerhalb 25 Jahren, ein für allemal in diesem Stücke die Feder niederzulegen, und wird also die Stockh. gel. Zeitung mit diesem 20sten Theile beschlossen werden. — Doch konnte ich dies nicht thun, ohne auf eine Verfassung bedacht zu seyn, wodurch nicht allein diese Zeitung fortgesetzet würde, sondern auch in ihrer Brauchbarkeit für das Allgemeine gewönne. Meine Ueberlegung ist hierbey nicht vergebens gewesen. — Die hiesige Erziehungsgesellschaft hat wohl die Grundlegung der Wissenschaften zu ihrem Hauptendzwecke; da sie aber bereits aus so vielen der gründlichen Gelehrsamkeit und des patriotischen Wetteifers halben bekannten Mitbürgern besteht, so wird sie nun auch ihre Thätigkeit zu den Wissenschaften selbst, insonderheit zu der Gelehrsamkeits- und schwedischen Geschichte erweitern. Es haben sich also mehrere dieser aufgeklärten und redlichen Männer, von edler Begierde belebt, durch nützliche Freundschaft verbunden, zur Ausfertigung einer neuen Zeitung unter dem Namen: Upfostrings-Sällskapets Tidningar, von dem Anfange des folgenden Jahres an vereiniget. — Eine jede Numer derselben wird auf einen Viertelbogen holländischen oder großen Papiers abgedruckt werden, um einen so viel reichhaltigern Inhalt zu liefern. In dem Erziehungsgesellschaftsbuchladen geschieht jeden Montag und Donnerstag, wenn kein Fest einfällt, die Austheilung. Die Pränumeration beträgt für den ganzen Jahrgang einen Reichsthaler Species." Ein Beyspiel, wie diese neue Zeitung größere Werke recensiret, hat man an dem folgenden Artikel, der aus der vierten Numer von 1781. wörtlich übersetzet ist.

V. Von des Herrn Joh. Georg Langes Druckerey kam im verwichenen Jahre auf 716 S. in 4. heraus: *Lexicon Lapponicum* cum interpretatione vocabulorum sveco-latina et indice suecano-lapponico;

ponico; in vsum tam illorum, quibus cura eccle-
siarum in Lapponia committenda, aut jam com-
missa est, quam aliorum curiosorum et linguarum
studiosorum, indigenarum et exterorum: illustra-
tum praefatione latino-suecana generosiss. Dom.
Equ. Aurat. de stella polari, Regis Regnique
Cancell. Cons. et Profess. Vpsal. *Joh. Ihre*, nec non
auctum *Grammatica* lapponica. A Dom. *Erico
Lindahl*, Praepos. et Past. ecclesiae Lyckseliensis
et *Iohanne Öhrling*, Past. eccles. Jockmockensis
confectum. In lucem editum cura et impensis
Illustriss. R. in ecclesias lapponicas Directionis,
anno 1780. *)

Ein Werk, welches der Fürsorge der hochlöblichen
königlichen Direction für die Aufklärung der lappländischen Nation, der Genauigkeit und dem Fleiße seiner Verfasser, und der Buchpresse des Herrn Lange zugleich Ehre
macht. Die Vorrede des sel. Herrn Canzlehraths Ihre
ist um so viel mehr merkwürdig, weil es eins von den letzten Werken ist, das die gelehrte Welt von der Hand dieses, in allem dem, was zur Sprach- und Alterthumskennt-
niß gehört, großen Mannes erhalten hat, und es also
zeiget, wie er bis zum Ende seines Lebens diejenige Stärke
in Gedanken, die Nettigkeit im Ausdrucke, und die leichte
und weit umfangende Gelehrsamkeit beybehalten, welche
alle seine Arbeiten auszeichnen. Sein Vorsatz ist eigentlich hier, eine Hypothese zu beweisen, die er nach dem
großen Leibnitz lange behauptet, daß nämlich die lappländische und die ihr verwandte finnische Sprache diejenige gewesen sey, welche von unsern Vorfahren vor der
Ankunft Odens in unserm Norden geredet wurde. Daß
dieser Eroberer wirklich bey uns eine neue, oder die so genannte gothische Sprache auf Kosten einer andern, die
ehemals bey uns gangbar war, eingeführt habe, ist
durch das hier angeführte Zeugniß des Sturlesons und
mehrerer isländischen Geschichtschreiber außer allem Widerspruche klar. Wenn wir daher in unserer jetzigen Mut-
terspra-

*) Der Schluß des vorhergehenden Artikels giebt Nachricht, wo-
her diese Recension genommen ist.

tersprache den größten Theil von Wörtern finden, die ihren gothischen Ursprung und ihre Verwandtschaft mit andern davon herabsteigenden Sprachen verrathen; aber auch einige, welche keine Gemeinschaft mit ihnen haben, sondern ihren Stammwörtern nach in der lappländischen oder finnischen Sprache wieder gefunden werden: so können wir mit Wahrscheinlichkeit schließen, daß solche von der Zeit zurückgeblieben sind, da sie in unserm Lande geherrscht hat. Also ist zum Beyspiel das Wort Gud (im deutschen: Gott) rein gothisch, aber Jummala und Jubmel, welches oft in unsern Geschichten vorkommt, nur in dem jetzigen Lappländischen und Finnischen zu finden. Stor (groß), welches in keiner gothischen Mundart gefunden wird, hat seine entsprechende Bedeutung in dem Stuor der Lappländer. Warg, an dessen Stelle in der gothischen Sprache allenthalben Ulf (Wolf) angenommen ist, braucht man noch im Lappländischen. Tok (Narr), auch ganz unbekannt im Gothischen, stimmt mit dem finnischen Tobco und dem lappländischen Tajok überein. Mehrere Wörter von der alten Sprache, welche in unsern ehemaligen Gesetzen und Mittelalters-Schriften vorkommen, und vergebens aus dem alten Gothischen ausgedeutet werden, kann man leicht durch den Parallelismus der lappländischen Sprache erklären. Hiezu kömmt, daß verschiedene Namen der Oerter, welche ganz sicher in ihrem Anfange bedeutend gewesen sind, ohne Schwierigkeit von dem Lappländischen können hergeleitet werden. Järken ist eine beträchtliche See in Roslagen, und in der lappländischen Sprache bedeutet Jargn eine große See. Häute (Wasserfall) giebt eine ziemlich gute Ursache zur Benennung von Trollhätta; wie auch Loka (im Finnischen: Schlamm,) der Loka-Quelle den Namen mag gegeben haben. Mor und Muor (im Lappländischen Holz) erklärt die Namen von Mora, Kirchspiel in Dahlland, der Stadt Hedemora, der Landvogteyen Süd- und Nora-More, und des Waldes Kolmoren, auf selbige Art, als Wed beydes Holz und Wald bedeutet in: Finweden, Tiweden, Hälweden. Wärmeland ist zusammengesetzt von den lappländischen und finnischen Wörtern Ware und Wuori, welches Berg, und Max, welches Land bedeutet. Kalmar, eine uralte Handelsstadt, hat noch ihr Stammwort in der mit der ungarischen verwandten lappländischen Sprache,

wo

wo Kalmar einen Kaufmann, Kalmarara eine Kaufmanns-
waare bedeutet u. s. w. Der Herr Kanzleyrath führt
zum Schluß seine Gedanken an, daß die sogenannten
Swiar, welche Corn. Tacitus berührt, keine andre als
Lappländer gewesen sind; daß sie von Oden und seinen
Asar nordwärts und über dem Walde Kolmoren immer
länger und länger weggedrungen worden, bis sie die Plätze
erreichten, die man ihnen nicht weiter mißgönnete, und
daß die lappländische und finnische Sprache, ohngeachtet
ihrer jetzigen Ungleichheit, dennoch vom Anfange eine und
eben dieselbige gewesen ist, auch deswegen, da die Lappen
ihre Sprache Same kiäl, die Finnen noch heutiges Tages
die ihrige Suomi kieli, nennen; anderer Aehnlichkeiten zu
geschweigen, sowohl in der Etymologie als auch in der
Construction, welche vergebens in andern Sprachen gesucht werden. — Des Herrn Joh. Öhrlings Epitome Grammaticæ Lapponicæ, welche hierauf folget, ist
nur zu einer Einleitung eines bessern Gebrauchs des Lexicons selbst bestimmt, und können diejenigen, welche die
Art dieser Sprache näher kennen lernen wollen, dazu die
Grammatica Lapponica des Propstes Fiellström vom Jahre
1738 gebrauchen. Indessen kommen hier einige Anmerkungen vor, welche Aufmerksamkeit verdienen. Die lappländische Sprache, so wie die Sprachen aller Nationen,
deren Genie noch nicht veredlet worden, leidet natürlicher
Weise großen Mangel an Kunst- und solchen Wörtern,
welche dazu dienen, um abstracte und moralische Begriffe
auszudrücken; da sie doch in sich selbst reich genug und
voll von Nüancen ist, wenn es auf die nothwendigsten,
und die den äußerlichen Sinnen vorkommenden Ideen ankömmt. Auf solche Weise haben sie nicht weniger als fünf
verschiedene Wörter, um Schnee zu bezeichnen, je nachdem er entweder vom Winde zusammengehäuft, oder auf
eine andere Art verhärtet, aber nicht zu Eise gefroren,
oder mit einer dünnen Eisscholle, oder stark gefroren,
oder auch mit Eis unten auf der Erde ist. Also können
sie nicht die Tugend mit einem andern Worte, als Tjabbes
tape ausdrücken, welches an sich selbst eine hübsche und
anständige Art zu leben bedeutet; und Gewissen mit
Waimon Tåbdo, welches eine Ueberzeugung im Herzen anzeiget. Um alle die Dinge, wovon sie die Namen
nicht wissen, zu bezeichnen, haben sie ein einzelnes
Wort

Wort Ata und das Zeitwort atet, da man aus dem Zusammenhange schließen muß, was damit gemeynt ist. Die Fürsorge der spätern Zeiten für die Religion der Lappen hat die kirchlichen Wörter und Bedeutungen in ziemlicher Menge eingeführt und naturalisirt. Diejenige Orthographie, welche in diesem Lexico gebraucht worden, wird hier hinreichend angeführt und bestimmt, welches in Ansehung der Schwierigkeit, die Ausssprache der Lappländer auszudrücken, nothwendig, und die Ursache gewesen, daß bisher kaum ein einziger die Sprache vollkommen gleich mit einem andern geschrieben hat. Bey den Nominibus ist sonderbar, daß, außer den in andern Sprachen vorkommenden sechs Casus, hier noch fünf solche gefunden werden, nämlich Locatiuus in, Mediatiuus mit, Priuatiuus ohne, Factiuus gleichwie, Penetratiuus durch; welche sich alle durch ihre Endigungen unterscheiden, und folglich den Gebrauch der Präpositionen sparsam machen. Pronomina suffixa werden durch alle Casus gebraucht, als Attjam, mein Vater, von Attje, Vater; Genit. Attjan, meines Vaters, u. s. w. Einige Verwandtschaftswörter haben den Dualem Num. Comparatio Adiectiuorum geschiehet im Comp. durch Zusatz der Endigung Sub oder Subbu, und im Superlat. Sumus. Beynahe alle Verba endigen sich im Præs. Infinit. auf et und ot, wovon das Præs. Indicat. durch die Veränderung dieser Sylben in ab und ob formiret wird. Leb (ich bin) ist das Verbum auxiliare, und wird auch wider alle Gewohnheit im Præter. Activ. gebraucht. Einige Aduerbia können auch decliniret werden. Die Præpositiones regieren nur den Genitiuum, als die bey allen übrigen in dem Nomine selbst eingeschlossen sind. — Zur Probe vom Lexico kann eins und das andere Wort angeführet werden: At oder Ata, vox suppositia, loco alius cuiuscunque nominis omissi, et cuius aliunde aut ex contextu cognita est significatio, substituta. (Ein Wort, welches statt eines jeden andern ausgelassenen Wortes gebraucht wird, dessen Bedeutung man aus der Meynung sehen kann.) Tat at, hæc res, diese Sache oder dieses Ding. Wuondnajes ateh tat asstalata le takkam, infandum facinus sceleratus hicce commisit. Obs. cum nomine substantiuo iunctum nunquam non in bonam partem accipitur, e. g. at ålma le Sodn, bonus vir ille est. At åsåseb le tab, de meliori

ori nota hæ sunt merces. Tjasket, V. a. iacere. Evit tjasket, abiicere, reiicere. Ulkos tjasket, eiicere. Wuolos tjasket, deiicere. Wuollai tjasket, subiicere. Transl. Pjäbmo tjaska kukkes nelgojit, cibum ægre ferunt, qui diu famem passi sunt. It. tjasket, percutere. Tjaskestet, diminut. Tjaskegåtet, inchoat. anfangen zu werfen. Tjaskajet, idem. Tjasketattet, coniici posse, können geworfen werden; cfr. Palkestet. Fennon. Lasketan, iacio. — Zum Schlusse kömmt ein schwedisches und lappisches Wörterregister vor. Des Propst Fjellströms kleines Wörterbuch und *Knud Leems Nomenclator Lappo* können nunmehr wohl entbehret werden. Des Pater Sainovics und die nach ihm durch den seligen Herrn Canzleyrath Ihre angestellte Vergleichung zwischen der lappländischen und ungarischen Sprache, welche anzuzeigen scheint, daß diese beyden Nationen einen gemeinschaftlichen Ursprung von den alten Hunnen oder Tatarn erkennen, kann nun eine weitere Erklärung hierdurch gewinnen. Die Bestimmung dieses Lexicons ist eigentlich für die Lappländer, doch läßt die lappische Direction auch einige Exemplare davon verkaufen.

VI. Anzeige eines wöchentlichen Blattes für Aerzte und Naturforscher.

Sie erschien auf ein Octavblatt kleinen Formates mit lateinischen mittelmäßig großen Lettern abgedruckt, unter dem Titel: *Wecko-Skrift för Läkare och Natur-Forskare* etc. und der Anfang der Ausgabe war auf den Jänner 1781 angesetzet.

„Medicin, Chirurgie, Anatomie, Chemie, Natur„lehre (für Aerzte) und Naturgeschichte werden den Ge„genstand desselben ausmachen."

„Diese Zeitung wird also für die benannten Wissen„schaften Recensionen, Abhandlungen, Berathschlagungs„fragen und Antworten, Hauscuren, Neuigkeiten u. s. w. „in sich halten."

„Alle diese Endzwecke zu erreichen, wird man nicht „allein sorgfältigst und aufs geschwindeste die aus- und ein„ländischen Arbeiten herbeyschaffen, und das Vorzüglichste „daraus recensiren; sondern auch dasjenige mit Vergnügen „annehmen und einrücken, was Liebhaber der obgenannten

„Wiſſenſchaften dazu mittheilen dürften. Hierbey wird jedoch dieſe Ordnung beobachtet, daß diejenigen, welche etwas in dieſe Zeitung eingeführet wiſſen wollen, die Handſchrift zuvor ohne Namen in des Herrn Dir. Fyrbergs
Buchladen abgeben laſſen, wo ſie ein Paar Tage hernach Antwort erhalten können, ob die Einrückung geſchehen kann oder nicht? Im letztern Falle wird die Handſchrift zurückgegeben; im erſtern aber kann nach des Verfaſſers Gutfinden der Abdruck entweder unter oder ohne
ſeinen Namen geſchehen."

„Man macht ſich anheiſchig, jährlich zum mindeſten
50 Bogen zu liefern, und zwar ſo, daß, die beyden Monate Julius und Auguſt ausgenommen, ſonſt wöchentlich
ein bis zween Bogen ausgegeben werden."

„Dieſe Wochenſchrift wird in gewiſſe Bände vertheilet, deren jeder 25 Bogen benebſt Regiſter und einem in Kupfer geſtochenen Titel in ſich faſſet."

„Der Pränumerationsweg iſt nunmehr, nicht ohne Ur-
ſache, mißfällig; er wird alſo deswegen nicht als nothwendig vorgeſchlagen: jedoch will man dem nicht ſeine Freyheit benehmen, der zur mehrern Erleichterung 24 Sch.
auf jeden Band im voraus bezahlen will. Alsdenn hat
er auch den Vortheil, die Kupferſtiche umſonſt zu erhalten,
die gewiſſen Abhandlungen beygefüget werden möchten,
und welche von denenjenigen, die nicht pränumeriren, beſonders, auch von ſolchen jeder Bogen mit einem Schill.
Species bezahlet werden müſſen."

„Druck, Papier und Format ſollen gleich dem Plane
dieſer Anzeige beſchaffen ſeyn."

VII. *Barnabok, Hans Kongl. Höghet Kr. Pr.
und. til. af Samfundet Pro Fide et Chriſtianiſmo.*
(Kinderbuch Sr. K. Hoheit dem Kronprinzen
in Unterthänigkeit zugeeignet von der Geſellſchaft
P. F. et C.)

Dieſes Buch, welches gewiß in dem Fortſchritte der
ſchwediſchen Unterrichtsmethode Epoche macht, iſt von der
vorſtehenden Societät in einer doppelten Auflage dem Publico mitgetheilet worden: die erſte und prächtige in einem

nem ungewöhnlichen Formate, welches länger, aber schmäler als Quart ist; die zweyte und gemeine in klein Octav. Jene ist auf starkes französisches Papier mit großen und schönen sowohl deutschen als lateinischen, diese auf Druckpapier mit gewöhnlichen Lettern abgedrucket worden. Jene hat, außer einem in Kupfer gestochenen Titelblatte und einer ebenmäßigen Zueignung an den Kronprinzen, vierzehn Kupferplatten, auf deren jeder zwo Buchstaben mit Sinnbildern und Versen befindlich sind, und zum Anhange noch eine Rechnungstafel und zwo in Kupfer gestochene Vorschriften; in dieser ist blos der Anhang beygefüget. In jener macht dem Herrn Prof. Gillberg *) die Erfindung und Ausführung der Sinnbilder und Kupferstiche; dem Herrn Rathmanne Wellander **) die Abfassung der sinnreichen Verse; dem königlichen Buchdrucker und Ritter Herrn Fougt ***) der Abdruck Ehre; in beyden ist der Text einerley. Durch beyde macht sich die ehrwürdige Societät um Schweden ein ewiges Verdienst.

Diese hat zuerst den Entwurf dazu gemacht, und dabey verschiedene Bücher dieser Art, z. E. das Weisensche ABC Buch, das deutsche Schulbuch für das stockholmische deutsche Nationallyceum und andere zu Rathe gezogen, hiernächst einigen einzelnen ihrer Mitglieder die Ausarbeitung und Uebersicht, und endlich einer ganzen Deputation die letzte Berichtigung aufgetragen. So ist denn dieses Kinderbuch entstanden, welches in der ersten Abtheilung den Unterricht zum Lesen; in der zweyten, einen kurzen Auszug der Christenthumskenntnisse, theils durch Fragen, zuvörderst für die ersten und kleinsten Anfänger, hiernächst für die weiter fortgerückten Kinder, theils den Text von Luthers kleinem Katechismus, theils eine Sammlung gut ausgelesener biblischer Sprüche; in der dritten ein Gebetbuch für Kinder in sich enthält. Dies Buch verdienet den besten, und die prächtige Ausgabe den schönsten Büchern dieser Art an die Seite gesetzet zu werden. Diese wird das Exemplar für einen Rthlr. Species, die gemeine aber für drey Sch. verkaufet.

VIII. Nach-

*) Er ist Designateur-Lieutenant bey der königlichen Fortification und Professor für die Zeichnung bey der stockholmischen Maler-akademie. Sein Stichel wird sehr geschätzt.
**) Er ist als einer der schönsten Geister in Schweden bekannt.
***) Seiner wird im vierten Abschnitte Num. II. gedacht werden.

Dritter Abschnitt.

VIII. Nachricht von der neuen schwedischen Bibelübersetzung.

Von dieser wichtigen, heilsamen und dem jetzigen schwedischen Zeitalter so rühmlichen Unternehmung ist schon S. 62. eine Anzeige geschehen, und wird an seinem Orte noch mehreres erfolgen. Hier soll blos ein Verzeichniß eingerücket werden, was für biblische Bücher, und in welcher Ordnung sie nach und nach übersetzet erschienen.

Im Jahre 1774.

Das erste Stück. Darin fand sich das erste Buch Mose, das Evangelium Matthäi und der Brief Paulli an die Römer.

Im Jahre 1775.

Das zweyte Stück. Solches lieferte das zweyte B. Mose, das Evangel. Marci und Paulli ersten Br. an die Korinthier.

Im Jahre 1776.

Das dritte Stück. Darin war das dritte Buch Mose, das Evang. Lucä und Paulli zweyter Brief an die Korinthier.

Im Jahre 1777.

Das vierte Stück enthielt in sich: das vierte B. Mose, das Evang. Johannis, und Pauli Briefe an die Galater, Epheser, Philipper und Kolosser.

Im Jahre 1779.

Das fünfte Stück lieferte das fünfte B. Mose, das Buch Josua, die Apostelgeschichte, mit den gedoppelten Briefen Paulli so wohl an die Thessalonicher, als an den Timotheum, und auch seinen Briefen an den Titum und Philemon.

Im Jahre 1780.

Das sechste Stück. Darin finden sich das Buch der Richter, das Buch Hiobs, Paulli Brief an die Hebräer, der Brief Jakobi, die beyden Briefe Petri, die drey Briefe Johannis, der Brief Judä und Johannis Offenbarung. Alle diese Stücke sind in einem ansehnlichen Quartformate mit schönen Lettern auf hübsches Papier in der königl. Ordensbuchdruckerey bey dem Hrn. Assessor D. Pfeiffer herausgeausgekommen, und werden für einen Rthl. 28 Sch. verkauft.

Zu Anfange des Jahres 1781 ist das siebente Stück, welches die Psalmen Davids in sich fasset, unter die Presse gelegt worden.

IX. Anzeige einer zu Stockholm herausgekommenen Landcharte über den fünften Welttheil oder Polynesien.

Sie führet folgenden gedoppelten, so wohl schwedischen als französischen Titel: *Karta över Polynesien eller Femte Delen af Iordklotet af Dan. Djurberg Led. af Cosm. Sällsk. i Upsala. Stockh. 1780.* — Carte de la Polynesie ou la cinquième Partie de la Terre etc. Sie hat zwar die gewöhnliche Länge der Landcharten, nämlich zwanzig Werkzolle, ist aber breiter, nämlich von beynahe dreyßig Werkzollen. Sie ist ziemlich sauber gestochen und illuminiret, und kostet mit einer dazu gehörigen Erklärung des Hrn. D. Djurbergs in dem Holmbergschen Buchladen 16 Sch.

Da diese Erklärung den Grund von der Verfertigung dieser erheblichen Charte und von den dabey beobachteten Grundsätzen enthält, und daraus am leichtesten erhellet, was man sich davon zu versprechen hat: so soll sie ohngefähr wörtlich so eingerückt werden, wie sie in der gedruckten deutschen Uebersetzung, die mit der französischen und dem schwedischen Originale zugleich ausgegeben wird, lautet:

Nachdem ich nun eine Landcharte von dem 5ten Theil des Erdbodens durch den allgemeinen Druck bekannt gemacht, finde ich es meiner Pflicht gemäß, dem geehrten Leser auch eine Nachricht mitzutheilen, auf welchen Gründen ich sie ausgearbeitet habe. Erstlich werde ich Rechenschaft geben für derselben Eintheilung und Namen. Folgende Bemerkungsgründe haben mich veranlasset, wider eine uralte Gewohnheit, 5 Welttheile anzunehmen, unter welchen dieser wird der letzte seyn. 1) Ist seine areale Ausdehnung so weitläuftig, daß er Europa auf 20000 schwedische Quadratmeilen übertrifft, welches doch ohnstreitig den Namen eines Welttheils allezeit behauptet hat: warum sollte denn dieser größre Landesstrich nicht dasselbige Recht genießen? 2) Wenn ich seine einzelne Theile an den nähesten Welttheilen

len Asia und Amerika gerechnet, so hätten diese eine unförmliche Lage bekommen; zumal außerdem groß genug; und wo sollte ich dann die rechte Gränze zwischen Asia und Amerika festgesetzt haben? Wenn ich auch alle Inseln bis an den Mendocinschen unter Asien zugesellet, welches ich ja in solchem Falle thun mußte, in Rücksicht auf ihre Lage, hätte dieser Welttheil eine ungeheure Größe dadurch erhalten. Hätte ich sie aber auf die beyden Welttheile vertheilen sollen, wie hätte dann die Gränze ordentlich aufgenommen werden können? und hätte ich dann nicht zwischen den Mendocinschen Inseln, als den äußersten von der Reihe der Polynesischen Inseln, und Amerika ein großes Meer 500 Meilen lang bekommen? 3) Streitet diese Eintheilung nicht wider den von den alten Erdbeschreibern angenommenen Grundsatz, daß etwas ansehnliches festes Land erfordert werde, um einen Welttheil auszumachen, dieweil die einzige Ulimaroa mehr als 72000 Quadratmeilen enthält, also beynahe so groß ist als das ganze Europa. Rechnet man nun dazu die andern Inseln, so beträgt die sämmtliche Weite ungefähr 100,000 Quadratmeilen.

Daß ich die moluckischen, carolinischen, ladronischen und sawanischen Inseln, auch Celebes, Borneo und die philippinischen Inseln eben darunter begriffen, dazu bin ich dadurch veranlasset worden, daß es mir widrigenfalls sehr schwer, undeutlich und unordentlich gefallen wäre, seine Gränze zwischen das, was von alten Zeiten her zu Asien gerechnet worden ist, und das, was man in den alten Erdbeschreibungen unrichtig unbekannte Länder gegen Süden genennet, aufzuziehen. Nun aber siehet man auf dieser Charte die Gränze deutlich und ordentlich bestimmt; Asien ist gleichwohl groß genug; und ohnedem ist diese Eintheilung geographisch, folglich auch willkührlich; wogegen eine politische Eintheilung nie darf geändert werden, wenn sie noch so verworren wäre; wovon Deutschland ein merkliches Beyspiel darstellet.

Was den Namen betrifft, so ist er zusammengesetzet von den griechischen Wörtern Polys und Nesos, und bedeutet eine große Menge von Inseln: kein Welttheil hat ihrer so viele. Doch könnte jemand fragen, warum ich ihn nicht nach einem regierenden Haupte, oder berühmten Seefahrer benennet habe? Ich antworte: daß dieweil 5 verschiedene Nationen, die Portugiesen, die Spanier, die

Fran=

Franzosen, die Engländer und die Niederländer, nach einander die Länder dieses Welttheils entdeckt haben, so kann keiner von ihnen sich das Recht anmaßen, ihn nach dem Namen eines seiner Regenten zu benennen. Eben so wenig ist alles von einem Seehelden entdeckt worden, dessen Gedächtniß durch diesen Namen verewiget werden könnte. Also fällt diese Einwendung gänzlich weg.

Nun werde ich auch die Gründe anzeigen, nach welchen diese Charte verfertiget ist. Die Küste von Asien von Formosa bis Sumatra ist nach denen Cartes de l'Asie par d'Anville gezeichnet. Die philippinischen Inseln sind nach einer Charte von Murillo, welche Bellin berichtiget, Borneo nach d'Anville, Java nach denselben und Bougainvilles Nachrichten, Celebes nach d'Anville, die Inseln auf der östlichen Seite von Java bis Arow nach Valentyns Charten in seiner Beschreibung von den ostindischen Pflanzstädten der Holländer, vorgestellet. Die moluckischen Inseln sind nach der Charte, die man findet in Hist. Gén. des Voyages, und Gilolo insonderheit nach Vaugondys Charte, in Hist. des Navigations aux Terres australes, abgezeichnet. Um für Waigebu, Gammen u. s. f. bis Waigamma die rechte Lage zu bestimmen, ist sehr schwer gefallen: denn Tirion, ein berühmter Erdbeschreiber und als ein Holländer, der hier um so viel mehr glaubwürdig ist, hat die nördliche Küste von Waigebu auf 1 Gr. nordlich von der Linie angegeben, da doch Bougainville nach astronomischer Berechnung ihre Lage dicht an der Linie auf der südlichen Seite gefunden, womit auch le Maire einstimmet. Um diese beyde achtungswürdige Aufgaben zu vereinigen, habe ich wohl die nördliche Küste von Waigebu nach Bougainville festgesetzt, doch also die Inseln enger zusammengezogen, daß Waigamma gleichwohl ihren Platz unter der Breite, wo Tirion sie gesetzt, bekommen. Die Papousinsel hat ihre Lage nach Vangondys Charte erhalten; dieweil aber dieser sie mit Neuguinea vereinbaret, und ich sie davon abgesondert, so muß ich meine Veranlassung dazu erklären. Sowohl alte portugiesische Nachrichten als Charten zeigen hier eine Meerenge an, und Bougainville, da er hier vorbeyschiffte, hat einen solchen Meerstrom bemerket, der ihn auf den festen Gedanken gebracht, daß eine solche Meerenge würklich hier vorhanden sey. Es ist auch so auf des Herrn Dalrymple seiner Charte abgebildet.

Neuguinea ist nach Baugondys Charte abgebildet; doch ist die Longitud nach Cooks Wahrnehmung berichtiget. Ich habe diese Insel von Louisiada, mit welcher sie doch auf die Dalrymplische Charte zusammengefüget ist, aus der Ursache abgesondert, daß portugiesische Nachrichten die östliche Küste von Neuguinea sich geradezu niederziehen, und an einem Vorgebirge, unter 9 Gr. Lat. beschliessen lassen: welches nicht statt finden könnte, wenn sie mit Louisiada verknüpfet wäre. Die südliche Küste von Louisiada ist von Bougainville entdeckt worden, und hier nach seinen Nachrichten und Charte geleget, gleichwie die Insel Choiseul; die nördliche Küste aber, welche von einem Holländer erstlich ist befahren worden, hat man nach Dalrymples Charte gezeichnet, so wie auch die kleinen Inseln daherum. Dalrymple hat sie mit Cap l'Averdi verknüpfet, und folglich dieses Vorgebürge 1 Grad weiter nach Süden zu hingesetzt, als es nach Bougainville liegen soll; ich habe also dem Cap l'Averdi seine rechte Lage gegeben, und es von der nördlichen Küste von Louisiada abgesondert, auch dem von Bougainville südlich von diesem Vorgebirge gefundenen Lande, ob ich wohl glaube, daß dieses Land mit der Louisiada zusammenhange. New-Britain ist nach Dampiers Relation, und New-Ireland nach des Carteret seiner figurirt; dessen Lage aber nach Bougainvilles astronomischer Beobachtung im Port Praslin berichtiget. Die Inseln New-Hannover, Admiralty u. s. f. bis auf Freewils Islands, sind nach Carterets Bestimmungen geleget. Die Inseln, welche man nördlich von New-Ireland gefunden, sind nach Dampiers und Bougainvilles verglichenen Nachrichten ausgesetzt.

Die carolinischen Inseln haben ihre Lage bekommen nach einer Charte von Pater Cantova, welcher selbst da gewesen, und ein geschickter Mathematicus war; die ladronischen nach Morales Nachrichten, welche ich geglaubt den Vorzug der Glaubwürdigkeit zu verdienen vor der Charte, welche man in Ansons Reise findet, dieweil sie genau bestimmt die Breite, die Größe und den Abstand einer jeden Insel; alle insgesammt nach der Breite, welche Biron für Tinian ausgesetzt, berichtiget. Die übrigen kleinen Inseln, östlich von den ladronischen, so wie auch die Piscadores mit mehreren nördlich vom Aequator belegnen, haben ihre Lage nach Greens Charte erhalten. Wallis hat vermuthet,

thet, daß die zwey von ihm entdeckten Inseln die Piscadores wären, und als solche habe ich sie auch ausgesetzt.

Die nördliche Küste von Ulimaroa, von Endeavours Strait bis aus Withsland habe ich nach Baugondys Charte, verglichen mit Dampiers Nachrichten, berichtiget, die nördliche Küste von Arnhemsland, welche ich nach einer Zeichnung bey Valentyn gelegt, ausgenommen. Von Withsland bis an Leeuvinsland habe ich die Küste nach einer geschriebenen Charte, die vom Capit. Ekeberg verfasset, und von dem Ritter Herrn Wargentin mir gütig mitgetheilt war, abgezeichnet. Diese Charte setzet die Küste um 2 Grad länger nach Osten zu, als die Baugondysche Charte und andere holländische Charten anzeigen; dieweil aber der Capit. Ekeberg hievon in Ostindien von holländischen Capitainen ist benachrichtiget worden, welche neulich da gewesen, und dazu seine eigene Beobachtungen gefüget, habe ich geglaubt verpflichtet zu seyn, solchen Erfahrungen beyzustimmen. Die östliche Küste davon bis an die Inseln St. Pieter ist nach holländischen Nachrichten gezeichnet. Die östliche Küste von Ulimaroa von Edeavoutstrait bis an Point-Hicks ist ganz und gar aus Cooks Reise genommen, also höchst zuverläßig; und Diemens Land ist nach dem Bericht des Furneaux beschrieben.

Eine ansehnliche Insel in dem carpentarischen Meerbusen, welche in keiner Erdbeschreibung und auf keiner Charte mit Namen bezeichnet gewesen, habe ich Büsching genennet; und einer andern dergleichen unter Neuguinea habe ich den Namen d'Anville gegeben. Ich habe geglaubt, daß die Namen zweener der größesten Erdbeschreiber, die die Welt noch gesehen hat, wohl verdienen, also aufbewahret zu werden.

Die Insel Surville hat ihre Lage nach Forsters Charte bekommen, worauf auch der Zug des Surville ausgezeichnet ist. Die charlottinischen Inseln sind nach Carterets Bericht ausgesetzt: von diesen ist Santa Cruz die größeste und von Mendanna auf seiner letztern Reise entdeckt worden; dessen richtige Ansetzung bestimmet also die rechte Lage für die übrigen Entdeckungen des Mendanna, wovon hernach ein mehreres.

Die neuen Hebriden sind nach Cooks Bericht hergesetzt. Eine von diesen Inseln, Espiritu Santo benennet, ist von

Quiros entdeckt, nach dessen erkannter Lage man hier seinen übrigen Entdeckungen die ihrige bestimmet.

Neu-Zeeland hat der weltberühmte Cook mehrmals umgeschifft; sie ist folglich nach seinem Bericht abgezeichnet, gleichwie auch die Freundschaftsinseln. Die wilhelminischen Inseln sind nach Tasmans Erzählung und Charte configuriret; deren Länge aber ist berichtiget nach der Insel Tongatabu, welche Tasman auch erst entdeckt, deren Lage aber Cook besser bestimmt. Die Inseln Tucopio und Taumago sind nach Quiros Erzählung geleget, berichtiget aber nach der Lage, welche man der Espiritu Santo zuerkannt, die dieselbige Zeit entdeckt ward.

Die Cocos- und Verrätherinseln sind von le Maire entdeckt; Wallis aber hat sie aufs neue gefunden, und ihre Lage genauer bestimmt, welche also in Absicht auf die Länge zur Richtschnur für alle die andern Inseln dienet, die le Maire entdeckt, und folglich hat man diese nach demselbigen berichtiget, von Honden-Eyland bis an die Hoornsee-Eylands. Der von Roggewin entdeckte Archipelag von Inseln von Carlshoff bis an Recreation ist nach seinem Bericht gesetzt, dessen Länge aber nach der Osterninsel bestimmt, welche Roggewin entdeckt, Cook aber der Länge nach genauer festgestellt. Pingre' sucht wohl in einer Abhandlung darzuthun, daß diese Inseln noch 13 Gr. besser nach Westen zu liegen, aus dem Grunde, daß da die Osterninsel nach dessen Untersuchung vermuthlich unter dem 256 Meridian liegen soll, so muß ihre Stellung, in Rücksicht auf Roggewins Umschiffung, die Lage der andern Inseln bestimmen. Weil es nun aber ausgemacht ist, daß die Osterninsel unter dem 269 Gr. Longit. liegt, so müssen auch diese Inseln so viel weiter nach Osten gezogen werden. Der Archipel de Venus, in welchem die berühmte Insel Otaheite die größeste ist, und wovon die Gesellschaftsinseln einen Theil ausmachen, ist sowohl der Breite als der Länge nach so genau bestimmt, als irgend eine der bekanntesten Gegenden in Europa. Archipel Dangereux ist nach Cooks, Bougainvilles, derer Wallis und Carteret Beobachtungen beschrieben. Die von Quiros darunter entdeckten Inseln hat man nach seinem Bericht geleget, und nach der Lage der Insel Espiritu Santo berichtiget. Dieweil auch seine Beschreibung der Insel, welche er Sagittaria nennet, in allem Absehen mit der Lage der Otaheite übereinstimmt, so muß sie auch
eine

eine und dieselbige Insel seyn, und habe ich also die Lage der übrigen darnach festgestellt.

Die mendocinischen Inseln hat Mendanna auf seiner zweyten Reise entdeckt; Cook hat sie nachhero gesucht, und ihre Lage in Rücksicht auf die Breite ziemlich genau bestimmt, ihre Länge aber 5 Gr. zu weit nach Westen gezogen befunden.

Ueber den salomonischen Inseln haben die Erdbeschreiber und Seefahrer viel mit einander gestritten. Etliche haben ihr Daseyn rein heraus geleugnet, weil sie sie nicht gefunden, und alle Erzählungen davon als Mährchen angesehen. Andere, unter welchen auch Dalrymple einer ist, haben wohl nicht ihre Würklichkeit bestritten, sie aber weit herunter bis an New-Britain und New-Ireland hingeführet, und behauptet, daß diese mit den umliegenden die salomonischen Inseln ausmachen.

Die Behauptung der erstern ist ganz ungegründet: denn der Bericht des Figueroa von ihrer Erfindung ist allem Ansehen nach so umständlich, daß kein Zweifel von ihrem Daseyn statt finden kann, zumal da Herrera, Torquemada und andere alte spanische Erdbeschreiber daran nicht gezweifelt. Die Vermuthung der letztern ist mehr wahrscheinlich; nachdem man sie aber reiflich erwogen, befindet man sie auch falsch. Figueroa erzählet ja sehr deutlich, daß Bayos de Chandelaria, wovon die Insel Isabella, welche davon südlich liegt, gesehen werden kann, unter 6 und 1 Viertel-Gr. Latit. liegen. So wohl er als Quiros sagen auch ausdrücklich, daß sie 1500 Meilen von Lima entfernet sind. Demohnerachtet will Dalrymple die zwischen dem 2 und 5 Gr. Latit. befindliche Insel New-Ireland für eine und dieselbe mit der zwischen dem 7 und 9 Gr. der Breite belegenen Insel Isabella angesehen haben, und die übrigen Inseln um New-Ireland herum mit den übrigen salomonischen vergleichen, wodurch ihre Beschreibung ganz und gar nicht übereinstimmend mit der ihnen von ihm gegebenen Lage wird, die Verschiedenheit der Länge, die bis auf 40 Gr. beträgt, zu geschweigen. Wie könnte es wohl möglich seyn, daß ein erfahrner Seecapitain und dazu mitcommandirender Admiral sich auf 5 Gr. Latit. und 40 Gr. Long. mißrechnen sollte? derselbige, der nachhero die mendocinschen Inseln entdeckt, welche Cook richtig von ihm ihrer Breite nach ausgesetzt fand, nur 5 bis 6 Gr. zu viel

nach

nach Westen; ja derselbige, der auch die Insel Santa Cruz entdeckt, welche Carteret auch unter dieselbige Breite und sehr nahe der bestimmten Lage gefunden. Daß Biron sie nicht erreicht, kommt daher, daß er sie allzuweit westlich suchte; und Cook nahm seinen Lauf südwestlich von den mendocinischen Inseln, konnte also nicht die salomonischen treffen. Kein anderer hat sie gesucht. Dem zufolge mögen sie wohl den auf der Charte ihnen bestimmten Platz behalten, bis jemand von unsern Seefahrern, welcher der 7 und 8 Parallel zwischen den Mendocinischen Inseln und New-Ireland beständig folgt, sie da nicht findet. Ich habe sie etliche Grade östlicher von der Lage, welche Figueroa ihnen gegeben, deswegen gezogen, daß Cook die zweyte Entdeckung des Mendanna, die mendocinischen Inseln 5 bis 6 Gr. östlicher von der aufgegebenen Lage gefunden, und weil Mendanna selbst, auf seiner zweyten Reise, sich in der Nähe der salomonischen Inseln zu seyn geglaubt, da er die mendocinischen entdeckte.

Die Osterninsel hat ihre Lage nach Cooks Bericht, und die Insel St. Daniel nach einer spanischen Erzählung, welche der Prof. Bergman in seine Weltbeschreibung eingerückt, bekommen.

Es würde allzuweitläuftig seyn, wenn man die Lage einer jeden Insel und eines jeden Orts untersuchen und bestätigen sollte.

Sobald ich Nachricht erhalte von den letzten im Südmeer gemachten Entdeckungen der 2 englischen Schiffe, unter Anführung derer Cooks, Clerks und Kings, soll diese Charte darnach verbessert werden.

Vierter Abschnitt.
Gelehrter Anhang,

oder

Nachrichten von allerley mit dem Zustande der Gelehrsamkeit in Schweden verbundenen Gegenständen.

I. Kurze Vorstellung der sämmtlichen Akademien und Societäten zwischen den Jahren 1770-1780, die in Schweden entweder mittelbarer- oder unmittelbarerweise zur Gelehrsamkeit oder den freyen Künsten und Wissenschaften etwas beytragen. *)

a) Die Akademien sind folgende:

1)

Die Königl. Wissenschaftsakademie zu Stockholm, deren hoher Schutzherr der König selbst ist.

2) Die Königl. Akademie der schönen Künste und Wissenschaften zu Stockholm, unter dem Schutze Ihrer Maj. der verwitweten Königinn.

3) Die Königl. Maler- und Bildhauerakademie zu Stockholm.

4) Die Königl. musikalische Akademie zu Stockholm. Von diesen beyden ist auch der König der erhabene Beschützer.

b) Zu den Societäten oder Gesellschaften gehören:

1) Die Königl. Societät der Wissenschaften zu Upsala.
2) Die Königl. patriotische Gesellschaft zu Stockholm.
3) Die Gesellschaft Pro Fide et Christianismo zu Stockholm.
3) Die Kosmographische Gesellschaft zu Upsala.
5) Die Physiographische Gesellschaft zu Lund.
6) Die Königl. Gesellschaft der Wissenschaften und freyen Künste zu Gothemburg.
7) Die Erziehungsgesellschaft zu Stockholm.

Hie und da findet man auch Reden und Poesien, auch Abhandlungen, Zeitungen u. d. gl. welche in dieser oder jener Gesellschaft, oder Orden vorgelesen, und durch solche zum Drucke befördert worden, als: im Freymaurerorden,

---

*) An seinem Orte wird eine ausführlichere von der Stiftung, Einrichtung und den Beschäftigungen derselben erfolgen. Die eigentlichen Universitäten sind hierunter nicht begriffen.

orden, der Gesellschaft Pro Patria, Vtile Dulci, Aurora zu Åbo, der Theologischen Gesellschaft zu Carlskrone u. s. w. Weil das aber selten geschieht, und von der Absicht dieser Institute zur Beförderung der Gelehrsamkeit weiter öffentlich nichts bekannt ist, so können sie hier mit Stillschweigen übergangen werden.

II. Zustand der Buchdruckereyen in Schweden zwischen 1770 und 1780.

Außer den besonders anzuzeigenden Verlagen von Schriften geben sie sich fast alle mit dem Abdrucke von Bußtexten, A B C Büchern und Luthers kleinem Katechismo ab. Sie folgen hier in alphabetischer Ordnung auf einander.

1) Calmar hat eine Buchdruckerey, die sich aber nicht mit großen Werken abgiebt, sondern nur kleinere Stücke, als: Synodaldisputationen, Publicationen des Landshauptmanns und des Consistoriums u. d. gl. liefert.

2) Carlskrone. Die dasige so betitelte Admiralitäts-Buchdruckerey drucket nicht viel mehr, als Katechismen, kleine Andachtsbücher und andere Schriften, Reime, Histörchen, Publicationen 2c.

3) Carlstadt. Dort wird außer einigen Leichenpredigten, einem Wochenblatte, etwanigen Synodaldisputationen, den Bußtexten, Quittungs- und Postbalterbücheen, wenig gedruckt.

4) Gefle. Die dasige Druckerey lieferte 1768 eine schwedische Bibel in 4., 1773 ein Gesangbuch, und hin und wieder ein Buch; meistentheils ist sie mit den Publicationen des Landshauptmanns, einer oder der andern Leichenpredigt, und mit allerley Histörchen und Reimen für das gemeine Volk beschäftiget.

5) Zu Gothenburg sind zwo Buchdruckereyen, worin Bibeln, Gesangbücher, Zeitungen, Synodaldisputationen, Abhandlungen der dortigen gelehrten Gesellschaft, größere und kleinere Schriften gedruckt werden.

6) Jönköping. Dort ist wenig mehr gedruckt worden, als eine Postille, Gesangbücher mit größern und kleinern Buchstaben, kleine Gebetbücher, Verse und dergleichen Kleinigkeiten. So ward z. E. die erdichtete und abgeschmäckte Weißagung Zadeks daselbst gedruckt.

7) Lin-

Gelehrter Anhang.

7) **Linköping.** Selten werden itzt dort größere Werke gedruckt; gewöhnlich nur Publicationen der Landeshauptmannschaft und des Consistoriums, Stiftszeitungen, kleine Gesangbücher und Schriften.

8) **Lund.** Die dasige Buchdruckerey liefert hin und wieder größere Werke; und überdieß die akademischen Disputationen, Programmata, Reden und einzelne Predigten. Sie giebt seit 1776 über die Verlagsschriften jährlich auf einem Blatte in gr. 8. oder kl. 4. ein Verzeichniß heraus.

9) **Malmö.** Dort wird erstlich eine Buchdruckerey angelegt; ob sie wirklich zu Stande kommen wird, steht zu erwarten.

10) **Norköping.** Dort werden Bibeln, Gesangbücher, allerley kleine Schriften, itzt nicht oft große Bücher gedruckt.

11) **Nyköping.** Die Buchdruckerey daselbst giebt sich selten mit mehrerm, als dem Abdrucke kleiner Schriften ab.

12) **Skara.** Etwa eine Synodaldisputation und eine oder die andere kleine Schrift, Publicationen des Consistoriums u. d. gl., machen die Beschäftigung der dortigen Buchdruckerey aus.

13) **Stockholm** hat verschiedene, und darunter sehr schöne Buchdruckereyen.

(1) Die Carlbomsche, oder Finnische, druckt größere und kleinere Schriften in lateinischer, schwedischer, besonders aber der finnischen Sprache. Es ist darüber 1780 ein Verzeichniß auf einem halben B. in 8. erschienen. Auch des Jadecks vorgedachte Lügenweißagung ist in das Finnische übersetzt und gedruckt worden.

(2) Die Fougtische, oder die Königliche, ist eine der schönsten und geschäftigsten in ganz Schweden, und ihr Eigenthümer, der königl. Sekr. und Wasaritter, Herr Fougt, ist das für Schweden, was Breitkopf für Deutschland ist. In diesem Verlage kommen alle sogenannte Majestatica heraus. Außer einem jährlichen Verzeichnisse, welches zum Schlusse des Jahres auf einem halben oder ganzen Bogen die Titel der darin das Jahr über abgedruckten Bücher liefert, erschien 1780 ein Katalog auf 9 Bogen in 8, worin nach den verschiedenen Wissenschaften alle die Titel der Bücher und Schriften angezeiget wurden, die entweder in dieser Presse ab-

gedruckt, oder wovon der Verlag und das Druckrecht von andern angekauft worden.

(3) Die Hesselbergsche druckt allerley größere und kleinere Werke, besonders aber kleine Streuschriften, welche durch die vorkommenden Gelegenheiten veranlasset werden.

(4) Die Holmerussische ist mit eben dergleichen Arbeiten beschäftiget.

(5) Die Kumblinsche drucket allerley Anzeigen, Carmina u. d. gl.

(6) Die Langensche ist nicht allein an sich, sondern auch nachdem ihr die Salviussische einverleibet worden, außerhalb Landes hinlänglich bekannt. Sie ist eine der schönsten und geschäftigsten im ganzen Reiche, und druckt die Abhandlungen der Akademie der Wissenschaften, auch allerley große und kleine Werke in mehrern Sprachen. Ihr Eigenthümer, Herr Lange, hat über seine eigenen und andere Bücher 1779. den ersten nach deutscher Art eingerichteten Katalog auf 8 Bogen in 8. herausgegeben.

(7) Die Nordströmsche druckt große und kleine Werke, und giebt den besten Buchdruckereyen in- und auch außerhalb Stockholm im saubern Druck nichts nach.

(8) Die Pfeifersche hat den Titel der Ordensbuchdruckerey. Sie ist mit allerley Schriften, besonders aber dem Abdrucke der neuen schwedischen Bibelübersetzung und des Daglicht Allehanda beschäftiget. Das letzte ist ein tägliches Zeitungs- und Intelligenzblatt, welches unter allen ähnlichen seiner Art den größten Abgang hat.

(9) Die Stolpische druckt große und kleine Werke von allerley Art.

(10) Die Wennbergische liefert allerley periodische und kleinere Schriften. Sie wird zukünftig die Holmbergsche heißen.

14) Strengnäs. Aus der dortigen Presse kommen selten größere, nur meistentheils kleinere Schriften, als: Leichenpredigten, Synodaldisputationen u. d. gl.

15) Upsala. Die dortige Presse liefert größere und mindere Werke, akademische Disputationen u. d. gl. und ist eine der besten und geschäftigsten im Reiche.

16) Wasa hat allererst seit 1776 eine Druckerey. Sie liefert die Publicationen des dortigen Hofgerichts und Lands-

Landshauptmanns, nächstdem allerley kleine Religionstractate, meistens in finnischer Sprache.

17) Wennersborg. Man drucket dort fast nur allein Publicationen des Landshauptmanns, Katechismen, Hochzeit- und Leichengedichte, Schulreden und kleinere Schriften.

18) Westeräs. Dort ist, die größern stockholmschen Buchdruckereyen ausgenommen, eine der besten und geschäftigsten in Schweden.

19) Wexiö. Die dasige Druckerey liefert selten etwas mehrers als kleine Schriften, Synodaldisputationen u. s. w.

20) Åbo. Aus der dortigen Presse kommen die akademischen Disputationen, Programmata, Reden, finnische Bibeln, Gesangbücher, Katechismen und dergleichen; auch das schwedische Gesetzbuch in finnischer Sprache.

21) Örebro. Dort wird selten etwas mehr, als Gesangbücher, Schulreden, Publicationen der Landskanzelley, und kleine Schriften gedruckt.

In allem sind also bis jetzt neun und zwanzig Buchdruckereyen in Schweden vorhanden, die zu Malmö anzulegende, woferne sie anders zu Stande kommen sollte, nicht mit einbegriffen.

III. Nachricht von den schwedischen gelehrten Zeitungen bis auf das Jahr 1780.

Nicht eher als mit dem Jahre 1745 kamen gelehrte Zeitungen in Schweden heraus. Denn was sich vorher von Recensionen oder gelehrten Nachrichten in den ältern Actis litterariis Upsaliensibus, oder sonst hie oder da findet, war doch im eigentlichen Verstande keine gelehrte Zeitung. Dem verstorbenen und um die schwedische Litteratur zu seiner Zeit verdienstvollen Director Salvius war das Verdienst vorbehalten, hierin eine neue Laufbahn der Gelehrsamkeit zu eröffnen. Er gab seine gelehrte Zeitung unter dem Namen *Lärda Tidningar* heraus. Von 1745 bis 1773 erschien jährlich ein Band in 8.

Unter diesem Zeitraume betrat der berühmte Herr Assessor Gjörwell eben dieselbe Laufbahn. Er gab 1755 sein erstes Journal unter dem Titel: Stockholms histor. Bibliothek heraus. Nach den ersten dreyen Stücken setzte er jährlich ununterbrochen diese gelehrte Arbeit unter dem Titel:

tel: *Svenska Mercurius* bis 1761 fort. In den Jahren 1763 bis 1765 erschienen seine gelehrten Zeitungen unter eben dem Titel; das Jahr darauf unter dem: *Svenska Magazinet* (das schwedische Magazin); und in den beyden folgenden 1767, 1768 unter dem Titel: *Kongl. Bibliothekets Tidningar om lärda Saker* (Königl. Bibliothekszeitungen von gelehrten Sachen). — *Tidningar om lärda Saker* (Zeitungen von gelehrten Sachen) kamen nur in dem Jahre 1769 heraus, und machten den *Almänna Tidningar* (Abgemeine Zeitungen) 1770 — 1772 in 4. Plaß, denen ein Jahrgang (1773) in 8. unter dem Namen: *Nya almänna Tidningar* (Neue allgemeine Zeitung) nachfolgete. Diese beyden letzten Zeitungen, so wie auch der ältere schwedische Mercurius, fasseten auch politische und andere Neuigkeiten in sich. Von nun an veränderte der Herr Assessor seinen Plan und Titel. Er gab zween Jahrgänge (1774 und 1775) von *Nya lärda Tidningar* (Neue gelehrte Zeitungen) als eine Art von Fortsetzung der Salviussischen in 8. heraus, die er nun seitdem jährlich, also mit 1776, unter dem Titel: *Stockholms lärda Tidningar* (Stockholms gelehrte Zeitungen) mit einem Bande in 8. fortgesetzet hat. Diese Reihe gelehrter Zeitungen des Herrn Ass. Gjörwell ist die einzige für Schweden in ihrer Art. Es werden darin hauptsächlich Recensionen ausländischer Bücher, ohne doch die einheimischen bey Seite zu setzen, hiernächst kurze Anzeigen von beyden Gattungen von Büchern, und endlich allerley gelehrte Anekdoten, Biographica u. s. w. mitgetheilet; und ihr Herr Verf. hat das Verdienst, dadurch die Litteraturmittheilung in Schweden aufrecht erhalten zu haben, welche ohne ihn darin vielleicht verloren gegangen, wenigstens versäumet seyn würde. Mit dem Jahrschlusse von 1780 aber hat er bey anderweitigen überhäuften gelehrten Geschäften diese Arbeit ganz aufgegeben, und ihre Fortsetzung, wie angezeiget worden, andern überlassen.

Stockholms Weckoblad (Stockholms Wochenblatt) kam unter des königlichen Sekretairs, Ritters vom Wasaorden und Buchdruckers, Herrn Jouge Aufsicht, und in seiner Druckerey von 1774—1776, auch 1778 und 1779, aber nicht 1780. in Fol. wöchentlich heraus. Zuerst standen Auszüge aus allerley politischen Zeitungen, und zum Schlusse eines jeden

Gelehrter Anhang.

jeden Blattes erfolgte eine und die andere Recension einheimischer und auch wohl ausländischer Bücher.

Hwad nytt? (Was neues?) Ist ein zu Gothenburg seit 1772. bis jetzt herauskommendes Zeitungsblatt, welches jährlich einen Octavband füllet. Es ist in der seltsamen Methode der Katechismen in Frage und Antwort abgefaßt, und erstrecket sich über allerley mögliche gelehrte und ungelehrte, ernsthafte und lächerliche Gegenstände. Den Zustand der Gelehrsamkeit wird niemand daraus kennen lernen; seiner Methode wegen aber war dies Buch vielleicht nicht ganz mit Stillschweigen zu übergehen.

In eben dieser Stadt ist auch mit dem Jahr 1774. ein anderes Blatt unter dem Titel: Allehanda (Allerley) erschienen, welches noch 1780. in 4. fortdauert. Es liefert Staatsneuigkeiten von mehrern Ländern, besonders solche, die das schwedische Reich angeben, Auszüge aus Reisebeschreibungen, gute und schlechte Poesien, Acten und Documente der vorigen Zeiten, Anzeigen, Anekdoten und Anmerkungen über Historie, Oekonomie, Politik und Moral, Recensionen kleiner Schriften, Lebensläufe, Beschreibungen von Oertern, vornehmlich solchen, die innerhalb Schweden liegen. Zwey und funfzig Numern machen einen Jahrgang aus, der 24 Sch. kostet.

Tidningar utgifne i Lund. 1773. (Zeitungen, die zu Lund ausgegeben werden.) Es kam nur der einzige Jahrgang unter solchem Titel 1773 heraus, ward aber hernach mit dem Jahre 1775 unter dem Titel: Lunds Weckoblad (Lunds Wochenblatt) fortgesetzt, so daß bis 1780 jährlich eine jede Woche ein halber Bogen in 8. herauskam. Dieses Blatt würde keinen Raum unter den gelehrten Zeitungen behaupten, wenn es nicht Nachrichten von den Veränderungen, Lectionskatalogen und Disputationen der dortigen Akademie in sich fassete.

Tidningar utgifne i Upsala. (Herausgegebne Zeitungen zu Upsala.) Sie fiengen mit 1773 an, und haben mit dem Jahre 1779 aufgehört. Alle 14 Tage kam gewöhnlich ein Bogen in 8. heraus, und der Jahrgang kostete, den letzten ausgenommen, 36 Sch. Allerley Edicte, Briefe, Biographien, Protokolle und Nachrichten dieser und der vorigen Jahrhunderte, meistentheils zur Erläuterung der schwedischen Geschichte, Poesien, Anzeigen allerley Art, Anekdoten boten u. d. gl. nehmen wenigstens die Hälfte des Raumes in dieser Zeitung ein. Der Ueberrest ist den Recensionen einheimischer, und besonders ausländischer Bücher gewidmet. Solche pflegen für eine Zeitung fast zu ausführlich zu seyn. Sie waren meistentheils gut abgefasset. Statt dieser Zeitungen, dazu sich nicht Käufer genug weiter fanden, giebt der Verleger mit 1780 Stockholms Magazin heraus, welches historische Abhandlungen und Documente, Auszüge aus Reisebeschreibungen und neuern Büchern u. d. gl. in sich hält, also von der Form einer gelehrten Zeitung ganz abweicht, und wovon an seinem Orte geredet werden soll.

Tidningar utgifne af et Sällskap i Åbo. (Zeitungen, die von einer Gesellschaft zu Åbo herausgegeben werden.) Der erste Jahrgang war von 1771. Dem Plan nach, der auf 6 Octavseiten bekannt gemacht ward, sollten diese Zeitungen in sich halten: Poesien, Anmerkungen über die Landessprache, geographische und physikalische Beyträge über Finnland, ökonomische und medicinische Nachrichten, Lebensbeschreibungen, politische und gelehrte Neuigkeiten, Berichte von dem Zustande der Schulen, Hospitäler und Lazareten, allerley Begebenheiten und Anekdoten, endlich Landesneuigkeiten, welche die Kirchen, gerichtliche Entscheidungen, den Handel u. s. w. betroffen. Im ersten Jahre kam alle 14 Tage ein halber Bogen in 8. heraus; 1772 aber alle 8 Tage; und von 1773 bis 1778, wo dies Blatt aufhörete, wieder alle 14 Tage. In allen diesen Bänden sind kaum vier Recensionen ausländischer und gar keine von einheimischen Büchern, so daß es eher ein Wochen- oder Monatsblatt, als eine Zeitung heißen konnte. Gleichwohl ists Schade, daß dies Blatt aufgehöret hat, denn man erhielt dadurch die sichersten und geschwindesten Nachrichten von dem Zustande der dortigen Akademie.

VI. Kurzgefaßte Geschichte des Zustandes der Dichtkunst in Schweden bis auf 1772.

Mit der Uebersetzung der Handlungen der königlichen Akademie der Wissenschaften zu Stockholm, welche die Deutschen in der letzten Hälfte dieses Jahrhunderts empfiengen, bekamen die Ausländer erst einen richtigen Begriff

Begriff von dem Zustande der Wissenschaften in Schweden. Vor dieser Zeit hatten sie selten von den wissenschaftlichen Producten dieses Landes so vollständige und weitläuftige Kenntniß, als erfordert wird, um von den gelehrten Arbeiten dieser Nation auf die Lage der ganzen Gelehrsamkeit bey derselben richtig schließen zu können. Diese Handlungen machten solche erst mit den großen Köpfen genauer bekannt, die da anfiengen die Bewunderung Europens zu werden; und dieser großen Männer vortreffliche und viele Arbeiten beweisen unumstößlich, daß es zuvor nur an einer solchen Einrichtung fehlte, die dem arbeitsamen Genie des Schweden die Bahn öffnete, auf welcher er wahrscheinlich am liebsten und vielleicht auch am glücklichsten wandert. Aber es würde ungerecht seyn, das Verdienst dieser Nation blos auf Oekonomie, Mathematik und übrige Wissenschaften, die hauptsächlich ein kaltes Nachdenken erfodern, einschränken zu wollen — ein Vorwurf, den man so lange und so oft den Einwohnern Nordens gemacht hat, und der in der That sogleich auch den geringsten Schein von Billigkeit verliert, sobald man sich ein wenig mehr bey ihnen umsieht. Um sich von der Ungerechtigkeit derer zu überzeugen, die den Schweden lebhaftes Gefühl, Feuer der Einbildungskraft und damit alle Anlage zu den schönen Künsten absprechen, braucht man nichts weiter, als sich mit der alten Geschichte dieses Volks bekannt zu machen; so wird man in den wenigen poetischen Bruchstücken, die sich noch bis auf unsere Zeit erhalten haben, zulängliche Beweise finden, daß wahrer Dichtergeist, Kraft und Stärke im Ausdruck, und die vollkommenste Reinheit der Sprache, diese alten Dichter vielleicht vor allen andern ihrer Nachbarn und Zeitgenossen auszeichnete. Der Mechanismus ihrer Sprache und ihres Versbaues war so übereinstimmend mit ihrem wesentlichen Charakter — so männlich, daß ich sehr daran zweifle, ob sie dadurch viel verloren haben möchten, daß ihre Sprache nicht das Geschmeidige und Weiche hatte, das wir in unsre heutige Sprachen und Sitten so sorgfältig hineinzuzwingen suchen. Da sie den Vortheil des Schreibens vermuthlich gar nicht, oder doch höchstens sehr wenig kannten, und gleichwohl der letzte Endzweck ihrer Gedichte war, durch mündliche Ueberlieferung zu ihren Nachkommen übergetragen zu werden: so mußten sie sich nothwendig eines solchen Metrums

und

und Rhythmus bedienen, wo alles Gezwungene ausgeschlossen war, und doch eine gewisse und auffallende Anordnung des Verses verhindern konnte, daß nicht ganze Stellen nach und nach abgeändert oder vergessen werden könnten. Wahrscheinlicherweise hatten sich ihre Gedichte auch eine lange Zeit in ihrer ersten Reinheit erhalten; und dann erst, da die Nachkommen sich von der edlen Einfalt ihrer Vorgänger in Sitten entfernten, verloren sie die Gabe, sich in das Gefühl ihrer alten Dichter versetzen zu können. Sobald man nicht mehr im Stande war, die Größe der Gedanken des Barden mitzufühlen, der nur für Nachkommen sang, deren Herz so warm wie das seinige war — bewunderte man zwar noch den Wohlklang seiner Sprache, aber zugleich begehrte und vermißte das Ohr mehrere Fülle, da sich das Herz und der Verstand nicht mehr mit ihm beschäftigen konnten. Und man erfand Reime. Daß das auch eine Erfindung des nordischen Volks ist, ist fast außer allen Zweifel; aber noch gewisser ist es, daß keine Nation Ursache hat auf diese Erfindung stolz zu seyn: denn von dieser Erfindung an rechnet die Dichtkunst die Periode ihres Falles, der sie endlich ganz und gar stürzte. Die alte Sprache, und mit ihr ihr Genius, war verschwunden, und an seine Stelle trat ein mageres zusammengeflicktes Gerippe, das die Mönche nachher dann und wann zum Spielwerke gebrauchten. Vergebens würde dann der Dichter versucht haben, mit einem Vorrath von nichtsbedeutenden Worten und matten Meynungen ein starkes Bild der Natur zu liefern: die wahrscheinlichste Ursache, warum vom 14ten Jahrhunderte an bis auf die Zeiten der Königinn Christina, kein einziges originelles Dichtergenie sich gezeigt hat. Diese Königinn, die mit der Liebe für alle Wissenschaften und besonders für die Dichtkunst eine ungemein weitläuftige Belesenheit verband, munterte mit den kräftigsten Mitteln die Geister ihrer Zeit auf, Epoche zu machen, und diesen Unterstützungen haben wir Stjernhjelm zu danken. Ein Mann, der in der griechischen und römischen Litteratur vielleicht mehr als einer seiner Zeitgenossen bewandert war, und Kenntnisse in seiner eigenen Sprache besaß, in welcher er ohnstreitig alle seine Landsleute übertraf; ein Mann mit diesen in dem Zeitpunkte so seltenen Eigenschaften und von der Natur mit einer warmen und lebhaften Einbildungskraft begabt, war natürlich dazu geschaffen,

schaffen, den Reformater der Dichtkunst seiner Zeit abzugeben. Und wenn es eine ausgemachte Sache ist, daß man weder in Italien noch Frankreich im Jahre 1644 Opern hatte, so hat Stjernhjelm die Ehre, der erste gewesen zu seyn, der in dieser Art der dramatischen Poesie sich versuchte. Aber die Erscheinung dieses Mannes hatte das Schicksal, das jedes andre Phänomen gewöhnlicherweise hat. Der kalte Gelehrte stand vor ihm, und schenkte seine Achtung blos dessen Einsichten in Mathematik und in Alterthümer: denn das war eigentlich das Hofstudium unter der Regierung der gelehrten Königinn; der gleichgültige und weniger belesene Leser hingegen machte es mit ihm wie der Pöbel mit einem Kometen. Man nahm die Mütze vor ihm ab, und damit war's gut. Messenius schrieb zwar um die nämliche Zeit auch dramatische und andre Gedichte; aber diese beweisen schon, wie wenig Eindruck das Beyspiel des erstern auf seine Zeit gemacht hat.

Mit der Regierung der Königinn Christina hatte der Schutz der Künste das nämliche Ende. Die nachfolgenden Regenten munterten zwar hie und da die Wissenschaften auf, sich immer mehr und mehr auszubreiten, da hingegen die schönen Künste aller Pflege beraubt und vergessen dahinlagen. Es muß daher unerwartet in den Ohren des Geschichtkundigen klingen, daß Karl der Eilfte einen Ehrenstral zu schätzen wußte, und bey allem dem mit der größten Gelassenheit die größten Meisterstücke in der Malerey kalt übersehen konnte. Ein so einzelnes und dazu sich widersprechendes Beyspiel dieser Art war auch zu schwach, auf die hier und da verstreuten Künstler wirken zu können, und gewiß noch weniger vermögend, ein von der Natur glücklich geschaffnes Meistergenie seiner Zeit zu erwecken. Ein Columbus, Lucidor, Runius, Spegel und mehrere traten nach und nach, oder gleichzeitig auf; aber keiner von diesen allen sonst großen Männern verdiente mit Recht einen Stjernhjelm zum Vorgänger gehabt zu haben. Vielleicht kann man die Natur in diesem Stücke eines Eigensinnes beschuldigen, oder vielleicht hat eine Periode mehr oder weniger Vermögen die Gaben der Natur zu benutzen. — Gleichviel! Wenn auch hie und da verstreute Schönheiten in den Werken dieser Zeit allenfalls erwarten ließen, daß mehrere Aufklärung, feinere Kritik und richtiges Gefühl uns ein paar erträgliche Dichter mehr geschenkt haben würden, so kann man doch ohne alles Bedenken zugeben, daß von Dalin an bis hinauf an Stjernhjelm eine Lücke ist, die kein einziger von Dalins Vorfahren ersetzen konnte. Mit diesem (Dalin) fängt sich nun eine neue, und die letzte Periode der Dichtkunst an.

Unter der Regierung des Königs Friedrichs gab Dalin seine erste Schrift als eine Wochenschrift unter dem Titel: der schwedische Argus, heraus, worin er die damaligen Fehler in der Staatsverfassung und Sittenlehre seiner Landsleute mit einer feinen satyrischen Laune und einer solchen Wahrheitsliebe darthat, daß sie ihm, wiewohl unbekannt, aufrichtigen Dank dafür wissen mußten. Die Reichsstände empfahlen deswegen bey dem Schluße des damaligen Reichstages den unbekannten Verfasser in die Gnade des Königes, die Dalin auch kurz nachher genoß. Bey einer andern Zusammenkunft der Stände ward ihm aufgetragen, eine schwedische Geschichte zu verfertigen. Das Vertrauen, das man bey dieser Gelegenheit auf ihn setzte, gründete sich größtentheils auf die warme Vaterlandsliebe, mit der er die schwedische Freyheit in einem Heldengedichte besang. Vielleicht übertraf er in der Gabe, natürlich und der Materie angemessen zu schreiben, den Dichter seiner Zeit, der zugleich Geschichtschreiber war; vielleicht aber findet man auch in ihm manchen Beweis, wie wenig der Dichter, der sich gerne Hypothesen zu historisch gewissen Wahrheiten umschaffet, zu einem Historikus bestimmt seyn möchte. Die viele Arbeit, die mit diesem Werke verbunden war, zog ihn einige Zeit von den schönen Wissenschaften ab, und der Schade für die Dichtkunst würde durch die übelverstandene Belohnung, die ihr Liebling erhielt, unersetzlich geworden seyn, wenn sich nicht die Lage und die Aussichten Dalins mit der Ankunft des vorigen Königes und ihrer Majestät der verwitweten Königinn geändert hätten. Was die schönen Künste und Wissenschaften überhaupt einer Luisa zu danken haben, ist zu bekannt, als daß ich solches hier zu wiederholen brauchte. Nur sie war im Stande, die Finsterniß zu zerstreuen, die bis dahin den schönen, und besonders den Dichtergeist eingehüllt hatte, und kaum hatte sie den Thron bestiegen, so bewies sie, wie nahe ihr das Schicksal der verwaisten Musen am Herzen lag. Gleich nach der Mitte dieses Jahrhunderts stiftete sie die Akademie der schönen

Wissen-

Wissenschaften, und die glücklichste Zukunft war von dieser Einrichtung zu erwarten, als einer der unglücklichsten unvermutheten Zufälle alle Hoffnung vereitelte. Die Geschichte des Reichstages 1756 ist, leider, bekannt genug, und damit das, was sich damals mit Dalin ereignete. Freylich konnte nun der Nutzen dieser Akademie nicht den großen Erwartungen der gekrönten Stifterinn entsprechen; aber die Liebe zu den Musen war doch einmal so weit erweckt, daß sich hie und da geschickte Männer fanden, die sich ihrer Pflege annahmen. Eine solche Gesellschaft gab erst sogenannte Versuche heraus, worauf etliche Jahre nachher ein Werk in etlichen Bänden unter dem Namen: Vitterhets Arbeten folgte, ein Werk, das bis dahin die größte Erscheinung in der Dichtkunst Schwedens war, und diesen Vorzug bis auf diese Stunde noch mit Recht behauptet. Man darf nur die Namen eines Grafen Creutz, einer Nordenflycht und eines Grafen Gyllenborg nennen, um sich von dem Werthe dieser Sammlung einen Begriff zu machen. Da wir gesonnen sind, in der Folge von diesem Werke alles nachzuholen, was in diesem Fache wichtiges erschienen ist, so halten wir es überflüssig, vorläufig ein vollständiges Urtheil davon zu geben; sondern wir ersuchen unser Publikum, Zeit und Umstände zu erwarten, da wir uns in den Stand setzen können, die Liebhaber der Dichtkunst vollkommen zu befriedigen. Da der Endzweck dieser kurzgefaßten Geschichte ohnedas nur war, zu verhüten, daß man von den wenigen Stücken, die in diesem gegenwärtigen Bande angezeigt sind, nicht auf die ganze Lage der Dichtkunst unrichtig schließe: so wird man es uns gern verzeihen, wenn wir es auf eine andre Gelegenheit aufschieben, die Vorrede des Herrn von Haller zu Gruners Sammlung zum Vortheile der Staatswirthschaft u. s. w. worin dieser sonst so patriotische Dichter den Schweden den Vorzug in der Dichtkunst vor den Deutschen einräumet, genauer zu prüfen. St.

V. Geschichte und Beschaffenheit der Kalender in Schweden bis 1780.

Nach der Nachricht, welche J. Björnstierna in seinem Verzeichniß von den schwedischen Kalendern *) ertheilet,

*) Förteckning på Svenska Calendarier &c. (Verzeichniß der schwedischen

Vierter Abschnitt.

theilet,) waren die ältesten bloße Uebersetzungen der ausländischen, besonders deutscher Kalender, die ohngefähr um das Jahr 1570 ihren Anfang nahmen, und ziemlich lange bis in das vorige Jahrhundert hinein gedauert haben. Zuvor behalf man sich mit dem so genannten *Computus Ecclesiasticus*, der den Missalen und Breviarien vorgesetzt war. Jene sind indessen zum Theile von so unwissenden Uebersetzern ausgegeben worden, daß sie nicht einmal verstanden, den ausländischen Horizont zu ändern. Der erste schwedische Kalender, den man kennet, ist von dem upsalischen Georg Olai für die Jahre 1588 und 1589 ausgegeben worden. Für das erste dieser beyden Jahre kam sogar ein zu Wittenberg in 4. gedrucktes Prognostikon von dem Småländer Nik. Ringius heraus; aber so wohl dieses, als der vorhergehende Kalender, hielten nichts anders, als astrologische Vorherverkündigungen und dergleichen Aberglauben in sich. In den darauf folgenden Jahren ist wohl auch ein und anderer Kalender herausgekommen, z. E. einer von Forsius 1597, und einer von des Sturms Schülern; aber eine beständige Reihe derselben kann man nicht eher, als von dem Jahre 1600 an rechnen. Olaus Andreä und Gerhard Erici schrieben gesellschaftlich einen nach dem stockholmischen Horizonte zusammen. Von da an sind jährlich Kalender herausgekommen; nun einer, nun mehrere, oft bis 6 und 7, theils von verschiedenen Verfassern, theils von einem und eben demselben in verschiedenen Städten des Reichs. Von denenjenigen, welche mehrere Jahre in diesem Fache gearbeitet und sich eigentlich bekannt gemacht haben, kann man folgende namhaft machen; wiewohl sie nicht alle in der ganzen Reihe der angezeigten Jahre alljährlich einen Kalender herausgegeben haben: Herlicius, Professor zu Greifswalde, vom Jahr 1601 bis 1644; Forsius von 1608 bis 1623; Schomerus von 1633 bis 1636; Eichstadius, Physikus und Mathematikus zu Danzig, von 1643

---

dischen Kalender über jedes Jahr, von 1600 bis 1770 einschlüßig, denebst einem Beytrage verschiedener darin befindlicher Nachrichten.) Upsala. 1771. 8 ohne den Vorbericht 98 Seiten. Der Verfasser hat keine andere angeführet, als die er selbst vor Augen hatte; so daß das Werk ganz zuverläßig und die hier gelieferte Geschichte ein kurzer Auszug davon ist; wobey derjenige, der sich darüber in der schwedischen Encyklopädie findet, zum Grunde gelegt worden.

Gelehrter Anhang.

1643 bis 1653; Schwarz von 1644 bis 1656; Werve von 1648 biß 1653; Marchen, ein deutscher Mathematiker zu Greifswalde, in den Jahren 1652, 1653 und 1661; Freund, ein deutscher Mathematiker, von 1653 bis 1674; Fuhrmann, ein deutscher Philosoph und Pastor zu Lippstadt, von 1654 bis 1682; Magn. Celsius von 1658 bis 1661; Thuronius zwischen 1660 bis 1665; Spole von 1662 bis 1700; Meyer, ein dänischer Mathematiker, zwischen 1667 bis 1675; Voigt, ein deutscher Mathematiker zu Stade, der bis an seinen Tod vom Könige Karl XI. ein jährliches Gehalt von 200 Rthlr. hatte, von 1667 bis 1700; Nic. Celsius von 1679 bis 1724; Krook von 1691 bis 1716; Riddermarck von 1692 bis 1706; Bilberg von 1701 bis 1711. Vom Jahr 1701 an setzte man in den Kalendern den, damals gewöhnlichen, alten und den neuen Styl neben einander. Der letzte gab 1710 zu Strengnäs einen Kalender heraus, darin einem jeden Monate ein durch Spiegelberg gestochener Kupferstich vorgesetzet war. — Pet. Elvius vom Jahr 1701 bis 1718; Tammelin, zuletzt Bischof von Åbo, von 1708 bis 1725, in finnischer Sprache; vorher scheint kein ordentlicher Kalender darin herausgekommen zu seyn; Burmann von 1720 bis 1730; Wassenius von 1724 bis 1748; Menlös von 1734 bis 1745; Hjorter von 1734 bis 1748; A. Celsius von 1728 bis 1745; Wahlström von 1742 bis 1747; A. Hellant in den Jahren 1744 und 1748; Liedbeck von 1746 bis 1748, und noch viele andere, die nur für ein oder ein Paar Jahre Kalender verfertigten. In Betracht der Witterung stimmen sie alle darin überein, Vorherverkündigungen einzuführen; aber in allem dem, was sonst hinzugefüget werden konnte, gehen sie sehr von einander ab. Da die ältern selten von etwas anders, als von abergläubischen Dingen reden: so haben die neuern meistentheils etwas angenehmes und nützliches beygebracht: z. E. Hauscuren; Haushaltungsgeschäfte; Zeitrechnungen in der schwedischen Geschichte; Religionen, Sitten und Sprachen verschiedener Völker; die Geschichte der schwedischen Könige; Berichte von gewissen Provinzen des Reichs; Verzeichnisse von gewissen in jedem Monate blühenden Gewächsen; Festfeyern; Geschichte von manchen Städten und Personen; Geschlechtregister der Könige; Beschreibungen von den Himmelskörpern; die Wirkungen des

des Mondes auf die Erde u. d. gl. Seitdem die Kalender nach der königlichen Verordnung vom 17ten Octob. 1747. durch die königliche Akademie der Wissenschaften ausgegeben werden, so sind von der kleinern Gattung jährlich vier Arten herausgekommen: nämlich drey für den Horizont zu Stockholm, Lund und Gothemburg in schwedischer, und einer für den zu Abo in finnischer Sprache, welche zum Schlusse stets etwas für das Publikum nützliches in sich halten, z. E. Beschreibungen von Krankheiten, womit so wohl Erwachsene, als Kinder befallen werden; Beschreibungen, wie man diesen oder andern Krankheiten zuvorkommen und sie heilen soll; wie man die Erdfrüchte am vortheilhaftesten anpflanzen und nützen könne u. d. gl. Außer diesen vier Kalendern giebt die Akademie noch größere heraus, nämlich: 1) den historischen, der bis 1761 zerstreute Historien in sich enthielt, aber seitdem eine an einander hängende kurze Geschichte von den schwedischen Königen, außer einem angehängten Verzeichnisse der höhern Landesbedienten im Kriegesstande und in den königlichen Collegien, der Landeshauptmänner, der Richter und Consistorien in den Landesstädten, der Bürgermeister, der Provinzialärzte und Landmesser; 2) den stockholmischen Stadtkalender, der seit 1761 seinen Anfang nahm, und von der Zeit bis 1776, eine kurze Geschichte der Haupt- und Residenzstadt, benebst einem Verzeichnisse aller stockholmischen höhern und niedern Beamten, sowohl bey öffentlichen, als auch privaten Collegien, Gesellschaften und Einrichtungen liefert; 3) den Hofkalender, der bis 1761 allerley Materien in sich hielt, besonders im Jahre 1753 das Publikum mit der Veränderung der Zeitrechnung bekannt machte, da nach einer königlichen Verordnung vom 2sten Febr. 1752. Schweden den neuen Styl annahm: aber seitdem ein Verzeichniß aller europäischen Regenten mit ihren Familien, des Hofstaates, der höhern Staatsbedienten in den königlichen Collegien, benebst allen königlich schwedischen Ritterorden, und der Ritter selbst liefert. — Hin und wieder sind auch noch anderweitige Kalender herausgekommen; z. E. ein astronomischer Seekalender in den Jahren 1761 — 1763; ein königlich schwedischer Numerlotteriekalender von dem Jahre 1774; imgleichen ein Theateralmanach von 1779; nicht des Comptoirkalenders zu gedenken, der auf einen Foliobogen so abgedruckt

VI. Lectionskatalogus der Universität Åbo, auf 1772 — 1774. *)

A) Vorlesungen der ordentlichen Professoren.

I. In der Theologie.

D. Sam. Pryß, Dompropst, ist seines Alters halber dienstfrey.

D. Jak. Gadolin erkläret öffentlich den Exodus und richtet sich in seinen besondern Vorlesungen nach dem Wunsche seiner Zuhörer. — Liest nur so viel, als die Rectoratsgeschäfte erlauben. — Liest Mosis Bücher, benebst dem Beweise und der Vertheidigung des göttlichen Ursprungs der daraus hergeleiteten göttlichen Lehren. Die andern Vorlesungen hängen von dem Wunsche seiner Zuhörer ab.

D. Carl Mesterton las 1772 und 1773 die thetische Theologie öffentlich; besondere Collegia aber nach Verlangen.

D. Is. Roß fährt in seiner öffentlichen Erklärung der Harmonie der Evangelisten, und in besondern Vorlesungen nach Verlangen fort; — handelt öffentlich die Grundwahrheiten der geoffenbarten Gottesgelehrsamkeit ab; — fährt öffentlich in der Abhandlung der exegetischen Theologie, und privatim nach den verlangten Vorlesungen fort.

M. J. Haartmann von 1773. fährt in den Vorlesungen über die Kirchengeschichte des A. Test. nach Benzelii Epitome H. E. fort; nach deren Endigung er die neutestament. Geschichte auf eben die Weise behandeln wird. — Liest über P. Brief an die Galater, und hernach über den Brief an die Römer.

II. In

---

*) Er ist aus den daselbst einmal im Jahre gedruckten Lectionsverzeichnissen zusammengezogen worden. Die Striche zwischen den Vorlesungen zeigen die verschiedenen Jahre an. Von den Akademien Upsala und Lund folgt nächstens ein ähnlicher.

Vierter Abschnitt.

II. In der Rechtsgelehrsamkeit.

D. Olaf Pryß beschließt seine öffentlichen Vorlesungen über die Processualgesetze, und wird hernach die Erbschafts- und Ländereygesetze, auch besonders des Iustiniani Institutiones erklären. — Liest zuerst über die Länderey-, hernach über die Bau- und Handelsgesetze; — nach deren Beendigung über die Criminalgesetze. Die besondern Vorlesungen richten sich nach dem Wunsche der Studirenden.

III. In der Arzneykunde.

D. J. J. Haartman schließt seine Vorlesungen über die Materia medica; hernach beschäftiget er sich mit der Medicina alimentaria; — erklärt in seinen öffentlichen Vorlesungen die Gesundheitsregeln aus den deutlichsten, sowohl anatomischen, als physiologischen Grundsätzen; — trägt nach dem Haller die Grundsätze der Anatomie und der Physiologie vor.

IV. In der Philosophie.

M. H. Hassel, Professor der Beredtsamkeit, fährt in seinen Erklärungen über den Cicero de Officiis fort, und führet privatim die studirende Jugend zum Style an; — füget jenes Cato Maior, Laelius &c. hinzu; — und geht übrigens derselben mit den zu seiner Professur gehörigen Gelehrsamkeitszweigen an die Hand.

D. P. Kalm, Professor der Oekonomie u.s.w. wird, so weit es die Rectoratsgeschäfte verstatten, die Studirenden in den ihm aufgetragenen Wissenschaften unterrichten; — behandelt in seinen öffentlichen Vorlesungen den Wald- und Gartenbau; — fährt darin fort, und trägt hernach die Botanik vor. Die besondern Vorlesungen werden durch den Wunsch seiner Zuhörer bestimmet.

M. M. J. Wallenii, Profeß. der Mathemat. konnte Krankheit halber nicht lesen.

D. P. A. Gadd, Profeß. der Chemie, liest öffentlich über *Wallerii* Chemia physica mit Anwendung auf Oekonomie und Pharmaceutik; — erkläret öffentlich die Synthesin und Analysin der Erd- und Steinarten, nach Cronstedts Mineralogie; privatim die technische Chemie; — fährt in der letztern und den besondern Vorlesungen fort, so weit es die Rectoratsgeschäfte verstatten.

M. W.

Gelehrter Anhang.

M. W. A. Nääf, Profeſſ. der Logik und Metaph., ſchließt ſeine Vorleſungen über die Ontologie, und wird hernach außer den privaten auch öffentliche über die Logik anſtellen; — lehret öffentlich die Metaphyſik, privatim aber den Nutzen der Philoſophie in der Theologie; — lieſt öffentlich über die Koſmologie, hernach Pſychologie; privatim über die Geſchichte der Gelehrſamkeit.

M. J. Billmark, Profeſſor der Geſchichte und der praktiſchen Weltweisheit, wird das Recht der Natur endigen und mit der Moral fortfahren; auch die hauptſächlichſten in den Zeitungen vorkommenden hiſtoriſchen und politiſchen Materien erläutern; — fährt in jener öffentlich fort; privatim lieſt er über das Ius publicum Europæ; — lieſt öffentlich über die Politik. Die beſondern Vorleſungen hängen von dem Verlangen der Zuhörer ab.

M. A. Planmann, Profeſſor der Phyſik, erkläret außer den Privatvorleſungen die Experimentalphyſik; — lieſt öffentlich über die Grundſätze der Dynamik und Hydrodynamik; privatim über die phyſiſche Geographie; — hält öffentliche Vorleſungen über die Optik, private aber über die Meteorologie.

M. L. O. Lefrén, Profeſſor der morgenländiſchen und der griechiſchen Sprache, erklärt die Geneſis und Exodus, beſonders die Stellen, die in der ſchwediſchen Ueberſetzung einer Verbeſſerung bedürfen. Seine beſondern Vorleſungen hängen von dem Verlangen ſeiner Zuhörer ab.

B) Vorleſungen der andern Lehrer.

a) Der Adjuncten.

1) In der theologiſchen Facultät.

M. M. Avellan giebt 1773 eine Erklärung des Locorum theologicorum und Gelegenheit zu Diſputirübungen.

M. D. Deutſch wird 1774, nach geendigter dogmatiſcher Theologie, über die theologiſche Moral leſen, und Diſputirübungen anſtellen.

2) In der philoſophiſchen Facultät.

M. M. Calonius, erkläret das Ius publ. vniverſale, und die Botanik; — dasjenige von den vaterländiſchen Gebräu-

Vierter Abschnitt.

Gebräuchen, was am meisten die Rechtsgelehrsamkeit erläutert; — unterweiset entweder in dem Naturrechte, oder den besondern Vaterlandsgesetzen. Hält sonst nach Verlangen auch besondere Vorlesungen.

M. G. Schallberg wird sich mit der theoretischen und praktischen Philosophie, den Auctoribus classicis, den gelehrten Sprachen, und auch allenfalls mit Disputirübungen beschäftigen.

b) Der *Magistrorum Docentium*.

1) In der theologischen Facultät.

M. M. Avellan erklärete 1772 die symbolischen Bücher der evangelischen Kirche, und stellete Disputirübungen an.

M. J. Seleen trägt die dogmatische Theologie nach des Wöldike Compendium vor, und liest über die Kirchengeschichte und die symbolischen Bücher.

M. N. Hjelt erkläret die schwerern Stellen des Neuen Test. nach der Reihe der biblischen Bücher; — zeiget 1773 und 1774 die Uebereinstimmung des Alten und Neuen Testaments, und erkläret in beyden die Dicta classica.

2) In der philosophischen Facultät.

M. J. Justander, Astron. Observ. las 1773 über die Trigonometria plana und sphaerica, auch andere Theile der Mathematik; vorher und hernach war er von der Akademie abwesend.

M. G. Welonius, Docent der praktischen Philosophie, las 1772 und 1773 über *Puffendorf.* de Officio hom. et ciuis, trug aber 1774 den Unterschied zwischen der theologischen und philosophischen Moral vor.

M. D. H. Deutsch trug 1772 die vornehmsten Alterthümer zum Verstande des Neuen Testaments und der griechischen Schriftsteller, 1773 aber die unverfälschte Erhaltung des Textes vom Alten und Neuen Testamente vor.

M. H. G. Porthan, Aman. der Bibl., Docent der Beredtsamkeit und Dichtkunst, erklärete 1772 die Aeneis, und übete die Studirenden im Style.

M. H. Alanus, Docent der Logik und Metaphysik, stellet, außer den Disputirübungen, Vorlesungen über Baumeisters Philosophie an.

M. J.

Gelehrter Anhang.

M. J. Axelln, Docent in der Politik, trug 1772 die Lehre von dem Ursprunge der Staaten, in den beyden folgenden Jahren die Reichsveränderungen unter den Israeliten vor.

M. J. H. Linquist, Docent der Mathematik, hält öffentliche Vorlesungen über die Algebra, besondere über die Astronomie der Seefahrer; — lehret 1773 im Herbste die Theorie und Praxis der Arithmetik, im Frühlinge die Elemente der Geometrie und der Algebra; — wird nach geendigten vorjährigen öffentlichen Vorlesungen mit der planen und sphärischen Trigonom. fortfahren, privatim aber den Differential- und Integralcalcul lehren.

M. A. N. Clewberg, Docent in der Physik und Gel. Geschichte, trägt 1773 die allgemeine Physik und die Geschichte der Gelehrsamkeit vor, und wird 1774 die Lehre von der Verfertigung und dem Gebrauche der physischen Instrumente hinzufügen.

M. N. G. Schulten, Docent der Astronomie, lehret 1774 die Astronomie.

Im Jahre 1774 erklärete M. G. Tidgren, Docent der Beredtsamkeit und Geschichte, den Tacitus, und stellete Stylübungen an. M. J. H. Kellgren, Docent in der Dichtkunst, unterwies darin. M. D. Hirn, Docent in den heil. Sprachen, erklärete die 5 Bücher Mosis nach dem Grundtexte; und M. J. Törnquist die Psalmen Davids und den Brief an die Hebräer. *)

C) Sprach- und Exercitienmeister.

P. L. de la Mothe giebt, außer den Privatlectionen, öffentlich über den *Telemaque* Unterricht.

C. P. Lenningh unterrichtet in der Vocal- und Instrumentalmusik.

E. G. Fick lehret das Fechten.

G. Nordberg führet zum Reiten an.

G. Sthålberg, seit 1773 deutscher Sprachmeister, unterweiset nach Gottscheds Kern in der deutschen Sprachkunst.

R 2   VII.

*) Einige Docenten, als: M. C. G. Wemann und M. C. N. Hellenius, waren abwesend.

VII. Berechnung der Anzahl der Studirenden zu Åbo, in dem Zeitraume von 1771—1778.

Nach Vergleichung einiger Tabellen von 1771 bis 1778, ist der Studirenden Zahl bey dieser Akademie gewesen höchstens 526, und wenigstens 466, und also im Durchschnitt 495. Von diesen, nach der Mittelzahl zu rechnen, sind 20 unter 15, 150 zwischen 15 und 20, 190 zwischen 20 und 25, 80 zwischen 25 und 30, 30 zwischen 30 und 35, 15 zwischen 35 und 40, und 10 über 40 Jahr alt. Nach der Herkunft betrachtet, sind 5 Adeliche, 200 aus dem Priester-, 100 aus dem Bürger-, 90 aus dem Bauer-, 75 aus dem Civil- und 25 aus dem Militär-stande gewesen. Hievon sind 25 von Hofmeistern unterrichtet worden, 470 aber haben selbst studirt, und zwar 190 die Theologie, 30 die Rechtsgelahrtheit, 10 die Medicin, 125 die Philosophie; 30 haben den Civil-, 10 aber den Militairwissenschaften obgelegen, 100 aber sind ohne gewisse Lebensart gewesen. Sie sind in 10 Nationen getheilet, unter der Aufsicht gewisser Herren Professoren: die åboische hat nach der Mittelzahl 65 Studenten, die satacundensische 75, die australische 50, und aller dreyen Inspector ist der Herr Professor Gadolin; die osterbothnische 85, unter Herrn Professor Kalm; die tavastländische 55, und die smolåndische 7, unter Herrn Professor Gadd; die nyländische 50, unter Herrn Professor Planmann; die schwedischgothische 18, unter Herrn Professor Bilmark; die Wiburgische 50, von welchen 18—27 russische Unterthanen sind, unter Herrn Professor Lexell; und die borealische 45, unter dem Herrn Professor Porthan. Die bey der Akademie gegenwärtigen Studirenden sind höchstens 290, wenigstens 160, und also der Mittelzahl nach 215 gewesen, unter welchen 150 von den Ihrigen mit Lebensmitteln versehen worden, 65 aber für baares Geld leben, und 66 bis 127 das ganze Jahr sich bey der Akademie aufhalten. Uebrigens ist zu merken, daß 35 promovirte Philosophiae Magistri, 50 aber Stipendiarii sind, und 35 akademische Conditionen haben; und weil jährlich 80 Cives academici, 60 aber mit Testimonio entlassen werden, und 5 gestorben sind, so ist die Akademie im Wachsthume.

G.

VIII. Nachricht von den Gebräuchen der finnischen Nation, benebst dem Zustande der Gelehrsamkeit und der Wissenschaften in dem Großfürstenthume Finnland.

Erstes Stück.

Von den Schicksalen, dem Zustande und Zuwachse der Gelehrsamkeit und der Wissenschaften in den entfernten nordischen Gegenden haben wir wohl von Zeit zu Zeit nähere Kenntniß, als ehemahls, erhalten; gleichwohl sind besonders die ältesten Gebräuche und die Gelehrsamkeitsgeschichte der Finnen außerhalb Schweden sehr wenig bekannt. Vermuthlich geschieht also den Liebhabern der Wissenschaften ein nützlicher und angenehmer Dienst, wenn darüber das Hauptsächlichste stückweise in diesem Werke mitgetheilet wird.

Die Absicht ist gleichwohl keinesweges, bis zu den heidnischen Zeiten hinauf umständlich zu untersuchen, was für Spuren der Kenntnisse und Gelehrsamkeit bey diesem Volke gefunden werden. Man wird sich begnügen, aus der Natur der finnischen Sprache, ihrer wortreichen Beschaffenheit, der Dichtkunst des Volks, den ältesten Ueberlieferungen, Heldengedichten, Gesetzen und der Lebensart blos kurz darzuthun, daß es in Rücksicht auf die Sitten keinesweges wilder, oder in Betracht des Verstandes unaufgeklärter als andere Völker gewesen, so lange sie noch in heidnischer Finsterniß lebten.

Weil die rechten Gründe und Ursachen zu der Aufklärung der finnischen Nation in der Gelehrsamkeit, dem Christenthume und der Erkenntniß zu nützlichen Nahrungszweigen und Sittenverbesserung nicht recht vorgestellet werden können, wofern das nicht im gehörigen Zusammenhange aus den zufälligen Begebenheiten hergeleitet wird, die sich mit Finnland zugetragen, seitdem solches mit Schweden vereiniget und dessen Regierung, Gesetzen und politischer Verfassung unterworfen worden: so kann man einer kurzen Beziehung darauf nicht entübriget seyn. Es müssen auch einige allgemeine Anmerkungen nothwendig voraus geschickt werden, wie der Zeitraum, darin die päbstliche Hierarchie Gesetze vorschrieb, in diesem entfernten nordischen Lande das Aufkommen der Wissenschaf-

Vierter Abschnitt.

ten beförderte oder hinderte, und zur Verbesserung der Sitten, auch der Verbreitung nützlicher Kenntnisse unter der Nation das Seinige beytrug.

Die Anstalten, welche seit dem Anfange der Reformation zum Besten der Wissenschaften getroffen, und die so weislich und reichlich von der den schwedischen Thron so ruhmvoll bekleidenden Gustavianischen Familie fortgesetzt und beständig vermehret worden, dürfen nicht vorbeygelassen werden. Seitdem haben Gelehrsamkeit und Wissenschaften allmählig angefangen, bey dieser Nation in voller Klarheit auszubrechen; auch haben verschiedene verdienstvolle und gelehrte Männer darunter allerley gründliche und gelehrte Arbeiten herausgegeben, die der Menschheit nützten, und eines jeden Zeitraum ehreten.

Da der Endzweck dieser Nachricht ist, in einigem allgemeinen Zusammenhange die finnische Gelehrsamkeitsgeschichte blos außerhalb Schweden bekannt zu machen, auch eine umständliche in diesem Werke nicht Platz finden kann, so soll von der Reformationszeit an blos ein jedes halbes Jahrhundert aufgehellet und allgemeine Anmerkungen über den Wissenschaftszustand in Finnland angestellet werden: was für Gelehrte mit ihren gelehrten Arbeiten sich darin auszeichnen; welche Aufmerksamkeit in Rücksicht auf die Kirchengeschichte, die Wissenschaften und den Staat sie überhaupt verdienen, und welche Gelehrsamkeitszweige darin am meisten blüheten.

In der neuesten Gelehrsamkeitsgeschichte wird man weitläuftiger seyn. Und weil seit 1730 in diesem Lande und bey der Universität zu Åbo eine Menge neuer Einrichtungen zum Wachsthume der Wissenschaften getroffen, auch die Lehrart bey jener, und die öffentlichen Schulen benebst dem Gymnasio ansehnlich verbessert, hiernächst der Unterricht in diesem bald verflossenen halben Jahrhunderte hier zum Vortheile der Menschlichkeit und der bürgerlichen Nahrungszweige mehr, als zuvor, angewandt worden: so soll von solchem Zeitpunkte an die neuere, und dann zukünftig die jedesmalige neueste finnische Gelehrsamkeitsgeschichte vollständig mitgetheilet werden.

Die Jahrbücher der angrenzenden Völker haben überaus wenig von der finnischen Nation und ihren Stammvätern angeführet; daher findet man so viele und ungleiche Gedanken von ihrer Herkunft, ehe sie nach Norden zogen.

zogen. Wahrscheinlich ist sie ein uralter scythischer Stamm, der von der großen Tatarey herkömmt, und die Ufer des schwarzen Meeres bewohnete.

Bey einer zunehmenden Volksmenge, und da die beyden großen Beherrscher Asiens, Cyrus und Darius, hernach der griechische Monarch Alexander, und endlich die Römer die scythischen Länder und Völker mit Kriege überzogen, scheint dieser Volksstamm insonderheit eine ausgebreitete Auswanderung weit nach Norden zu vorgenommen zu haben.

Ehe die älteste Geschichte der schwedischen Nation anfängt, bemerket man deshalben schon, daß die Finnen die weitläuftigen nordischen Länder bewohneten. Dieser Volksstamm muß in den ältesten Zeiten sehr zahlreich gewesen seyn: denn zuverläßige alte Gebräuche geben zu erkennen, daß solcher zu den Zeiten des Heidenthums nicht mindere Länder als von dem schwarzen Meere an bis zu den entlegensten Gegenden Nordens bewohnet, nämlich einen Theil von Schweden, Norwegen, Estland, Finnland, Liefland, das alte Preußen, Hungarn benebst dem ausgebreiteten Landstriche, der nun von den Russen von Kiow bis Novogrod bewohnet ist. *)

Der vielen und großen Revolutionen ohnerachtet, denen die östlichen Theile Europens und Asiens unterworfen gewesen, und wodurch die Völker beunruhiget, verjaget und unter einander vermischet worden, findet man doch noch mehrere merkliche Spuren von dem ältesten finnischen Stamme, nämlich: die Woter, Czeremisser und Czuwaschen zu Kasan; die Mordwiner in dem orenburgischen Kreise; die Permier und Syroner an den Flüssen Pyzegda und Vym; die Woluger bey den ingrischen Bergen in Sibirien, auch die kondischen Ostiaken, welche an dem niedern Irtisch und dem niedern Oby wohnen. **)

In den ältesten Zeiten ward die finnische Nation nicht von gewissen Regenten beherrschet, sondern sie lebte in verschiedenen abgesonderten Stämmen und Geschlechtern zusammen, in deren einzelnen ein jeder Stammvater befahl und

---

*) *Hennic Hyllen* Diss. de amplitudine Linguae Fennicae Aboae, 1766. *Ioh. Sainovics* Demonstrat. de idiomate Vngarorum et Lapponum.

**) Aug. Lud. Schlözers Russische Annalen, S. 108.

und anordnete. Auf diese Weise konnte sie inzwischen nicht lange und hinreichend ihre natürlichen Freyheiten und Gerechtsame behaupten; es wählten sich also mehrere Stämme zusammen aus ihren Aeltesten einen erfahrnen, beherzten und mächtigen Mann, der im Kriege ihr Anführer und in Friedenszeiten ihr Richter war. Diese finnischen ältesten und höchsten Beamten und Kriegeshelden wurden im Allgemeinen mit dem Titel: Ruhtinas ausgezeichnet und beehret; das bedeutet eben so viel, als Herzog, oder Fürst: denn für König, oder uneingeschränkter Monarch, findet sich kein Wort in der finnischen Sprache.

Von diesen ältesten oder erwählten Obersten ward die finnische Nation eine lange Zeit regieret, so wie Schweden in den heidnischen Zeiten von seinen vielen kleinen Königen. Nun beunruhigte sie ihre Nachbarn mit Seeräuberey, oder Streifereyen an ihren Küsten; nun führte sie einheimische Kriege unter sich selbst; nun vertheidigte sie auch mit vieler Tapferkeit und Halsstarrigkeit ihre eigenen Grenzen, insonderheit wider die Seeräubereyen der Schweden an den finnischen Küsten und die gewaltsamen Einfälle der Slaven.

Die mächtigsten und berühmtesten von diesen finnischen Regenten, oder sogenannten Ruhtinat, findet man in der Geschichte der angrenzenden Völker für Könige angegeben. Fornioti ist der erste, dessen Alter bis auf das Jahr 600 vor Christi Geburt hinauf gesetzet wird.*) Hiernächst Frosti, Kostiosi, Sumble, Gylfe. Motle wird als der weiseste, und Attu als der reichste gerühmt. Von dem Dumber, mehrerer nicht zu gedenken, hieß ehemals der bothnische Meerbusen der dumbersche.

In den alten Zeiten war die finnische Nation in fünf besondere, berühmte und große Stämme eingetheilet. 1) Hämäläiset, der Tavastische; 2) Savolaiset, der Savolaxische; 3) Carjalaiset, der Karelische; 4) Cainulaiset, der Ostbothnische; 5) Lappalaiset, der Lappische, welcher wahrscheinlich eine finnische Colonie gewesen, die nunmehro, als Bergbewohner, an Sitten und Sprache den übrigen Finnen ziemlich ungleich sind. In den ältesten Zeiten sind auch manche Gegenden, so wie in Schweden, in gewisse Hunderte, oder sogenannte Satakunder eingetheilet

*) Io. Messenii Chronicon Finlandiae Rythmicum, p. 5.

theilet gewesen, deren jede aus hundert besondern Dorfschaften oder Horden bestand, welches noch heutiges Tages so wohl die schwedischen, als finnischen Namen zu erkennen geben.

Was die finnische Sprache anbetrifft, so hat sie gar keine Gemeinschaft mit den andern europäischen Sprachen. In der hebräischen werden einige ihrer Wurzelwörter gefunden. Mehrere Aehnlichkeit hat sie mit der griechischen, tatarischen, hungarischen, mosogothischen; so wie auch einige russische Worte darunter gemischet gefunden werden. Letzteres scheint geschehen zu seyn, da Oden, der Schweden Stammvater, mit seinen Zugvölkern (Asar) Norden überschwemmete, und als die Finnen in den ältern Zeiten von der Russen Stammvätern, den Slaven, in einigen Gegenden unterjochet und zerstreuet wurden.

Daß zwischen der hebräischen und finnischen Sprache einige Aehnlichkeit gefunden wird, hat zuerst den Professor Rudbeck und hernach andere auf die Meinung verleitet, daß die Finnen ein Zweig der Israeliten wären. Weil aber von der hebräischen, als muthmaßlich der ersten und ältesten Sprache, die Sprachen aller Nationen einige Wurzelwörter entlehnet und beybehalten haben: so hat auch die finnische keine größere Aehnlichkeit mit der hebräischen, als die ältern gleichzeitigen Sprachen. Weil übrigens zwischen den Sitten, der Religion und der Lebensart der Israeliten und der Finnen sich ein allzu abstechender Unterschied findet, so sieht man mit Recht diese Muthmaßung für nichts weiter als für eine gelehrte Fabel an. *)

R 5 Sicherer

*) Aus dem 4ten Buch Esrä 13, 40 — 44. will man einen Beweis hernehmen, daß die Finnen von den 10 Stämmen Israels herkommen sollten, die unter Hosea Zeit in ein entferntes Land, welches Niemand zuvor bewohnet hätte, gefangen geführet wurden. Allein 1) ist es unmöglich, daß innerhalb eines und eines halben Jahres Frist, wie dort steht, dieses Volk mit seinem Viehe und Hausgeräthe davon so weit nach Norden hinauf, als Lappland und Finnland ist, hätte ziehen können, besonders wenn ihnen auf dem Wege von bereits bewohnten Ländern Hindernisse aufgestoßen wären, und da Herr P. F. Suhm mit guten Gründen darthut, daß der erste Auszug und die erste Ausbreitung eines Volks innerhalb den ersten 100 Jahren auf jede Seite des Erdbodens höchstens zu 6 Graden in der Weite und Entfernung geschieht. 2) In der Sprache und den häuslichen Sitten der Finnen und der Israeliten ist keine mehrere Gleichheit als mit den

andern

Vierter Abschnitt.

Sicherer ist die Vermuthung, daß die Finnen in den Vorzeiten viel von den Griechen angenommen, und mit ihnen Gemeinschaft gehabt haben. Zwischen ihren beyden Sprachen findet eine ziemliche Aehnlichkeit statt. Die Finnen haben Götter und Feste gleiches Namens mit den Griechen gehabt. Sie haben menschliche Eigenschaften, zufällige Begebenheiten, viele Einrichtungen und Geschäfte, benebst einer Menge natürlicher Dinge mit griechischen Wörtern benennt. Es ist auch ohnehin bekannt, daß die Griechen mehrere Pflanzörter in dem Lande der Scythen am schwarzen Meere, wo beyde mit einander wohnten, anlegten und unterhielten. Selbst die Stadt Tomus an der Donau, eine griechische Colonie von Milet in Jonien, ist des Ovids Verweisung halber ruchtbar und bekannt.

Von der Gelehrsamkeit und den Ausgeburten des Witzes der ältesten finnischen Nation finden sich jetzt nur sehr wenige Ueberbleibsel. Daß sie, gleich den Scythen in den ältesten Zeiten, Schrift, und zwar Runenschrift, gehabt habe, wird von dem gelehrten schwedischen Erzbischofe Erich Benzelius B. I. K. 13. in seinem Utkast til Swenska Folkets Historie behauptet, wobey er anmerket, daß solche in der Gestalt und Anzahl mit den ältesten 16 griechischen Buchstaben einerley gewesen. Die Finnen nennen auch noch heut zu Tage ihre Reime und Gedichte Runo, welche ehemals mit Runschrift in Holz eingegraben wurden, und wovon noch in spätern Zeiten in den entlegensten nordischen Oertern Finnlands, wo die Schweden niemals dem Volke das Runeneinschnitzen beybringen konnten, ein und anderer dieser uralten Runstäbe angetroffen wird.

Diese

andern Europäern; denn daß die Finnen zur Osterzeit eine Gattung süßsauern über Kohlen gebackenen Teiges, Mämmi genannt, zur Speise gebrauchen, ist nicht ihre besondere Nationalgewohnheit, sondern findet sich auch in Upland, Südermannland und einigen andern Gegenden Schwedens. 3) Daß die in den finnischen Schären (den kleinen Inseln und Klippen des finnischen und bothnischen Meerbusens) hie und da an den Einwohnern sich äussernde Elephantiasis eine Gleichheit mit dem Aussaze der Israeliten haben sollte, ist ungegründet. Auf dem festen Lande ist solche Krankheit ganz unbekannt; an den finnischen Küsten wird davon nur hie und da Jemand, und zwar ganz selten, bey einer unordentlichen Diät und dem Genusse des Fleisches von Seehunden und sehr thranichten Seevögeln befallen, welches anderweitig auch geschehen kann.

Diese Runen enthalten Kennzeichen und Merkmale von der Beschaffenheit der ältesten Dichtkunst der Finnen in sich. Jede Reihe der Rune besteht aus acht Sylben, und jedes Wort in der Reihe fängt stets mit einem gleichen und eben demselben Buchstaben an; z. E.

Sodat Suret sammukohon,
Pahat Päivät paetkohon.

Große Kriegsflammen mögen gelöschet werden,
Böse Tage vorübergehen.

Finnische Verse mit Reimen, oder die nach den Regeln der griechischen und lateinischen Dichtkunst verfertiget worden, sind sämmtlich neu. Der Inhalt der ältesten Runen bey den Finnen betrifft meistens die Jagd, Fischerey, die Verehrung irgend eines Abgottes, oder besteht auch in einigen Liebesgesängen und Streit- oder Kampfliedern.

Die meisten heidnischen Götter der Finnen sind denen sehr gleich, die in der griechischen und römischen Götterlehre vorkommen. Einen über alles großen Gott und Weltschöpfer verehreten sie unter den Namen: Jumal, Jubmer oder Jumer; dabey aber hatten sie auch eine große Anzahl von Ober- und Untergöttern. In den ältesten finnischen Runen wird oft der allgemeine große Weltgott: Itek ilmainen Jumala, d. i. der selbstständige überall sichtbare Gott, genannt.

Unter den finnischen Obergöttern fanden sich:
Wainemoinen, der älteste und größte darunter;
Taranis, der Scythen vornehmster Abgott;
Radien,
Saivo, } der Lappen Obergötter;
Turras, der Kriegsgott, von dem die Siege kamen;
Ilmoinen, der Wettergott.

Unter den Untergöttern der Finnen aber:
Hitavoinen, der Jagdgott;
Ahti, der Fischereygott;
Pellon Pecko, der Ackergott oder Ceres;
Egres, der Gott über Hanf- und Flachsaussaat;
mehrerer zur Vermeidung der Weitläuftigkeit nicht zu gedenken. Dies muß blos hinzugefüget werden, daß, wenn die Griechen ehemals ihrem Landsmanne Pinidorus für die Erfindung des Marmorbruchs einen Altar zu Ephesus errich-

errichteten, worauf monatlich geopfert ward, so auch die Finnen unter ihren Göttern einen ihrer Landsmänner, Römlös, rechnen, der den Anbau der Aecker und abgesengter Felder lehrete.

In dem Götzendienste sind die Finnen nicht so eifrig und grausam gewesen, als die alten Schweden und Gothen nach des Odens Götterlehre. Man findet keine Spur, daß sie ihre Kinder oder andre Menschen auf den Altären der Götter geopfert haben. Ein an einen Baum aufgehängter Pfeil oder Bogen, einige Knochen oder Hörner von wilden Thieren, abgeschnittene Ohren von Raubthieren, Vögelköpfe, einige Fischerey- oder Ackergeräthschaft, so für die Abgötter eingesammelt wurden, waren blos die allgemeinen Opfer. Streuete man noch den Göttern zu Ehren zu gewissen Jahreszeiten Blumen und einige grüne Zweige, und sammelte einige Kornähren auf, und zündete Lustfeuer umher an, tanzete und sang ihnen zum Preise einige Runos: so war ihr ganzer Gottesdienst vollendet.

In den ältesten Zeiten wurden ihre Freyereyen mehr durch Gaben und Geschenke, als durch Gewalt ausgemacht. Kundschaft und Männlichkeit auf der Jagd und beym Fischfange, benebst Geschwindigkeit und Fertigkeit in den langen spitzigen Holzschuhen auf dem gefrornen Schnee zu laufen, machten das hauptsächlichste Verdienst eines Freyers aus. Gemeiniglich kaufte man die Braut von den Aeltern für Geld und andere Geschenke, womit auch ihre nächsten Anverwandten beehret wurden: aber dagegen empfieng sie auch von solchen eine Aussteuer von allerley nothwendiger Hausgeräthschaft und Viehe.

Von dem durch Oden in den ältesten Zeiten unter den Schweden eingeführten Gebrauche, alle Todten zu verbrennen, und ihre Asche in gebrannte Thonurnen zu begraben, haben die Finnen nichts gewußt. Ihre Begräbnißart bestand gegentheils darin, daß sie ihre Todten, ohne sie zu verbrennen, in die Erde begruben. Die Leiche ward mit einem platten Steine bedecket, und darauf ein Grabhügel von größern und kleinern Feldsteinen aufgeführet. Je ansehnlicher der Todte gewesen war, mit einem desto größern Steinhaufen ward er beehret. Diese Grabhügel in Finnland heißen itzt: Colman roviot.

Die Fortsetzung ein andermal.

P. A. G.

IX. Kurze

XI. Kurze Geschichte der Bibelübersetzung in finnischer Sprache.*)

§. 1. Als durch die Fürsorge des um Schweden sowohl in weltlichen als göttlichen Angelegenheiten so unsterblich verdienten Königs Gustafs I. das Licht der Reformation auch in Finnland aufgieng, und man anfieng, den Gottesdienst in der Muttersprache zu verrichten, sah man sehr bald die Nothwendigkeit einer finnischen Bibelübersetzung ein. Der geschickte und verdienstvolle Bischof zu Åbo, M. Michael Agricola, nahm sichs also vor, da er noch Rector daselbst war, das N. T., als das allernothwendigste, zuerst zu übersetzen. Es ist unbekannt, ob er sich dabey anderer Beyhülfe bedienet habe; denn der Uebersetzer nennet sich nicht. Diese Uebersetzung kam in zwey Theilen zu Stockholm 1548. 4. bey A. Larsson heraus. Außer dem Texte ist sie mit Dr. Luthers, doch über die Hälfte vermehrten Vorrede zum N. T., der Apostelgeschichte und den apostolischen Briefen, des Hieronymus kurzen Lebensbeschreibungen über die Evangelisten, am Rande mit Parallelstellen und Luthers Randglossen versehen; doch sind die letztern meistentheils zum Schlusse der Kap. angehängt worden. Ueberdies hat der Uebersetzer eine eigene Vorrede vorgesetzet, darin er berichtet, daß er diese Uebersetzung theils aus dem Griechischen, theils aus dem Lateinischen, Deutschen und Schwedischen verfertiget habe**). Man kann aus

---

*) Diejenige, die hier mitgetheilet wird, rühret von einem dieser Sache kundigen Gelehrten her, und findet sich, einige Zusätze ausgenommen, in der Zeitung von Åbo 1772. St. 12. 13. 14. 12 — 23.

**) Daß er über die Unbiegsamkeit und die Armuth der finnischen Sprache klaget, darf niemanden wunderlich vorkommen; sehr wenig, und am mindesten etwas theologisches, war in dieser Sprache bis dahin schriftlich abgefasset worden. Der Uebersetzer bezeuget, daß er wohl hauptsächlich dem Dialekte, der in dem eigentlichen Finnlande gebräuchlich war, gefolget sey, aber doch bey bedürfenden Fällen Wörter aus den übrigen Dialekten entlehnet hätte. Unter den Veranlassungen zu seiner Arbeit führet er die an, daß die Geistlichen, welche weder Lateinisch noch Schwedisch verstünden, und aus dem Grunde ihrer Nachlässigkeit

aus verschiedenen Stellen deutlich schließen, daß er weder der schwedischen Uebersetzung von 1526, noch der von 1541 sklavisch gefolgt ist; eben so auch aus den Randglossen, deren nun mehrere, nun wenigere als in der schwedischen Bibel aus dem deutschen Originale übersetzet worden. Die Kapitel sind nicht in Verse abgetheilet. Schlechte Holzstiche findet man hie und da, besonders in der Offenbarung Johannes, beygefüget.

§. 2. Eben derselbe M. Michael Agricola schenkete drey Jahre hernach, das ist 1551, da er Vicebischof zu Åbo war, der finnischen Kirche eine Uebersetzung des Psalters, auf König Gustafs Befehl, wie auf der andern Seite des Titelblattes ausdrücklich zu erkennen gegeben wird. Sie kam auch bey A. Larsson in 4. im Drucke heraus. Es ist eine umständliche Vorrede vorgesetzet, und solcher eine Nachricht an den Leser in Reimen beygefüget worden, welches vermuthlich die älteste aufbehaltene Probe solcher Art von Versen in finnischer Sprache ist. Darin wird unter andern der Finnen, besonders der Tavastehuser und Karelier heidnische Abgötterey beschrieben, und kürzlich der in ihre Stelle aufgekommene päpstische Aberglaube berühret *). Noch eben dasselbe Jahr folgete darauf von eben

demselbi-

in dem Unterrichte der Zuhörer aus Gottes Worte entschuldigten, zukünftig nichts mehr möchten vorzubringen haben. Dem Schlusse der Vorrede wird eine kurze Nachricht von der Einführung des Christenthums in Finnland und dem Zustande, darein es gerathen, beygefügt.

*) Aus dieser Quelle haben spätere Schriftsteller, z. E. Wexionius Epit. Descr. Sueciae etc. L. X. c. II. Bång Hist. Eccles. L. VI. c. VI. Arctopolitan Disp. de Orig. et Relig. Fenn. C. II. §. 3. 4. meistentheils ihre Kenntniß über der Finnen Götzendienst geschöpfet. Daß Agricola bey der Psalmenübersetzung anderer Beyhülfe genützet hat, giebt er selbst zum Schlusse seiner bemeldeten Reime zu erkennen, sagt aber dabey, daß sie in St. Laurentii Hause (er war selbst Canonicus Sancti Laurentii) zu derselbigen Zeit verfertiget worden, da sein Sohn Christian, nachheriger Bischof zu Revel, geboren ward. — Inzwischen ertheilet der Bischof Juusten in seinem Catalogus Episcoporum Finlandensium hierüber folgenden Bericht: Hoc tempore procurauit ille (Agricola), vs Psalterium imprimeretur

demselbigen Ueberseher, in gleicher Buchdruckerey und gleichem Formate: Mosis Lobgesang Ex. XV., sein Abschiedslied Deut. XXXII., Hannä Lobgesange Sam. II., mit mehrern ähnlichen Stellen aus den Büchern Samuels und der Chronik, verschiedene Kap. der vier großen Propheten mit abgekürzter Vorrede zum Jesaias und Daniel, die ersten neun kleinen Propheten mit ihrer Vorrede unabgekürzet; wozu das folgende Jahr, 1552, die drey rückständigen kamen. In einer den zuerst ausgegebnen Stücken vorgesetzten kurzen Vorrede in Reimen beklaget der sich hier nennende Ueberseher, der Bischof Agricola, daß die ganze Bibel, der Armuth des Volks wegen, nicht könnte ausgegeben werden; verspricht aber am Ende seiner gleichfalls in Reimen abgefaßten und dem letztern Theile vorstehenden Vorrede, daß er das Rückständige auf gleiche Weise übersetzen werde, wenn das bisher herausgekommene Abgang finden sollte. Die Rechtschreibung in allen diesen seinen Uebersetzungen, die jetzt sehr selten gefunden werden, geht, wie man es sich leicht vorstellen kann, in verschiedenen Umständen von der gegenwärtigen ab.

§. 3. Die Unruhen, welche in den folgenden Zeiten den Staat und die Kirche erschütterten, hinderten eine vollkommene Uebersetzung der ganzen schwedischen Bibel in der finnischen Sprache; obwohl indessen Katechismen, Gesang- und Kirchenbücher, auch eine Postille darin zum Besten der Gemeinen herauskamen. Endlich hielt die Geistlichkeit unter der Königinn Christina Minderjährigkeit auf dem

tur Finnonice: quod tamen integre Finnonice fuit translatum in Schola Aboënsi, Rectore Paulo Iuusten, qui mandauerat, vt Scholastici pro exercendo stilo interdum verterent Psalmos, prout D. Lutherus beatissimae recordationis eos transtulerat. Illorum Finnicam versionem audiuit et correxit ipse illis horis, quibus Scholasticorum scriptiones exhiberi solent et examinari, saepe etiam peracto prandio in hypocausto suo. Sed nihil refert, cuius nomine sit editum. Ideo enim translati sunt Psalmi, vt in populo Finlandico magnae essent vtilitati. Nettelblads schwedische Bibliothek, 1 St. S. 87. Vielleicht hat Agricola die unter des Juustens Aufsicht zuerst verfertigte Uebersetzung hernach genauer übersehen.

dem Reichstage 1636 an, daß ihre K. Maj. einige gelehrte Männer gnädigst verordnen möchte, die die Bibel in das Finnische übersetzen könnten, und solche hernach bekannt machen zu lassen; worauf der Bescheid erfolgte: daß, dies zu bewerkstelligen, Ihre Maj. solches in gnädige Ueberlegung nehmen wolle; nur sollte die Geistlichkeit zuvörderst einige Personen aufgeben, die ihrer Meynung nach solche Arbeit auf sich nehmen und schicklich ausführen könnten; so wie auf dem nächstfolgenden Reichstage 1638 Ihre K. Maj. gnädigst versicherte, daß sie für die Auflage einer finnischen Bibel gnädigste Fürsorge tragen würde. Es wurden also zur Ausführung dieser Arbeit der Dompropst und nachmalige Bischof zu Abo Ae. Petraeus, der Prof. der morgenländischen Sprache daselbst M. Stodius, der Propst und Pfarrer H. Hoffmann benebst dem Pfarrer G. Matthaei ausersehen und verordnet; welche einen solchen Fleiß darauf wandten, daß die ganze Bibel im Jahr 1642 auf königliche Kosten zu Stockholm bey H. Keysern abgedruckt ward. Diese schöne Auflage in gr. Fol., mit saubern Lettern, auf gutem Papiere, und mit vielen Holzstichen ausgezieret, ward von den Uebersetzern ihrer K. Maj. unterthänigst zugeeignet und unter die Kirchen vertheilet. Laut königlichen Befehls sollten sich die Uebersetzer nach der Grundsprache und D. Luthers letzten Ausgabe der deutschen Bibel von 1545 richten, welches sie auch so beobachteten, daß sie im mindesten nicht unterließen, den Grundtext insonderheit zu Rathe zu ziehen. Vorrede, Summarien, Randglossen, Concordanzen, Erklärungen über dunkle Stellen (die zum Schlusse des Kapitels angehängt werden,) und Register richten sich gänzlich nach K. Gustaf Adolphs schwedischer Bibel von 1618. Des Agricola Arbeit ist mit Vorsichtigkeit genützet worden. Die Rechtschreibung und Sprache, so wie auch selbst die Uebersetzung ist ansehnlich verbessert, der Text in zween Columnen abgedrucket, jedes Kapitel nach seinem Inhalte abgetheilet, und die Verse auf dem Rande angemerket worden. Um diese Bibel hatte der in vielen Absichten verehrungswürdige, damalige Generalgouverneur von Finnland, Graf Peter Brahe, insonderheit große Verdienste; indem er nicht allein bey dem Anfange der Arbeit über derselben Einrichtung mit dem Domkapitel zu Abo fleißige und eifrige Ueberlegung anstellete, sondern auch solche hernach kräftigst beförderte und unterstützete.

Diese

Gelehrter Anhang.

Diese Auflage findet sich jetzt nur in den Händen weniger Privatpersonen.

§. 4. Weil diese erste Ausgabe theils sehr geschwinde abgieng, theils ziemlich theuer, und das Format unbequem war, so war der um die finnische Kirche so hoch verdiente Bischof zu Abo, D. Joh. Gezelius der ältere, auf eine neue Ausgabe der Bibel in 4. bedacht, zu deren Besorgung er nicht allein Königs Karl XI. Befehl, sondern auch zugleich ansehnliche königliche Unterstützung erhielt. Aber er wollte zugleich auch diese Gelegenheit nützen, die Uebersetzung selbst zu berichtigen. Es ward dazu der Propst Henr. Florinus ausgesehen, der mit der Beyhülfe anderer gelehrten Männer solches rühmlichst bewerkstelligte. Die Rechtschreibung und das Finnische wurden abermals verbessert, und die Uebersetzung nach der Grundsprache noch genauer berichtiget. Diese Auflage kam zu Abo 1685 in 4., und zwar in des Bischofs Gezelii eigener Buchdruckerey, der Joh. Winter vorstand, heraus, und ist dem Könige Karl XI. unterthänigst zugeeignet. Druck und Papier sind ziemlich gut, obwohl die Lettern gleich sind. Die Erklärungen und die weitläuftigern den Kapiteln vorstehenden Summarien wurden ausgelassen, auch die Verse abgesondert; aber das Register, die Parallelsprüche, und die am Rande beygefügten kurzen Summarien beybehalten *).

§. 5. In dem Verhältnisse, worin die Aufklärung des Volkes zunahm, und durch die letztere Auflage, wovon viele Exemplare in des gemeinen Volkes Hände kamen, wuchs die Begierde Gottes Wort zu besitzen und zu lesen; es ward also auch diese Auflage bald vergriffen und selten. Ehe zwanzig Jahre verlaufen waren, klagete man bereits über den Mangel an finnischen Bibeln. Aber der langwierige, schwere und drückende Krieg, der im Anfange dieses Jahrhunderts das Land aussog, der darauf folgende Einfall und die Uebermacht der Russen, mit mehrern Landplagen, wodurch Finnland auf das schrecklichste verheeret und von Einwohnern entblößet, Handel und Wandel gehemmet, ganze Kirchspiele und Oerter in wüste Feldmarken ver-

*) Von dem N. T. ward zu Abo 1733 in der Merkelschen Buchdruckerey ein Nachdruck veranstaltet, und demselben am Ende die aus dem A. T. hergenommenen Sonn- und Festtagsepisteln angehängt.

verwandelt wurden, und die wenigen übrigen Einwohner großentheils gleich den wilden Thieren in die Wälder flüchten mußten; alle diese Unglücksfälle machen es genugsam begreiflich, weswegen an keine neue Bibelauflage gedacht werden konnte. In den ersten Jahren nach dem nystädtschen Frieden war das Volk noch zu arm und kraftlos, um einen bedeutenden Absatz versprechen oder ein solches Unternehmen unterstützen zu können. Kaum war das Land einigermaßen zu Kräften gekommen, als es schon einem neuen Kriege und neuen Unglücksfällen ausgesetzet ward. Aus des Königs Resolution vom 23sten Sept. 1741. auf des Klerus allgemeine Beschwerden §. 1. sieht man, daß bey dem damals geschlossenen Reichstage die Nothwendigkeit einer neuen finnischen Bibelauflage, die unter der Aufsicht der beyden Consistorien zu Åbo und Borgo in 4. mit guten und mittelmäßig großen Lettern veranstaltet werden sollte, angemeldet worden, zu deren Beförderung durch einigen Vorschuß aus den öffentlichen Mitteln zugleich ein gnädiges Versprechen gegeben ward; aber die Zeiten waren nicht darnach, daß man irgend eine Bewerkstelligung desselben vermuthen konnte. Sobald aber der zu Åbo geschlossene Friede dem Kriege ein Ende machte, konnte auch der Vorschlag mit mehrerer Hoffnung eines guten Fortgangs fortgesetzet werden. Auf die gegebene Anleitung des patriotischgesinnten damaligen Bischofs zu Åbo, nachherigen Bischofs zu Skara, D Daniel Justenii, geschah also 1744. bey dem Könige ein unterthäniges Ansuchen um den gnädigst versprochenen Vorschuß; und da solcher dem Anscheine nach nicht sobald würde erhalten werden können, ergriff das kirchliche Consistorium zu Åbo, einen solchen angelegenen Endzweck zu erreichen, einen andern Vorschlag, den der damalige Notarius, nachheriger Procurator der Domkirche daselbst, David Deutsch, an die Hand gab: nämlich die neue Bibelauflage auf Kosten der sämtlichen finnländischen Kirchen zu veranstalten. Bey dem Könige suchte man dazu 1745. die gnädigste Zustimmung, welche in so weit gegeben ward, daß die Gemeinden darüber gehöret und zur Annahme des Vorschlags bewogen werden sollten. Bey dem Reichstage 1746 brachte der damalige Dompropst, D. Johann Brovallius, diese Sache dahin, daß sie unter den allgemeinen Beschwerden der Geistlichkeit aufgenommen, unterstützet und der Vorschlag von dem Könige in der Resolution von 1747 bestätiget

tiget ward. Nachdem beyde finnische Consistorien Nachrichten von dem Vermögen der Kirchen eingezogen, und das Consistorium zu Åbo mit gehöriger Sorgfalt eine Berechnung der Unkosten entworfen, machten sie für beyde Stifter eine darnach eingerichtete Vertheilung, wie viel eine jede Kirche vorschießen müßte *). Den Kirchen die Kosten und Auslagen zu erleichtern, die jenen doch lästig genug seyn möchten, sammelte man zugleich durch Privatpränumerationen so viele Zuschüsse, als man erhalten konnte; zu deren Vermehrung auf des Consistorii zu Åbo Anmuthen sowohl mehrere Domkapitel im Reiche, als auch besonders die Consistorien zu Wiborg und Friedrichshaven in dem russischen Antheile rühmlichst beytrugen **). Der König erließ auch zur Beförderung eines so angelegenen Werkes auf unterthäniges Anhalten des Consistorii zu Åbo den Zoll bey dem Schreibpapiere, das zu dieser Bibelauflage von Holland einverschrieben ward. Und so ward man in den Stand gesetzet, mit Ernst das Werk anzugreifen, und eine in aller Absicht vortreffliche Auflage zu veranstalten.

§. 6. Eine so gute Gelegenheit, nicht allein die Rechtschreibung mit sich selbst übereinstimmiger zu machen und die Sprache zu berichtigen, sondern auch die Uebersetzung selbst in den bedürfenden Stellen zu verbessern, konnte das Consistorium nicht vorbeygeben lassen, sondern war sorgfältigst bedacht, sie möglichst zu nutzen. Es ward demnach zuvörderst 1749 die Geistlichkeit im Stifte durch ein Umschreiben

*) Zur Verwaltung der Gelder, die zu diesem Behufe einflossen, ward der Procurator der Domkirche, Deutsch, und der Consistorialnotarius M. Abr Frosterus unter des Dompropstes D. Sam. Pryß nächsten und des Consistorii allgemeinen und sorgfältigen Aufsicht bestellet.

**) Das Consistorium zu Wiborg sandte die Pränumeration für 40 Exx. auf Schreib= und 371 Exx. auf Druckpapier; das zu Friedrichshaven für 104 Exx. auf Schreib= und 82 auf Druckpapier; das zu Narva für 7 auf Schreib= und 4 auf Druckpapier; das zu Lund 124 Thlr. Kupf.Münze, welche der Landshauptmann und R. Wilh. Lindenstedt mit seiner Gemahlinn und der P. Lars Leisgren verehrten, damit dafür einige Exemplare der neuen finnischen Bibel für Arme in dem Bisthum Åbo angekaufet und unter sie ausgetheilet würden. Der Pränumerationspreis ward zu 18 Thlr. K. M. für ein Ex. auf Schreib= und zu 12 Thlr. für eins auf Druckpapier angesetzet. Die Kirchen empfiengen hernach eins auf Schreibpapier für 21 Thlr. 24 Öre, auf Druckpapier aber für 14 Thlr. 24 Öre K. M.

schreiben ersuchet: „daß diejenigen, welche bey der vorigen Bibelübersetzung einige Anmerkungen möchten gemacht haben, sie dem Consistorio zu einiger Anleitung und Hülfsmittel mittheilten, damit die Uebersetzung in der neuen Auflage der Grundsprache noch übereinstimmiger gemacht werden könnte;" worauf einige ihre, doch nicht eben häufige Anmerkungen einsandten. Alsdenn ward auf des vorbemeldeten Deutsch Vorschlag der damalige Pastor zu Pöitis, M. And. Lizelius, einer derjenigen, der dem Consistorio eine Probe von solcher seiner Aufmerksamkeit mitgetheilt hatte, und überdies seiner besondern Stärke in der finnischen Sprache halber bekannt war, im Anfange des Novembers 1754 bestellet, und ihm die hauptsächlichste Arbeit an der Zubereitung des Manuscripts aufgetragen. Das Consistorium schrieb ihm dabey vor: 1) die in der vorigen Auflage eingeschlichenen Druckfehler zu ändern; 2) für eine gleichförmige und mit dem angenommenen Gebrauche übereinstimmige Rechtschreibung zu sorgen; 3) auf die rechte Art und Beschaffenheit der finnischen Sprache aufmerksam zu seyn, damit nachlässige Abkürzungen, benebst ungewöhnlichen und undienlichen Wörtern und Redensarten vermieden, hingegen andere schicklichere und bedeutendere an ihrer Statt genützet würden; 4) die handgreiflichen Fehler in der Uebersetzung zu verbessern, und die dunkeln Ausdrücke, auch zweydeutigen Redensarten mit deutlichern und der Grundsprache angemessenern zu vertauschen *). Dies alles, so wie auch die Hülfsleistung bey der Correctur im Abdrucke, nahm er auf sich, und fieng sogleich mit der Arbeit an. Die Oberaufsicht und genauere Beurtheilung derselben nach dem Maaße, als sie gefördert ward, nahmen der Bischof D. Brovallius und der Professor M. C. A. Clewberg über sich, der sich zu dem Ende mit obbemeldetem Pastor in des Bischofs Haus einfand, und so das Manuscript durchgesehen ward. Nach des Bischofs Tode, 1755, ward seine Stelle von dem Dompropste D. Pryß versehen, bis der Bischof und nachherige Erzbischof D. Carl Fr. Mennander von dem Reichstage zurückkam, und alsdenn Gelegenheit hatte, auf gleiche Weise,

*) Außer der Grundsprache sind auch von ihm Schmidii lateinische, aber besonders die neue dänische und die in dem so genannten Tellerschen oder Englischen Bibelwerke vorkommende deutsche Uebersetzungen unter den neuern von ihm verglichen und zu Rathe gezogen worden.

Gelehrter Anhang.

Weise, als sein Vorgänger, diese Arbeit fortzusetzen und endlich 1758 glücklich zu Ende zu bringen.

§. 7. Dies Geschäfte ward nach dem Maaße geschwinde bestritten, als der Abdruck, womit man sogleich anfieng, solches erfoderte. Die Vorrede und das Verzeichniß der biblischen Bücher, benebst den jährlichen Sonn- und Festtagsepisteln und Evangelien wurden nach des Consistorii Beschlusse aus den vorhergehenden Auflagen unverändert beybehalten. Aber der Inhalt eines jeden Kapitels, welcher in der Gezelianischen Auflage ausgeschlossen war, ward nach des obbemeldeten Deutsch aufgegebenem Vorschlage abgekürzt eingerücket; hingegen wurden die Randglossen und die auf dem Rande beygesetzte Zeitrechnung, so wie die dem Schlusse des Kapitels in den Folioausgaben angehängten Erklärungen, ausgelassen, und die nach des Burchardis und Molins schwedischen mit einander verglichenen Bibelauflagen vermehrten und verbesserten Parallelstellen vom Rande an ihre Oerter unter die Verse eingerücket. Die Kernsprüche wurden mit Schwabacherschrift ausgezeichnet. Anstatt eines allgemeinen Registers in den vorhergehenden Auflagen ward diese mit fünf besondern versehen. Das erste ward unabgekürzet aus den neuern schwedischen Bibelausgaben übersetzet; das zweyte ist ein kurzes alphabetisches Register über die vornehmsten in der Bibel vorkommenden Namen von Oertern und Personen mit beygefügter Bedeutung, weil ein vollständiges historisches Register zu weitläuftig zu seyn schien; das dritte hält die Nachricht von dem biblischen Maaße, Gewichte, Münze und Eintheilung der Zeit in sich, und ist aus den Berechnungen in den schwedischen Bibeln übersetzt; so wie auch das vierte, welches die biblische Zeitrechnung in sich fasset; ingleichen das fünfte, oder das Verzeichniß der vornehmsten Sprüche alten Testaments, die im neuen ausgeführet werden; doch sind sie nicht Wort für Wort, sondern nur nach Buch, Kapitel und Versen angeführet. Die Verfertigung und Einrichtung aller dieser Register ward von dem Pastor Lizelius mit Zuratheziehung des Deutsch und des Consistorii Beystimmung besorget.

§. 8. Weil die akademische Buchdruckerey zu Åbo damals nicht in dem Zustande war, die Ausgabe eines solchen Werks über sich nehmen zu können, so schloß deshalb das Consistorium einen Vergleich mit dem Director und königl. finnischen Buchdrucker, Jacob Merckell zu Stockholm.

Die

Vierter Abschnitt.

Dieser schickte die nöthigen Arbeiter, Typen und übriges Zubehör dahin, so daß die Arbeit unter des Consistorii Aufsicht seinen Fortgang haben konnte. *) Der Anfang damit geschah bereits im Nov. 1754; aber sie konnte abseiten verschiedener Mängel und Hindernisse des Buchdruckers nicht eher als im August 1758. vollendet werden. Die Aufsicht über den Druck hatte von des Consistorii Seite der oftgenannte Deutsch, welcher mit rühmlichem Fleiße und Geschicklichkeit darüber wachte. Er mit dem Lizelius spareten auch bey der Correctur keine Mühe; ob sich gleichwohl ein und anderer Fehler einschlich. **) Das Papier und die Typen sind gut und schicklich; das Format ist in groß 4., auch die Buchstaben größer als in des Gezelii Auflage; der Text ist, gleichwie in den vorigen Ausgaben, in zwoen Columnen abgedruckt, und die Auflage, welche mit Register und Vorrede 9 Alph. 6 Bogen stark ist, mit zweenen, doch nicht eben meisterhaften Kupferstichen, einem vor dem alten und dem andern vor dem neuen Testamente, gezieret; auch das Titelblatt in Kupfer gestochen. Von 4500 Exemplaren wurden 1500 auf Schreib- und 3000 auf Druckpapier gedruckt, welche innerhalb einer kurzen Zeit reißend abgiengen, so daß die Kirchen nicht lange ihr Geld missen durften.

§. 9. Wenn man den innern Werth dieser Auflage dabey in Betracht zieht, so werden die Verdienste dieser Herren und Männer um die finnische Kirche, die an dem Werke gearbeitet, und solches zur Genugthuung der Nation vollendet haben, hinlänglich an den Tag gelegt. Es unterscheidet sich durch mehrere hundert Verbesserungen und Berichtigungen von den vorhergehenden. Die finnische Bibelübersetzung kann nun mit der besten unter andern Nationen angenommenen um den Vorzug streiten; so wenig sonst die Lage der Finnen mit vielen darunter scheint verglichen werden zu dürfen. Diese Bibel ward dem Könige Adolph Friedrich von dem damaligen Bischofe, nachherigen Erzbischofe, D. Mennander, der sie auch mit einer Vorrede versah,

*) Der Merkelschen Buchdruckerey stand zu der Zeit erstlich Sveen Norlander, und hernach Joh. Christoph Frenckell, als Factores, vor.
**) Der beträchtlichste war, daß zweene ganze Verse, nämlich, Sirach 19, 14. und 1 Cor. 16, 14. übergangen wurden. Doch ward der letzte, dessen Auslassung man bald merkte, auf ein besonderes Papier abgedruckt und vertheilet, um allen Exemplaren beygefüget werden zu können.

versah, unterthänig zugeeignet. Inzwischen mußte die historische Nachricht von dieser und den vorigen finnischen Bibelausgaben des Raums wegen gänzlich ausgelassen werden, *) damit nicht die feste Bogenzahl (wornach das Papier berechnet worden,) überschritten, und so dem geschwinden Abdrucke des Werkes ein Hinderniß in den Weg gelegt würde.

§. 10. Der schnelle Absatz dieser Auflage ermunterte die Eigenthümer der akademischen Buchdruckerey zu Åbo, die inzwischen in andere Hände gekommen war, wiederum bald an die Veranstaltung einer neuen zu denken. Zu dem Ende wurden durch den eifrigen Beytritt der finnischen Consistorien und Geistlichkeit ansehnliche Beyträge durch Pränumeration eingesammelt, und das Werk ward, verschiedener Hindernisse ohnerachtet, im Jahr 1776 vollendet. Der M. Lizelius nahm aufs neue die Beschwerde über sich, die in der vorigen Auflage eingeschlichenen Druckfehler anzumerken, auch in der Uebersetzung selbst einige Stellen zu berichtigen, welche die Zeit das vorigemal nicht verstattete, so genau zu prüfen und zu verändern. Diese Berichtigungen wurden im voraus der Beurtheilung des kirchlichen Consistoriums unterworfen, und unter dessen Beyfalle aufgenommen. Uebrigens hielt man es nicht für nöthig, dießmal viel an der Uebersetzung zu ändern; aber bey der Rechtschreibung setzte das Consistorium diese Veränderung fest, daß der unnütze und unbequeme Gebrauch, worauf man ehemals durch eine unverständige Nachahmung des Lateinischen gerathen war, nämlich, vor den harten Vocalen, a, o und u, anstatt des k den Buchstaben c zu nutzen, gänzlich abgeschaffet, und dieser fremde Buchstabe bloß auf fremde Wörter eingeschränket werden solle. Die Einrichtung ist übrigens bey dieser Auflage der vorhergehenden völlig gleich, und eben eine solche Art Lettern genützet worden; obgleich einige bey dem Papiere, insonderheit dem Schreibpapiere, und dem Abdrucke etwas eingewandt haben. Die Dedication ist weggeblieben. Diese Bibel kostet den Pränumeranten auf Druckpapier, die Kupferstiche miteinberechnet, 24 Thl. 24 Öre, und auf Schreibpapier 30 Thl. 24 Öre, andern Käufern aber 33 Thl. K. M. oder 1 R. d. 40 Sch. auf Druckpapier. Auf Schreibpapier kann man weiter

kein

---

*) Das N. T. auf Finnisch ward nach dieser Auflage im J. 1774. zu Stockh in der königl. Finnischen Buchdruckerey von dem Buchdrucker Joh. Arv. Karlbohm besonders abgedruckt.

kein Exemplar haben. Das Neue Testament, welches zugleich in 8. besonders heraus kam, kostet auf Druckpapier 6 Thl. K.M.

Die Auflage bestand in 2152 Exemplaren auf Schreib- und in 6898 Exemplaren auf Druckpapier. Die Correctur besorgte unter dem Abdrucke mit vieler Sorgfalt der damalige Amanuensis des akademischen Consistoriums, M. Gabr. Lizelius, und der damalige Adjunctus Ministerii in Nummis, M. Joh. Nummelin.

§. 11. Vermittelst dieser beyden letzten Auflagen ist nun Gottes Wort unter der finnischen Nation so allgemein geworden, daß man nicht mehr über den Mangel einer Gelegenheit, solches zu lesen, klagen kann. Die gute Wirkung, welche es zur Aufklärung des Publicums und zum Wachsthume desselben in den Christenthumskenntnissen gehabt hat, ist auch nicht unmerklich. Da aber solche ansehnliche Ausgaben den Armen zu theuer fallen, so wäre zu wünschen, daß irgend eine kleinere in 8., dergleichen einige im Schwedischen gefunden werden, noch zu ihrem Vortheile herauskommen, und stets zu haben seyn möchte.

X. Nachricht von der zu Stockholm errichteten Erziehungsgesellschaft, wie sie in dem ersten Jahrgange der von derselben herausgebenen gelehrten Zeitung Num. 3. 1781. bekannt gemacht worden.

Die neue gelehrte Zeitung, die so wohl den Namen von der hiesigen Erziehungsgesellschaft trägt, als auch von ihren Mitgliedern verfasset wird, muß billig dem schwedischen Publicum, zu dessen Diensten die Gesellschaft eingerichtet worden, Nachricht von ihren Geschäften mittheilen. Das soll auch nicht unterlassen werden. Unterdessen will man hier zu einem Anfange eine kurze Nachricht von dem Ursprunge, Fortgange, Gegenstande, den Mitgliedern und Arbeiten derselben einführen.

Ihr Ursprung schreibt sich von dem ausgezeichneten Tage in unserer Geschichte, oder dem 1 November 1778, her, da seine königl. Hoheit, der Kronprinz Gustaf Adolph geboren ward: ein Tag, der verschiedene andere nützliche Einrichtungen in einem Reiche veranlaßt hat, dessen Regierung hochbemeldetem Kronprinzen vorbehalten ist. Seine königliche Majestät Gustaf III. richteten selbst bey dieser

ser hohen Gelegenheit ihre väterliche Aufmerksamkeit und Sorge auf die Verbesserung des Erziehungswerks in ihrem Reiche, da Allerhöchstdieselben in ihrer Resolution vom 6 Nov. verwichenen Jahres, das Einsammeln der Mittel zu einem neuen Erziehungshause in Stockholm betreffend, sich folgendermaßen äußerten: Seine königl. Majestät erfreuen sich, treue Unterthanen zu finden, die bereit sind, mit dem Könige daran Theil zu nehmen, um durch die Erziehung tugendhafter Mitbürger den Grund zum Wohl der Nachkommen zu legen: Worte, die jeden schwedischen Patrioten, nothwendigerweise zum wirksamen Triebe aufmuntern mußten. Auch nahm hiedurch der königl. Bibliothekar, Herr C. Ch. Gjörwell Anleitung, die vorbenannte Erziehungsgesellschaft einzurichten. Er hatte schon verschiedene Jahre vorher für das Erziehungswerk gearbeitet, indem er theils noch fehlende, theils verbesserte Lehrbücher herausgegeben; und da er nun zu diesem Vorhaben sich mit mehreren Gelehrten verbunden hatte, um diesem gemeinschaftlichen Geschäfte mehrern Zusammenhang und Bestand zu geben, vereinigte er sich mit ihnen zu einer Gesellschaft, und erhielt für dieselbe die Ehre, daß der Herr Hofkanzler, Freyherr Fr. Sparre, der theils als ein beym Throne stehender hoher Vorgesetzte in allem, was die schwedische Litteratur betrifft, als Kenner bekannt ist, theils damit eine besondere Liebe für die Wissenschaften, und eine väterliche Sorgfalt für das Erziehungswesen verbindet, den Schutz dieser Gesellschaft hochgeneigt über sich nahm. Ob nun zwar die Bewerkstelligung dieser Einrichtung vorbenanntem Herrn Bibliothekar kann zugeschrieben werden, so waren doch die ersten Triebfedern dazu zween andre Männer, nämlich die verstorbenen, Obristlieutenant Jac. Joh. Ankarström, und Professor Jac. Jon. Björnståhl. Der erste, in seinem Vaterlande, gerührt von den Bedürfnissen der Erziehung seiner eignen Söhne, verlangte öfters die Handreichung des Herrn Gjörwells zu einer Einrichtung in der Hauptstadt, die mit der Zeit allen Hausvätern in einer so wesentlichen Angelegenheit nützen könnte; und der letztere, dazumal außer Landes, und des Vorsatzes und Begehrens des Herrn Ankarströms unbewußt, ermunterte Hrn. Gjörwell, in mehrern seiner Briefe zum Nämlichen. Björnståhl, auch in der Ferne zu Constantinopel innerlich über die Geburt des neuen Gustaf Adolphs gerührt, verdoppelte seine vorige

rige Aufforderung an Hrn. Gjörwells Lage und Befassung mit der Litteratur, um dasjenige für das Erziehungswerk zu bewerkstelligen, was andere Gelehrte und Patrioten so eifrig wünschten. Dieses betrachtete also Hr. Gjörwell als eine nähere Pflicht für das Vaterland; sowohl durch den hohen Wunsch und Befehl seines Königs gestärket, als durch die Neigung und die Hülfleistung seiner Mitbürger aufgemuntert, wagte er nun auch, vor dem preiswürdigen schwedischen Publicum diese Gesellschaft aufzustellen. Daß sie dessen Beyfall gewonnen, hat der Ausgang bewiesen, und ihre Dauer bestätiget. Das freyherrliche Alströmmerische Haus, welches durch so viele auch für die Wissenschaften wohlbedachte und wohlthätige Werke bey uns berühmt ist, hat die Gesellschaft mit der kräftigsten Aufmunterung beehret, ohne welche sie auch die geschwinden Fortschritte nicht hätte thun können, die sie in so kurzer Zeit gethan hat. Imgleichen hat von einer andern Seite her der hochwürdigste Herr Erzbischof, Dr. Carl Fr. Mennander, seine schon lange erkannte Gewogenheit für die Wissenschaften dieser Einrichtung geschenkt: welches alles, mit mehrern Freundschaftsbezeugungen und Hülfsleistungen anderer Mitbürger zusammengenommen, dieser Gesellschaft das Daseyn und die Stärke gegeben hat, so daß sie, unter der Gnade der Vorsehung, und unter einer Gustavianischen Regierung, sich um die Zuneigung der Nation mehr und mehr, und zwar in dem Maaße verdient zu machen hoffet, je nachdem sie arbeitet und nützt. Die Gesellschaft gewann also eine Form, und ihre Verfassung wurde von ihrem Schutzherrn, dem Hrn. Hofkanzler und Commandeur Baron Sparre, auf dem adelichen Gute Äkerö, diesem für die schwedischen Wissenschaften und Künste so erwünschten Rittergute, den 25 Aug. 1779 gutgeheißen und unterzeichnet. Herr Gjörwell entschloß sich auch von dieser Zeit an, seine übrigen besten Kräfte für diese Gesellschaft und zu ihrer Verbesserung anzuwenden. Er legte also gleich zu ihren Diensten eine Bibliothek an, und verband sie mit gedachter Gesellschaft im Jahr 1780. Obschon der Endzweck der Gesellschaft eigentlich war, die Jugend des Reichs mit dienlichen Lehrbüchern in allen Wissenschaften zu versehen, so ward er doch im verwichenen Jahre erweitert, und zugleich auf die schwedische Geschichte mit allen ihren Theilen gezogen. Die vornehmste Anleitung dazu gab die glückliche Vergrößerung der Bibliothek der Gesellschaft, die Herr Gjör-

well

well im verwichenen Sommer zu machen Gelegenheit hatte, vermittelst eines innerhalb 40 Jahren gesammelten ausgesuchten Büchervorraths blos in der schwedischen Geschichte, bestehend aus hieher gehörenden Büchern, Handschriften und Kupfern, von dem Hrn. Hofrath Carl Gust. Warmholtz; eine Sammlung, die zusammengenommen so vollständig ist, daß sie weder in einer öffentlichen noch privaten Bibliothek ihres gleichen hat. Die übrigen Haupttheile der Bibliothek bestehen: in einer Sammlung Lehr- und Schulbücher, die in Schweden von der Reformation an bis auf gegenwärtige Zeit herausgekommen; in Büchern, die von Schweden außerhalb Schweden herausgegeben, oder auch aus dem Schwedischen in ausländische Sprachen übersetzt worden sind; in andern Büchern, die der Gesellschaft zur Verfertigung und beständiger Herausgabe größerer und kleinerer Arbeiten (als besonders der schwedischen Encyclopädie) nothwendig sind, doch bisher blos aus bessern Reallexicis und Werken bestehen; in gelehrten Journalen, sowohl historischen als kritischen Werthes; und endlich in Büchern für die Geschichte der Gelehrsamkeit. In allen diesen verschiedenen Fächern wird unverdrossen gearbeitet und gesammlet, nach dem Wahlspruche der Gesellschaft: Niemals müßig. Das Siegel der Gesellschaft zeigt einen auf dem offenen Felde stehenden Sprößling, den ein Genius an einem niedrigen, aber festen Stamm einimpft; am Rande liest man: Upfostrings Sällskapet (Erziehungsgesellschaft).

Die Mitglieder derselben bestehen, laut der erwähnten Verfassung, aus wirklich arbeitenden, der Gesellschaft zum Ruhm gereichenden, und in Diensten stehenden Männern, insonderheit Kirchen- und Schullehrern. Diese sind von dem Entstehen der Gesellschaft an, außer dem Beschützer derselben, dem Herrn Hofkanzler und Commandeur des königl. Nordsternordens, Freyherrn Fr. Sparre, folgende: 1) Ehrenmitglieder: der Hr. Baron P. Alströmer, Commerzienrath und Ritter des königl. Wasaordens; Hr. J. J. Ankarström, Obristlieutenant und Ritter des königl. Sw. und Wasaordens († d. 6 Apr. 1777.); Herr S. Lagerbring, Kanzleyrath; Herr A. Schönberg, Kanzleyrath und Ritter des königl. Nordsternordens; Herr Doct. C. F. Mennander, Erzbischof des schwedischen Reichs; und Herr C. G. Warmholtz, Hofrath; 2) arbeitende: Herr O. Bergklint, Eloqu. et Poes. Lector zu Westeräs; Hr. J. J. Björnstähl, L. L. O O. et Gr. Prof. in

Vierter Abschnitt.

Lund († d. 12 Jul. 1779.); Hr. C. S. Bring, Histor. Prof. zu Lund; Hr. H. Nicander, zweyter Secretär der königl. Akademie der Wissenschaften; Hr. A. Norberg, königl. Hofprediger; Hr. C. G. Nordin, Eloqu. et Poes. Lector zu Hernösand; Hr. G. Regnér, Cancellist im königlichen Kanzleycollegio; Hr. A. J. Retzius, Prof. und Bot. Demonstrator zu Lund; Hr. C. Ch. Gjörwell, königl. Bibliothekar und Director der Gesellschaft; J. Björkegren, Secretair der Gesellschaft; Hr. Tuneld, Assessor; Hr. J. H. Liden, Professor, und Hr. C. P. Blomberg, königl. schwedischer Legationsprediger zu Constantinopel.

Was die Arbeiten der Gesellschaft betrifft, bestehen solche nicht in Vorschlägen zur Verbesserung des Erziehungswerks, des Schulwesens oder der besondern Unterweisung, sondern, laut der Einrichtung, in der Verfassung, Beurtheilung und dem Herausgeben dienlicher Bücher im Erziehungsfache. Sie bestehen also theils aus den Lehrbüchern, welche Hr. Gjörwell vor dem Jahre 1778 herausgegeben; theils aus denen, welche im Namen der Gesellschaft hernach herausgekommen sind. Man will hier blos die Titel nach alphabetischer Ordnung berechnen: Die Lehre zur Seligkeit von Alnander; Moralische Betrachtungen über jeden Tag im Jahre; Büschings Lehrbuch für die Jugend; Schwedische Encyclopädie von einer Gesellschaft Gelehrten; Exempelbuch für Kinder, von Feddersen, 3 Theile; Handbuch für schwedische Kinder; Handbuch für die schwedische Jugend; Lagerbrings Auszug der Geschichte des schwedischen Reichs, 6 Theile; Magazin für die schwedische Jugend; Millers biblische Geschichte; Regnérs französisches und schwedisches Wörterbuch; Regnérs erster Begriff der nöthigsten Wissenschaften; Kleinerer Auszug der Wissenschaften; Größerer Auszug aller Wissenschaften 2 Theile; Schenmarks Computus Ecclesiasticus; und endlich diese Zeitungen. Hiezu kommen noch eigene Verlage in der schwedischen Geschichte insonderheit, weil diese Wissenschaft für sich den zweyten Hauptgegenstand der Arbeiten der Gesellschaft ausmacht.

Der 1 Nov. ist der feyerliche Tag des Jahrs der Gesellschaft, welcher zugleich der hohe Geburtstag Seiner königl. Hoheit des Kronprinzen ist, woran die Gesellschaft, außer der schuldigen Rechenschaft vor dem schwedischen Publico von ihren Geschäften, die aufrichtigsten Wünsche und getreuesten Fürbitten zu der Schwedens Schicksale bewachenden göttl. Vorsehung, für die Hoffnung des schwedischen Reichs, den

Kron-

Kronprinzen, auffsteigen läßt, und zugleich diese jährlich ermunternde und erwünschte Gelegenheit nützt, sich immer mehr und mehr der heiligen Pflicht der Gesellschaft, nämlich der Ausbreitung der Aufklärung in dem theuren Vaterlande, zu beeifern. An diesem Tage theilet auch die Gesellschaft eine Belohnung für die besten eingeschickten Denkmäler über schwedische Gelehrte aus. Zum Anfange sind folgende zum Stoffe angegeben: auf den Professor Joh. Schefferus zu Upsala, gest. 1679; auf den Bischof Doct. And. Rydelius zu Lund, gest. 1738; auf den Erzbischof Doct. E. Benzelius den Sohn zu Upsala, gest. 1743. Die Belohnung besteht aus einer goldenen Medaille von 10 Ducaten, auf Kosten eines großmüthigen Freundes der Wissenschaften, die von dem Schutzherrn der Gesellschaft ausgetheilt wird.

Zum Schluß muß man hinzufügen, daß der Hr. Gjörwell, zu den vom Drucke herausgekommenen Arbeiten der Gesellschaft auch seinen Thesaurus Svio-Gothicus und seine Collection hinzugefügt hat, welches letztere Werk, der nöthigern Arbeiten wegen, welche diese beyden letztern Jahre durch seinen unabgebrochenen Fleiß herausgekommen sind, bey Seite gesetzt werden müssen; der ansehnlichen Zeit zu geschweigen, welche mit dem Herausgeben der Reise des verstorbenen Hrn. Prof. Björnstähl hingegangen ist. Doch werden diese Arbeiten bald verbessert wieder herauskommen, wovon Hr. Gjörwell, sowohl als von ändern gewissen mit derselben Collection verbundenen Anstalten, um eine nach einem gründlichen Plane vollständige Bibliotheca Sveo-Gothica, ein nöthiges und vollständiges Zeitbuch (Annalen) des schwedischen Reichs, benebst einem dazu gehörigen sogenannten Tabularium Sveo-Gothicum, zugleich mit einer Sammlung von Anmerkungen in der schwedischen Geschichte, zu erhalten, selbst mit dem ehesten das verehrungswürdige Publicum benachrichtigen wird. Das soll das letzte Werk seyn, woran der Herr Bibliothecarius, zum Dienste der schwedischen Litteratur, die Hand zu legen gesonnen ist.

Dieß ist der Zustand der Erziehungsgesellschaft bey dem Anfange des Jahrs 1781.

Erstes Register
der Bücher und Schriften,
die in diesem ersten Theile des Allg. Schw. Gel. Archivs vorkommen.

A.
Abrahams Beprössvelse 103
Afhandl. om Man och Quinnan 195
Alnanders Bibliotheket 8
Anmärkningar öfver Avisskrifvaren 196
Anvisning til Finska och Sv. Språket 79

B.
Barchaeus (A. G.) Svar 195
Barna-Bibel 59
Barnabok 226
Barna-Frågor i Christendomen 59
Beatty Guds Nådes Verk 59
Bergenstjerna Anvisning til Gulds och Silfvers proberande 75
Bergklints Minnet 110
Bergs Prof-Predikan 65
Berättelse om Gust. III. Kröning och Revolution 83
Betraktelser (Christeliga) 60
Bjelkes Underrättelse 88
Billmarks Dissertat. 146
Björnståhls (I. I.) Resa 218
Borgare skolan 104
Boudrie Dissert. 131
Brandt Afh. om Sjörätts-Saker 135
Brauner Tankar vid skötseln 88
Bref til Gr. Struensee 84
— ifrån en Sv. Man i Kopenh. 84
— til en lärd 88
Brefväxling imellan tvenne Fruntimmer 196
Briefw. zwischen Sr. K. Hoh. dem Pr. Gustaf u. s. w. 199
Brunmarks Pred. 65
Büschings Läro-Bok 79
Burenschiöld Project til en ny Skogs-Ordning 88
Byrons Resa 84
Båld tolf Christ. Reglor 60

C.
Cantata per la Festa etc. 104
Cartouches Lefverne 85
Celsii Tal til Stockh. Presterskap 104
Chinki-Saga 196
Christiernins Dissert. 127
Chydenii Tal 104
Clewberg (A. N.) Diss. 159
Colling (L. I.) Dissert. 161
Concordanz öfver den Sv. Psalmb. 60
Cronanders Loftal 105
Crusoe (Rob.) 196

D.
Dissertat. Lundenses 45. 161
——— Upsalienses 112
——— Åboenses 137
Djurbergs (D.) Landcharte über den fünften Welttheil oder Polynesien 229
Doddridge om den Christna Rel. Vishet 60
Dygden, Hjeltequäde 104

E.
Ekermanns Dissertat. 116
Enroths Nådenes Tid 61
Erxleben om Boskaps Kännedom 88

F.
Ferners (B.) Tal 192
Filenä

Erstes Register.

Filenii Lik.-Pred. 65
— Krönings-Pred. 66
Fifcherftröms Bref om Landtbruket 89
Floderi Differtat. 122
Flodin Predik. 66
Flodman Predik. 66
Flygande Folket 197
ForfiesLefv.Befkrifning 84
Frankens gudeligaLefnads-Reglor 61
Fruntimmers Nöjen 197
— Tidningar 197
Funcks Befkr. om Tjäru- och Kol-ugnars inrättande 89

G.
Gadd Fägnetal 105
— Differtat. 142
Georgii Differtat. 120
Grofkurds Rede 105
Guldbergs omvänd Fritänk. Lefv. Befkr. 61
Gullivers Refor 197
Guftafs Gärningar 106
Gyllenborgs Vägvifare 85
Göthe Differt. 133

H.
Haartmann om Peften 73
Handbok 62
— — för Hushållare 89
Handlingar til K. Carl XI. Hiftoria 19
— — Kongl. Vetenfk. Academiens 33
— om en förbättrad Bibel-Verfion 62
Hellmann(L.I.)Differt. 185
Hemligheter,Frimurar. 197
Herrnberg Afh. om HemmansSkattläggningar 134
Herslebs Tal 66
Herveys Betraktelfer 63
Hift.om PrinsUdalr.af B. 85

Hiftorier, fedolärande 198
Höpken (Gr. A. J. v.) Gedächtnifsrede 200
Hof-Mäftarinnan 83
Holm Differtat. 133
Holthufens Rég. Detaillen 76
Hübners bibl. hiftorier 63

I.
Iacobi Anl. emot Dödsfrugtan 63
Ihre Bref til Lagerbring 79
— Differtat. 148
Imitationes parall. öfver Corn. N. 80
Ingmanns Krönings-Tal 106
— — Minnet 110
Inledning til IusPubl. Rom.-Germ. 69
Infulin Verlds-Befkrifning 85
Iordpärons Plantering 89
Iuringius Tal 107

K.
Kalm Differtationes 138
Keralio Mém. de l'Acad. Roy. des Sciences de Stockh. 200
Kjellin (F.) Differt. 187
Kinmark Differtat. 112

L.
Lagerbring Differt. 169
Lanaerus Sveriges trenne Guftaver 107
Landt-Nöjet 198
Lannér Tal 103
Laurell (L.) Differt. 170
Lebell Differt. 137
Lefrén Differt. 159
Lexell Difquifitio 201
Lexicon Lapponicum 220
Lidén Differt. 132

Lilje-

Erstes Register.

Liljeſtråle Fidei-Commiſs 109
— — Tal 109
Lindbloms Tal 108
— — Diſſertat. 136
Lindbom (D. Iſ.) Orationes ſacrae 219
Linnaei Diſſertationes 112
— Materia Medica 201
Lönboms Berättelſe om Sv. R. A. F. Carl Philips Lefverne 86
— Svenſk Archivum 83

M.

Mallet Beſkr. om Iordklotet 77
Malmö-Receſs 90
Meade ſo när en Chriſten 63
Melanders Diſſertat. 120
Menoza 64
Micheleſſi Bref 203
— — Canto 110
— — Tal 192
Mourzahad 199
Muhrbeck (I.C.) Diſſert. 201
Munck (D. Pet.) Diſſert. 177
Murrey (G.) Rede 67
— (I. A.) Tal 192
— Antiquitates ſeptemtrionales 203

N.

Nehrmann (Ion.) Diſſ. 186
Neumeiſters Tilgången 63
Nibelii, Chriſtens Reſa 64
Norberg Diſſert. 134

O.

Odhelius Påminn. vid Ögats ſjukdomar 74
Okyſkehetens ſkadeliga påfölgder 53

P.

Palmberg Diſſert. 131
Pantoppidans Afton-Stunder 64
Pantoppidans Chriſtend. 64
— Menoza 64
Planmann (A.) Diſſert. 156
Porthan (H. G.) Diſſ. 159
Protocoll hållit i Kgl. Maj. Rådkammare 70

Q.

Quiding (I.) Diſſertat. 185

R.

Rabenii Tankar om Lagfarenhetens Tilſtånd 25
Red-dejan (Svenſka) 90
Regerings-Form 100
Retzius Inledning til Djur-Riket 77
Rinmanns Anledningar til Kunſkap etc. 101
Robertſons Konſten at curera Häſtar 101
Roſe, eller Verkningar etc. 199
Roſens Hus-och Reſe-Apotheque 75
Roſenſtein (N. R. v.) Tal om Peſten 191
Roſs Diſſertat. 137

S.

Sahlſtedts Svenſk Gramm. 80
Salanders G. F. Inſtruction 101
Samfundets P. F. et C. förſta gåfva 67
Sandel (S.) Tal 193
Scheffer (U. Gr.) Briefwechſel und Correſp. ꝛc. 199
— (C. F. Gr.) Tal 191
Schenmark (N.) Diſſ. 172
Schönbergs Tal 191. 192
Schröckh Lefv. Beſkr. om D. M. Luther 86
— Lefv. Beſkr. om ſtora Kurf. i Brand. Fr. W. 87

Seſ.

Zweytes Register.

Sefſtröms Handels-Bibl. 102
Sidrens Diſſertationes 114
Sleincours Diſſert. 124
Sommelius (G.) Diſſ. 172
Stadfeſtelſer och Priv. för Civil-St. E. och P. Caſſa 102
Statuter af Kgl. Vaſa-Orden 102
Stenbocks Reglementet för Armeen 77
Stjernemann (Ol. de) Eſſai ſur l'application etc. 201
— Reflexions ſur les Loix etc. 203
Struenſees och Brandts Omvändelſes Hiſt. 68
— Lefnad och Öde 87
Sundblads Project om medel 102
Svedbergs Katechiſmi Öfning 68
Svedelii Diſſert. 131
Svedenmarcks Poëme 108
Synodens i Rendsburg föreſtällning 68

T.
Telemaque 80
Teſſins Arbeten i Sv. Stenſtylen 81
Thoughtleſs Hiſtoria 199
Thunmanns Unterſuch. 204
Tidningar, Upſ. Sällſk. lärda 219

Tidninge-Skrifvaren 196
Tiliander Diſſert. 132
Tolſtadius om Bepröfv. 67
Tornaei Beſkr. öfver Tornå och Kemi-Lappm. 3
Tourneforts Reſe-Beſkr. 87
Trozelius, C. B. Diſſert. 171
U.
Utile Dulci (der Geſellſchaft) Tal, Ode &c. 107. 108. 111
V.
Vernets Betraktelſer 69
W.
Wallerii Syſt. mineralog. 78
Wecko-Skrift för Läkare och Naturforſkare 225
Weſtdahl Uttydning öfver Sver. Rikes Lag 71
Weſterdahl 54
Wetterſten Öfverſättn. 69
Witterhets Nöjen 111
Wrangels Predikan 67
Z.
Zetterſten Anmärkningar öfver Mynt 103
Ziervogels Föreläſningar öfver Upſ. Ac. Mynt-Samling 81
Ä.
Ärindran til ſine Landsm. 103
Ö.
Öfningar för Barn 82
Örte-Bok 103

Zweytes Register,
oder Verzeichniß der erklärten Schriftſtellen.

1 Sam. 6, 19. 46. 184
Ieſ. 38, 21. 178
Matth. 1, 1. 174. C. 5, 17. 172. C. 11, 11. 173. 175. v. 12. 176. v. 13. 122. C. 12, 36. 182. C. 24, 22. 122
Luc. 3, 2. 174

Ioann. Cap. ult. 175
Rom. 1, 19. 2, 14. 15. 183. C. 13, 1. 182
2 Cor. 4, 10. 137. C. 12, 7. 180
1 Pet. 4, 6. 187
Ebr. 2, 16. 181. C. 9. 173

Drittes Register,
über die merkwürdigsten Sachen.

A.
Accentuation, hebräische 46
Aengel, böser, Wiederherstellung ist nicht zu erwarten 181
Akademie der Wissenschaften zu Stockholm 33
— die darin geh. Reden 189
Akademie zu Upsal wird angelegt 170
Akademien, verschiedener schwedischen, Anzahl 239
Aleph 159
Archimedische Solida 172
Arrest 161
Assecurance 162
Athens verschiedene Regierungsform 123

B.
Beaumont Mag. des E. in das Schwed. übersetzt 82
Bergwerksgerichte 164
Bibelübersetzung, neue schwedische 228
— in finnischer Sprache 269
Brüder Christi 132
Buchdruckereyen in Schweden 240

C.
Chemie, optische 142
Chronik der Bischöfe zu Abo, durch Justen, erhält Nacherinnerungen 148
Codices conuoluti et quadrati 46
Colonien, schwedische, in Finnland 152

D.
Dalin 250
Dompröpste zu Abo sind Pfalzgrafen 151
Dünste, ihre Aufsteigung 156

E.
Edda 79
Elektricität 157
EpicykloIs 158
Erziehungsgesellschaft zu Stockholm 280

F.
Finanzschriften 96
Finnischer Nation Gebräuche und Gelehrsamkeitszustand 261
Finnlands, des alten, Lage 151

G.
Geldbuße 127
Gelehrsamkeitszustand in Schweden zur Zeit der calmarischen Union 169
Gelehrtenrepublik, ihr blühender oder schlechter Zustand 159
Geschichte (kurzgefaßte) des Zustandes der Dichtkunst in Schweden 246
Geschmack 124
Gesellschaften, geheime gelehrte 147
Gesetzpflege, ältere und neuere in Finnland 153
Gjörwell giebt Zeitungen heraus 243
Globen, s. Weltkugeln.
Gottes Vorherwissen 181
Gustafs, ehemaligen Kronprinzens, Briefwechsel und Correspondence 199
— — III. Protokoll zur Aufhebung der Torturplätze 70
— — Orationes 200
— — Reichstagsreden 90
— — Rede in der Akademie der Wissenschaften 190

Gustafs

Drittes Register.

Gustafs III. Anlegung eines Hofgerichts zu Wasa in Finnland 156

H.
Hannas und Kaiphas 174
Hebräische Sprache 137
— Vocalen und Accente 51
Hell, Pater, wird zurecht gewiesen 158
Helsingen, Provinz in Schweden 130
Herzoge, Herleitung dieses Worts, und Herzoge in Finnl. und Schweden 149
Hiobs Krankheit 177
Hülsenfrüchte 142

J.
Ihre's Vorrede vor dem Lappischen Lexiko 221
Johannis des Täufers Vorzug 175
Juden, ihre Feste 185

K.
Kälte, ihre Zunahme in Schweden 139
Kaiphas s. Hannas.
Kalender, schwedischer 251
Kennikotts Variantensammlung 45
Königinn von Schweden, Luisa Ulrick Verdienste um die schönen Künste und Wissenschaften 250
Kriegsgesetze 168
Kritik, lateinische 136
Krönungs- und Huldigungsschriften 104

L.
Land vermehret sich 144
Landcharte über den fünften Welttheil od. Polynes. 229
Lappische Bücher, und Schriften über Lappland 4. 118. 220

Lectionskatalogus der Akademie zu Åbo 255
Lichtes, Geschwindigkeit 156
Lindahl arbeitet an dem lappischen Lexiko 220
Litaney 150
Lutherscher Bücher, Geschichte bey den Römisch-katholischen 133
Lyrische Poesie 131

M.
Mannagras 140
Meridiane, ihr Unterschied 158
Münzsammlung zu Upsal 81

N.
Nachahmung der alten Redner und Poeten 131
Nahrungszweige, ihre Verbindung in Schweden 143
Natur, sittliche, des Menschen 119

O.
Obergerichte in Schweden 162
Öhrling arbeitet an der Ausgabe des lappischen Lexikons 220
Onkelos chald. Paraphrase 179

P.
Päpstlicher Gewalt Stützen 146
Palingeneste, zoologische 142
Parisische Akademie wird sehr von den Schweden und Finnen in den mittlern Zeiten besucht 148. 170
Passah 185
Paullinischer Briefe chronologische Ordnung 123

Plane-

Drittes Register.

Planeten, sind bewohnet 178
Poeten, schwedische 132
Polyneßen od. fünfter Welttheil 229
Predigten 65-67
Preußen, Königs von, Brief an den Herrn Maj. von Stjernemann 202

R.
Raumo, Stadt 146
Rechtsgelehrsamkeits-Zustand in Schweden 25
Reden, unnütze 183
Regierungen, rechtmäßige, 182
Reichstagsschluß von 1772. 100
Reichstagsschriften 90
Revolutionsschriften 110
Rudenschölds Rede in der Akad. der Wissensch. 190
Ruthström 99

S.
Sabbath 185
Sacramente 185
Saxo der Grammatiker 186
Schaumünzen, schwedische, auf den König und das königl. Haus 204. auf Alströmer 211. Berch 211. Björnstähl 212. Faggot 211. Faxel 211. Fersen 210. de Geer 211. Linné 212. Meyer 212. Rosenadler 211. Rosenstein 212. Sahlgren 211. Scheffer 210. Strömer 212. Swab 212
Schweden hatten in den mittlern Zeiten Erziehungsinstitute zu Paris und Rom 148. 170
Seelen, Unsterblichkeit 128
Seerechts-Sachen 135
Societäten, gelehrte, in Schweden 239
Staatszustand des schwedischen Reichs um 1772. 94
Stjernhjelm, großer Dichter 248
Strafen 127
Swedenborgs Briefe 201
— — Schriften, Verzeichniß 193

T.
Thiere, wilder, wenn sie gezähmet worden, Benutzung 138

U.
Uebel, Verhalten gegen physische 148
Unterthanen, Beförderung ihrer Gesundheit durch Obrigkeiten 141
Upsalia illustrata 120

V.
Verbrechen 127

W.
Weltgebäude, Melanders Gedanken darüber 120
Welt- und Himmelskugeln, ihre Verfertigung 215
Wunder 184

Z.
Zeitungen, gelehrte schwedische 219
— — für Aerzte und Naturforscher 225
Zinn 145
Zollfreyheit 167

Allgemeines Schwedisches Gelehrsamkeits-Archiv

unter

Gustafs des Dritten

Regierung.

***

Zweyter Theil
für das Jahr 1773.

***

Von verschiedenen Gelehrten in Schweden ausgearbeitet,

und herausgegeben

von

Christoph Wilhelm Lüdeke,

Doctor der Gottesgelehrsamkeit, Pastor Primarius der deutschen Gemeine zu Stockholm und Assessor des Stockholmischen Consistoriums.

***

Leipzig,
bey Johann Friedrich Junius. 1784.

Vorbericht.

Sollten durch keine unvorhergesehene Hindernisse die Fortsetzungen dieses Archivs aufgehalten werden: So hoffe ich, mit meinen Herren Mitarbeitern solche g. G. so einzurichten und zu beschleunigen, daß ohne Nachtheil der Litteratur und der Materien der nächste Band drey Jahrgänge von 1774 bis 1776; der folgende ebenfalls drey von 1777 bis 1779; der darauf folgende die Jahrgänge 1780 bis 1782 und dann der letzte mit 1783 u. s. w. den Beschluß des Werkes unter dem itzigen Titel mache. Stockholm, den 2ten Apr. 1784.

Der Herausgeber.

Inhalt
der Abschnitte und Kapitel.
Erster Hauptabschnitt.
Weitläuftige Recensionen.

I. Bussers (I.) Beskr. om Upsala	Seite 3
II. Kraftman (I.) Tankar om den förfallna Christend. uphjelpande	16
III. Acta Promotionis Doctorum Theologiae &c.	23
IV. Mennandri (C. F.) de synodis et speciatim dioecesanis Aboensibus oratio	28
V. Knös (A.) Compendium Theol. Pract.	34
VI. Prof- Öfversättning af then heliga Skrift	37

Zweyter Hauptabschnitt.

Beurtheilende Verzeichnisse von den Synodal- und Universitäts-Dissertationen, den Abhandlungen der verschiedenen Wissenschafts-Akademien und Societäten, und auch den darin gehaltenen merkwürdigen Reden.

A. Synodal-Dissertationen	Seite 49
B. Universitäts-Dissertationen zu Upsal	60
——— ——— zu Åbo	99
——— ——— zu Lund	110
C. Abhandlungen der Akademien und Societäten	170

Dritter

Inhalt der Abschnitte und Kapitel.

Dritter Hauptabschnitt.

Kurzgefaßte Recensionen nach den verschiedenen Wissenschaften.

I. Gottesgelehrsamkeit	Seite 139
II. Rechtsgelehrsamkeit	156
III. Arzeneykunde	156
IV. Weltweisheit u. s. w.	158
V. Erziehung, Philologie u. s. w.	161
VI. Geschichte, Geographie u. s. w.	164
VII. Staats= Haushaltungs= u. dgl. Schriften	167
VIII. Poesie, Reden u. s. w.	178
IX. Schriften anderweitigen und vermischten Inhalts	181
X. Schriften schwedischer Schriftsteller, welche außerhalb Landes gedruckt, und auch solcher, die in andere Sprachen übersetzet worden	183
XI. Merkwürdige Schriften der Ausländer u. s. w.	184
XII. Gelehrte Anekdoten	185

Vierter Hauptabschnitt.

Berichtigungen und Zusätze des ersten Theils benebst einem gelehrten Anzeiger.

I. Berichtigungen und Zusätze	Seite 193
II. Biographische Preisaufgabe	205
III. Ankündigung einer neuen Ausgabe von Tunelds Geographie	206
IV. Warmholz (C. G.) Bibliotheca Sueo-Gothica	207
V. Rosenadler (C. A.) Förteckning &c.	207

Inhalt der Abschnitte und Kapitel.

Fünfter Hauptabschnitt.

Gelehrter Anhang.

I. Nachricht von dem Kirchenstaate Schwedens, den Bisthümern desselben und den in solchen festgesetzten Synoden oder Zusammenkünften der Geistlichkeit
Seite 211

II. Beschreibung der Universität zu Upsal und ihres Zustandes um das Jahr 1781. 215

III. Kurze Geschichte der augsburg. Confession, des Concordienbuchs und ihrer verschiedenen Ausgaben in Schweden 228

IV. Kurze Geschichte der königlichen patriotischen Gesellschaft zu Stockholm von ihrer Errichtung an bis zum Schlusse des Jahres 1780 236

Erster

Erster Hauptabschnitt.

Weitläuftigere Recensionen.

I.

Busser (L. B.) Utkast till Beskrifning om Upsala. P. I. Upsala 1773. bey Edmann. 19 B. in 8. P. II. eben daselbst 1769. 13 B. mit vielen Kupfern in Holmbergs Verlage zu Stockholm. 1 R. 8 Sch.

Der zum ersten Theile gehörigen Kupfer und einiger dazu erforderlicher Beyträge halber, ward solcher später, als der zweyte, abgedruckt. Jene konnten nicht so geschwinde fertig und diese nicht zeitig genug erhalten werden. Der Verfasser nennt dieß Werk: Entwurf zu einer Beschreibung von Upsala; und meldet im Vorberichte zum zweyten Theile, daß er seit mehrern Jahren zu einer vollständigen Beschreibung dieser Stadt und der Akademie daselbst aus den zuverläßigsten Quellen die Materialien gesammelt habe. Die zahlreichen und bestimmten Citationen unter dem Texte lassen auch an dem letzten nicht zweifeln.

Ein so bedeutender Ort, als Upsala sowohl in als außerhalb Schweden ist, verdiente eine solche Beschreibung, und sie ist in ganz gute Hände gefallen. Der Verfasser dieser Recension besah Upsala unter Anleitung dieser Beschreibung und fand alles derselben ge-

mäß:

4 Erster Hauptabschnitt.

maß: so daß sie verdienet, allgemeiner bekannt zu werden, als sie es bis itzt zu seyn scheint.

Die vorgesetzte Einleitung handelt von Alt-Upsala, welches heut zu Tage ein elendes Dorf und von dem itzigen Upsala etwa eine halbe deutsche Meile enfernt ist. (S. 1—32) Vieles, ja davon das Meiste verliert sich in den Dunkelheiten der Jahrhunderte vor und nach Christi Geburt. Das Brauchbarste vom Namen, der Lage, dem Alter und Ursprunge ist aus dem Peringsköld und andern gesammelt. Die alten Könige wohneten da, und die Reichsversammlungen wurden auch daselbst gehalten. Von den alten Grabhügeln sind noch viele übrig und darunter die drey ansehnlichsten, welche Königshügel genannt werden. Sie haben jeder ohngefähr im Umkreise 350 Ellen, 75 Stufen von unten bis oben zum Mittelpunkte, 116 Ellen im Durchschnitte und 30 Ellen senkrechte Höhe. Was man von den in dem alten für seine Zeiten sehr prächtigen Götzentempel aufgestellten Götzenbildern, Götzendienste und Opfern liest, erwecket Schauder und Grausen. Thiere und Menschen wurden geopfert. Zu Domalders Zeit opferte man bey einem längern Miswachse den ersten Herbst, Ochsen; den zweyten, Menschen, und den dritten, den König selbst. Der König Inge Stenkilsson ließ 1075 diesen Tempel zerstören, und nun ward er in eine christliche, hernach sogar in die Domkirche verwandelt. Fast zwey Jahrhunderte hernach verwüstete sie eine Feuersbrunst und so ward der erzbischöfliche Sitz mit dem Domkapitel und der Kirche unter des Pabstes Alexanders des vierten Erlaubniß 1258 nach dem neuen Upsala verlegt. Das verschiedene Aussehen dieses Tempels unter den heydnischen und christlichen Zeiten ist auf einigen Kupferplatten vorgestellet worden.

Der

Der erste Theil beschreibt das itzige Upsala, dessen ältere und neuere Schicksale benebst den Merkwürdigkeiten, nämlich Schloß, Kirchen, Rathhaus, Einrichtungen u. d. gl. in vier Kapiteln.

Das erste ist das weitläuftigste und handelt von Neu-Upsala, und dessen vornehmsten Schicksalen. Es hieß ehemals Öster-Arås im Gegensatze von Wester-Arås oder dem itzigen Westeräs und der vorgemeldete Brand zu Alt-Upsala in der Mitte des 13ten Jahrhunderts gab Gelegenheit zu seiner Anlegung. Gegen den Schluß desselben scheint auch der vorige Name ganz aufgehöret und dem noch gebräuchlichen Namen Upsala Plaz gemacht zu haben. Die Verlegung des Erzbisthums hieher trug dazu wohl das allermeiste bey. Es war dieß unter den papistischen Zeiten sehr glänzend, und mit großen Einkünsten versehen. Der Erzbischof hatte einen Domprobst, Archidiakonus, Diakonus, Kantor und zwischen 4 bis 16 Kanonikos zur Seite. Ein Domprobst und ein Kantor konnten Reichsräthe werden. Weil bey dem kirchlichen Stande nur allein etwas Gelehrsamkeit war: So ward er mit zu einem ordentlichen Reichsstande aufgenommen. — Dieß zeiget doch deutlich an, daß die christliche Religion sich nicht allein mit der Gelehrsamkeit wohl vertrage, sondern auch solche aufrecht erhalte, und man es dem kirchlichen Stande zu verdanken habe, daß sie selbst in den finstern Zeiten nicht untergegangen sey. Upsala ist vielen Unglücksfällen, besonders in den bürgerlichen Unruhen, und in verschiedenen Kriegen mit den Dänen, nicht minder in mehrmaligen Feuersbrünsten unterworfen gewesen, und hat daher zu verschiedenen Zeiten eine sehr veränderte Anlage und Aussehen gehabt, welches durch mehrere Kupferstiche erläutert wird. Bey Upsala wurden die schwedischen Könige, die es nicht dem

Erbrechte nach waren, gewählet und in der Stadt die allermeisten gekrönet. Von der Zeit der Reformation bis zu der Königinn Christinä Regierungsniederlegung wurden die meisten Reichstäge und größern Religionsgespräche, auch Kirchenversammlungen daselbst gehalten. Z. E. 1524 das Religionsgespräch zwischen dem Olaus Petri von evangelischer, und dem Peter Galle von papistischer Seite über zwölf hauptsächliche Unterscheidungslehren. Im Jahr 1549 ward das Interim verworfen. Im Jahr 1593 ward das große upsalische Concilium gefeiert, dessen Verbindlichkeit noch itzt fortdauert, und 1607 das Religionsgespräch zwischen dem berühmten schottischen Reformirten Johann Forbesius und den Evangelischen in Gegenwart Königs Karl IX. angestellet, bey welcher Gelegenheit letzterer auch bessere Gedanken von der evangelischen Religion erhielt. (S. 1—116)

Das zweyte K. wird hier, da es nicht eigentlich für die Gelehrsamkeit gehöret, den Liebhabern zum Lesen überlassen, die darinnen allerley Nachrichten von den ehemaligen königlichen Häusern, den ältern und neuern Schicksalen und Merkwürdigkeiten des Schlosses, auch der zerstöreten Wasserkunst, imgleichen den itzigen königlichen Lust- Küchen- und Hopfengärten finden werden. (bis S. 148)

Das dritte K. redet in weitläuftigen §§. von der berühmten Domkirche und ihren vornehmsten ältern und neuern Merkwürdigkeiten. (bis S. 231.) Zu ihrer Erbauung wurden im dreyzehnten Jahrhunderte ein Baumeister mit 10 Meistern und eben so vielen Gesellen aus Frankreich verschrieben, und die Anlegung geschah nach dem Muster der Kirche Nôtre Dame zu Paris. Beide sind bekanntlich gothischer Bauart. Die pariser hat fünf und sechszig Klafter in der länge, lange, vier und zwanzig in der Breite und siebenzehn in der Höhe; die upsalische ist innerhalb den Mauern hundert und achtzig Ellen lang, sechs und siebenzig breit, und sechs und vierzig hoch. Rechnet man die Klafter zu sechs, die Elle aber zu zwey Fuß; so ist die pariser nicht eben viel größer, als die upsalische. Schade ists, daß sie durch Kriegesunruhen und Feuersbrünste besonders im Jahr 1702 so viel gelitten hat. Sie zu erbauen, nahm man die zu der Zeit gewöhnlichen Maaßregeln, durch Ablaß und ähnliche Mittel das Geld zusammenzubringen. In den päbstlichen Zeiten waren viele Altäre und Heiligthümer darinnen. Von den letzten sind noch itzt Ueberbleibsel vorhanden, z. E. des Königs Erichs in einem silbernen Kästchen aufbewahrte Gebeine. Die Domkirche ist rund umher mit kleinen Kapellen umgeben, welche zu Begräbnißstätten vieler Könige und anderer großen Familien dienen. Es kommen dabey besondere Anekdoten aus der Geschichte der Begrabenen vor, die zum Theile das Gemüth rühren, zum Theile auch ein Grausen verursachen. Die Nachrichten von der ehemals darin befindlichen Kunstuhr, und dem gegenwärtigen Altare, Kanzel, Orgel u. s. w., den noch in der Sakristey aufbewahrten ältern und neuern Seltenheiten, — hiernächst der ehemaligen Dreyfaltigkeits-, nun so genannten Bauernkirche, dem Hospitale, den vormaligen, aber nun zerstörten Kirchen, Kapellen, Klöstern und Gilden (bis zu E. des ersten Th.) würden hier unzweckmäßig und zu weitläuftig seyn. Von dem Aberglauben der mittlern Zeit in Schweden verdienet etwa angemerket zu werden, daß die Könige meistentheils ihre Briefe mit diesen Worten beschlossen: Hiermit befehlen wir euch Gott, dem Könige Erich dem Heiligen, und allen Schutzheiligen Schwedens; Eide und Zeugnisse aber also

bekräfti-

bekräftiget wurden: So wahr mir Gott und der König Erich der Heilige helfe!

In der Einleitung zum zweyten Theile wird angemerket, daß Upsala die zweyte Stadt in Schweden, ehemals der Sitz der Könige, die Krönungsstätte vieler Könige, der Versammlungsort vieler Reichstäge, die Wohnstelle des einzigen Erzbischofs in der evangelischen Kirche und am Sala=Flusse belegen sey.

Der zweyte Theil ist ganz der upsalischen Universität, ihren ältern und neuern Schicksalen benebst ihren merkwürdigen Einrichtungen gewidmet.

Das erste K. giebt von der Universität, ihren Lehrsälen und den dabey vorgefallenen Veränderungen eine allgemeine Nachricht. In den päbstlichen Zeiten bezog die schwedische studirende Jugend ausländische Oerter, z. E. Prag, Wittenberg, Leipzig und Paris. Im 13ten Jahrhunderte war wohl eine Schulanstalt zu Upsala, sie scheint aber zu weiter nichts gedienet zu haben, als Sänger für die Messe zuzuziehen. Im Jahr 1476 brachte endlich Sten Sture der ältere mit des Pabstes Sixti IV. Genehmigung und des Erzbischofs Jakob Ulssons Beyhülfe die Universität zu Stande. Das Jahr darauf ward sie eingeweihet. Der Pabst gab ihr gleiche Vorrechte mit der zu Bologna; die schwedische Regierung aber gleiche Freyheiten mit der zu Paris. Gustaf I. studirte hier selbst fünf Jahre. Sie mußte inzwischen viele Widrigkeiten unter den unruhigen Regierungen, Kriegen, Religionsstreitigkeiten, Feuersbrünsten, Pest u. d. gl. ausstehen; so daß es manche, ja einmal 40 Jahre war, als ob keine Universität da gewesen wäre. Vom Gustaf Adolf seit 1637 leitet sich ihr beständiger Zustand her. Von den ältesten akademischen Gebäuden ist nichts mehr vorhanden. Die beiden itzigen sind die ältere oder Karolinsche Akademie von ihrem
Stifter,

Stifter, Könige Karl IX., in deren größerm Saale die Bildnisse der Erzbischöfe, als Prokanzler der Universität, hängen; und die neuere oder Gustafianische, wo die Bibliothek verwahret wird.

Von dieser handelt das zweyte K. (S. 31 — 63) ausführlich. Gustaf A. legte sie im Jahr 1621 an. Sie ward durch die Plünderungen der Bibliotheken zu Riga, Brunsberg, Würzburg, Olmütz, Posen und Wilna, imgleichen durch Geschenke der Königinn Christina, Königs Karl XI., des itzigen Königes und mehrerer Privatpersonen, nicht minder durch den Ankauf nach und nach zu der itzigen Anzahl gebracht. Es sind darunter gedruckte Bücher und Handschriften fast in allen Sprachen der Welt, besonders des Morgenlandes. Zu den Handschriften gehören die so genannten Palmskjöldischen Sammlungen, ein zur ältern Kenntniß Schwedens unentbehrliches Werk; verschiedene alte päbstliche Bullen und Briefe; der bekannte Codex Argenteus oder die ulphilanische Version der vier Evangelisten; die Edda mit andern sehr alten isländischen Handschriften u. s. w. Es finden sich auch auf der Bibliothek andere merkwürdige Sachen; unter andern das Original der Zeichnung von dem mekkanischen Tempel, welches der Prof. Eneman auf seiner morgenländischen Reise an sich brachte, und im fünften Th. der Cerem. et coutumes religieuses de tous les Peuples du monde Amst. 1737. und vielleicht daraus in des Engländers Sale Koran abgedrucket worden. Außer den ungewissen Einkünften einiger Abgaben bey der Erlangung eines akademischen Amtes, der Immatriculation und der akademischen Würden sind nur feste Einkünfte zwischen 80 bis 90 Dukaten angeschlagen.

Auf der Bibliothek findet sich das besondere Kunstkabinett, welches die Stadt Augsburg dem Könige

Guſtaf Adolph bey ſeiner Ankunft daſelbſt 1632, die Königinn Ulrika Eleonora aber der upſaliſchen Akademie im Jahr 1692 zum Geſchenke machte. Zugleich verehrte ſie dahin verſchiedene ausländiſche Münzen, welche die Grundlage zu der gegenwärtigen Münzſammlung daſelbſt ausmachten, das nach und nach, beſonders ſeitdem das Ehrenpreuſiſche Kabinett hinzugekommen iſt, eine vortreffliche Sammlung vorzüglich in ſchwediſchen Münzen abgiebt, *) Kap. 3 und 4,

Das akademiſche Conſiſtorium (Kap. 5. S. 79 bis 92) hat itzt ein ganz bequemes Gebäude zu ſeinen Verſammlungen, iſt in das größere und kleinere vertheilet, und beſteht aus den gewöhnlichen vier Facultäten.

An die Anlegung eines botaniſchen Gartens (K. 6) hatte man ſchon 1637 gedacht, und es war damit ſchon weit gekommen, als der traurige Brand 1702 ihn und alle dazu gehörigen Anſtalten vernichtete. Unter dem großen Linné kam er denn zu einer Vollkommenheit, dergleichen, wie bekannt iſt, wenige haben, Damit iſt ein nöthiges Treibhaus und ein Muſeum verbunden.

Das Obſervatorium ward 1739 angelegt, und iſt deswegen merkwürdig, weil auf allen in Schweden herausgekommenen Charten der erſte Meridian von dem des upſaliſchen Obſervatoriums gerechnet wird. (K. 7. S. 112 — 121) Es iſt mit den nöthigen Inſtrumenten und Tuben, einer aſtronomiſchen Bibliothek und einer beträchtlichen Anzahl von mehr als 120 ältern und neuern Kunſtäben verſehen.

Seit 1741 ward eine ökonomiſche Profeſſur errichtet, und deshalb ein Theatrum oeconomicum angelegt, worinn die Vorleſungen gehalten und wohlgeordnete

---

*) Man vergleiche den erſten Theil dieſes Archivs p. 81.

ordnete Sammlungen von Modellen, auch Proben von allerley rohen und zubereiteten Waaren aus dem Thier-, Pflanzen- und Steinreiche aufbewahret werden. (K. 8) Allerley Vorurtheile verursachten es, daß nicht eher als gegen die Mitte des vorigen Jahrhunderts die Anatomie zu Upsal gelesen, und nicht lange hernach ein Theatrum anatomicum mit den nöthigen Zubehören, imgleichen ein Krankenhaus errichtet ward. (K. 9) Eine eigentliche und besondere physische Professur und die dazu erforderlichen Einrichtungen kamen allererst seit dem Jahre 1750 in Ordnung; (K. 10) und um eben dieselbige Zeit eine besondere chymische Professur, benebst einem Laboratorio Chemico und Metallurgico; wobey sich zugleich eines der vollständigsten und wohl eingerichtetsten Mineralkabinette in der Welt findet. (K. 11) Bald nach der Mitte des vorigen Jahrhunderts ward ein Exercitienhof für einen Stall-, Tanz-, französischen Sprach- und Fechtmeister angelegt. (K. 12. S. 154 — 158)

Der dritte Theil ist bis itzt noch nicht herausgekommen.

Ich vermuthe, meinem Lesern durch einen gedoppelten Anhang keinen unangenehmen Dienst zu thun. Der erste betrifft den itzigen Zustand des so berühmten Codicis Argentei; der andere das zu Upsala verwahrte Exemplar der Edda. Jener rühret ganz von dem Recensenten her; dieser ist meistentheils mit den Worten des Herrn Busser ausgedruckt.

Was Herr Hofr. Michaelis von dem Cod. Arg. im ersten Bande seiner Einleitung zum N. T. geschrieben hat, finde ich ziemlich richtig. Es ist wirklich die schönste Handschrift, die ich gesehen habe, in groß 4 mit breitem Rande, worauf hie und da eine Variante steht, aber von einer Hand, die von dem Codice selbst verschieden ist, und die im eigentlichen Verstande gewiß

wiß geſchrieben war. Die eine Seite der Pergamentblätter iſt purpurroth,*) die andere kaum blaßröthlich. Ich ſahe und fühlete deutlich die doppelten Queerlinien, worinn die Buchſtaben, alle von gleicher Größe, eingegrenzet waren. Die Buchſtaben ſind eben ſo deutlich für das Geſicht und Gefühl mit einem Metalle oder Elfenbeine, oder anderen Griffel eingegraben, tief auf der rechten und auf der andern Seite ziemlich ſtark von dem Einprägen, oder Eindrucke, oder Einſchlagen, oder Einbrennen, (denn das konnte ich ſo genau nicht unterſcheiden) erhöhet. Sie ſind ſich auf allen Seiten, von Anfang bis zu Ende, ſo ähnlich, als wie die Typen ſich in unſern Büchern gleichen. Doch iſt dieſe Gattung von Typen oder Griffeln nicht ſo ſcharf und zierlich, als wie unſere Typen, ſondern als etwas rauh oder ſtumpf, ſo daß der Umfang der Buchſtaben nicht ſo gleich und glatt iſt, als bey unſern. Daher urtheile ich, daß dieſe Schrift nicht geſchrieben iſt, denn die Buſtaben konnten ſich unmöglich ſo genau gleichen, und würden hin und wieder die beſſere oder nachläßigere Schreibart des Abſchreibers verrathen; hätten auch unmöglich ſo determinirt eingedruckt geſchrieben werden können. In dem Eindrucke findet ſich eine dunkelbraune leimartige Ausfüllung, und dieſe iſt mit Silber bedeckt, nicht mit Silberblechen, wie ſie meiſtentheils in den Miſſalen angetroffen werden, ſondern entweder mit einer ſolchen Silberfarbe, wie man in den Farbenkäſtchen findet, oder auch Silberſchaume, der vielleicht in Blättern auf die vorher

gemel-

*) In P. W. Gercken Reiſen durch Schwaben u. ſ. w. Th. I. Stendal 1783. wird berichtet, daß in der churfürſtlichen Bibliothek zu München eine Handſchrift der Evangelien mit goldenen Buchſtaben, auf purpurfarbigen Pergamen, aus dem IX. Jahrhunderte gefunden werde.

gemeldete leimartige Ausfüllung gelegt und aufgedrucket ward; alsdenn bey dem Trockenwerden fest anklebte, da das Uebrige in den Räumen zwischen den Buchstaben im Schütteln oder auch durch Abwischen von selbst sich ablösete und herausfiel. Das schließe ich daraus, und wie ich glaube, untrüglich, weil bey dem Herfahren des Fingers über die Buchstaben sich deutlich Silber- und bey den Initialbuchstaben Goldschaum anhängt, auch bey dem Eröffnen des in einem massiv silbernen Bande gebundenen Codicis der Silberschaum nicht in hartem Pulver, sondern weichem Staube herausfährt, oder sich auch in der Falze gesammelt hat. Bey dem hohen Alter hält natürlich jene leimartige Ausfüllung den Silberschaum nicht mehr feste an sich. —— Und nun von dem itzigen Zustande dieses Codicis? Er wird bald nichts weiter, als ein Zeugniß dessen, was er gewesen ist, und der allgemeinen Vergänglichkeit oder Verweslichkeit seyn. Die durch die Typen oder Griffel ungleich gewordenen und doch immer zusammengedruckten, dabey durch so viele Hände gegangenen Blätter sind in der Mitte mehr als die Hälfte so aufgebraucht, daß nur der Rand und einige Theile übrig sind. Ganze Linien, oft ganze Seiten fehlen. Ich betastete sie, um die Schreib- oder Druckart zu untersuchen, mit größter Behutsamkeit, ich erschrack aber, als der Umfang der Stelle, wo mein Finger war, sich in Staub auflösete, und aus einander flog, so wie man von den alten Leichnamen sagt, daß sie sich bey dem Anrühren plötzlich in einen Staubhaufen verwandeln. Also nach den letzten Bemühungen des Jhre scheint nichts mehr zu erwarten zu seyn. Auch der Wunsch, es möchte der ganze Codex in Kupfer gestochen werden, ist nunmehr, wenn er auch erfüllet würde, fast zu späte. Bey aller möglichen Treue würden kaum 2 Drittheile, und das öfters

ters nur aus Muthmaßungen übrig bleiben. Was seine eigentliche Sprache anbetrifft, so hoffe ich, sollen wir vielleicht noch zu genaueren Aufschlüssen kommen. Ich fand in der upsalischen Bibliothek des Sabattini Calendario Neapolitano, worin ein Paar Blätter gleicher Schrift, wie in dem Codice argent. und zwar mit der Anzeige waren: „Dieß sey gothisch. Die Go„then hätten im 5ten Jahrhundert eine eigene Kirche „zu Ravenna gehabt, und es fände sich von ihrer „Sprache noch ein großes Manuscript zu Neapel, „auch seyn noch andere Documente vorhanden. Je„nes würde auch nächstens (der Calendario war in „dem 40sten dieses Jahrhunderts gedruckt) im Dru„cke bekannt gemacht werden." Ich habe darüber Erkundigungen eingezogen. Das Buch ist zwar noch nicht gedrucket; allein die Angabe hat doch ihre Richtigkeit. — Nun zu der Edda. —

„Nach dem Ulphilas ist wohl keine die nordischen „Alterthümer angehende Handschrift merkwürdiger, „auch von mehrerem Werthe, in der upsalischen Bi„bliothek, als die Abschrift der Edda, welche der „Graf Magn. Gabr. de La Gardie dahin geschenket „hat."

„Das Buch ist von dem gelehrten Isländer Jo„nas Rugman nach Schweden gebracht worden, und „auf Pergament, welches Alters halber ziemlich schwarz „aussieht, mit altem Mönchsstyle geschrieben."

„Vorne steht eine unförmliche Zeichnung, welche „vermuthlich den Har, Iafnhar und Tridi vorstellen „soll."

„Hernach folgten, außer der Vorrede, drey Theile. „Der erste fasset Gylfes Verhalten in sich; der zweyte „poetische Phraseologie; der dritte isländische Poesien. „Der Anfang des ersten Theils ist vom M. Göransson „ausgegeben; aber das übrige wartet noch auf ei„nen

„nen geschickten Mann, der die letzte Hand daran
„lege."

„Der Werth dieses Buches besteht hauptsächlich
„darin, daß man es für eine gleich alte Schrift mit
„der Zeit, wo der Verfasser Snorro Sturlasson das
„letztemal Richter war, halten kann; und es vielleicht
„nach seinem eigenhändigen Exemplare abgeschrieben
„seyn dürfte. Man kann dieses aus zweenen Berichten
„abnehmen, die auf einem zwischen dem 2ten und 3ten
„Theile eingerückten Blatte stehen. Die erste ist eine
„weitschweifige Rede, die sich mit dem Adam anfängt,
„und mit dem Sturlasson, seinem Geschwister und
„Schwesterkindern endiget. Die letzte ist ein Ver-
„zeichniß von den isländischen Richtern, welches größ-
„tentheils aus dem Ari Frode, auch der Erzählung
„hergenommen ist, die ihm Markus Skeggason, der
„dasselbe Amt begleitete, gegeben hat. Dieß Ver-
„zeichniß bestimmet, wie viele Jahre ein jeder Richter
„seinem Amte vorstand, und schließt sich folgender-
„maßen: *Snorri Sturlaßon 4 Sumor. Teitr. Thor-*
„*waldßon 2 Sumor. Snorri Sturlaß. i annat sinn.*
„Man sieht daraus, daß Sturlasson noch im Amte
„war, da dieß geschrieben ward, weil nicht hinzuge-
„setzt worden, wie lange er es *i annat sinn*, oder zum
„andernmal verwaltet hätte, nachdem er wieder in sol-
„ches eingesetzet worden. Andernfalls würde dieß
„Verzeichniß sicherlich bis zu seinem Nachfolger fort-
„gesetzet worden seyn, so wie es in Arngrimi Crimo-
„gaea geschehen ist, und es Sturlasson mit Ari Frodes
„Verzeichnisse gemacht hat. An dieser Edda, in so
„weit etwas unter diesem Namen verstanden wird,
„nimmt man ab, daß nicht Voluspa Havamal mit
„mehrern dazu gehöret hat; daß Sturlassons End-
„zweck gewesen, eine Einleitung zu der isländischen
„Skaldekunst zu geben, und daß dasjenige, was von
„des

„des Saemunders Edda geredet wird, minder ge-
„gründet seyn dürfte, wie auch, daß das Exemplar,
„welchem Resenius gefolget ist, nicht allein ganz un-
„vollkommen, sondern auch von geringerer Bedeutung
„gewesen ist." — Und so weit von der Edda! dieß
ausgenommen, daß ich mit dem verstorbenen Schimmelmann Mitleiden hatte, als ich den Titel, und eins
und das andere von seiner herausgegebenen Edda
las. L.

II.

*Kraftman (I.) Tankar om den förtallna Christen-
domens uphjelpande.* (J. K. Gedanken über
die Aufhelfung des verfallenen Christenthums.)
Stockh. 1773. 8 B. in 4. bey Fougt. 8 Sch.

Die Anleitung zu diesem dem Könige zugeeigneten
Tractate war das bald nach der Revolution
ausgefertigte Schreiben Sr. Königl. Majestät an die
Reichsconsistorien, die Beförderung der Gottesfurcht
und guten Sitten betreffend, und das zu eben der Absicht wiederholete Postulatum des Clerus bey dem damals obwaltenden Reichstage. Der Verfasser, ein
Prediger in Finnland, wollte also an seinem Theile Vorschläge geben, wie solches auszuführen sey.

Er setzet dabey voraus: daß der Zustand des Christenthums ehemals wirklich besser gewesen; daß Gottes
Wort noch die alte Kraft habe; die Menschen auch
nicht ärger als zuvor geboren würden; durch Reichthum Schweden nicht verderbter geworden, und auf
solches, gleichwie auf andere Länder, das gemeine Loos
des Krieges und der Landplagen gefallen sey. Die
Fallimente hätten sehr überhand genommen und den Be-
trug allgemeiner gemacht, eine oberflächige Belesenheit
vielen

vielen Schaden angerichtet, die Liebe Gottes abgenommen; das Wort Gottes sey sehr hinten angesetzet; der Katechismus höchstens nur ein Werk des Gedächtnisses gewesen; der Gottesdienst auch nicht mit gehöriger Ehrfurcht, z. E. stehend unter dem Glauben, Evangelien u. s. w., sondern unter weltlichen Höflichkeitsbezeugungen abgewartet worden; nicht zu gedenken, daß viele sich der Kirche gänzlich entzögen, die Festtage entweiheten, das heilige Abendmahl nicht gebrauchten, die Freygeisterey mit dem Lesen ärgerlicher und verführerischer Bücher überhand nähme und oft den bösen Handlungen geschmeichelt werde. (§. 1 — 17)

Dieser und mehrerer Ursachen ohnerachtet hätte doch ein solcher Verfall des Christenthums nicht entstehen können, wofern die heilige Schrift und andere gute Bücher gehörig genützet worden wären; und obgleich jener bey allen Ständen aufgesucht werden müsse: So sey er doch hauptsächlich bey dem geistlichen anzutreffen, und da müsse auch mit der Verbesserung angefangen werden. (§. 18. 19)

Er fodert also bey den Predigern zureichende theologische Kenntnisse, welche sich auf wahre Gottseligkeitsübung und einen vorsichtigen Lebenswandel gründen, überdieß gute Amtsgaben und nöthige Einsicht in der Weltweisheit. Keiner soll ohne solche Talente ordiniret werden. (§. 20) Um aber solche Kandidaten zu erhalten, sollen auf Schulen und Gymnasien die Studien und die Uebungen gehörig getrieben, auf das Betragen der Studierenden achtgegeben, und die langen Ferien, die fast über die Hälfte des Jahres wegnähmen, beträchtlich abgekürzet, auf niedern und höhern Schulen der Anfang und Schluß der Lectionsterminen zu gleicher Zeit angesetzet, und auf den letzten die Studenten nicht nationen= sondern facultätsweiß unter ihre Inspectores vertheilet, auch den Theologen

gleich anfänglich ein Collegium Pastorale zur Uebersicht der kirchlichen Amtspflichten und zu ihrer Prüfung
gelesen werden. (§. 21—24) Man müsse aber auch
die wirklichen Prediger im Fleiße erhalten. Dazu
würden theils gehörig eingerichtete, nach jedem dritten
Jahr zu haltende, Synodaldisputationen, theils die
Mittheilung kurzer Auszüge aller innerhalb einer gewissen Zeit gehaltenen Predigten an die Consistorien,
theils gelehrte Unterredungen, theils schriftliche gelehrte
Aufsätze, theils Ausarbeitung und Vertheidigung eigener Disputationen dienen, und diese könnten zugleich
auch die Prüfungssteine zu Beförderungen abgeben.
Ein jeder Prediger müßte auch ein Amtsdiarium in
der Form halten, daß es dem Consistorio zugestellet,
und über desselben Richtigkeit Nachfrage angestellet
werden könne. (§. 25—29) Bey solcher Beschäftigung könnte und müßte freylich der geistliche Stand
sich gar nicht mit dem Land- und Ackerbaue beschäftigen.
Die weitläuftigen Pastorate sollen vertheilet, die großen
und kleinen in ein gewisses Gleichgewicht gesetzet und
die vielen Hülfspriester abgeschaffet werden. (§. 30—
32) Die Prediger sollen nicht bloß nach ihren alten
Concepten und nach einer Postille Jahr aus Jahr ein
predigen; die einreißende Freygeisterey soll man durch
einen geschickten Unterricht auf Schulen bey der Jugend zu hemmen suchen; die Landeseinwohner zum
Gehorsam an die bürgerlichen Gesetze anhalten; bey
den sogenannten Personalien den Ausdruck: böse
Welt, nicht ohne Erklärung misbrauchen; kurz predigen, hingegen länger über die Predigt katechisiren,
und die in Schweden gebräuchlichen Hauskatechisatio-
nen recht nutzbar machen. (§. 33—39) Bey der
Kinderzucht ist er weitläuftiger, als bey anderen Materien, und machet manche ganz erhebliche Anmerkungen.
Er scheint dabey auf des Rousseaux System Rücksicht

zu

zu nehmen. — Bekanntlich war dieser in vieler Absicht paradoxe Mann der Meynung, daß seinem Emile vor 14 bis 18 Jahren nichts von seiner Seele noch von Gott gesagt werden sollte, und zwar aus dem albernen Grunde: die Kinder könnten das noch nicht verstehen. Gerade als ob die Kinder nicht eine Menge von höchstnöthigen Sachen lernen müßten, ehe sie solche und die dabey gebräuchlichen Worte philosophisch verstehen, und als ob es nicht unendlich besser wäre, auch bey noch dunkeln Begriffen Kinder frühzeitig zum Gottesdienste und zur Seelsorge anzuleiten, und dem Erzieher benebst dem Zöglinge vieler unnützen Mühe in der Zukunft, wovon man nicht einmal weis, ob man sie erleben wird, zu ersparen. Verstehen doch auch die Kinder die Begriffe von Vater und Mutter, Lehrer und Lehrling, Obrigkeit und Unterthan nicht, und gleichwohl hält man sie zur kindlichen Liebe, und zur Ehrfurcht gegen Aeltern, Lehrer und Obere an. — Unser Schriftsteller schlägt weiter vor, mehrere öffentliche Schulen anzulegen, die häusliche Kinderzucht, so wie auch die Anwendung und Ausübung des öffentlichen Religionsunterrichtes, vermittelst der Predigerbesuche zu befördern. (§. 40 — 43) Wofern man nicht taugliche Kirchenlehrer erhielte; so sey es umsonst, Besserung im Christenthume zu erwarten. Er wendet sich deswegen an die Consistoria und an die damals auf dem Reichstage versammelten Stände, (§. 44 — 47) und schließt endlich mit der Vorstellung, wie man die hauptsächlichen im Schwange gehenden Laster mit politischen, ökonomischen, medicinischen und theologischen Gründen bestreiten und dämpfen solle.

Man kann es dem Verfasser zutrauen, daß er aus guter Absicht diese Vorstellungen dem Publico mitgetheilet habe. Ob diese wichtige Materie ganz, oder auch nur in so fern er sie vorgetragen, erschöpfet worden?

ben? das ist eine ganz andere Frage. Ganz ist es gewiß nicht geschehen. Denn ob es gleich wahr ist, daß die Religion und Sittenverbesserung von dem Hause Gottes oder dem kirchlichen Stande anfangen muß, und darauf überaus viel ankömmt, ja ohne diese die allgemeine vielleicht gar nicht Statt finden kann: So ist es doch bey weitem nicht zulänglich. Es hat der kirchliche Stand in allen protestantischen Ländern, man müßte denn England einigermaßen ausnehmen, seine ungemein eingeschränkten Grenzen, fast gar keinen Einfluß auf die Regierung und Obrigkeiten, kann also nichts weiter, als durch Lehre und Exempel ausrichten. Ihm fehlet aber aller Nachdruck der Wunderkraft, womit die Apostel wirkten, und des Ansehens, womit allenfalls der Clerus in der päbstlichen und in andern Kirchen wirken kann. Es hätte also vor allen Dingen auf eine einleuchtende Weise das Verhalten der Obrigkeit und vorzüglich des Kriegsstandes in Anschlag genommen werden müssen. Durch jenen muß bey der itzigen Lage der protestantischen Länder das meiste Gute in Schwang gebracht, wenigstens unterstützet; und dieser nicht eine Quelle allerley ein Volk durchsäuernder Unsittlichkeiten werden. Von allen diesen, nicht einzeln, sondern zusammengenommen, hängt alsdenn unter Gottes Segen die gewünschte Verbesserung ab.

Ob der Verfasser seinem Gegenstande, wenigstens in so weit er ihn eingeschränkt vortragen wollen, ein Genüge geleistet habe, kömmt nun in genauere Erwägung.

Gleich anfänglich läuft unter die Voraussetzungen etwas mit unter, was vielleicht so erwiesen nicht ist, z. E. daß der Zustand des Christenthums ehemals wirklich besser gewesen, und Schweden durch Reichthum nicht verderbter geworden. Was das erste anbetrifft, so fürchtet der Recensent bey ähnlichen Klagen

immer,

immer, daß die vorhergehenden Zeiten nicht stets mit Grunde besser, als die gegenwärtigen, in politischen und Religionsverhältnissen gehalten werden; wenn er gleich keinesweges läugnet, daß hier und da Ausnahmen Statt finden können. Ob der ehemalige Religionszustand in Schweden bey dem Uebergange aus dem Heydenthume zum römischkatholischen Christenthume, von da zur Reformation, und von da wieder bis zur Epoche des Verfassers sich so ausgezeichnet habe, daß zu der letzten eben der schlimmeste Zustand Statt gefunden; das möchte geradezu bestritten werden können, obgleich auch nur in dem, was er vorbringt, wirklich viel zu verbessern übrig bleibt. Daß Schweden durch Reichthum nicht verderbter geworden sey, ist eine zweydeutige Behauptung. In und an sich ist es vielleicht nicht reicher geworden, als ehemals. Allein viele genaue Beobachter wollen bemerket haben, daß vor und zu der Zeit vieles ausländische Geld nach Schweden geschickt worden, und auf die Denkungsart und Sitten der Nation manchen, — und zwar schlimmen Eindruck gemacht habe. So wie überhaupt der Krieg von 1756 nach mehrern Wahrnehmungen schädliche Einflüsse auf die Sitten in manchen Ländern gehabt haben soll.

Von den einzelnen Vorschlägen der Verbesserung sind viele gewiß treffend, inzwischen dürften die meisten doch nichts anders seyn, als — pia desideria. Es ist dabey auch nicht genug, Vorschläge zu geben, sondern man muß hauptsächlich zeigen, wie sie in der That, und ohne anderweitigen Schaden anzurichten, ausgeführet werden können. Es läßt sich gar leicht sagen: Es sollten alle einem Consistorio unterworfene Prediger ihre Predigtauszüge demselben zur Prüfung einschicken. Da müßten denn entweder mehrere Consistoria angelegt, oder solche mit mehrern Gliedern besetzet,

setzet, oder auch diese von andern ihnen obliegenden Amtsgeschäften, von welchen am Ende eigentlich ihr Unterhalt herrühret, befreyet werden. So werden z. E. in den dem stockholmischen Consistorio untergeordneten Kirchen jährlich auf, vielleicht über 3000 Predigten gehalten. Wer würde die Durchlesung und Prüfung dieser Predigtauszüge bezahlen? — Es läßt sich gar leicht vorschlagen: Man solle die Landprediger von allen Landwirthschaftsarbeiten befreyen. Aber wer wird ihnen gegenwärtig und noch mehr zukünftig den Ertrag ihrer haushälterischen Geschäftigkeit liefern? Ueberall nimmt man wahr, daß diejenigen geistlichen Stellen, deren Einkünfte in Geld verwandelt werden, bey dem veränderten Zustande des Geldes und der pretiorum rerum nach und nach so schlecht geworden, daß die Prediger gar nicht mehr, oder doch nur kümmerlich dabey bestehen können, wovon man ein auffallendes öffentliches Exempel zu Genf hat. Auf die Ersetzung der Landesobrigkeiten und Privatleute läßt sich wenig rechnen. Jene haben einen angeschlagenen, fast schon überspannten Staat und gerathen in den meisten Ländern eher in Schulden, als daß etwas beygelegt würde; und diese sind meistentheils mit Ausgaben so belästiget, daß sie den kirchlichen Einrichtungen eher die Beyträge entziehen. Es ist also gewiß übel gerathen, den Kirchen und dem Clero ihre Ländereyen zu nehmen. Es ist und bleibt die Landwirthschaft der Prediger ein nothwendiges Uebel, wobey doch, wie der Recensent weis, gewissenhafte Landprediger ihr Amt mit mehrerm Segen verrichtet haben, als diejenigen, welche ganz frey davon waren, und auf entferntere Nebensachen fielen.

Ob von den in reichlicher Anzahl vorhandenen gegründeten Verbesserungsvorschlägen irgend etwas in Ausübung gebracht worden, und das aus Anleitung dieser

dieser Schrift, ist mir nicht bekannt. Allerdings ist es wahr, daß an der Verbesserung der Erziehung und der Schulen gearbeitet wird, und die schwedische Nation nach ihren Umständen darin den übrigen nichts nachgiebt. Die guten Wirkungen davon muß man erwarten, und dem recensirten Schriftsteller inzwischen wenigstens den Ruhm lassen, daß er, so viel mir bekannt geworden, der erste gewesen, der seine Stimme laut über diesen großen Gegenstand an das Publicum gerichtet, und gewiß viele gute und keinesweges unmögliche Vorschläge demselben bekannt gemacht hat. *e.*

III.

Acta Promotionis Doctorum Theologiae, iussu clementissimo augustissimi regis Gustaui III. Vpsaliae die XIV. mensis Oct. anno 1772. in aede sacra cathedrali, ritu sollemni celebratae. *Vps.* 1773. 14 Bog. 4. 12 Sch. auf holl. 8 Sch. auf Druckp.

Da auf wenigen Akademien die theologische Doctoralpromotion mit solcher Feierlichkeit, als zu Upsal, vor sich geht, und noch weniger die Acten davon vollständig im Drucke erscheinen, ja solches selbst, so viel mir bekannt ist, nur dreymal in Schweden geschehen ist: So vermuthe ich, den Lesern einen angenehmen Dienst zu erweisen, wenn ich von der in ihrem völligen Titel angezeigten und ganz ansehnlich gedruckten Schrift eine umständliche Recension liefere.

Das lateinische Programma des seligen Beronius, Erzbischofs von Schweden und Prokanzlers der upsalschen Universität, ist voran gedruckt, darin die Feierlichkeit angezeigt wird, mit der allgemeinen Einladung,

ladung, derselben beyzuwohnen. Solche ward auch von dem ehrwürdigen Greise mit einer lateinischen Rede eröffnet, darinn er von der Doctoral-Ehre und Titel in der Gottesgelehrsamkeit handelt und, was die allgemeine Geschichte davon anbetrifft, darthut, daß solche nicht eher, als nach dem Entstehen der so genannten Universitäten, also im dreyzehnten Jahrhunderte, aufgekommen wäre. In Schweden geschah die erste Doctoralpromotion im Jahr 1617 den 24. Oct. bey der Krönung Gustaf Adolphs, wo jedoch ohne Cärimonien, und bloß durch königl. Diplomen, der Erzbischof, Petrus Kenicius, und die Bischöfe von Linköping, Strengnäs und Westeräs, Joh. Bothwidi, L. Paullinus Gothus und J. Rudbeckius, zu Doktoren in der Theologie creiret wurden. Zum Schlusse der Abhandlung wandte er sich an den Kanzler der Akademie, den Reichsrath, Graf Rudenschöld, ihm im Namen des Königs die Vollmacht dazu zu ertheilen; welches dieser lateinisch that, und dabey des Königs Rescript und Aufsatz der vierzig Doctoranden in schwedischer Sprache vorlesen ließ. Alsdenn fuhr der erstere fort, redete die letzten an, und ließ sie folgenden Eid ablegen:

Ego N. N. sancte promitto, me velle in vera fide, Sacris Scripturis patefacta et Ecclesiae symbolis, Apostolico, Nicaeno et Athanasiano, breuiter expressa, ac, in inuariata Confessione Augustana et Upsaliensi Concilio et Decreto, recepta, constanter vsque ad finem vitæ perseuerare, eamque aduersus omnis generis corruptelas pie ac modeste tueri; eandem sincero studio docendo ad alios propagare: in grauibus controuersiis aut casuum quaestionibus definiendis circumspecte agere, adhibita diligenti Scripturarum consideratione, et consilio grauium virorum, quorum scientia et integritas in rebus fidei perspecta sit: Schismatis occasionem studiose fugere:

gere: studia et labores omnes ad Dei gloriam et ecclesiae incrementum secundum mensuram gratiae, quam mihi Deus conferet, dirigere.

Ita me Deus adiuuet!

Die abwesenden erklärete der Bischof eben so an den Eid gebunden, als die anwesenden Doctoranden, welche er sämmtlich nach der Ordnung der Bisthümer namentlich nannte, und sie durch folgende Symbole zu Doctores creirete, indem er ihnen zurief: ihre mit Seide überzogenen Hüte aufzusetzen, die Bibel zu eröffnen und zuzumachen, einen Ring an den Finger zu stecken und ihm alsdenn die rechte Hand zu geben. Er schloß hierauf mit einem Glückwunsche, und trug dem Hrn. M. Domey, damaligem Adjuncte der theologischen Facultät, auf, eine vorher ausgearbeitete Doctoralfrage aufzuwerfen; dem ersten Doctoranden aber, solche zu beantworten, und dem letzten darunter, in aller Namen die Danksagung abzustatten, und die Gebethswünsche für den König, das königliche Haus und das Reich zu thun. (S. 1 — 44)

Die Doctoralfrage war: Ob eine neue schwedische Bibelübersetzung nöthig wäre? Ohne die bisherige von allen Fehlern frey zu sprechen, suchte solches Hr. Domey durch folgende Gründe zu bestreiten: 1) was zur Seligkeit erforderlich wäre, würde hinlänglich darin angetroffen; 2) der allgemeine Haufe würde sich an eine neue Uebersetzung stoßen; 3) es sey wenigstens rathsam, bey dem itzigen Mangel nöthiger Hülfsmittel das Werk noch aufzuschieben, denn Wettsteins Arbeit bedürfe noch Verbesserungen, Kennikotts Werk sey noch nicht heraus, von den Handschriften vieler Bibliotheken könne man sich noch manches versprechen, und die heilige Philologie müsse noch erst recht in Schweden aufblühen. 4) Eben diesen Aufschub fordere noch die gegenwärtige Beschaffenheit der schwedischen Sprache, die noch nicht die gegründete Festigkeit nach Regeln erhalten habe. (bis S. 52)

Der erste der neuen Doctorum, der damalige Oberhofprediger und königliche Beichtvater, Rosen, welcher seiner Gelehrsamkeit und Antheils an der neuen Bibelübersetzung halber überall berühmt ist, lösete jene vorgelegte Frage durch eine lateinische Beantwortung auf. (bis S. 74) Er zeiget die Zweydeutigkeit des gebrauchten Ausdrucks: Nothwendigkeit; und gesteht keine andere, als eine moralische, zu. Die Einwürfe theilet er in zwo Klassen ab, nämlich die erste bestritte in den oben angezeigten beiden ersten Nummern die Nothwendigkeit einer neuen Bibelübersetzung überhaupt, die zweyte in den beiden letzten riethe einen Aufschub derselben an. Bey Num. 1 merket er an, daß fast alle Uebersetzungen, sie müßten denn, wie die wertheimische durch den L. Schmitt, beschaffen seyn, das zur Seligkeit Nothwendige in sich fasseten; darauf liefert er ein ziemliches Verzeichniß von Verbesserungen für die bisherige Uebersetzung, und wie also die Weisheit eine neue erheische. — Num. 2 beweise nichts, denn so wären ehemals keine Verbesserungen geschehen, und dürften zukünftig nie unternommen werden. Man könne ja die Erwachsenen, und besonders die Alten ihre Lebenszeit über, die bisherige nützen lassen. Lutheri Version, wovon die schwedische unter andern eine Tochter wäre, müsse man ihrer Vortrefflichkeit wegen nicht bey Seite setzen; allein man könne unmöglich überall ihr anhängen, denn Luther habe selbst an den spätern Ausgaben gefeilet, und werde also sicherlich, wofern er noch heut zu Tage lebe, daran bessern. — Für den in der 3ten Num. angerathenen Aufschub wären die beygebrachten Einwürfe nicht bindend. Denn nach des Wettsteins, Millius, Küsters und Bengels Bemühungen habe man einen solchen

solchen Text des N. T., dergleichen man von keinem klassischen Schriftsteller hätte; Kennikotts hebräischer Text werde nach und nach unter währender neuer schwedischen Bibelübersetzung erwartet; die Kritik werde nie einen nach aller Urtheile ganz vollständigen Grad von Vollkommenheit erhalten, und die heilige Philologie möchte vielleicht eher eine schlimmere, als bessere Gestalt in Schweden gewinnen. — In der letzten Nummer findet er keine gegründete Schwierigkeit. Die Bibel solle ja eigentlich kein Urbild der schwedischen Wohlredenheit abgeben; die Sprache selbst habe unter der Leitung der stockholmischen Akademie der Wissenschaften eine ziemliche Festigkeit ihrer Grundsätze gewonnen; völlige Uebereinstimmung und immerwährende Beständigkeit sey darin so wenig zu erwarten, als bey der französischen, die nach mehr als hundertjährigen Bemühungen ihrer Akademien noch vieles zweifelhaftes übrig gelassen, und endlich habe sie wahrscheinlich durch einen Tessin, Rudenschöld, Dalin, Liljesträle, Serenius, Ihre, gleich andern ältern und neuern Sprachen ihre Stufe von Vollkommenheit erreichet, und man liefe also Gefahr, eher zurück zu kommen, als vorwärts zu schreiten.

Nach den Danksagungen und Wünschen des letzten der creirten Doctorum, C. J. Alströms, auch in lateinischer Sprache, (bis S. 85) beschloß eine schwedische Predigt diese feierliche Handlung. (bis S. 109) Herr M. Jon. Moman hielt sie über Sprüchw. 29, 18 und der Hauptsatz war: die zärtliche Sorge für die Religion sey der einzige sichere Grund zum Glücke eines Landes und Volkes. K.

IV.

De synodis et speciatim dioecesanis Aboënsibus oratio, quam in conuentu synodali Aboae, die 26. Febr. an. 1773. habuit, et aliquanto auctiorem edi curauit *C. F. Mennander*, D. Episc. et Procanc. Aboënsis. *Aboae.* 1773. 61 S. in 4.

Der ehrwürdige Verfasser dieser musterhaften Synodalrede ist der nicht lange hernach durch die einhelligen Stimmen aller Consistorien, und die Bekräftigung des Königs, zum upsalischen Erzbisthum erhobene D. Mennander; ein Mann, dessen Betragen zu allen Zeiten, dessen Gelehrsamkeit und Talente einer solchen allgemeinen Billigung völlig entsprachen. Die Rede selbst ist ihrem Gegenstande und auch dem Orte, wo sie gehalten worden, ganz angemessen. In den Noten, deren Inhalt sich nicht so bequem der Rede selbst bey ihrer Ablegung einverleiben ließ, besteht wohl hauptsächlich die im Abdrucke hinzugekommene und auf dem Titel gemeldete Vermehrung.

Da der Verfasser kurz zuvor von dem merkwürdigen schwedischen Reichstage des Jahres 1772 nach seinem Wohnsitze in jene entfernte Gegend Europens zurückgekehrt war: so war es in der That sehr schicklich, seiner aus einem weitläuftigen Kirchensprengel versammelten und mit ausländischen Sachen nicht so bekannten Geistlichkeit, gleich anfänglich ein kurzes Bild der Lage des schwedischen Reichs nach der Revolution, imgleichen des politischen, Religions- und Gelehrsamkeitszustandes von Europa zu entwerfen; und so zu seinem eigentlichen Gegenstande der Synoden überhaupt, und derer in dem åboischen Bisthume insonderheit überzugehen. (S. 1 — 8)

Was

Was die Griechen eine Synode heißen, nennen die Lateiner ein Concilium. Das sind öffentliche Versammlungen tüchtiger Männer, meistentheils aus dem kirchlichen Stande, die, es sey aus einem beträchtlichen Theile der christlichen Welt, oder einem gewissen Reiche, oder aus einer einzelnen Provinz von der höchsten Obrigkeit rechtmäßig zusammenberufen worden, um sich nach der Richtschnur der heiligen Schrift über Religionsangelegenheiten zu berathschlagen, und welche von Synedriis, Consistorien und Reichstägen verschieden sind.

So wie die menschlichen Gesellschaften entstanden, so haben auch ihre Angelegenheiten sowohl die bürgerlichen, als auch die Religionszusammenkünfte veranlassen müssen. Die Bedürfnisse der ersten christlichen Kirche erfoderten solches vorzüglich, da sie von dem weltlichen Arme verlassen, ja wohl gar unterdrücket war, also das Collegialrecht unter sich ausüben mußte. Die benachbarten Bischöfe und Kirchenlehrer berathschlageten sich zuerst unter einander, mit der Zeit auch die aus entferntern Gegenden. Im ersten Jahrhunderte kömmt wohl kaum eine Spur davon vor, aber im zweyten scheint dergleichen zuerst unter den Griechen aufgekommen zu seyn, die über bürgerliche Angelegenheiten durch ihre Deputirten Berathschlagungen anstellen ließen, und so scheint es zu der ganzen christlichen Welt übergegangen zu seyn. Da solches unter der heydnischen Regierung wirklich nöthig war, so hätte es unter der christlichen Constantins des Großen und forthin aufhören sollen, welches aber nicht geschehen ist. Je mehr die christliche Kirche von ihrer Reinigkeit abkam, desto mehr ward sie nach dem Staate gebildet, die Ungleichheit der Bischöfe eingeführet, und so Thüre und Thore den kirchlichen Streitigkeiten geöffnet, welche durch die Concilien genähret und vermehret wurden.

Die

Die Papisten schreiben sie einer göttlichen Anordnung zu, welches noch in des Justins Febronius Buche de statu ecclesiae et legitima potestate Romani Pontificis geschieht, auch nicht alle Reformirte und Evangelische haben dieß verworfen, sondern von der Praxis der Apostel hergeleitet; ob sie sich gleich dabey mit Unrecht auf die Versammlung zu Jerusalem Gesch. K. 15. berufen haben. (bis S. 14)

Es giebt allgemeine und auch specielle Concilien. Zu jenen werden Abgeordnete von allen christlichen Ländern erfodert, zu diesen nur aus wenigen, oder gar nur aus einzelnen. Im eigentlichen Verstande giebt es keine von der ersten Art; doch könnte man aus den ältern Zeiten einigermaßen das nicänische dahin rechnen, und aus den neuern das kostnitzer. Bey diesem und dem baseler fanden sich auch Abgeordnete aus Schweden ein; welches sonst selten bey den allgemeinern geschah, so sehr auch Innocentius III. auf dem vierten lateranensischen Concilio 1215 darauf bestand. Die Griechen zählen sieben, die Papisten aber bis auf das tridentinische Concilium achtzehn. Mit welchem Rechte das von dem letzten behauptet werden kann, ist nicht abzusehen, da bey weitem nicht einmal aus dem ganzen Occidente Abgeordnete zugegen waren; man wollte denn das Gaukelspiel für gültig durchgehen lassen, daß der Pabst, wie es damals geschah, der Abwesenden Stelle durch selbsterwählte Personen vertreten läßt, wie er damals z. E. seine Stipendiaten, den Olaus Magnus zum Erzbischofe von Upsala und den Robertus Venantius zum Erzbischofe von Irrland ernannte. Vor der Hand ist wohl kein allgemeines zu erwarten; so wenig, als eine allgemeine, beständig daurende Synode der Evangelischen oder der Reformirten. Probinzial- oder Nationalconcilien werden in einem Reiche, Diöcesconcilien aber in einem besondern Kirchensprengel gehalten.

gehalten. Zu jenen gehören das helsingburgsche unter der Königinn Margaretha 1394, und das upsalische 1593. (bis S. 19)

Die Kenntniß der Concilien, besonders der größern, ist für einen Theologen sehr nützlich; wobey die Walchische Arbeit in diesem Fache billig gerühmet wird. Fünffach sind die Gegenstände der Concilien gewesen, nämlich: die Erhaltung der reinen Lehre mit Verwerfung der Irrthümer; der Lebenswandel und die Sitten der Christen; der äußere Gottesdienst benebst den Cärimonien; das Kirchenregiment und die Pflichten der Geistlichkeit und endlich die Kirchenzucht. Die theoretischen Entscheidungssätze heißen, dogmata; die praktischen, canones, und die Verwerfung der Irrlehrer und der Irrlehren, anathemata. Die Concilien können zwar nützlich seyn, aber im mindesten sind sie nicht nothwendig, wenigstens nicht aus der Ursache, daß ihre Entscheidungen Gottes Worte an die Seite gesetzet oder ohne sie die Bibel nicht erkläret werden könne. Auf dem nicäischen Concilio dachte man nicht daran, denn nach Theodorets Berichte redete Konstantin die Versammlung darauf also an: Euangelici et Apostolici libri et veterum Prophetarum oracula perspicue nos docent, quae oporteat nos de Deo sentire. Abiecta igitur contentione, dissidiorum et bellorum effectrice, verbis diuinis inspiratis solutionem eorum, quae quaeruntur, accipiamus. Die Berufung auf des Augustins Ausdruck: Euangelio non crederem, nisi me auctoritas ecclesiae moueret, kann also nicht weiter gehen, als daß die Kirche ein Zeuge und ein Wächter der Bibel ist, ob gleich die Auslegung ganz und gar von der Absicht des Schriftstellers und der Behandlung der Worte abhängt. Die Concilien sind also ganz der heiligen Schrift unterworfen und dürfen nichts wider sie festsetzen. Die durch sie

sie angeordneten Gebräuche verbinden nicht auf immer. Sie haben oft geirret, welches an den größten bis zum tridentinischen gezeiget wird, und die orientalische und occidentalische Kirche haben hierin oft gemeinschaftliche Fehltritte gethan. Es giebt also rechtgläubige, ketzerische und schismatische Concilien; eins mehr, das andere minder. (bis S. 26)

Auf die Frage: wer die Concilien zusammenberufen könne? antworten die Papisten: der Pabst. Es wird dabey richtig angemerket, daß, da sich solcher nun über die Concilien erhebe, und sich solche unterjoche, so sey es besser, ohne solche gleich von dem Stuhle Petri zu entscheiden. Die Einwürfe aus Johan. 21, 15. 16 und aus dem, aber fälschlich, angezogenen Gebrauche des apostolischen Christenthums sind gut abgefertiget, und die Ränke der ehemaligen römischen Bischöfe kurz angezeiget worden. Wobey auch Carpzov widerlegt wird, der das Recht, Concilien zusammenzuberufen, den eingebildeten und erdichteten Episcopalrechten der Fürsten zuschreiben will; da sie zu jenem, wie zu andern äußerlichen Angelegenheiten der Kirche, als christliche Obrigkeiten bevollmächtiget sind. Die Untersuchung der Wahrheit steht ihnen nicht weiter, als andern Kirchengliedern, zu, obgleich die Kirchenlehrer freylich am meisten hierzu berechtiget sind. (bis S. 30)

Mit Vorübergehung vieler Dinge, als des Vorsitzers u. s. w. kömmt der Nutzen der Concilien in Betrachtung. Gregor von Nazianz schreibt zwar, er wolle keine weiterhin besuchen, denn es herrsche so viel Gezänke darauf; und Luther äußert sich: er habe nie eins gesehen, welches der heilige Geist regieret hätte; allein die unruhigen Zeiten, worin beide lebeten, haben sie wahrscheinlich auf diese Meynung geführet. Augustinus hat wohl nicht unrecht, wenn

er

er ihnen ein heilsames Ansehen in der Kirche Christi zuschreibt. Nur müßten sie nach der Regel des göttlichen Wortes und den nützlichen Kirchenordnungen eingerichtet, und von den päbstlichen Misbräuchen gereiniget seyn, wie es die Synoden in Schweden und auch in dem Bisthume Åbo wären. Dadurch würden offenbar Friede und Einigkeit unter den Kirchen und ihren Lehrern gestiftet und erhalten. (bis S. 35)

Von dem, was unter den päbstlichen Bischöfen zu Åbo vorgefallen ist, weis man wenig. Die Kirchenvisitationen nahmen wohl ihre meiste Zeit weg. Gregorius XI. schrieb 1374 sehr scharf an den Erzbischof zu Upsala, daß die Synoden in Schweden so vernachläßiget würden. Die Nachrichten von dem ersten Jahrhunderte nach der Reformation sind in den häufigen Feuersbrünsten und Kriegszeiten fast ganz verloren gegangen. Des Erzbischofes L. P. Gothus Constitutiones Ecclesiasticæ von 1637 enthalten die hauptsächlichsten Synodalvorschriften in sich; auch hat der Bischof zu Åbo und erster Prokanzler der dort errichteten Universität J. B. Rothovius 36 Artikel in eben der Absicht herausgegeben. Wenn auch Bodinus in seinem Buche de republica nicht mehr über die einmal angenommene Religion disputiret wissen will: So sind doch wohleingerichtete Disputationen darüber keinesweges unnütz. Es sind deswegen seit der Mitte des vorigen Jahrhunderts die Synodaldisputationen in einigen schwedischen Bisthümern früher, in andern später durch den Druck bekannt gemacht worden. (bis S. 44)

Der kurz zuvor genannte Bischof Rothovius machte 1627 dazu die Vorkehrung. Eine der unter ihm gehaltenen Disputationen ward 1633 zu Wittenberg gedruckt. Die unter den folgenden Bischöfen, dem A. Pettäus, J. E. Terserus, den beiden Gezeliis, H. Witte, L. Tammelin, J. Sahlenius, J. Browallius und dem hochwürdigsten Verfasser selbst gehaltenen Disputationen sind sorgfältig den Titeln und andern Umständen nach angezeiget, und daraus die Schlußfolge hergeleitet worden: in tanta sectarum varietate, quae Christianae ecclesiae corpus alibi deplorandum in modum scindunt lancinantque, et sub tot et tantis belli, pestis et famis cladibus miseriisque, quibus haec prouincia saepius fuit vexata et interdum fere oppressa, nobis tamen et patribus nostris inde a reformatione eandem fuisse de Deo, diuinisque rebus omnibus constantem sententiam mentis etc. Da von 1629 bis 1773 über 50 Synodaldisputationes in Finnland angestellet, und durch den Druck bekannt gemacht worden: So kann man daraus auf den Fleiß der Geistlichkeit in einer Provinz schliessen, welche von vielen als eine von dem bothnischen und finnischen Meerbusen eingeschlossene und so gewissermaßen von dem übrigen gelehrten Europa abgesonderte und gleichsam exilirte Gegend angesehen wird. E.

V.

Knös (A.) Compendium Theologiae Practicae vna cum breui delineatione Theologiae Pastoralis Practicae. *Upsaliae.* 1773. 700 S. in 8. 33 Sch. 4 r.

Diese Arbeit ist ein Auszug des größern Werkes, welches der Herr D. und Dompropst zu Skara im J. 1768 zu Stockholm bey Hesselberg herausgab: Institutiones Theologiae Practicae. Eine Recension desselben ist für die Schweden in Lärda Tidningar För 1769 N. 18. 19 und für die Ausländer in den göttingenschen Anz. von gelehrten Sachen 1769

St. 51 anzutreffen. Der Auszug besselben, der hier angekündigt wird, stimmt allerdings meistentheils mit den Institutionibus überein, doch ist er zum Theile abgekürzet, zum Theile vermehret und umgearbeitet. Zum Exempel statt der vorläufigen Dissertation: de veritate ac divinitate Scripturae S. et Religionis Christianae eidem congruentis aduersus obiectiones hostium Christianismi immota, die in dem grössern Werke steht, sind hier §. 1. Praenotiones Theologicae in 13 Aphorismen vorangeschicket, und statt der in jenem abgehandelten Officiorum in certis statibus, praesertim ecclesiastico, obseruandorum, hier nur die Pflichten der Lehrer und Zuhörer §§. 167. 168. kürzlich abgehandelt und jene weitläuftigere Betrachtung über solchen Gegenstand in einer Synodaldissertation umständlicher ausgeführet, hier aber zum Schlusse angehängt worden.

Was die Lehrart anbetrifft, nach welcher die theologische Moral in der christlichen Kirche soll vorgetragen werden; so sagt der Verfasser (§. 5) kurz: „wie „ein guter Baum gepflanzet werden möge, welcher „neue und gute Früchte trage." Dem zufolge zerfällt das Werk in zween Hauptabschnitte. Der erste: wie ein guter Baum gepflanzet werden müsse; der zweyte von den guten Früchten des guten Baums, welches die Pflichten des Christen gegen Gott, sich selbst und andere wären.

Der Recensent ist bey aller Achtung gegen die schriftstellerischen Verdienste des Herrn Verfassers mit diesem Plane und Eintheilungsgrunde gar nicht zufrieden. Er ist ganz figürlich, kann freylich auf der Kanzel, wo man hie und da für den gemeinen Haufen sinnlich und sinnbildlich reden mag, wohl gebuldet werden, ist aber für den wissenschaftlichen Vortrag, dergleichen in einem lateinisch geschriebenen Compendio Statt finden muß,

muß, offenbar unschicklich und der logikalischen Schärfe unangemessen. Wie sehr stößet es nicht wider die wissenschaftliche Genauigkeit der Ausdrücke, wenn in dem ersten Abschnitte: Wie der gute Baum gepflanzt werden müsse, im ersten Kap. von dem Zustande der herrschenden Natur; im zweyten: von dem Uebergange aus jenem in den Stand der Gnade, durch Bekehrung und Wiedergeburt; im dritten von dem Stande der herrschenden Gnade, nämlich: der Heiligung und der christlichen Heiligkeit, geredet wird! Denn da die Hauptabtheilung figürlich war: so hätten es auch die Unterabtheilungen seyn und in Bildern durchgeführet werden müssen. Dem zweyten Hauptabschnitte ist vor den darin vorkommenden und vorher angezeigten drey Theilen eine Einleitung von den Pflichten der Christen überhaupt vorangesetzt, und ihnen denn ein nöthiger Anhang von den in gewissen Ständen zu beobachtenden Pflichten zugefüget worden.

Ob nun der Herr Verfasser die Anmerkungen, die ihm von den obigen Recensenten gegeben worden, genutzet und ihnen ein Genüge geleistet habe? wie er es versichert, bleibt ihnen überlassen. So weitläuftig er in manchen Kapiteln ist, besonders, wo es auf die Häufung biblischer synonymischer Ausdrücke und Redensarten ankömmt: so kurz ist er oft in Materien, die für die Ausübung gewiß einer ausführlichen Auseinandersetzung bedurft hätten. Der Gebrauch des heil. Abendmahls ist in der Moral so gut, als ganz, vorbeygelassen. Die Lehre von der Wiedererstattung ist fast nur mit einer Anführung aus der Stelle des Augustius abgefertiget, und über Unwahrheit und Lügen sehr wenig gesagt worden.

Der Eifer für die Wahrheit und die thätige Ausübung derselben leuchtet übrigens bey dem Verfasser auf allen Seiten hervor, und der Recensent wünschet ihm

ihm das Vergnügen, auch über dieß Compendium eben so vielen Segen und Danksagungen von andern einzuärnten, als es ihm nach Bekanntmachung der Institutionum, seiner Meldung nach, geschehen sey.

U.

VI.

Profosversättning af then heliga Skrift, på Hans Kongl. Majestäts nådigste befallning af then til Svenska Bibeltolkningens öfverseende i nåder förordnade särskilde Commission. (Probeübersezung der heil. Schrift, auf gnädigsten Befehl Sr. Königl. Majestät, von der zur Berichtigung der schwedischen Bibeldolmetschung in Gnaden verordneten besondern Kommission.) Stockholm, bey Pfeifer, 1774 — 1782. Zu den 7 im vorigen Theile dieses Archivs S. 228. erwähnten Stücken, ist noch das 8te, das den Propheten Jesaia enthält, im Jahre 1782 hinzugekommen; von welchen, ohne Rücksicht auf die Jahre, eine kurze allgemeine Nachricht ertheilet werden soll.

Allerdings muß es dem ausländischen Gelehrten äusserst wichtig seyn, eine zuverläßige Nachricht und einen richtigen Begriff von dem Fortgange und der innern Beschaffenheit dieser großen und glänzenden Unternehmung zu bekommen, die der schwedischen Geistlichkeit, in einem gelehrten Gesichtspunkte betrachtet, gewiß viele Ehre machen wird. Sechs Bischöfe, und sonst noch sechs Doctores der heil. Schrift, nebst dreyen andern öffentlichen Lehrern der griechischen und morgenländischen Sprachen, und ein Secretär sind wirklich arbeitende Mitglieder dieser ehrwürdigen Kommission. Außerdem sind noch fünf angesehene Männer gnädigst bestellet worden, die mit ihren allgemein geprüften Einsichten in der Jurisprudenz, Astronomie, Botanik, Medicin und andern Wissenschaften, in den Zusammenkünften der Kommission das angelegene Werk durch Rath und Hülfe befördern sollen. Diese mit der größten Feyerlichkeit bestellte, und mit dem höchsten Ansehen versehene Versammlung soll nun nicht allein eine möglichst vollkommene Bibelversion liefern, sondern es ist auch in der königlichen Instruction ausdrücklich geboten, daß „in dem Hauptconcepte zu einem jeden „biblischen Buche, und bey jedem Verse, die Gründe „angeführet werden sollen, warum die Kommittirten „eine solche und keine andre Uebersetzung haben geben „können, damit die schwedische Kirche sich nicht nur „einer genauen Bibelversion erfreuen möge, sondern „auch mit der Zeit eine gründliche Erklärung der „heil. Schrift in schwedischer Sprache geleistet wer„den könne. Ferner soll in einem besondern Werke, „eine aus der heil. Schrift und der Kirchengeschichte „geschöpfte vollständige Einleitung in alle biblische „Bücher für die schwedische Versammlung ausgearbei„tet werden."

Wirklich ist also sehr viel von dieser glänzenden Gesellschaft zu hoffen: und wir haben schon einen beträchtlichen Anfang. Man muß aber ja nicht vergessen, daß es eine Probeübersetzung ist. Und wie ist die gerathen? — Wem wäre es hier mit einem diktatorischen und doch immer sehr unbestimmten, gut, oder mittelmäßig, oder sonst einem solchen Wörtchen zur Antwort gedient? und wer wollte so unbescheiden seyn, es so geradezu zu geben? Wenigstens wird es der Recensent nicht thun, der nichts weniger, als der ange-
-sehene

sehene Mann ist, dem man solches allenfalls verzeihen könnte. Also nur Beyspiele; das Resultat mag der Leser selbst herausnehmen. — Erstlich von dem alten Testamente.

Zuvörderst bittet Recensent den Leser, die merkwürdige Recension des Hrn. Ritters Michaelis in seiner Or. u. Exeg. Bibliothek Th. 10. p. 140 sg. nachzulesen; denn man darf versichern, daß alles, was ein vernünftiger Leser daraus ziehen kann, gewiß ein vollkommen richtiges Urtheil über das erste Stück der Probeübersetzung ausmachen wird. Nur so viel muß hinzugefüget werden: Dieselbige Kritik, der die Herren Uebersetzer im gedachten Stücke gefolgt sind, herrschet auch in den übrigen. Aber in einer andern Rücksicht findet sich ein merklicher Unterschied. Jenes enthielt ein historisches Buch; hier kommen die vornehmsten poetischen Stücke der Hebräer vor. Keiner wird es läugnen, daß man ein historisches Buch wohl gar gut übersetzen kann, und doch bey einem poetischen etwas verrathen wird, das man nicht gern verrathen haben möchte. Leider haben die hebräischen Dichter nicht immer das beste Schicksal gehabt. Einige ihrer Uebersetzer sind zu gelehrt, andere zu ungelehrt, oder geschmacklos, oder sonst was gewesen. Soll einmal der poetische Theil der Bibel recht gut übersetzt werden, sagte einst ein sonderbarer Mann: so müssen entweder unsre Philologen erst schöne Geister werden, oder unsre schönen Geister sich auf die Bibelgelehrsamkeit legen. Wirklich sonderbar! Aber — — — Ich denke, daß eine möglichst genaue Uebersetzung der schwedischen Version ins Deutsche den Leser in den Stand setzen werde, selbst richtig zu urtheilen. Es ist nur Schade, daß er daraus nicht sehen kann, in wie weit die Herrn Uebersetzer die große Kunst besitzen, durch richtige Positionen und

einen

einen guten Fall Wohlklang hineinzubringen. Sonst wird hoffentlich alles gleich seyn.

Hiob Kap. 3.

1. Darnach öffnete Hiob seinen Mund, und verfluchte seinen Geburtstag. Er
2. Brach aus und sagte:
3. Ach daß der Tag nie da gewesen wäre, an dem ich gebohren ward!
   Oder die Nacht, die sprach: ein Mann ist empfangen.
4. Ach! daß dieser Tag lauter Finsterniß geblieben wäre,
   Daß Gott von oben her ihn nicht gewürdiget hätte,
   Und daß kein Licht auf ihn hätte aufgehen dürfen!
5. Und daß Finsterniß und schrecklicher Schatten ihn behalten hätte,
   Daß ihn die dickste Wolke sich zur Wohnung genommen hätte,
   Und daß das auf ihn folgende Elend ihn abgeschreckt hätte zu kommen!
6. Ach! daß das Verderben diese Nacht weggerissen hätte,
   Daß sie keine Stelle unter den Tagen des Jahres bekommen hätte,
   Und nicht in die Anzahl der Monate gekommen wäre!
7. Ach! daß dieselbe Nacht unfruchtbar gewesen,
   Und keine Freude dann vernommen wäre!
8. Ach! daß die, welche Tage verbannen, diesen weggewandt hätten,
   Die dazu bereit sind, einen Tag, der den Krokodil erweckt hat!

9. Und

9. Und daß die Sterne seiner Dämmerung verfinstert worden wären,
Daß er vergeblich auf Licht gewartet,
Und die Augenglieder der Morgenröthe nie hätte sehen dürfen!
10. Weil er meiner Mutter Leib nicht verschloß,
Und das Elend vor meinen Augen nicht verbarg.
11. Warum vergieng ich nicht gleich im Mutterleibe,
Oder starb, so bald ich aus ihm hervor gekommen war?
12. Warum waren Knie bereit, mich aufzunehmen,
Und Brüste da, daß ich saugen sollte?
13. Denn so läge ich jetzt und hätte Ruhe,
Ich könnte dann schlafen, und wäre zur Ruhe gekommen.
14. So wie Könige und Regenten auf Erden,
Nachdem sie aus wüsten Plätzen sich Grabmäler gebauet;
15. Oder wie Fürsten, die Gold gehabt,
Und ihre Gräber mit Silber erfüllet haben.
16. Oder wäre ich dann nicht da gewesen, gleichwie eine unzeitige Geburt,
Wie die Kinder die das Licht nie gesehen haben.
17. Dort hören die Verfolgten auf zu beben,
Und die sich müde gearbeitet haben, genießen Ruhe.
18. Die gefangen gewesen sind, erfreuen sich dort gemeinschaftlicher Stille.
Sie hören nicht mehr die Stimme des Drängers.
19. Da sind der Geringe und der Mächtige einander gleich.
Der Sklav ist dort von seinem Herrn frey.
20. Warum giebt er Licht dem Elenden,
Und Leben denen in der Seele Betrübten?

21. Die den Tod verlangen, der sich doch nicht einfindet,
   Und ihn lieber, als verborgene Schätze, hervorgrüben.
22. Die sich sehr freueten
   Und froh wären, wenn sie das Grab fänden.
23. Warum hat er dem Manne Leben gegeben, dessen Weg vergessen ist,
   Und den Gott überall mit Dornen umgeben hat?
24. Mein Seufzen ist mein Brodt,
   Und mein Jammern ist mein Trunk.
25. Was ich am meisten befürchte, kömmt über mich,
   Und wovor mich schaudert, das trifft mich.
26. Ich habe keine Ruhe, keine Stille, keine Erquickung,
   Schrecken überfällt mich.

Hoffentlich sind die Leser zufrieden, daß ich dieses schöne Stück gewählt habe. Ein Paar Anmerkungen sind dabey äußerst nothwendig. Beym 8ten Verse könnte wohl einer denken, ich hätte nicht richtig übersetzt; wenn aber meine Uebersetzung undeutlich ist, so darf ich versichern, daß die schwedische es noch mehr ist, wo der Casus, in welchem das Wort Tag zu verstehen sey, nur aus dem Zusammenhange zu errathen ist: es kann Masc. und Fœm., Nom. oder Genit. seyn. Man muß die Sprache sehr in seiner Gewalt haben, um in dergleichen Fällen Zweydeutigkeit vermeiden zu können. — V. 24. Beynahe dieselbe Uebersetzung findet sich in der alten schwedischen Bibel. Die deutsche lutherische, aus der die alte schwedische bekanntermaßen geflossen ist, hat sie nicht. Es fehlen mir die nöthigen Urkunden, um nachspüren zu können, wo sie erst hergekommen ist. So viel ist offenbar, daß die

lutherische

lutherische nicht nur richtiger, sondern wohl gar schöner ist.

Nun noch einige Wörte von dem neuen Testamente, und zwar nur einige wenige Beyspiele der beträchtlichsten Verbesserungen, in dem Matthäo.

Matth. I. 1. Jesu Geschlechtregister, und nicht mehr Buch seiner Geburt. — V. 17. nicht mehr das babylonische Gefängniß, sondern schon paraphrastisch: die Zeit, da die Juden nach Babel weggeführet wurden. — V. 19. Παραδειγματισαι, offenbarer Beschämung ausstellen. — Cap. II. Προσκυνειν. V. 2. ꝛc. 8. niederfallen. — V. 18. Φωνη εν Ραμα, ein Geschrey zu Rama. — III. 5. gehen noch Städte und Länder. — V. 12. αχυρον Halm, nicht Spreu. — V. 15. δικαιοσυνη was uns obliegt. — IV. 4. lebt der Mensch von allem, was Gott verordnet. Wo bleibt nun das liebe Brodt: Gottes Wort! — V. 16. Hier sind die Herren Uebersetzer mehr dem Jesaias oder vielleicht den 70 gefolget, als dem Matthäus. — V. 28. wird επιθυμησαι mit unkeusche Begierde, gegeben. — V. 29. σκανδαλιζειν zur Sünde reizen wollen. — V. 44. επηρεαζοντων υμας die euch übel berüchtigen. — VI. 22. απλες uns beschädigt. — VII. 29. εξεσια heißt hier wie Luc. 4, 32. so viel als Authorität. — VIII. 12. σκοτος το εξωτερον hier und sonst überall: die Finsterniß die draußen ist. — IX. 14. τοτε bey dieser Gelegenheit. — X. 5. nehmet nicht den Weg nach den Heiden. — XI. 6. σκανδαλιζειν heißt hier: Gelegenheit nehmen sich zu stoßen und fallen. — 12. Das Himmelreich scheint gleichsam mit Gewalt angegriffen zu werden: Und Luc. 16, 16. strebt das Volk eifrig hineinzukommen.

men. — 13. προεφητευσαν, sind **Lehrer gewesen**. — 23. nicht mehr **Hölle**, sondern **Abgrund**. XII. 7. nicht **Barmherzigkeit**, sondern **Gerechtigkeit**. — XIII. 15. stehet noch: ihre **Ohren hören übel**. — 21. σκανδαλιζεται **fällt er ab**. — 57. εσκανδαλιζοντο **sie stießen sich an ihn**. (Hier aber fielen sie nicht wie Cap. XI. 6) — XVI. 7. ist οτι periphrastisch ausgedrückt: **es kömmt davon, daß ꝛc.** — 18. nicht **Pforten der Höllen**, sondern: **die Macht des Todes**.

Der Leser urtheile nun selbst von diesem Wenigen. Wenn er unpartheyisch und scharfsinnig ist, so braucht er gewiß nicht mehr, um von dem Ganzen urtheilen zu können. Ich würde also hier schließen, wenn ich nicht ebenfalls verbunden wäre, zu sagen, wie die Arbeit der Hrn. Kommittirten hier in Schweden aufgenommen worden. Es hat wirklich an solchen Männern nicht gefehlt, die es gewagt haben, den Hrn. Uebersetzern zu widersprechen. Man hat, besonders anfangs, ihre Proben auf alle Seiten beguckt. Einer hatte große Brillen, ein anderer kleine, ein dritter keine; alle aber wollten Fehler, große und kleine, gesehen haben. Die feinsten sah keiner; oder schwieg er? Die häufigsten Vorwürfe waren diese: Die Hrn. Kommittirten hätten sich überhaupt zu viele Freyheit genommen: eine Orthographie gebraucht, die zum Theil alt, zum Theil sich ungleich wäre: auch meynen noch die mehresten, das alte Testament sey nicht so gut und fließend übersetzt, als das neue. Ich will die zwo erheblichsten Schriften, die wider die neue Bibelversion herausgekommen sind, noch namentlich erwähnen.

Anmärkningar öfver Första Stycket af then Svenska Praf-Öfversättningen af then Heliga Skrift,

Skrift, författade af Matthias Norberg, Graec. Litt. Docens. (Anmerkungen über das erste Stück von der Probeübersetzung der heil. Schrift ꝛc.) Upsala 1776. 132 Oktavseiten. Der Herr Verf., der nunmehro mit Ruhme Professor der morgenländischen Sprache zu Lund ist, zeigte sich hier, als ein sehr eifriger Anhänger vom Houbigant, (doch ohne ihn zu nennen) den samaritanischen Pentateuchus betreffend. Er nennt wohl in der Vorrede das, was er davon sagt, seine eigenen Gedanken; aber es ist wirklich ganz verbotim aus Houbigants Prolegomenis, und zwar gut übersetzt. Wahrhaftig kein feines Kompliment für die Herren Uebersetzer! denn wie konnte solchen Houbigant unbekannt seyn? Auch die Anmerkungen selbst sind fast sämmtlich geborgt. Dem Ruhme, den sich dieser Gelehrte auf seinen nachherigen ausländischen Reisen, durch Hülfe der glücklichsten Concurrenzen, erworben hat, wird jene frühere Arbeit für die Zukunft nicht nachtheilig seyn.

Anmärkningar öfver St. Pauli Epistel till the Romare; författade under jämförelse af nya Prof-Öfversättningen med Grundtexten, och vån gamla, samt andra Versioner, af Andreas Knös, den hel. Skrifts Doctor och Domprost i Skara. (Anmerkungen über St. Pauli Epistel an die Römer; verfasset unter Vergleichung der neuen Probeübersetzung mit dem Grundtexe, unsrer alten, und andern Versionen.) Upsala 1779. 558 Seiten in 8. Der Herr Verfasser hat (es sey zu seinem Ruhme gesagt) viel ähnliches mit dem Herrn D. Götze in Hamburg: Orthodox, eifrig, sehr belesen, wortreich, doch etwas schwerfällig zu lesen. Die Freyheit, die sich die Herren Kommittirten sollen herausgenommen haben, stößt ihn am meisten. Es heißt sogar in der Vorrede: ich habe

mehrere

mehrere (er hätte fast sagen können: unzählige) Uebersetzungen verglichen, (und treulich angeführt) nicht um meinen Anmerkungen daraus die Stärke zu verschaffen, die aus andern Gründen geholet werden muß, sondern — — um zu zeigen, daß keiner von allen, die ich kenne, sich eine solche Freyheit genommen, seine eigene mit den Worten des Textes zu vermischen, als es in der neuen Probeübersetzung geschehen ist. St.

Zweyter Hauptabschnitt.
Beurtheilende Verzeichnisse
von den

Synodal= und Universitätsdissertationen, den Abhandlungen der verschiedenen Wissenschaftsakademien und Societäten, und auch den darin gehaltenen merkwürdigen Reden.

A. Synodaldissertationen. *)

a) Zu Skara. **)

Breuis *Delineatio Theologiae Pastoralis practicae*, quam etc. publice ventilandam sistit ANDR. KNÖS, S. Theol. D. et Archipraepositus Skarensis etc. *Skarae.* 1773. 9 Bogen in 4. 10 Sch. 4 r.

Der Herr D. und Domprobst ist in seinem Stande, diejenigen ausgenommen, die aus Pflicht schreiben müssen, einer der fleißigsten Schriftsteller, welcher mit seinen Talenten Nutzen schaffen will. Er liefert hier eine kurze praktische Pastoraltheologie, welche für Kandidaten in der Theologie und Anfänger im Lehramte viel nützliches sagt; und das in einem Lande, welches sich noch nicht über die Menge von Schriften in diesem Fache zu beschweren hat. Eine allgemeine Vorstellung von dem angezeigten Gegenstande mit den Vorkenntnissen dazu geht natürlich (§. 1.) voran. Zu diesen rechnet er die anderweitig entlehnten Sätze von der Stiftung, Nothwendigkeit, Pflichten, Würde des Lehramts u. s. w. Nun entwirft er die Pflichten der Kirchenlehrer allgemein, und zeiget die Briefe an den Timotheum und Titum als die Hauptquelle derselben an. (§. 2.) Daraus leitet er den Folgesatz her: daß die Gottesgelehrsamkeitbeflissenen hauptsächlich sich beeifern sollen, vollkommen und zu allem guten Werke geschickt zu werden (§. 3.); und hält es für eine satanische List, daß man die Frage aufwürfe: Ob man mit den Donatisten und Fanatikern annehmen solle, daß das Kirchenamt eines Unwiedergebornen

ganz

---

*) Von der Beschaffenheit der Synoden in Schweden und den dabey üblichen Disputationen vergleiche man im fünften Abschn. die erste Nummer.

**) Die Ordnung der Syn. Disputationen richtet sich nach der Ordnung, wornach die Bisthümer gerechnet werden.

ganz unkräftig sey: da vielmehr dieß gefraget werden solle: Was für Diener Christus in der mit seinem Blute erlöseten Kirche haben wolle? und wie schlecht diejenigen sich und der Kirche rathen, welche von der Art nicht sind? füget auch hinzu: daß, wer unwiedergeboren wäre und von Christi Geiste sich nicht leiten ließe, von seinem eigenen, also einem bösen Geiste regieret werden müsse. Es giebt Kennzeichen, wodurch sich falsche, böse und treulose Lehrer und Diener der Kirche von den wahren, guten und getreuen unterscheiden. Jene suchen sich, ihr Brodt, Ehre und Bequemlichkeit, nicht die Heerde; predigen aus ihrem Herzen; suchen die irrenden Gottlosen nicht; nehmen sich der bußfertigen Sünder nicht an; weiden sie statt des Evangelii mit Schattenwerke; lehren statt der wahren Gerechtigkeit eine falsche. (§. 4.) Diese sind das Gegentheil. (§. 5.) Und weil Christi Ausspruch Matth. 23, 2. 3. von den praktischen Indifferentisten oft dahin gemisbrauchet wird, als ob er den Grundsätzen einer gesunden Pastoraltheologie und unsern symbolischen Büchern widerspräche: So werden solche (§. 6.) zurechtgewiesen. Nach diesen allgemeinen Betrachtungen steigt er zu den besondern speciellen herab. Er handelt von der geprüfeten Bewährtheit eines Kirchenlehrers (§. 7.); untersuchet, worin die eigentliche Beschaffenheit der von dem Apostel geforderten richtigen Theilung des göttlichen Wortes bestehe und was dazu gehöre, nämlich theils Erkenntniß desselben und des Seelenzustandes der Zuhörer, theils weise und kräftige Auslegung der heiligen Schrift, theils öffentliche und besondere Anwendung auf die Menschen. (§. 8. 9.) — Er beantwortet dabey (§. 10. 11.) die Fragen: Was, und in welcher Lehrart, ein so beschaffener Prediger nach dem Exempel Christi in den Predigten vortragen solle? Die Katechisation empfiehlt er sehr an, (§. 12.) so wie auch die Konfirmation. Mit den Pflichten, die er den Predigern zur Verwaltung der Sakramente vorschreibt, (§. 13.) verbindet er nöthige Anmerkungen, die bey der Beichte, der Prüfung der Beichtenden, der sogenannten Absolution und der Hinzulassung zum heiligen Abendmahle genutzet werden sollen. (§. 14.) Er tadelt dabey ganz ernsthaft die irrigen Vorstellungen, die sich die Unwissenden davon machen, ob er gleich im Allgemeinen die Beichte als einen brauchbaren Kirgengebrauch will beybehalten wissen. Mit der Kirchenzucht

und

und der Privatseelsorge (§. 15. 16.) endiget sich diese Dissertation, welche eher einen kleinen Tractat ausmacht, und woran ein scharfer Kritiker vielleicht wenig zu tadeln finden wird, dieß ausgenommen, daß die sinnbildlichen Vorstellungen der Bibel von Hirten, Heerde, Schaafen u. dgl. gar zu häufig gebraucht und angewandt, fast ein jeder Satz, ja oft einzelne Worte stets mit Anführung biblischer Sprüche belegt, und endlich auf das Verhältniß der protestantischen Kirchenlehrer in unsern heutigen Zeiten zu wenig Rücksicht genommen worden. — Gute Gesinnung und Gelehrsamkeit des Verfassers wird man nicht vermissen. Wer freylich *Millers* Anleitung zur Verwaltung des evangelischen Lehramtes hat, kann dieser Dissertation völlig entbehren.

b) Zu Strengnäs.

Disp. Theol. de *Renouatione* s. *sanctificatione*, quam iubente et moderante Reuerentiss. Dom. Doct. IACOBO SERENIO Strengnesensis Diceceseos Episcopo nec non reg. Gymn. scholarumque Ephoro accuratissimo et consentiente MAX. VEN. CONSISTORIO, in Conuentu Synodali diebus etc. celebrando, placidae ventilationi submittit *Ioan. Bergstedt*, Praep. et Past. in Floda. *Respondentibus* viris plur. reu. et doctiss. etc. *Strengnesiae.* 1773. 24 Quartf.

Auf der Rückseite des Titelblattes steht: Reliquis officiis synodalibus perfuncturi sunt viri admodum et plur. reuerendi etc. *Vic. Praeses* etc. — *Concionatores*, die prima etc. Text. Eph. 4, 24. — die secunda etc. Text. Ps. 119, 1. — die tertia etc. Text. Tit. 2, 11. 12. *Opponentes*: die prima etc. die secunda etc. *Orator* etc. Mit Fleiß ist der Titel und die äußere Form der Dissertation so umständlich angezeigt worden, damit man sich davon den gehörigen Begriff machen könne. Da hierinn mutatis mutandis alle gelehrte Arbeiten dieser Art einander ähnlich sind: so wird zukünftig dergleichen Anzeige bloß kurz abgefasset werden. Nun zum Inhalte selbst.

Zweyter Hauptabschnitt.

Der Mensch ist zum vollkommensten Gehorsam gegen Gott und zum heiligen Leben verpflichtet. Auf die Rechtfertigung des Christen folget die Erneuerung und Heiligung. Die beyden technischen Ausdrücke: *Renouatio* oder *sanctificatio* sind lateinischen Ursprungs. (§. 1. 2.) Beyde werden so wohl in der Bibel, als auch in den symbolischen Büchern (laut angezogener Stellen) im weitern oder engern Verstande genommen. In jenem ist die ganze Bekehrung mit eingeschlossen, in diesem zeiget es bloß die Früchte desselben oder den neuen Gehorsam der Gerechtfertigten an; und ist entweder transitiv (des heiligen Geistes Gnadenwirkung in dem Gerechtfertigten) oder intransitiv (die Wirkungskraft des Gerechtfertigten selbst). In der Erneuerung geht eine doppelte Handlung vor, eine privative, nämlich die Ausziehung des alten Menschen; und eine positive, die Anziehung des neuen. (§. 3—5.) Die Ursache derselben ist der dreyeinige Gott, besonders der heilige Geist; die Bewegursachen aber Gottes Barmherzigkeit und Christi Genugthuung. Gott bewirket sie nicht allein durch die ordentlichen Gnadenmittel, sondern auch durch allerley Veranlassungen, als Nebenmittel; der Mensch wirket dabey vermittelst den Glauben. Gott wirket zuerst und hauptsächlich, der Mensch nebenbey und hinterher. (§. 6—9.) Bey dem Gerechtfertigten findet allein die Erneuerung statt, und zwar bey ihm nach Leib und Seele. Sie folget so auf die Rechtfertigung und nach ihr, wie die Frucht allererst erfolgen kann, wenn der Baum dazu tüchtig geworden. Zwischen beyden lassen sich die Grenzen und von ihnen die Zeit nicht bestimmen. (§. 10. 11.) Die Erneuerung läßt beständig Stufen im Wachsthume zu. Aus der ihr anklebenden Unvollkommenheit entsteht der Kampf zwischen dem Fleische und Geiste. Die wesentlichen Wirkungen und Folgen derselben sind die guten, so wohl innern, als äußern Werke; die zufälligen aber die Belohnungen dieses und des zukünftigen Lebens, doch diese nicht aus einem etwanigen Verdienste von unserer Seite. (§. 12—15.) Hierdurch wird der Verfasser auf den Artikel von den guten Werken geführet, den er anhangsweise mitnimmt. Vieles stimmt hier mit der Erneuerung überein. Der Unwiedergebornen Werke können vielleicht einigermaßen sittlich und bürgerlich gut seyn; allein geistlich und theologisch, das ist: nach ihrem Entstehen und Endzwecke, sind sie es keinesweges.

ges. Der Pharisäer und Papisten vorgebliche gute Werke sind bloß ein selbst erdachter Gottesdienst. (§. 16—19.) Die wahren zeigen sich gegen Gott, uns selbst und den Nächsten. Sie sind unvollkommen; jedoch nothwendig; wobey die widersprechende Behauptung des Amsdorfs: gute Werke seyn zur Seligkeit schädlich; und der Majoristen: sie seyn zur Seligkeit nöthig, in gleichem Maaße getadelt; der eigentliche Grund und Beschaffenheit der Nothwendigkeit guter Werke, und endlich gezeiget wird, daß sie aus vernünftiger Freyheit geschehen müssen, und sie vor Gott eine große Würde haben. In dieser Dissertation ist zwar dem Recensenten nichts neues vorgekommen; der Leser aber wird alles in guter Ordnung und Deutlichkeit vorgetragen finden.

c) Zu Wexiö.

Diss. Theol. Synodalis *de Angelis* etc. quam publicae disquisitioni subiicit *Iac. Ekerman*, SS. Th. D. et P. Iunecopensium etc. *Vexioniae.* 1773. 5 Bogen in 4.

Der Verfasser theilet die Abhandlung in zweene Hauptabschnitte. Der erste redet auf 24 Seiten von den Engeln überhaupt; der zweyte von den guten und bösen Engeln bis S. 37 besonders. Diese Lehrart ist sicherlich besser, als wenn man in diesem Artikel sogleich von den guten und hernach von den bösen handelt, und bey der Betrachtung der letzten manches von den ersten wiederholen oder sich wenigstens darauf beziehen muß. Die beyden gemeldeten Hauptabschnitte sind in §§. eingetheilet, und jeder derselben unten mit zahlreichen Anmerkungen und Anführungen, so wohl aus der Bibel, als andern Schriften, versehen. Mit dem Gewichte des Artikels und der Benennung: Engel, wird natürlich (§. 1.) angefangen, dann ihr Daseyn wider die ältern und neuern Engel= und Teufelbestreiter bewiesen, (§. 2.) und ihre Schöpfung von Gott (§. 3.) behauptet. Wenn er dabey die Zeit davon als unbestimmbar annimmt: so pflichtet ihm der Recensent darin bey, glaubet aber einen Widerspruch zwischen dem Texte und der Note *p* zu finden. Denn in jenem will er die Engel an einem der sechs Schöpfungstage geschaffen wissen, und tadelt diejenigen, welche meynen:

nen: sie seyn längst vor unserer Welt geschaffen worden: in dieser aber führt er aus des Schomeri Colleg. Antisocin. an, daß Moses deswegen nichts von der Schöpfung der Engel ausdrücklich gemeldet hätte, weil sich seine Geschichte nur hauptsächlich auf die sichtbaren Geschöpfe bezöge. So bald dieß eingestanden wird, wie es offenbar eingestanden werden muß: so bleibt es unentschieden, ob Gott die Engel mit der sichtbaren Welt zusammen erschaffen habe oder nicht? Ihre Natur wird als geistlich, endlich und vollständig (§. 4.) angegeben und (in der zu diesem §. gehörigen Note s.) angezeiget, daß N. Wallerius in Psych. rat. P. 3. §. 256. über alle Einwendungen dargethan hätte, wie sie von allem, was körperlich sey, ganz entfernt und rein geistisch wären. Die Schlußfolge der gebilligten Behauptung des H. Kromayers: alles sey des Menschen, dieser aber Gottes halber geschaffen worden, aus Röm. 1, 20. sieht der Recensent nicht ein. Denn hier sagt Paulus nur: Gottes Wesen, ob es gleich unsichtbar wäre, würde doch von den Menschen aus den Werken der Schöpfung erkannt. Die Betrachtung von dem Verstande und Willen der Engel (§. 5. 6.) wird mit dieser Aeußerung beschlossen: Keine Gattung derselben, weder der guten noch der bösen, habe nun, wie in ihrem ersten Zustande, eine Freyheit zum Guten und Bösen zugleich. Bey dem, was von ihrer Wirkungsart, Zahl und Absicht ihrer Schöpfung (§. 7 — 9.) gesagt worden, fällt dem Recensenten nichts zu erinnern bey; eben so wenig als in dem zweyten Hauptabschnitte bey den Verhältnissen der beyden Gattungen derselben, ihren sehr ungleichen Wirkungen und Beschäftigungen, und endlich unsern Pflichten gegen die Engel. Der Besessenen wird gar nicht erwähnt.

d) Zu Abo.

Diss. Theol. de *rebus ciuilibus* ex art. Aug. confessionis decimo sexto, quam etc. Cleri synodalis examini sistit auctor et praeses M. *Henricus Carpelius*, P. et Praepos. *Aboae*. 1773, 1 1 Bogen in 4.

Nachdem in einer kurzen Einleitung die wohlthätige Einrichtung des obrigkeitlichen Standes auch mit Hobbesii
Worten

Worten angemerket und der angezeigte Artikel der Augsburgischen Confeſſion eingerücket worden, vergleichet (§. 1.) der Verfaſſer denſelben mit dem vom Melanchthon darin vorgenommenen, doch, was den Sinn anbetrifft, unſchädlichen Veränderung, und leitet die Nothwendigkeit dieſes Artikels in dem Glaubensbekenntniſſe aus den Vorwürfen der Römiſchkatholiſchen her, als ob es die Evangeliſchen in dieſem Stücke mit den Wiedertäufern hielten. Nach einem kurzen Abriſſe des Inhalts (§. 2.) folgt die grammatikaliſche Erklärung des Ausdrucks: *Magiſtratus politicus*; hiernächſt, was abſtractiue und concretiue bedeute. Nach jenem ſey er: Officium ciuile publicum, diuinitus inſtitutum, per certas perſonas adminiſtrandum, iuxta poteſtatis conceſſae menſuram et legum praeſcriptum ad Dei gloriam et ciuium ſalutem; nach dieſem: perſona vel multitudo perſonarum, quam Deus ipſe poteſtate circa res ciuiles et ſacras inſtruxit, hoc fine, ut nomen diuinum glorificetur, Eccleſia cum Republica tranquille floreat, et ſubditorum temporalis ac aeterna felicitas promoueatur. In beyder Abſicht, gottloſe und tyranniſche Obrigkeiten nicht ausgeſchloſſen, ſey der Urſprung göttlich, ſo wohl aus natürlichen, als auch geoffenbarten Gründen, und widerſpricht dem Ausdrucke Petri (1. Br. 2, 13.) ανϑρωπινη κτισις (menſchliche Ordnung) nicht, als wodurch nur angezeigt wird: die obrigkeitliche Gewalt werde von Menſchen und zu derſelben Beſten gehandhabet. So wenig inzwiſchen ein jeder Staat einer unmittelbaren Einrichtung von Gott ſich rühmen könne; eben ſo wenig auch eine jede Obrigkeit einer unmittelbaren Beſtellung. Beyde ſeyn bloß mittelbar. (§. 3.) Das Subjekt, oder, wie einige ſagen: materia in qua, kann ein Menſch oder mehrere ſeyn. Durch Menſchen, deren Eigenſchaften 1 Pet. 2, 13. 14. Exodi 18, 21. u. ſ. w. beſchrieben ſind, ſoll die obrigkeitliche Würde gehandhabet werden; und wenn das die Anabaptiſten, Weigelianer, Quäker und Socinianer beſtreiten; ſo iſt das eben ſo viel, als die Sorge für das öffentliche Beſte und die Kirche aufzuheben. (§. 4.) — Die der Obrigkeit von Gott ſolches Zweckes halber verliehene Macht iſt in Röm. 13, 1. gegründet, und iſt keinesweges abſolut und uneingeſchränkt. Nennet man ſie ja ſo; ſo iſt das nur in Rückſicht auf die Unterthanen zu verſtehen: und da die Geſetze entweder göttlich oder menſch-

lich sind; so sind jenen die Regenten, als Menschen, und diesen vielleicht aus Verträgen unterworfen. Die oberherrliche Gewalt selbst aber schließt die Gesetzgebung, Gerechtigkeitspflege und Zwang durch Strafen in sich. (§. 5.) — Die Unterthanen sind der persönliche Gegenstand, und es ist gleich irrig, wenn Fanatiker die Christen, und Römischkatholische die sogenannte Geistlichkeit davon ausnehmen wollen. (§. 6.) —. Der Abhandlung von den Pflichten der Obrigkeit wird die Anzeige des doppelten Irrthums vorgesetzt, (§. 7.) da einige ihr zu viel, andere zu wenig einräumen. Ihr kömmt allerdings die Sorge für die Religion zu, doch ohne Herrschaft über die Gewissen, ohne Verwirrung der kirchlichen und bürgerlichen Ordnung, und ohne Eingriff in ein fremdes Amt. Ihr Recht in geistlichen Dingen ist nichts weiter, als ein Recht der Oberaufsicht über die Kirche, und gründet sich auf die mittelbaren Kollegialrechte derselben. Es heißt: Ius devolutionis. Das Aeußere der Religion, ihre Gebräuche u. dgl. sind dadurch entweder feierlich oder stillschweigend der Obrigkeit übertragen worden. Ganz anders verhält es sich mit den unmittelbaren das Wesen der Religion betreffenden Gerechtsamen. Diese können nicht mitgetheilet werden. Die Fürsten können also nicht über anderer Glauben bestimmen, noch das Lehramt verwalten, haben auch keinesweges so die kirchliche Gewalt, als sie die politische haben. Kurz, das jus circa sacra kömmt dem Fürsten zu, theils kraft des Aufsichtsrechtes, da die einzelnen Kirchen den Kollegiis gleichen, welche der Regierung der höchsten Befehlshaber unterworfen sind; theils kraft des Devolutionsrechts, da jener im Nothfalle das Kollegialrecht der Kirche behauptet, dessen Handhabung sonst ein Werk der ganzen Kirche war. Die Sorge für die Religion ist hiernächst eine hauptsächliche Pflicht der Obrigkeit; gleichwohl kann sie ihre Unterthanen nicht zum Glauben zwingen, aber wohl zum Gebrauche der Mittel anhalten. Sie darf zwar andere Länder der Religion halber nicht mit Kriege überziehen, doch soll sie die wahre wider die Feinde derselben vertheidigen, und kann von den Unterthanen, besonders den Lehrern, einen Religionseid fodern, um den Unruhen im Staate vorzubeugen. Wer den nicht leisten will, zieht aus dem Lande, oder begiebt sich der öffentlichen Aemter. Wider die Papisten wird mit Recht behauptet, daß unter weisen Ein-
schrän-

schränkungen mehrere Religionen in einem Staate geduldet werden können, und daß man Ketzer aus dem Grunde, weil sie Ketzer sind, keinesweges mit Leibesstrafen belegen dürfe. Zur Religionssorge gehören auch die äußern Dinge, als: Erbauung der Kirchen und Schulen, Ordnung bey der Bestellung der Lehrstellen, Einrichtung der Lehrart, Zusammenberufung der Concilien und Vorsitz darin, die Handhabung der Kirchenzucht, Anordnung der Feste, Verwaltung der Kirchengüter, die im Nothfalle zum anderweitigen öffentlichen Besten angewandt werden können. Religionsstreitigkeiten kann die Obrigkeit, als Obrigkeit, gar nicht entscheiden, ob sie gleich die dabey zur gemeinschaftlichen Ruhe erfoderliche Ordnung vorschreiben kann. (§. 8. 9.) Ihre Macht in dem gemeinen Wesen erstrecket sich auf die Gesetzgebung; die Aufrechthaltung der Gesetze durch allerley, selbst Leibes- und Lebensstrafen; gerechte Kriegsführung; Bündnisse mit andern auch unchristlichen Mächten, und überhaupt alles, was die Ehre Gottes und die Erhaltung des Friedens in der menschlichen Gesellschaft befördern kann. (§. 10.) Die Unterthanen hingegen sind berechtiget, Processe zu führen, Vergleiche zu treffen, mit gutem Gewissen Eigenthümer zu besitzen, Eide auf erfoderlichen nothwendigen Fällen zu leisten, in den Ehestand einzutreten, welcher dem kirchlichen Stande nicht untersagt werden dürfte; dabey aber zur Achtung, dem Gehorsame, den Abgaben und der Fürbitte gegen und für jene verpflichtet. Bey dem Widerspruche zwischen den göttlichen und menschlichen Befehlen gehen jene vor. Einer verfolgenden Obrigkeit muß man mit sanften, einer tyrannischen aber, die eben dadurch wirklich aufhöret, eine rechte Obrigkeit zu seyn, sondern ein Feind der Unterthanen wird, kann man mit rauhen Mitteln entgegen gehen. In der äußersten Noth des gemeinen Wesens müssen der Obrigkeit die Güter der Unterthanen zu Diensten stehen. (§. 11. 12.) Luther wird von den in diesem Stücke ihm unbillig gemachten Vorwürfen leichtlich gerettet (§. 13.); der Unterschied zwischen Christi und den weltlichen Reichen und beyder Uebereinstimmung und Verträglichkeit, und auch dabey wohl gezeiget, daß jenes diese gar nicht aufhebe, sondern Gehorsam unter solche anbefehle, und die Obrigkeit hingegen das Beste der Kirche befördern müsse. (§. 14—17.) Die Obrigkeit ist bey der protestantischen Religion besser daran, als

als bey der römischkatholischen, und zwar der Exemtion des Cleri, des päpstlichen Bannes und der Mönche halber; wobey besonders der Jesuiten und ihrer Grundsätze gedacht wird. (§. 18. 19.) Ein Register der Widersacher dieses Artikels, es sey des ganzen oder einiger Abschnitte desselben, die auch zugleich an ihren Oertern widerlegt werden, und der praktische Gebrauch der vorgetragenen Sachen endigen diese ziemlich ausführliche Dissertation. (§. 20. 21.)

e) Zu Lund.

Diss. syn. de *Sacramento Agni Paschalis*, quam etc. examini submittit Praeses *Nic. Hesslén* SS. Th. D. etc. *Londini Goth.* 1773. 12 B. 4.

In der Vorrede zeiget der Verfasser an, daß er des Benzelius Repetitionem Theologicam in dieser Materie folgen wolle. Von der Betrachtung der Drangsale des israelitischen Volkes kömmt er auf die Sacramente, dergleichen auch das Pascha seyn soll; auf den Ursprung des Worts und dessen Homonymie, benebst den verschiedenen Meynungen darüber; und auf die Frage: Ob das Osterlamm ein Opfer gewesen? (§. 1 — 3.) die er mit des Benzelius Worten auflöset: Est sacrificium sacramentale. Das Osterlamm sey nicht bloß ein Erinnerungszeichen des Ausgangs aus Egypten, sondern auch den Rechtgebrauchenden ein Darreichungs- und Bekräftigungsmittel der göttlichen Gnade gewesen, wobey er sich auf folgende Worte des Hrn. D. Munthe in der Diss. de origine et sacr. circumcisionis berufet: „Prodigia, quae Moses in Egypto „patrauerat — non mere significatiua fuisse, sed anne-„xam habuisse virtutem et potentiam diuinam, graui ex-„perimento edoctus fuit Pharao et tota Egyptiorum „turba. Quod ergo de signo valet in regno potentiae, „quis dubitauerit etiam valere posse in regno gratiae." (§. 4.) Er ist der Meynung, daß Exodi 12, 27. gleichsam die Einsetzungsworte des Osterlamms ständen, und, wenn das nicht gegründet wäre, es freylich kein Sakrament seyn könnte (§. 5.); und widerlegt zugleich des Spencers niedrige Vorstellung davon. Gott war der Stifter, Moses die Mittelsperson, und diejenigen, welche es schlachten durften, die Hausväter; der Gegenstand war ein Lamm,

und

und Gott scheint es des wohlfeilen Preises und des wohlschmeckenden Fleisches halber erwählet zu haben; es ward eine besondere Zubereitung nach der Absonderung desselben von der Heerde erfodert; etwa zwischen 3 bis 6 Uhr Abends ward es geschlachtet, und zwar zu Jerusalem im Vorhofe des Tempels; die Zurichtung desselben geschah durch Braten, wobey das Zeugniß Justins des Märtyrers angeführet wird, daß es der ausgedehnten beyden Vorderfüße halber die Gestalt des Kreuzes gehabt hätte. (§. 6—10.) Damit es nun ein Sakrament würde; so hätten zu der irdischen Sache die oben aus dem 2ten B. Mose angeführten Worte hinzukommen müssen. Hierin wird doch niemand eine sakramentliche Stiftung finden; und der Abstand zwischen jenen alttestamentischen Handlungen und den Sakramenten des N. T. ist auffallend verschieden. Was von der Genießung selbst mit bittern Salzen und von den Genießenden (§. 11. 12.) gesagt wird, ist keiner sonderlichen Schwierigkeit unterworfen. Der Zweck dieses vermeyntlichen Sakraments wird (§. 13.) darin gesetzet: daß in, mit und unter dem sichtbaren Elemente, nämlich dem Osterlamme, verbunden mit den oben angezeigten vorgeblichen Einsetzungsworten, unser Heiland Jesus Christus vorbildlich, als das wahrhaftige die Sünden der Welt hinwegnehmende Lamm Gottes gegenwärtig dargestellet, und den Rechtgenießenden die evangelische Gnade dargeboten und versiegelt würde. Mit Christi geleistetem Versöhnungsopfer habe es natürlich aufhören müssen. Die Fragen: Ob das Osterlamm ein Vorbild des heil. Abendmahls gewesen, und Christus jenes in der letzten vor seinem Tode vorhergehenden Nacht und zwar mit den Juden zugleich genossen; werden (§. 14. 15.) also behandelt, daß jene gewissermaßen, diese geradezu mit Widerlegung des Deylings behauptet, und zuletzt (§. 16.) das Verhältniß zwischen dem Osterlamme, als einem Vorbilde, und unserm Heilande, als dem Gegenbilde, mit vorzüglicher Anführung aus des Herrn Hofr. Michaelis Entwurfe der typischen Gottesgelehrsamkeit gezeiget wird. U.

B. Uni-

B. Universitätsdissertationen.

a) Zu Upsal.

Unter dem Vorsitze des Herrn *Erich Kinmark*,
Theol. Prof. Kalsen.

Praenotionum Theolog. IX. J. Jsberg.

Von dieser, den vorhergehenden und nachfolgenden Dissertationen wird an seinem Orte g. S. eine zusammenhängende Recension erfolgen.

Dan. Solander, Iur. Patr. ac Rom. Prof.
Reg. et ord.

De legitimis acquirendi titulis. P. prior. 13 S.
A. Björkmann.

Was res, was dominium in sensu juridico sey? wird zuvörderst (§. 1.) untersuchet. Das jus occupandi war in statu naturali der Absicht des Schöpfers, und der Natur des Menschen gemäß. Wahrscheinlich war anfangs eine Gemeinschaft. Diese konnte aber in der Folge, wie die Naturprodukte nicht mehr hinreichten, wegen des Misbrauches, den einige unthätige Menschen von anderer Fleiße machten, nicht bestehen. Es entstand daher Eigenthum, der modus adquirendi originarius hörete auf (§. 2.) und der modus adqu. derivativus oder traditio trat an die Stelle. Er ist in dem Naturrechte gegründet, äußert sich verschiedentlich, und ist allen titulis gemein. (§. 3.) Das Wort titulus hat verschiedene Bedeutungen. Hier wird die juristische erklärt. Unterschied unter titulum und modum adquirendi. Die unterschiedlichen Arten des dominii, so wie die tituli adquirendi legitimi, werden nach den schwedischen Gesetzen herergezählt, wovon in den folgenden §§. einige weiter ausgeführt sind. (§. 4.) Es gehört dahin die Morgengabe in solatium vidualitatis. Sie muß vor der Trauung ausgesetzt werden, darf nur entweder in mobilibus oder immobilibus bestehen, nicht über, aber wohl unter dem dritten Theile von des Mannes Vermögen in immobilibus, und dem zehnten Theile in mobilibus. Stirbt der Mann, und hat keine Morgengabe ausgesetzt, so bekömmt die Frau

Frau nur die Hälfte; (der V. sagt bloß: post maritum mortuum bekäme sie die Hälfte) diese Hälfte soll nach des V. Meynung auch post dissolutum matrimonium putativum Statt haben, allein der angeführte §. 3. aus Cap. V. von der Ehe sagt dieß nicht. (§. 5.) Was die legitima conjugum (*giftorätt, Eherecht*) anbelanget: So geben die Stadtrechte beiden Eheleuten gleichen Antheil an dem sämmtlichen Vermögen, auf dem Lande aber bekömmt der Mann die Hälfte, und die Frau nur ein Drittheil. Dieses Eherecht wird hier nach alten und neuen Gesetzen aus einander gesetzet. (§. 6.) Dos parentum (*medgift, Aussteuer*) können res mobiles, immobiles adquisitae und avitae seyn. Letztere geben kein plenum dominium. (§. 7.) Auctoramentum s. ius praecipui, ist dasjenige, was der Witwer oder die Witwe aus dem noch eingetheilten Mobilienvermögen vorausnimmt. Bey Armen besteht es in dem Brautringe und den nöthigen Kleidungsstücken (§. 8.) G.

De iure peregrinorum in Patria. 19 S. E. W. Söderhjelm.

Bey so vielen Staaten sey eine eben so große Verschiedenheit ihrer Einrichtungen. Das Recht der Fremdlinge in Schweden solle hier untersuchet werden. Solches sey attributum personae seu facultas agendi lege concessa. (§. 1.) Die Fremdlinge sind entweder solche, die das Bürgerrecht erhalten haben, oder naturalisiret worden; hiernächst die, welche das Einwohnungsrecht haben; alsdenn solche, die der Gastfreyheit genießen, wohin besonders die Gesandten gehören; endlich diejenigen, welche sich bloß auf eine Zeitlang im Lande aufhalten. Dieß ist alles aus den Reichsgesetzen zusammengezogen, doch seitdem manches verändert worden.

Christer Berchs, Iuris, Oecon. et Commerc. Profess.

Athandling om Mäklare Rätt efter Svea Rikes Lag. (Abhandlung vom Mäklerrechte nach dem schwedischen Reichsgesetze.) 26 S. Ake Soop.

Diese ihrem Endzwecke völlig entsprechende Abhandlung betrachtet die Erheblichkeit für den Handel, Mäkler zu haben, besonders wie bedeutend sie für Käufer und Verkäufer in großen Handelsstädten sind, weil dadurch Ordnung und Sicherheit erhalten werde. Es müßten eidlich beschworne, also keine andere, als dazu tüchtige Männer, seyn. Von solchen könnten die Handelnden so wohl zur Ausführung ihrer Aufträge, als auch zu neuen Unternehmungen, leicht die nöthigen Aufklärungen erhalten, und sey es jener Schuldigkeit, aufrichtig zu unterrichten und zu rathen, ohne doch anderer Heimlichkeiten aufzudecken. Bey dem Handel kömmt auf ihre Geschicklichkeit und Ehrlichkeit gar viel an, weil der Abschluß der Mäkler bey richtig befolgtem Auftrage, von ihren Principalen genehmiget werden muß; so wie sie für die Richtigkeit des Abschlusses stehen müssen. Das gemeinschaftliche Vertrauen zwischen dem Handelnden, und dem Mäkler ist für beide eine wichtige Sache.

Ioh. Ihre, Eloqu. et Polit. Prof. Skytt. De morali hominum natura. P. post. S. 24 — 45 J. Dubb.*)

Dem Gemüthe ist eine Richtschnur der menschlichen Handlungen eingepräget. Die deutlichsten Wahrheiten sind nach verschiedenen Umständen verändert, andere vergessen oder verunstaltet worden; würde nicht eben das auch den sittlichen begegnet seyn? Die Verbindlichkeit zum Gehorsame unter einem Gesetze wächst allerdings durch das Bewußtseyn des Willens eines Obern, allein das Hauptsächlichste kömmt hier auf eine innere Richtschnur an, die vor der Erziehung und den erlangten Begriffen in uns ist, und im Gehorsame Vergnügen, im Ungehorsame aber Angst empfindet. (§. 8.) Freylich sind die Weltweisen in ihren Meynungen sehr verschieden, wie solche Richtschnur unserm Gemüthe eingepräget sey? Wir dürfen uns weder solches, als eine leere wächserne Tafel vorstellen, noch zu angeborenen Begriffen, welche deutlichen Sätzen gleich zu halten wären, unsere Zuflucht nehmen. Inzwischen haben wir doch einen gewissen Grundsatz von Sittlichkeit in uns, der sich in der entschließenden Vernunft, und in dem innern Willensgefühle findet; wodurch

*) In dem ersten Theile des Archivs S. 119 ist der erste Abschnitt dieser Dissertation recensiret worden.

durch wir zu unsern Pflichten angetrieben werden. (§. 9.) Dieses sittliche Gefühl hat Shaftsbury entdecket, und Hutcheson systematisch vorgestellet; es erstrecket sich über theoretische und praktische Wahrheiten, ist aber in den letztern vorzüglicher, weil es da allemal entweder mit Vergnügen oder mit Misvergnügen verbunden ist; es leitet uns zu den Grundsätzen des Guten und Bösen, des Anständigen und Schändlichen u. s. w., es ist die erste Grundlage aller Gewißheit, und auch unsererseits aller Sittlichkeit. (§. 10.) Die Vernunft ist allerdings die Quelle der Erkenntniß unserer Pflichten, sie empfängt alle Begriffe von den innern und äußern Sinnen, beurtheilet solche und wendet sie auf uns an. Der Begriff von Gott ist ihr leicht, und die Schlußfolge von den Geschöpfen auf die Eigenschaften des Schöpfers leiter sie zur Wahrnehmung der Pflichten gegen ihn. Mit Menschen, Geschöpfen unsers gleichen, umgeben, siebt sie die Verbindlichkeit ein, ihnen zu thun, was wir uns gethan wissen wollen. Bey der unersättlichen Begierde nach Glückseligkeit lehret sie uns den Unterschied des wahren und Scheinguten und führer uns zu dem gebührenden Verhalten gegen uns selbst. (§. 11.) Die Gemüthsbewegungen haben auch ihre Sittlichkeit. Sie machen zwar nicht das Leben, aber doch die Lebhaftigkeit des Menschen aus. Sie sind das in der sittlichen Welt, was die Bewegung in der Körperwelt ist, und entstehen aus dem Genusse und der Erwartung des Guten, oder aus der Empfindung und Besorgniß des Bösen. Eins von diesen beiden kann uns nur rühren. Der Elende wird dadurch ein Redner; der Harte dadurch beweget. (§. 12.) Giebt es verschiedene Denkungsart und Sitten unter den Völkern, daß z. E. bey den Lacedämoniern der offenbare Diebstahl nicht sträflich war, die Römer ihre schwachen Kinder umkommen ließen, die Wilden ihre Aeltern fressen: So beweiset das, wie einige, auch Lock und Montesquieu wollen, keineswegs, daß der Mensch ohne moralisches Gesetz wäre. Denn jene glaubten mit der ganzen Menschheit: einem jeden müsse sein Eigenthum gelassen, das Leben erhalten, die Aeltern geehret werden. Allein man litte Ausnahmen, indem die Lacedämonier ihr Volk zum Plündern im Kriege anleiten, die Römer lauter tapfere Mitbürger haben, die Wilden ihre Alten vor den Schwächlichkeiten des Alters oder der befürchteten Gewalt der Feinde sichern wollten. Ueberdieß

schläft

schläft die Natur oft, und bedarf aufgewecket zu werden. Ist aber ja ein großer Unterschied übrig, und giebt es so viele Moralsystemen: So entsteht solches aus der Gewohnheit der Weltweisen, einen auf die ganze Sittlichkeit anpassenden Grundsatz erfinden, und daraus alles herleiten zu wollen; obgleich die Natur der Sache das nicht verträgt, auch viele aus bloßem Neide anderer Grundsätze bestreiten. (§. 13.) Wenn aber gleich die menschliche Natur mit so vielen Triebfedern zur Sittlichkeit von dem Schöpfer ausgerüstet worden: So liegen gleichwohl der Tugend viele Hindernisse im Wege. Dergleichen sind, die menschliche Schwachheit, üble Moralsysteme, hochtrabende und schwerfällige Lebensregeln, die stärkere Lockstimme sinnlicher Güter u. s. w., hauptsächlich die politischen Gesetze. Folgende Worte zum Schlusse sind merkwürdig: „Die Gesetzgeber haben oft aus Irrthume, nicht selten aus Bosheit, die Sitten des Volkes verderbet, und „seine Neigungen auf unerlaubte und schädliche Gegen„stände geleitet. Je schwerer die Heilung dieses Uebels „ist, desto gefährlicher ist das Uebel selbst." (§. 14.)

De Runarum in Suecia occasu. P. post. S. 13 — 26
Er. Götlin.

Der erste Theil dieser Diss. war unter eben dem Respondenten 1771 auf 11 Seiten herausgekommen. Die meisten Schriftsteller über diesen Gegenstand hatten auf das Ansehen von Schroderi Dictionariolo Sueco-Latino, Holmiae 1637. gebauet und vorgegeben, daß zu Pabstes Silvester II. Zeiten, d. i. gegen das J. 1000 nach C. G., der Gebrauch der Runen in Schweden abgeschaffet worden. (§. 1.) Dieß bestritt G. Celsius in den Actis litterariis Vpsaliensibus 1726. (§. 2.) Hier wird nun weiter mit Urkunden auf Glocken, Steinen ꝛc. dargethan, daß im 11ten, 13ten, ja im 14ten Jahrhunderte (§. 3 — 5.) sie noch im Gebrauche gewesen; und in das letzte das runischpapistische Fragment gehöret, welches Peringschöld 1721 zu Stockh. herausgegeben, ob man es gleich älter machen wollen. (§. 6.) Gleichwohl müsse man nicht denken, daß in dem vorbenannten 14ten Jahrhunderte bloß Runenschrift gebrauchet worden. Königl. Edicte, kirchliche, civile und private Urkunden, z. E. Contracte, Testamente u. d. gl. wurden mit lateinischen Buchstaben, was aber

aber für den großen Haufen dienen sollte, ward in jener, selbst noch wiewohl seltener im 15ten Jahrhunderte, geschrieben; wie das aus den vorhandenen Denkmälern, und unter andern am spätesten aus einem im königl. Antiquitätscollegii-Archive aufbewahreten vergoldeten silbernen Löffel, unwidersprechlich klar ist. (§. 6—8.) Noch bis in den neuern Zeiten haben sich die auf Stäben eingegrabene Runenkalender erhalten, und in einem dalekarlischen Kirchspiele Elfdalen ist noch Runenschrift, obgleich mit neuern Buchstaben vermehret, im Gebrauche. Sie hat also nur nach und nach besonders im 15ten Jahrhunderte den longobardischen oder lateinischen Buchstaben weichen müssen, und ist am längsten zu Inschriften beybehalten worden, weil sie etwa leichter einzuhauen war. Wunderbar ists alsdenn, daß sie so geschwinde in Vergessenheit gerathen, und allererst Buväus im vorigen Jahrhunderte ihre Kenntniß herstellete. (§. 9. 10.) Seitdem haben einige den Einfall gehabt, sie wieder durch gestiftete Denkmäler in den Gang zu bringen; so wie andere, untergeschobene und in Runenzügen abgefaßte Stücke für alte Runenschriften ausgeben wollen. (§. 11. 12.) U.

De metu, iusta causa belli. 14 S. J. J. Nordwall.

Gott gab uns die Kraft und den Willen, unsern Zustand vollkommen zu machen, daher ist es uns erlaubt, alles aus dem Wege zu räumen, was unsern Zustand unvollkommen macht, uns gegen Beleidigungen zu schützen und zu vertheidigen. (§. 1.) In statu naturali muß jeder sich selbst rathen. In statu civili schützet uns die Obrigkeit. Das Naturgesetz sagt: neminem laede. Denn die laesion schließt eine Unvollkommenheit in sich, welche dem Zwecke des Schöpfers widerspricht. Wer mich beleidiget, der muß auch den Schaden ersetzen; will er nicht, so kann ich ihn dazu zwingen. Der Krieg ist in statu naturali das einzige Mittel. Doch können hiebey die Grenzen ohne eine laesion nicht überschritten werden. (§. 2.) Die Kriege sind sowohl nach dem Naturgesetze, als den geoffenbarten göttlichen Gesetzen erlaubt, wenn sie gerechte Ursachen haben. Moses, Josua, Abraham ꝛc. führeten Kriege. (§. 3.) Zur Gerechtigkeit des Krieges wird laesio erfordert. Diese ist vel illata vel imminens, und kann auf dreyfache Art zugefüget

zugefüget werden, 1) vel vbi denegatur, quod quis habere debeat, 2) vel vbi ipsi suum, quod iam habet, aufertur, 1) vel vbi mali quid iniuste infertur. Es werden hier iura perfecta vorausgesetzet. (§. 4.) Laesio imminens iustam praebet causam belli. Wir sind berechtiget unsern Zustand vollkommen zu machen, folglich auch alles abzuwenden, was unsern Zustand unvollkommen zu machen droht. (§. 5.) Metus, qui ex repraesentatione imminentis belli oritur, bellicus nuncupatur. Dieser ist vel iustus vel iniustus. Unter diesem versteht der V. solchen, den der Feind ohne Ursache, sponte et destinato consilio mir einjaget, da ich ihn nicht beleidiget habe. Iuri gentium repugnat. Er führe ein malum und eine imperfectionem mit sich, ergo laesionem, ideoque esse resarciendum, wo nicht, iustam adesse causam belli. Metus muß auch verus, nicht vanus seyn. (§. 6.) Es werden deswegen einige Fälle angeführt, um zu zeigen, metum iniustum causam iustam belli esse. Wenn der benachbarte Fürst schon mehrere Eroberungen gemacht hätte, ja ein zweyter Alexander wäre, wenn ungewöhnlich stark geworden, und zum Kriege gerüstet würde, wenn die Truppen sogar an unsre Grenzen rückten, die Gesandten abgerufen, und den unsern unfreundlich begegnet würde, da müßte man dem Ueberfalle und der Gewalt zuvorkommen. Allein dergleichen Umstände können wohl eher als wirkliche Kriegserklärungen angesehen werden. (§. 7.) Von metu bellico per se quidem ab initio iusto wird schließlich angemerket, daß er durch eine bey dem Widerparte zu weit ausgedehnte Rache ungerecht werden würde. G.

Diss. sistens differentiam inter Theologiam et Philosophiam moralem. 15 S. A. Landelius.

Gott hat den Menschen zum Glücke geschaffen, und ihm dazu den Weg durch die Natur und Offenbarung geöffnet, davon handelt die sittliche Theologie und Philosophie. (§. 1.) Beyde werden erkläret. In der Erklärung der ersten steht nach des Recensenten Meynung etwas Unrichtiges. Sie sey, heißt es, die praktische Wissenschaft, welche aus der heiligen Schrift lehre, wie der wiedergeborne Mensch seine Handlungen nach Gottes Willen einrichten könne und solle, daß er mehr und mehr in dem geistlichen Leben wachse und zum Ebenbilde

bilde Gottes erneuert werde. Was soll hier der Beysatz: wiedergeborne? Es ist ja der Mensch überhaupt; theils vor der Wiedergeburt, — um zum Gehorsame unter Gottes Willen zu kommen; theils nach der Wiedergeburt, — um darin zu verbleiben. Es ist auch auffallend, daß der Wiedergeborne allererst zum Ebenbilde Gottes erneuert werden soll. Denn ist der Mensch wiedergeboren, so ist er auch schon zum Ebenbilde Gottes erneuert worden. Der Unterschied wird denn, um bey den Worten der Dissertation zu bleiben, theils in dem principio cognoscendi, (§. 2. 3.) theils dem objecto, theils fine (§. 4. 5.) gesuchet.

Diss. gr. de sanctitate iurisiurandi. 9 S. P. E. Waldius.

Aus der heiligen und weltlichen Geschichte ist hinlänglich bekannt, daß der Eid von uralten Zeiten her im Gebrauche gewesen. In der Erklärung des Wortes: Eid, stimmen wohl nicht alle überein; doch wird allgemein angenommen, daß der Schwörende Gott zum Zeugen und Rächer seiner Aussage und seiner Aufrichtigkeit anrufe. Daher auch der Eid bey der Gottheit, welche der Schwörende glaubt, abgelegt werden muß. Jener ist von einer Betheurung, z. E. bey seiner Seele u. dgl. und von Flüchen unterschieden. Er muß heilig gehalten werden, weil er, recht abgelegt, ohne große Gottlosigkeit nicht verletzet werden kann, daher wir auch für ungerechte Handlungen keinen leisten dürfen. Er muß aber gehalten werden, weil wir uns mit der Formel: So wahr mir Gott helfe! auf seine Vollkommenheiten berufen, uns seiner Beleidigung schuldig machen, und unsere Treue und Glauben hernach verlieren würden. Die Geringschätzung des Eides in einem gemeinen Wesen ist von den schädlichsten Folgen. U.

Diss. gradualis de alienatione prouinciarum. 20 S. O. O. Westmann.

Puffendorf und Grotius sagen: in regnis patrimonialibus könne der Fürst das ganze Reich veräußern, in regnis vsufructuariis aber auch nicht einen Theil desselben. Allein regna patrimonialia, wo der Fürst über sein Reich, wie ein paterfamilias über seine rem familiarem disponiret, ſind der Natur des Staats und dem pacto ſubmiſſionis entgegen, und ſelbſt ein Sieger kann nur Genugthuung, aber keine Herrſchaft oder Eigenthum mit Recht begehren. (§. 1. 2.) Wenn ſich ein Volk unterwirft, wird nur der Regent verwechſelt, die alten Rechte aber bleiben jenem. Der Sieg giebt kein Recht, die unterjochten Feinde zu tödten. (§. 3.) Regna patrimonialia ſind nicht alle Reiche, wo die Unterthanen als Sclaven behandelt werden. In Europa findet man dergleichen nicht. Imperium abſolutiſſimum iſt vom patrimonio verſchieden, und regna patrimonialia ſetzen ein pactum voraus, dergleichen, das zwiſchen Pharao und den Egyptern ausgenommen, nicht zu finden iſt. (§. 4.) Einem ſolchen Herrn ſtehet es frey, eine Provinz, ja das ganze Reich zu veräußern. Die jura perſonalia bleiben, wie ſie waren, und in Anſehung der civilium heißt es: quid refert, cui ſeruiam etc. (§. 5.) Wenn man gleich in der Geſchichte einige Reiche antrifft, die ſich einem andern aus Zwange unterworfen haben, ſo beweiſet das nicht, daß es mit Recht geſchehen ſey. Ein gewiſſenhafter Fürſt, der ſeine Gewalt nicht misbraucht, wird ſein Volk nicht der Willkühr eines andern Regenten Preis geben. (§. 6.) In einem Staate iſt ein pactum, daß jeder das öffentliche Beſte befördern ſoll. Dieß kann nur mutuo conſenſu aufgehoben werden, alſo nicht von einem Theile. (§. 7.) Doch ehe der ganze Staat zu Grunde geht, muß lieber ein Theil aufgeopfert werden; wobey Grotius widerlegt wird: nulla ratione prouinciam alienari poſſe, niſi ipſa in id conſenſerit. (§. 8. 9.) Wenn die Reichsgrundgeſetze dem Regenten die Hände nicht binden, und er abſolutum imperium hat, ſo kann er doch bloß vrgente neceſſitate einen Theil ſeines Reichs veräuſſern. Hiebey wird die Veräußerung von Burgund an den Kaiſer unterſucht. Franz hätte ohne Einwilligung der Stände Burgund nicht veräußern können, und daher ſey es Carl V. zu verdenken geweſen, daß er ſich etwas unmögliches habe verſprechen laſſen. (§. 10.) Die Könige der kriegeriſchen Swionen hätten vor dem Throne, ehe ſie den Braga-Becher ausgetrunken, und den Thron beſtiegen, verſprechen müſſen, die Ehre und die Grenzen ihres Reiches zu vergrößern. Es habe indeſſen einen Emand und Lodbrok gegeben, denen die Veräußerung der Provinzen zur Schande gereicht habe. (§. 11.) Unter Erich dem Großen ward das an Dännemark veräußerte Schonen, ren, Bleckingen, Halland, ꝛc. von dem Herzoge von Holstein Johann, dem sie für die Kriegskosten verpfändet waren, mit Einwilligung des dänischen Königes Waldemar und der Ritterschaft an Schweden verkaufet. Dieß sey eine wahre und erlaubte Veräußerung gewesen. Daß Erich inzwischen in der Folge diese Provinzen oft an die Dänen habe kommen lassen, wird ihm als eine Sache vorgeworfen, die wider das älteste Grundgesetz der Schweden sey, welches dem Könige die Macht nahm, die Grenzen des Reichs zu vermindern, und etwas von Wichtigkeit ohne Einwirkung des Raths und der Stände zu thun. G.

Monumenta Suiogothica vetustioris aeui falso meritoque suspecta. 28 S. C. G. Nordin.

Wird mit seinen Fortsetzungen am gehörigen Orte auf einmal recensiret werden.

Diss. grad. Cogitationes de Historia vt Philosophia per exempla. 16 S. J. F. Neikter.

Der erste Grad menschlicher Erkenntniß, welcher der historische genannt wird, und sich mit Bemerkung der Thatsachen in der physischen und moralischen Welt beschäftiget, hat stets seine Verehrer gehabt, ja dadurch haben die robesten Völker merkwürdige Begebenheiten auf ihre Nachkommen fortgepflanzet. Die Philosophen werden beschuldiget, die Geschichte fast ganz verabsäumet und nur Systeme ausgehecket zu haben: die Geschichtschreiber hingegen sollen wenig nützlich seyn, wo sie aus Menschenfurcht und Partheylichkeit die zum Beyspiele und Vorsichtigkeit dienliche Gegenstände verdunkelt haben. (§. 2.) Um den Gebrauch der Geschichte in den philosophischen Wissenschaften zu zeigen, müsse man auf die Wege achtgeben, die bisher von den Philosophen in der Untersuchung der Wahrheit betreten worden. Sowohl ältere als neuere hätten sich mehr um Sektenmacherey, als gewisse und unumstößliche Grundsätze, bekümmert. Doch seyn die letztern durch der erstern Ungereimtheiten klüger geworden. Die beyden Philosophen, die nun in ihren Systemen aufgestellet werden, sind Cartesius und Gassendi. Bey jenem wird Thomas Eloge de Des Cartes; bey diesem Moshemii Hist. Christiana und Abregé de la Philoso-

Iosophie de Gassendi angeführet und zu Rathe gezogen. (§. 2—6.)

Diss. de Harmonia Linguae Latinae et Suio-Gothicae. P. I. 1771. S. 1—32. P. II. 1773. S. 33—56.

Auf den ersten 28 Seiten wird von dem Ursprunge der Sprachen, besonders nach dem babylonischen Thurmbaue ziemlich ausführlich gehandelt, und hernach die Möglichkeit, ja gewissermaaßen die Nothwendigkeit dargethan, daß alle Sprachen überhaupt, einige aber genauer mit einander verwandt sind. Dieß wird näher auf die beyden angewandt, davon die Dissertation handelt. Im Allgemeinen bleibt das wahr, allein die Ausführung in einzelnen Fällen ist oft sehr willkührlich und dem bloßen Spiele des Witzes und der Einbildungskraft unterworfen. Auf den folgenden Seiten wird ein Verzeichniß solcher Wörter in alphabetischer Ordnung nach der lateinischen Sprache geliefert, welches bis auf das Wort Deus geht. Zur Probe mag folgendes dienen: „DEUS, Gr. Θεός, eandem „procul dubio habent originem ac appellatio Summi „Numinis tam in nostra L. quam reliquis Gothicis dia„lectis, nimirum *god*, bonus, quod in Ling. Moesog. „duobus modis effertur, nempe vel *gods*, a quo nos „nostrum *Gad* (Deus) accepimus, vel *thiuths* s. *thiuth*„*teigs* Luc. 1. 35. vnde Graeci Latinique fecere Θεός, „Ζεύς, Δίς, *Deus, veram Summi Numinis ideam ex*„*pressuri*. In veteri quoque Graecia διός, bonum no„tasse, docet PLATO in Cratylo, vid. Fragmenta Vers. „Ulph. Gen. D. PRAES. p. 26. et Gloss. Suiog. T. I. „p. 741."

Diss. grad. de vindicta priuata. 12 S. C. Falk.

Hier werden in 6. §§. folgende Sätze ausgemacht: die Menschen seyn nach dem natürlichen Gesetze und Triebe verpflichtet, sich und das Ihrige zu vertheidigen, und das ihnen zugefügte Unrecht zu rächen; das Recht, sich zu rächen, sey von dem Volke dem Fürsten übertragen, und müsse von ihm allein durch Strafen und Kriege gehandhabet werden. Obgleich die Sittenlehrer über den Verstand des Wortes: Rache, und die Eintheilung derselben verschiedener Meynung wären, so stimmten sie doch darinn allge-

allgemein überein, es sey ein demjenigen zugefügtes Uebel, der vorher irgend ein Unrecht zugefüget hätte. Daraus leitet der Verfasser diese Erklärung ab: Est actus, quo quisque laesus, vel defensor, malum laedenti retribuit, vt laeso in posterum caueatur, atque vt iniuria illata compensetur; und theilet die Rache in die private und öffentliche ein. — Jene kann sich jedermann stets mit Recht im natürlichen Zustande wegen der Beleidigung seines vollkommenen Rechtes nehmen; sie ist aber in dem bürgerlichen Zustande unrecht, wofern nicht jemand im höchsten Nothfalle in den natürlichen Zustand zurück versetzet wird; ja überall ist sie ungerecht, wenn sie nicht wegen der Beleidigung unsers vollkommensten Rechtes unternommen worden.

Diss. gr. de vi exempli principis in mores populi. 12 S. P. Hammarlund.

Der Verfasser suchet natürlich darin den Hauptgrund der Kraft des Exempels der Regenten auf die Unterthanen, damit sie jenen desto gefälliger werden und ihre Absichten bey ihnen erreichen mögen. Mit Recht aber will er auch dieß nicht allgemein eingestehen, und findet die Kraft des Exempels stärker und wirkender bey einem uneingeschränkten, als bey einem eingeschränkten Regenten.

De inaequali moralitatis mensura. 13 S. E. Bergsten.

Sie wird für die sittliche Quantität in den Handlungen, oder die Menge der Schätzungsgrade erkläret, nach welcher die freyen Handlungen des Handelnden mit einander verglichen, einander vorgezogen, nachgesetzet und gleichgeschätzet werden. In dieser Abhandlung soll nur bloß das Praktische in Betracht kommen. (§. 1. 2.) Gegen Gott in der Vernachläßigung seiner Ehre und seines Dienstes verstatten sich diejenigen Menschen oft alles, welche gegen Menschen, zumal angesehene, nichts verabsäumen wollen. Die Regenten strafen die Straßenräuber, und sie sind selbst die größten in ungerechten Kriegen. Die Landeseinwohner sehen die Diebe als die sträflichsten Leute an, und sie sind doch durch Unterschleif im Handel wahre Staatsdiebe. Gegen sich selbst ist man strenge in der Leibespflege, hingegen nachläßig in der Seelsorge; man verabscheuet den

Selbstmord, aber nicht die das Leben abkürzende Laster.
(§. 1—6.)

Caussae, cur alias serueant, aliis frigeant litterae.
36 S. H. Hallström.

Die ganze Natur und auch die Wissenschaften sind den Veränderungen unterworfen. Bey den Egyptern scheinen sie gleichsam in der Wiege erzogen worden zu seyn. Dann nahmen die Chaldäer und Perser sie auf; darauf kamen sie nach Griechenland, von dort nach Rom, und von dort breiteten sie sich in alle, auch die nordischen Gegenden aus. (§. 1.) So wie alles, z. E. Städte und Gebäude, geringe Anfänge hatte; so auch die Wissenschaften. Es kostete Mühe, ehe sie aus den hiroglyphischen Symbolen und der Hülle von Fabeln hervorgezogen wurden. Nothwendigkeit, Neubegierde und Aberglaube sind ihre Erzeugerinnen und Pflegemütter gewesen. Jene lehrete beym Hütten- und Kahnbaue die Baukunst, Erdmessung und Sternkunde; diese führte auf die Untersuchung und Vervollkommnung; die letzte leitete auf Abwege, z. E. von der Sternkunde auf die Sterndeuterey, von der Physik auf die Chiromantie und Physiognomie. Lavater hat es oft hören müssen, und hier könnte er es auch lesen, daß diese, welche er so mühsam und reizend bearbeitet, bloß zu den unsinnigen Meynungen gezählet wird. (§. 2.) Die Wissenschaften hängen sehr von den Ländern und Zeiten ab; von den Vortheilen oder Nachtheilen, die sie ihren Bearbeitern gewähren; von den Großen, ob sie Gönner und Schutzherren, oder Verächter derselben sind; von den geschickten oder untauglichen Personen, die ihnen obliegen; vom Kriege oder Frieden; von der Abschaffung der ausgestorbenen allgemeinen Sprachen der Gelehrten und der Einführung der neuern lebenden Sprachen; der Anfoderung an die Gelehrten, sich auf mehrere, ja fast alle Gelehrsamkeitsfächer zu legen; dem Leben und Wandel der Gelehrten; dem Gebrauche oder Misbrauche der sonst vortrefflichen Buchdruckerkunst. (§. 3—11.) Den Gedanken, daß die gründliche Gelehrsamkeit ab-, hingegen unnütze Dinge zunehmen, wollte ich nicht gern im Allgemeinen unterschreiben. Offenbar haben wir in unsern Tagen mehrere, welche sich auf die Gelehrsamkeit legen, als ehemals; denn man kann dazu itzt leichter kommen. Es wird denn

aber

aber auch mehr dazu erfodert; auf eine vorzügliche Weise sich aus dem größern Haufen auszuzeichnen, als ehemals aus einem kleinern.

Car. Fred. Georgii, Hist. Prof. Reg. et Ord. Diss. grad. De vario gentium genio respectu libertatis. S. Nibelius.

Dieß ist der zweyte Theil einer vormals auf 36 Seiten unter dem Titel angefangenen Dissertation, wo in 4 §§. die berühmten ältern in Knechtschaft gestürzten Völker beurtheilet werden. Nun kömmt bis S. 52 die Reihe an solche, die von den noch heute zu Tage blühenden, jenen darin gleich sind. In den nördlichen Gegenden finden sich dergleichen nicht, aber desto mehrere in den südlichern. Vorzüglich habe unter den asiatischen Völkern der Geist der Knechtschaft die Gemüther der Einwohner so geschwächet, daß fast nichts heroisches und ruhmwürdiges angetroffen werde. Dieß wird hier durch Nachrichten aus Reisebeschreibungen auf die Japaner und Chineser angewandt.

Diss. gradualis de Helsingia. A. Dahlbom.

Dieß ist der letzte Abschnitt der zweyten Fortsetzung einer unter diesem Titel in den vorigen Jahren herausgegebenen Dissertation, die sich bloß mit der in der Provinz Helsingen gelegenen Stadt Söderhamn beschäftiget. Hier wird der Schluß derselben von S. 152 — 169 geliefert; so daß von den Predigern, der Stadtschule, dem Rathhause, den Fabriken, besonders der Gewehrfabrik, und von den Schicksalen der Stadt gehandelt wird. Ein in Kupfer gestochener Grundriß von derselben ist angehängt.

Historia foederum, precipue recentiorum, Sueciam inter et Daniam. J. J. Granberg.

Dieß achte Stück von S. 81 — 88 wird mit den folgenden recensirt werden.

Car. Auriuillii, LL. OO. Prof. Reg. et Ord. Diss. grad. de Lingua Aramaea. M. L. Rihlmarck.

Der erste Theil dieser Dissertation kam von eben dem Respondenten unter dem Vorsitze des Hrn. D. E. Hesselgren,

gren, 1771, auf 25, so wie diese von da bis S. 40, heraus. Nach der Sprachverwirrung sind die ebräischbiblische, chaldäische, syrische und arabische in der nächsten Verwandtschaft geblieben und aus diesen die samaritanische, äthiopische und rabbinisch- talmudische entstanden. (§. 1.) Vom Aram, Nahors Enkel, haben Land, Volk und Sprache ihren Namen erhalten. Das Wort Syrien kömmt von der phönizischen Stadt Sur her, und weil es in so weiter Bedeutung genommen ward, daß man Assyrien mit darunter begriff: So ist Syrisch und Assyrisch einerley. Ehemals ward Syrien in das abendländische, wozu das eigentliche Syrien mit Mesopotamien, besonders dem nördlichern, gehörete, und in das morgenländische, welches Chaldäa und Assyrien in sich beriff, eingetheilet. (§. 2.) Obgleich alle diese Provinzen ihre verschiedenen Mundarten hatten: So dürfen doch nur zwo hauptsächliche angenommen werden, die eigentliche syrische für das abendländische, und die chaldäische für das morgenländische Syrien. (§. 3.) Diese ist eben das, was andere babylonisch nennen, (§. 4.); jene heißt auch die antiochische, commagenische und maronitische Sprache, und darin sind viele gedruckte und ungedruckte Schriften bis auf den heutigen Tag übrig. (§. 5.) In der weitläuftigen Vergleichung dieser syrischen Mundart mit dem Hebräischen, was die Buchstaben, Vocale, Verba, Nomina und Pronomina, auch die Wortfügung anbetrifft, (§. 6—11.) muß der Recensent solches den Liebhabern zur eigenen Prüfung und Durchlesung überlassen; so wie auch dasjenige, was von der Vergleichung mit dem so genannten Chaldäischen in Rücksicht auf die Figur der Buchstaben und die Vocalen (denn Accente finden in dem Syrischen gar nicht Statt), die Aussprache, Verba, Nomina, Pronomina und Construction gesagt wird. (§. 12—18.) In das Chaldäische und Syrische, als Zweige der aramäischen Sprache, sind, wie das auch natürlich ist, mancherley fremde Wörter, besonders aus dem Griechischen, und man kann hinzusetzen: nun auch aus dem Türkischen, aufgenommen worden. Eine Probe, wie sich Chaldäisch und Syrisch gegen einander verhalten, ist zum Schlusse abgedruckt. (§. 19. 20.)

Diss. grad. de vera lectione vocis חסיד Pf. 16, 10.
14 S. M. Backelin.

Schon Michaelis, Lilienthal und Kennikot hätten dargethan, daß das angezeigte Wort, so wie es auf dem Titel der Dissert. steht und nicht חסיד geschrieben werden müsse. (§. 1 — 3.) Der Verfasser beweiset dieß noch aus folgenden gedruckten codicibus: — Dem hebräischen Psalter im 8ten Band der Werke des Hieronymus, Bas. 1516. Fol., und dem hebr. Psalter, ebendaselbst, und in eben dem Jahre in 24, auch in den hieronymischen Werken der baseler Ausgabe 1553. (§. 4.); — dem Octaplus des Psalters von dem Bischofe Aug. Justiniani, Genua, 1516. Fol. welches auch schon Hirt in seiner orient. exegetischen Bibliothek angemerket hätte (§. 5.); — dem Psalter in dem complutensischen Werke, welcher zwar 1517 abgedruckt gewesen, aber nicht vor 1522 ausgegeben worden; und welchem die hebräisch-griechisch-lateinischen Bibelausgaben von 1586, 1599 und 1616 gefolget wären (§. 6.); — der bombergischen Ausgabe von 1521. 4. (§. 7); — dem frobenischen Psalter in ganz kleinem Formate, Basel. 1538. (§. 8); — dem Psalter des Paul Fagius Isny, 1542. Fol. mit des Kimchi Kommentar; auch die ganz neue Ausgabe des R. Alschech lese so, Amsterd. 1695. 4, nur in dem Kommentar stehe ein Jod vor dem Kaph (§. 9); — die Ausgaben des S. Münsters, (davon der Verfasser nur die letzte von 1546. Fol. vor sich hatte) und des E. Hutters, Hamb. 1587. nicht zu vergessen. (§. 10. 11.) Die Streitigkeit über diese Leseart ist übrigens nicht unwichtig, doch aber ausgemacht, daß in des J. B. Chajim hebräisch-chaldäisch-rabbinischen Bibel, Venedig, 1526. Fol. zu allererst חסיד, jedoch mit einem masorethischen Cirkelchen und einer dazu gehörigen Note auf dem Rande, gefunden werde, und vor allen gedruckten hebräischen Bibelausgaben die Christen wider die Juden diesen Text genützet hätten. Wobey aus des Pet. Schwartz zu Eslingen 1477. 4. herausgekommenen Stern des Meschiah, folgender Inhalt des sechsten Tractats Kap. 6. eingerücket wird: Das der Meschiah solt auf ersteen von dem todt yn dem dritten tag, und mit lateinischen Buchstaben der Text so angeführet wird: *lo titten hazidcha lirot schahat.* Der Recens. füget hinzu, daß in einer alten hebräischen Bibel, welche

welche ohne Titel und ohne Schluß, muthmaßlich aber eine bombergische ist, das hebr. Wort so gedruckt steht, wie auf dem Titel der Dissertation; hingegen in der bombergischen von 1544 mit dem doppelten Jod und einem circello auf dem letzten. Jene ältere Ausgabe liefert die Psalmen in fortgehenden Reihen, die neuere in gespaltenen Columnen. **L.**

M. *Sam. Duraei*, Phys. Prof. Reg. et Ordin. Disp. grad. de currentibus sibi inuicem obuiis. **G. Westphal.** 16 S.

Man findet in vielen Meeren Ströme, welche in entgegengesetzter Richtung, theils neben, theils unter und über einander hinlaufen. Von beyden werden einige der merkwürdigsten Fälle angeführet, und von letztern die Meynung der Herren Smith und Waitz angenommen, welche diese entgegengesetzte Richtung, aus der ungleichen specifiken Schwere zweyer an einander gränzender Gewässer, als die glaublichste, herleitet.

Specimen mechanicum. Nouam Machinam segetibus triturandis idoneam sistens. **G. J. Tiselius.**

Der hier beschriebene und auf zweyen Kupfern deutlich vorgestellte Entwurf einer neuen Dreschmühle scheint sich von andern Erfindungen dieser Art, davon es in Schweden mehrere giebt, durch die, an einem senkrecht über das Dach der Scheure hervorragenden Wellbaum angebrachten horizontellen Windflügel, und den cirkelrunden, um sein Centrum beweglichen Dreschboden zu unterscheiden. Ist aber bisher nur vorgeschlagen, aber nicht versucht worden. Und dürfte wohl in der Ausübung, wie manche andere Maschinen dieser Art, mehr Schwierigkeiten, als im Entwurfe, finden.

D. *Ioh. Lostbom*, Oecon. Pract. Prof. Borgst. Diss. de vsu ligonum in Agricultura. 16 S. **A. Lönnberg.**

Der Verf. zeiget hier den Vorzug der Hacke vor dem Pfluge im Ackerbaue, besonders in der Provinz Westbothniens; und meynet, es sollte auch jener diesem in manchen andern Provinzen Schwedens vorgezogen werden.

Diss.

Diss. gr. de Arieplog Paroecia Lapponiae. 14 S.
S. Öhrling.

Dieß Kirchspiel ist der obere Theil des Piteå-Lapplandes, und die Kirche desselben 22 schwedische Meilen von dem Hauptorte Piteå entfernt, und von Morgen gegen Abend 20, von Mittag gegen Mitternacht aber auf 10 Meilen groß, und fasset doch kaum 700 Menschen in sich. Es erstrecket sich auf die Alpen oder die hohen Grenzgebirge zwischen Schweden und Norwegen, unter welchen dasjenige, was Sulitelma heißt, selten von Schnee frey ist, obgleich wahrgenommen worden, daß Schnee und Eis, anstatt vermehret zu werden, vielmehr vermindert worden. An dem Fuße solcher Gebirge ist das Land sehr fruchtbar, weiter davon aber mager. Unter mehrern Seen ist einer, der fast neun Meilen lang ist; anderweitig giebt es ungeheure Wälder. Die Einwohner reden Lappischschwedisch. Die Berglappländer haben keine feste Wohnungen, ziehen mit ihren Heerden im Frühjahre gegen die norwegischen Alpen, selbst bis an das Nordmeer, im Herbste aber nähern sie sich mehr dem bothnischen Meerbusen. Die Bergrennthiere sind kleiner, schwächer und von dunklerer Farbe, als die, welche in den Wäldern leben, welches von jener vielen Zügen herzukommen scheint. Die Berglappländer wissen selbst die Anzahl ihrer Rennthiere nicht; wenigstens hat einer auf 200, wohl auf 1000 bis 2000, und dieß Kirchspiel auf 23400. Die Lappen, welche die Wälder bewohnen, nähren sich vom Fischfange, und haben eine unglaubliche Begierde, Fische zu essen, welches viermal des Tages geschieht. Den Branntewein und Tabak lieben beyde Geschlechter so sehr, daß sie einen Tag über lieber ohne Speise, als ohne den letztern zubringen. Die Waldlappländer sind phlegmatisch-melancholischen, die auf den Bergen aber sanguinischen Temperaments. In der Schule werden drey lappische Knaben und eben so viele Mädchen frey unterhalten, der Gottesdienst aber nicht allein in lappischer, sondern auch in schwedischer Sprache verrichtet.

Io. *Floderus*, Graec. Litt. Prof. Reg. et Ord.
Diss. grad. de emphasi Stili Paulini. 18 S. A. Borg.

Ueber den Styl des N. T. ist bekanntlich viel gestritten worden. Einige haben ihn für barbarisch, andere für

für demosthenisch gehalten. Unpartheyische und der Sache kundige Männer, z. E. Gataker, Beza, sind den Mittelweg gegangen und haben freylich keine weit hergesuchten, aber desto mehr anständige und würdige Schönheiten gefunden, welches aus Vergleichung einiger Stellen der Briefe Pauli mit dem Sophokles, Homer und Pindarus augenscheinlich dargethan wird. (§. 11) Die Quellen dieser würdigen Schreibart findet der Verfasser theils in dem Nachdrucke oder der Emphase, z. E. Gal. 5, 24. Eph. 4, 14. Kol. 2, 7. Eph. 2, 20. Röm. 1, 21. 22; theils in der fortgesetzten verblümten Rede oder der Allegorie, z. E. Eph. 6, 14—17. Kol. 2, 15. Hebr. 11, 1; theils in den Vergleichungen, z. E. 1 Thess. 5, 2. 3. 1 Kor. 13, 1; theils in dem gerührten Gemüthe des Apostels, z. E. Phil. 2, 1. 4, 1. Gal. 3, 1. Gesch. 13, 10; theils in den rhetorischen Figuren, Röm. 1, 29. (§. 2 — 6.) Zum Schlusse bedauert der Verfasser und zwar mit allem Rechte den unglücklichen Geschmack, der in den Profanscribenten so viel, und in der Bibel nichts emphatisches findet. Ein Kennzeichen, daß man es nicht finden kann, oder nicht finden will; und warum? — Es steht doch in der Bibel! Der große Weise kann sich ja so nicht herablassen, aus einer Quelle zu schöpfen, wozu der Ungelehrte so leicht und allgemein den Zugang hat, als er.

Versio Suecana selectorum ex Paulinis epistolis locorum. P. XIII. J. Cederquist. P. XIV. D. W. Böttiger. P. XV. N. Segrell. S. 141—166. P. XVI. 12 S. J. Johansson.

Man sehe von den vorhergehenden Stücken und dem Endzwecke dieser Abhandlungen den ersten Theil des Archivs S. 124 nach · Die hier mit den philologischen und andern gründlichen Kenntnissen des Verfassers erläuterten Stellen sind: 2 Kor. 10, 12 — 16. 11, 17. 21. 12, 14. 15. 21. Gal. 3, 10. 15. 23. 4, 9. 15. 24. 25. 28. Eph. 1, 3—14. Ueberall bedürfte die deutsche Uebersetzung Luthers, der die schwedische hier gefolgt ist, eben die vorgeschlagenen Verbesserungen; bloß Eph. 1, 3. ausgenommen, wo diese statt des richtigen Ausdrucks im Deutschen: Gelobet sey Gott, liest: Gesegnet sey Gott!

Diss.

Diss. grad. sistens explicationem verborum Lucae III. 23. de tempore baptismi Christi. 12 S. B. Jungblad.

In dem Worte: αρχομενος ist keine Variante. (§. 1.) Wie soll nun der Satz: ην αρχομενος ετων τριακοντα erkläret werden? Scaligers Ausfüllung: ην αρχομενος ων ist rauh; des Majus und anderer Voraussetzung: das Wort stehe hier überflüßig, und es sey hier an nichts weiter zu gedenken, als ob da stünde: ο Ιησες ην ωσει ετων τριακοντα, ist unbefriedigend; des Grotius, Clericus, Stark und Lange Meynung, man müsse zu αρχομενος entweder της διακονιας oder διδασκειν setzen, etwas harte; und des Knutchbull versuchte Versetzung der Worte gar verwickelt, ja ungereimt. (§. 2—5.) Des Verfassers Vorschlag ist also, folgendermaßen abzutheilen: και αυτος ο Ιησες (ωσει ετων τριακοντα αρχομενος ων) ην, ως ενομιζετο, υιος Ιωσηφ &c. und eben dieser Jesus, der damals, als er nämlich getaufet ward, ohngefähr 30 Jahre hatte, war, wie geglaubet ward, ein Sohn Josephs zc. Entweder sey also in dem Worte: και αυτος, dieser Nachdruck zu suchen: und dieser Jesus selbst, der zuvor für den Sohn Gottes erkläret worden, war Josephs Sohn, und so auch ein wahrer Mensch und der den Vätern verheißene Messias; — oder es sey αυτος zum Subjecte und Ιησες zum Prädicate in diesem Verstande zu nehmen: der, über den sich der heil. Geist als eine Taube herabließ und über den die Stimme vom Himmel gehöret ward, war der allen unter diesem Namen bekannte Jesus, damals 30 Jahre alt und der Meynung nach Josephs Sohn.

Diss. grad. sistens explicationem Dictionis Iohanneae c. VIII. v. 25. Την αρχην, ο, τι και λαλω υμιν 10 S. Fr. Theel.

In den Profanscribenten kömmt der Ausdruck Την αρχην so vor, daß er bald: allerdings, freylich, bald: ehemals, vom Anfange bedeutet. Jenes hat unter den ältern und neuern Auslegern viele Billigung erhalten. Der Verf. folget dem Nonnus und rücket aus dem folgenden λελαληκα hinzu, so daß dieser Verstand herauskömmt: Ich habe euch anfänglich gesagt, was ich auch nun sage.

Zweyter Hauptabschnitt.

Diss. grad. Gymnastica Graecorum ex Pindaro illustrata. P. post. S. 27 — 40. M. Stagnelius.

Der erste Theil war unter eben dem Respondenten im Jahr 1769 ausgefertiget worden. Nach der allgemeinen Anmerkung, daß die alten Griechen ihre Götter mit einem mühsamen und kostbaren Dienste verehret, und dazu auch gewisse Spiele angeordnet hätten, nicht bloß der Götter, sondern auch der Leibesübungen ihrer Jugend halber, geht er sowohl die recht feierlichen, als auch die minder berühmten Spiele durch, deren in des Pindarus übrig gebliebenen Hymnen Erwähnung geschieht. Zu jenen gehören die olympischen, als die vornehmsten; die pythischen, welche den Namen entweder von dem Apollo Pythius, oder auch einer Stadt Pytho hatten; die nemeischen von dem Walde oder der Landschaft Nemea; die isthmischen von der korintischen Erdenge (S. 1 — 34.): zu diesen die attischen von mehrern Gattungen, und darunter vorzüglich die eleusinischen; die marathonischen; die megarischen; die äginischen; die argivischen; die epidaurischen oder äsculapischen; die lycäischen oder lupercalischen und endlich die pellenischen. Die Beschreibung der übrigen, und der bey allen üblichen Gebräuche und Feierlichkeiten, überläßt der Verfasser andern.

Diss. grad. exhibens τo πνευμα προς φθονον επιποθεν. Iac. IV. 5. 16 S. J. V. Merckell.

Nach gezeigtem Zusammenhange (§. 1.) wird Oecumenius und die beynahe ihm folgenden F. Lucas, Gatacker, Du Mont und Lange widerlegt, welche durch eine verschiedene Interpunction der Schwierigkeit dieses Satzes abhelfen wollen; hiernächst Grotius mit andern, die unter dem in uns wohnenden Geist den Teufel oder den durch seine Verführungen und böse Gewohnheiten ärger gewordenen menschlichen Geist verstehen; endlich die gekünstelte Auslegung des Elsners. (§. 2 — 5.) Die wahrscheinlichere des Witsius, der sich auf Num. 10, 29 berufet, verbindet der Verfasser gewissermaßen mit der seinigen. Nach jener sey der Text so zu übersetzen: oder meynet ihr, daß die Schrift vergebens sagt: nämlich so, mag der Geist, der in uns wohnet, Begierden zur Abgunst erwecken? — nach dieser hingegen folgendermaßen: oder

meynet

meynet ihr, daß die Schrift vergebens redet? nämlich, wenn sie sagt: daß der Welt Freundschaft Gottes Feindschaft sey; oder mag der Geist, der in uns wohnet, abgunstsvolle Begierden in uns erwecken? nein, er verleiht größere Gnade, denn die Schrift sagt: Gott widersteht den Hoffärtigen, aber dem Demüthigen giebt er Gnade. (§. 6.)

Diss. grad. Vitia diuisionis scripturae Noui Testamenti in capita et versus ostensura. 18 S. J. F. Carlström.

Nach einer kurzen, hauptsächlich aus dem Millius und Wetstein zusammengezogenen, Geschichte von den ältern und neuern in der Bibel vorkommenden Abtheilungen, wird die itzt gewöhnliche dem Hugo de S. Caro und dem Rob. Stephanus zugeschrieben. (§. 1. 2.) Dem Blackwall und den meistentheils aus ihm angeführten Exempeln nach schadet sie der Deutlichkeit der heil. Schrift, und der Zierlichkeit der darin herrschenden Schreibart; giebt Gelegenheit, die Vollkommenheit des Textes zu bestreiten (§. 3 — 5) und verleitet die Uebersetzungen zu Unrichtigkeiten. (§. 6.) Der Verfasser schlägt alsdenn der Bibelcommission vor, zwar die Abtheilungen der Kapp. über den Text, die Abtheilungen der Verse aber auf den Rand zu setzen; welches auch in der schwedischen Probeübersetzung geschehen.

Diss. grad. de vi verbi Ἀναλύσαι. Phil. I. 23. 10 S. Soderlund.

Dieß Wort: abscheiden, sey nach anderweitigem biblischen und auch profanen Gebrauche gewissermaßen eine sanfte Vorstellung vom Tode; als einem Weggange aus diesem Leben; eigentlich bedeute es: etwas zusammengesetztes auflösen, wie auch Plato sage: der Tod sey eine Trennung des Leibes und der Seele; woraus denn die hergeleiteten Bedeutungen entstanden: von einer Mahlzeit oder einer Gesellschaft aufbrechen, nach seinem vorigen Orte zurückkehren, irgend wohin absegeln, sein Gezelt abbrechen und fortziehen. Alle Bedeutungen werden mit guten Zeugnissen belegt; doch den beiden letztern der Vorzug gegeben.

Diff. grad. Acta Pauli Corinthiaca exponens. P. poft. S. 13 — 24. A. Wendgren.

Es wird hier die im vorigen Jahre angefangene philologisch-exegetische Abhandlung über des Apostels Paulus Vorfälle zu Korinth Ap. Gesch. 18. beschlossen.

Diff. grad. de Hypopiafmo Pauli. I. Cor. IX. 26. 27. 10 S. P. Tunstadt.

Der Verfasser merket in dieser artigen Abhandlung zuvörderst wider die Verächter der profanen Gelehrsamkeit die Vortheile an, welche man aus solcher, vorzüglich der lateinischen und griechischen, für die Auslegung der Bibel ziehen könne. (§. 1.) Er redet alsdenn von den verschiedenen Leibesübungen der Griechen, um so die hier vorkommenden Ausdrücke mit Zuziehung der Profanscribenten erklären zu können. (§. 2.) Das in die Luft streichen sind nicht bloß die pralerhaften Geberden vor dem Anfange des Kampfes, sondern auch die ungewissen Streite, denen der Feind leichtlich ausweichen kann. (§. 3.) Υπωπιαζειν ist die rechte Leseart, nicht: υποπιεζειν oder υποπιαζειν. Solches kömmt von υπωπιον (was unter den Augen ist) und dieß von ωψ (das Auge, Angesicht) her, und bedeutet, braun und blau schlagen: der Apostel suchte also durch Mäßigkeit, Enthaltsamkeit u. s. w. das Verderben in sich zu unterdrücken; ohne daß dadurch den thörichten Mönchskasteyungen das Wort geredet werde. (§. 4. 5.) Δουλαγωγειν heißt: sklavisch bändigen, und dieß also mit dem folgenden: Paulus lege seinen Begierden einen solchen harten Zügel an, und sey so fromm geschäftig, daß er nichts anders lehre und vorschreibe, als was er selbst in seinen Handlungen und Reden ausdrücke. Alles laufe also auf diesen Satz hinaus: Ich bezwinge und unterjoche mein Fleisch auf dem christlichen Kampfplatze, damit ich nicht zur Zeit der auszutheilenden Belohnung, welche den wahren Kämpfern zu Theile werden soll, verwerflich scheinen möge.

Diff. grad. de praecipuis veteris comoediae scriptoribus graecis. 17 S. J. Wikström.

Nach einer kurzen Vorbereitung über die Dichtkunst und ihre Unterarten wird hier bloß von denjenigen Komödienmödienschreibern gehandelt, welche der griechische Vorredner zu dem Aristophanes als die berühmtesten angiebt, nämlich Epicharmus, Magnes, Kratinus, Krates, Pherekrates, Phrynichus, Eupolis und Aristophanes.

Diss. grad. Epistola Synodica ad Antiochenos. Act. 15, 23 — 29 16 S. C. A. Fagerroth.

Bey dieser philologischen Abhandlung des angezeigten apostolischen Ausschreibens ist die Erklärung des Worts: πορνεια, das Erheblichste. Es soll darunter diejenige Unzucht verstanden werden, die nach den heydnischen Ostermahlzeiten häufig Statt zu finden pflegte. Da die Christen jener Zeit durch das Ausschreiben vor diesen in den vorhergehenden Ausdrücken gewarnet wurden; so wurden sie damit zugleich auch vor jener verwahret.

Disp. explicans notionem Verbi καταβραβευειν. Coloss. 2, 18. 12 S. P. Grape.

Wie unrichtig oft dem Style des N. T. Barbarismen u. dgl. vorgeworfen werden, wird an dem angezogenen Worte gewiesen. Die Wörter: βραβευς, βραβειον und βραβευειν scheinen in der Kampfkunst der Alten aufgekommen zu seyn, und sind völlig bewähret. Das letzte bedeutet: regieren, Schiedsrichter bey einem Streite seyn, und erhält in der Zusammensetzung mit κατα (entgegen, zuwider) die Bedeutung: das Schiedsrichteramt wider jemanden so verwalten, daß er der Siegerbelohnung verlustig gebe; kurz: betrügen. Der Apostel warnet also die Christen, sich nicht auf Abwege verführen zu lassen, weil sie sonst des im Himmel ihnen vorbehaltenen Siegerlohns verlustig gehen würden. Θελων will der Verfasser so, wie es in den gewöhnlichen Ausgaben steht, gelesen wissen, nimmt es aber in dem Verstande, wie die LXX. das Hebräische חפץ (ein Wohlgefallen haben) übersetzen: Niemand betrüge euch, der ein Wohlgefallen in eigenwilliger Demuth und Verehrung der Aengel hat! Εμβατευειν heißt: den Fuß wo hinein setzen, und kann vortrefflich von denen gesagt werden, die sich in verborgene und tiefe Sachen wagen. Ueber alles sind die nöthigen Zeugnisse aus den griechischen Schriftstellern beygebracht worden.

Ioh. P. Sleincour, Morál. et Pol. Prof.

D. de Deiſmo, Philoſophiae Moralis veritatibus inimico. 27 S. A. E. Tegmann.

Im erſten Abſchnitt zeiget der Verfaſſer, wie ſchädlich überhaupt irrige Meynungen, beſonders in der Lehre von Gott, und ganz beſonders der Deismus wären. Dieſen nimmt er hier im engern und gewöhnlichern Verſtande für den Irrthum, der bey dem Glauben eines Gottes die Vorſehung deſſelben läugnet. Die letztere zu beweiſen, bedürfte es keinesweges vieler Beweisthümer, doch beſtätigten ſolche ſo wie auf einer Seite Gottes von keinem fremden Willkühre abhängende Natur, alſo auf der andern die dem Willen und der Macht Gottes unterworfene Kraft und Beſchaffenheit der Welt, nicht minder die Abwechſelungen der Welt und der Geſchöpfe, vieler andern, die von der Harmonie in der Welt, den regelmäßigen Abwechſelungen in der Natur, der Fortpflanzung der Thiere u. ſ. w. hergenommen ſind, nicht zu gedenken. Der Haupteinwurf wider die Vorſehung Gottes, der ſo ſcheinbar aus dem Uebel in der Welt hergeleitet wird, wird dabey hauptſächlich entkräftet. Im zweyten Abſchnitte wird die Schädlichkeit des Deismus gezeiget. Er iſt ein Feind der vornehmſten Glückſeligkeitslehren. Der Religion benimmt er die eigentliche Stütze, weil er Gott zum müßigen Zuſchauer der Welt macht; er hebt das Naturgeſetz auf, welches ohne Gerechtigkeit und das Recht Gottes, die Menſchen zu verpflichten, nicht beſtehen kann. Wo Gottes Vorſehung geläugnet wird, da verſchwindet alles Göttliche in dem Naturgeſetze, und da bleibt auch kein Nachdruck übrig, die Furcht oder Hoffnung natürlicher Begebenheiten ausgenommen. Es fällt auch Dank und Vertrauen gegen Gott weg. Dem gedoppelten Glücke des Menſchen ſteht er endlich gradezu entgegen. Zu wünſchen iſt es, daß Vorſtellungen dieſer Art nirgends, und beſonders bey den Vornehmen nicht, in Vergeſſenheit kommen mögen.

Diſſ. grad. de Pulchritudine morali. 15 S. T. L. Ljunggren.

Der Menſch hat das Vermögen, zwiſchen dem Schönen und Häßlichen zu unterſcheiden. Jenes fällt nicht bloß

in

in die Augen; es erstrecket sich weiter. Nicht genau genug wird es für die durch die Sinne empfundene Vollkommenheit erkläret. Eigentlich ist das Schöne dasjenige, was gefällt oder mit irgend einem innern Gefühle der Annehmlichkeit wahrgenommen zu werden pflegt; welches jedoch verschieden bestimmt wird, und von dessen verschiedener Beurtheilung der Grund nicht angegeben werden kann. (§. 1 — 3.) Die Schönheit ist entweder natürlich, oder künstlich oder sittlich. Die letzte kann so betrachtet werden, wie sie entweder dem Menschen oder seinen Handlungen zugeschrieben wird. Im ersten Falle ist sie mit seiner moralischen Vollkommenheit oder der Tugend einerley; der andere findet Statt, wenn wir sie für gut oder anständig erklären. Doch auch hier sind die Urtheile sehr verschieden. Die moralische Schönheit des Menschen kann nicht anders als durch edle Tugenden und Handlungen erlanget und beybehalten werden. (§. 4 — 6.)

Diss. grad. de emendatione morum politica. 14 S. L. Plaanander.

Die Vortrefflichkeit des Menschen und sein moralischer Charakter wird vorausgesetzt, (§. 1.) und darauf von dem eigentlichen Begriffe der Sitten und ihrer nothwendigen Verbesserung gehandelt. Jene werden in natürliche, die auch den Thieren eigen sind, und in freye, die allein dem Menschen zukommen, und entweder gut oder böse sind, eingetheilt. Diese freyen Sitten sind nicht einzelne nie zu verbessernde Handlungen, sondern eine Fertigkeit und das ganze Betragen in dem gemeinschaftlichen Zusammenleben. Ein Kind und der ohne Unterricht gelassene Mensch sind desselben unfähig. Der Obrigkeit liegt die Sittenbesserung ob. (§. 2.) Die dazu tauglichen Mittel sind recht auszumachen und anzuwenden; es sind aber keine andere, als gute Unterweisung und Uebung. Diese kommen zwar nur den Lehrern zu; jedoch hat ein Fürst für ein gemeines Wesen dazu mehrere Hülfsmittel seiner Gewalt, besonders Gesetze, Belohnungen und Strafen. (§. 3. 4.) Jene können zwar der Sittenbesserung schaden, wenn sie dunkel, zweydeutig und in einer fremden Sprache abgefasset sind, davon oft Ausnahmen oder Dispensationen geschehen, und die unnöthigerweise verändert werden: sie helfen aber derselben auf, wenn sie dem Volke angemessen sind, obgleich

gleich der Grund davon nicht allemal brauchet augehänget zu werden, und wenn sie unter sich übereinstimmen. (§. 5. 6.) Sollen Belobnungen wirken; so müssen sie selten, nach der Beschaffenheit eines jeden und nur den Verdienstvollen und Tugendhaften ertheilet werden. Wenn Erinnerungen und die Vortrefflichkeit der Tugend unkräftig zur Besserung sind; so werden Strafen erfodert. Sie müssen aber weder geringer noch größer seyn, als es zur Bezähmung der Lust zu sündigen nöthig ist, und theils nach der Bosheit des Handelnden, theils nach den aus dem Verbrechen entstehenden schädlichen Wirkungen eingerichtet werden. (§. 7. 8.)

Diss. gr. demonstratura, Ciceronem, neque Caesari, neque Pompeio, sed saluti patriae in bello ciuili, fuisse addictum. 16 S. A. Dahlerus.

Nach einigen allgemeinen aus dem Rechte der Natur vorausgesetzten Grundsätzen (§. 1—4.) wird das Verhalten des Cicero in dem bürgerlichen Kriege zwischen dem Cäsar und dem Pompejus geprüfet. Ihm wird vorgeworfen, daß er nicht zu den Waffen gegriffen habe: allein dergleichen Verbindlichkeit höret auf, so bald dadurch das Uebel nur vergrößert wird. — Er habe, sagt man, seine große Ueberredungskraft bey beyden gebrauchen sollen. Das hat er auch den Zeugnissen nach gethan. — Es wird ihm zur Last gelegt, daß er erstlich des Pompejus und nach dessen Untergang des Cäsars Parthey ergriffen habe. Allein jenes that er pflichtmäßig, denn dem ersten war die Vertheidigung des Vaterlandes wider den letzten aufgetragen, und dieser für einen Feind des Vaterlandes erkläret worden: dieses that er, weil er offenbar sahe, daß bey der damaligen Lage die Republik unmöglich aufrecht erhalten werden könne, sondern der Gnade des Cäsars überlassen werden müsse. (§. 5—7.)

Diss. gr. de obligatione cognitionem alterius promouendi. 19 S. P. Juring.

Schon aus den Folgen der Unwissenheit erhellet der Werth der Kenntnisse; und da diese so nothwendig sind, so ist nichts heilsamer, als eine möglichst große Verbreitung derselben. (§. 1.) Der menschliche Verstand ist zwar
mit

mit herrlichen Fähigkeiten ausgerüstet, jedoch können diese aus eigener Kraft von den ihnen anklebenden Mängeln sich nicht frey machen. Es ist also Pflicht, andern hierin zu Hülfe zu kommen. (§. 2.) Dazu muß man denn aber auch selbst hinlängliche Geschicklichkeit haben. Wenn auch gleich öffentliche Lehrer dazu eigentlich verpflichtet sind, so dürfen sich doch andere Verständige, ja selbst Privatleute diesem Geschäffte nicht entziehen. (§. 3). Unzählig sind zwar die Gegenstände der Erkenntniß, doch sind die vornehmsten die Gottesgelehrsamkeit, die Menschenkenntniß, besonders die Seelenlehre, hiernächst die Sittenlehre und die Weltklugheit. Die Frage: Ob Wissenschaften und Künste zur Besserung der Sitten und Glückseligkeit der Menschen etwas beygetragen haben? könne in Absicht der vorhergehenden mit Recht bejahet werden; aber nicht von solchen, welche nur der Eitelkeit und den Vergnügungen schmeichelten. (§. 4.) Kinder, das weibliche Geschlecht, das gemeine Volk und der Landmann bedürfen des Unterrichts, und er kann mündlich, am besten an öffentlichen Lehrstätten, aber auch schriftlich durch gute Bücher ertheilet werden.

Diss. gr. de cultu Dei publico in vita civili vtilissimo. 11 S. ohne Vorr. E. W. Nyberg.

Der Hauptgrund ist, daß durch den öffentlichen Gottesdienst die stärksten Bewegungsgründe zur Einrichtung alles Thuns und Lassens den menschlichen Gemüthern eingeflößet würden.

Diss. gr. Discrimen virtutum moralium. 13 S. P. Regnell.

Der Unterschied zwischen den natürlichen und christlichen Tugenden kömmt eigentlich in Erwägung und findet sich in den mannichfaltigen wirkenden Ursachen; den Grundsätzen der Erkenntniß und des Handelns; den persönlichen und Sachgegenständen; den Handelnden selbst; den Bewegursachen; der besondern und heiligen Gesellschaft der Christen; der Frucht und dem Nutzen; und endlich der bey beiden ganz von einander abgehenden innern Beschaffenheit.

F 4   Diss.

Diff. grad. de ardenti studio defendendi iura diuina. 10 S. N. B. Gladheim.

Unter die göttlichen Rechte werden hier seine Würde, Ehre und Majestät verstanden; diese werden vertheidigt, wenn die Hindernisse aufs möglichste aus dem Wege geräumet werden. Dieß mit möglichster Anstrengung des Gemüths zu bewerkstelligen, heißt Eifer, welcher sich in den Pflichten gegen Gott und dem ausübenden Theile der Religion zeiget. Wer davon beseelet ist, muß erst selbst richtig denken und recht leben; alsdenn und nicht eher suche er andere in ihren Meynungen und Wandel zu bessern. (§. 1 — 5.) Nur geschehe es mit Vorsichtigkeit. Geringe Fehler und grobe Laster müssen nicht mit einander verwechselt; auf den Zustand dessen, der gebessert werden soll, muß nöthige Rücksicht genommen; er behutsamerweise, allein oder öffentlich, erinnert und dabey weder vieles unter einander gemischet, noch müssen von unserer Seite statt der Klugheit bloß Leidenschaften geäußert werden. Am häßlichsten ist es, wenn dieser Eifer zu einem Vorwande unmenschlicher Grausamkeiten dienen muß, welches durch Beyspiele von der Inquisition und dem stockholmischen Blutbade unter Christiern dem Tyrannen erläutert wird.

Diff. grad. de caussis diminutionis contemtusque religionis. 12 S. L. L. Waldius.

Die hier angegebenen Ursachen von der Geringschätzung der Religion sind: die Irrthümer und Fabeln, welche die Menschen, besonders die Poeten und Pseudopolitiker, zur Erreichung ihrer Absichten, in die Religion eingeflochten haben; die grausame Ausbreitung der christlichen Religion, vorzüglich abseiten der römischkatholischen; unrichtige Erklärung, Vorstellung und Vertheidigung derselben; die übeln Exempel ihrer Anhänger und Lehrer, und endlich der unrichtige Gebrauch der Weltweisheit.

Diff. grad. de coniunctione cultus Dei interni et externi. 9 S. J. P. Morenius.

Zwischen dem innern und äußern Gottesdienste findet offenbar eine Verbindung Statt. Der Grund davon liegt
in

in der genauesten Verbindung zwischen Leib und Seele. Mit beyden müssen wir Gott dienen, denn sie kommen beyde von ihm her. Thomasius habe also Unrecht, indem er den äußern Gottesdienst aus der Ursache verwerfe, weil Gott das Herz ansehe. *L.*

Bergmann T. Prof. Chem. et Equ. Diff. de Fonte acidulari Dannemarkensi. 14 S. **C. L. Wertmüller.**

Diese Abhandlung ist in 11 §§. abgetheilt, und ob sie gleich ehemals in der upsalischen gelehrten Zeitung, vom Jahre 1774, Nr. 18, recensiret worden; so ist doch hier eine kurze Nachricht von dieser Streitschrift um so viel weniger unnütz, als die benannte Zeitung vielleicht außerhalb Schweden wenig bekannt ist. — Die Aerzte suchen gemeiniglich die unzählige Menge von Krankheiten, womit das menschliche Geschlecht geplagt wird, auf zweyerley Art zu heben oder zu mildern: nämlich, entweder durch starke Mittel, die geschwinde wirken, oder durch gelinde, welche allmählig oder langsam ihre Kräfte äußern. Zu den letztern gehören ebenfalls Gesundbrunnen. Weil aber die Kraft nicht allein in dem Wasser, an sich selbst betrachtet, liegt, sondern in den in demselben aufgelöseten Partikeln, so haben berühmte Männer durch die Chemie gesucht, diese aufs genauste auszuforschen. Für dießmal ist nur von dem Fonte Dannemarkensi, in dem Kirchspiel Dannemark, drey Viertelmeile von Upsal nach Süden zu, die Rede. In der Nachbarschaft finden sich zwar unterschiedene Adern; vier aber von denen sind nur vorher insonderheit gebraucht worden, die nahe an einander liegen. — Sie sind im Jahr 1733 entdeckt worden, und geben jede Stunde weit über hundert Kannen Wassers, welches klar und hell ist. Das Wasser hat, wie gewöhnlich, eine gefärbte Oberfläche, und am Boden eine gelbe Ochra; giebt einen hepatischen Geruch und dintenartigen Geschmack, aber die so angenehme und lebhafte Säure, die in andern Gesundbrunnen befindlich ist, vermißt man hier fast gänzlich. — Die specifike Schwere dieses Wassers ist sehr geringe; es verhält sich zu destillirtem Wasser, wie 1,026 zu 1,000. — Hierauf geht der Verfasser weiter (S. 7.) und sowohl durch einige reagentia, als

Abdün-

Abbünstungen des Wassers u. s. w. zeiget, daß eine Kanne von diesem Wasser enthält:

Luftsäure	3	Zoll Cub. Geom.
Eisenvitriol	18	Aſſ.
Glauber. Salz	4½	
Gyps	17	
Küchensalz, kaum	1	
Kieselstein, beynahe	1	

Im übrigen findet man auch etwas aus dem Gewächsreich (extracti vegetabilis) in diesem Wasser, vermuthlich aus denen Wurzeln, so in den unterirdischen Wegen angetroffen werden; und dieses wird auch die Ursache seyn, warum es bisweilen etwas dunkel aussieht. Die vielfarbigte Oberfläche kömmt auch nicht, nach dem Verfasser, von Fettigkeit her, sondern weil das Eisen seines brennbaren Wesens in einem gewissen Grade beraubt ist. — Zuletzt sagt er, daß er den Nutzen und Gebrauch dieses Wassers nicht berühren werde, (giebt doch in einer Note S. 5. Anweisung auf des Hrn. Prof. und Ritt. J. G. Wallerii 1737 ausgegebene: *Wälmenta tankar om Dannemarks Hälsobrunn;* wo einige mit diesem Wasser gemachte glückliche Kuren können gelesen werden) und hält im übrigen dafür, daß, obzwar dieser Brunnen von andern subtilen Gesundbrunnen, die ein in der Luftsäure aufgelöstes Eisen enthalten, verschieden ist, und folglich die Kräfte wie jene nicht habe, es doch wahrscheinlich sey, daß er in andern Fällen dieselbigen übertreffen könne.

Diſſ. Pharmaceutica de Stibio Tartariſato. Upſ. 1773. 19 S. 4. J. A. Level.

Diese mit dem gewöhnlichen Scharfsinne und Genauigkeit des Herrn Verfassers verfaßte wichtige Streitschrift, ist schon von dem Hrn. Hofrath J. A. Murray, Med. pract. Biblioth. B. I. St. 2. S. 274 folg. wie auch upsal. gel. Zeitungen vom Jahre 1774. Nr. 23. 24. zur Genüge recensiret worden. *N.*

Pet. Nic. Chriſtiernin, Log. et Metaph. Prof. Reg. et Ord.

Diſſ. gr. de erudito et fideli interprete. 42 S. M. M. Norberg.

Der erſte §. zeiget die Erfoderniſſe an, eines andern Empfindungen und Gedanken recht zu verſtehen. Dieß findet Statt, wenn wir in unſerm Gemüthe eben die Begriffe mit des andern Worten verbinden, welche er dabey hatte. Dazu gehöret: daß man wiſſe, von welcher Sache die Rede ſey; wie der Urheber ſie ſich gedacht und vorgeſtellet; was er davon behauptet oder verneinet habe, und auf welchen Gründen und Beweiſen ſeine Ausſprüche beruhen. Die verſchiedenen Arten des Verſtandes werden übereinſtimmig mit den in andern, z. E. dem Baumgarten, angegebenen Eintheilungen angeführet. Erneſti in ſeiner *inſtitutione interpretis* N. T. P. I. S. 1. C. 1. geht davon ab, und, wenigſtens nach des Recenſenten Meynung, mit Recht. Der zweyte §. berühret den Urſprung und die Beſchaffenheit der Auslegungskunſt. Sehr zahlreich ſind die vielbedeutenden Wörter; ſehr groß iſt die Zweydeutigkeit der Redensarten. Bey dem Redenden wird oft vieles durch ſeine Mienen verſtändlich, man kann ihn auch fragen; dieß fällt bey den Schriften der Abweſenden und Verſtorbenen weg. Die Auslegungskunſt beſteht alſo in der Fertigkeit, anderer ſchwere Worte ſo deutlich auszudrücken, daß der wahre Sinn derſelben und die eigentliche Ordnung der Gedanken verſtanden werden könne. Die Auslegung iſt dreyfach. Sie kann eine Paraphraſe, oder ein Commentarius, oder eine bloße Ueberſetzung ſeyn. In den Schriften kommen nicht bloß die Dinge vor, welche beſtändig und nothwendig ſind, ſondern die mit der Zeit oft verändert werden. Bey den griechiſchen und lateiniſchen Schriftſtellern darf man meiſtentheils nur die Gebräuche des einen Volks verſtehen; bey den bibliſchen aber muß man ſie von vielen, und noch dazu morgenländiſchen Völkern wiſſen, die von den abendländiſchen ſo weit abweichen. Da muß der Ausleger den Verſtand der Wörter nach dem Gebrauche jener, nicht der neuen, Zeiten abmeſſen. Der dritte §. beſchreibt die erforderlichen Naturgaben des gelehrten Auslegers. Er ſoll das Vermögen haben, vermittelſt der Uebereinſtimmung aller

aller bey einer schwerern Rede eines Schriftstellers vorkommenden Sachen, den wahren und angemessenen Verstand unter Anleitung der Schließungskraft auszudrücken. Abseiten des Verstandes werden Gedächtniß, Witz und Beurtheilungskraft, abseiten des Willens aber Liebe zur Wahrheit, Billigkeit und Bescheidenheit erfodert. Die erworbenen Fähigkeiten des gelehrten Auslegers (§. 4.) sind theils Hülfs= theils Sachkenntnisse. Zu jenen gehören: die Grammatik, Rhetorik, Kritik und Logik; zu diesen solche, die ihren Gegenständen angemessen sind: z. E. für historische Schriften dienen Geographie, Chronologie 2c. Die genaueste und höchste Treue (§. 5.) erwartet man mit Recht von dem gelehrten Ausleger. Er soll nichts von dem Sinne des Schriftstellers entferntes seiner Auslegung einmischen, das Gewisse von dem Ungewissen und Wahrscheinlichen genau unterscheiden, keine seiner Zweifel dem Leser verhehlen; hingegen alle Gedanken, welche die schärfste Untersuchung des authentischen Textes in seinem Gemüthe erwecket hat, den Lesern aufrichtig eröffnen und ihrer Beurtheilung alles unterwerfen. Gefährlich ist es, wenn er die Gedanken des Schriftstellers nicht ganz erschöpfet; weit gefährlicher aber, besonders in biblischen Büchern, wenn er einen fremden Sinn hineinträgt. Die Worte der Uebersetzung müssen auch so abgefasset seyn, daß diese gleichsam die Urschrift abgebe.

Diss. gr. de influxu precum in prouidentiam diuinam. 26 S. O. Tunwall.

Die Endzwecke, welche sich die Menschen in ihren verschiedenen Lebensarten vorsetzen, hängen nicht gänzlich von dem Gebrauche ihrer eigenen Kräfte ab; sondern der Ausgang der Handlungen wird von einer gewissen unsichtbaren Lenkung und Wirkung bald befördert, bald gehindert. Wir werden also gezwungen, eine unsichtbare Kraft und Wirkung des Urhebers und Regierers der Natur zu erkennen, welcher vermittelst eines ewigen Beschlusses die ganze Masse der zusammengesetzten Dinge und die mechanischen Bewegungen, Bildungen, Fortpflanzung und Veränderungen der einzelnen organisirten Körper einrichtet und unterhält. Selbst das natürliche Unvermögen und die Bedürfniß der Menschen treibt sie an, Gott anzurufen; und diese Gebethe machen einen Haupt-
theil

theil des Gottesdienstes und der Religion aus. Rechtmäßige Gebethe sind Gott angenehm und erhörlich.
(§. 1—5.) Diesem widerspricht die Ewigkeit und Unveränderlichkeit des göttlichen Rathschlusses gar nicht.
Denn solcher hat seine Beziehung auf die Gebethe der
Frommen. In Gott ist weder ein Vergangenes noch Zu-
künftiges; sondern alles ist und bleibt ihm gegenwärtig.
Bey ihm wird nichts auf eine absolute und tyrannische
Weise für freye Geschöpfe entschieden. Die Ewigkeit und
Unveränderlichkeit des göttlichen Rathschlusses gründet
sich auf seine ewige Güte, Gerechtigkeit und Weisheit,
führet also keine fatale Nothwendigkeit in die menschlichen Angelegenheiten ein, und hebt den Gebrauch unserer Klugheit und unsers Fleißes so wenig, als die Erhö-
rung des Gebeths auf. Damit aber solches Gott gewiß
angenehm und mit der ungezweifelten Hoffnung der Er-
hörung verbunden sey: bedürfen wir eines übernatürli-
chen Beystandes der göttlichen Gnade und des Lichtes der
Offenbarung. (§. 6. 7.)

Diss. gr. philosophica de sensationibus gratis et in-
gratis. 18 S. D. Boëthius.

Alle menschliche Handlungen zielen auf die Erhaltung
eines glückseligen Lebens ab, welches in der Empfindung
angenehmer Gegenstände ohne irgend einige Einmischung
des Misvergnügens besteht. Die angenehmen und unangenehmen Empfindungen sind gedoppelt, entweder ursprüngliche und natürliche, oder nachfolgende und abge-
leitete. Jene gefallen oder misfallen schon für sich und
ohne irgend einige vorhergegangene Erkenntniß und
Schlußfolge; diese allererst durch solche. Von jenen
wird hier allein gehandelt. Die äußern, sowohl angenehm als unangenehmen Empfindungen, wie das sogleich bey Kindern und Thieren einleuchtend ist, erfahren
wir zuerst; die innern hingegen erfodern eine Vergleichung
der empfundenen Gegenstände und eine gewisse Verbindung und Vergesellschaftung der Empfindungen. In dem
Menschen, von dem Kinde an bis zum Erwachsenen, ja
sogar dem Müßiggänger, ist ein natürlicher Trieb zu handeln. (§. 1—4.) Angenehme Empfindungen entstehen
aus schönen Gestalten, der Zusammenstimmung von Tö-
nen, der Nachahmung, der Ordnung und der Vollkommenheit.

menheit. Aus Gegenständen, die man nicht empfunden hat, kann keine eigentliche Empfindung entstehen. Eine seltsame Erscheinung ist die Sympathie, vermittelst welcher wir durch anderer Empfindungen, sobald sie bemerkt worden, auf gewisse und ähnliche Weise gerühret werden. (§. 5—7.) Es giebt auch moralische angenehme oder unangenehme Empfindungen, die unmittelbar aus freyen Handlungen selbst entstehen; dazu gehöret besonders die Empfindung des Lobes und des Tadels, der Ehre und der Schande.

Diss. grad. phil. de sensu communi iusti et iniusti. 24 S. A. Widgren.

Ein gewisser Unterscheid zwischen gerechten und ungerechten Handlungen wird von allen Menschen, gelehrten und ungelehrten, witzigen und dummen, erkannt. Die Billigung oder Misbilligung der Handlungen entsteht weder aus dem Gefühle der Wahrheit, noch aus dem daraus für den Handelnden oder Urtheilenden entspringenden Nutzen oder Schaden; sondern in der Seele selbst von der eigenen Empfindung der guten oder bösen Absicht im Verhältnisse auf andere und keineswegs bloß von anderer Freude oder Traurigkeit, oder andern daraus herfließenden Folgerungen. Weit mehr bestrebet sich die Seele, den unangenehmen Empfindungen auszuweichen, als angenehme zu erlangen. (§. 1—3.) In den meisten und gewöhnlichen Fällen billiget sie gute und verdammet böse Handlungen, ohne dabey eigentlich einigen allgemeinen Begriffen und Regeln zu folgen; und dazu wird sie ursprünglich und anfänglich nicht durch den Willen allein und durch die Furcht vor einem höhern Wesen angeleitet; auch kömmt das nicht her von einer vollkommenen Gleichförmigkeit oder Widerspruche mit der Gerechtigkeit Gottes, und noch weniger von einer Uebereinstimmung mit den Ideen des göttlichen Verstandes. (§. 4—6.) Die anfänglichen Rechte und die ursprünglichen Verbindlichkeiten können aus der Vernunft nicht hergeleitet und bewiesen werden, und nichts ist ungewisser, als die angebohrnen Begriffe, sondern sie entstehen in einer unfreywilligen Billigung oder Misbilligung des innern Gefühls, welche zwar klar, aber so einfach ist, daß sie nach dem Grotius, Hobbesius und andern nur mit synonymischen Wörtern kann ausgedruckt werden. (§. 7—9.) Die Vernunft selbst

ſelbſt ſieht es auch ein, daß durch die Empfindung des La-
ſters und Unrechts ein unfreywilliges, natürliches und allgemeines Gefühl der Misbilligung in den menſchlichen Gemüthern erwecket werde, und ſolches mit dem den andern
ſchon zugefügten oder noch zuzufügenden Uebel im Verhältniſſe ſteht. (§. 10.)

Diſſ. grad. philoſ. de origine, vſu et abuſu idearum
abſtractarum. 24 S. M. E. Nezel.

Alle unſere Erkenntniß fängt von den Ideen an. Das
ſind allerley vorhergegangene Eindrücke, welche die Seele
wiederholen und betrachten kann, ſie mögen nun eben
wirklich in ihr ſeyn oder nicht. Die Seele kann alſo keine
einfache Idee irgend eines Gegenſtandes ohne einen em-
pfangenen Eindruck aus ſich ſelbſt hervorbringen, noch
eine einmal erweckte aus ſich hinwegſchaffen, und nach
Gutdünken vertilgen oder verändern. Aus dem einfachen
Eindrucke der Nerven entſteht in der Seele, wie wir es
bey Kindern, beym Schlafengehen, bey größerer Ge-
müthszerſtreuung wahrnehmen, irgend eine einfache Vor-
ſtellung (Perception), worin ſich nichts unterſcheiden läßt;
durch deutliche und auf einander folgende Eindrücke aber
entſtehen mehrere Ideen, und die bisher einfachen und
verworrenen werden in klare und deutliche verwandelt.
(§. 1 — 3.) Zuerſt haben wir Ideen von den Dingen auſ-
ſer uns. Die Seele fängt an, ſich ihrer ſelbſt bewußt zu
ſeyn, wenn ſie die Gegenſtände von einander und ſich als
eben daſſelbe wahrnehmende Subject von den in ihr aufein-
ander folgenden mannichfaltigen Empfindungen unterſchei-
det. Die einförmigen Ideen einzelner Dinge erlangen wir
durch die Sinne und belegen ſie mit ſolchen Namen, welche die wahrgenommene Uebereinſtimmung mehrerer Sachen ausdrücken. Die Kinder z. E. ſtellen ſich eine Eiche,
Fichte u. ſ. w. als Bäume; eine Tulpe, Roſe u. ſ. w. als
Blumen vor, ehe ſie an den Unterſchied der wahrgenom-
menen Dinge denken. Das giebt gleichſam die Grundlage
zur Beurtheilung der hernach uns vorkommenden Gegenſtände ab. Dazu kommen noch die Vorſtellungen (Perceptionen) voriger ähnlicher Eindrücke, wovon gleichſam
ein Bild in uns zurückgeblieben. Nun fangen wir an,
dieß alles in uns zu vergleichen, und ſo entſteht eine neue Art
von Ideen und zugleich von Namen, die zur Bezeichnung

der

der generum und specierum dienen. Werden sie auf bestimmte einzelne Dinge, z. E. diesen Cirkel, diesen Menschen u. s. w., angewandt; so heißen sie termini concreti: denken wir aber die Namen ohne Anwendung auf einzelne bestimmte Dinge, z. E. vom Cirkel und Menschen überhaupt; so entsteht ein abstraktes Wort und Idee. Dergleichen einmal erlangte Ideenbilder, z. E. vom Cirkel, Menschen u. s. w., gehen vor den nachfolgenden Eindrücken der Sinne vorher, und man bildet sich dann, aber fälschlich, ein, daß sie uns angeboren wären. Die Abstraktion ist also die Handlung der Seele, wo aus mehrern durch einen Eindruck empfundenen Sachen oder Ideen irgend eine von der andern besonders betrachtet wird, wovon sie ein Theil, oder ihr zuständig, oder mit ihr durch ein gewisses Verhältniß verbunden ist. (§. 4 — 6.) Sie ist hauptsächlich vierfach: 1) die formelle, besser die physische, welche einen Theil eines Körpers, der für sich allein entstehen kann, absondert und von den Anatomikern, Chymisten 2c. genutzet wird, ist eigentlich nichts anders, als eine Eintheilung. 2) die zweyte (modalis) beschäfftiget sich mit der Art und Beschaffenheit einer Sache, welcher sie zukömmt, ohne auf diese Sache selbst Rücksicht zu nehmen, oder umgekehrt. Man denkt z. E. an den Körper ohne seine Figur, an die Materie ohne ihre Theilbarkeit. 3) Die relative entsteht, wenn man die äussere Beschaffenheit oder die Benennung, die zwischen zwoen oder mehrern Perceptionen vorkömmt oder wahrgenommen wird, besonders betrachtet, ohne auf die sich auf einander beziehenden Sachen oder Ideen selbst achtzugeben: wenn wir uns z. E. die Aehnlichkeit ohne ähnliche Dinge, die Dauer ohne fortdaurende Dinge, Raum und Platz des Körpers ohne wirkliche Körper 2c. vorstellen. 4) Die allgemeine (vniuersalis) betrachtet die, mehrern Dingen gemeinschaftliche, Idee besonders, z. E. Thier, ohne Rücksicht auf die einzelnen indiuidua, welchen jene zukömmt, z. E. einen Löwen, Fisch u. s. w. — Die drey letzten Absonderungsarten werden in der speculativischen und praktischen Weltweisheit, und in der reinen Mathematik gebrauchet. Von den einfachen Ideen müssen wir also zu den abstrakten, als den schwerern, fortschreiten. Die eingeführten Zeichen der abstrakten Ideen, z. E. Töne, Wörter, Schriftzeichen, erleichtern die Abstraktionen selbst und prägen sie dem Gedächtnisse fester ein. (§. 7. 8.) Der

Gebrauch

Gebrauch und Misbrauch der abstrakten Ideen wird (§. 9. 10.) sehr lehrreich abgehandelt, muß aber zur Vermeidung größerer Weitläuftigkeit übergangen werden.

Exercitatio philos. de statu idearum clararum et distinctarum. 15 S. A. Wetterberg.

Nach vorangeschickter Betrachtung, was eine Idee überhaupt und abstrakt betrachtet ist, und wie verschieden die Meynungen der Gelehrten darüber sind, behauptet der Verfasser, daß die menschliche Seele nicht allemal, als in der zartesten Kindheit und sonst, denke; denn in einer einzigen und einförmigen Vorstellung (Perception) sey sie dumm und ihrer selbst unbewußt, und bey einer zugleich und auf einmal vorgehenden Empfindung mehrerer unbekannten Dinge unterscheide sie anfänglich nichts. (§. 1—5.) Es entstehe aber eine philosophische Erleuchtung in ihr, so bald sie die Fertigkeit erlange, die durch äußere oder innere Sinne ihr vorgehaltenen Dinge, derselben Theile, Beschaffenheiten und Verhältnisse klar wahrzunehmen. Wenn sie dazu durch öftere Uebungen gelanget wäre, dann fänden klare und deutliche Ideen in ihr Statt, von welchen es eine große Mannichfaltigkeit gäbe. Außer dem Zustande solcher klaren und deutlichen Ideen könne man keine Fertigkeit im Urtheilen und Schließen haben.

M. *Laur. Palmberg*, S. Theol. Licent. et Philos. Prof. Extr.

Specimen Exgetico-Dogmaticum, sistens Theologiae Iobi partem alteram. 41—48 S. A. Salsborg.

Pars Tertia. 79—96 S. J. Hoffmann.

Pars Quarta. 97—114 S. J. Nordmark.

Werden mit dem ersten, diesen und den folgenden Theilen am gehörigen Orte zusammen recensiret werden. L.

M. *Er. Prosperin*, Phil. Nat. Adiunct.

Problema geometricum, de inueniendis punctis proximis Parabolae et Circuli, circa eundem focum descriptorum. 16 S. L. Malmsten.

Die Furcht vor den Kometen gab zu dieser Frage Anlaß, welche zuerst sehr nett theoretisch abgehandelt wird, um daraus desto kürzer eine Anwendung, auf den kleinsten Abstand eines Kometen von der Erdbahn, besonders des im April und May 1771 erschienenen, zu machen. Dieser kleinste Abstand beträgt 0.1203. wenn die mittlere Entfernung der Erde von der Sonne 1. ist.

Sueno Gabr. Hedin, Philos. Mag. Dissert. Phys. Mech. de Frictione corporum super Plano Inclinato motorum. Pars Post. L. C. Hagsgren.

Im ersten Theile dieser gründlich verfaßten Abhandlung hatte der Autor die Wirkung der Friktion auf die Bewegung derjenigen Körper bestimmt, welche auf einer schiefen Fläche ohne alle Umwälzung herabglitschen. Jetzt nimmt er den mehr verwickelten Fall vor, da cirkelrunde Körper über eine dergleichen Fläche theils wälzend herab rollen, theils mit vermischter Bewegung zugleich rollend herabglitschen. Für jeden Fall wird, nach einer neuen sehr deutlichen Methode, die Formel bestimmt, nach welcher die Frage zu entscheiden ist, ob ein gegebener Körper auf der gegebenen Fläche bloß herabrollen, oder zugleich glitschen werde, und der Neigungswinkel zu finden ist, mit welchem das bloße Rollen aufhört, und das Glitschen zugleich anfängt. Diese Theorie wird durch einen wohl ausgedachten einfachen Versuch bestätiget, und die mechanische Theorie dieser Art von Bewegung dadurch in ein neues Licht gesetzt. W.

M. *Iöns Flygare* Afhandling om Tiggeriers Hämmande i riket. 15 S.

Diese Abhandlung von der Abstellung des Bettelns im Reiche hat wohl hauptsächlich ihr Absehen auf Schweden, manches gehöret aber auch für andre Länder. Man hat dawider hier und da manche Vorkehrungen in Narrenhäusern, Lazarethen, Kinder-, Kranken-, Arbeits-, Spinn-, Zucht- und dergleichen Häusern gemacht. Der Verfasser wendet auf sie die schwedischen Landesverordnungen an. Unheilbare und ansteckende Kranke und Narren, auch die, welche sich platterdings nicht nähren können, sollen in Hospitäler, arme Kinder in Kinderhäuser aufgenommen und für Invaliden gesorget werden. Die Pässe soll man allein ordentli-

ordentlichen Reisenden geben; die ohne solche reisen und Landstreicher oder Müßiggänger sind, soll man zu Kriegsdiensten oder in öffentliche Häuser nehmen, die ausländischen Zigeuner außerhalb Landes verweisen, die einländischen aber unter scharfer Aufsicht halten, und den in Hospitälern und dergleichen Häusern aufgenommenen Menschen kein Betteln verstatten. Gegen Hunger und theure Zeiten müsse man sich durch eine weise Haushaltung in den verschiedenen Provinzen sichern, Magazine im voraus anlegen und daraus den Dürftigen Unterhalt und Aussaat zukommen lassen, auch eine freye Einfuhr aus der Fremde verstatten; so müsse man auch den durch den Krieg verwüsteten Provinzen auf- und den Feuerschäden durch Brandkassen abhelfen. In armen Ländern, wo Handel und Künste in ihrer Kindheit wären, sey auf die Eröffnung neuer Arbeits- und Nahrungszweige zu denken.

I. Duuaerus. Phil. Mag.

Functiones animae humanae aetate infantili. P. prior C. P. Len. 23 S.

Wird bey dem zweyten Theile recensiret werden.]

b.) Zu Åbo.

Unter dem Vorsitze des Herrn

D. *Ioh. Haartman*, Med. Prof.

Diss. de noxio Phosphori Vrinae in Medicina vsu. E. Elfwenberg. 3½ B.

Nachdem der Verfasser, in einer kurzen Vorrede, von den Arzeneyen gesprochen hat, die durch die Pathologiam acidam des Helmontii, Sachenii und Sylvii in die materiam medicam und die Dispensatoria eingeführt sind, und noch beybehalten werden; von welchen er zwar nicht alle, aber doch die mehresten, als solche verwirft, die unnütze wären und dazu dienten, die Sache in die Länge zu ziehen, um die Kranken dadurch zu trösten; und noch zugleich etwas von den heroischen Mitteln geredet, die ebenfalls in der Arzneywissenschaft eingeführt sind, worunter der Phosphorus Vrinae gerechnet werden kann: so kömmt er zu der Abhandlung an sich selbst, welche er

in

Zweyter Hauptabschnitt.

in drey Theile oder Membra abtheilet, davon der erste die Meynungen einiger Aerzte von der Kraft und der Wirkung des Phosphori abhandelt. Joh. Fernelius hat schon im sechszehnten Jahrhunderte von dem Phosphoro geredet, in Lib. 2. de abditis rerum caussis, cap. 17. und sagt, daß er in England nicht ohne Nutzen gebraucht worden, in habitueller fallender Sucht und dem Podagra. Man übergeht mit Fleiß die wunderlichen Sachen, die der Verfasser aus dem Commerc. Lit. Norimb. vors Jahr 1732 und 1733 anführt, wie auch was ein Abr. Vater, Morgenstern, Büchner, Barckewitz, P. E. Hartmann, H. Thomas und Mellin davon gesagt haben; um zu dem andern Theil zu kommen, wo der Verfasser fünf Geschichte anführt, die er selbst beym Gebrauche des Phosphori beobachtet hat. Die erste Geschichte war ein Knabe von 22 Jahren, der mit der fallenden Sucht anderthalb Jahr war geplagt worden. Der Verfasser gab ihm den Phosphorus zu 1½ Gran; aber bey der 5ten oder 6ten Dosis bekam er ein Erbrechen, und verfiel darauf in ein starkes Fieber mit der Gelbsucht. Die Anfälle der vorigen Krankheit waren zwar einige Zeit sparsamer und gelinder, kamen aber mit der Zeit wieder, und der Kranke ward an seinen Sinnen gerührt. Die zweyte Geschichte handelt von einem Soldaten, der die fallende Sucht drey Jahr gehabt. Nach einem abführenden Mittel und Aderlassen nahm der Kranke den Phosphorus zu 2 Gran. Da diese nur auf den Stuhlgang wirkten, ward die Dosis in etwas vermehrt; worauf ein starkes Erbrechen und Laxiren, mit leuchtenden Excrementen, folgte. Hierauf klagte der Kranke über eine innerliche Angst und Brennen; und ob man ihm zwar Kamillenwasser mit Baumöl und Kampfer gab, so gieng er doch nach drey Tagen mit dem Tode ab. Die dritte Geschichte betrifft ein Kind von 6 oder 7 Jahren, welches etliche Jahre von einer Eclampsie (fallenden Sucht bey Kindern) mit Springen der Flechsen war geplagt worden. Würmer, insonderheit die sogenannten Ascarides, wie auch ein sehr reizbares Nervensystem, wurden für die Ursachen gehalten. Man gab ihm unterschiedliche nervenstärkende und wurmtreibende Mittel, aber vergebens. Es konnte nunmehro nicht reben; gab auch kein Zeichen des Verstandes, sondern brachte die Nächte mit Schreyen und Schütteln des Kopfs zu. Der Phosphorus ward nun zu 1 Grane des Tages
gegeben;

gegeben; weil man aber keinen Nutzen davon spürte, ward die Dosis in etwas vermehrt, worauf das Schreyen nachließ, der Stuhlgang ward häufiger mit leuchtenden Excrementen, und der Schlaf fand sich ein. Beym anhaltenden Gebrauche des Phosphorus stellete sich ein Erbrechen ein; die Kranke konnte dennoch essen. Gleich darauf fieng sie wieder an zu schreyen, und eine ansehnliche Menge Ascariden giengen von ihr weg, die ebenfalls leuchtend waren. Den folgenden Tag aber verschied die Kranke ganz sanft. In dem Leichname der Verstorbenen waren in den Eingeweiden weder Würmer, noch einige Spuren der Inflammation zu finden. Die vierte Geschichte war ein Bauerknecht, welcher ebenfalls mit der fallenden Sucht und einem schadhaften Sensorio geplagt war. Nach verschiednen andern Mitteln gab der Verf. Spir. Antiscorb. Draw. drachm. X, Spir. C. C. unc. sem. Extr. C. Bened. drachm. II. und Phosphor. Scrup. sem. (eine wunderliche sehr zusammengemischte Composition; welcher von diesen Ingredienzen wollte man, im Falle eines glücklichen Ausgangs den Sieg zuschreiben?) Der Kranke entwischte heimlich aus dem Lazareth; machte viel Lärm in der Stadt; wurde von der Stadtwache erhascht; bekam die Gelbsucht, und starb den 1sten Junii, ob man ihm zwar einen Trank von Hindläuftenwurzel, Gelbsuchtwurz und Rhabarber gab. Die fünfte Geschichte ist ein Mädchen von 12 oder 13 Jahren, und hat im mehresten eine Aehnlichkeit mit der dritten Geschichte; brauchte eine ungeheure Menge von Arzeneyen, auch die in der vierten Geschichte erwähnte Mixtur; bekam die Gelbsucht; ward ohne Hülfe aus dem Lazareth gelassen, und ist nachdem gestorben. Hierauf folgen, ganz kurz, (S. 12.) einige Versuche, die der Verfasser mit sich selbst angestellet hat. Der dritte Theil ist eine Epicrisis des Verfassers, worinnen er die Ursachen beybringt, die ihn veranlasset haben, dieses Mittel zu verwerfen. Es wäre zu weitläuftig, alles anzuführen, und muß bey dem Verfasser selbst nachgelesen werden.

M. *Pehr Adr. Gadd*, Chem. Prof. etc. Anmärkningar om giftiga Wäxter i gemen. (Anmerkungen von den giftigen Gewächsen insgemein.) 3¼ Bogen. C. G. Wallenius.

Was man durch Gift verstehet: nämlich daß eine tödtende Ausdünstung oft aus den bedeckten Gräben und Höhlen des Gebirges entstehet; daß Gifte in den Quellen und Wassern sehr selten vorkommen; ihr Grundstoff in allen dreyen Reichen der Natur ausgebreitet ist; wie das thierische die stärksten hervorbringt; das mineralische verschiedene Gattungen enthält; das Gewächsreich zwar die schwächsten, aber auch unter allerhand Gestalten die mehresten Gifte zeuget; davon redet der Verfasser im Anfange dieser Abhandlung, welches er mit einigen Anmerkungen noch weiter erläutert. Damit man aber sehen möge, daß die giftigen Gewächse in den südlichen Weltgegenden viel gemeiner sind, als in den nördlichen, ob diese zwar auch nicht ganz ohne solche sind, und die Haushälter auf dem Lande vor solchen Kräutern gewarnet werden mögen, die in Schweden den Menschen und dem Viehe schädlich seyn können; so hat der Verfasser dieses weiter in der Abhandlung ausgeführt; und mag dieses auch wohl die Ursache seyn, warum er die Streitschrift in schwedischer Sprache ausgegeben hat. — Der Verfasser giebt die Oerter an, wo sie wachsen, und hat Beweisgründe angeführt, in welchem Verhältnisse die Gewächse oder Pflanzen giftig sind; so wie man auch in Ansehung ihrer unterschiedene Wirkung und gewaltsame Empfindung, die man von ihnen verspüret, findet, daß sie entweder stupefacientia, acria, emetica, purgantia und narcotica, adstringentia, stimulantia oder allzu sehr exsiccantia sind. Ueberall bedient sich der Verfasser der linneischen Classification und Namen, und redet zuerst (S. 8.) von den ausländischen Gewächsen; diese sind: *Amomum Zingiber; Maranta Galanga; Piper niger; Piper Betel; Crocus; Bromus* purgans. *Globularia Alypum; Plantago* Psyllium; *Spigelia; Azalea Pontica; Convolvulus Turpetum,* wie auch *Ialappa; Plumbago* dentaria; *Solanum nigrum; Strychnos* nux vomica; (da der Verfasser sagt, daß nux vomica am höchsten zu 3 Gran, von einem Menschen ohne Schaden genommen werden kann; so hat die Erfahrung in letztern Zeiten gelehret, daß noch weit mehr in der rothen Ruhr mit Vortheile gebraucht werden könne) *Atropa Mandragora; Bella Donna; Cerbera* Ahouai; *Nicotiana; Nericum* Oleander; *Ferula* Assa foetida; *Rhus* Vernix. *Colchicum; Petiveria* Alliacea. *Amyris* toxifera; *Santalum. Laurus; Rheum* Rhabarber.

ber: *Anagyris*; *Cassia* Senna; *Poinciana*; *Anacardium*; *Kalmia* Latifolia; *Averrhoa* Bilimbi; *Phytolacca* decandra. *Euphorbia* Esula und Paluſtris. *Pſidium* pyriferum; *Punica Granatum*; *Amygdalus* Amara. *Papaver* ſomniferum; *Cambogia*; *Thea*; *Cariophyllus*; *Clematis* Vitalba; *Clerodendrum* infortunatum; *Helleborus*. *Anthirrinum* Oronticum; *Digitalis* alba; *Vitex* agnus caſtus; *Betonica*. *Lepidium* Latifolium; *Sinapis*. *Hibiſcus* Eſculentus. *Dolichos* Pruriens; *Piſum* Ochrus. *Anthemis* pyretrum; *Lobelia* Tupa. *Ariſtolochia* ſerpentaria; *Arum* Virginicum; *Dracontium* foetidum. *Croton* Tiglium; *Iatropha* Curcas; *Iatropha* Manihot; *Ricinus* communis; *Sterkula* Foetida; *Hippomane* Mancinella; *Hurra* Crepitans. *Excaecaria*; *Dioſcoria* Triphylla; *Coriaria* Myrtifolia; *Meniſpermum* cocculus. *Muſa* Troglodytarum; *Veratrum* album; *Ficus* Carica. *Lycoperdon* Cervinum. Die ſchwediſchen giftigen Gewächſe (S. 20.) ſind: *Aconitum* Napellus; *Cicuta* Viroſa; *Datura* Stramonium; *Hyoſcyamus* Niger; *Aethuſa* Cynapium; *Oenanthe* fiſtuloſa und crocata; *Conium* maculatum; *Daphne* Mezereum; *Mercurialis* perennis; *Phallus* impudicus. Die ſchwediſchen Gewächſe, ſo weniger ſchädlich, (S. 22.) ſind: *Lolium* Temulentum; *Sium* Latifolium; *Aſarum* Europaeum; *Euphorbia* Helioſcopia; *Actea* ſpicata; *Chelidonium* Maius; *Anemone* Nemoroſa; *Ranunculus*; *Anthemis* Cotula; *Agaricus* muſcarius. Schwediſche Gewächſe, die etwas verdächtig, (S. 24.) ſind: *Pinguicula* Vulgaris; *Sambucus* nigra; *Phellandrium* aquaticum; *Myoſotis* ſcorpioides; *Evonymus* Europaeus; *Droſera* rotundifolia; *Allium* vrſinum; *Anthericum* oſſifragum; *Iuncus* Piloſus; *Polygonum* Hydropiper; *Ledum* paluſtre; *Prunus* Padus; *Nymphea* Lutea; *Trollius* Europaeus; *Aquilegia* vulgaris; *Mentha* arvenſis; *Anthirrinum* Linaria; *Thlaſpi* arvenſe; *Raphanus* raphaniſtrum; *Sonchus* Alpinus; *Artemiſia* abſinthium; *Myrica* Gale; *Cannabis*; *Taxus* baccata; *Populus* Tremulus; *Equiſetum* paluſtre.

VI.

Strödde Chemico-oeconomiſke Anmärkningar i iurisprudentia opificiaria. P. I. 1771. **J. Smaleen.** P. II. 1773. **D. Wegelius.** 26 S.

Von denen, welche die sogenannten Hall= oder Manufactur-Gerichtsverordnungen handhaben sollen, wird in vier hauptsächlichen Stücken besondere Geschicklichkeit und Kenntniß gefodert. Sie sollen 1) von der Beschaffenheit und Güte der zu verarbeitenden rohen Materien hinlängliche Erkenntniß haben; 2) allgemeine Begriffe von der Art der Verarbeitung, und worin die Mängel oder Vollkommenheit derselben bestehen; 3) Einsicht, die verarbeiteten Materien in ihrem Gehalte und Werthe zu prüfen und zu beurtheilen; 4) Kundschaft der Hall- und Manufacturverordnungen, die sowohl einen ordentlichen Rechtshandel in solchen Fällen betreffen, als auch zur vorsichtigen Handhabung der allgemeinen Gesetze in Betreibung der Manufacturen und den darüber zu ertheilenden nöthigen Erläuterungen gehören. (§. 6.) Dazu hat der Verfasser, in Beziehung auf seine Professur, vermittelst dieser zerstreueten chemischökonomischen Anmerkungen in der werkstättischen Rechtsgelehrsamkeit von §. 1—5. und §. 7—12. nützliche Aufschlüsse, und zwar, um seinen Landsleuten allgemein verständlich zu werden, in schwedischer Sprache geliefert.

M. *Ioh. Bilmark* Hiſt. ac Phil. Pract. Prof. Reg. et Ord.

D. de Obligatione erga Posteros. **J. Sundelin.** 13 S.

Diese Pflicht gegen die Nachkommen setzet der Verfasser nach einer kurzen Erklärung der Wörter allgemein in ihrer Glückseligkeit, und fodert also, daß wir das an unsern Nachkommen thun sollen, was unsere Vorfahren an uns gethan haben. Besonders aber schreibt er vor: ein jeder müsse in einer rechtmäßigen Ehe eine gesunde und blühende Nachkommenschaft fortpflanzen; die praktischen Wissenschaften in Schwang bringen, damit die Nachkommen darin Hülfsmittel der Tugenden und der bürgerlichen Glückseligkeit fänden; durch auszeichnende Verdienste gegen das Vaterland berühmt und so ihnen Vorgänger werden; solche Anstalten treffen und solche Werke anlegen, die zwar erst nach vielen Jahren reif, aber alsdenn ihnen

nützlich

nützlich werden; und endlich rechtmäßiges Vermögen zu ihrer Unterhaltung erwerben.

Tankar om Upfostrings-värkets hinder i vårt Fädernesland etc. **G. Dahlgren.** 12 S.

Diese Gedanken über die Hindernisse des Erziehungswerkes, benebst einigen Verbesserungsmitteln, wurden durch die Erklärung des Königs veranlasset: daß er den Tag, wo er seinem Wunsche und Vorsatze gemäß das Erziehungswerk verbessern könnte, für einen der glücklichsten in seinem Leben ansehen würde. Denn dem Vaterlande nützliche und tugendhafte Mitbürger zu verschaffen, sey größerer Reichthum und wahrhaftere Ehre, als die Eroberung weitläuftiger Länder durch glänzende Siege, die mit Menschenblute beflecket wären. Diese Erklärung ist in der That königlich, und sollte die Gesinnung eines jeden Regenten seyn. Allein nicht allemal entspricht der Ausgang ihrer Erwartung. So scheint auch der König nicht viele, vielleicht nicht einmal einen einzigen solcher, in Absicht des Erziehungswerks, glückseligen Tage gehabt zu haben. Denn in dem weitläuftigen Berichte seiner Regierungssorgen, bey Eröffnung des Reichstages 1778, wird bloß angemerkt, daß er zu Upsal eine anatomische Professur errichtet und der Erziehungscommission anbefohlen hätte, mit einem Vorschlage zur Verbesserung der akademischen Constitutionen und der Durchsicht der Schulordnung einzukommen. Was der Verfasser der Gedanken ꝛc. von Hindernissen und Verbesserungen bey Lehrern, Lehrlingen und Wissenschaften sagt, ist völlig gegründet, zwar schon oft gesagt worden; aber muß auch oft gesagt werden, und er that es sicherlich deßhalb in einer den Ungelehrten bekannten Sprache. Er sieht den Grundsatz mit Recht als sehr schädlich an, daß seit 1756 die Lehrstellen nicht nach den Verdiensten, sondern nach dem Alter und der Reihe vergeben, und die Candidaten so lange für schicklich gehalten werden sollen, bis ihre Unschicklichkeit dargethan werden kann. Da man die öffentlichen Schulen in Schweden größtentheils verächtlich ansieht, so berichtet er, daß der große Benedict Oxenstierna ganz jung von seinem Vater, dem Generalgouverneur Finnlands, in die Schule zu Åbo gethan worden, und schon in seinem achten Jahre eine lateinische Rede gehalten hätte.

D. de innocentia suspecta. J. G. Bomberg. 11 S.

Es ist eine verdächtige Unschuld, wenn Jemand nicht gänzlich alle Schuld von sich abwälzen kann; vielmehr andere denken, der Angeklagte sey in seiner Vertheidigung mehr wißig, als im Leben rechtschaffen gewesen. So lange wird inzwischen Jemand nach dem angenommenen Grundsaße für gut gehalten, bis das Gegentheil bewiesen wird. Die Unschuld wird aber verdächtig, wenn Jemand durch das Gerücht für den Urheber einer bösen That ausgegeben wird, wenn man ihn an einem berüchtigten Orte zu einer bedenklichen Zeit in der Gesellschaft böser Leute findet; er wider eine beleidigte Person Feindschaft heget, und solche wider ihn in der Todesstunde zeuget; er die Flucht ergreift, im Gesichte häßlich gezeichnet ist, und sich in seiner Erzählung widerspricht, wohl gar Zeugen wider ihn auftreten, und er endlich selbst bekennet.

D. de Fundamentis Despotismi Asiatici. J. O. Hultin. 13 S.

Nach der Anzeige der verschiedenen Arten des Gehorsams, den die Unterthanen entweder einem uneingeschränkten, oder einem durch Gesetze eingeschränkten Monarchen, oder mehrern an solche gebundenen Oberherren leisten, setzet der Verfasser den Despotismus darin, wenn ein Fürst über das Leben und Eigenthum der Unterthanen als über das seinige herrschet, und nur sein Wohlgefallen zum Grundgesetze hat. Nicht lange nach den ersten Weltzeiten hat in Asien der Despotismus so überhand genommen, daß die meisten Asiater ihren Fürsten fast nicht anders als einen Gott angesehen haben. Einige wollen die Ursache davon in dem asiatischen Clima setzen; andere in der vorgeblich uneingeschränkten Gewalt der erstern Aeltern; noch andere in der Gottesherrschaft über das Volk Israel. Wäre aber das erste, so könnte der Despotismus bey dem so ungleichen Clima des weitläuftigen Asiens nicht überall, und in den ähnlichen Climaten anderer Welttheile würde er denn auch eingeführet seyn; wäre das zweyte, so müßte er überall herrschen; wäre das dritte, so könnte es nicht vorher und zu eben der Zeit, wovon doch das Gegentheil unleugbar ist, despotische Regierungsformen gegeben haben. Die Ursache des Entstehens derselben findet der Verfasser, und, wie der Recensent sind vermuthet, ganz richtig in dem Ueberflusse solcher Landesproducte, wobey die Menschen bequem und müßig leben können, und dabey durch die Wärme zu heftigen Gemüthsbewegungen kommen. Sie werden dadurch weibisch, wollen von andern nicht gestöret werden, begeben sich also unter Eines anfänglich eingeschränkten Schutz; dieser nun, solchen zu handhaben, legt sich Kriegsvölker zu, misbrauchet sie aber hernach zur Bedrückung der Untergebenen. Je größer und weitläuftiger dann ein Reich wird, desto mehr nahet es sich, wie wir auch an der römischen Republik sehen, zum Despotismus. Diesen zu unterhalten, nützet man die Unwissenheit, damit die Menschen vergessen mögen, daß sie Menschen sind.

Afh. om några besynnerliga bevis i Rättegången. A. Solvin. 11 S.

Lauter Aberglauben, meist aus den mittlern Zeiten, wo man durch Zweykämpfe, Feuers-Wassers- und Kreuzproben, Genuß des Abendmahls u. dergl. die Wahrheit in zweifelhaften Rechtsfällen herausbringen wollte. Ein artiger Beytrag zu den Irrungen in der Gottes- und Rechtsgelehrsamkeit der verflossenen Jahrhunderte.

D. de vsu Religionis Euangelico-Lutheranae politico. M. L. Poppius. 16 S.

Wenn sogar eine nicht ganz verkehrte Religion viel zum Besten des Staats beyträgt, wie viel mehr muß das nicht eine gereinigte thun! Diese verschaffet offenbar die gesittetsten Bürger. Die evangelischlutherische Religion dienet dazu vortrefflich; dieß wird hauptsächlich im Gegensatze gegen die römischkatholische dargethan. Jene leitet zur Tugend durch die rechte Erkenntniß der Häßlichkeit der Sünde, schärfet den Gehorsam gegen die Obrigkeit ein, empfiehlt die Erlegung der Abgaben, bestimmet eine billige Freyheit zwischen dem Fürsten und seinen Unterthanen, und setzet dem Müßiggange, sowohl des Publicums bey vielen Festen, als auch gewisser Stände, die erfoderlichen Schranken.

D. Momenta quaedam ad illustrationem veteris Historiae Rossicae pertinentia exhibens. E. Indrenius. 18 S.

Diese Anmerkungen zur Erläuterung der alten rüssischen Geschichte werden dem Historiker in diesem Fache nicht ganz gleichgültig seyn. Die Moskowiten haben wahrscheinlich ihren Ursprung von den Moschen, die ehemals an den Gebirgen Armeniens wohneten, allein solche in der Folge verlassen mußten. Der Name Moskowite wird als unwürdig angesehen, man zieht den Namen Russen vor. Dieser wird von einigen aus dem Gothischen Worte Roß oder Pferd nicht uneben abgeleitet, weil die Nation schon in alten Zeiten als gute Reuter bekannt gewesen; von andern von dem Flusse Rusa oder Russa, (in russischer Sprache ein Fluß,) der sich in den Ilmen ergießt; von andern endlich von dem slavonischen Worte Ros oder Rus, welches so viel ist als ausgebreitet und zerstreuet. (§. 1 — 3.) Ueber den Ursprung und die Herkunft der Russen sind die Meynungen eben so getheilet. Entfernterweise mag wohl der erste Volksstamm aus Colonien der Rhos, die dem Berichte der byzantinischen Schriftsteller nach am Taurus wohneten, entstanden seyn, mit welchen sich hernach die Sarmaten, eine andere scythische Nation, vereinigten. Die nähern Stammväter sind inzwischen die Slaven, welche aber mit den Sarmaten einerley Ursprungs sind, nur daß der Name neuer ist. Die in den russischen Jahrbüchern so oft vorkommenden Tschiudi, deren ein gewisser Theil seinen Ueberwindern den Slaven einverleibet ward, sind nichts anders als Scythen (§. 4 — 6.); und das Waregien, woraus im neunten Jahrhunderte Rurecus geholet und zum Fürsten der Russen gemacht worden, ist Schweden. Der Archimandrit Cyprian schlug deswegen zu Anfange des vorigen Jahrhunderts bey der damaligen verwickelten Lage Rußlands vor, man möchte nach der Weise der Vorfahren Gesandten nach Schweden schicken, welche in der Person des Prinzen Karl Philipp, Gustaf Adolphs Bruders, einen andern Rurecus dorther holen sollten.

L. O. Lefren M. Prof. Lingu. Orient.
D. de vero signo Caini, in sodalitio peregrinationis inueniendo. P. I. G. D. Montinus.

H. G. Porthan M. Aman. Biblioth.
Historia Bibliothecae Aboensis. P. V. VI.

Werden zukünftig g. G. recensiret werden.

M. Iac.

M. *Iac. Wegelius* Coll. sch. Uhl.

Animaduersiones nonnullae de methodo linguam latinam addiscendi. 16 S. S. Kreander.

Der Verfasser zeigt die große Ausbreitung des Gebrauchs und des Nutzens der lateinischen Sprache in den alten und neuen Zeiten, (§. 1.) benebst der Unsicherheit im Schreiben und Reden derselben, wenn man sie, da sie eine ausgestorbene Sprache ist, ohne Grammatik erlernen wolle. (§. 2.) Die Vorschriften, die er zur Erlernung des Lateinischen ertheilet, sind von den besten Lehrern desselben, als einem Heineccius, Gesner u. s. w., worauf er sich auch bezieht, längst vorgeschrieben worden, und verdienen eine allgemeine Befolgung. (§. 3—6.) Die einzige, welche der Rec. für diejenigen, die diese, so wie alle andere, besonders die ausgestorbenen Sprachen, mit Fertigkeit reden wollen, hinzuzufügen hätte, wäre diese: Oefters die richtig verstandenen Stücke eines bewährten Schriftstellers in solchen mit lauter Stimme zu lesen.

H. *Enckell*. Phil. Mag.

Animaduersiones nonnullae subitaneae circa institutionem iuuentutis thesibus comprehensae. G. R. Appelgren. 7 S.

Diese Theses werfen die nützlichsten Fragen in dem Unterrichtungswerke zur Disputationshandlung auf.

G. *Tidgren*. M.

D. de regimine et constitutione reipublicae litterariae. P. I. A. Salvenius.

Wird mit den Fortsetzungen recensiret werden. D.

M. *Nath. Gerh. Schulteen*.

Continuatio Dissertationis, de inuenienda Correctione Meridiei. G. E. Haartman. 20 S.

Vor etwa zwey Jahren hatte der Autor in einer unter Wallerii Vorsitze auf zwey Bogen mit Figuren herausgegebenen Diss. eine vom Herrn Wallerio erdachte genauere Methode, das aus correspondirenden Höhen bestimmte Mittagsmoment zu corrigiren, beschrieben, hatte
aber

aber die Anwendung der gefundnen Regeln nicht völlig ausgeführt, welches also hier nachgeholet wird. Damit aber dem Leser die Aufgabe selbst nicht fehle, wird eine, vom Herrn *Lexell* mitgetheilte, noch einfachere und bloß geometrische Auflösung erklärt, und auf besondere Fälle angewandt. Nach diesen Methoden war man anfangs willens, Tafeln, die genauer als die gebräuchlichen wären, zu berechnen. Weil sich aber kaum in den Hunderttheilchen von Secunden ein Unterschied fand; so blieb man bey der Eulerschen Formel, die hier beygefügten Correctionstafeln: für jeden 5ten Grad der Sonnenlänge, und die Mittagscorrection, von 1 Stunde 40 Minuten, bis auf 5 Stunden, für die halbe Zwischenzeit der Observationen, und für jede 20 Minuten, zu berechnen. Welche denn auch mit den de la Landischen völlig übereinkommen, aber doppelt vollständiger sind, und auf größere Zwischenzeiten gehen. Die Erklärung und Anwendung dieser beygefügten für Beobachter sehr nützlichen Tafeln macht den Beschluß. W.

M. *Ioh. Ström.* V. D. M. etc.

Meletemata philosophica varii argumenti. D. J. Lohman. 1 Quartb.

Sind bloß aufgehobene Sätze aus den verschiedenen Zweigen der Weltweisheit, worüber disputiret werden sollte.

c) Zu Lund.

Unter dem Vorsitze des Herrn

D. *Lars Ioh. Colling,* Iur. Patr. et Rom. Prof. Reg. et Ord.

D. de loco iudicii. 2 Bogen. W. Borg.

Die Gesetze haben in verschiedenen Fällen, z. E. bey Bestimmung der Strafen, auf den Ort, wo eine That geschehen ist, besonders Rücksicht genommen. Der von dem Gesetzgeber bestimmte Ort, wo das Recht vom competenten Richter nach dem vorgeschriebenen Processe gesprochen wird, heißt der locus iudicii. Dieser ist vel ordinarius, vel extraord. Ersterer ist entweder auf dem Lande

Lande oder in der Stadt. Jenes ist iudicium territoriale (*Härads ting*), dieses iudicium prouinciale (*Lagmans ting*), und ist entweder auf dem Rathhause, oder, wenn der Lagman *) will, in einem Privathause. In Schonen ist es succeſſive zu Lund, Christiansstadt und Karlshafen. In der Stadt sind ferner die Stadtgerichte, sowohl das Untergericht (*Kämners rätten*) als auch das Ober= oder Rathsgericht (*rådstufon-rätten*) welche auf dem Rathhause sind. Das königliche Oberappellationsgericht (*Kongl. Hofrätten*) zu Stockholm hat seinen Sitz im alten Schlosse. Die andern königlichen Hofgerichte haben in Jönköping, Åbo ꝛc. so wie das Admiralitätskollegium zu Karlskrona, und das Executivgericht (Schloß Canzley) zu Stockholm, ihre von den Gesetzen angewiesenen Plätze. Die Last, die Gerichtsgebäude auf dem Lande zu bauen und zu unterhalten, fällt fast auf alle unter jedem *härad* **) liegenden Landleute. Die Heiligkeit des Gerichtsortes, (*tings fred*) besteht darin, daß jeder in Friede ins Gericht und zurück gehen kann; daß der, so im Zorne ein Messer oder Schwerdt im Gerichte zieht, und Schaden damit thut, das Leben verliere; daß, wenn daselbst ein Mord ausgeübt wird, der Mörder noch dazu die rechte Hand verliere; daß, wenn jemand den Richter im Gerichte überfällt, oder bey der *Tings*-Predigt ***) ein Aergerniß verübt, dieß, als obs in der Kirche geschehen wäre, bestraft wird. Ferner soll bey jeder Tingsstelle ein Gefängniß angelegt seyn, und ein Pfahl stehen. Zu den iudiciis extraordinariis gehören z. E. die iudicia inspectionum ocularium (*syne rätter*), ferner alle deputationes oder commiſſiones, die aber in der neuen Regierungsform von 1772 glücklicher Weise gänzlich im schwedischen Reiche abgeschafft sind.

D. de fundamento sententiae submittendae. 1¼ B. J. M. Planck.

Der Titel dieser Diſſ. wird §. 2. erklärt. Fundamentum soll hier so viel heißen, als das Kennzeichen, woraus erkannt wird, ob in dato casu die sententia submittirt werden

---

*) Lagman ist ein Richter einer Provinz.
**) Härad ist ein Distrikt, oder Theil einer Provinz.
***) Ting ist ein Gericht auf dem Lande.

werden müsse. Den Ausdruck: sententia submmittenda erklärt der Verfasser so: est necessitas quaedam legalis iudicibus inferioribus imposita, vt sententiae eorum certis in casibus latae vim rei iudicatae haud obtineant, antequam iudicibus superioribus decenti forma subiiciantur confirmandae vel mutandae. Da das §. 3. angeführte Gesetz, worauf sich die submissio sententiae gründet, nur von schweren Verbrechen redet, und der Verfasser selbst sagt: non nisi casus criminales esse submittendos, so deucht mir, hätte diese nähere Bestimmung mit in die Erklärung gehöret. Hieraus entsteht nun also die Frage, ob die citation oder die Sentenz das Fundament der submission sey? über welche Frage pro und contra gestritten ist. §. 4. erzählt der Verfasser die Gründe für die Meynung, daß die Sentenz das Fundament der submission sey: nämlich, die citation als das princip des Processes ist sehr arbiträr, und es hängt von der Bosheit eines Klägers ab, einem factum den Namen eines schwerern Verbrechens zu geben, als es wirklich ist. Die Regel heißt: principale in idea citantis est principale actionis, eiusque secundarium, quod secundarium in intentione citantis, donec inquisitio iudicialis legitimum non tantum demonstrauerit, sed etiam confirmauerit titulum. Wenn es aber dem priuato arbitrio überlassen wäre, dem Urthel die rechte Kraft zu entziehen, bis sie submittiret worden, so würde dadurch der Oberrichter mit unnöthigen Arbeiten überhäuft, der Proceß in die Länge gezogen, die Proceßkosten vermehret, und die Urtheile ungewiß gemacht werden ꝛc., welches aber alles nicht geschehe, wenn der Unterrichter das factum gehörig bestimmen, und die ganze Sache rechtskräftig entscheiden könnte. §. 5. Des Verfassers Wiederlegungsgrund ist: citatio est fundamentum processus, ergo hängt die Sentenz von der Citation ab, ergo ist sie das Fundament der Submission. Dieser tantus adeoque legitimus valor citationis soll ex idea Legislatoris in den vom Verfasser angezogenen Gesetzen, besonders in H. 3. C. 24. vom Processe gegründet seyn, wo es heißt: der Richter soll keinen Punkt vorbeygehen, welchen der Kläger in der Citation vorgestellt hat, noch in seinen Schluß etwas einführen, welches nicht rechtlich zur Sache gehöret. Ich gestehe, daß der Verfasser mich nicht überzeugt hat: denn dieses Gesetz redet, deucht mir, von einer ganz andern Sache, und die übrigen

gen Gesetze sagen bloß, daß die Citation den Proceß begründe, oder litis pendentiam wirke, daß nach der Citation die Klage nicht mutiret werden solle. §. 6. sagt der Verfasser, seine Hypothese sey vielen Unbequemlichkeiten unterworfen, allein die Processe wären leider ein malum necessarium. §. 7. Zeigt der Verfasser aus verschiedenen Gesetzen, daß nicht bloß crimina capitalia et infamantia der Gegenstand der Submission seyn. Gelegentlich sagt der Verfasser, die sententia liberans müsse sowohl als die damnans submittirt werden, welches, so viel ich einsehe, aus dem angezogenen Gesetze nicht bewiesen werden kann.

De viribus rei iudicatae. 1½ Bogen. S. Planck.

§. 2. Erklärt den Ausdruck res iudicata für pronunciationem iudicis finem controuersiae imponentem absolutione vel condemnatione, quam breuius sententiam vocamus. Der Verfasser hält sententiam und rem iudicatam für einerley, allein der Unterschied ist schon daraus klar, daß man nicht sagen kann: vires sententiae, so wie man sagt: vires rei iudicatae. §. 3. Giebt vier remedia iuris an, ad vires rei iudicatae impediendas. Dieß sind querela, appellatio, supplicatio, submissio. §. 4. handelt von der querela (*besvär* oder *mißnöje*) welche in ciuilibus bey Interlocuten, in criminalibus aber anstatt der Appellation Statt findet. §. 5. Die Appellation findet 1) nur in ciuilibus Statt, und erfordert, außer der Beobachtung der Fatalien, die depositionem summae appellationis (*Wade skilling*), 2) nicht bey Interlocuten, sondern nur bey Definitiven, 3) nur, wenn die summa appellabilis ist. §. 6. Querela und appellatio werden in Schweden oft verwechselt, obgleich die hier angeführten Gesetze, beide genau unterscheiden. §. 7. In Ermangelung dieser beiden geht supplicatio in ciuilibus und criminalibus an den König, oder solche Obergerichte, denen das ius leuterandi zusteht, und zwar in casibus immaturitatis iudicii, imbecillitatis sexus, defectu aetatis et virium, statu miserabilium personarum &c. Hieher gehört auch der ganze Revisionsproceß. §. 8. Sollte von der Submission handeln. Allein er redet von einem andern Rechtsmittel, welches im schwedischen Gesetzbuche *ätervinning* genannt wird, welches nach Cap. XII. &c. 3. und 4. vom Proceß Statt hat, wenn wegen Geringfügigkeit der

II. Theil.   H   Sache

Sache keine Appellation zugelassen ist. Dieß remedium hat der Regel nach keinen effectum suspensiuum, sondern nur, wenn es durch die Vollstreckung der Urtheile unnütz seyn würde, und ist an ein gewisses Fatale gebunden. Hievon scheint mir die submissio sententiae in criminibus maioribus, wovon die nächst vorhergehende Disputation handelt, unterschieden zu seyn. §. 9. Dahin gehöret noch das Gesuch um Erklärung einer dunkeln Sentenz. §. 10. Wenn diese remedia nicht Statt haben, so erlangt die Sentenz vires rei iudicatae, welche zuletzt kürzlich erklärt werden. 1) Sie schafft except. perpetuam litis finitae. 2) Der König kann allein in integrum restituiren. 3) Sie wirket die schleunigste Vollstreckung. 4) Das officium iudicis hört alsdann auf.

Diss. de responsis prudentum. **P. G. Hallmann.**
12 Seiten.

§. 1. Der größte Theil der Pandekten des justinianischen Gesetzbuches sey aus den responsis prudentum compilirt. §. 2. Prudens heiße bey den Römern iurisconsultus. Dieser sey vel eruditus vel vulgaris siue rabulista. ICti eruditi heißen prudentiores, prudentissimi, sapientes, σοφοι, und theilen sich wieder in ICtos, Iurisperitos, und iurisprudentes (erstere Antecessores und Beysitzer, folgende Practici und letztere qui leges condebant et abrogabant). §. 3. Die Responsa der ICtorum wurden nicht nur den Partheyen, sondern durch das außerordentliche Ansehen, das ihnen August gab, auch den Richtern gegeben. §. 8. Inst. de respons. prud. quorum (sc. ICtorum) omnium sententiae eam auctoritatem tenebant, vt iudici recedere a responso eorum non liceret. §. 6. Wie consilia von responsis bey den deutschen ICtis unterschieden sind. Consilium sey ausführlicher und gehe nur ad informationem einer Parthey, responsum vulgare (Belehrungsurtheil, *informat*) aber sey in forma sententiae brevioribus verbis abgefaßt, und verbinde ebenfalls den Richter nicht, wo nicht mehrere Facultäten dasselbe Responsum gegeben hätten; responsum solenne habe vim sententiae und erfolge auf die transmissionem actorum. §. 7. Dieses Responsum solenne sey für den Unterrichter, wenn nicht Gesetze und Observanz ein andres sagen, von keiner Verbindlichkeit, es wäre denn, daß mehrere Facultäten übereinstimmten, wobey er sich auf *Struvii* Iurisprud. Rom. Germ. fol. p. 10. und *Gribneri* Diss. de obs. coll. iurid. beziehtz werde auf Kosten der Partheyen ausgelöset, und befreye den Richter, der es befolgt, von aller Verantwortung. §. 8. Gilt diese Lehre de resp. prud. auch in Schweden? Nein. Der juristischen Facultäten Responsa haben keinesweges die Kraft einer Sentenz oder eines Gesetzes, sondern bloß eines guten Raths, welches sich auch in einem monarchischen Staate nicht so wohl denken lasse. §. 9. In Wismar und den andern schwedisch-deutschen Provinzen sind diese Responsa, so wie in dem übrigen Deutschlande, in Observanz. Gewissermaßen gehöret hierher der Fall, da der König die Meynung eines Collegii, z. E. des Consistorii über die Lehre von verbothenen Graden, oder der Reichsräthe bey Abfassung eines neuen Gesetzes, fordert.

Diss. de tutorio. **F. P. Hoffberg.** 12 Seiten.

§. 1. Erklärt der Verfasser was Tutor, und wie er vom Curator unterschieden sey, worin die schwedischen Gesetze mit den römischen übereinstimmen. §. 2. Eben so erkennen die schwedischen Gesetze den Unterschied unter tutorem testamentarium, legitimum und datiuum; so wie unter tutores honorarios die nächsten Verwandten und die Gerichte gerechnet werden. §. 3. Tutorium est mandatum a iudice competente expeditum, quo quis tutor legitime constituitur. Quatenus vero, fährt der Verfasser fort, minorennis contra IV. 7. I. B. XIX. 1. A. B. XV. 4. R. B. neminem cum effectu iuridico mandatarium constituere debent &c. aber diese angezogenen Gesetze beweisen das nicht, ob ich gleich darin des Verfassers Meynung bin, so wie auch, daß ein jeder Vormund vorher vom Gerichte bestätiget werden müsse. §. 4. möchte ich nicht mit dem Verfasser behaupten: dictitant LL. et patrem et matrem vel coniunctim — tutores constituere vi XX. 1. 2. A. B. Da stehet: der Vater sey der rechte Vormund seiner Kinder; der Mutter Vormundschaft aber wird nur erst gedacht, wenn der Vater gestorben ist. Nun redet der Verfasser von den verschiedenen Vormundschaftsgerichten, und sagt in einer Note, daß bloß zu Stockholm eine besondere Vormünderkammer angetroffen

getroffen werde. Ein merkwürdiges königliches Rescript verordnet, daß die Consistoria eine Abschrift des Theilungsrecesses, und wenigstens jährlich einmal von den Vormündern Nachricht fodern sollen, wie die Kinder zur Tugend und ehrlichen Erwerbungsmitteln gehalten, und ihr Vermögen dazu angewandt werde. §. 5. Nach vorgegangenem Processe wird das tutorium per resolutionem, sonst aber per extractum protocolli expediret. Von den essentialibus und formalibus desselben. Zu letztern rechnet der Verfasser formam patentem, chartam signatam, copiam vidimatam intra acta pupilli conseruandam, solutionem taxae. Letzteres möchte ich nicht unter die Formalia rechnen. §. 6. Von den zu Vormundschaften dienlichen Subjecten. Die Prediger dürfen alle Vormundschaft übernehmen, können sich aber mit ihrem geistlichen Amte entschuldigen. §. 7. Wenn das Tutorium von Seiten des Pupillen zu Ende gehet? Mit seinem 21sten Jahre, wo nicht von den Eltern oder Angehörigen eine längere Zeit bestimmt worden, welches ihnen gesetzlich erlaubt ist.

Diss. de canonica denunciatione. J. G. Comstedt. 8 Seiten.

§. 1. Einleitung. Actor est vel manifestus vel occultus. §. 2. Erklärung des Worts canonicus, und die verschiedenen Arten, als regularis, irregularis, in floribus und in herbis, residens und absens. §. 3. Außer den übrigen Bedeutungen des Worts denunciatio, als litis denunciatio &c. die hieher gehörige Bedeutung. §. 4. Nun folgt die Erklärung der denunciatio canonica: est ius delatori concessum, vt secrete aliquem apud iudicem competentem delicti cuiusdam granioris suspectum reddat sine periculo probationis. Sie sey älter, als das ius canonicum, und fast von allen Tyrannen zur Unterdrückung der Unschuld gemißbraucht, durch die katholische Inquisition der Ketzer aber zur höchsten Stufe der Unmenschlichkeit getrieben worden. §. 5. und 6. Die schwedischen Gesetze kennen keine denunc. canon. siue occultam, wohl aber eine denunciationem manifestam. Z. E. Der Fiscal ex officio, oder jeder, der um ein Verbrechen weis, muß es bey Strafe angeben, wer aber jemanden als einen Verbrecher angiebt, ohne es beweisen zu können, wird bestraft, wenn er gleich frey von Bosheit ist. §. 7. In einigen speciellen Gesetzen scheint eine gewisse Analogie mit der den. can. zu liegen: z. E. wenn bey sich offenbarenden Gerüchten von einem begangenen Verbrechen es zu des Predigers Amt und Pflicht gehört, solches an die Behörde zu melden, und ihnen dabey versprochen worden, daß ihr Name solle verschwiegen bleiben. Allein dieß verdient wegen der nachtheiligen Folgen, welche die denunciatio canon. hat, und die hier gänzlich fehlen, den Namen derselben nicht. G.

D. *Eberh. Rosenblad*, Medic. Prof. R. et Ord. Diss. de Laude Haemorrhoidum restringenda. 24 S. C. F. Palm.

Nachdem der Verfasser in der Vorrede eine kleine Vergleichung zwischen der künstlichen Zusammensetzung des menschlichen Körpers, und einer andern mit großer Kunst verfertigten Maschine, z. E. einer Uhr, gemacht hat, kömmt er zu der güldenen Ader und zeigt, daß streitige Gedanken wegen dieser Blutansleerung unter den berühmtesten Aerzten entstanden sind. Stahl rühmte zwar die güldene Ader, aber einige von seinen Nachfolgern noch mehr. Die mechanische Secte, worunter Hoffmann und Börhave zu rechnen sind, waren von ganz anderer Meynung: der Verfasser hält die Mittelstraße, und will die güldene Ader nicht so sehr rühmen, aber auch nicht ganz verwerfen. — Weil der Verfasser die güldene Ader eine Auswerfung des Geblütes durch den Stuhlgang, ohne Schneiden, nennt, (§. 1.) und alleine von der offenen handelt; so will er auch die blinde im eigentlichen Verstande nicht unter die güldene Ader rechnen, sondern vielmehr zu den Varices oder inflammatorischen Geschwulsten im Hintern: denn die güldene Ader, sagt er, ist eine ausleerende (morbus euacuatorius), die blinde aber, eine ungestalte Krankheit (morbus deformans). Doch, wenn er hernach die blinde nennet, so verstehet er damit nur die molimina und Zeichen der güldenen Ader, als ihre Wirkungen. — Es scheint zwar beym ersten Anblicke, daß keine Krankheit mit Recht kann gelobt werden, da sie eine oder mehrere Verrichtungen des menschlichen Körpers störet oder schadet; wenn aber die Sache etwas genauer betrachtet wird, so zeiget es die Erfahrung ganz anders.

Wer

Wer weiß nicht, daß die eine Krankheit der andern oft vorbeugen, oder abhelfen kann? und dieses gilt auch von der güldenen Ader. Hiervon giebt der Verfasser (§ §. 2. 3. und 4.) einige Beyspiele aus dem Boerhave, van Svieten, de Haen und Haller. Nachdem er also den Nutzen der güldenen Ader in Vorbeugung und Abhelfung vieler Krankheiten erwiesen hat, zeiget er (§. 5.), daß auch vieles Uebel entstehen kann, wenn sie zur Unzeit gehemmet wird; da sie schon zu fließen angefangen, oder mit Linderung eine Zeit geflossen hat. Hiervon giebt er auch einige Beyspiele, worunter zwo Historien insonderheit merkwürdig sind: die erste von seinem Vorsitzer, die andere aber von sich, dem Respondenten selbst. — Es erhellet also hieraus, daß eine praktische Beurtheilung nöthig ist, damit man nicht zur Unzeit eine güldene Ader curiret, die mit Linderung einer anderen Krankheit fließet, und dadurch ein größeres Uebel zuwege bringt. — Alle Güldenaderflüsse sind nicht von einerley Nutzen, oder können so vielen und schweren Zufällen vorkommen oder abhelfen; können auch nicht alle dieselbigen Krankheiten hervorbringen, wenn sie verstopft werden; es ist derowegen nöthig, die vornehmsten Gattungen der güldenen Ader zu kennen, und der Verfasser hat hievon 9 Species. Die erste ist eine heilsame Bemühung der Natur, wodurch sie sich von den überflüßigen Feuchtigkeiten losmacht. Dieses ist eine heilsame Gattung. — Die zweyte kömmt aus derselbigen Quelle, aber in hitzigen Krankheiten, da die Natur sich bemühet die gekochte Materie durch diesen Weg auszuleeren. Diese ist auch eine heilsame Gattung; denn sie muß als eine kritische Auswerfung angesehen werden. — Die dritte entsteht aus einer Schärfe, welche die Gefäße innerlich durchfrißt. Eine Güldenader von dieser Ursache ist allezeit gefährlich zu hemmen. — Die vierte von ausgebliebener monatlicher Reinigung, Nasenbluten oder jeder andern Ausleerung, sie mag natürlich oder widernatürlich, gehemmet oder verringert seyn. Daß eine solche Güldenader nicht befördert, aber auch nicht gehemmet werden muß, erhellet ganz deutlich: man muß die Natur nur dahin bringen, daß sie keine Hinderniß in den Weg legt. — Die fünfte ist die erbliche Güldenader. Man begreift leicht, daß diese mehr Schaden als Nutzen zuwege bringt: die natürliche Bewegung muß also, wenn es ohne Schaden geschehen kann, anderwärts geleitet werden. —

Die

Die sechste entsteht von einigen Arzeneyen und Nahrung, welche das Geblüt in Wallung setzen. Diese Gattung ist höchst schädlich, denn sie ist nicht durch die Natur, sondern durch eine verkehrte Kunst und Fehler zuwege gebracht. — Die siebente kömmt von den gedruckten Adern der Güldenader her, wodurch das beständig dahin geführte Geblüt nicht durch die Pulsadern wieder zurückgebracht werden kann, sondern daselbst entweder Geschwulste oder Durchfressungen verursachet. — Die achte ist eine jede äußerliche Ursache, die einen Reiz in dem Mastdarm zuwegebringt. — Die neunte entsteht aus einer venerischen Ursache. Diese drey letzte Gattungen von güldener Ader verdienen so viel weniger gelobt zu werden, da sie vielmehr der animalischen Oekonomie Schaden zufügen können, und müssen, wo es möglich ist, curiret werden. — Nachdem nun der Verfasser die Gattungen der güldenen Ader, ihren Nutzen oder Schaden in Betrachtung gezogen hat, geht er weiter, und (§. 7.) untersucht, mit welchem Rechte einige Afterärzte behaupten, daß die güldene Ader dem männlichen Geschlechte eben so nothwendig sey als die monatliche Reinigung den Weibern, und zugleich versichern wollen, man könne, ob zwar nicht alle, doch die meisten Krankheiten hiedurch curiren. Zur Widerlegung dieses Satzes, führt er eine Stelle aus dem v. Haller an; so wie er auch im 8ten §. die üblen Folgen beschreibt, die eine zur Unzeit angestellte Aderlaß bey hysterischen und hypochondrischen Kranken zuwege bringen kann, um die güldene Ader zu befördern, und im 9. und 10. §. wie verwegen es sey, die Blutigel in den Hintern zu setzen, wenn die Natur dazu keine Anzeige giebt, und die Ursache in einer dicken und pechartigen Materie der Pfort- oder Gekröseader besteht, welcher auf eine ganz andere Art abgeholfen werden müsse. — Der Verfasser zeiget ferner im 11. §., wie gefährlich es ist, eine fließende güldene Ader an den inflammirten und verstopften Eingeweiden des Unterleibes, die ihre Schlagadern von der absteigenden Aorta haben, hinzuziehen, und endlich (§. 12.), wie die conamina und fluxus haemorrhoidum an der Stelle viele elende Zufälle, als z. E. vuas, mariscos, rhagades, ficus, diabroses &c. &c. hervorbringen können. N.

D. Clas Bl. Troxelius, Oecon. Prof.

Et vedsparande köknings sätt. (Art und Weise, wie man mit Holzersparung kochen könne.) B. Bergswall. 12 S.

Gust. Sommelius, Prof. Reg. et Biblioth.

D. ac. de computatione anni Iubilaei apud Hebraeos. H. H. Ström. 12 S.

Von der gewöhnlichen Meynung, welche, nach dem Ablaufe von 49 Jahren, das Jubeljahr gerade in das funfzigste verlegt, geht Clericus ab, welcher das 49ste selbst annehmen will. Jene gründet sich aber ausdrücklich auf Levit. 25, 8. 10; auf Josephi Alterthümer B. III. K. 10; des Philo Tractat περι Φιλανθρωπιας und der Rabbinen Behauptung. Dieser mit solchen, die anderer Meynung sind, haben keine Gründe, sondern machen nur den Einwurf, daß auf die Weise alsdenn zwey Sabbathjahre, worinn der Acker nicht bestellet worden, auf einander gefolget wären, und alsdenn Theurung und Hungersnoth hätten entstehen können.

Diss. grad. de Saule inter Prophetas. 1 Sam. 10, 11. 12. P. Petersson. 16 S.

Die Hauptfrage ist diese: worin hat die Veränderung bestanden, die an dem Saul so bewundert worden? Es wird daher die Bedeutung des hier vorkommenden Worts: Prophet, im Hebräisch, נבא und Griechischen προφητης, untersuchet und mit dem Carpzov in der Vorhersagung zukünftiger Dinge, in dem Absingen heiliger mit musikalischen Instrumenten begleiteter Lieder und der Auslegung heiliger Schrift gesetzet. (§. 1 — 3.) Mit dem Deyling wird angenommen, daß Saul in der mittlern Bedeutung ein Prophet gewesen sey; denn dazu seyn die prophetischen Schulen errichtet gewesen. Die Aufseher derselben waren die Propheten, und die Lehrlinge hießen der Propheten Kinder, so wie jene, Väter, genannt wurden. Die Anzahl der Lehrlinge war oft ziemlich groß, z. E. bis hundert. Saul genoß bey dieser Gelegenheit einer außerordentlichen Erleuchtung V. 6. und 10; so daß er das, was

er

er vorher nicht gehöret noch gelernet hatte, harmonisch und richtig, als ein Prophet, vorsang, und die prophetischen Schüler ihm nachsangen. (§. 4—7.)

Diss. gr. de vero sensu verborum: ויעש להם בתים Exod. 1, 21. P. Stark. 18 S.

Das, was Michaelis in seiner Randglosse über diese Stelle kurz und gut gesagt hat: Gott gab den Israeliten zahlreiche Familien, wird wider die falschen und zum Theil ungereimten Auslegungen anderer Exegeten ausführlich gezeiget.

Diss. de Saule anni et biennii rege, 1 Sam. 13, 1. E. Kruse. 13 S.

Nach Widerlegung mehrerer unrichtiger Meynungen trägt der Verfasser die ihm richtig vorkommende mit diesen Dietelmaierschen Worten vor: „Es ist hier eine zweysache Bestimmung der Zeit, welche hier vorkömmt. Auf „das Vorhergehende bezieht sich die erste Hälfte des Verses, und bemerket, daß das, was vorhin erzählet worden, in dem ersten Jahre seiner Regierung, und gegen „das Ende derselben vorgefallen. Auf das Nachfolgende „zielet die letzte Hälfte des Verses, und zeiget an, daß „das, was nun erzählet werden soll, im zweyten Jahre „geschehen sey."

Diss. de notione vocis Selah. J. P. Colliander. 13 Seiten.

Einige meynen, man könne über die Bedeutung dieses Wortes nichts bestimmen. Andere, die das Gegentheil denken, gehen in ihren Bestimmungen sehr von einander ab. Einer hält dafür, es bedeute so viel, als: von Ewigkeit zu Ewigkeit; ein anderer: es ist gewißlich wahr; noch ein anderer hält es für eine leere Ausfüllungspartikel, die höchstens für die Musik und die Melodey gedienet hätte. (§. 1—5.) Die Septuaginta hat es durch ein für uns eben so dunkles Wort: διαψαλμα, übersetzet. Mit manchen darunter eine Auffoderung zur Anbetung Gottes zu verstehen, ist gewiß falsch. Wahrscheinlich ist es ein musikalisches oder poetisches Wort, wodurch Aufmerksamkeit und Andacht habe angezeiget und erreget werden sollen. (§. 6—8.)

Diss. de descriptione orbis Augustaea. Luc. II. 1. A. Collander. 11 S.

Was ist hier unter οικѹμενη (alle Welt) zu verstehen? Ambrosius weicht durch eine allegorische Deutung der Augustischen Schätzung der Schwierigkeit dieser Frage aus; aber jene ist ungereimt. Der Ausdruck kann entweder die ganze bewohnbare Welt, oder das ganze römische Reich, oder dasjenige Land, welches dem Schriftsteller bekannt ist, und wovon er redet, (z. E. Gesch. 19, 27.) bedeuten. Die beiden letzten Bedeutungen haben große und viele Verfechter. Wenn aber der Verfasser der mittlern aus dem Grunde den Vorzug giebt, daß, weil Augustus diese Schätzung anbefohlen, sie sich auch über alle die Länder erstrecket hätte, die seiner Oberherrschaft unterworfen gewesen, so möchte dagegen eingewandt werden, daß oft ein Landesherr über gewisse Provinzen etwas verordne, ohne daß solches das ganze Land angehe; und Lukas, der nur vom jüdischen Lande redet, auch nur von solchen verstanden seyn wolle.

Diss. de vero sensu verborum: ѹπω ηκει η ωρα μѹ. Ioan. II. 4. S. Adelin. 15 S.

Nachdem der Verfasser die ihm unrichtig scheinenden Meynungen, als ob der Heiland hier fragweise geredet, (ist nicht itzt Zeit für mich, eine wunderbare Hülfe zu beweisen?) §. 1 — 3. oder hier die Zeit seines Leidens und Hingangs zum Vater, oder des Antritts seines Lehramtes in den Augen gehabt hätte, und des Hammonds und Lightfoot Aeßerungen verworfen (§. 4 — 7.), so giebt er der vom Wolf in seinen Curis vorgetragenen Erklärung seinen Beyfall, der darunter die bequeme Zeit verstehet, das auch bald hernach erfolgte Wunder zu verrichten.

Diss. de origine nominis Mosis. P. I. A. G. Hallenroth. P. II. A. Scarin. 29 S.

Moses hat wohl selbst die Herleitung seines Namens in seinem zweyten B. Cap. 2, 10. angegeben; gleichwohl sind die Etymologen uneins, ob solcher hebräischen oder ägyptischen Ursprungs sey? Für den letzten sind viele, besonders Kircher, der auch am meisten widerlegt wird; und sie haben darin den Philo, Josephus und den ale-
xandri-

xandrinischen Clemens zu Vorgängern. (§. 1—3.) Für den ersten erkläret sich der Verfasser, und folget darin dem Abarbanel und dem Pfeifer, welche der Meynung sind, daß die Mutter Mosis in den angezogenen Worten die Tochter Pharao angeredet hätte, und erkläret also die Frage für unnütz, ob es wahrscheinlicher sey: daß eine Aegyptierinn einem Kinde einen ägyptischen, oder einem hebräischen Knaben einen hebräischen Namen gegeben habe? Er rücket hier einen Auszug aus dem Löscher von der hebräischen, als der ältesten Sprache, auf 6 Seiten ein (§. 4.); berühret die von mehrern geäußerte Meynung, daß Moses, ehe er so benannt ward, einen andern Namen möchte gehabt haben (§. 5.); löset die Schwierigkeit, daß Mose eher einen Herauszieher, als einen Herausgezogenen bedeute, damit, daß in den eigentlichen Namen (propriis) es nicht so genau genommen werde, als in den Nennwörtern (appellatiuis), und berufet sich dabey ganz richtig auf die Namen Japhet, Isaak und Joseph; verwirft des Gr. Gregorii Franci ganz unrichtige Behauptung, und endlich derjenigen Muthmaßung, daß die Herleitung dieses Namens zwar im Hebräischen gesuchet werden müsse, jedoch das Aegyptische zufälligerweise eben das ausdrücke. (§. 6—9.) Das letzte kömmt dem Recensenten so unglaublich nicht vor.

Diss. de nomine Theophilo. Luc. I. 3. et Act. I. 1. P. I. S. Fristedt. P. II. O. Witkom. 20 S.

Es wird hier die Frage untersuchet: ob Theophilus ein eigenthümlicher Name eines gewissen Mannes, oder ein Nennwort sey, womit jeder Christ beleget werden könne? Hierüber sind nicht bloß die alten, sondern auch die neuern Ausleger getheilt gewesen. (§. 1. 2.) Das letzte findet nicht wohl Statt (§. 3. 4.); das erste hat überwiegendere Gründe. (§. 5—10.) Ob es zwar wohl gewiß ist, daß das Evangelium und die Apostelgeschichte Lucä an einen und eben denselben Theophilus gerichtet ist, so läßt es sich doch nicht ausmachen: wer und was er gewesen? Heumann und Brucker hätten übrigens keine Ursache zu dem Vorgeben: Es seyn zwar die beiden heiligen Schriften einem gewissen angesehenen Manne, doch mit Verschweigung seines rechten und unter Beylegung eines allgemeinern Namens, zugeeignet worden.

Diss.

Diss. de tribus mirabilibus et quatuor incognitis. Prou. XXX. 18. 19. P. I. **L. Gadd.** 33 S.

Zuvörderst geht der Verfasser die einzelnen Ausdrücke dieser Verse durch, wo er sich am meisten bey נשר (Adler) und עלמה (Jungfrau, oder, wie Luther es übersetzte, Magd) aufhält. (§. 1—5.) Nun nimmt er die Ausdrücke zusammen, die von einigen, obgleich ungegründet, als uneigentlich und allegorisch angesehen, (§. 6—8.) von andern zum Theile, nämlich in den ersten dreyen Aussprüchen eigentlich und buchstäblich, zum Theile aber, nämlich in dem vierten Ausspruche, uneigentlich, (§. 9.) von andern endlich richtiger durchaus im eigentlichen Verstande genommen werden. Diesen pflichtet der Verfasser unter einigen Einschränkungen bey; aber auch sie denken verschieden. Er führet hier nur diejenigen an, die den Weg des Adlers, der Schlange und des Schiffes mit dem Wandel eines Mannes in dem Jünglingsalter vergleichen, aber diese Vergleichung nicht auf einerley Weise anstellen. Hier schließt sich dieser erste Theil.

Diss. de Agure Capitis XXX. Libri Prouerbiorum auctore. P. I. **P. Sandberg.** P. II. **B. M. Kallerin.** P. III. **G. Schjölt.** 31 S.

Nach einer Einleitung, (§. 1. 2.) worinn der Verfasser den Sprüchen Sal. die göttliche Eingebung zugesteht, und zugleich äußert, daß dasjenige, was itzt noch nicht richtig eingesehen werde, zukünftig noch berichtiget werden könne, giebt er dieß als den Gegenstand seiner Untersuchung an: Ob Agur der Salomo selbst, oder ein anderer Mann gewesen sey? Jenes, von so vielen und grossen Männern es auch behauptet werde, verwirft er. (§. 3. 4.) Dieß nimmt er deswegen an, weil kein wahrscheinlicher Grund da sey, weshalb Salomo in diesem einzigen Cap. seinen Namen sollte verändert haben; weil auch Cap. 25. und die folgenden von andern Männern herrühren, und der Innhalt des Gebets V. 7. u. s. w. sich nicht für den Salomo schicke; anderer Gründe zu geschweigen. (§. 5.) Wer übrigens dieser Agur gewesen sey, bleibe ungewiß. Mit wenigem wird noch Cornelius a Lapide widerlegt. (§. 6. 7.)

D. *Pet.*

D. *Pet. Munck*, Lingu. Orient. et Graec.
Prof. Reg. et Ord.

Diss. grad. de supplicio Ammonitarum. 2 Sam. XII. 31. 1 Chron. XX. 3. nota crudelitatis liberato. J. L. Gutmann. 18 S.

Bayle und seine Nachbeter tadeln mit großem Hohngelächter die in den angezogenen biblischen Stellen berichtete That des Davids. Der Verfasser führet den Grundtext und die alten Uebersetzungen an, um darzuthun, daß die gemilderte Uebersetzung, welche Danz und andere von diesen Stellen liefern, als ob David die Ammoniter zu harten Arbeiten verdammet hätte, ungegründet wäre. (§. 1—3.) Er nimmt den Bericht im eigentlichen Verstande, giebt zu, daß bey weitem nicht alle Handlungen Davids gebilliget werden könnten, daß aber David mit den boshaftesten Feinden zu thun gehabt hätte, welche seine Gesandten dem Völkerrechte zuwider so entehret hatten und unglaublich grausam und blutdürstig waren, 1 Sam. 11, 1. 2. Die von dem Verfasser angeführte Stelle Amos 1, 13. möchte nicht wohl hieher gehören, weil die darin erzählte Grausamkeit der Ammoniter allererst ein paar Jahrhunderte hinterher einfällt, und man vielleicht also sagen könnte, daß solches noch eine Ausübung der Rache für die Davidische Grausamkeit wäre. Gott mochte etwa auch den David als ein Werkzeug seiner Strafgerechtigkeit an den Ammonitern, als blutdürstigen Götzendienern, brauchen; und dieser hat gewiß nicht alle, sondern nur die sich ihm hartnäckig widersetzten, also behandeln lassen; obwohl allerdings unserm Bedünken nach eine gelindere Behandlung ihm rühmlicher und an sich vorzüglicher gewesen wäre. (§. 4. 5.)

Specimen philos. de Deo Zelote אל קנא. Auct. A. Hylander. 17 S.

Einer der anthropopathischen, das ist von menschlichen Gemüthsbewegungen hergenommenen Ausdrücke, die also auf eine Gott anständige Weise verstanden und erkläret werden müssen, ist unter andern der, wenn er (Exod. 20, 5. Deut. 5, 9. ein eifriger Gott genannt wird. Der Verfasser zeiget also aus der Herleitung und dem Gebrauche des Worts קנא (eifrig), aus dem Endzwecke der beiden Schriftstellen, und aus ihrer Vergleichung mit andern,

daß

daß der göttliche Unwille deswegen angedrohet werde, damit die Menschen von Sünden abgeschrecket und zur wahren Glückseligkeit gefördert würden, jene Drohungen also eines rächenden Gottes Zorn, aber auch unaussprechliche Liebe desselben zugleich predigten. (§. 1—4.) Dieß sucht er am Ende mit der Unveränderlichkeit Gottes und mit der Heilsordnung zu vergleichen. (§. 5—7.)

D. de prouidentia diuina circa propagationem verae religionis in Vet. Test. P. I. J. J. Löthner. P. II. A. Swenonius. 28 S.

Diese Abhandlung von der göttlichen Fürsorge für die Fortpflanzung der wahren Religion im A. T. ist wider die Calvinisten und Naturalisten gerichtet, weil jene die Hintenansetzung der Völker aus einem uneingeschränkten Rathschlusse Gottes annähmen, diese aber solche göttliche Fürsorge aus dem Grunde der Zulänglichkeit der natürlichen Religion zur ewigen Glückseligkeit läugneten. Es wird also (§. 1—9.) eine kurze bündige Geschichte der Ausbreitung der Religion in den Zeiten vor Christo aus dem A. T. geliefert, mit Verweisung auf des Buddeus Hist. Eccl. V. T. und des Stackhouse Vertheidigung der biblischen Geschichte und einer Anzeige anderer Schriftsteller, und so (§. 10.) aus Thatsachen beide Widersacher widerlegt, auch wider die ersten die gemisbrauchte Stelle Ps. 147, 19. 20. dadurch ganz richtig gerettet, daß darin bloß gesagt werde: Gott hätte sich nicht auf die Weise den andern Völkern, so wie den Israeliten, geoffenbaret: den letzten aber eingeschärfet, wie nöthig allen die Fürsorge Gottes in der Fortpflanzung der wahren Religion gewesen sey, weil sie bey der Befleckung mit der Abgötterey nicht einmal den Grundsätzen der gesunden Vernunft gefolget wären. Einige Behauptungen laufen freylich mit unter, wobey nicht allein die so genannten Calvinisten und die Naturalisten, sondern auch wohl andere zweifeln möchten. Ohne Zweifel sollen die Ammoniter und Moabiter in der wahren Religion unterrichtet und von Gott besonders gnädig angesehen worden seyn (S. 9.); die Hauptursache, weshalben Abraham die Söhne von der Ketura und die Enkel von sich weg und in entfernte Gegenden ziehen lassen, wird darin gesuchet, daß sie den Samen der wahren Religion ausstreuen möchten;

Jakob

Jakob wird als ein großer Herold derselben in Mesopotamien angegeben. (§. 4.) Die damals beschnittenen Völker hätten einen Gott in dreyen Personen geglaubet. (§. 6.)

D. grad. de quantitate spirituum finitorum intensiua. M. Lönberg. 17 S.

In dieser ganz nach Wolfens Demonstrationsart geschriebenen Abhandlung werden nach der Voraussetzung: was ein Geist ist? und daß es außer dem unendlichen Geiste, Gott, auch endliche Geister giebt, und was eine innerlich bestimmte (intensiua) Größe ist? nämlich: eine gewisse und bestimmte Macht, das ganze Erkenntniß- und Willensvermögen nach Maßgebung des Wesens zu üben, (§. 1 — 3.) zwo Fragen aufgeworfen. Die erste: ob solche intensive Größe der endlichen Geister bestimmet werden könne oder nicht? wird mit nein beantwortet; nur aber versichert, daß sie in den Engeln größer, als in den menschlichen Seelen sey. (§. 4.) Die zweyte: ob und in wie ferne gesagt werden könne, daß alle endliche Geister einerley intensive Größe hätten? wird also aufgelöset, daß zwar das Erkenntniß- und Willensvermögen einerley wäre, aber bey weitem nicht die Uebung desselben. Die Ehre Gottes erfodere solches, welche durch die Verschiedenheit der Vermögensarten der Geister und der Unzählbarkeit der Geister im gleichen Maaße erhöhet werde. (§. 5.) Die Geister wären sich zwar also ähnlich, aber nicht gleich. Bey den Engeln, den guten sowohl als auch den bösen, wüchse die Erkenntniß, und so auch in den menschlichen Seelen, sowohl in diesem als dem zukünftigen Leben; ja auch bey den Einwohnern der Planeten, wenn es welche gäbe. (§. 6 — 8.) Eine Behauptung fand der Recensent ziemlich kühne: Die Teufel könnten (§. 7.) solche Körper annehmen, wie sie wollten, (corpora, qualia volunt) und es sey also kein Wunder, daß sie von einem Orte so geschwinde, ja, noch geschwinder, zu dem andern kommen könnten, als Luft und Licht. Der Recensent sieht beides, wenn es gegründet ist, und auch dieses, daß sie zu der Fahrt einen Körper brauchen sollen, für recht wunderbar an.

D. grad.

D. grad. sistens cautelas circa vsum variantium lectionum Dni Kennicott. **J. Bruzelius.** 20 S.

Diese Diss. ist durch die Schrift: Lettres de M. l'Abbé de *** au Sieur Kennicott, Rom. 1771. entstanden, und soll zur Bestreitung des bekannten Kennikottschen Unternehmens dienen. Da die Letttès etc. in Ernesti neuester Theol. Bibl. B. 2. St. 2. recensiret worden; so bedarf es über die Dissert. selbst keiner eigenen Recension.

D. grad. de Religione Naamanis. 2 Reg. 5, 17. 18. **J. G. Ingellmann.** 16 S.

Die schwierige Frage: ob Naamen hier um Vergebung des bisher geschehenen, oder um Verstattung des zukünftigen bitte? wird so aufgelöset, daß jenes geläugnet, dieses aber so angenommen wird, daß er dabey ersuchet hätte: Gott möge ihm gnädig seyn, wenn er aus Amtspflicht gegen seinen König in dem Götzentempel sich bücken müsse. Es war demnach keine religiöse, sondern bürgerliche Verbeugung. So entließ ihn also der Prophet mit Wünschen und einer stillschweigenden Erlaubniß. (§. 1 — 3.) Seiner Religion nach wird er für einen Proselyten des Thors (proselytus portae) erkläret, welcher mit Entsagung der Abgötterey so zum Judenthume übergetreten, daß er den einigen wahren Gott verehren, und die Naturgesetze, die von den Juden die noachitischen genannt worden, beobachten wolle.

D. de Facto Chanunis iuri gentium aduerso. 2 Sam. 10, 2 — 4. **N. Trozelius.** D. P. **Apelbaum.** 18 S.

Die Behandlung des Chanons gegen Davids Gesandten ist deswegen so schwarz und strafwürdig, weil er sie ohne Ursache für Spionen hielt, durch das 3 Mos. 19, 27. so ernstlich verbotene Abscheeren Gott und die jüdische Religion verachtete, das überall heilig gehaltene Gesandtschaftsrecht schnöde unter die Füße trat, und endlich, da David alles zu verbeißen schien, ihn noch mit Kriege überfiel. Daraus entstand wohl die scharfe Ahndung, welche David den Chanon und die Ammoniter fühlen ließ.

D. de

D. de Serpente Paradisiaco. L. **Enander.** 16 S.

Nach der Meldung, daß Philo und andere die ganze Versuchungsgeschichte allegorisch auslegen, Aben Esra und andere von einer wirklichen Schlange, die zuvor geredet haben solle, andere allein von einem bösen Geiste verstehen, hält er die Meynung für die sicherste, welche die Schlange für eine natürliche, aber vom Teufel mißbrauchte, annimmt. Da aber viel nach der Art der Schlange gefraget wird, zu welcher die paradisische gehöre, und darüber viel Streit entstanden, so findet er dazu die in des *Linné* Systeme unter folgender Beschreibung angegebene: Serpens e Classe Amphibiorum, reptilium, cui quatuor sunt pedes et quidem primo generi, quod *Draco* vel *lacerta volans* vocatur, duae alae, laterales, radiis instructae, membranaceae. Er bestärket dieß durch Auseinandersetzung dessen, was sich in diesem Kapitel eigentlich auf die natürliche Schlange und den wirkenden bösen Geist passet.

Ioh. Gersonius, Phil. Mag.
D. de opprobrio Aegypti. Ios. 5, 9. **O. Agrell.** 18 S.

In dieser Stelle ist eine doppelte Schwierigkeit: theils, was das Zahlwort: zum andernmal, theils, was die Schande Aegyptens bedeuten solle. Jenes soll auf die feierliche Beschneidung des ganzen Volks gehen, welche zu Abrahams Zeiten zum ersten, und nun zum zweitenmale geschehen wäre; dieses soll die Vorhaut selbst anzeigen, da bis zu der Zeit die Aegyptier gleich andern heydnischen Völkern die Beschneidung noch nicht gehabt hätten. Die Gegner dieser Auslegung werden widerlegt.

N. Bruzelius, Phil. Mag.
D. de praestantia linguae Hebraeae. **A. Leufström.** 9 S.

Das Gewöhnliche über die Vortrefflichkeit der hebräischen Sprache. Sie soll die erste und dem ersten Menschen natürlich gewesen, überdieß, weil sie von Gott kömmt, heilig seyn. Sie soll sich endlich durch die Reinheit und Einfachheit, den Nachdruck und Reichthum der Wörter, ihre Zierlichkeit und Annehmlichkeit, auch ihren Nutzen in der Gottesgelehrsamkeit und anderweitig, empfehlen.

P. Trendelenburg, Phil. Mag.

Meditationes nonnullae circa linguam Germanicam. J. L. Schenmark. 1,5 S.

Der Verfasser trat mit diesen Betrachtungen seine Lehrstelle der deutschen Sprache auf der hohen Schule zu Lund an. In der Vorrede schüttet er dieß Gebeth aus: „Der Regierer aller Dinge, welcher die deutsche Sprache „würdig geachtet hat, vermittelst ihrer, gleich als der „dritten Ursprache, zu dieser letzten Zeit durch sein Werk„zeug, den göttlichen Luther, sein Reich wieder aufzurich„ten, stehe mir bey, ihm mit deutscher Redlichkeit, Treue „und Glauben meine Studien zu weihen" u. s. w. Die Betrachtungen selbst sind wohl gegründet, könnten aber noch geschärfter seyn, um der in Schweden wohl meistens aus politischen Ursachen nun so überhand nehmenden Verachtung der deutschen Sprache nachdrücklicher entgegen zu gehen und ihr abzuhelfen. U.

Palm (F. C.) Diss. Chem. de Sale Sedatiuo Hombergii. 3¼ Bog. C. Trendelenburg.

Im 1sten §. giebt der Verfasser eine kurze Beschreibung dieses Salzes, redet von dessen verschiedenen Namen, und hält dafür, daß, ob zwar der Name: Sal acidum Boracis bequemer wäre, doch das Wort: Sedatiuum beybehalten werden könne. Dieses Salz ist nicht lange bekannt gewesen. (§. 2.) Man findet zwar bey Beccher einige Spuren davon; Homberg ist aber doch der rechte Erfinder. Seine Methode, sowohl als die der beiden Herren Lemery's, dieses Salz zu verfertigen, giebt der Verfass. kurz an: sie bestund aber in der Sublimation; bis Geoffroi lehrete, daß es durch die Crystallisation noch besser könnte hervorgebracht werden. Die Theorie dieses Salzes war dennoch sehr fehlerhaft: die Chemisten glaubten, daß das Sal Sedatiuum ein aus dem Borax und einer Säure entstandenes Product sey, bis endlich durch den Fleiß des Herrn Baron de Henouille entdeckt wurde, daß dieses Salz wirklich vorher in dem Borax befindlich ist, und nur durch die Säure decomponiret und zu einem Mittelsalze verwandelt wird; ob zwar Faselius und Obermayer durch Experimente bewiesen haben, daß dieß Salz wirklich von Natur säuerlich ist; aber von einer besondern

Art, die von allen andern Säuren sehr verschieden ist. — Die beste Methode, dieses Salz zu verfertigen, giebt der Verfasser im 3ten §. an, und hat zugleich einige Cautelen beygefügt, wobey er im 4ten §. die Eigenschaften dieses Salzes beybringt. Im 5ten §. zeigt der Verfasser, daß das Sal Sedatiuum in den mineralischen Säuren keine Veränderung leidet, auch nicht in den vegetabilischen, nur daß es in denselben aufgelöset wird. Hierauf beschreibt er (§§. 6. 7. 8.) die Veränderungen, welche dieses Salz mit dem Laugensalze, mit den vollkommenen Mittelsalzen und mit den irdischen Körpern leidet, und theilet ferner (§. 9.) dem Leser einige neue Versuche mit, die er mit den Metallen und Sale Sedatiuo angestellet hat, welche bisher von keinem andern sind gemacht worden: als mit der Limatura cupri; mit der Limatura cupri und dem Mercurio; mit der Limatura stanni; mit der Limatura plumbi, wie auch (§. 10.) mit den aufgelösten Metallen: als solutione argenti, plumbi, Mercurii, Cupri nitrosa, Mercurii sublimati, Sacchari Saturni, Cupri ammoniacalis; eben als (§. 11.) mit Schwefel; mit Schwefelleber; mit rectificirtem Branntweine; mit Ruß und mit gepülverten Kohlen. — Hieraus, sagt der Verfasser, (§. 12.) erhellet ganz deutlich, daß das Sal Sedatiuum eine wahre Säure von einer besondern Art ist, die mit keiner andern Säure vollkommen übereinkömmt, wie Obermayer, in seiner Diss. de Sale Sedatiuo *Hombergii*, ebenfalls erwiesen hat, und oben ist angeführt worden; und da einige Chemisten behauptet haben, daß das Sal Sedatiuum von dem Borax nicht viel verschieden wäre, so hat der Verf. eben in diesem §. durch unterschiedene angeführte Experimente erwiesen, daß sie von einander sehr verschieden sind. — Endlich erwähnt der Verfasser (§. 13.) den medicinischen Nutzen dieses Salzes und sagt: Quod sit incidens, Antifebrile, Antisepticum, leniter aluum laxans, Antihystericum et lochia promouens. — Dieß wäre freylich gar sehr zu wünschen. N.

L. Weibull, Phil. Mag.

D. de vsu Rationis humanae. S. Lunborg. 8 S.

Von dem Gebrauche der menschlichen Vernunft ließe sich freylich auf so wenigen Seiten nur das Allgemeinste sagen: U.

C. Abhandlungen und Reden der Wissenschaftsakademien und Societäten. *)

a) Der königl. Wissenschaftsakademie zu Stockholm.

Kongl. Vetenskaps Academiens Handlingar, för ar 1773. Vol. 34. Stockholm, in Salvii Druckerey. 8. (Abhandlungen der königl. Akademie der Wissenschaften für das Jahr 1773.) 32 Schill.

Erstes Vierteljahr. Wilcke Versuch zu einer neuen Einrichtung des Papinischen Kochkessels zum häuslichen Behufe; sie beruht hauptsächlich auf dem ovalen Deckel, der von innen vorgelegt und von den Dünsten selbst angedruckt wird. v. Strussenfeldt beschreibt zween Fische aus dem Geschlecht der Dorsche, Gadus cimbrius, und Gadus mustela. Bergius vom Brodbacken, auf was Art die Armuth das Getreide am vortheilhaftesten nützen könne. Thunberg erzählt Wirkungen vom Bleyweiß (Cerussa), welches auf seiner Reise aus Versehen unter das Essen gemischet worden. Lexell berichtiget die geographische Länge einiger schwedischen Oerter aus Sonnenfinsternissen der Jahre 1764 und 1769. Wargentin bestimmt die westliche Länge von Uranienburg und Lund gegen Stockholm. Bjerkander beschreibt die verschiedene Lage und Stellung der Ausdünstungströpfchen auf den Blättern der Pflanzen. Lagus beschließt seine Beschreibung von Kusamo in Kemi Lappmark. Hallencreutz hat zwo Gewitterwolken einander anziehen und Blitze schlagen gesehen. Sauer hat Blutigel bey einem epileptischen Anfalle mit Nutzen gebraucht. Skoge bereitet aus Molken, Eyerweiß und ungelöschtem Kalke einen wasser- und feuerfesten Kitt. Kempf erzog einen jungen aus der erschossenen Mutter geschnittenen Haasen.

Zweytes Vierteljahr. Rinman von Cementen. Lexell zweytes Stück über die Länge schwedischer Oerter, aus Sonnenfinsternissen bestimmt. Laxmann Beschreibung der sibirischen Mus Myospalax. Bagge beschreibt eine

---

*) Von ihnen ist überhaupt Theil I. dieses Archivs S. 279 nachzusehen.

eine Art Natron bey Tripoli, in der Barbarey, Trona. Retzius Verbena Oblaetia, ein seltenes Gewächs. Skoge vom Nutzen und Anbaue der Erdmäuse. Skytte Anmerkungen von Nutzung der Erdmäuse und Erdäpfel zu Speisen. Sheldon beschreibt einen Schwungkran. Lindblom prüft den Salpetergehalt des Pulvers vermittelst der Salzprobe. Bergman von der Luftsäure. Melander löset ein den Lauf der Planeten betreffendes Problem.

Drittes Viertheljahr. Björklund hat auf einer Reise von Petersburg nach Poltava verschiedene geographische und physische Anmerkungen gemacht. Genberg Geschichte eines lebenden Vielfraßes. Lindwall nähere Beschreibung dieses Vielfraßes. Hollsten Anmerkungen über den Vielfraß. Hermelin von der Steinkohlengrube bey Boserup, und andern Steinkohlversuchen in Schonen. Von Quanten beschreibt einen sehr leichten Wagen für ein Pferd. Blom medicinische Versuche mit der Pflanze Aconitum Napellus. Printzenstierna Vorzug der Bienenkörbe vor den Stöcken. Martin thermometrische Bemerkungen in Pocken.

Viertes Viertheljahr. Melander Erklärung einiger bey dem Steigen und Fallen der Barometer vorkommenden Umstände. Gadd Erfahrungen bey Einführung des Seidenbaues in Finnland. Montin Thunbergia, eine neue Pflanze vom Kap. Mallet von dem Ulfströmischen Cement beym Wasserbaue. Rinman Zulage vom obigen Cemente. Hagström Nutzen der Nucis Vomicae in der rothen Ruhr. Wawström, auf was Art die damascirten Schießgewehre aus Eisen und Stahl gemacht werden, nebst Rinmans Zulage. Meldercreutz Elementarabhandlung von den Kegelschnitten auf ebner Fläche. Norberg beschreibt und verbessert das Hebzeug, womit der Bauer Olof Birgerson große Steine aus dem Lande hebt. Kalm vom Nutzen des amerikanischen Hanensporndorns zu lebendigen Hecken. Hülphers von Abänderung der Volksmenge bey der Domkirche zu Westeräs seit 148 Jahren. Monnet von einem Schiefer, der Bittersalz enthält. Stålhammar Versuch aus Eschen- und Birkensaft Sirup zu kochen. Man kann auch über diesen Band nachsehen: Gjörwels lärda Tidn. 1774. n. 7. Götting. Anz. 1775. St. 64. 1776. St. 119, 143. Murray medicin. Bibl. I. B. 3 St. W.

Folgende Reden sind darin gehalten worden: *)

Grill (*I. A.*) Eintrittsrede: Om orsakerne, hvartöre etc. (Von den Ursachen, weswegen die Naturgeschichte von China so wenig bekannt ist.) 1 Sch. 6 rst.

Bey Niederlegung des Präsidiums.

Arbins (Gen. Quartierm. *A. M. v.*) om Kongl. Sv. Fortif. St. inrättning. (von der Einrichtung des königl. Schw. Fortificationsstaates.) 8 Sch.

Hermelins, (Bergm. Bar. *Sam.*) om näringarnes förhållande etc. (von dem Zustande der verschiedenen Nahrungszweige in den verschiedenen Oertern Schwedens.) 118 S. in 8. 10 Sch. 8 rst. *)

Lindblom, (Prof. *N.*) om angelägenheten och nyttan etc. (von der Wichtigkeit und dem Nutzen, einige Artillerieversuche anzustellen.) 1 Sch. 6 rst.

Gedächtnißreden.

Stockenström (Chr. Erich *v.*) über den verstorbenen R. R. u. s. w. Graf Cl. Ekeblad. 3 Sch. 9 rst.

Schönberg (*A.*) über den R. R. Graf C. G. Löwenhjelm. 3 Sch. 9 rst.

Ebendesselben über den Gen. Maj. Freyh. J. v. Eggers. 4 Sch.

Sandel (*S.*) über den Landshauptmann ꝛc. B. Dan. Tilas. 3 Sch.

Schul-

---

*) Sowohl die Abhandlungen der Akademie der Wissenschaften, als auch die darin gehaltenen Reden, wurden bis 1784 in der ehemals Salviusischen nun Langenschen Buchdruckerey in 8. gedruckt. Vergl. Archivs ersten Th. S. 242.

**) Diese merkwürdige Rede ist in den Götting. Anz. 1777. St. 121. und in Gjörwels lärda Tidn. 1774. n. 37. auch in den greifswaldischen kritischen Nachr. vom Jahr 1775. S. 26 umständlich recensiret worden.

Schulzenheim, (Prof. D. v.) über den Archiater und R. N. R. v. Rosenstein. 5 Sch.

Von der ersten dieser Gedächtnißreden kann: Nya allm. Tydn. 1773. n. 178. 182. von den drey letzten: Zugabe zu Götting. Anzeigen n. 2. des Jahres 1775 nachgesehen werden.

Antworten auf die von der Königl. Akad. der Wissensch. aufgegebenen Fragen:

Modeers, (A.) och *Barchaei* (G.) Svar, angående bästa sättet at uphjelpa Åkerbruket? (M. und B. Antw. ꝛc. über die beste Art, dem Ackerbaue aufzuhelfen.) 9 Sch.

Lunds, (D. G.) och *Hagströms,* (A. I.) Svar. hvilka äro de bästa förfarings- och botemedel för maligna sjukdomar etc. (L. und H. Antwort, welches sind die besten Verwahrungs- und Hülfsmittel bey bösartigen Krankheiten, Fleck- und faulen Fiebern, besonders für das Landvolk in Rücksicht auf die verschiedenen Jahreszeiten, Witterung, Lage der Oerter und Lebensarten?) 7 Sch. 6 rst.

Vergl. im folgenden Hauptabschnitt den Artikel: Arzeneykunde.

b) Der Königl. Akademie der schönen Künste und Wissenschaften zu Stockholm.

Von den Abhandlungen derselben unter dem Titel: Kongl. Svenska Witterhets-Academiens Handlingar, war der erste Theil Stockh. bey Salvius, 1755. 8. 16 Sch. herausgekommen; der zweyte Theil erschien bey Fougt, 1776. 24 Sch. und der dritte 1780; die Gesetze derselben, unter dem Titel: Kongl. Svenska Witterhets-Academiens Lagar, waren 1753 bey Salvius, in 8. 1 Sch. abgedruckt worden.

Die darin in diesem Jahre gehaltenen Reden sind folgende:

Lilje-

Liljeſtråle (I. W.) Inträdes-Tal. (Eintrittsrede) bey Salvius. 16 S. in 8.

Loyonhufond (A. G.) Inträdes-Tal. (Eintrittsrede) bey Salvius. 8 S. in 8.

Gyllenborgs (G. F.) Inträdes-Tal. (Eintrittsrede) bey Salvius. 19 S. in 8.

Elers (I.) Inträdes-Tal. (Eintrittsrede) bey Salvius. 12 S. in 8.

Die erſte dieſer Reden iſt recenſirt in Gjörwels lärda Tidningar, vom Jahr 1774. Num. 6; die zweyte auch daſelbſt Num. 9; die dritte Num. 17. und die letzte N. 26.

Außerdem ſind noch herausgekommen:

Manderſtröms und *Pipers* Tal (Reden).

Jene iſt eben daſelbſt Num. 8. dieſe aber Num. 18. recenſiret worden.

c) Der Königl. Societät der Wiſſenſchaften zu Upſala.

Acta noua reg. Societ. Scientiarum Vpſal. Vol. I. Vpſal. 1773. 4. 1 Alph. 6. B. mit Kupf.

Wird an ſeinem Orte mit den folgenden Bänden zugleich näher angezeiget werden. Sonſt findet man ſchon Recenſionen über dieſen erſten Band, in: Gjörwels lärda Tidn. 1775. Num. 1. 3. 5. Götting. Zugaben. 1776. St. 29, wo auch ein kurzer Auszug der Stücke vorkömmt; — Greifsw. krit. Nachr. vom Jahr 1775. S. 89; — J. Beckmanns phyſikal. ökonom. Biblioth. B. 5; — Murrays mediciniſche Biblioth. B. 1. St. 3.

d) Der patriotiſchen Geſellſchaft zu Stockholm.

Ihre vom Könige bekräftigte Geſetze kamen in dieſem Jahre unter dem Titel:

Kongl. Maj. Stadfäſtelſe &c.

bey Langen auf 36 Octavſeiten heraus, wovon und ihren Arbeiten ein andermal Nachricht gegeben werden ſoll.

e) Der Geſellſchaft Pro Fide et Chriſtianiſmo.

Ihre herausgegebenen Schriften ſind in dem Artikel: Gottesgelehrſamkeit in dem dritten Hauptabſchnitt angezeiget. L.

Dritter Hauptabschnitt.
Kurzgefaßte Recensionen
nach
den verschiedenen Wissenschaften.

I. Gottesgelehrsamkeit.

Anmärkningar öfver Uppenbarelse Boken. Upsala. 1773. 15 Bogen. 8. 10 Sch. 8 r.

Diese Anmerkungen über die Offenbarung Joh. sind dem Titel nach von Jemanden aufgesetzet worden, der in Glaubenseinfalt nach Gottes Worte des Herrn Rath und Wege zu kennen suchet. Die Censur des Hrn. Ch. Clewberg, Dec. der theol. Facult., lautet so: "Die anonymischen Anmerkungen sind mit Vergnügen "durchgelesen worden, und weil sie eine solche Erklärung "in sich halten, welche nicht allein nicht mit dem Grunde "des Glaubens streitet, sondern auch ohnfehlbar demje= "nigen, der Gottes Wort liebt und ohne vielen Zeitver= "lust und beschwerliche Untersuchung, dergleichen die weit= "läuftigen Auslegungen gewöhnlich mit sich führen, in "Kürze die darin unter vielen Bildern eingehüllete Mey= "nung fassen will, nützlich seyn wird: so verdienen sie, "durch den Druck allgemein zu werden." Der Recensent bekennt gern, aus der Erklärung der Offenb. Joh. bis itzt sein Werk nicht weiter gemacht zu haben, als daß er die darin enthaltenen Drohungen wider alles gottlose Wesen und die den Frommen ertheilten Verheißungen für weit stärker und bringender hält, als in irgend einem an= dern biblischen Buche, und sie so für sich und andere zum praktischen Gebrauche anempfiehlt. Er getrauet sich also nicht, über die mindere oder mehrere Richtigkeit der Aus= legung zu urtheilen. Er nahm das Buch mit der Ver= muthung in die Hand, einen Bengelianer in dem Verf. zu finden. Allein er irrete sich. Er fand einen beträcht= lichen Unterschied zwischen diesen Anmerkungen und des Bengels Auslegung, wenigstens derjenigen, die in dem Gnomon angetroffen wird. Ohnerachtet der Verfasser gewöhnlich in der Geschichte die Erfüllung der Weissa= gungen aufsuchet: so ist er doch überall sehr behutsam, und will bey den schwerern Stellen, z. E. K. 13, 18, nichts entscheiden. Hinterher hat sich es gewiesen, daß der 1783

verstor=

verstorbene Doctor und Probst Westelius der Verfasser
gewesen und auch noch handschriftliche Anmerkungen
nachgelassen.

Arosenii, (P.) Biblisk Sprak-Bok öfver Epit. Rep.
Theol. Wåsterås, 1773. 8. 13 Sch. 4 r.

Ist eine neue Auflage eines biblischen Spruchbuchs,
welches nach der in des *Benzelii* Epitome repetitionis
Theol. beobachteten Ordnung der Glaubensartikel eingerichtet ist.

Berättelse, fullständigare och sanfärdig, om pigan
Cath. Pehrs Dotter. Stockh. 1773. bey Carlb.
12 Quartseiten.

Vermuthlich war dieser vollständigere und glaubwürdige Bericht von dem sonderbaren Zustande der
bekannten Kath. Pehrs Tochter, ohne irgend eigene Zusätze und Beurtheilung, durch eine: Kort underrättelse om den på Södermalm predikande pigan &c.
Stockh. bey Wennberg und Nordström, 1773. 12 Quartf.
veranlasset worden. Darauf erschienen: Handlingar angående den predikande Pigan etc. Königl. Buchdruckerey zu Stockh. 1773. 3 Quartb. Darin findet sich der
Bericht des königl. Collegii Medici an den König, benebst
dem voto des Assessors D. Odhelii, und des Propstes
M. G. Hedins Zeugniß und Bericht an das Stockholm.
Consistorium. Jenes lief darauf hinaus, daß man diese
aus Nerike gebürtige fromme Schwärmerinn, als eine
convulsivische Person ansehen, von ihren Bekanntschaften
absondern und zur guten Cur und Pflege auf das königl.
Lazareth nehmen sollte.

Berättelser, två, om Lapparnes omvändelse etc.
Stockh. 1773. 4 Octavb. bey Carlb. 4 Sch.

Diese beiden Berichte von der Bekehrung der Lappländer von ihrem vorigen Aberglauben und Abgötterey,
bestehen in ein Paar alten, mit einigen Anmerkungen vermehrten Documenten des verflossenen Jahrhunderts, und
sollen eine Beylage zu dem (im ersten Th. des Archivs be-
schriebenen) Tornäus abgeben. Deswegen hat auch der

Heraus-

Herausgeber desselben und dieser Berichte das Verzeichniß der von Lappland handelnden Schriftsteller mit folgenden vermehret: 1) Utdrag af en Beskr. öfwer Kusamo Socken ꝛc. af M. Elias Lagus. 3 Stücke in den königl. Wiss. Abh. vom J. 1772. 2) Diss. de cultura mineralium in Lapponia etc. Upf. Praes. I. Låstbohm. 3) Kort Försök af närmare Kunskap och större nytla ꝛc. i synnerhet Lappmarken. Stokh. bey Salvius, 1772. ein Octavb. 4) *I. Sainovics* Demonstratio idioma Vngarorum et Lapponum idem esse. Hafniae. 1771. 5) *Ihre* Diss. de Conuenientia Linguae Hungaricae cum Lapponica. Upf. 1772. 6) Memoire sur les Samojedes et les Lappons. Copenh. 1771. 44 Octavf.

Bloks, *(M.G.)* Betänkande öfver Esther Ions-Dotters långvanga fastande etc. Wästeras. 1773. 8. 1 Sch. 6 r.

Das Bedenken über der Esther langwieriges Fasten, welches hier für eine natürliche Sache erkläret wird, war schon ehemals gedruckt gewesen, und ist zur Bestreitung des Aberglaubens abermals aufgelegt worden.

Kongl. Maj. Constitutorial för Committerade etc. (Sr. K. M. gnädiges Constitutorial für die zur Uebersehung und Verbesserung der schwedischen Bibelübersetzung angeordnete Commission.) Stockh. ein halber Quartb. bey Pfeifer.

Kongl. M. Instruction för den etc. (Sr. K. M. gnädige Instruction für solche.) Stockh. 1773. ein Quartb. bey Pfeifer.

Diese beiden königl. Ausfertigungen stehen fast wörtlich in Groskurds Nachr. von den schwedischen Bibelübersetzungen (Act. hist. eccl. Vinar. nostri temporis. 2ter Band. S. 324—331.) und in D. Schinmeiers Versuche einer Gesch. der schwedischen Bibelübersetzungen, 3tes Stück, S. 183—186: so daß eine Ausführung des Inhalts ganz überflüßig wäre.

Doddrid-

Doddridge (*P.*) Betraktelſe etc. Stockh. 1773.
1 Alph. 4 B. in 8. bey Rumblin. 24 Sch.

Dieß iſt die zweyte, und, wie der Titel ſagt, verbeſſerte Auflage der Betrachtungen des Doddridge.

Exempel (*åtſkillige*) af Menniſkor etc. (Verſchiedene Exempel von Menſchen, welche, beſonders gegen ihren herannahenden Tod, wirklich die bekehrende, rechtfertigende und tröſtende Gnade Jeſu Chriſti erfahren haben). Erſtes St. zweyte Aufl. Stockh. 1773. 8. bey Fougt. 8 Sch.

Die Societät Pro Fide et Chriſtianismo hatte dieſen Tractat, der nun zum zweytenmale aufgelegt worden, zuvor im Jahr 1771. herausgegeben. Die Exempel ſind alle aus dem Deutſchen überſetzt. Es ſind folgende: 1) S. W. C. Gräfinn v. Solms-Rödelheim. 2) M. Euſtachia Gräfinn v. Wurmbrand. 3) Luiſa Aug. Magd. Prinzeſſinn v. Heſſen-Darmſtadt. 4) Graf Joachim Heinr. v. Schwerin. 5) D. Siegm. J. Baumgarten. 6) Joh. Seb. v. Geisberg. 7) Ingelberta Chriſtina Holm. 8) Rittmeiſter Chriſtoph v. Lützelburg. 9) Rittmeiſter Joh. Chriſt. v. Schauroth. 10) Hauptmann E. P. B. v. S. 11) Der Rechtsgelehrte P. Laur. Michaelis. 12) Der Prof. A. G. Baumgarten. 13) Eine Wiedbrennerinn.

Fritſchens (*D. Ahaſv.*) den invärtes Chriſtendomen. Calmar. 1773. 8. 4 Sch.

Ueberſetzung von D. A. Fr. innerm Chriſtenthume.

Froſterus (*F.*) Catechismus. De helſoſamma Ords Efterſyn &c. (E. F. Vorbild der heilſamen Worte 2. Tim. 1, 13. nach der Ordnung des Katechismus Lutheri; nach Anleitung der vorzüglichen Katecheten in einfältigen Fragen und Antworten.) Stockh. 1773. 8. bey Fougt. 1 B. 8 Sch.

Das iſt wirklich ein brauchbarer und umſtändlicher Katechismus. Er kann ſelbſt den Lehrern zur Anweiſung, und den erwachſenen Zuhörern zur Wiederholung dienen.

Nach

Nach einer kurzen Einleitung von dem Christen, von Gott und seinem Worte, und dem Katechismus (S. 1 — 5) folgen sechs Hauptabschnitte. Dem ersten von den zehn Geboten ist eine Betrachtung vom Gesetze und der Sünde vorgesetzt, und sie dann selbst weitläuftig abgehandelt worden (bis S. 49). Nach einer Vorbereitung über den Glauben und Evangelium werden die drey Artikel durchgenommen; bey dem ersten werden auch zugleich die Vorsehung, die Engel, Menschen an sich und im Stande der Unschuld, und im dritten die Lehre von der Besserung des Menschen u. s. w. ausführlich mit abgehandelt (bis S. 110). In dem dritten Hauptabschnitte von dem Gebete kömmt gleich anfangs folgende Beschreibung vom Gebete selbst vor. „Es sey eine solche Wirkung des heiligen Geistes in „den Gläubigen, daß er bey seiner eigenen Unwürdigkeit „demüthig und bußfertig, aber auf Christi Verdienst und „Fürbitte, auch Gottes Wortes und Verheißungen halber, „sein Herz zuversichtlich zu Gott erhebe u. s. w." Der gefährlichen Folge, die aus dieser, zwar oft vorkommenden, aber gewiß unrichtigen Erklärung herfließt, wird durch Beantwortung der Frage: „ob man das Gebet biß „zur erlangten Besserung und Glauben anstehen lassen „solle?" also abgeholfen: „So bald Gott durch sein „Wort, bey welchen Gelegenheiten es immerhin seyn möge, „des Sünders Herz rühre; so theile er ihm zugleich auch be= „nebst seiner vorkommenden Gnade einige Kraft zum Be= „ten mit" u. s. w. Man dürfte nur die Sache in zwo Fragen abtheilen: Was das Gebet an sich oder überhaupt? und dann ein christliches, oder nach der Vorschrift des Evangelii eingerichtetes Gebet ist? So kann man leicht aller, auch in diesem Stücke schädlicher, Verwirrung vorbeugen. Sonst ist diese Abhandlung über das Vater Unser recht wohl gerathen, und durch allerley praktische an den rechten Ort eingerückte Betrachtungen recht nützlich gemacht worden (bis S. 143). Daß noch in dem 4ten Abschnitte von der Taufe die Beschneidung und das Osterlamm als Sakramente angegeben werden, ist mit den meisten mindern und größern Lehrbüchern übereinstimmig. Das Irdische bey der Taufe sey Wasser, das Himmlische aber der Name der heiligen Dreyeinigkeit. Unter den Gründen der Kindertaufe ist der allgemeinste ausgelassen worden, der in dem Befehle Christi liegt: alle Völker zu taufen; welches, ohne Einschränkung von Manns=

oder

oder Frauenspersonen, von Erwachsenen oder Kindern gesagt, offenbar auch alle Menschen ohne Ausnahme bezeichnet, und Kinder unmöglich von den Ausdrücken ἐνῳ und κοσμος ausgeschlossen werden können. Läßt auch eine Obrigkeit die Volksmenge eines Staates aufnehmen: So versteht sich es von selbst, die Kinder mit zu zählen (bis S. 155). Der fünfte Hauptabschnitt handelt von der Beichte und Absolution, und wenn gleich noch Joh. 20, 23. für einen Sitz dieser Lehre angegeben wird: So ist er doch sonst ganz vorsichtig bearbeitet und den unrichtigen Vorstellungen ziemlich vorgebeuget worden (bis S. 161). Der sechste Hauptabschnitt, vom heiligen Abendmale, nimmt den Ueberrest ein. — Sonst sind einige, doch nur wenige, Sprüche ganz abgedrucket, die meisten aber bloß angeführet worden, und sowohl aus den kanonischen, als auch den apokryphischen Büchern. Ein Paar lateinische Stellen sind ohne Uebersetzung eingerücket worden.

Förklaring öfver &c. (Kurze und einfältige Erklärung über das große und unvergleichliche Gebet, welches der Herr Jesus uns selbst gelehret hat.) Stockh. bey Fougt. 1773. 6 r.

Durch Besorgung der Societät P. F. et C. auf einen halben Octavbogen.

Föreställning om angelägenheten af Sabathsdagers etc. (Kurze Vorstellung über die Wichtigkeit, den Sabbath und die Gnadenmittel recht zu gebrauchen.) Stockh. 1773. 1 Octavb. 1 Sch.

Von einem ungenannten Verfasser durch Besorgung der vorbekannten Societät in eben dem Verlage. Nach dem vorgesetzten Urtheile derselben, sind die darin enthaltenen Vorstellungen kurz, kräftig und rührend.

Försök til en rätt Lärebok &c. (Versuch eines rechten Lehrbuchs, welches eine kurze Grundlage zum nöthigen Buchstabiren, Rechnen und Lesen, benebst einer möglichen Christenthumserkenntniß und Ausübung für fünf-, sechs- und siebenjährige Kinder in sich enthält.) Stockh. 1773. 2 Octavb. ●Sch.

Iſt auch, wie die beiden vorigen, herausgekommen. Der Verf. iſt muthmaßlich der durch ſeine Erziehungsanſtalten rühmlich bekannte Herr Hofpr. Thenſtedt. Er nennet dieſe Arbeit beſcheiden einen Verſuch, der zum Nachdenken in dieſem Fache Anleitung gegeben hat. Es wäre dabey, wenn es nicht hernach ſehr verbeſſert worden wäre, manches daran, ſo wie an den meiſten vorigen Büchern ähnlicher Art, zu erinnern. Es gehören z. E. für ſo wenige Bogen gar nicht die gramatikaliſchen Erklärungen, was fließende Buchſtaben u. dgl. ſind. Es iſt ſehr unſchicklich, für Kinder von dem angegebenen Alter den Unterricht in der Religion mit der Lehre von der heiligen Dreyeinigkeit und dieſe ſogar zur Grundlage des Buchſtabirens und der Abtheilung der Wörter zu machen. Das giebt Veranlaſſung, daß das Erhabenſte in der Religion mit den Jahren uns als kindiſch vorkömmt. Auch kömmt vieles darin vor, was noch über die Begriffe von ſechszehnjährigen Kindern geht. Doch man fängt allgemach an, die Unbequemlichkeiten von allem dieſen einzuſehen; es iſt nur zu wünſchen, daß ſolchen allgemein möge abgeholfen werden.

Gagneri (S.) Erinringar rörande Vpfoſtrings-Verket &c. Stockh. 1774. Fougt. 4 B. 8. 4 Sch.

Dieſe Erinnerungen des Verfaſſers, Aſſeſſors im königlichen Antiquitätsarchive, das Erziehungswerk und deſſen Verbeſſerung betreffend, entſprechen völlig der allgemein bekannten Gelehrſamkeit und Rechtſchaffenheit deſſelben. Aus dieſen Quellen fließen die vortrefflichen Grundſätze und die bündigen Widerlegungen der vielen Vorurtheile und Irrungen über dieſen wichtigen Gegenſtand her.

Gouges (Th.) Et ord til Syndare &c. (T. G. Wort zu dem Sünder und zu dem Heiligen.) Stockh. 1773. Wennberg. 8. 16 Sch.

Iſt aus dem Däniſchen überſetzt; ſo wie ſolches aus dem Deutſchen überſetzt zu ſeyn ſcheint. Warum hielt man ſich nicht an der Urſchrift?

Gudaktighets Öfning &c. (Gottseligkeitsübung, oder kurze und einfältige Unterweisung, wie ein Mensch unter Ueberzeugung des Geistes im Worte von seinem unseligen und verdammlichen Zustande außer der Gemeinschaft mit Christo vermittelst der Gnade Gottes sich in einer rechtschaffenen Besserung und wahrem Glauben an Christum zu Gott wenden, und hernach in täglicher Erneurung und Heiligung je länger je mehr im wahren Christenthume wachsen möge.) Stockh. 1773. bey Fougt. 3½ B. 8. 3 Sch.

Der Inhalt dieses ascetischen Traktats ist aus dem Titel bekannt genug. Das Original soll, der Angabe nach, deutsch und die schwedische Uebersetzung aus einer dänischen gemacht seyn. Dieß ist die zweyte Auflage, die erste war schon 1747 herausgekommen; und die dritte erschien 1780.

Guds Lof af barnas och spena barnas mun &c. (Lob Gottes aus dem Munde der Kinder und Säuglinge ꝛc.) Stockh. 1773. bey Fougt.

Unter diesem Titel sind in diesem Jahre durch Besorgung der Societät P. F. et C. drey Stücke herausgekommen. Das erste ist von dem Hrn. M. C. Wallin aufgesetzt, und darin der kurze Lebenslauf und der selige Tod des Kindes A. M. Sundberg beschrieben worden. Seit 1771 war dieß die vierte Auflage. — Das zweyte liefert dergleichen von Sophia Juliana Stöllers, und das dritte vom Johann Thomas Fingerlin. Diese beide sind, ohne daß es doch angezeiget worden wäre, sicherlich Uebersetzungen aus dem Deutschen. — Sind Fabeln und Erzählungen, wenn sie, wie die vom Gellert, abgefasset werden, lehrreich und nützlich: So können es dergleichen Kinderexempel auch seyn. Doch wäre wohl genaue Aufmerksamkeit auf die Exempel selbst und dann gute Beurtheilung nöthig, um weder etwas gemeines und schlechtes, noch allzuviel in diesem Fache zu liefern, damit ja nicht die heiligen Religionslehren kindisch und so verächtlich werden mögen. — Im J. 1775 kam das vierte Stück von
dem

dem erbaulichen Krankenbette und dem seligen Tode der
dreyzehnjährigen Lappländerinn Elsa Lars Dotter heraus; welches von dem Herrn Probste und P. Gran zu Piteå
aufgesetzet worden. — Alle zusammen kosten 6 Sch. 3 r.

Handlingar om den predikande pigan. &c.

Sie sind schon zuvor angezeiget worden.

Högströms (P.) Förnuftiga Tankar om Gud. Gefle. 1773. 8. 16 Sch.

Diese vernünftige Gedanken von Gott erscheinen hier
in der zweyten Auflage. Von eben diesem ist auch die zweyte
Auflage seiner Christelige Betraktelser öfver Bönedags-Texterne &c. das ist: Christliche Betrachtungen über die
Bußtexte von 1751 bis 1768. erster Theil, zu Upsal in 8.
herausgekommen. 32 Sch. Der zweyte Th. war eben
daselbst für eben den Preis im J. 1768 abgedrucket worden.

Menoza. Dritter Theil. Westerås.

Es ist desselben bereits im vorigen Jahre Meldung geschehen.

Pettersons (A.) Nattwards Förhör. Stockh. 1773. 8. 13 Sch. 4 r.

Dieses Communionbuch ist seit 1758 bis 1780 fünfmal aufgelegt worden. Dieß war der vierte Abdruck.

Predigten.

Bergii (I. G.) En Evangelisk Predikares Värk. (Werk eines evangelischen Predigers.) Erster Th. Nork. 161 S. in 8. 8 Sch.

Dieß Werk enthält kurze Dispositionen über die gewöhnlichen Sonn- und Festtagsevangelien. In diesem
Theile erstrecken sie sich vom ersten Adv. Sonntage bis den
ersten nach Epiph. Ueber jeden Text sind drey. Von dem
ganzen Werke wird bey dem letzten Theile das Weitere gesagt werden.

Brag (C. I.) Iesus vår Återlösare etc. (Jesus unser Erlöser, unser Licht und unser Hirte, in vier Hauptpredigten betrachtet). Gothenb. bey Stakelberg. 1773. 7 Bogen. 8.

In 4 Predigten geschieht solches. Die erste am Charfreytage über einen Theil der Passionsgeschichte: Wie alle Umstände bey Jesu Aufopferung und Tode beweisen, daß der Herr nicht will irgend eines Sünders Tod. Sechs Beweise werden aufgesucht. Die beiden folgenden handeln die Frage ab: Was ist es, daß sich Jesus den Seinigen und nicht der Welt offenbaret? Die letzte stellet eine Antwort auf die Frage vor: Wer ist unser Freund vor allen andern Freunden? Jesu Braut antwortet: Es ist der gute Hirte; welches er selbst aus fünf tröstlichen Beweisgründen darthut u. s. w. Die Absicht des Verfassers mochte ganz gut seyn; aber bey der Methode wäre vieles zu erinnern.

Callerholm (Ion.) Pred. på andra Sönd. efter Påsken. (J. C. Predigt auf den zweyten Sonntag nach Ostern). Upf. 1773. 8. 2 Sch.

Es wird darin Jesu geistliche Sorge für die Seelen vorgestellet. 1) Worin er solche bewiesen hat, und noch beweiset. 2) Die Zärtlichkeit, die er darin gezeiget hat und noch zeiget. Sie ist 1780 eben daselbst auf 18 Quartf. wieder abgedruckt worden.

Elfving (A.) Pred. på 4de Sönd. i Adv. Stockh. bey Holmerus. 1773. 4.

Das Exordium zu dieser Predigt über Joh. 1, 19. u. s. w. ist aus Genes. 16, 8. hergenommen, und nimmt 7 Seiten ein. Der Hauptsatz: die große Schuldigkeit sich selbst zu prüfen wird auf 21 Seiten in 2 Haupt- aber in erstaunlich vielen Untertheilen betrachtet.

Franckes (D. Aug. Herm.) korta Sön- och Högtids-Dags *Predikningar* eller så kallade. Rese-Postilla. Stockh. 1773. bey Fougt. 2¾ Alph. in 8. 40 Sch. auf Schreibpap.

Von dieser aus dem Deutschen in das Schwedische übersetzten Reise-Postille findet sich in der vorgedruckten Censur

Censur des Hof-Consistorii folgendes Urtheil: „Es habe „solches die fränkische Postille nicht allein durchgängig mit „Gottes Worte und unsern symbolischen Büchern überein-„stimmig, sondern auch mit der Kraft und dem Eifer ab-„gefaßt gefunden, daß es für Schweden vielen Segen un-„ter Gottes Gnade verspreche, da es nun in einer guten „und fließenden Uebersetzung erscheine." Die Societät P. F. et C. besorgte die Ausgabe. In irgend einem andern Jahre ist der Titel, aber nicht das Werk selbst, umgedrucket worden.

Herslebs Tal öfver 2 Cor. 5, 21. Stockh. 1773.

Ist im vorhergehenden Theile bereits angezeiget worden.

Lütkemann (D. Gabr. Tim.) Préd. Et Folk, som etc. (D. G. T. L. Predigt: Ein Volk, welches Wahrheit und Frieden liebt, ist das glücklichste auf Erden.) Stockh. bey Fougt. 1773. 3 B. in 4. 3 Sch.

Der Verfasser, Bischof auf der Insel Gothland, hielt diese Predigt bey dem Anfange des Reichstags 1771 vor dem Könige und den vier Ständen des schwedischen Reichs. Der Text war Zachar. 8, 19. Liebet Wahrheit und Friede. Daraus ist nach kürzlich angezeigtem Zusammenhange die auf dem Titel befindliche Proposition hergeleitet, und solche in zweene Abschnitte vertheilet worden: 1) Wie ein Volk Wahrheit und Frieden recht liebe; 2) daß solches ein Volk zum glücklichsten auf Erden mache. Die Bedeutungen der Ausdrücke: Wahrheit, Friede, und, beides lieben, werden zuvörderst ziemlich philosophisch angegeben, und diese gedoppelte Lehre festgesetzet: Ein solches Volk richte alle seine Unternehmungen in Gedanken, Worten und Handlungen, ja alle seine Geschäffte nach der Vorschrift theils der geoffenbarten göttlichen Wahrheiten, theils der Reichsgesetze ein; hiernächst suche es zuvörderst einen wahren Frieden mit Gott, und darnach suche und übe es allen bürgerlichen Frieden aus. Daß nun solches das glücklichste Volk geistlicher und leiblicher Weise werden müsse, erhelle daraus: weil es seine Unternehmungen nach Gottes heiligem Worte einrichte, und deswegen mit Gott dem höchsten Gute in einer wahren Vereinigung stehe, und dann auf des Landes und Reiches allgemeines Beste arbeite, solches auch unter Gottes Gnade und Segen erhalte.

halte. Mit einer kurzen Anrede an den König und die Reichsstände wird diese Predigt beschlossen; womit der Homilet zufrieden seyn wird, nur nicht der Exeget, als der in dem Hebräischen nichts anders als die Vorschrift findet: daß man vor Gerichte und im Handel und Wandel der Wahrheit im Gegensatze von Lügen, falschen Zeugnissen und Eiden, und der Friedfertigkeit sich befleißigen solle. K. 7, 9. 10. 8, 16. 17. Ein geistlicher Redner könnte zwar per accommodationem, zumal wenn ihm ein solcher Text vorgeschrieben ist, die Ausdrücke sensu latiori oder improprio nehmen; alsdenn aber thut er allemal wohl, es ausdrücklich anzuzeigen.

Luttemann (*M.*) *ordentliche Pflicht einer Gemeine bey der außerordentlichen Wahl ihres künftigen Lehrers.* Stockh. bey Lange. 1773. 24 Quartf. 3 Schillinge.

Die deutsche Gemeine zu Stockh. bringt die beiden Männer, welche in der engern Wahl die meisten Stimmen erhalten haben, auf eine feierliche Weise ins Loos vor dem Altare. Bey solcher Gelegenheit ward diese Predigt gehalten. Der Eingang ist aus Spr. Sal. 16, 33. der Text aber aus Ap. Gesch. 1, 23 — 26 hergenommen. Der bereits auf dem Titel stehende Hauptsatz zerfällt in zween Theile, worin die wahre Beschaffenheit einer solchen außerordentlichen Wahl, und die Pflicht, welche die Gemeine dabey auszuüben hat, vorgestellet wird. Bey jener wirft er zwo Fragen auf: Ob das Loos ein Mittel sey, durch welches man noch heutiges Tages den Willen Gottes in zweifelhaften Fällen erforschen könne? Da die Apostel sich nur desselben einmal bey einem außerordentlichen Falle bedienet, ob wir es noch bey der Wahl eines Lehrers brauchen und von ihm sagen können: daß er es sey, den Gott erwählet hätte? Jene verneinet, diese bejahet er; vergißt aber bey dem letzten den Fall einer solchen Predigerwahl so ins Licht zu stellen, daß er von Aberglauben und Versuchung Gottes frey werde. — Die Pflicht schränkt er allein auf das Gebet ein. Hier ist eine andere Hauptsache vergessen, nämlich die Bemühung einer Gemeine, nach möglichster Kenntniß und gewissenhaft in der Auswahl der Männer zu Werke gehen, damit man, so viel man vor Gott weis, keine andere, als die einander gleich sind, zum Loose bringe. Denn geschähe das bey einem gelehrten und frommen Manne einer-, und einem ungeschickten und gottlosen Manne andererseits: so würde das Loos schrecklich und schändlich gemisbrauchet. Der Predigt sieht man es übrigens an, daß sie nicht von einem gebornen Deutschen herrühret; dem zu Constantinopel als schwedischem Legationsprediger verstorbenen Verfasser aber, daß er es redlich gemeynt habe.

Muhrbeck (P.) Fortsättning af några Predikningar. (P. M. Fortsetzung einiger Predigten.) Stockh. bey Holmerus. 1773. 4. 1 Alph. 14 B.

Der Verfasser gehörte zu denen Predigern, welche theils lange predigen, theils alles noch erbaulicher machen wollen, als es in der Bibel steht. Jenes erhellet daraus, daß nur sieben Predigten in diesem Quartbande angetroffen werden; dieses aus der Disposition einer Predigt, gerade der mittelsten auf den 3ten Trinit. Sonntag über Luc. 15, 1 — 10. Der Eingang ist aus 1 Thess. 5, 19. Den Geist dämpfet nicht. Die Proposition: Des Herrn Jesu Gleichniß von demjenigen, was der heil. Geist ausrichtet, wo sein Werk nicht gehindert oder gedämpfet wird. Hierbey wird im ersten Theile angemerket, was er ausrichtet. 1) Die Ursache zur Ausrichtung dieses Werks und dabey: theils, wer unter das Weib verstanden wird (der heil. Geist); theils, was es für ein Groschen ist; theils das Verlieren desselben. 2) Die Art und Weise dieser Ausrichtung; nicht allein das Mittel, sondern auch die Wirkung selbst. Er zündet ein Licht an; kehrt das Haus; suchet genau, wird nicht müde, bis der Groschen gefunden worden. Ich übergebe den zweyten Theil, welcher die Folgen dieses Werks vorstellet; man kann sich den Gang der Gedanken und der Behandlungsart aus dem ersten leichtlich denken.

Paqualin (N.) Pred. på 19de Sönd. efter Trinitatis. (N. P. Predigt auf den 19 Sonntag nach Trin.) Stockh. bey Fougt. 1773. 2 1 Quartf. 3 Sch.

Der Eingang ist aus 2 B. d. Kön. 2, 19. Es ist gut, in dieser Stadt zu wohnen, aber das Wasser ist böse. Nun ist die Proposition: Jesu Stadt auf Erden, worin gut zu wohnen ist, obgleich manches Böse darin gefunden wird. Das letzte macht den ersten Theil aus.

Jesu Stadt ist die streitende und sichtbare Kirche. Das Böse ist die Sünde. Denn im Texte steht: Jesus sah der Schriftgelehrten böse Gedanken. Hierbey werden nun die Lieblosen, Rachgierigen, Wollüstlinge, Geizige, Hochmüthige und offenbare Gottlose angeredet. — Das erste giebt den zweyten Theil ab. In Jesu Kirche ist gut zu wohnen. Denn Jesus sprach: Sey getrost, mein Sohn ꝛc. Dieß wird auf alle überhaupt, hernach auf aufgeweckte Seelen, dann auf treue und geheiligte Christen, Kreuzträger, endlich auf Schwache und Kranke angewandt. — Zu welchem Sinnbilde gab nicht der gleichgültige Ausdruck des Evangelisten, statt Capernaum: — seine, nämlich Christi, Stadt zu sagen, dem Verfasser Gelegenheit! Gleichwohl war es die Stadt, worüber der Heiland K. 11, 23. das große Wehe ausrief. Der Homilet wird außerdem den Hauptsatz und seine Theile sehr gezwungen, derjenige aber, der sich die Sinnbilder gefallen läßt, im zweyten Theile die vorzügliche Stelle Jes. 33, 24. sehr ungern vermissen.

Westrin (C. P.) rätt dömder Dom etc. (C. P. W. recht gerichtetes Gericht, in einer Landgerichtspredigt vorgestellet.) Upsala. 1773. 24 Quartf.

Nach einem schicklichen Gebete folget gleich der Text aus Joh. 7, 24. Dieser wird mit einer kurzen Beziehung auf Gottes politische Regierung über Israel und einer klugen Anwendung auf die Lage Schwedens nach der Revolution begleitet. Der Hauptsatz ist: Ein recht gerichtetes Gericht. Der erste Theil betrachtet: was dazu erfodert werde; der zweyte: was darauf folge. Im ersten Theile wird die Würde der Richter, und die Nothwendigkeit, verständige und rechtschaffene Männer dazu zu bestellen, vorausgesetzet, und dann diese Foderungen an die Richter gethan: Gott zu fürchten, — sich an die Vorschrift des Gesetzes genau zu halten, — die Sache der Partheyen genau zu untersuchen; denn hier fände sich das größte Hinderniß und Widerstand. Sie sollten also ja auf ihr eigen Verhalten sehen, aufmerksam auf die Kläger und Beklagten und nicht minder auf die Zeugen seyn. Je schwerer dieß sey, desto mehr werde Gottes Beystand und das Gebet erfodert; aber auch desto gewisser Gerechtigkeit gehandhabet. — Die Folgen davon

von sind nach dem zweyten Theile: Gottes Ehre bey dem Richter selbst, dem Kläger, dem Beklagten, und den Zeugen; die Beybehaltung des Rechts in einem Lande; die Ruhe des Gewissens sowohl bey dem Richter, als den Partheyen; und endlich die Belohnung des Guten und Bestrafung des Bösen nebst der daraus folgenden allgemeinen Sicherheit. — Die Anwendung besteht in einer bescheidenen Anrede an den Richter, die Gerichtsbeysitzer, die Partheyen und die Zeugen, und in einem allgemeinen Schlusse. — Diese Landpredigt, welche zum größten Theile kernhaft aus wohlgewählten biblischen Sprüchen zusammengesetzet ist, übertrifft an Güte viele Stadtpredigten.

Wrangels (D. *Car. Magn.*) Predikan etc. i Kongl. Slotts-Kyrkan etc. (D. C. M. W. Predigt in der Schloßkirche, als Ihre Majestäten nach dem Antritte der Regierung zum erstenmale des heil. Abendmahl empfiengen.) Stockh. 1773. bey Fougt. 3 B. 3 Sch.

Der Herr Doctor, damaliger Oberhofprediger und Präses im Hofconsistorio, hat auf dem ersten Bogen der Predigt eine Vorrede vorgesetzt, darin er bey den damaligen kritischen Zeiten Nachricht von der Veranlassung giebt, sie gerade so bekannt zu machen, wie er sie gehalten habe. Der Eingang dazu ist aus Joh. 17, 3. hergenommen. Der Text war eben das Stück der Leidensgeschichte, worin der Tod des Heilandes erzählet wird, von den Worten: Eli, Eli ꝛc. bis: Er gab den Geist auf! Die Betrachtung ist: Wie wir durch den Tod Jesu Christi Gott in Rücksicht auf seine heilige Eigenschaften können erkennen lernen. Doch wollte bey der Gelegenheit der Herr Verfasser allein zeigen: Wie und auf welche Weise Gottes heilige Gerechtigkeit durch den Tod Christi deutlich erklärt worden. Von jener machen wir uns im natürlichen Zustande dunkele und gefährliche Begriffe; durch diesen beweiset denn Gott seinen Unwillen wider die Sünde, giebt den Menschen einen lebendigen Eindruck von jener und wecket sie zugleich aus einem tiefen Sündenschlafe auf. Sicherlich sollen auch andere vernünftige Geschöpfe außer uns dadurch nöthige

Eindrücke erlangen. Mit einer rührenden Anrede an den König, die Königinn, einen der Erbprinzen und die Versammlung wird die Predigt bey dieser merkwürdigen Gelegenheit beschlossen.

Öller, (I. I.) Högmässa-Predikan etc. (J. J. Ö. Hauptpredigt am Charfreytage 1772, mit einer kurzen Anrede an die zum erstenmale communicirende Jugend.) Stockh. 1773. bey Fougt. Außer dem Titel 16 Quartf. 2 Sch. 6 r.

Das Exordium ist in §§. abgetheilet, und enthält folgende Selbstbetrachtung nach Herveys Geschmacke: „Sammle dich, meine Seele! Was siehst du an diesem „Tage? Was höret dein Ohr? Was glaubst du von dem, „was du siehst und höret?" Dem Leidenstexte zufolge werden: Tröstliche Gedanken eines Christen bey Jesu Kreuze, geliefert; und zwar nach den Reimen eines Verses in einem Liede also: 1) Jesu Blut tilget meine Schuld. 2) Jesus hat alles versöhnet. 3) Jesus hilft mir, daß ich gnädig verschonet werde. 4) Ich finde in seinen tiefen Wunden eine sichere Zuflucht. 5) Er hilft mir aus Nöthen im Leben und Sterben. Eben die Reime endigten die Predigt. Dergleichen Methode gefällt hie und da. Zu Ausburg ward 1758 eine Leichenpredigt auf einen papistischen Prälaten gedruckt und als ein Meisterstück angesehen. Er hieß Johannes. Der Hauptsatz und die Theile waren also: Der hochselige Prälat Johannes als eine Stimme, die 1) auf Erden schallet, 2) im Himmel hallet, 3) in der Hölle knallet. — Die Anrede an die Jugend ist kurz und herzlich abgefasset.

※ ※ ※

Rambacks, (D. I. I.) Upbyggeliga Barna-Bok. (D. J. J. R. Erbauliches Kinderbuch). Stockh. 1773. bey Lange. 12. 5 Sch. 4 r.

Uebersetzung des bekannten Rambachschen Kinderbuches.

Sammandrag af de förnämsta bevis til Christna Religionens Sanning och Försvar emot Fritänkare etc.

(Aus-

(Auszug der stärksten Beweise für die Wahrheit und die Vertheidigung der christl. Relig. wider die Freydenker.) Strengnäs. 1773. 8.

Diesem Titel ist noch der Beysatz zugefüget: Es sey alles von einem in deutscher Sprache abgefaßten Auszuge aus Grotii, Knutzens und Nösselts Abhandlungen in dieser Materie übersetzet worden. In der Vorrede meldet der Ueberseher, Herr Pastor Joh. Möller, welcher in der Folge öfters wird genannt werden, daß, bey den vielen verführerischen Schriften der Ungläubigen, gar keine in schwedischer Sprache vorhanden sey, welche die Religion im Ganzen vertheidige. Doch sind hernach dergleichen erschienen. Des Grotius und Knutzens Auszug habe er aus den beiden ersten Kapiteln des Tractats übersetzet: Die Herrlichkeit der christlichen, und das Elend der neuen heydnischen Religion, von J. P. T. Frankf. und Leipzig, 1764; hingegen den Nösseltschen Auszug aus der Vertheidigung der Wahrheit und Göttlichkeit der christlichen Religion, zum Gebrauche akademischer Vorlesungen, Halle, 1767. ganz. Jener nimmt die ersten 32 Seiten, dieser den Ueberrest bis S. 157 ein. Ueberdieß ist eine Vorrede von dem Bischofe zu Strengnäs, dem D. Jak. Serenius, auf 25 Seiten besonders vorgesetzt, die in ihrer Bündigkeit diesem vor einigen Jahren verstorbenen Gelehrten völlig angemessen ist. Sie redet von der vorgeblichen Freydenkerey, ihrer Grundlosigkeit und Blöße und ihren Folgen kurz, aber sehr nachdrücklich. Doch da dieß anderweitig ausführlicher und oft geschehen ist: so kann eine weitere Anzeige entbehret werden.

Struenseé och Brandts Omvändelse Historie etc.

Ist schon im vorigen Theile angemerket, und nur der Titel umgedruckt worden.

Undersökning af denna Tidens Christendom. (Untersuchung des Christenthums dieser Zeit.) Stockh. 1773. bey Fougt. 36 Octavs. 2 Sch.

Es ist eine Uebersetzung ohne Anzeige des Originals. Die Sätze und Fragen sind, wie ohngefähr in *Lavaters Nachdenken über mich selbst*, 1774. 8., aus biblischen Stellen nach einer gewissen Ordnung zusammengereihet. N.

II. Rechts-

II. Rechtsgelehrsamkeit.

Collings, (*L. I.*) Tilökning på Regiſtret öfver Sveriges Rikes Lag. (L. J. C. Regiſter über das ſchwediſche Reichsgeſetz.) Stockh. bey Lange. 1773. 8. 8 Sch.

Es iſt eine neue Auflage eines vermehrtern Regiſters über das ſchwediſche Reichsgeſetzbuch.

III. Arzeneykunde.

Bloms (*C. M.*) Allm. Kundgör. om rätta ſättet at fövekomma och bota maligne Fluſſ - eller Röt-Febern. Wäſterås. 1773. 4. 1 Sch.

Hallenii (*I. P.*) Underr. för Almogen om Rödſotens curerande och förhållandet dervit. Upſ. 1773. 4. ½ Bog. 6 r.

Halls (*B. M.*) Underr. om Rödſotens botande uti Weſtmanland. Weſterås. 1773. 4. ½ Bog. 6 r.

In Schweden, eben wie an andern Oertern, läßt man bey graſſirenden Krankheiten dergleichen allgemeine Unterrichtungen, wie die oben genannte, ausgehen, und zugleich Arzeneymittel auf Koſten des Publici austheilen, damit den Landleuten zeitig könne geholfen werden, ingleichen auch diejenigen, welche von dem Provincialmedicus weit entfernt ſind, und wo deſſen übrige Geſchäffte ihm nicht zulaſſen, ſelbſt hinzukommen. Dieſe Unterrichtungen ſind deutlich und einfach; man muß hier alſo keine theoretiſche Raiſonnements ſuchen. Die Mittel ſind ebenfalls theils einfach, theils zuſammengeſetzt; und ob man zwar nichts neues darinnen findet, ſo ſind die Vorſchläge doch, wie ſichs gebührt, kräftig und geprüfet.

v. Linné (*C.*) Deliciae Naturae. Tal hållit uti Upſala Domkyrka. År 1772. den 14 Dec. vid Rectoratets nedläggande. Stockh. Bey Lange 1773. 2 Bog. 8.

Wie gewöhnlich, ward dieſe Rede in lateiniſcher Sprache gehalten; weil aber die Curatores der ſämmtli-
chen

chen Nationen den folgenden Morgen von dem Herrn von Linné verlangten, es möchte diese Rede in schwedischer Sprache zum allgemeinen Nutzen gedruckt werden, so ward solches von ihm zugestanden.

Wer in die Reiche der Natur kommen will, sagt der berühmte Verfasser, der muß erst durch den Tempel der Natur wandern, um daselbst seine Augen reinigen zu lassen. Auf der Flur wird er erst etwas aufgehalten, um die Sprache zu lernen, welche doch keinesweges schwerer ist, als irgend eine andere europäische Sprache. Eben so unumgänglich ist es hier, die Buchstaben kennen zu lernen, deren doch nicht so viele sind, als in der unsrigen. Hernach lernet man die Sylben, und endlich höchstens hundert Wörter. Wenn man hiermit etwas gewohnt wird, geht es eben so geschwinde, die Natur zu lesen, als irgend ein anderes Buch: ja, eben fürs Frauenzimmer, als für Lady Monsson zu London, Anna Blackburne zu Oxford, Fräulein Colden zu Neuyork. — Nachdem man die Flur verlassen hat, giebts einen freyen Zutritt zu dem Tempel der Natur, welches drey große Palläste sind, der eine innerhalb dem andern. Den Tempel des Pluto führt der Verfasser am ersten an; hierauf folgt der Tempel der Flora, und drittens der Tempel des Pans. Alles beschreibt der Verfasser mit einer leichten und spielenden Feder. Weil seine Schreibart zugleich sehr kurz und zusammengedrängt ist, so leidet sie keinen Auszug: man findet auch alles, was hier gesagt wird, zerstreut in seinen übrigen Schriften. — In der Danksagung gegen die Studirenden zu Upsal, die er seine lieben Lehrkameraden nennt, sagt er: „Sie, meine Herren, haben dieß „mein Rectorat so leuchtend gemacht, daß diese hohe „Schule niemals dergleichen weder gesehen noch gehöret „hat. Keiner von Ihnen, ja nicht ein einziger, ist bey „mir, unter dem ganzen Rectorate, des geringsten Feh„lers halber gewesen. Kein Schreyen, kein Lärmen ist „des Nachts auf den Straßen gehöret worden; kein Un„gestüm oder Unruhe ist irgendwo gewesen; keinen hat „man verkleidet bemerkt; kein Zanken, keine Unordnung „hat unter Ihnen Statt gefunden. Wenn Jemand mir „irgend ein Reich oder eine europäische Akademie zeigen „kann, wo die Studirenden unschuldiger, ehrbarer, oder „sittsamer gelebet haben, der wird mir ein großer Apollo „seyn."

"seyn." — Dieß alles gereicht ohne Zweifel der damals zu Upsal studirenden Jugend zur großen Ehre.

Lunds (G.) och *Hagströms (A. I.)* Svar på Kongl. Vet. Acad. Fråga: Hvilka åro de båsta förvarings och botemedel för maligna spikdomar etc. Stockh. 1773. 8. bey Salvius, nunmehr bey Lange. 7. Sch. 6 r.

Von der königl. Akademie der Wissenschaften, bey deren Abhandlungen dieser Antworten schon Erwähnung geschehen, wurde diese Frage im Jahre 1773 aufgeworfen, und in demselbigen beantwortet. In Murray's med. prakt. Bibl. I. B. 4. St., wie auch Gött. gel. Anz. 1777. 151. St., sind diese beiden Antworten ziemlich ausgezogen, und umständlich recensiret worden. Es würde vielleicht nicht ohne Nutzen seyn, wenn der Verfasser der ersten Antwort, da sie sowohl die Policey als medicinische Anstalten berühret, bey Gelegenheit nach den in den letztern 10 Jahren herausgekommenen Schriften diese Antwort noch verbessern und so ausgeben würde. U.

IV. Weltweisheit, Mathematik, Kriegswissenschaft, Naturlehre, Naturgeschichte und Chemie.

Bergmans (T.) Physisk Beskr. öfver Jordklotet. *Ups.* Th. 1. 1773. 8. 1 Alph. 7 B. 3 Kupf. Th. 2. 1774. 8. 1 Alph. 11 B. 3 Kupf.

Dieß ist die zweyte vermehrte und verbesserte Ausgabe der physischen Beschreibung des Erdbodens; denn die erste kam 1769 heraus, und ward vom Herrn Prof. Röhl zu Greifswalde in das Deutsche übersetzet. Dieß Werk des berühmten Verfassers ist innerhalb Schweden aus Gjörwells lärda Tidn. 1774. n. 43. 1775. n. 2., und ausserhalb aus den Göttingischen Zugaben 1776. St. 45. 1777. St. 26. zureichend bekannt. Die Veränderungen sind zwar nicht groß und wesentlich, allein es ist doch sichtbar, daß der Verfasser darauf gearbeitet hat, dieser Schrift immer mehrere Vorzüge zu geben.

Enge-

Kurzgefaßte Recensionen.

Engeström (G. v.) Beskr. på et mineralogisk Fick-Laboratorium. Stockh. 1773. 8. 3 B. Text und ein B. Kupf. 16 Sch.

Diese Beschreibung eines mineralogischen Taschenlaboratoriums, und insonderheit des Nutzens des Blasrohres in der Mineralogie, ist in Gjörwells l. Tidn. 1775. n. 19. recensiret, und im J. 1775. vom Herrn Prof. Weigel zu Greifswalde in das Deutsche übersetzet worden. Ist auch in Beckmanns physikal. ökon. Bibliothek B. VI. St. 4. angezeiget; der Greifswald. krit. Nachrichten vom J. 1775. S. 377. nicht zu gedenken.

Geer (Ch. de) Memoires pour servir à l'histoire des Insectes etc. à Stockh. 1773. gr. 4. bey Hesselb.

Das ist der dritte Theil eines prächtigen Werkes, welches mit den vorhergehenden und nachfolgenden Theilen benebst der Uebersetzung u. s. w., auf einmal soll angezeiget werden.

Handbok (en liten och kårt) utaf adelig öfning. Stockh. bey Lange 1773. in 24. 2 Sch. 8 r.

Dieß kleine und kurze Handbuch adelicher Uebung kündiget sich in seinem Titel prächtiger an, als es wirklich ist. Es dienet bloß für den gemeinen Mann in seiner Haushaltung. Aus der Ursache ist es mehrmals vorher und auch hernach, z. E. 1777, aufgelegt worden. Der größte Theil besteht in Berechnungstabellen, um für die Einfältigen den Gebrauch der verschiedenen Münzsorten zu erleichtern. Hinten ist ein Anhang, was ein Haushalter die verschiedenen Monate hindurch zu thun habe.

Quanten (C. von) Tankar i Krigs-Vetenskapen. Stockh. bey Fougt. 1773. 8. 1 Alph. 4 Kupf. 16 Sch.

Der Verfasser, Oberster und Ritter des Schwert-Ordens, war in dem schweren Kriege zwischen 1756—1763 eine Zeitlang Adjutant bey dem Marschalle Broglio, und hernach bey dem großen Herzoge Ferdinand, und hatte schon vor dieser, der zweyten Auflage seiner Gedanken in der Kriegswissenschaft, eine kleinere herausgegeben,

ben, die nun dem Titel nach ansehnlich vermehret und verbessert worden. Da dieß also kein ganz neues Werk, die erstere Auflage auch nicht bey der Hand ist, so muß sich der Recensent begnügen, bloß den Inhalt der Kapitel anzuzeigen, und es dann den Liebhabern dieser Wissenschaft überlassen, zwischen beiden eine Vergleichung anzustellen. Das erste Kap. handelt in 12 §§. von folgenden Gegenständen: vom Kriege überhaupt; den ältern und neuern Schriftstellern über die Kriegskunst; der Zeit der Erfindung des Schießpulvers, dessen Gebrauche und den ersten Festungen; ob das Menschengeschlecht dadurch, in Vergleichung mit der ältern Kriegesführung, mehr gesparet wird; von dem Vortheile des stehenden Soldaten, und was man davon halten muß; der Stellung (Disposition) überhaupt, und besonders in Rücksicht auf Schweden; den Vortheilen des fleißigen Dienstes; dem Nutzen der Garnisonen; Gedanken über die eingetheilten *) und in Garnison liegenden Regimenter; von Errichtung der Soldaten; den Eigenschaften eines Officiers und eines Generals; auch Gedanken über den Vorzug der Nationen im Kriege. — Zweytes Kap. Vom Kriege in Absicht seiner Führung; der Hülfe eines Bundsgenossen und den Subsidien; dem Kriege im eigenen, eines Feindes oder einem neutralen Lande; den Zurüstungen, Commissariaten, Hospitälern und Magazinen; der Stellung in einem unebenen, flachen, des Feindes oder dem eigenen Lande; den Cantonnirungen und Spionen; den Zügen, sowohl im Angriffe als Rückzuge; dem Uebergange und Rückzuge über Ströme; den Feind aus seinem Lager zu vertreiben, ihn einzuschließen, ihm in einem Lande oder Posten zuvorzukommen und den Rückzug abzuschneiden; von zusammenstoßenden Truppen, dem Lager, dessen Linien und Verschanzungen; der Bedeckung eines Landes; des Türenne Angriff bey Arras 1654; den kleinen Partheyen des Heeres (Detachemens), der Herbeytreibung der Nahrungsmittel und den Bewegungen überhaupt; wie man jene angreifen, einen Posten wegnehmen, und den Feind im

---

*) Das militärische Eintheilungsmaaß in Schweden ist die Einrichtung, nach welcher die Eigener der Güter einen Soldaten halten müssen, und auch den Kriegsbedienten gewisse Landgüter zur Benutzung angewiesen sind.

im Zuge oder im Lager angreifen soll. — Drittes Kap. Von den Absichten mit großen abgeschickten Partheyen eines Heeres; der Bedeckung und Wegnahme der Zufuhr; dem Verbrennen der Magazine; der Einhebung der Contributionen, mit mehrern Anmerkungen; von Ueberfällen, durch Turenne Beyspiel erläutert; einer Feldschlacht und der Tapferkeit, mit Erläuterungen, die von verschiedenen Treffen des Turenne, Prinzen Conde und anderer hergenommen worden. Das vierte und letzte Kap. Von dem Rückzuge überhaupt, und besonders nach einer Schlacht und aus einem Lande; von Zufällen, dem Kriegsrathe, Winterquartieren und Führung des Krieges über Winter; einem Stillstande; der Befestigung der Städte; dem Aufbruche nach dem Trommelschlage; der Kleidung der Soldaten; Anmerkungen über die Kriegswissenschaft, den Nutzen der Geschichte, der Taktik und der Befestigungskunst; dem rechten Gebrauche der Zeit zum Fortschritte in den Wissenschaften. D.

V. Erziehung, Philologie, Sprachkunde, Alterthümer und Schulwissenschaften.

Berch (C. B.) Beskrifning öfver Svenska Mynt och Kongl. Skåde-Penningar. Upsala 1773. gr. 4. 2 Alph. 1 B.

Wie vielen Ruhm dieß Werk verdienet, da Schweden noch kein mit solcher Genauigkeit und Vollständigkeit ausgearbeitetes Verzeichniß seiner Münzen und königl. Schaupfennige aufweisen kann, als dieses, sieht man aus Gjörwells lärda Tidn. 1774. pag. 34. und 1776. n. 53. und den Greifswaldischen kritischen Nachrichten, 1773. S. 281.

Genwäg at lära Fransyska språket utan Informator. Stockh. bey Wennb. 1773. 8. 12 B. 8 Sch.

Dieser kurze Weg, die französische Sprache ohne Informator zu lernen, ist zum Besten der armen Jugend ausgefertiget worden, die weder Gelegenheit noch Vermögen hat, zur Unterweisung zu gelangen. Es ist hier nichts weiter zu suchen, als die gewöhnlichen Regeln, nur daß nicht bloß bey den Buchstaben, wie auch in andern Grammatiken, sondern auch bey den Verbis und

Dritter Hauptabschnitt.

bey 14 Geſprächen, S. 65 — 128, die Ausſprache, wie ſie der Verfaſſer für die richtige gehalten, beygeſetzt worden. Z. E.

J'aime (ſchäm) J'aimerai (ſchämerä) J'aimerois (ſchämerä).

Conſultez l'uſage dans les phraſes ſuivantes.
Congſylte lyſaßch dang lä fras ſwiwängt.

Man ſieht leicht das Ekelhafte und auch das Unrichtige in dieſer Unterweiſungsart. Wer das Franzöſiſche ſo erlernet, der hätte in Frankreich kein anderes Schickſal zu erwarten, als der däniſche Profeſſor van Haven in der Türkey, der ſich einbildete, recht gut arabiſch zu reden; aber von den Arabern gefraget ward: in welcher Sprache er rede?

Scheffer (Gr. *C. F.*) Handlingar rörande K. Guſtafs III. Vpfoſtran &c. Stockh. bey Fougt. 1773. fl. 8. 5 Sch).

Ej. Pièces concernant l'Education du Roi de Suède. à Stockh. 1773. 5 Sch.

Beide ſind auf 28 Octavſ. ohne Zueignung von dem Abte Micheleſſi. Er bezeuget dem Churfürſten von Trier, ſolche auf ſeine Veranlaſſung in ſchwediſcher und franzöſiſcher Sprache heraus zu geben. Hier finden ſich des Erlauchten Verfaſſers 1.) Inſtruktion an den berühmten Klingenſtjerna, Informator des damaligen Kronprinzen; 2.) kurz zuſammengezogene Auslegung und Erklärung der Grundgeſetze Schwedens; 3.) Anrede an den König im ſitzenden Rathe, als der damalige Kronprinz nach vollendeter Erziehung in den Senat eintrat. Die Greifsw. krit. Nachr. vom Jahr 1773 kündigten ſogleich S. 137 bey dem gebührenden Ruhme dieſer des Königs von Schweden Erziehung betreffenden Acten eine Ueberſetzung derſelben in das Deutſche an. In das Däniſche wurden ſie auch überſetzt.

Kraaks (*J.*) nyligen förbättrade Franz. Gramm. Stockh. bey Lange. 1773. 8. 7. B. 6 Sch.

Eine vor 27 Jahren für die Schweden herausgekommene und nun vermehrte und verbeſſerte Auflage der franzöſiſchen Grammatik.

Lüdeke

Lüdeke (C. W.) Nachricht von der gegenwärtig erneuerten Verfaßung des Stockh. Lyceums der deutschen Nation. Stockh. 1773. 16 Octavs.

Ist in Gjörwells lärda Tidn. 1774. num. 39. und in der allgemeinen Bibliothek für das Schul- und Erziehungswesen B. 6. Seite 243 auszugsweise recensiret worden.

Quaestionis solutio: Vtrum conducit, alumnos scholarum omnes graecae linguae adhibere culturam? Lincop. 1773. 24 Octavs.

In dieser Dissertation des linköpingschen Gymnasiums wird die Frage: Ob es rathsam sey, daß sich alle Scholaren auf die griechische Sprache legen? mit Ja beantwortet: in so fern nämlich von Studirenden in gelehrten Schulen die Rede sey; und bey der Erlernung des Griechischen, die frühzeitige Verbindung mit dem Lateinischen angerathen.

Sahlstedt (A.) Svensk Ordbok med latinsk uttolkning. Stockh. bey Stolpe. 1773. 4. 5 Alph. 6 B. 1 Rth. 24 Sch.

Der Verfasser hat das Verdienst, hier ein eigentliches schwedisches Lexicon geliefert zu haben. Der schwedischlateinische Theil nimmt natürlich die meisten Seiten, der lateinisch-schwedische aber nicht mehrere, als von S. 725 bis 787 ein. Es wird auch wohl so lange das hauptsächlichste Wörterbuch für die Nation bleiben, bis der in solchem Fache rühmlichst bekannte Herr Assessor S. Gagnerus ein neues und mehr vollständiges herausgeben wird, worüber er den Plan in Vpfostrings-Sällskapets Tidningar 1784. n. 21. bekannt gemacht hat.

Sahlstedts (A.) in Glossarium Sueo-Gothicum a I. Ihre editum obseruationes. *Holm.* bey Lange, 1773. 84 Octavs. 5 Sch. 4. rst.

Der Verfasser zeiget hierin den Unterschied zwischen dem Ihrischen Glossario und seinem eigenen Lexicon, und beschuldiget den Ihre mancher Unrichtigkeiten.

Samtal (några), af hvilka de, som ei kunna det Finſka Språket &c. Stockh. bey Carlb. 1773. 1 Octavb. 1 Sch.

Sind Geſpräche zur Erlernung der finniſchen Sprache.

Strelings (L.) Gramm. latina. Wexiö. 1773. 8.

Dieſe lateiniſche Gramm. in ſchwediſcher Sprache iſt auch 1781 aufs neue aufgelegt worden. Der Preis iſt 10 Sch.

Vocabulaire Francois-Suédois et Suédois-Francois. Stockh. bey Wennb. 1 Alph. 6 B. 28 Sch.

Iſt ein Auszug aus Möllers heut zu Tage gar nicht mehr geachtetem Wörterbuche, und wird durch beſſere ganz überflüßig gemacht. L.

VI. Geſchichte, Geographie, Reiſen und Lebensbeſchreibungen.

Anecdoter om namnkunnige och märkvärd. Sv. Men. Stockh. bey Carlb. 1773. 8.

Dieß ſind Anekdoten berühmter und merkwürdiger Schweden, mit welchen der erſte Band 1770 anfieng und die hier im zweyten Bande, und 1775 im dritten fortgeſetzet wurden. Mit ſolchem kann alles auf einmal angezeiget werden.

Berättelſe om det ohyggelige Mord &c. Stockh. bey Pfeifer. 1773. 3 Quartb. 3 Sch.

Dieſer Bericht von der dem Könige von Pohlen 1771 beſtimmten ſchrecklichen Ermordung iſt eine Ueberſetzung der in Warſchau durch den Druck bekannt gemachten Acten.

Beſkrifning om Samojeder och Ryſka Lappar. Stockh. bey Pfeifer. 1773. 4 Octavb. 4 Sch.

Iſt eine durch S. L. (vermutblich den anderweitig bekannten Sam. Lönbom) beſorgte Ueberſetzung des zu Kopenh. 1766. 8. herausgekommenen franz. Originals: Memoire ſur les Samojedes et les Lappons.

Ekebergs

Ekebergs (C. G.) Ooſt-Indiſka Reſa. Stockh. bey Fougt. 1773. 8. 11 B. m. K. 32 Sch.

Dieſe Reiſebeſchreibung nach Oſtindien iſt in Briefen abgefaſſet. Die vier Kupf. ſtellen einen Sturm, Grundriß und Ausſicht des Vorgebirges der guten Hoffnung und einen Proſpect von Canton in China dar. Sie iſt umſtändlich und mit Ruhme in Gjörwells l. Tidn. 1774. n. 49. 51. 52., in der Götting. Zugabe 1776. 26. St. und in Beckmanns phyſikal. ökon. bibl. B. VI. 1. 2. St. angezeiget worden.

Fernow (E.) Beſkr. öfver Wärmeland. Erſter Th. Gothemb. 1773. Zweyter Th. 1779.

Dieſe Beſchreibung der ſchwediſchen Provinz Wärmeland iſt in 6 Zeitaltern, nämlich zweyen unter dem Heydenthume, eben ſo vielen unter dem Pabſtthume, und noch zweyen unter dem Lutherthume abgetheilet, und mit einer Einleitung von der Lage, dem Namen u. ſ. w. der Provinz verſehen. Die beiden erſten Abtheilungen kamen in dem erſten Bande auf ein Alph. heraus, und ſind in Gjörwells l. Tidn. 1777. n. 32. angezeiget worden. Ueber das ganze Werk wird g. G. bey dem zweyten Th. mehr geſagt werden können.

Gjörwells (C. C.) Samlaren. Stockh. 8.

Die drey erſten Stücke des Sammlers kamen bey Lange 1773; das vierte bis ſechſte eben daſelbſt 1774, von S. 1 — 764; das ſiebente 1775, das achte 1776, das neunte 1777 bey Karlb. auf 407 Seiten heraus. Das Stück koſtete 8 Sch. — Es fand ſich darin eine Sammlung meiſtentheils von Briefen des Biörnſtåhls, Graffmann und anderer.

Guſtaf Adolphs (Konung) Hiſtoria öfver ſig ſjelf. Stockh. 1773. Wennb. 40 Octavſ. 3 Sch.

Dem Titel nach iſt dieſe Geſchichte des Königs über ſich ſelbſt von ihm eigenhändig abgefaſſet worden. Der Aufſatz iſt ſo bündig, reichhaltig und pragmatiſch, daß man wünſchet, mehr von dieſer Geſchichte zu leſen. Es iſt hier nur bloß eine allgemeine, doch merkwürdige Einleitung dazu und eine kurze meiſterhaft geſchilderte Ueberſicht

sicht der Regierung Gustafs I., seiner Söhne und seines dazwischen herrschenden Enkelsohns Sigismunds, und des Antritts seiner eigenen Regierung anzutreffen. Daß dieser Aufsatz ächt ist, weiset das im Reichsarchive befindliche Manuscript aus, worauf folgendes von dem ehemaligen Besitzer, dem R. R. Gyldenstolpe, geschrieben worden: „Kopey der Geschichte, welche der K. G. Adolph eigenhändig angefangen hat aufzusetzen; wobey es zu beklagen ist, „daß das Manuscript selbst mit andern in dem unglücklichen Brande 1697 verloren gegangen." Diese Geschichte ist schon hinter Konung Karl den XI. Run-Crónika Stockh. 1758. 4. befindlich.

Hubners (I.) Inledning till allm. Geographien. Stockh. 1773. bey Stolpe. 1 Alph. 8 B. in 8. 21 Sch. 4 r.

Die übersetzte hübnersche Geographie in der fünften Auflage.

Lagerbrink (S.) Svea Rinets Historia. Stockh. 1773. 4 Alph. 18 B. in 4. 1 Rth. 16 Sch.

Es wäre allerdings zu wünschen, daß Gesundheit und Alter dem berühmten Verfasser erlaubten, sein Werk ganz zu Ende zu bringen. Der Fleiß im Aufsuchen der Quellen, die Prüfung derselben, die Anordnung des Ganzen und die Einkleidung selbst erheben ihn gar sehr über die gemeinen Geschichtschreiber. Man vergl. die gött. Anz. 1775. St. 76. greifswald. kr. Nachr. 1774. S. 33 u. s. w. Die schwedische Geschichte wird hier in dem Zeitraume von 1060 — 1300 abgehandelt.

L. (S.) Lefvernes Beskr. öfver Herr N. Gyllenstjerna. Stockh. bey Pfeifer. 1773. 5 Octavb. 5 Sch. 4 r.

Der Verfasser, der durch mehrere ähnliche Arbeiten verdienstvolle S. Lönbom, liefert die Lebensbeschreibung des benannten Herrn, der als schwedischer R. R., General-Gouvernör in Bremen und Verden u. s. w. ein beträchtliches Antheil an die schwedischen Regierungsangelegenheiten zu Karls XII. Zeiten hatte.

Samling

Samling af Lefvernes-Beskrifningar. 1 Th. Stockh. bey Lange. 1773. 30 Sch.

Der berühmte Herr Aff. Gjörwell ist der Herausgeber dieser Sammlung von Lebensbeschreibungen. Der hier angezeigte erste Theil liefert folgende. 1) Des Stanislaus Lesczinski vom Herrn Luth. 2) Der Zenobia vom Lindblom. 3) Der Iohanna d' Arc vom Herausgeber. 4) Heinrichs des Edelmüthigen vom Regnér. 5) Der Königinn Elisabeth, auch vom Luth. In den Vorreden zu einer jeden sind die Quellen angezeigt worden, woraus die Verfasser schöpften.

Lettres à Mgr. Visconti sur la Revolution arrivée en Suède le 19. Aout. 1772. Stockh. bey Fougt. 1773. 11 Bog. kl. 8. 12 Sch.

Ist das Original von der im Archive Th. 1. S. 205 angezeigten schwedischen Uebersetzung.

Tuneld (E.) Geogr. öfver Sveriges Rike. Stockh. bey Stolpe. 1773. 2 Alph. 15 B. 8.

Von dieser Geogr. über das schwedische Reich kam die erste Auflage 1741; die zweyte 1746; die dritte 1757; die vierte 1762; alle zu Stockh., heraus. Mit dem J. 1783 ist der Anfang einer sechsten ganz umgearbeiteten Auflage gemacht worden, so daß eine Recension der fünften nun unnütz ist.

Uldarichs (Prins af Böhmen) Historia. Ups. 1773. 8.

Uebersetzung. E.

VII. Staats-, Haushaltungs-, Handlungs- und Kunst-Schriften.

Arbetshus - Direcionens Tankar, om beskaffenheten etc. (Gedanken der Arbeitshausdirection über die Beschaffenheit eines wohl eingerichteten Arbeitshauses, und derselben Vorschlag zum Plane für eine solche Einrichtung zu Stockh.) Stockh. 1773. bey Fougt. 2½ B. 4. 2 Sch. 6 r.

168 Dritter Hauptabschnitt.

Ist ein dem Publico mitgetheiltes Bedenken, wie eine solche Einrichtung so anzulegen sey, daß derjenige, der bey Armuth gerne arbeiten will, sich den nothwendigsten Unterhalt verschaffen könne, ohne daß die zu Gewerken, Fabriken und andern nützlichen Nahrungszweigen tüchtige Personen von solchen abgezogen und veranlasset würden, bey jener Arbeit zu suchen.

Berndtsons (B.) Beskr. om Iord-Pärons Plantering etc. (B. B. Beschreibung der Potatos-Anpflanzung, benebst ihrem großen Nutzen in der Haushaltung.) Stockh. 1773. bey Fougt. 30 Octavs. 1 Sch. 4 r.

Ward auf des Königs Befehl von der Akademie der Wissenschaften, besonders zum Dienste und Unterrichte des gemeinen Mannes, gedruckt, und mit einem Kupfer erläutert. Herr A. Lissander hat eine ähnliche kleine Abhandlung unter demselben Titel wieder abdrucken lassen.

Beskrifning om allehanda Träns Plantering etc. (Beschreibung von der Anpflanzung allerley Bäume u. s. w.) Stockh. 1773. bey Fougt. 8. 1 Sch. 6 r.

Sie soll sich auf vieljährige Erfahrungen und Versuche in Finnland, Schonen und Småland gründen, und für den Landmann dienen.

Bonde-Practica eller Väderbok etc. (Bauern-Praktik oder Wetterbuch.) Stockh. 1773. bey Fougt. 8. 5 B. 4 Sch.

Der Angabe nach soll es allerhand schöne Regeln enthalten, wie man beständig von Jahr zu Jahr den Lauf des Jahres kennen und lernen soll. Z. E. des Abends vor Weihnachten: „Ist dieser und die Weihnachtsnacht klar „nach vorhergehenden Regen und Unwetter; so merke, das „Jahr werde reich an Wein und Korn werden, und jeder„mann genug zur Nahrung erhalten. Herrsche aber „Unwetter und Regen, so bedeute es wenig Korn und „Wein u. s. w." Der Recensent parodiret hierüber so: — Ist der Anfang eines Buchs so wenig helle und genugthuend,

thuend, so ist schwerlich vom Anfange bis zu Ende Nahrung für den gesunden Menschenverstand darin zu suchen. Es müßte denn seyn, daß man sie in einigen lateinischen Sinnsprüchen oder einem lateinischen Gebete gegen das Ende anträfe. Was helfen die aber dem Bauer? — Ist es nicht unverantwortlich, mit solchem Zeuge den ohnehin schon genug abergläubischen Bauer in seinen Vorurtheilen zu stärken? Wann wird die Zeit kommen, wo man sich des Verstandes und des Herzens des größten Haufens gewissenhaft annehmen wird? — Es ist eine Entehrung der Fougtischen Buchdruckerey, daß dem Katalogus nach dieß alberne Zeug aufs neue darin aufgelegt worden, welches nun hoffentlich nie wieder geschehen wird.

Erxlebens (*Ioh. Chr. Pol.*) Underrättelse uti Boskaps-Medicin. (J. C. P. E. Unterricht in der Vieharzneykunst.) Stockh. 1773. bey Lange. Erster oder theor. Th. 8. 24 Sch. Zweyter oder praktischer Th. 1774. 8. 16 Sch.

In dem Vorberichte wird angezeiget, daß diese Uebersetzung verfertiget worden, weil man über den in diesem Werke behandelten Gegenstand noch nichts eigentliches in schwedischer Sprache habe, und der Name des Verfassers hinlänglich Bürge für die Güte der Abhandlung wäre.

Finance-Värk eller en Pensylvanisk Quäkares Tal etc. Stockh. 1773. bey Carlbom. 1½ Quartb.

Dieß beste und sicherste Finanzwerk des Publicums ist in die Rede eines pensylvanischen Quäkers eingekleidet, die auf einer Auction in Amerika wider übles Haushalten und thörichte Kleiderpracht gehalten wird. Schwerlich dürfte diese Satyre viel gebessert haben.

Frågor och Refl. etc. rörande Sveriges Financer. (Eines wohlmeynenden Mitbürgers unvorgreifliche Fragen und Anmerkungen über Schwedens Finanzen.) Stockh. 1773. bey Fougt. 2 Quartb. 2 Sch.

Der Hauptfragen sind wohl nur zehn; aber der Nebenfragen wohl unendliche. Wenn nur bey so vielen den Politikern nicht das bekannte Sprüchwort einfällt, daß ein Narr mehr fragen könne, als zehn Kluge zu beantworten vermögen. Jedoch ist der Recensent weit entfernt, diese Fragen für unnütz zu halten.

Gadd (*P. A.*) Försök til en systematisk Inledning i Svenska Landskötseln etc. (P. A. G. Versuch einer systematischen Einleitung in die schwedische Landwirthschaft, nach dem nördlichern Luftstriche des Reichs eingerichtet, und auf Wahrnehmungen, Versuchen und Anmerkungen in der Naturgeschichte, Physik, Chemie, benebst der allgemeinen und besondern Haushaltung gegründet u. s. w.) 1 Th. Stockh. 1773. bey Fougt. 374 S. in 8. m. Kupf. 16 Sch.

Dieß ist eins der wichtigsten und nöthigsten Werke, die über diesen Gegenstand erschienen sind. Dieser erste Theil beschäftiget sich mit dem Luftstriche und der Beschaffenheit des verschiedenen Bodens in Schweden. Der zweyte mit dem Anbaue der Wiesen (in eben dem Verlage 1775. auf 478 Seiten mit 2 Kupf. 21 Sch. 6 r.). Der dritte mit dem Ackerbaue. (Eben daselbst 1777. auf etwa 600 S. mit 4 Kupf. 32 Sch.) — Ueber dieß ganze Werk wird an seinem Orte eine umständlichere Anzeige gegeben werden.

Gadd, (*P. A.*) Upmuntran och Underrättelse etc. (P. A. G. Aufmunterung und Unterweisung zu nützlichen Anpflanzungen und andern Haushaltungseinrichtungen.) Åbo. 1773.

Hernquists (*P.*) Underrättelse för en Arrendator etc. Stockh. Hesselb. 1 Th. 1773. 8. 14 B. 2 Th. 1774. 8. 15 B.

Dieser Unterricht für Arrendatores oder Landhaushalter ist eine Uebersetzung des französischen aus dem Engl. übersetzten Guide du Fermier.

Ej. Svar uppå de af etc. Lannér utställde Frågor etc. Stockh. Gref. 1773. 3 B. 8.

Diese Antwort verfassete Herr H. auf des Herrn L. aufgeworfene Fragen, betreffend: 1) die Benützung der
Kühe

Kühe zum Ziehen, 2) die Fütterung des Viehes im Hause das Jahr über, 3) das Zähmen der Elendthiere zum Haushaltungsgebrauche.

Es. Nödig Unterr. om Åderlåtning på hästar. **Stockh.** Kumbl. 1773. 3 B. in 8. mit einem K.

In diesem nöthigen Unterricht von dem Aderlassen der Pferde wird der Nutzen, und die vom Aderlassen erwartete Wirkung, auch die Umstände beschrieben, darin solches nützlich oder schädlich seyn kann. Er zeiget hiernächst die Adern an, welche geöffnet werden können, oder geöffnet zu werden pflegen, die Stelle, die Art und Weise, die Zeit, und endlich die verschiedenen dabey hie und da sich ereignenden Unfälle.

Hushålls-Magazin etc. (Ein kleines Haushaltungs-Magazin, oder Vorrath von allerley besondern Versuchen und Wissenschaften in der Haushaltung.) **Stockh.** 1773. bey Fougt. 12 B. in 8. 8 Sch.

Dieß ist die dritte Auflage dieses Magazins, worin so eben nichts weiter, als in dem gewöhnlichen Schlage dieser Gattung von Büchern steht. Allerley Künste, die am Ende — nicht viel nützen. An den Ueberschriften der Kapp. hat man genug: Wie Metalle geschmolzen, vergoldet und versilbert werden; vom Lacke und allerley Lackfirnissen, Vergoldung, Farbenzubereitung; von allerley Schreibedinte; von verschiedenen bey allerley Vorfällen nützlichen Wissenschaften, z. E. Perlen, Diamanten zu schätzen u. s. w.; endlich vom Saatkorne, Grase, der Fruchtbarkeit des Ackers und Gärtnerey. Das ist wirklich ein Magazin und freylich mit allerley Sachen angefüllet. Wer Lust hat, der brauche sie.

Hästgubben, den kloka och förständiga. (Der kluge und verständige alte Pferdeknecht.) **Stockh.** Wennb. 1773. 6 B. 8. 6 Sch.

Soll für Stallknechte, Kutscher und Reuter dienen, die Natur, Pflege, Nahrung, Krankheiten und Arzeneymittel kennen zu lernen.

Iunelii

Iunelii. (E.) om Hushållningen i Finland. Stockh. 1773. 1½ Sch.

Diese Vorlesung von der Haushaltung in Finnland und Nyland, welche im Sept. desselben Jahres vor der Akademie der Wissenschaften geschah, ist bey Karlb. auf 2 Bogen besonders abgedruckt worden.

❊   ❊   ❊

Kleidertracht.

Weil dieser Gegenstand die Federn und die Pressen dieses und mehrere Jahre hindurch sehr beschäfftiget hat; so sollen die hierüber herausgekommenen Schriften ohngefähr in der Ordnung des Abdruckes in einer ununterbrochenen Folge zusammen hergesetzet werden. Die königl. schwedische patriotische Gesellschaft hatte im Octob. dieses Jahres folgende Preisfrage unter dem Versprechen einer goldenen Schaumünze von 30 Dukaten aufgegeben: „Ob es, der öftern Veränderung in den Moden vorzu„beugen und den Unterschleif im Handel zu verhindern, „vortheilhaft seyn dürfte, eine Nationalkleidung in Schwe„den anzunehmen, welche dem Luftstriche angemessen und „von anderer Nationen ihrer verschieden sey? was für „Unbequemlichkeiten eine solche Veränderung mit sich „führen möchte? und ob vielleicht die Unbequemlichkei„ten, die sich etwa bey der Veränderung selbst ereigneten, „mit der Zeit von den Vortheilen überwogen werden „könnten?"

Es wäre unnöthig, alle die hierüber herausgekommenen, zum Theil gründlichen, zum Theil ganz unerheblichen Schriften zu recensiren. Sie sollen also nur den Titeln nach, mit einer kleinen Nachricht, angezeiget werden.

Die erste, so viel man weis, war: *Om Svenska Folkets Klädedrägt.* (Von der Kleidertracht der schwedischen Nation.) Stockh. 1773. bey Hesselb. 4 Quarts. Das Gerücht macht ein vornehmes Frauenzimmer zum Urheber derselben. Auf diese folgt ein großer Schwarm.

In der Carlbohmschen Buchdruckerey kamen heraus: *Medelvägen emellan* &c. (Mittelweg zwischen einer nationellen Kleidertracht und den gegenwärtigen üppigen Moden und veränderlichen Farben.) 8 Quarts. — *Om nu varande och tilkommande* &c. (Von den itzigen und zukünf-

zukünftigen Wirkungen einer schwedischen Kleidertracht auf den Ehestand.) 8 Quartf. — *Almänhetens bästa och säkrasta Finance-Verk* &c. (Des Publicums bestes und sicherstes Finanzwerk oder eines pensylvanischen Quäkers Rede wider üble Haushaltung und thörichte Kleidertracht.) 12 Quartf.

In der Nordströmschen Buchdruckerey: *Anmärkning öfver den tilärnade Klädedrägten.* (Anmerkung über die vorgeschlagene Kleidertracht.) 4 Quartf.

In der Kumblinschen Buchdruckerey: *Påminnelser vid Frågan* &c. (Erinnerungen über die Frage von der Einführung einer neuen Kleidertracht,) benebst: *Bihang til* &c. (Anhang zu diesen Erinnerungen.) Zusammen 8 Quartf.

In der Wennbergschen Buchdruckerey: *Svar på Frågan: Om til unvikande* &c. (Antwort auf die Frage: Ob es, den öftern Veränderungen in den Moden vorzubeugen u. s. w.) 8 Quartf. — *Tankar om god Tid* &c. (Gedanken über gute Zeit, vermittelst allgemeiner und besonderer Haushaltung.) 4 Quartf. — *Svar på Frågan, angående en nationel* &c. (Antwort auf die Frage, die Annahme einer nationellen Kleidertracht betreffend.) 4 Quartf. — *Afhandling om Klädedrägten.* (Abhandlung von der Kleidertracht.) 22 Quartf.

In der Pfeiferschen Buchdruckerey: *Svar på den af Kgl. Patr. Sälſkapet* &c. (Antwort auf die von der königl. patr. Gesellschaft den verwichenen 26sten Oct. aufgegebene Frage u. s. w.) 32 Octavseiten.

Endlich in der Fougtischen Buchdruckerey: *En Landmans Tankar, öfver den Frågan* &c. (Gedanken eines Landmanns über die Frage: Ob es, den öftern Veränderungen in den Moden vorzubeugen u. s. w.) 16 Quartf. 2 Sch. — *En Landmans Bref til sin vän i Stockholm* &c. (Eines Landmanns Brief an seinen Freund zu St. die nationale Kleidertracht betreffend.) 16 Quartf. 1 Sch. 6 r. — *Svar på den af Kgl. Patr. Sälſk., uti Dagel. Tidn.* &c. (Antwort auf die von der königl. patriot. Gesellschaft in der täglichen Zeitung Num. 244. aufgegebene Frage u. s. w.) 19 Quartf. 2 Sch. 6 r.

Um diesen Artikel ganz abzuschließen müssen noch von dem Jahre 1774 folgende Streuschriften hinzugefüget werden:

Dritter Hauptabschnitt.

In der Fougtischen Buchdruckerey: *En Patriots Tankar til Kgl. Patr. Sälsk.* &c. (Gedanken eines Patrioten an die königl. patr. Gesellschaft, bey der Frage von der Kleidertracht.) 16 Quartf. 2 Sch. — *Bref ifrån en Landman i en annan Landsort* &c. (Brief von einem Landmanne an einem andern Landsorte, dessen Brief an einen Freund zu Stockh. neulich im Drucke herauskam.) 16 Quartf. 2 Sch.

In der Kumblinschen Buchdruckerey: *Et Folk, en Drägt* &c. (Ein Volk, eine Tracht u. s. w.) 20 Octavf.

Diese Menge von Streuschriften ist freylich von sehr verschiedenem Gehalte. Ein großer Theil derselben gehöret zu — Umschlägen in den Krambuden; ein anderer Theil aber hat die Aufmerksamkeit des Publicums verdienet und auf sich gezogen. *En Landmans Tankar* &c. redet, wie die meisten der angeführten Schriften, wider eine neue Kleiderordnung, allein mit Nachdenken und Gutgesinntheit. — *Svar på den af Kgl. Patr. Sälsk.* im Pfeiferschen Verlage, bringt in einer nachdrücklichen und sinnreichen Schreibart auf eine unveränderliche und beständige Kleidertracht beyder Geschlechter. — *Afhandling om Klädedrägten* &c. betrachtet die vorgelegte Frage ausführlich und in ihrem ganzen Umfange. — Der Verfasser von: *En Patriots Tankar* &c. ward so verdienstvoll gefunden, daß eine unbekannte Gesellschaft sich verband, ihn mit einer Schaumünze zu beschenken, so bald die patr. Gesellschaft seinen Namen würde bekannt gemacht haben. Diese erkannte endlich den Hauptpreis der Schrift des damaligen Hofpredigers, Herrn Er. Waller, zu. Hernach ruhete diese Sache, bis der König sie 1778 vermittelst der Einführung der neuen Kleidertracht endigte. *)

❊ ❊ ❊

Leyon-

---

*) Einige dieser Schriften, die es einigermaßen werth waren, sind in *Nya lärda Tidningar* des Jahres 1774 ziemlich ausführlich recensirt worden. Von den meisten war es unnöthig, den Preis anzusetzen.

Leyonhartins (*M. E.*) &c. *Färgekonsten.* (M. E. L. kurze und deutliche Unterweisung zur Färberey, wie man Seide, Leinenzeug, Wolle und Leder auf allerley Weise färben könne.) Wäst. 8. 2 Sch.

Der Titel ist zur Anzeige dieser wenigen Blätter zureichend.

Lundberg, (*P.*) rätta Svenska Trägårds-Praxis &c. (P. L. rechte schwedische Gartenpraxis.) Stockh. 1773. bey Fougt. 8. m. Kupf. 16 Sch.

Dieß ist die dritte Auflage eines Buchs, welches in seiner Art vielleicht das hauptsächlichste ist, so daß auch 1780 die vierte Auflage davon in eben dem Verlage erschienen ist. In der vorgedruckten Billigung der Akad. der Wissensch. vom J. 1753 heißt es deswegen auch ausdrücklich: Es sey der umständlichste Unterricht, der in dieser Materie in schwedischer Sprache herausgekommen wäre. Eine kurze Anzeige der Bücher, kann bey so vielfältigen Auflagen hinlänglich seyn. Die Einleitung handelt von Gärten und den Erdarten überhaupt (S. 1—16) — Das erste B. vom Küchen- und das zweyte vom Baumgarten (S. 17—60 und 60—111) — Das dritte lehret, wie man allerley Gartenfrüchte benebst Beeren und Kräutern trocknen und einmachen solle (S. 112—120) — Das vierte beschreibt einen Lustgarten (bis S. 134); das fünfte die Anlegung einer Orangerie (bis S. 179) und das sechste die Anlegung und Pflege der Hopfengärten (bis S. 182). In dem dreyfachen Anhange kömmt theils eine kurze Beschreibung vor, wie man einige Färbegräser und Wurzeln anpflanzen und vermehren, auch lebendige Hecken statt anderer Gehege anlegen könne; theils ein Gartenkalender, wie die Geschäffte eines jeden Monats abgewartet werden müssen. Auf den zehn Kupfern sind die Gartengeräthschaften; Treibhäuser und Treibgruben; Baumschule; Geländer für Bäume, Weinstöcke und Gänge; ein Plan zu einem Lustgarten; Grund- und Aufriß zu einem Orangeriehause; ein Ananastreibbette und ein Hopfengarten abgebildet.

Natu-

Naturens och Konstens Skådeplats. 1. 2. 3. 4. Heft. (Schauplatz der Natur und Kunst.) Stockholm, 1773. 4.

Ist eine Art von Orbis Pictus, und soll fortgesetzt werden.

Rothof, (*L. W.*) Iordmårg &c. Göteb. 1773. 8. 17 B. 8 Sch.

Den Erdmergel, der zur Verbesserung des magern Erdbodens dienlich ist und an mehrern Orten in Schweden gefunden wird, beschreibt der Verf. nach seiner Beschaffenheit und Nutzen.

Samling af Skattläggnings-Methoderne &c. (Sammlung von verschiedenen Schätzungsarten.) Erster Theil. Stockh. 4. 14 Sch.

Vielleicht läßt sich von diesem Werke mehr im zweyten Theile sagen.

Skoges (*G. F.*) Beskr. om lätaste sättet at befrämja Svenska Silkes Afvelen. (G. F. S. Beschreibung der leichtesten Art und Weise, den schwedischen Seidenbau zu befördern.) Stockh. bey Holmerus. 1773. 8.

Skrå-Ordning (Kgl. Maj. förnyade) för Handtverkare etc. (Sr. K. M. erneuerte Innungsordnung für die Handwerke in Schweden und Finnland.) Stockh. 1773. bey Lange. 4. 4 Sch.

Tankar om en Giro-Banque etc. Stockh. 1773. 4 Quartb.

Diese Gedanken über eine Giro-Banke, benebst einer Untersuchung eines deshalb herausgekommenen Plans, sind keines Auszugs noch deutlicher Vorstellung in einer Recension fähig.

Tankar om de rätta och sanskyldiga medel til Sveriges välmåga. (Gedanken über die rechten und wahren

ren Mittel für Schwedens Wohlstand.) Stockh. 1773. bey Stolpe. 16 B. 8. 12 Sch.

Die erste Auflage war zum Theile 1761, zum Theile 1763 gedruckt, und diese neue Auflage nach Maaßgebung der in der Zeit herausgekommenen Schriften berichtiget und vermehret worden. Es wird darin von Ackerbau, Viehzucht, Anpflanzungen, Waldungen, Fischerey, Gewerken, Handel und den dazu gehörigen und erfoderlichen Einrichtungen gehandelt.

Warg (C.) Hjelpreda i Hushållningen etc. (E. Warg Hülfsmittel in der Haushaltung für junges Frauenzimmer.) Stockh. 1773. bey Fougt. 2 Alph. 4 B. 32 Sch.

Dieß ist bereits die sechste, und, wie wenigstens auf dem Titel stehet, aufs neue übersehene und verbesserte Auflage. Dieß scheint eine Bürgschaft seiner innern Güte zu seyn; denn dem Recensenten ists unmöglich, hierüber weiter zu urtheilen. Als ein in diesen Sachen uneingeweiheter getrauet er sich nur bloß den Hauptinhalt aus den vorgesetzten Summarien kurz auszuziehen. Nach der Vorschrift, Suppen zuzubereiten, folget die Anweisung, die verschiedenen Fleischarten von dem zahmen Hausviche, dem Geflügel und dem Wildprete, und die Fische mit den Fleisch- und Fischbrühen zuzurichten. (S. 1—167) Vorschläge für Gartenfrüchte, wie sie eingemacht und den Winter über bewahret werden (S. 267—344); wie man Würste, Puddinge, Gebackenes, allerley Füllungen zu Torten und Pasteten, Milchspeisen, Erfrischungen à la glace, crêmes, gelées, allerley mit Zucker eingemachte Sachen zubereiten (bis S. 489); was bey dem Brauen, dem Abziehen der Branntweine und Wasser, dem Backen beobachtet werden müsse (bis S. 545). Dann werden noch einige die Haushaltung betreffende Dinge, verschiedene Gattungen Farben, einige Hauscuren bey Viehkrankheiten und allgemein nützliche Erinnerungen hinzugefüget (bis S. 578). Ein auf Kenntniß und Erfahrung gegründeter Unterricht von der Färberey (S. 599—686) und ein Anhang (bis 784) machen den Beschluß. Von der vierten Originalausgabe erschien schon 1778 die zweyte Auflage der deutschen Uebersetzung. Greifswalde in gr. 8.

II. Theil.   M   *Westbeck*

Weſtbeek (G.) Afh. om den ſkada och nytta Geta-Kreaturen etc. (G. W. Abhandlung von dem Schaden und Nutzen, den die Ziegen dem Reiche bringen.) Stockh. 1773. bey Nordſtr. 2 Sch.

Es iſt der Tractat, dem Titel nach, ſeiner Vortrefflichkeit halber aufs neue 1775 gedruckt und verbeſſert worden.

Svar på den af Kgl. Wetenſk. Acad. för andra-gången etc. Stockh. bey Lange. 1773. 8. 16 Sch.

Das ſind zwey Antworten auf die von der Königl. Wiſſenſch. Akademie zum zweytenmale aufgeworfene Frage über die Bienenzucht. Die erſte und weitläuftigſte iſt von dem Herrn P. Gyllander S. 1—124. Die andere von dem Herrn J. O. Hagſtröm S. 125—E. Vergl. Gött. Zug. 1776. St. 35. Beckmanns phyſikal. ökonom. Bibl. B. VI. St. 1. 2. E.

VIII. Poeſie, Reden, ſchöne Künſte und Wiſſenſchaften, Muſik u. ſ. w. *)

Buſſers Sorgetal öfver Konung Adolph Fredric. (Buſſers Trauerrede über K. Adolph Friedrich.) Linköping 1773. 32 S. 4. 4 Sch.

Es iſt eine Schulrede, und zwar nicht von den allerſchlechteſten. Reime; folglich Poeſie! — und wahrhaftig ein gutes Zeugniß von der Beleſenheit des wohlverdienten Herrn Verfaſſers, ſowohl in den alten klaſſiſchen Poeten Roms, als in der Geſchichte Schwedens. Es iſt eine ſonderbare Beobachtung, daß unſre Poeten und Redner, die entweder ihr Herzeleid über den Tod des guten Königs A. F., oder ihre Freude über die Krönung ſeines großen Nachfolgers und Sohnes G. III. bezeugen wollten, mehrentheils hiſtoriſch ſangen oder redeten, das heißt: ſie nahmen gern die Geſchichte zur Hülfe, ohne Zweifel um daraus zu beweiſen, wie gerecht ihre Thränen oder

---

*) Die in dieſen Jahrgang fallenden Theaterſtücke ſollen vielleicht mit denen in den folgenden Jahren auf einmal angezeiget werden.

oder ihr Jauchzen wären. Das gegenwärtige Stück ist außerdem mit historischen Noten reichlich versehen, die gar erfreulich zu lesen sind.

Linbloms (*I. A.*) Åminnelse Tal öfver Prof. Frosterus. (Linbl. Gedächtnißrede über Prof. F.) 1773. 8. 3 Sch.

Der Herr Verfasser ist sich gleich. Im vorigen Theile dieses Archivs haben wir ihn als einen etwas undeutlichen Redner gesehen. Aber es ist vielleicht seine Schuld nicht, daß er dem Rec. nicht recht gefallen will.

Rede auf den hohen Namenstag Ihro Majestät des Königs Gustaf III. in dem neuen Auditorio der deutschen Schule, bey der Einweihung desselben, den 6 Jul. 1772, gehalten von J. D. B. Rudolphi, **Conrector bey der d. Schule. Stockh. bey A. Holmerus. 1773. 19 S. 8.**

Die Rede ist gar dem Könige selbst zugeeignet, und den Anlaß dazu gab wohl vornehmlich der Stoff. Es wird nämlich ganz ordentlich bewiesen, daß Gustaf III. alle Tugenden und Vorzüge der beiden ersten Gustafen sich zu eigen gemacht habe. Man kann die Rede mittelmäßig gut nennen, ohne zu behaupten, daß der Verfasser ein gebohrner Redner war.

Tegnaeus Samling af Tal etc. (Sammlung von Reden.) **Wästerås. 1773. bey Horn.** 44 Quartf.

Der Verfasser ist Landsecretär in Westmanland, und man wird wohl so barmherzig seyn, daß man ihm die Eitelkeit verzeihet, neun bey verschiedenen Gelegenheiten gehaltene Reden in dieser Sammlung herausgegeben zu haben.

Ovåldighetens läf i anledning af deras Kongl. Majestäters Gustaf III. och Sophia Magdalenas höga ägenskaper etc. underdånigast sjunget af *Carl Brunkman*. (Das Lob der Unpartheylichkeit auf Veranlassung der hohen Eigenschaften der königl. Majestäten — — bey ihrer feyerlichen Krönung den 29 May, und frohen Huldigung den 1. 2. und 3ten Jun. 1773. unterthänigst gesungen von Carl Br.) Upsala, bey Edman. 1772. 34 S. 8.

Gesungen; weil es Reime waren! Ich, meines Theils, möchte dem Gesang nicht zugehöret haben, da ich nicht einmal die Hälfte davon habe lesen können: denn es ist gar zu erbärmlich. Wenn man doch dabey lachen könnte, so wie über die Streitschriften des bekannten Verfassers. St.

Hülphers (*A. A.*) Histor. Afhandl. om Musik etc. Westerås. 1773. 8. 24 Sch.

Vermuthlich hat noch kein Reich ein solches Werk in diesem Fache, als Schweden. Nämlich: eine historische Abhandlung von der Musik und den Instrumenten, besonders von der Einrichtung der Orgeln überhaupt, benebst einer kurzen Beschreibung der Orgeln in Schweden. Es ist außer Vorreden und Register auf 323 Seiten mit 3 Kupfern, welche eben so viele Orgeln abbilden, abgedrucket. Der durch andere Werke rühmlich bekannte Verfasser hat dieß Werk in 3 Theile vertheilet. Im ersten redet er von Musik und Instrumenten; von der Musik überhaupt, der Beschaffenheit derselben und den Instrumenten im A. T., besonders unter den Israeliten, so wie auch unter andern Völkern; hiernächst im N. T. von der weltlichen Musik und den Instrumenten inner- und außerhalb Europa; und in Schweden ganz besonders. — Im zweyten von der Kirchenmusik, sowohl in den Zeiten des N. T. überhaupt, als in Schweden insonderheit; von der Erfindung, dem Gebrauche und der Einrichtung der Orgeln, mit vorzüglicher Rücksicht der in Schweden befindlichen, wobey auch nöthige Anmerkungen über den Orgelbau vorkommen. — Der dritte liefert eine kurze Beschreibung über die Orgeln in Schweden bis auf 1773. Die zu Stockholm werden zuerst genannt; es sind ihrer 18; alsdenn die in den andern 104 Städten Schwedens; endlich die in den Landskirchen. Des Verfassers Fleiß ist sicherlich sehr mühsam gewesen, und er hat in diesem Fache viel geleistet. E.

IX. Schriften anderweitigen und vermischten Inhalts, Romane u. dgl.

Das ist dießmal ein für den Recensenten sehr unfruchtbarer Artikel. Er liefert fast nichts weiter als Uebersetzungen aus mehrern Sprachen.

Adelaides Brefväxling. Stockh. Carlb. 1773. 4.

Der Briefwechsel besteht aus 24 Nummern, worin allerley witzige Gegenstände behandelt werden.

Adelsons och Salvini Äfventyr. Stockh. Nordstr. 1773. 8. 8 Sch.

Ebentheuer für den, der darauf ausgeht.

Den nye Don Quichote. 1 Del. Stockh. Nordstr. 1773. 8.

Eloisas Bref til Abelard af Herr Pope. St. 8. 1 Sch.

Gullhönan. Erster Heft moralischer Fabeln und glaubwürdiger Begebenheiten, die für Alte und Junge nützlich zu lesen sind. Stockh. Wennb. 1773. 8. 8 Sch.

Hist. om Fröken Betsi Thougtless. Gothenb. 8. 20 Sch.

Es ist eine abgekürzte Uebersetzung der englischen Urschrift. Der erste Theil von 1772; die andern drey von 1775.

Landt-Nojet. Stockh. 1773.

Im vorigen Jahre kam von dem Landvergnügen der Anfang heraus. Vergl. Archiv Th. I. S. 198.

Lanvills (S.) märkvärdiga Händelser. Stockh. 1773. Fougt. 8. 28 Sch.

Uebersetzung der merkwürdigen Begebenheiten des S. L.

Näsduken. Stockh. 1773. Fougt. 8. 6 Sch.

Das Schnupftuch in Uebersetzung.

Rabeners Satyrer. Stockholm bey Carlb. 1773.
4 Bogen.

Es sind folgende Satyren: 1) N. Klims Todtenverzeichniß. 2) Jrus. 3) Brief eines Glückwünschenden an den Verfasser und dessen Gedanken über jenen. 4) Eines Rechtsgelehrten Bedenken über die Frage: Ob ein Poet, als Poet, verpflichtet werden kann, Steuern zu bezahlen. 5) Klage über die weitläuftige Schreibart.

Rensi, en Japanesisk Historia. Gefle. 1773. 8.
2 Sch. 6 r.

Uebersetzung einer vorgeblich japanischen Geschichte.

Samlingar til et Fruntimmers-Bibliothek. Stockh. 1773. 8. 4 Sch.

Zwey Stücke der Sammlungen zu einer Frauenzimmerbibliothek. Sie ist allem Anscheine nach klein geblieben.

Strömflykts (P.) Samtal imellan äkta Patrioter och Betragare. Stockh. 1773. 8.

Diese Unterredung zwischen einem ächten Patrioten und einem Betrüger ist eine neue und vermehrte Auflage des zu Stockh. 1756 herausgekommenen Gesprächs (bis S. 64) zwischen dem Patrioten Argi-Sohn, Vernünftig, und der Frau Tugendhaft.

Zadecks Prophetia. Jönk. 1773.

Ists möglich, daß solches albernes Zeug übersetzt werden kann?

Öhrwall (B.) Götheborgska Spionen. Gothenb. 1773. 8. D.

X. Schrif-

X. Schriften schwedischer Schriftsteller, welche außerhalb Landes gedruckt, und auch solcher, die aus dem Schwedischen in andere Sprachen übersetzet worden. *)

Auszüge aus den Abhandlungen der stockholmischen Akademie der Wissenschaften, Band XXXIV. findet man in D. L. Crell neuesten Entdeckungen der Chemie. Th. I. Leipzig. 1781.

Ihre (*I. ab*) Scripta Versionem Vlphilanam etc.

Wo der Recensent sich nicht irret, so hat Herr D. Büsching diesen Nachdruck besorget. Vergl. Gjörwells l. T. 1774. n. 35. 36. 40. 44.

Scheffer (Du Comte *C. F.*) Discours sur le rapport, qu'il y a entre l'esprit des Loix fondamentales et le bonheur du peuple etc. à Wismar et Bützow. 1773. 8.

Ist die Uebersetzung der im ersten Theile des Archivs S. 191 angezeigten Rede.

Sinclair (*C. G.*) Institutions Militaires ou Traité Elementaire de Tactique. Aux Deux Pons. 1773. 8. 2 Rthlr.

Der erste Theil ist, außer einer Einleitung in die Theorie der Kriegskunst, auf 74 Seiten, auf 13 Bogen; der zweyte auf 1 Alph. 3 Bogen; und der dritte auf 16 Bogen abgedruckt.

*) Dieser und der folgende Abschnitt könnten durch Beyträge gelehrter Ausländer um ein merkliches bereichert werden.

XI. Merkwürdige Schriften der Ausländer, oder auch solcher außerhalb Schweden wohnenden Schriftsteller, welche in die schwedische Litteratur einschlagen.

Corteggio del Principe Reale, ora Rè di Svezia. Venedig. 1773.

Vergl. Gjörwells 1. Tidn. 1774. n. 45.

Jerninghams, The Svedish Curate. London. 1773.

Eine Art von Heldengedicht über Gustaf Wasa, in dessen ganzer Erdichtung ein Pfarrer in Daland die Hauptperson vorstellet. Dieser ermuntert jenen zur Mitternachtszeit in der Kirche zur Ausführung der damaligen großen Revolution.

Isländische Litteratur und Geschichte. Gött. und Gotha. 1773. 8.

Im zweyten Abschnitt findet sich eine Abhandlung vom Ihre über die upsalische Edda mit Schlözers Zusätzen.

Micheleßi (de l'Abbé) Lettre à Msgr. Visconti. Greifsw. 1773. 8. 200 Seiten.

Die zu Stockholm bey Fougt verlegten Briefe ließ Herr Prof. Möller nachdrucken, und fügete unter den Beylagen eine neue nach dem schwedischen Originale verbesserte Uebersetzung der Regierungsform vom 21 Aug. 1772 hinzu. — Die deutsche Uebersetzung dieser Briefe ist eben daselbst in 8. erschienen.

Murray (I. P.) Abh. de re nauali veterum Septemtrionalium.

Wovon sich in den Gött. Anz. n. 134. ein guter Auszug findet, und der in Gjörwells l. T. 1774. n. 15. übersetzt zu seyn scheint.

XII. Gelehrte Anekdoten, die in den vorigen Artikeln keinen bequemen Platz finden konnten; als Kupferstiche, Landcharten, Schaumünzen u. d. gl.

I.

Den 23 Jun. 1774 ward die metallene Bildsäule Gustafs I., welche Jahres zuvor den 13 Decemb. auf dem Ritterhausmarkte zu Stockholm war aufgestellet worden, von dem sie bisher umgebenden Umschlage enthüllet. Dieser Tag war deshalb dazu ausgewählet worden, weil Gustaf I. den Tag vor Johannis, 251 Jahre zuvor, seinen siegreichen und für die schwedische Nation so freudenvollen Einzug zu Stockholm gehalten, und sein Nachkömmling, Adolph Friedrich, an eben demselben im J. 1743 zu seinem Nachfolger auf dem schwedischen Throne erkohren worden. Diese Statue hat eilf Fuß in der Höhe, und steht auf einem gleich hohen Fußgestelle von grünem schwedischen Marmor. Die Ritterschaft und der Adel ließ sie auf seine Kosten verfertigen. Die Modellirung ist von dem Director und Ritter Largeveque, der Guß aber von dem Oberdirector und Ritter G. *Meyer*. Auf dem Fußgestelle steht auf der einen Seite das Wasa-Wapen, auf der andern aber folgende Inschrift auf einer in Marmor incrustirten metallenen Platte:

GVSTAVO. ERICI.
Patriae. Libertatis. Religionis.
Vindici.
Ex. Nobili. Cive. Opt. Regi.
Post. Bina. Saecula.
Pos. Ordo. Equestris.
MDCCLXXIII.

II.

Die Kupferstiche von 1772 bis 1780 sind folgende:

Man kann sich auf die Richtigkeit des Verzeichnisses verlassen.

A) Bildnisse des Königl. Hauses.

Margaretha D. G. Suecorum etc. Regina, Gustavi I. Regis coniux altera. In Quart. *Akrel.* *) 8 Sch.

Gustaf III. Groß fol. 1773. *Gillberg.* **) Auch in gr. 4. 1779. 8 Sch. und auch in 16mo 1780. *Snack.* ***) Auch in 4. *Akrel.* 8 Sch.

Sophia Magdalena, Königinn von Schweden. gr. fol. 1773. *Gillberg.* 1 Sch. Auch in gr. 4. 1775. *Akrel.* 6 Sch.

Gustaf Adolph, Kronprinz von Schweden. fol. 1781. *Gillberg.* 24 Sch. Auch vorher gr. 8. 1780. *Snack.* Letzteres ist auf höhern Befehl eingezogen worden.

B) Bildnisse von Privatpersonen.

Alströmer (I.) Kommerzienrath. 4. *Akrel.* Auch in 4. *Gillberg.*

Anckarström (I. I.) Oberstlieutenant. 4. 1776. *Akrel.*

Björnståhl (I. L.) 4. *Gillberg.* 16 Sch.

Brenner (E.) Assessor im Antiquitäts-Archive. 16mo. *Akrel.*

Dalin (von O.) Hofkanzler. 4. 1772. *Akrel.* — Nochmals von ebendenselben. 6 Sch.

Duwal (G.) Landshauptmann. fol. *Akrel.* 8 Sch.

Ehrenstrahl (D. K. ab) Hofintendant. 4. 1772. *Akrel.* 8 Sch.

Engström (I.) SS. Th. D., Episcopus Scaniae. 4. 1778. *Gillberg.*

Filenius (P.) Episc. Lincopensis. fol. 1782. *Akrel.*

Fleming (E.) Reichsrath. gr. 4. *Akrel.* 8 Sch.

Fleming (C.) Königl. Rath. 4. *Akrel.* 8 Sch.

Fleming (H.) Landshauptmann. gr. 4. *Akrel.*

De

---

*) Man vergleiche von ihm im ersten Theile S. 215 u. s. w.
**) Man sehe im ersten Theile S. 227.
***) Seiner wird gehörigen Ortes Erwähnung geschehen.

De Geer (C.) Hofmarschall. gr. 4. *Gillberg.*
Gyldenstolpe (N.) Königl. Rath. gr. 4. *Akrel.* 8 Sch.
Gyllenborg (I.) Königl. Rath. gr. 4. *Akrel.* 8 Sch.
Gyllenstjerna (I.) Reichsrath. gr. 4. *Akrel.* 8 Sch.
Hassel (H.) Kanzleyrath und Prof. der Beredtsamkeit, mit der Unterschrift: Cura Fredenheim Nepotis ex filia. fol. *Akrel.*
Humbla (E. E.) SS. Th. D., Praepos. et L. gr. 4. *Akrel.*
Hydren (L.) SS. Th. D., Archipraepositus Vpsaliensis. 4. 1772. *Akrel.* fol. 1782. *Akrel.*
Högström (P.) SS. Th. D. Praepos. et P. 8. *Åkerman.*
Ihre (I.) Kanzleyrath und Prof. fol. 1773. *Akrel.*
Legonstedt (A.) Reichsrath. kl. fol. *Akrel.* 8 Sch.
Less (G.) 8. *Akrel.* 1½ Sch.
Liden (M.) SS. Th. D. et Lector. 4. *Gillberg.*
Liljeström (C. D.) Generalgouverneur in Schonen. 4. 1779. *Akrel.* 6 Sch.
Linné (Car. a) Archiater etc. länglicht 4. *Åkerman.* Eben derselbe in 4. 3 Sch. und en Medaillon in gr. 8. 2 Sch. *Snack.*
Loefwensköld (H. A.) Admiralitäts-Kammerrath. fol. *Akrel.* 8 Sch.
Lund (B.) Prediger. 4. *Akrel.*
Mennander (C. F.) SS. Th. D., Archiepiscopus Vpsaliensis; mit der Unterschrift: Cura Fredenheim filii. fol. *Akrel.*
Muhrbeck (P.) Pastor. kl. 4. 1772. *Akrel.* 2 Sch.
Murrey (A.) in 16. *Akrel.*
Natt och Dag. (A. A.) Reichsrath. kl. fol. *Akrel.* 8 Sch.
Nordencranz (A.) Kommerzienrath. gr. fol. 1772. *Gillberg.*
Oxenstjerna (A.) Reichsrath. gr. 4. *Akrel.* 8 Sch.
Oxenstjerna (G. G.) Generalgouverneur in Gothland. gr. 4. *Akrel.* 8 Sch.
Petri (L.) Arcii biscop. 4. *Akrel.* 8 Sch.
Posse (G.) Reichsrath. kl. fol. *Akrel.* 8 Sch.
Reichsstände-Deputirten, welche die Ehre hatten, Taufzeugen des Kronprinzen Gustaf Adolph zu seyn. Sechs Blätter in gr. folio. *Snack.*

Ryde-

Rydelius (A.) S. S. Th. D. Episcopus Scaniae. gr. 4. *Akrel.* 6 Sch.

Sahlgren (N.) Director der ostindischen Compagnie. 4. *Gillberg.* — Eben derselbe. gr. 4. *Akrel.*

Serenius (I.) Episcopus Strengnesensis. Fol. *Akrel.*

Sparre (S. L.) Landshauptmann. kl. Fol. 1774. *Akrel.* 8 Sch.

Stjernhjelm (G.) gr. 8. 1777. *Akrel.* 4 Sch.

Struensee (I. F.) Graf. 8. *Akrel.* 2 Sch. (im Gefängnisse.)

Suther (P.) gr. Fol. 1773. *Gillberg.*

Tessin (C. G.) Reichsrath. gr. 4. 1777. *Akrel.* 8 Sch.

Tolstadius (E.) Pastor. 4. *Akrel.* 3 Sch.

Uggla (P.) SS. Th. D. Praepos. et P. 4. *Snack.*

Wallerius (I. G.) Professor der Chemie. 4. 1772. *Gillberg.*

Washington (G.) General. *Akrel.* (Nach Fritzsch nachgestochen.)

Wrede (Fab.) Königl. Rath. kl. Fol. *Akrel.* 8 Sch.

Åkerhjelm (Sam.) Reichsrath. längl. 4. *Akrel.* 4 Sch.

Åkerman (A.) Graveur zu Upsala. 8. 1773. Åkerman.

C) Andere Kupferstiche.

Erich Österberg, Graveur an der Königl. Akad. zu Åbo stach 1776. Vorschriften in Kupfer in schwedischer und lateinischer Sprache. Das Ex. zu 8 Sch.

Prospect des Königl. Lagers Ladugårds-Gärdet bey Stockholm. 1774. länglichtes Fol.

Le Raviffement des Sabines. gr. fol.

Solenniteter, som föreföllo i Kongl. Residence-Staden Stockholm 1771 och 1772; &c. Der untergesetzte franz. Titel lautet so: Solemnités, qui se sont passées à Stockholm, Capitale du Roïaume de Suede, dans les années 1771 et 1772; consistantes en des Décorations, Emblemes, Inscriptions, Plans, Elevations et Processions tant à l'enterrement

ment de feu S. M. le Roi Adolphe Frederic à l'Eglise de Riddarholmen, qu'au Sacre de LL. MM. Regnantes le Roi Gustave III. et la Reine Sophie Magdaleine à l'Eglise de St. Nicolas, avec l'acte de l'hommage. On y a joint le Discours de S. M. le Roi &c. par *P. Floding.* Stockh. 1772.

Dieß prächtige Werk, welches der geschickte Stichel des berühmten Herrn Professors Floding geliefert hat, ist vom Titel bis zum Ende auf halben Bogen in ziemlich großen Folio gestochen. Die ersten fünf Blätter liefern den Titel mit der Zueignung an den König und die Königinn und das Verzeichniß der Pränumeranten. Die folgenden acht Blätter betreffen die königl. Beysetzung und das Begräbniß, nämlich: den Grund- und Aufriß der Leichparade des Königs A. Fr. — Die Leichen- und Trauerprocessionen nach der Ritterholmskirche — den Grundriß derselben, und des gustafianischen Grabchores — die in demselben angebrachten Sinnbilder benebst den königl. schwedischen Reichs- und Provinzenwapen — die Trauerauszierung darin — die Verzierungen an den Seiten in der Kirche — die Sinnbilder über den Pfeilern und Gewölbeöffnungen mit den Inschriften an dem Fußgestelle des Leichengerüstes — so wie eine besondere Vorstellung dieses letzten.

Sieben Blätter stellen hierauf die Krönung und Huldigung des Königs Gustafs III. und seiner Gemahlinn vor. Den feierlichen Zug nach und von der Nikolai-, oder so genannten großen Kirche zu Stockh., am Krönungstage — den Grundriß derselben, und ihre Einrichtung bey der Krönung — den Altar und 12 Denksprüche zwischen den Pfeilern darin — die Verzierungen an denselben — eine Gruppe allegorischer Figuren auf dem königl. Tische im Reichssaale — das Aussehen der Verzierungen auf der Westseite am königl. Schlosse, wo Wein und ein Ochse preisgegeben ward — endlich den Grund- und Aufriß des königl. Throns, und der Sitze der Stände bey der Huldigung.

Die letzten drey Blätter gehen die Regierungsveränderung an. Zweye enthalten die Rede des Königs an die Reichsstände am 21 Aug. 1772 schwedisch und französisch und eins den Grundriß des Reichssaals auf dem königlichen

chen Schlosse zu Stockholm. — Was dieser Sammlung überdieß noch einen schätzbaren Werth giebt, ist, daß bey allen Vorfällen, z. E. der Huldigung, so viele Beschreibungen der Sachen und der solche verrichtenden namentlich angezeigten Personen vorkommen; daß sie zugleich als eine actenmäßige Urschrift oder Protokoll mit Zuverläßigkeit kann angesehen werden. Sie ist also nicht bloß dem Sammler von Kupferstichen und dem Künstler, sondern auch dem Politiker und Historiker gleich wichtig.

Der Recensent, welcher Gelegenheit gehabt die meisten dieser oder ähnlicher Feierlichkeiten zu sehen, imgleichen die Kirchen und Plätze, wo sie vorgefallen sind, kann für die genaue Richtigkeit einstehen. L.

Vierter

# Vierter Hauptabschnitt.

Berichtigungen und Zusätze des ersten Theils,

benebst

einem gelehrten Anzeiger. *)

---

*) Jener Berichtigungen halber muß der Anzeiger diesmal sehr kurz werden.

I.
Berichtigungen und Zusätze des ersten Theils für das Jahr 1772.

I. Gottesgelehrsamkeit. S. 59 des ersten Th.

Cranz (D.) Äldre och nyare Brödra-Historien &c. Norrköping. 1772. Etwas über 2 Alph. in 8.

Das ist die Uebersetzung der ältern und neuern Brüdergeschichte; oder kurzer Bericht der evangelischen Brüderunität in den vorigen Zeiten, und vornehmlich in dem gegenwärtigen Jahrhunderte. Der Uebersetzer hat sich gar nicht genannt, und keine eigene Anmerkungen hinzugefüget.

Gröndals (Pet.) om et botfärdigt Skriftebarn och en värdig Nattvards-Gäst, uti Frågor och Svar mellan Iesum och en syndig Menniska. Stockh. 1772. 8. bey Carlbom. 4 Sch. 8 r.

Gr. von einem bußfertigen Beichtkinde und einem würdigen Abendmahlsgaste, in Frage und Antwort zwischen Jesu und einem Sünder.

Kemners (Chr.) Svar på 24 Frågor, rörande Salighetens ordning. (C. K. Antwort auf 24 die Seligkeitsordnung betreffende Fragen.) Lund. 1772. 10 B. kl. 8.

Der Verfasser, Pastor zu Stoera Rörum in Schonen, gesteht in der Vorrede ein, daß Baumgarten, Fresenius, Valckius, Beckmann und andere, gelehrte Anleitungen über diesen Gegenstand herausgegeben hätten, daß sie aber theils für den gemeinen Haufen zu hoch, theils in ausländischen Sprachen geschrieben wären; er habe sich also in der Kürze zu jenem herablassen wollen.

Offenbar setzet er doch viele Kenntnisse des Christenthums voraus, und geht ohne irgend eine Vorbereitung zu seinem Gegenstande über. Gleich die Antwort auf die erste Frage beweiset das: „Welches ist der Grund und die Ordnung der „Seligkeit? — Jesus Christus, welcher 1) nicht allein auf „eine leidende, sondern auch thätige Weise für uns ge„nug gethan; 2) nicht bloß äußerlich, sondern auch in„nerlich; 3) als Gott und Mensch in einer Person; 4) „sowohl in seiner Erniedrigung, als auch in seiner Erhö„hung." — Die zwente Frage ist: „Giebt es mehrere „Seligkeitswege, als die Anbetung eines Gottes in dreyen „Personen, in der von der heiligen Schrift vorgeschrie„benen Ordnung durch eine vollkommene geistliche Er„leuchtung, aufrichtige Reue, Glauben und Heiligung, „oder mit einem Worte, in einer wahrhaften Besserung „oder lebendigen Glauben an unsern Herrn Jesum?" Unter den übrigen Fragen finden sich viele für das thätige Christenthum und zur Abhelfung der Vorurtheile ganz nöthige. Z. E. Die sechste: Ob Gott durch unmittelbare Offenbarungen die in der Bibel festgesetzte Gnadenordnung aufhebe? Die neunte: Ob man in der Religion nichts weiter zu wissen brauche, als nur Christi Kreuzigung, Blut und Wunden? Die eilfte: Ob ein Sünder durch einen Sprung, ohne Besserung und Sinnesänderung, zum Antheile an den Erlöser und zur Vergebung der Sünden gelangen könne? Die zwölfte: Was von der Aeußerung zu urtheilen sey: Hurer und Ehebrecher könnten eher, als die Frommen, selig werden? Die ein und zwanzigste: Was für eine Ungereimtheit es mit sich führe, das Gesetz von der Seligkeitsordnung auszuschließen und sich bloß an das Evangelium zu halten? und die folgende: Ob man ohne Kampf wider die Sünde sich nur bloß an das Blut Christi halten könne? Der Verfasser, der sonst ganz praktisch ist, gehöret noch zu denjenigen, die eine unzählige Menge von Sprüchen aus der Bibel anführen, ohne zu bedenken, daß sie von den wenigsten aufgeschlagen werden. Wenige und wohl ausgesuchte erreichen den Endzweck besser. Es kömmt hier nicht auf die Anzahl, sondern auf die innere Stärke an.

Sten.

Stenbeck (Th.) Skäl emot Lott-Kaſtning vid Präſte-Val. Stockh. bey Wennb. und Nordſtr. 1 Octavb.

Der Verf. verwirft nicht alles Loosewerfen bey Predigerwahlen, sondern will nur dem vorbeugen, daß solches nicht überall eine nothwendige Entscheidung und wohl gar ein allgemeines Gesetz werden möge.

Underſökning om Bångkarin Svärmerie. Geſle. 1772. 8 Quartb.

Diese Untersuchung des Territorialgerichts geschah im Decemb. 1771, und betraf die Religionsschwärmerey der vorgenannten Weibsperson B. mit den dabey vorgefallenen Privatzusammenkünften, die von einem Prediger Tunberg gebilligt und vertheidigt wurden. Diesem ist des Probstes M. Olof Genberg Visitationsprotoll über diese Schwärmerey in den benachbarten Gegenden beygefüget. Dergleichen Auftritte einer übelverstandenen Religion kennet man schon, und sie sind sich fast überall gleich. Das Urtheil über den Tunberg bestand darin, daß er seines Amtes entsetzet, jedoch nicht Landes verwiesen, sondern ihm nur auferlegt ward, nicht weiter seine Meynungen auszubreiten, und eine andere Gegend Schwedens zu seinem Aufenthalte zu erwählen.

II. Rechtsgelehrsamkeit. S. 69.

Rabenii, (O.) de Fatis Litteraturae Iuridicae in Suecia Commentatio. Sect. I. *Holmiae.* 1772. 4.

Der Verfasser, der schon aus dem ersten Theile des Archivs S. 25 mit Ruhme bekannt ist, verstarb über der Ausarbeitung der eben angezeigten Schrift, zum fast unersetzlichen Schaden der juristischen Litteratur in Schweden. Ueberdieß ließ er seine Papiere nicht in der besten Ordnung zurück; diese haben sich noch dazu hinterher verloren, und das Werk ist mit dem 14ten Bogen abgebrochen worden. Es ist mit unsäglicher Mühe und vieler Gelehrsamkeit ausgearbeitet. Diese erste Section sollte aus 37 §§. bestehen, wovon nur 28 geliefert worden.

Dieß unvollendete Werk ist eine große Seltenheit, weil der Verleger, Herr Assessor Gjörwel, die meisten Exemplaria zu Maculatur machen lassen.

V. Philologie und Sprachkunde. S. 79.

Gezelii I. Grammatica Graeca ex prolixioribus praecipuorum Grammaticorum praeceptis in epitomen redacta, nunc vero recognita variisque accessionibus locupletata. Editio nouiss. *Scarae.* 1772. 8. 8 Sch.

Von dieser neuen, aber grob abgedruckten, Ausgabe eines rühmlich bekannten Schulbuchs ist bloß zu erinnern, daß an eben dem Orte und für eben den Preis eine abermalige und zwar recht saubere 1778 besorget worden.

Hof. (Sv.) Dialectus Vestrogothica ad illustrationem aliquam linguae Suecanae veteris et hodiernae, dissertatione Philologica et vocabulorum Vestrogothicorum indice explanata. *Stockholmiae.* 1772 8. bey Carlbom. 1 Alph. 18 B.

Der Verfasser urtheilet mit Recht, daß die Auffuchung der verschiedenen Mundarten in einer Sprache mannichfaltigen Nutzen habe. Es finden sich in solchen oft sehr emphatische Wörter, oft die in der Hauptmundart verlornen Stammwörter und der Schlüssel zu alten Gesetzen, Geschichten und Diplomen, endlich für die Naturgeschichte sehr bequeme einheimische Benennungen. Dieß wendet er auf die westgothische Mundart an, welche unter allen von der schwedischen allgemeinen am meisten abweichen soll.

In dem Werke selbst führet der Verfasser eins und das andere von den Dialekten anderer Sprachen an. In der schwedischen gebe es fast so viele, als Provinzen, sa Kreise vorhanden wären; jedoch könnte man wohl zwo hauptsächliche annehmen, die Schwedische und die Gothische. Jene begreife die Upländische, Dalekarlische und Norländische, diese die Ost- und Westgothische, Smoländische und Schonische in sich. (§. 1 — 9) Die Mundarten wichen von der gemeinschaftlichen Sprache ab, indem sie, wie er es an Beyspielen aus dem Griechischen darthut, barkhut, ganz andere Wörter hätten; durch Wegwerfung, Hinzusetzung und Verwechselung eines oder des andern Buchstabens solche wider den allgemeinen Sprachgebrauch veränderten; sie zusammenzögen; in anderer Bedeutung nähmen; ganz anders aussprächen; in ein anderes Geschlecht veränderten; auf andere Weise declinirten und conjugirten, und von der allgemein gewöhnlichen Wortfügung abwichen. Dieß zeiget er alsdenn genau an der westgothischen Mundart. (§. 10. 11.) Sie ist sich in den verschiedenen Kreisen ihrer Provinz selbst ungleich; gleicht aber unter allen der alten vor dreyhundert Jahren gangbaren schwedischgothischen Sprache am meisten. (§. 12. 13.) Er geht alsdenn in das Einzelne ein, zeiget das Besondere an den Vocalen und Consonanten (jene entfernten sich mehr, als diese); an eigenen Wörtern, der Aussprache und Zusammenfügung derselben. Die Westgothen haben viele Diminutiva und Frequentativa, nicht so die Schweden, viele eigene Wörter, Thiere, Pflanzen, Fossilien, Münzen, Zeiten und Festtage zu bezeichnen; manche mit ihnen gemeinschaftliche Wörter brauchen sie in einer andern Bedeutung; haben auch, besonders die gemeinen Leute, mehrere Declinationen in den Substantiven, aber nicht in den Adjectiven. Das Hülfswort: warda (werden) hätten sie nicht; die Adjectiva keinerley Geschlechts würden oft in Adverbia umgeändert; die Wortfügung aber sey nicht stark abweichend. Da die Westgothen ehemals Italien, Spanien und Frankreich mit Krieg überzogen, und in England Einfälle gewaget haben: So seyen auch Wörter aus den Sprachen solcher Länder in die westgothische übergetragen worden. (§. 14—37.) Das Wörterbuch geht von S. 81—334.

Das ganze Werk ist für die schwedische Sprache vorzüglich, und für alle damit verwandte Sprachen ein schätzbarer Beytrag, wenn auch in manchen Stücken, wie das kaum anders seyn kann, man anderer Meynung seyn sollte.

Undervisning, En Faders, för sina bärn &c. Stockh. bey Hesselb. 1772. 8.

Diese Unterweisung eines Vaters für seine Kinder, wird gleichsam als eine Fortsetzung von Mad. Los-Rivs Förråd &c. von S. 66—89 angetroffen. Dieser Förråd oder Vorrath, ist eine Sammlung solcher Schilderungen, die in Weisens A B C Buche vorkommen und 1771 zu Stockh. bey Stolpe abgedruckt worden. Diese väterliche Unterweisung für Kinder ist vermuthlich auch eine Uebersetzung und handelt aphoristisch das Verhalten bey verschiedenen Gelegenheiten, der Auswahl der Lebensart, dem Betragen in seinem Berufe, dem Verhalten in der Welt der Religion und den Gesellschaften, die Gewissenspflichten, Beurtheilung anderer ihrer Handlungen, Denkungsart über Reichthümer, Ehre, Almosen u. s. w. ab.

VI. Geschichte, Geographie, Reisen und Lebensbeschreibungen. S. 83.

Bref, märkvärdigt, til Grefve I. F. Struensee från hans Fader. Stockh. 1772. Stolpe. 20 Octavf. mit einem sehr schlechten Bildnisse des Grafen. 3½ Sch.

Bref, D. Ad. Struensee sista, &c. Stockh. 1772. Wennb. und Nordstr. 1 Octavb.

Diese Briefe des D. und Generalsup. Struensee an seinen Sohn, und des letztern, auch des D. und P. Münter zu Kopenh. an jenen geschriebene Briefe sind in deutscher Sprache geschrieben, darin der Welt bekannt gemacht, und so in die schwedische übersetzet worden.

VII. Staats-, Haushaltungs-, Handlungs- und Kunstschriften. S. 88.

Akens (von) Afh. om några Förbettringar vid Brännvins tilvärkningen etc. Stockh. 1772. Hesselb. 1 Octavb.

Diese Abhandlung von einigen Verbesserungen beym Branntweinbrennen ist nicht die einzige in dem Jahre. Es folgen mehrere.

Betän-

Betänkande, som visar det vara den lämpeligaste utväg etc. Stockh. 1772. in der alten Kgl. Buchdr. 3 Quartb.

Dieß Bedenken, welches den leichtesten Ausweg zeigen sollte, sowohl dem Staats- als Finanz-Werke aufzuhelfen, war bereits von der Staatsdeputation auf dem Reichstage 1766 entworfen worden, und ward nun auf Anordnung des geheimen Ausschusses aufs neue abgedruckt.

Bredings (M. Ionae) Memorial angående etc. Segelfarten etc. Stockh. 1772. Stolpe. Ein Quartb.

Durch dieß Memorial sollte eine zwar nicht sehr kostbare, aber doch für das Reich höchst nöthige und nützliche Schiffahrtsöffnung zwischen dem Wetter- und der Salzsee durch die uralte Stapelstadt Söderköping anempfohlen werden. Es ward mit Genehmigung der Clerisey zur Erhaltung des Beytritts der andern Stände abgedruckt.

Coursen i sin nakenhet. etc. Stockh. 1772. Lange. 1 Quartb.

Der Curs in seiner Blöße und der Handel in seinem Flore, wenn er zu seiner Einfachheit zurückgeführet wird. Zugleich soll bewiesen werden, daß das Reich niemals nöthig gehabt hätte, auswärtige Schulden zu machen, und daß kein Wechselcurs erfoderlich gewesen, sondern dem Reiche zum allgemeinen Verderben aufgedrungen worden.

Ehrenswärds (A.) Circulaire til etc. Stockh. 1772. ½ B. in 8.

Zur Abhaltung der Pest von den schwedischen Grenzen und Beobachtung der vorgeschriebenen Vorsichtigkeitsregeln im Falle eines etwanigen Ausbruchs derselben, ward dieß Ausschreiben an alle Landshauptleute in Finnland ausgefertiget.

Fullſtändig Fruntimmers Färge - Bok etc. **Lund. 1772. 8.**

Dieß vollſtändige Frauenzimmers-Färbebuch mit verſchiedenen ökonomiſchen Verſuchen und Künſten, die Flecken herauszubringen u. ſ. w., iſt von C. G. Berling aus dem Däniſchen überſetzt worden.

Hjelp för Svenſka Finance - Verket och Banquen. **Stockh. 1772. Grefing.**

Ein Quartbogen konnte wohl bey dem damaligen Zuſtande des Finanzweſes und der Banke keine große Hülfe darbieten.

Jemförelſer (märkvärdige) etc. (Merkwürdige Vergleichungen u. ſ. w.) **Stockh. 1772. Stolpe. 8, B. in 4.**

Es werden ſolche über den ſchwediſchen Finanzzuſtand bey dem Regierungsantritte des Königs Karl XI. 1672, Karl XII. 1697 und Guſtafs III. 1772 angeſtellet. Das Vorzüglichſte darin iſt wohl der bisher ungedruckte Bericht Karls XI. von dem Zuſtande des Reichs an den geheimen Ausſchuß im J. 1693; wie er das Reich 1672 angetreten und 1697 bey ſeinem Abſterben zurückgelaſſen.

Juuelii (E.) Ber. om Nejon-Ögons Fiſket i Öſterbotten. **Stockholm, bey Salvius 1772. 8 Octavſ.**

Mit dem Berichte von der Neunaugenfiſcherey in Oſtbothnien kann zugleich verbunden werden:

Fördelaktigt Notfiſke. **Norrk. 1772. 8.** Der vortheilhafte Netzfiſcher.

Om Svenſka Fabriquerne. **Stockholm. 1772. bey Heſſelb.**

Der Verfaſſer führet auf 1½ Quartb. folgende Sätze aus: 1) Ein Land muß möglichſt ſuchen, ſich ſelbſt zu kleiden

kleiden und zu nähren. 2) Die schwedischen Fabriken aufzumuntern, sey nichts weniger, als künstlich und kostbar. 3) Wofern dem Unterschleife mit Einführung fremder Waaren nicht vorgebeuget würde: so verlören die schwedischen Fabriken die einzige und sicherste Unterstützung.

L. (1.) Sätt at bereda vin och cider. Stockh. 1772. Fougt. 8.

Auf einem einzelnen Bogen wird für das Allgemeine die Art und Weise beschrieben, wie Wein und Cider von schwedischen Früchten und Beeren zubereitet werden könne.

Reflexioner angående blandade ämnen. Stockh. 1772. Fougt.

Ein halber Bogen, dessen Inhalt die damalige Regierungsform angeht.

Rön och Tankar om Engelska Öhls och Drickas tilverkande. Stockh. 1772. Wennb. und Nordstr. 2 Octavb. 2 Sch.

Versuche und Gedanken von den hauptsächlichsten Umständen, das bekannte englische Bier, auch Bemerkungen, den Branntewein besser zuzubereiten.

Utdrag af P. A. Ornskölds Riksdags Relation. Stockh. 1772. Wennb. 2 Octavb.

In dem vorgedruckten Protocolle der Reichsstände wird angemerkt, daß solche des Verfassers, Landshauptmanns in Södermanland, Bericht von der Urbarmachung der Landgüter zu Kornfeldern und Wiesen so nützlich befunden, daß beschlossen worden, diesen Auszug davon zur Kenntniß und Nachfolge anderer durch den Druck bekannt zu machen.

VIII. Poesie, Reden, Briefe, schöne Künste und Wissenschaften, Musik u. d. gl.

Bierchén (Ioh. af) Åminnelse-Tal öfver etc. Dan. Tilas. Stockh. bey Lange. 1772. 58 Octavs. 2 Sch.

Der Verf. rühmet in der Gedächtnißrede, welche vor der königl. patriotischen Gesellschaft abgelegt worden, den verstorbenen Baron D. Tilas als einen um die Bergwerkskunde sehr verdienten Mann.

Gadd (P. A.) Åminnelse-Tal öfver etc. Grefven C. G. Tessin. Stockh. bey Salvius. 1772. 5 B. 8.

Man kann sich leicht vorstellen, daß diese von einem so berühmten Verfasser, als der Herr Prof. Gadd ist, in dem akademischen Hörsaale zu Åbo gehaltene Gedächtnißrede über einen so großen Staatsmann, als der Reichsrath und Graf Tessin war, nicht etwas alltägliches in sich halte. Zum Schlusse ist des letztern Abschiedsbrief an die Akademie daselbst abgedruckt worden, da er einige Jahre vor seinem Tode sein Kanzleramt bey derselben niederlegte.

Liljeſtråle (I. W.) Grifte-Tal vid I. v. Hagelberg etc. Begrafning. Stockh. in der alten kön. Buchdruck. 1772. 2 Octavb.

Es war wohl nicht leicht jemand geschickter, in der Standrede bey dem Begräbnisse des Hofgerichtsraths v. H. einen guten Richter zu schildern, als der gelehrte Hr. Justizkanzler L. Das geschieht auf 20 Seiten. Eine kurze Lebensbeschreibung füllet die übrigen.

Ordspråk, föreſtålte uti Comedier. Upsala. 1772. 2 Octavb.

Diese Sprüchwörter, in Komödien vorgestellet, sind aus dem Französ. übersetzt.

Plaan

Plaan. (G.) Tal öfver etc. Gabr. Polhem. Stockh. bey Lange. 1772. 1 Octavb.

Diese Rede über den würdigen Sohn des großen Polhem ward in der Nikolaikirche zu Stockh. bey der Zerschlagung des hauptsächlichen Familien-Wapens gehalten.

Quist (I. F.) Tal om Sv. Folkets Glädje och Hopp vid K. Gustafs III. Kröning. Ötebro, 1772. 29 Octavs.

Rede von der Freude und Hoffnung der schwedischen Nation bey der Königskrönung.

X. Schriften anderweitigen und vermischten Inhalts, Romane u. d. gl. S. 195.

Dag-Bok, Stockholms, för år 1772. Stockh. bey Wennb. und Nordstr. 8.

Jede Woche kam ein Bogen heraus, der allerley zerstreuete Gedanken, Gerichtshändel, Marktpreise und andere Bekanntmachungen in sich hielt. Mit dem 22sten Bogen hörte dieß Tagebuch auf.

Om växlande Nojen. Stockh. bey Carlbohm. 1772. Erstes und zweytes St. zusammen 18 B. in 8. 16 Sch.

Es scheint, als ob diese abwechselnde Vergnügungen meistentheils oder vielleicht alle aus andern Sprachen übersetzt sind. Anonymische Erzählungen, wahre oder erdichtete Briefe, Satyren u. d. gl. wechseln mit einander um. Ueber dergleichen Zusammenstoppelungen bedarf es keiner weitern Recension.

Saga om en Fiskare. Stockh. bey Grefing. 1772. Ein Quartb.

Ist ein unter dem Titel: Sage über einen Fischer, übersetzter Brief eines Reisenden von keiner Erheblichkeit.

XI. Schrif-

XI. Schriften der Schweden, die in andere Sprachen übersetzt worden. S. 199.

Acrel (O.) Chirurgische Geschichte im königl. Lazarethe zu Stockholm etc. mit einer Vorrede von D. Zach. Vogel. Aus dem Schwedischen. Lübeck und Leipzig. 1772. 8. Etwas über ein Alph. einen kurzen Vorbericht und Vorr. des Verf. nicht mitgerechnet.

Das vortreffliche Original des berühmten Verf. ist in Schweden hinlänglich und auch den Ausländern, wenigstens den Deutschen, durch diese Uebersetzung nach seinem Werthe bekannt.

XII. Schriften der Ausländer über Schweden. S. 203.

Francheville (de) Hist. des Campagnes & Negotiations de Gustave Adolphe en Allemagne &c. avec des Plans. à Berlin. 1772. 4. 2 Alph. 14 B.

Der Verf. war Galeazzo Gualdo, venetianischer Obrister, Kammerherr bey der schwedischen Königinn Christina, und zuletzt kaiserl. Historiograph. Er starb 1678. Der Uebersetzer der italiänischen Urschrift ist ein Canonicus zu Oppeln, der damals Bibliothekarius bey dem Prinzen Heinrich von Preußen war. Die Auflage ist prächtig.

Buchdruckereyen in Schweden. S. 243.

In der Angabe, daß ihrer neun und zwanzig wären, ist ein Irrthum. Gothenburg hat zwo Buchdruckereyen, und es sind also dreyßig.

II.

Biographische Preisaufgabe. *)

Ein Liebhaber der schwedischen Gelehrsamkeits-Geschichte will mit der Aussetzung eines Preises für Gedächtnißschriften über schwedische Gelehrte einen Versuch machen. Er verlanget keine Lob-, sondern mit historischer Prüfung aufgesetzte Gedächtnißschriften, um einer Seits eine erforderliche Vollständigkeit, anderer Seits die höchste Glaubwürdigkeit zu erreichen. Er fordert dabey 1) den Lebenslauf mit Nachrichten von der Abkunft und der Nachkommenschaft; 2) den Charakter, unverstellet; 3) Verzeichniß der gedruckten und ungedruckten Schriften, genau nach den Regeln der Biographie an Titel und Inhalte aufgegeben, und nach strenger, doch anständiger Kritik geprüfet; und 4) welcher Vortheil durch des Mannes Arbeiten den Wissenschaften, und durch sie dem Allgemeinen zugeflossen. Die Art der Abfassung muß wohl eines jeden besonderm Witze überlassen werden; doch wünschte man, daß zwischen des Nicerons gewöhnlich träger und Baylens häufig allzustrenger Feder ein Mittelweg getroffen würde. Alle Schmeicheley und einseitiger Tadel müssen auf gleiche Art vermieden werden. Was man bey diesen Gedächtnißschriften vorschlagen will, wäre dieß: die vorher aufgegebenen vier Hauptstücke bey einer jeden in einen kurzen und deutlichen Text zusammen zu bringen, aber mit sachreichen Anmerkungen zu versehen. — Dergleichen werden über folgende drey Männer: Johann Schefferus, Prof. zu Upsal, der 1679; den D. Ant. Rydelius, Bischof zu Lund, der 1738; und den jüngern D. Erich Benzelius, Erzbischof zu Upsal, der 1743 starb, aufgegeben. — Die Belohnung für die Preisschrift auf den ersten wird 1781, auf den zweyten 1782, und auf den dritten 1783, jedesmal den 1sten Nov. von dem Protector der Erziehungsgesellschaft ausgetheilet, und besteht in einer goldenen Schaumünze von ohngefähr 10 Dukaten. Die Gedächtnißschriften selbst müssen vor dem ersten Sept. der benannten Jahre dem königl. Bibliothekar Hrn. Gjör-

*) Ein Auszug der darüber bekannt gemachten weitläuftigern Anzeige in Upfostr. Sällsk. Tidn. vom J. 1781. n. 20. und vom J. 1782. n. 17.

Gjörwell eingehändiget worden seyn. — Ueber den Schefferus erhielt Hr. Prof. Fant zu Upsal den Preis; über den Rydelius ward er an zweene Biographen, den Hrn. Prof. Bring zu Lund und den Hrn. Adjunct Boëthius zu Upsal, ausgetheilt. Für das Jahr 1784 ward das Gedächtniß des Hofgerichts-Assessors und Prof. zu Abo, M. Wexionius, der unter dem Namen Gyllenstolpe geadelt ward, und für das Jahr 1785 das von dem Commerzienrath J. Alströmer aufgegeben.

III.
Ankündigung einer neuen Ausgabe von Tunelds Geographie über Schweden. *)

Der Unterzeichnete wird mit dem allerersten eine ganz neue, umgearbeitete und sehr vermehrte Auflage von des Hrn. Assessors Erich Tuneld Geographie über Schweden zum Drucke befördern. Er ersuchet deswegen alle Kenner der Beschaffenheit des Reichs, je eher je lieber die Verbesserungen und Berichtigungen ihm zuzuschicken, welche zur Einrückung in das vorbenannte Werk nöthig seyn dürften. Insonderheit wünschet man glaubwürdige und umständliche Nachrichten von allen in den letzten zwanzig Jahren angelegten neuen Pflanzstädten, es sey in den Städten oder auf dem Lande, bey Schlössern oder Festungen, ingleichen von Domkirchen und Schulen; von Schleusen und beträchtlichen Werkstätten; der Volksmenge in den Provinzen; den Einkünften und dem Handelsverkehre, mit alle dem, was übrigens zu einer pragmatischen Kenntniß der itzigen Lage Schwedens dienen kann. Die Nachrichten über Schweden an sich selbst, oder die Provinzen Upland, Südermannland, Nerike, Westmannland und Daland, als welche den ersten Theil ausmachen, verlanget man mit dem allerehesten; die über das gothische Reich erwartet man innerhalb dem ersten Jänner 1782; die über Norrland und Lappland innerhalb dem ersten Jul. und die über Finnland innerhalb dem ersten Oct.

*) Sie ist auf diese Weise in schwedischer Sprache durch den Hrn. Assessor Gjörwell in den gelehrten und andern Blättern, bekannt gemacht worden.

Oct. eben desselben Jahres. Diejenigen Personen sollen in den Vorreden zu diesen Theilen mit aller Ehre und Dankbarkeit genannt werden, die für die Aufklärung und den Vortheil ihrer Mitbürger das Ihrige beygetragen haben. Auf diese Weise kömmt man zu einer Geographie über Schweden, dergleichen an Genauigkeit bis itzt kaum eine über irgend ein Reich vorhanden ist.

IV.

Warmholz (*C. G.*) Bibliotheca Sueo-Gothica eller Förtekning etc. Stockh. 1782. Th. I. 8. 24 Sch. Th. II. 1783. 16 Sch. auf Pränum.

Dieß ist ein Werk, welches dem Verfasser, dem Herrn Hofr. W., und dem Herausgeber, dem Herrn Ass. Gjörwell, sehr viele Ehre macht, und in seiner Art für Schweden höchst wichtig ist. Es ist nämlich ein Verzeichniß sowohl der gedruckten Bücher, als Handschriften, Tractate und Schriften, welche die schwedische Geschichte betreffen, oder darüber einiges Licht verbreiten. In mehrern Theilen wird es bestehen und folgendes Inhaltes seyn: Schwedens Geographie, Naturgeschichte, Alterthümer, Kirchen-, politische und der Könige besondere Geschichte, Staatsverfassung, Könige, Stände, Reichsrath, Collegien, Gesetze, Cärimonielle, Bündnisse, Gelehrsamkeitsgeschichte, Miscellaneen. Der erste liefert in 854 Artikeln Schriften, Landcharten u. s. w. über die Geographie; der zweyte setzet, außer Zusätzen zu jenem, das Verzeichniß derselben über Schwedens Naturgeschichte bis zum Artikel 1228 fort, und ist auf schönem französischen Papiere mit saubern lateinischen Lettern abgedruckt. Es macht also eine wahre Zierde für Bibliotheken aus, und bleibt für den Litterator, Geschichtforscher und Geschichtschreiber ein Hauptbuch. Zu seiner Zeit g. G. davon ein mehreres.

V.

Rosenadler (*C. A.*) Förteckning på en Samling af tryckta Svenska Böcker etc. Stockh. 1780. 4.

Schweden hat große und großmüthige Patrioten in vielen Fächern, und auch besonders in der Gelehrsamkeit.
Darun-

Darunter verdienet der Herr Präsident und Ritter Rosenadler eine vorzügliche Stelle. Außer einer ansehnlichen Summe Geldes zum Ankaufe eines akademischen Gebäudes schenkte er noch der stockholmischen Akademie der Wissenschaften den 21 Oct. 1780. seine Sammlung von gedruckten schwedischen Büchern, worüber das Verzeichniß selbst auf 1 Alph. 12 B. bey Kumblin, der Beyhang aber bey Karlbohm auf 3½ B. mit lateinischen Buchstaben sauber abgedrucket worden. Der Bände in Fol. sind 153; derer in 4. 1069; derer in 8. und 12. 1671; in noch kleinern Formaten 29; überdieß noch 39 hinzugekommene in verschiedenen Formaten; endlich eine Sammlung aller durch die königl. Akademie der Wissenschaften bis 1780 Jahres Schluß herausgegebenen Abhandlungen, Reden und Schriften. Welch ein höchstverdienter Gönner um die Litteratur überhaupt, und die schwedische insonderheit! In dem gedruckten Verzeichnisse sind jedoch die Schriften ausgelassen worden, die zwar nützlich und gut in sich selbst sind, aber nicht geradezu mit dem dadurch bezielten Endzwecke der schwedischen Litteratur zusammenhängen, z. E. homiletische Arbeiten, und dann juristische Stücke, als Verordnungen, Publicationen und dergleichen. Zu den ersten geben D. Stricker in seiner Homiletiska Bibliothek, zu den letzten Ass. Höppener in seinen Förtekningar hinlängliche Anweisung.

Fünfter Hauptabschnitt.

Gelehrter Anhang,

oder

Nachrichten von allerley mit dem Zustande der Gelehrsamkeit in Schweden verbundenen Gegenständen.

I. Nachricht von dem Kirchenstaate Schwedens, den Bisthümern desselben und den in solchen festgesetzten Synoden oder Zusammenkünften der Geistlichkeit.

In der Mitte des 15ten Jahrhunderts waren, außer dem upsalischen Erzbisthume, nur folgende Bisthümer in den Städten: Linköping, Skara, Strengnäs, Västerås, Vexiö und Åbo. Seit der Zeit kamen nach und nach die Bisthümer in den Städten Lund, Borgo, Gothenburg und Calmar hinzu; und seit 1772 wurden die so genannten Superintendenturen zu Carlstad, Hernösand und auf der Insel Gothland auch zu Bisthümern erkläret. Itzt werden also in allem 14 Bisthümer im Reiche angetroffen.

Zum Erzbisthume Upsala, die Stadt Stockholm mit eingerechnet, gehören 166 Pastorate, worunter 242 Stadt- und Land-Kirchspiele mit 4 Kapellen stehen; jene sind in 25 Probsteyen eingetheilet.

Im Bisthume Linköping sind 148 Pastorate, wozu 219 Kirchspiele, 5 Kapellen und 4 Hospitalkirchen gehören, und die in 21 Probsteyen eingetheilt sind.

Im Bisthume Skara 114 Pastorate, 371 Kirchspiele und 7 Kapellen, 15 Probsteyen.

Im Bisthume Strengnäs 102 Pastorate, 158 Kirchspiele, benebst 7 Kapellen, 15 Probsteyen.

Im Bisthume Vesterås 86 Pastorate, 103 Kirchspiele, *) 14 Probsteyen.

Im Bisthume Vexiö 88 Pastorate, 184 Kirchspiele und 1 Kapelle, 12 Probsteyen.

Im Bisthume Åbo 118 Pastorate, 130 Kirchspiele mit 72 Kapellen, 18 Probsteyen.

---

*) Sonst waren nur 84 Pastorate und 101 Kirchspiele; unter der jetzigen Regierung aber sind durch Trennung einiger Filiale von ihren Mutterkirchen 2 Pastorate und 2 Kirchspiele mehr entstanden.

Fünfter Hauptabschnitt.

Im Bisthume Lund 223 Pastorate, 430 Kirchspiele, 24 Probsteyen.

Im Bisthume Borgo 39 Pastorate, 44 Kirchspiele, benest 28 Kapellen, 6 Probsteyen.

Im Bisthume Gothenburg 104 Pastorate, 257 Kirchspiele, 9 Probsteyen. Außerdem noch 9 bis 10 Schloß-, Schiffswerft-, Hospitals- und Armenhauskirchen.

Im Bisthume Calmar 20 Pastoräte, und überdieß 22 Pastorate auf der Insel Öland.

Im Bisthume Carlstad 39 Pastorate, eben so viele Mutterkirchen mit 114 Filialen und 11 Kapellen, 10 Probsteyen.

Im Bisthume Hernösand 46 schwedische und 10 lappische, zusammen 56 Pastorate, 127 Kirchspiele, benebst 11 kleinen Fischerkapellen, 7 Probsteyen und 4 lappländische Districte.

Im Bisthume Wisby auf der Insel Gothland 44 Pastorate, 94 Kirchspiele, 3 Probsteyen, die Stadt Wisby ausgenommen.

In einem jeden dieser Bisthümer sollen Synoden oder Zusammenkünfte der Geistlichkeit gehalten werden; ein Gebrauch, der seit den Zeiten der Reformation obgewaltet hat, und worüber das schwedische Kirchengesetz *) im 25sten Kap. folgendes anordnet:

§. 1. Wenn die Pfarrherren und Kapläne jährlich **) zur gewissen und bequemen Zeit versammelt sind, so sollen sie sich um sieben Uhr des Morgens zum Gottesdienste und Predigt in die Domkirche einfinden. Darauf tritt die Priesterschaft mit ihrem Bischofe in das Auditorium, oder den dazu bestimmten Ort, woselbst erst: Veni Sancte Spiritus etc. gesungen, und das Gebeth: Deus, qui corda

---

*) Der Titel dieses Buchs ist: Kirchengesetz und Ordnung, so u. s. w. Carl der Eilfte, der Schweden, Gothen und Wenden König, im J. 1686 hat verfassen, und im Jahr 1687 im Druck ausgehen lassen u. s. w. Auf J. Kön. M. Befehl ins Deutsche übersetzet. Stockh., gedruckt bey J. G. Eberdt. 4.

**) Nicht leicht geschieht es jährlich. Der große Umfang der Stifter, die Reichstage und andere Hindernisse lassen es selten öfter, als alle drey Jahre, zu.

Gelehrter Anhang.

corda fidelium etc. gelesen wird. Hernach wird vom Bischofe eine kurze auf das gegenwärtige Vorhaben abzweckende Rede gehalten, und darauf folget die Disputation. *)

§. 2. Ihre Zusammenkünfte sollen jeden Tag mit Gottesdienste und einer sich zu der behandelten Materie schickenden Predigt anfangen. Die dazu ausersehenen Texte sollen den bestellten Predigern bey guter Zeit vorgeschrieben werden.

§. 3. Der Präses und die Respondenten sollen bereit seyn, entweder die vom Präses verfasseten und im Consistorio durchgesehenen Theses, oder einen Artikel der augsburgischen Confession, oder eines Auctoris locos communes, welche man vom Anfange bis zum Ende durchgehen soll, zu behaupten und zu vertheidigen. **)

§. 4. In Disputationen soll der Bischof darauf achtgeben, daß alles ordentlich zugehe, und allen Aergernissen steuern. Was nun opponiret und darauf geantwortet wird, soll von den dazu verordneten Notarien genau angezeichnet werden.

§. 5. Nachmittags um 2 Uhr wird von Jemanden, den der Bischof dazu bestellet hat, über eben dieselbige Materie eine Rede gehalten. Hernach werden die Theses von dem Präses mit den Predigern bis 5 Uhr erwogen und erkläret.

§. 6. Folgenden Tages soll um 8 Uhr nach der Predigt mit der Disputation bis Gl. 11. und Nachmittags von 2 bis 5 Uhr fortgefahren werden. Nachdem alsdenn einer und der andere sowohl ordinarie, als extraordinarie opponirt hat, sollen die Pröbste, so sich dazu gefaßt gemacht haben, damit fortfahren, und zur besagten Zeit schließen.

§. 7. Am dritten Tage wird eine genaue und sorgfältige Untersuchung des Zustandes aller Gemeinen in dem ganzen

---

*) In einigen Bisthümern werden ordentliche Dissertationen gedrucket, und das sind diejenigen, welche zur gehörigen Zeit in diesem Archive werden recensiret werden.

**) In den Bisthümern, wo zur Disputation keine besondere Abhandlung gedruckt wird, disputiret man nun über: Benzelii Repetitio Articulorum Fidei.

ganzen Bisthume vorgenommen. Da soll auch ein jeder Probst schriftlich anzeigen, was das Jahr über in seiner Probstey vorgefallen, wie die Catechisation getrieben, und was sonst gutes ausgerichtet worden. Diese Acten der Pröbste sollen in ein gewisses Buch für jede Probstey zusammengebunden, und bey dem Domkapitel aufbewahret werden. Diejenigen Sachen, welche sie sich nicht getrauet haben abzumachen und zu erörtern, sollen auf der Synode dem Consistorio und der Geistlichkeit ordentlich vorgetragen, und alsdenn untersuchet und entschieden werden.

§. 8. Hierauf thut der Bischof eine ernsthafte und gottselige Vorstellung an die Geistlichkeit, daß sie

I. Ihrem Amte treu und fleißig vorstehe, und sowohl mit ihrem Exempel und Leben, als auch mit der Lehre die Gemeine erbaue, auch unter ihren Zuhörern eine gute Ordnung halte, damit solche allezeit sehen und wissen möge, wie sie in der Lehre zunehmen und wie ihr Wandel sowohl daheim unter ihren Hausgenossen, als auch im gemeinen Leben beschaffen sey. Sie soll dabey ermahnet werden, wenn sie etwas, so nicht gut wäre, an ihren Zuhörern verspüren sollten, solche, nicht allein öffentlich von der Kanzel, sondern auch insonderheit durch eine häusliche Unterredung, auf den rechten Weg zu bringen und zu leiten.

II. Ihren Studien beharrlich obliege und vor allen Dingen die heilige Schrift fleißig und aufmerksam lese.

III. Ein unanstößiges Leben sowohl in ihren Häusern, als auch in Gesellschaften führe, und sich selbst ihren Zuhörern zum löblichen Vorbilde in guten Sitten und untadelhaftem Wandel darstelle; damit ihre Personen eines übeln Verhaltens wegen auf keine Art bescholten, noch ihr Amt entehret werde.

IV. Ihre Zuhörer dazu anhalte, daß sie unabläßig und ernstlich dem großen Gott, von welchem alles Gute herkömmt, dienen, ihn lieben und ehren, für seine Kirche insgemein und für die Obrigkeit sammt dem Vaterlande treulich beten und um die Abwendung aller schweren Landplagen, Schäden und Gefahren beydes im Geistlichen und Leiblichen bitten mögen.

§. 9. Hernach verordnet der Bischof die Officiarios zur nächsten Synode, nämlich: den Präses, Vicepräses,

Gelehrter Anhang.

drey Respondenten, drey Opponenten und den, der die Rede halten soll; und giebt allen zu erkennen, was dabey vorkommen werde.

§. 10. Wenn solches alles verrichtet ist, entläßt sie der Bischof, um nach Hause zu kehren, und empfiehlt sie Gottes Schutze. Zuletzt wird alles mit einem Gesange, dienlichen Gebete und des Herrn Segen beschlossen.

Diese Verfügung unterhält sicherlich die Gelehrsamkeit in dem kirchlichen Stande überhaupt, und besonders unter der Landgeistlichkeit. Unter der letztern werden deshalb auch in Schweden Männer von auszeichnender Geschicklichkeit und großen Verdiensten gefunden.

II. Beschreibung der Universität zu Upsal und ihres Zustandes um das J. 1781. *)

§. 1. Die erste Stiftung der königl. Universität zu Upsal leitet sich von dem Reichsverweser Sten Sture dem ältern um das J. 1476 her. Sie ward nach der zu Paris angelegt, die damals in großem Rufe war und stark besuchet ward, blieb aber unter den Unruhen der folgenden Regierungen bis auf Gustaf I. gleichsam in der Kindheit. Er hatte selbst darauf studiret. Von nun an gewann sie eine neue Gestalt. Dem Könige Gustaf Adolph aber hat sie hauptsächlich ihren Glanz und Bestand zu verdanken, indem er ihr seine geerbten Ländereyen schenkte. Die Königinn Christina begünstigte sie ebenfalls sehr, und trug besondere Sorge dafür, die akademischen Constitutionen aber, welche ihre Grundgesetze ausmachen und ihre Freyheiten und Vorzüge festsetzen, rühren von der Regierung Carl Gustafs im J. 1655 her. Doch haben solche durch nachfolgende Anordnungen und Gebräuche beträchtliche Veränderungen erlitten, je nachdem verschiedene Zeiten und Umstände es erfordert haben. Vorge-

*) Sie ist um so viel merkwürdiger, als sie eine getreue, mit wenigen Anmerkungen versehene Uebersetzung eines französischen Originals ist, welches auf ausdrückliches Verlangen der russischen Kaiserinn von dem verstorbenen ruhmwürdigen Reichsrathe und Kanzler der Upf. Akademie, dem Grafen von Rudenschöld, ausgefertiget worden.

meldete Constitutionen sind in lateinischer Sprache abgefaßt und bis itzt nur geschrieben vorhanden.

§. 2. Bey der Betrachtung des gegenwärtigen Zustandes der Universität macht die Ordnung der zum öffentlichen Unterrichte bestellten Professoren den ersten Gegenstand aus. Sie sind in vier Klassen oder sogenannte Facultäten nach den verschiedenen Zweigen der Gelehrsamkeit vertheilet, nämlich: der theologischen, juristischen, medicinischen und philosophischen. Die erste besteht aus vier Theologen, darunter der Decanus, oder der erste, zugleich allemal Pastor an der Domkirche ist. Sie lehren die Gottesgelahrtheit in ihrem ganzen Umfange, die Kirchenhistorie und die sogenannten heiligen Sprachen mit inbegriffen. Von den zweenen Juristen lehret einer das römische und das vaterländische Recht, der andere die Haushaltungs- und Handels-Rechtsgelehrsamkeit. Von den drey Professoren der Arzneywissenschaft trägt der eine das Theoretische und Praktische derselben, im engern Verstande genommen, vor, und hat dabey die Aufsicht über das *Nosocomium* oder Krankenhaus der Akademie; der andere die Anatomie und Chirurgie, und der dritte im Winter die Materia medica und die Diät, die Botanik aber im Sommer. Die philosophische Facultät besteht itzt aus zwölf Professoren. Zehn darunter sind von königl. Stiftung für die Geschichte, die morgenländischen Sprachen, das Griechische, die Mathematik im eigentlichen Verstande genommen, die Astronomie, Chemie, Physik, Metaphysik, Sittenlehre, und endlich lateinische Beredtsamkeit und Poesie zusammen. Unter den beyden letzten, zwar von einer privaten Stiftung, aber doch königlicher Vollmacht, ist dem einen die Politik und Beredtsamkeit, dem andern die Landhaushaltung aufgetragen worden.

§. 3. Die Verbindlichkeit aller dieser verschiedenen Lehrstellen besteht darin, daß, die dreymonatlichen Sommer- und die sechswöchentlichen Winter-Ferien ausgenommen, ein jeder wöchentlich vier volle Stunden an den bestimmten Tagen lehret; außerdem kann er Collegia lesen oder Privatunterricht ertheilen, und sich solchen nach einem eingeführten Gebrauche mäßig bezahlen lassen. Zu gewissen Jahreszeiten kommen die Facultäten einzeln zusammen, und bestimmen den Theil der Wissenschaft, den ein jedes Glied in dem Umlaufe des Jahres vortragen will,
worüber

worüber alsdenn ein Lectionsverzeichniß zur Nachricht der Studirenden bekannt gemacht wird. Einem jeden liegt es ob, wenn es möglich ist, seine Vorlesung in Jahresfrist zu endigen. Wenn eine Stelle erlediget wird, so schlägt das akademische Corpus oder Consistorium dem Kanzler der Akademie drey Subjecte, und dieser solche dem Könige vor, um einen auszuwählen. Auf diesen Vorschlag kommen zu können, muß ein jeder Candidat vorläufig durch eine öffentliche Disputation seine Geschicklichkeit in der Wissenschaft seines Faches gezeigt haben. Dieses so von dem Könige ausgenannte und mit seiner Bestallung versehene Subject kann nicht eher die Stelle antreten, ehe es nicht den gewöhnlichen Eid abgelegt, und bey der öffentlichen Einsetzung eine lateinische Rede über ein Stück des auf sein Professorat sich beziehenden Gelehrsamkeitszweiges gehalten hat. Alle Vorlesungen müssen in lateinischer Sprache geschehen, diejenigen ausgenommen, womit solche Einrichtung sich nicht wohl vertragen würde.

§. 4. Außer diesen durch den König angestellten öffentlichen Lehrern sind für eine jede der vier Facultäten noch andere unter den Namen von Adjuncten (*Adjuncti Facultatum*), itzt sechszehn an der Zahl, welche der Kanzler nach einem vorläufigen Vorschlage des Consistoriums anzustellen berechtiget, doch keinesweges solchen zu befolgen strenge gehalten ist. Sie haben das Vorrecht, Collegia in ihrer Wissenschaft lesen zu können, und die Stelle eines kranken oder abwesenden Professors zu vertreten. Ihre Pflicht ist sonst, sich derer unter den neuen Ankömmlingen anzunehmen, die für die öffentlichen Vorlesungen noch zu weit zurück sind. Die beiden Adjunkten der theologischen Facultät sind ordiniret.

§. 5. Eine dritte Gattung von Lehrern für verschiedene Zweige von Wissenschaften besteht in solchen, die man Docentes nennet. Sie haben bloß die Erlaubniß, zu unterrichten und sich auf die Weise zu höhern Stufen verdient zu machen. Uebrigens sind diese letzten sowohl, als die vorhergehenden, ehe sie als Candidaten aufgestellet werden können, und selbst die Professores, verbunden, eine von ihnen verfertigte Dissertation öffentlich zu vertheidigen.

§. 6. Außer diesen Anweisungen in Wissenschaften findet sich auch zum Besten der Studirenden eine Reitschule, ein Fecht- und Tanzboden, zweene Sprachmeister für das Französische und Deutsche, ein Zeichenmeister und ein Musit=Director. Die Akademie hat überdieß ihre besondere Buchdruckerey, ihren Buchführer und eine Auctionskammer unter ihren Befehlen.

§. 7. Alle Studirende, sowohl aus dem Adel, als aus den drey andern Ständen sind bey ihrer Ankunft verpflichtet, vor dem Rector der Akademie zur Immatriculirung zu erscheinen, um für akademische Bürger angesehen zu werden, und die ihnen zuständigen Vorzüge zu genießen. Die letzten, welche gewöhnlich von den höhern Provinzialschulen kommen, werden nicht angenommen, wofern sie nicht mit den gehörigen Zeugnissen von ihrer Sittlichkeit und Fortschritten versehen sind. Darauf werden sie an den Decanus der philosophischen Facultät gewiesen, der die besagten Zeugnisse und den Grad der Kenntnisse prüfet, und sie, wenn sie zugelassen werden können, den Eid ablegen läßt. Wenn er sie nicht zu den öffentlichen Vorlesungen tüchtig genug findet, so vertrauet er sie bey dem Mangel eines eigenen Privatlehrers der Fürsorge eines der Adjuncten an. Der Adel macht ein besonderes Corpus für sich aus, die andern sind nach den Provinzen, aus welchen sie kommen, in verschiedene Landsmannschaften eingetheilet, worunter sie sich bey ihrer Ankunft aufnehmen lassen. Eine jede derselben erwählet sich aus den Professoribus einen Aufseher, der über die Sitten und die Studien der einzelnen Glieder wachet, und sie von Zeit zu Zeit versammelt, um sich unter seiner Anleitung im Lateinreden über einen aufgegebenen Gegenstand oder im Disputiren zu üben. Außer dieser Einrichtung hat noch eine jede Landsmannschaft ihren Curator und ihre Aeltesten, um Ordnung zu halten und die Studien der Ankömmlinge einzurichten. Zu Anfange eines jeden halben Jahres müssen sowohl die Adelichen, als die andern, ihren Namen bey den Professoren einschreiben lassen, deren Zuhörer sie seyn wollen: am Schlusse desselben wird dieß Verzeichniß mit dem Zeugnisse von ihrem Fleiße und Fortschritten dem Kanzler übersandt. So bald sie zu einem gewissen Alter gekommen sind, müssen sie über ihre zukünftige Lebensart einen Entschluß fassen, und den Gegenstand ihrer Studien dem Rector anzeigen, damit man auf ihren Fortgang Acht haben könne. Bey ihrem Abzuge von der Akademie müssen sie, um in bürgerliche, es sey nun Gerichts- oder andere Aemter einzutreten, eine Prüfung ihrer Kenntnisse in den Wissenschaften und dem Zweige der Gelehrsamkeit, darauf
sie

sie sich hauptsächlich gelegt hatten, untergehen und sich sowohl darüber, als auch über ihre Aufführung mit einem schriftlichen Zeugnisse versehen; ohne welches sie den Verordnungen nach in keines der Reichscollegien aufgenommen werden.

§. 8. Unter den in den Constitutionen den Studierenden zugestandenen Gerechtsamen sind die vornehmsten: daß sie nur vor dem akademischen Tribunale gerichtet; auch ohne dessen Befehl in dem Bezirke von sechs Meilen nicht gefänglich eingezogen werden können, die Fälle ausgenommen, wo sie in einem Verbrechen auf der That ertappet würden, oder welche die öffentliche Sicherheit beträfen; und endlich, daß sie von allen öffentlichen Abgaben gänzlich frey sind. Diese verliert ein Studirender, wenn er ohne Genehmigung des akademischen Consistoriums zwey volle Jahre abwesend ist. Es muß noch angemerket werden, daß man sie vor Zeiten einem rauhen sechswöchentlichen Noviciate unterwarf. Dieß hieß Pennalismus, war selbst durch die akademischen Constitutionen festgesetzet, und endigte sich mit einer Handlung, die man Deposition nannte. Da jener bey seinen Misbräuchen dem Anstande und selbst der Menschlichkeit zuwider war; so ist er als ein Zeichen der alten Barbarey in dem gegenwärtigen Jahrhunderte abgeschaffet worden.

§. 9. Die Akademie hat ihre besondere Gerichtsbarkeit und wird durch ein aus den Professoren aller Facultäten bestehendes Consistorium oder akademischen Senat regieret. Es wird, als Tribunal betrachtet, in das große und kleine eingetheilet. Das letzte richtet in Fällen von minderer Erheblichkeit und in Geldangelegenheiten, die bis zu einer gewissen angesetzten Summe steigen. Von diesem kann man sich auf jenes berufen, welches sich einmal wöchentlich und außerdem so oft es die Geschäfte erfodern, versammelt. Alle mit der Akademie oder ihren Mitbürgern zusammenhängende Angelegenheiten, sie mögen criminel oder civil seyn, die Zucht oder die Oekonomie angehen, gehören mit der Vollmacht unter seinen Richterstuhl, Strafen nach der Natur des Verbrechens in Geld, Gefängniß, in einer, es sey nun immerwährenden oder eingeschränkten, Verweisung außer dem akademischen Bezirke aufzulegen. Jedoch muß davon dem Kanzler der Akademie Nachricht gegeben werden, an welchen der Klagende sich ohnehin auch wenden kann. Fälle von gewisser wichtiger

tiger Beschaffenheit sind dem Könige vorbehalten. In der Verwendung der Finanzen darf das Consistorium ohne Mitwissen des Kanzlers nichts außerordentliches vornehmen: so wie eine jede andere Sache von Erheblichkeit seiner Entscheidung vorgelegt werden muß. Bey den Ueberlegungen giebt die Mehrheit der Stimmen den Ausschlag.

§. 10. Der Rector (Rector academicus) hat in dem großem, der Prorector aber in dem kleinen Consistorio den Vorsitz. Dieser ist der unmittelbare Vorgänger von jenem, und hat auch in dessen Abwesenheit den Vorsitz in dem großen. Das Rectorat geht unter den Professoren herum. Er wird von sechs zu sechs Monaten unter der Genehmigung des Kanzlers erwählet, nach der Ordnung der Facultäten, so daß man von der theologischen anfängt und stets auf das Alter sieht. Ohne ein zweyjähriges Professorat kann man nicht erwählet werden. Die Obliegenheit des Rectors ist, dahin zu sehen, daß alles zur Ehre Gottes und dem Besten des Reichs und der Akademie geschehe; die Ordnung aufrecht zu halten, und auf die Art und Weise, wie eine jede der zur Akademie gehörigen Personen ihre Pflicht erfülle, ein Auge zu haben; Sachen von minderer Erheblichkeit abzumachen, wichtigere aber vor das Consistorium zu bringen; die etwa zwischen den Gliedern entstandenen Streitigkeiten zu vergleichen, unabgemachte aber dem Kanzler anheim zu stellen; die von dem Consistorio ergangenen Entscheidungen ausführen, und die Strafgelder gleich eintreiben zu lassen; endlich für die richtige Auszahlung der Gehalte zu sorgen. Er hat einen der Schlüssel zum Archive, dem Schatze und dem Gefängnisse. Er kann für sich über eine gewisse Summe zu vorkommenden öffentlichen Bedürfnissen bestimmen, und ist während des Rectorats von öffentlichen Vorlesungen frey. Er darf sich nicht über 8 Tage und unter den Ferien über vierzehn Tage entfernen, und in solchem Falle vertritt der Prorector seine Stelle. Die Person des Rectors wird für heilig und unverletzlich angesehen mit allen daraus herfließenden Rechten und Gerechtsamen. Seine Einsetzung geschieht gewöhnlich in der Domkirche nach dem in den Constitutionen vorgeschriebenen feyerlichen Ceremoniel. Vor der gebräuchlichen Eidsleistung hält er eine Rede über einem ihm beliebigen Gegenstand der Litteratur.

§. 11. Nach dem Rector ist der Decanus einer jeden Facultät mit einem Theile der Verwaltung beladen. Sein
Amt

Amt geht in eben dem Zeitraume, wie das Rectorat, herum. Er hat in seiner Facultät den Vorsitz, und läßt die Glieder an einem bestimmten Wochentage, oder so oft es die Angelegenheiten seiner Facultät erheischen, zusammenrufen. Es liegt ihm ob, über den Fortgang der Wissenschaft derselben besonders zu wachen und auf das Betragen sowohl seiner Collegen, als auch der Studirenden, deren Studien er einrichten und ordnen soll, aufmerksam zu seyn; dasjenige an das Consistorium gelangen zu lassen, was dessen Theilnehmung und Ansehen erfodert; die Dissertationen vor ihrer Bekanntmachung zu prüfen und seine Billigung oder Misbilligung darüber zu ertheilen und der öffentlichen Handlung beyzuwohnen, damit Anstand und Ordnung beybehalten werde.

§. 12. Unter den der Akademie vorgesetzten Personen ist die erste der Kanzler, den sich das Consistorium mit Genehmigung und Bekräftigung des Königs aus dem corpore der Reichsräthe wählen kann. Sein Geschäfte, welches er unentgeldlich verrichtet, ist, für die Erhaltung der Akademie, ihrer Gerechtsame und ihres ganzen Wohlstandes zu wachen, denn er ist ihr Anwalt bey dem Könige; von Zeit zu Zeit und nach den Bedürfnissen eine Besichtigung anzustellen, um nachzusehen, ob ein jeder seine Pflicht erfülle, etwanigen Uebertretungen, Nachläßigkeiten und Misbräuchen abzuhelfen; die Austheilung der akademischen Ehrenwürden zu bevollmächtigen; dem Könige die Candidaten zu den erledigten Stellen vorzuschlagen, und ihm die akademischen Angelegenheiten zu seiner Entscheidung vorzulegen; auf die Verwaltung der akademischen Finanzen, die Bibliothek und die öffentlichen Gebäude ein besonderes Auge zu haben; die vom Consistorio ausgesprochenen Urtheile nach Umständen zu ändern, zu mildern oder aufzuheben, und den letzten Ausschlag in den durch Appellation an ihn gelangten Fällen zu geben; allenfalls bey schwer zu entscheidenden Vorfällen sich zweene der nächsten Bischöfe und zwey Hofgerichtsglieder zuzugesellen, und endlich die zwischen den Gliedern des Consistoriums aufgekommenen, aber durch den Rector nicht abzugleichenden Zwiste zu entscheiden, und die Widerspenstigen zum Gehorsame zu bringen. Er hat auch einen von der Akademie besoldeten Sekretär zur Beyhülfe.

§. 13.

§. 13. Die andere Person ist der Prokanzler. Diese Bestellung ist mit dem Erzbisthume verbunden. Seine Pflicht ist, dem Rector und dem Consistorio in den Vorfällen, wo seine Mitwirkung erfordert wird, Beystand zu leisten; auf die Art und Weise, wie jeder sein Amt verwaltet, achtzugeben; den Kanzler von etwanigen Mißbräuchen und Uebertretungen zu benachrichtigen, und ihn endlich bey den Gelegenheiten, wo er darum angemuthet wird, vorzustellen.

§. 14. Vorangezeigtermaßen hatte der König Gustaf Adolph die Akademie mit seinen geerbten Ländereyen beschenket. Die sind, ihrer Natur nach, von freyherrlicher Beschaffenheit. Die Akademie besitzet sie, und genießt ihrer unter eben den Titeln und mit eben den Gerechtsamen, als der Adel die seinigen. Sie verwaltet sie unabhängig von der Krone, die sich aller Anwendung davon zu ihrem Nutzen begeben hat: dahingegen hat jene auch keine Schadloshaltung von ihrer Seite zu hoffen, wenn sie durch zufällige Schäden Verlust leidet. Sonst geht das gesammte Einkommen davon in den Schatz der Akademie. Daraus werden eben hauptsächlich alle Bedürfnisse und Unkosten derselben und besonders die Gehalte derer, die daran Antheil zu nehmen berechtiget sind, bestritten und zwar halbjährlich theils in baarem Gelde, theils entweder in Getreide oder den Werth davon in Geld berechnet.

§. 15. Der Schatz wird durch einen Schatzmeister verwaltet, der den Professoribus völlig gleich ist, und das Recht hat, in dem Consistorio zu sitzen, wenn von den Geschäften in seinem Fache die Rede ist. Er hat die Aufsicht über alle Besitzungen der Akademie. Zween Professores unter dem Titel Inspectores aerarii, sind ihm zur Seite. Sie werden alle zwey Jahre umgewechselt, und geben gemeinschaftlich, so oft es gefordert wird, ihren Bericht an das Consistorium ab. Der Schatzmeister darf nie über eine gewisse festgesetzte Summe in seinem Hause behalten. Er hat einen Kämmerer zur Beyhülfe, der verbunden ist, jährlich dem Consistorio von dem Zustande der Finanzen Rechnung abzulegen, und dieser hat wieder zweene Schreiber unter sich. Er muß endlich mit den beiden Inspectoren besonders aufmerksam seyn, die Kapitale der Akademie fruchtbar zu machen, und die fälligen Interessen zu heben.

§. 16.

§. 16. Ein jeder Professor hat außer dem Gehalte noch einen ihm angewiesenen Maierhof auf dem Lande, der seiner Professur anhängig ist, und worüber er bestimmen kann. Er dienet ihm unter den Ferien zu Erholung. Es findet sich stets etwas Ackerland von dem der Akademie zugehörigen Gebiete dabey.

§. 17. Eine Einrichtung zum Besten der Professorum emeritorum oder solcher, die ihres Alters halber ihre Entlassung suchen müssen, darf nicht übergangen werden. Es ist ein Fonds für zweene in solchem Falle verordnet, wovon das Einkommen, welches sie lebenslang genießen, dem der Professoren gleicht. Es ist sogar ein gewisses Getreide für der verstorbenen ihre Wittwen, als eine Art Gehaltes, angeschlagen.

§. 18. Außer diesen Einrichtungen giebt es noch andere unter den Namen: *stipendia*; oder gewisse zum Besten armer Studirenden gestiftete Vermächtnisse. Es sind ihrer zwo Gattungen. Die eine kömmt von der Krone, die andere von Privatpersonen her, und heißen Stipendia Magnatum. Sie bestehen entweder in liegenden Gründen oder in Kapitalen. Von der ersten Gattung finden sich fünf und vierzig, die von dem Consistorio und zwar unter folgenden vorgeschriebenen Bedingungen an eben so viele Studirende auf vier Jahre vergeben werden: daß man wenigstens funfzehn Jahre alt sey, gute Hoffnung von sich blicken lasse, und arm sey. Die Verlängerung auf mehrere Zeit, hat der König seiner Entscheidung vorbehalten. Die andere Gattung steigt auf dreyßig für mehrere oder wenigere Studirende und Jahre nach der Anordnung des Stifters, der sich und seinen Nachkommen gewöhnlich die Ernennung vorbehalten hat. Beyderley Stipendiaten sind unter Strafe der Ausschließung verpflichtet, die Akademie zu besuchen. Die königlichen müssen zu Ende eines jeden halben Jahres ein Examen aushalten, und die andern stehen unter der besonderen Aufsicht eines Professors. Die Stiftungsbriefe der Familienvermächtnisse sind bis 1760 in der: Samling af de Testamenterlige Förordningar, som angå *Stipendier* för medellösa Studerande wid Kongl. *Academien i Upsala* (in einer neuen und vermehrten Auflage) Upsal. 1760. 8. auf 15 Bogen herausgekommen.

§. 19. Die Akademie ist mit einer zahlreichen Bibliothek versehen, die, zum Besten der Studirenden und anderer

derer, zween Tage in der Woche offen ist. Sie ist zum Theil durch königliche, zum Theil durch mancher Privatpersonen Geschenke zusammengebracht worden. Ihr ist ein Aufseher unter dem Titel eines Bibliothekars vorgesetzt, der, wie der Schatzmeister in allen Stücken den Professoren gleich ist, und eben auch das Recht hat, denen Consistorialsessionen beyzuwohnen, deren Berathschlagungen die Bibliothek betreffen. Er hat einen Unterbibliotherius und einen Amanuensis unter sich; diesem ist die Aufsicht des Münzkabinettes mit der Verbindlichkeit anvertrauet, Vorlesungen über diesen Gegenstand zu halten. Zum Ankaufe neuer Bücher ist jährlich eine Summe angeschlagen. Der Bibliothekar kann darüber verfügen, ist aber verbunden, dem Consistorio Rechenschaft deshalb zu geben. Inzwischen hängt er in aller Absicht, so wie seine Subalternen, ganz besonders von dem Kanzler ab. Es verdienet hierbey verglichen zu werden: Bibliothecae Vpsal. Historia auctore Olauo O. Celsio, Vice-Bibliot. *Vpsaliae.* 1745. 8. auf 10 B. mit: Anonymi in Bibliothecae Vpsal. Historiam stricturae. *Vpsl.* 1746. 8. auf 5 B. Hieraus kann man die Anlegung, den verschiedentlichen Zuwachs, hauptsächlich die Handschriften derselben u. s. w. mit den Bibliothekars und Vicebibliothekars ziemlich kennen lernen.

§. 20. Der oben geschehenen Anzeige nach hat der Kanzler das Recht, die akademischen Ehrenwürden zu bevollmächtigen. Sie sind von zweyerley Art: *Doctores* und *Magistri Philosophiae.* Alle drey Jahr ist eine Promotion der letzten verstattet, und damit diese Würde durch zu häufige Ertheilung nicht herabgesetzet werde, so ist die Anzahl auf funfzig festgesetzt. Um dazu zu gelangen muß man einmal eine sogenannte Dissertation *pro exercitio,* unter dem Vorsitze eines Professors oder einer andern graduirten Person vertheidiget haben, wiewohl es für das erstemal gleichgültig ist, ob man davon der Verfasser sey oder nicht. In einem leichten Examen prüfet man ihre Fortschritte, und wenn man darin findet, daß sie ziemlich weit gekommen sind, so werden sie zu dem sogenannten *examen rigorosum* hinzugelassen. Man läßt sie dann, nachdem dieß zu ihrem Vortheile ausgefallen, den Eid ablegen, und sie haben die Erlaubniß *pro gradu* zu disputiren, oder eine von ihnen verfertigte Dissertation unter dem Vorsitze eines Professors zu vertheidigen. Die

Würde

Würde eines Doctors wird in der Theologie, Jurisprudenz und Medicin ertheilet. Diese erlanget man nicht anders, als nach einem Examen und einer öffentlichen Disputation. Dazu ist ein *Promotor* bestellet. Die Verrichtung desselben geht nach der Reihe der Glieder einer Facultät, und zwar nach dem Alter herum. Nachdem alles Vorläufige abgemacht worden, wird die Erlaubniß des Kanzlers gesuchet, der sie, wenn er gegenwärtig ist, mündlich ertheilet, oder sich durch den Vicekanzler oder den Rector vorstellen läßt, worauf die Handlung nach dem in den Constitutionen vorgeschriebenen Cärimoniel vor sich geht. Was inzwischen die Würde eines Doctors der Gottesgelehrsamkeit betrifft: so kann man dazu auf eine gedoppelte Weise gelangen. Die eine ist, sie sich selbst zu verschaffen, indem man allen dazu vorgeschriebenen Bedingungen ein Genüge leistet. Die andere findet nur bey feyerlichen Gelegenheiten, z. E. einer Krönung, Geburt u. s. w. Statt. Im letzten Falle nennet der König diejenigen aus der Geistlichkeit des Reichs aus, die er damit begünstigen will, und giebt darüber dem Kanzler seine Befehle, der hernach, wenn er gegenwärtig ist, durch eine lateinische Rede, oder, wenn er abwesend ist, durch einen Brief den Erzbischof dazu bevollmächtiget.

§. 21. Außer den vorbenannten Personen zum Unterrichte der Jugend giebt es noch verschiedene Aemter auf dem Staate der Akademie, nämlich: einen astronomischen Beobachter, einen Sekretär, welcher Subalternen unter sich hat, und einen Gesetzverständigen, ihre Streitigkeiten vor verschiedenen Richterstühlen zu führen.

§. 22. Die Akademie hat überdieß eine eigene, von der Staatswache verschiedene Wache, für die Sicherheit ihrer Gebäude und die Aufrechthaltung der Ruhe in der Nacht; außerdem noch sogenannte Läufer zu allerley Verschickungen. Sie gehen an der Spitze der Processionen in Cärimonienkleidern voraus. Ein jeder von ihnen trägt einen silbernen Zepter zum Zeichen der akademischen Regierung in der Hand.

§. 23. Schließlich muß noch von den öffentlichen Gebäuden und andern Einrichtungen zum Besten der Wissenschaften geredet werden. Dahin gehören:

1) *Das gustafianische Auditorium*; welches von seinem Stifter, dem Könige Gustaf Adolph, den Namen hat.

hat. Es findet sich darin ein großes anatomisches Theater; an dessen Stelle man, weil es schwer zu gebrauchen ist, ein anderweitiges kleineres nützet. Auch ist darin die Bibliothek aufgestellet. Dieß ist ebenfalls unbequem, und man hat sich also genöthiget gesehen, ein zu diesem Behufe abgesondertes Gebäude auf Kosten der Akademie aufzuführen, woran wirklich gearbeitet wird. Der Stiftung nach waren zweene Hörsäle, wovon der Karolinische, welcher seinen Namen von Karl IX. hatte, seiner Baufälligkeit halber abgetragen werden müssen.

2) Ein Haus für die Sitzungen der beiden Consistorien und der Facultäten benebst der Kanzley, der Schatzkammer und dem andern anatomischen Theater mit allen seinen Erfordernissen.

3) Ein Observatorium mit allem Benöthigten, und die Wohnung für den Beobachter, aber freylich nicht ganz vortheilhaft belegen; daher man auch Vorhabens ist, ein bequemeres zu errichten.

4) Ein akademisches Hospital oder Nosocomium, wo der Lehrsaal des Professors und ein Kabinett für die anatomischen Praeparata ist.

5) Ein chemisches Theater mit Wohnung und Lehrsaal für den Professor, und ein wohleingerichtetes, mit allem zu dieser Wissenschaft erfoderlichen Zubehör versehenes Laboratorium, imgleichen eine reiche Mineraliensammlung.

6) Ein ökonomisches Theater zum gemeinschaftlichen Gebrauche der beiden Professoren in der Oekonomie. Jeder von ihnen hat seinen besondern Lehrsaal und Wohnung. Es findet sich dabey zum Unterrichte der Jugend ein, vielleicht in seiner Art einziges, Kabinett aller zur Verarbeitung dienlicher Materien aus den dreyen Naturreichen in allen ihren steigenden Stufen von der rohen Materie an bis zum höchsten Grade der Vollkommenheit.

7) Ein botanischer Garten, dessen Einrichtung und Zustand der Vollkommenheit, darin er ist, von dem berühmten Professor von Linné herrühren. Das Wohnhaus des Professors in der Botanik ist daran belegen, welches seltene Kabinetter für die Naturgeschichte in sich schließt.

§. 24. Die im ersten §. erwähnten Constitutiones regiae Academiae Vpsaliensis sind in folgenden Kapiteln
enthal-

enthalten: 1) De academia eiusque iuribus et iurisdictione; 2) De Cancellario academiae eiusque iure et officio, vt et de Procancellario; 3) De Confiſtorio duplici vtriusque officio mit dem Eids-Formulare eines Beyſitzers darin; 4) De Rectore, ſeiner Wahl, feyerlichen Einführung mit dem Formulare des Eides und der Segenswünſche, die er ablegen muß, ſeiner Obliegenheit und ſeinen Vorzügen; 5) De Prorectore mit ſeiner Eidsformel; 6) De deliberationibus; 7) De ordine iudiciorum et adpellationibus; 8) De electione Profeſſorum, electorum confirmatione, eorumdem introductione (mit dem Eide), officio et coercitione; 9) De Decanis Facultatum et eorum electione et officio; 10) De Proceſſionibus et Seſſionibus; 11) De Quaeſtore, eiusque electione et officio; 12) De Secretario Academiae, eiusque electione et officio, ingleichen ſeines Amanuenſis mit den dieſen dreyen vorgeſchriebenen Eidesformeln; 13) De Adiunctis, eorumque officio; 14) De Vigilibus eorumque Praefecto; 15) De Miniſtris publicis, eorumque officio; 16) De Depoſitione; 17) De Promotionibus. Hier wird vorgeſchrieben: Qui promouendi? Quomodo examinandi, tum publice, tum priuatim, vbi et de loco cuique adſignando? Qui ritus in promotionibus adhibendi? mit den eingerückten Eidsformeln für Theologen, Rechtsgelehrte, Aerzte und Weltweiſen: Qui ſumtus Candidatis faciendi? Quae praemia graduum? In einem Anhange findet ſich ein Statutum peculiare, wodurch den Promotionen der ſchwediſchen Candidaten auf auswärtigen Akademien vorgebeuget wird, und ihre requiſita auch Beförderungen beſtimmet werden; 18) De Diſputationibus in genere et in ſpecie: quinam diſputare debeant? quae diſputationes admittendae? de diſputationibus publicis, quomodo hae celebrari debeant? de diſputationibus priuatis; 19) De Lectionibus, tum in genere, tum in ſpecie Theologorum, Iurisconſultorum, Medicorum, Philoſophorum; 20) De auſcultatione Lectionum et Examinibus; 21) De Feriis; 22) De Inſpectoribus aerarii publici et aedificiorum, fiſci Facultatum, alumnorum regiorum, bibliothecae (wobey der Eid des Bibliothekars und ſeines Amanuenſis eingerücket iſt), typographiae et bibliopolii; 23) De vita et moribus Studioſorum; 24) De Priuilegiis Studioſorum.

Fünfter Hauptabschnitt.

III. Kurze Geschichte der augsburgischen Confession, des Concordienbuchs und ihrer verschiedenen Ausgaben in Schweden.

§. 1.

Bey dem Anfange der Reformation in Schweden und eine geraume Zeit hernach, findet man gar keine Erwähnung irgend eines gemeinschaftlichen Glaubensbekenntnisses oder symbolischen Buchs. So weit entfernt, daß vielmehr Gustav I. das ihm von Kaiser Karl V. im Jahr 1549 zugeschickte Interim nicht allein aufnahm, sondern es auch der schwedischen Geistlichkeit zur Prüfung übergab. Diese verwarf es zwar, äußerte aber nichts weiter dabey, als nur, daß sie forthin, wie bisher, dem reinen und deutlichen Worte Gottes allein anhangen wollte, und ward weder damals, noch in den zunächst darauf folgenden Jahren eines symbolischen Buchs gedacht. In der ersten durch den Erzbischof Laur. Petri bekanntgemachten kirchlichen Anordnung vom Jahr 1571 werden zwar Melanchtonis loci communes und die ins Schwedische übersetzte Medulla Theologica den Predigern, aber ohne die mindeste Meldung eines allgemein angenommenen Glaubensbekenntnisses, empfohlen. Allererst ward die berüchtigte Liturgie Johannis III. die Veranlassung, dergleichen einzuführen: wozu dem upsalischen Concilio kein bequemeres und tauglicheres zu seyn schien, als die augsburgische Confession benebst den dreyen Symbolis. Vom Petrus Joh. Gothus war solche schon in das Schwedische übersetzt und 1581. 8. zu Rostock herausgegeben worden, die man zu Stockholm 1634. 8. nachdruckte. Bey der auf dem vorbenannten Concilio angenommenen schwedischen Uebersetzung zog man die beiden wittembergischen Ausgaben des Jahres 1531. in 4. und in 8. zu Rathe. Von der Zeit an findet man in allen öffentlichen Documenten solche als das symbolische Buch angeführet, wornach die öffentliche Religionslehre bestimmet würde. Bey nachmaligen Streitigkeiten wurden durch ein Reichsgesetz 1663 außer den dreyen alten Symbolis und der augsburgischen Confession, die Apologie derselben mit den smalkaldischen Artikeln, den beyden Katechismen Luthers und der Concordienformel für symbolische Bücher verbindlich

und

Gelehrter Anhang.

und sogar unter angehängter Drohung bürgerlicher Strafen erkläret. *)

§. 2.

Bey der Eröffnung des merkwürdigen upsalischen Nationalconciliums 1593, ließ der Reichsrath und damaliger Reichsverweser N. Gyllenstjerna, diese Worte mit in seine Rede einfließen: „Ich für meine Person billige die „dem Kaiser Karl V. 1530 übergebene augsburgische Con„fession." Diese ward darauf nach allen Artikeln in vier Sitzungen genau durchgenommen und ein jeder derselben von dem Notarius vorgelesen, von dem Präses und noch eben des Jahres eingesetzten Erzbischofe Schwedens, M. Nikol. Bothniensis, aber zuerst auf Lateinisch, hernach auf Schwedisch übersetzt, und so wurden die Lehrpunkte nach derselben bestimmet. Zum Schlusse las der Notarius, M. Ericus Jakobi, die aus einem ächten lateinischen und deutschen Exemplare der augsburgischen Confession verfertigte wirkliche schwedische Uebersetzung vor, welche von allem, als eine richtige, anerkannt ward. In dem Beschlusse des Conciliums ward sie als die symbolische Schrift angeordnet und zugleich festgesetzet, daß sie unverzüglich durch den Druck allgemein bekannt gemacht werden sollte. **)

§. 3.

In der Aufzählung der verschiedenen Ausgaben nehmen natürlich die in schwedischer Sprache den ersten Platz ein, worauf die andern in lateinischer und in finnischer Sprache folgen.

§. 4.

Confessio Augustana etc. oder Glaubensbekenntniß, welches von dem Churfürsten von Sachsen benebst einigen andern deutschen Fürsten und Ständen dem Kaiser Karl V. auf dem Reichstage zu Augsburg im J. 1530 überliefert worden,

---

*) Ausführlicher findet man dieß in: L. Norrman Diss. de Augustana Confessione eiusque mutatione. Vpsal. 1697. und in der unter dem Vorsitze des Hrn. Prof. Fant gehaltenen lesenswürdigen Diss. Historia librorum symbolicorum in Suecia. Vpsal. 1782. 16 Quartf.

**) Dieß ist wörtlich hergenommen aus: I. Baazii Inuentarium Ecclesiae Sueo-Gothorum. Lincop. 1642. 4. pag. 515. 518. 520. 523. 527. 529. 588.

ben, auf Schwedisch übersetzt von Petro Johannis Gothô. 11 Bogen. klein 8. MDLXXXI. Das ist die §. 1. erwähnte Privat-Ausgabe. Zum Schlusse steht: gedruckt zu Rostock von Stephan Möllemann. Auf der Rückseite des Titels steht ein Holzstich, worin das schwedische Wapen und darüber die Worte befindlich sind: Elizabeth D. G. Suecorum, Gothorum, Wandalorumque Nata Princeps. In der Zueignung an diese Fürstinn, datiret Lybka d. 3. Febr. A. C. 1781. meldet der Uebersetzer, daß er nach seinem Berufe und Amte, ob er gleich ohne Gehalt sey, sich dieser Arbeit unterzogen, und dazu, weil die deutschen Exemplare hin und wieder von einander abwichen, das allererste Exemplar, welches dem Kaiser überantwortet und in der Kanzley des Erzbischofes von Mainz und des Reichs abgeschrieben und aufbewahret worden, genützet habe, weil sich zu solchem die Fürsten und Versammlungen einhellig bekenneten. Zu dieser Arbeit sey er durch ein geneigtes Schreiben der Prinzessinn und ruhmvolle Beyhülfe aufgefodert worden, und hoffe damit um so viel mehr einen angenehmen Dienst zu leisten, als dergleichen Uebersetzung in schwedischer Sprache noch nicht vorhanden sey; daher es auch wohl seyn könnte, daß er es bey vielen Ausdrücken nicht so recht möchte getroffen haben. Die in der deutschen augsburgischen Confession befindliche Vor- und Anrede an den Kaiser wird in dieser ersten rostockischen Uebersetzung, aber nicht in der vom upsalischen Concilio verbesserten gefunden; so wie in jener die Ueberschriften über die Kapitel fehlen, aber in dieser angetroffen werden. Beide Uebersetzungen weichen wohl nicht in den Sachen, aber in den Worten, beträchtlich von einander ab.

§. 5.
Von dieser Ausgabe ist die folgende bloß ein Nachdruck: Confessio Augustana etc. Stockholm 1634. 8. Nach dem hinter dem Titelblatte befindlichen Wapen des Grafen Casimir Johann Leionhufwud und seiner Gemahlinn wird bloß angemerkt, daß solche auf beider Unkosten veranstaltet und besorget worden.

§. 6.
Confessio fidei etc. Stockholm. A. Gutterwitz. 1593. 22 Bogen in 4. Zum Schlusse steht: vollendet im Jul. 1594. Dieß ist die erste öffentliche und Originalausgabe. Auf dem Titelblatte steht nach den lateinischen Worten Confessio fidei noch weiter auf Schwedisch: „das christ-

„christliche Glaubensbekenntniß, welches Gottes Versamm-
„lung in Schweden allgemein geglaubet und bekannt hat,
„seitdem die Wahrheit des Evangelii unter Gustafs glor-
„würdiger Regierung aus der päbstlichen Finsterniß durch
„Gottes Gnade wieder an das Licht gekommen, und seit
„1752 unter König Johannis Regierung in der allgemei-
„nen upsalischen Synode aufs neue bekräftiget, nun aber
„durch den Hochgebornen Erbfürsten Karl auf dem freyen
„upsalischen Concilio von allen Ständen des Reichs unterschrieben und untersiegelt worden." Auf der Rückseite
des Titelblattes stehen die Worte: 2 Chron. 15, 12—15.
so wie auch in allen folgenden Ausgaben.

§. 7.

Confessio Fidei &c. Strengnäs bey Zacharia Brockenio. 1657. 8. Der weitläuftige Titel nach den Worten: Confessio fidei, lautet übersetzt also: „das christliche
„Glaubensbekenntniß, welches die Kirche Gottes in Schwe-
„den allgemein geglaubt und bekannt hat, seitdem die Lehre
„des Evangelii unter der Regierung König Gustafs löbl.
„Angedenkens aus der päbstlichen Finsterniß durch Gottes
„Gnade wieder an das Licht gekommen; und seit dem J. 72
„unter des sel. Königs Johannis Regierung auf der allge-
„meinen upsalischen Synode aufs neue, aber zuletzt und
„endlich im J. 93 in dem christl. und freyen daselbst gehal-
„tenen Concilio von allen Reichsständen mit Unterschrift
„und Siegel bekräftiget: so wie auch hernach mit fürstli-
„chen Versicherungen, Privilegien, Verordnungen und
„Reichstagsschlüssen bestätiget worden; allen Gläubigen
„und unsern Nachkommen zur treuen Unterweisung, heil-
„samen Stärke und unveränderlichen Testamente; so
„auch allen denen, welche dieß christliche Bekenntniß an-
„nehmen wollen zu einer Regel und Richtschnur, wornach
„sie sich halten mögen. Dabey folgt ein Wegweiser zu
„der wahren christl. Religion und der rechten katholischen
„Kirche für die Königinn Christina." Diese schwedische
Ausgabe ist vermutlich durch den Bischof zu Strengnäs
Joh. Matthias, besorget worden, ohnerachtet sein Name
nicht da steht. Zuvörderst findet man hier eine Sammlung von den dieß Glaubensbekenntniß angehenden königl.
und fürstl. Versicherungen, Privilegien, Verordnungen
und Reichstagsbeschlüssen auf anderthalb Bogen; darnach
folget das Bekenntniß selbst mit dem auf dem Titel angezeigten Wegweiser auf acht Bogen.

Fünfter Hauptabschnitt.

§. 8.

Confeſſio Fidei, „d. i.: das chriſtliche Glaubensbe„kenntniß, welches die Kirche Gottes in Schweden, ſeit„dem die Wahrheit des Evangelii unter der Regierung „Guſtafs des erſten an das Licht kam, allgemein geglau„bet und bekannt gemacht, und endlich 1593 auf dem upſa„liſchen Concilio von allen Reichsſtänden mit Unterſchrift „und Siegel beſtätiget und bekräftiget worden. Nun aufs „neue mit S. Königl. Maj. Carl Guſtafs glorwürdigſten „Andenkens hier beygefügte A. 1655. publicirte Verord„nung über unſerer chriſtlichen Religion rechte Uebung und „Erhaltung, benebſt auf Sr. K. Maj., unſers allergnä„digſten nun regierenden Königs und Herren neulich auf„gegebenen und hier vorgeſetzten öffentlichen Mandate über „einige die Religion und das Kirchenweſen in gegenwärti„gen Zeiten angehende Gegenſtände, auf höchſtbemeldter „Sr. K. Maj. gnädigſten Befehl aufgelegt und im Drucke „ausgegeben, allen Chriſten zur treuen Unterweiſung, „Stärkung und Bewahrung in ihrem Chriſtenthume, und „wie ſie ſich ſonſt in manchen andern, unſere chriſtliche „Religion und das Kirchenweſen angehenden Dingen ver„halten ſollen." Stockholm bey Henrich Keyſers Wittwe. A. C. 1663. 22 B. in 4. Das zuletzt gemeldete Mandat ſteht voran, worin die Unterthanen und beſonders die Geiſtlichkeit in Kirchen und Schulen und auf Univerſitäten auf die Libros ſymbolicos, ſo wohl die drey ſymbola der erſten Kirche und die unveränderte augsburgiſche Confeſſion, als auch auf die Apologie derſelben, die ſmalkaldiſchen Artikel, beide Katechismen Luthers und die formulam concordiae gewieſen werden, und unter andern angezeiget wird, daß, weil die Ausgabe von 1593 nicht mehr zu haben geweſen, dieſe neue veranſtaltet worden. Karl Guſtafs Religionsverordnung ſteht hinten.

§. 9.

Confeſſio Fidei &c. Stockh. bey Wankiifs Wittwe. 1693. 20 B. in 4. Es iſt ſonſt faſt eben der Titel, wie bey den vorigen; nur daß hinzugeſetzet worden: „Aufs „neue auf Königl. Maj. gnädigſten Befehl aufgelegt und in „dem itzigen Jahre, welches das 100ſte nach dem upſa„liſchen Concilio iſt, im Drucke ausgegeben." Zu Ende ſteht das Dank- und Gebethsformular, welches des Königs Befehle nach am Eſtomihi-Sonntage dieſes Jahrs 1693 auf den Kanzeln im ganzen Reiche bey der Jubelfeier
des

des vor 100 Jahren gefeierten Conciliums abgelesen werden sollte, und von dem damaligen Hofkanzler Johann Bergenhjelm war verfertiget worden. Diese Auflage stimmt mit den vorigen, die veränderte Rechtschreibung ausgenommen, überein.

§. 10.

Concordia Pia &c. Norrköping bey Broocmann. 1730. 4. In dem königl. Privilegio wird die Erlaubniß des Drucks unter der Bedingung bewilliget, daß die Uebersetzung der symbolischen Bücher zuvor von der theologischen Facultät zu Upsala und den übrigen theologischen Facultäten im Reiche recensiret würde. Die Vorrede liefert eine kurze Reformationsgeschichte aus Gedickens Reform. Historie und Pippings historischtheologischen Einleitung zu dessen Ausgabe der symbolischen Bücher. Nach dem Symbolo Apostolico, Nicaeno, und Athanasiano (S. 1—6) folgt das augsburgische Glaubensbekenntniß (bis S. 60). Dieß ist, die neuere Rechtschreibung ausgenommen, von der ersten Ausgabe abgedruckt. Die Apologie steht bis S. 416. Die smalkaldischen Artikel sind vom M. Boréen in das Schwedische übersetzet, und mit besonderer Seitenzahl auf 66 Seiten abgedruckt worden; der kleine und große Katechismus Luthers auf 206 und die Concordienformel, ohne die besonders hinten angedruckten Unterschriften der deutschen Theologen mitzurechnen, auf 535 Seiten. Zuletzt folgt die Vorrede zum upsalischen Concilio, das Decretum Vpsaliense vom J. 1593, worin außer den drey Hauptsymbolis die unveränderte augsburgische Confession, als das symbolische Buch für Schweden, angenommen worden, und die Unterschriften des Erbfürsten Karl, des Herzogs Gustaf, des Senats, der Bischöfe, der Ritterschaft und des Adels, des Klerus, der Stadtmagisträte und der Landschaft.

§. 11.

Nun folgen die lateinischen:

Confessio Fidei exhibita invictiss. Imp. Carolo V. Caesari Aug. in Comitiis Augustae anno 1530. in vsum Iuuentutis scholasticae, quae in illustri Gymnasio Arosiensi bonis litteris operam dat, impressa ibidem, A. C. 1620. — Ab Olao Olai I. C. Typographo Consistorii. Cura et sumptu Petri I. Rudbeckii.

Die Auflage besteht aus fünf Octavbogen.

Fünfter Hauptabschnitt.

§. 12.

Augustana Confessio, id est, Confessio Fidei, exhibita inuictissimo Imperatori Carolo V. Caesari Augusto in Comiciis Augustae Vindelicorum, Anno MDXXX die XXV. Iunii.

Der Titel dieser zu Åbo bey Pet. Wald 1643 in lateinischer Sprache herausgekommenen Ausgabe hat kein besonderes Titelblatt, sondern er ist auf der ersten Seite oben der Materie vorgesetzet. Sie beträgt nicht mehr als fünftehalb Quartbogen. Es sind bloß die Artikel abgedruckt; Vorrede und die allgemeinen Symbola sind ausgelassen. Der damalige Prof. der Theol. daselbst, J. E. Terserus, besorgete sie auf seine Unkosten, damit die Geistlichkeit und die studierende Jugend sich mit der Confession leichtlich versehen könnten; vielleicht wurden auch die Artikel selbst den Synodaldisputationen beygefüget. Diese Ausgabe ist sehr selten geworden.

§. 13.

Confessio Fidei Suecanae, in Concilio Vpsaliensi ab omnibus regni ordinibus approbata a. 1593. Nunc vero in vsum scholarum et litteratorum in inclyto Regno Sueciae separatim edita. *Strengnesii* typis et impensis Capituli a Zach. Brockenio a. 1644. 6 Bogen in klein 8. Auf der Rückseite des Titels steht: „Permissio. Hanc „confessionem Fidei, ceu Tesseram vnitatis et vndique „in Ecclesiis Suecanis receptae et approbatae religionis „symbolum, non indignam esse censeo, quae publica „luce fruatur. Iohannes Matthiae. Episc. Strngn." Der Name: Augsburgische Confession, wird gar nicht gebraucht. Die Vorrede derselben an den Kaiser steht nicht da, auch fehlen die Unterschriften, und ist nur hinten ein Index oder Elenchus der Ueberschriften der Kapitel befindlich, also daß: I. Symbola tria; II. Fidei Articuli praecipui; und III. Articuli abusuum, qui mutati, aufgezählet werden. Der unterschriebene Bischof Matthiä hatte diese Uebersetzung in lateinischer Sprache verfertiget.

§. 14.

Concordia pia et vnanimi consensu repetita confessio fidei et doctrinae electorum, principum et ordinum imperii, atque eorundem Theologorum, qui Augustanam confessionem amplectuntur: cui e Sacra Scriptura veritatis norma et regula, quorundam articulorum, qui post D. Martini Lutheri felici ex hac vita exitum in

con-

controuersiam venerunt, solida accessit declaratio. Ante haec tempora communi eorundem electorum principum ac ordinum imperii consilio, nunc vero singulari Serenissimi Saxoniae electoris *Christiani* II. mandato, instituendis et erudiendis subditis, ecclesiis atque scholis suis ad posteritatis memoriam typis vulgata. *Stregnesiae.* Excudebat *Zacharias Brockenius.* Anno 1669. 8. Cum gratia et Priuilegio.

Es wird gar nicht angemerket, weder von welcher Ausgabe diese abgedruckt worden, noch wer sie besorget und was man dabey für Grundsätze befolget habe. Voran stehen auf 2 Bogen das Ausschreiben des Churfürsten von Sachsen, Christian II., an seine Landesstände, und dann das Ausschreiben der sämmtlichen deutschen Reichsstände, worin das Concordienbuch anempfohlen wird. Es ist solches hier ziemlich sauber auf dritthalb Alphabeten abgedruckt. Die drey allgemeinen Symbola mit der augsburgischen Confession stehen S. 1—48; die Apologie bis S. 303; die smalkaldischen Artikel bis S. 365; der kleinere und größere Katechismus Luthers bis S. 582; die Concordienformel, sowohl die Epitome, als auch die Declaratio bis S. 844; die Zeugnisse des christlichen Alterthums bis S. 884; und endlich ein Register des Inhalts nach den Materien, und ein anderes über die Irrenden.

Die finnischen sind folgende:
§. 15.

Confessio Fidei etc. Stockholm, 1651. 4. durch Henr. Keiser. Das Bildniß der Königinn Christina, welcher diese Uebersetzung zugeeignet ist, steht voran. Die finnische Uebersetzung der Confession, der drey allgemeinen Symbolorum und des Decreti Vpsaliensis des Jahres 1593 steht der schwedischen, so wie auch die Dedication in beiden Sprachen, gegen einander über abgedruckt. Die finnische Uebersetzung wird für schön gehalten, und war vom M. Jak. Pauli Raumannus, P. und Probst zu Birkala, in Finnland verfertiget worden. Von dieser ist die folgende verschieden.

§. 16.

Confessio Fidei etc. Turusa, Johann Winterilda. A. C. 1693. Das ist: das Augsburgische Glaubensbekenntniß zu Abo bey J. Wintern gedruckt. — Diese Uebersetzung ward auf Karl XI. Befehl an den Bischof zu Abo,

Abo, den D. Joh. Gezelius den Jüngern, durch den Pastor zu Kimito, M. Henrich Florinus, verfertiget. Dreyhundert Exemplare wurden nur abgedruckt, wozu der König 358 Thaler S. Münze anschlug. Die Consistorien und finnischen Versammlungen in Finnland, Jugermannland, Esthland und Liefland empfiengen jedes ein eingebundenes Exemplar, hundert uneingebundene Exemplare wurden nach Stockholm zur Austheilung und anderweitiger Aufbewahrung geschicket. Daraus erhellet die überaus große Seltenheit dieses Buches. Diese Uebersetzung ist genau nach der schwedischen Uebersetzung und Ausgabe von 1693 gemacht, so daß auch das daran angehängte Jubelgebeth hier am Ende befindlich ist.

§. 17.

Ich wünschte diesen Nachrichten noch eine über eine deutsche Ausgabe der augsburgischen Confession hinzuzufügen zu können, worüber gegen das Ende des vorigen Jahres, noch unter Karls XI. Regierung, viel verhandelt worden. Weil aber diese Sache bey allen Nachforschungen bis itzt dunkel geblieben, und von mir kein Exemplar aufgetrieben werden können, so schweige ich bis weiter davon stille. L.

IV. Kurze Geschichte der Königl. Patriotischen Gesellschaft zu Stockholm, von ihrer Errichtung an bis zum Schlusse des Jahres 1780.

Dem Präsidenten in dem Königl. Handels-Collegio und Commandeur des Nordstern-Ordens, Hr. Eduard Carlson, hat diese Gesellschaft ihr Entstehen zu verdanken. Sie war d. 23sten Jan. 1767 zum erstenmale versammelt, wo die erste Belohnung, bestehend in einem silbernen Vorlege-Löffel, ausgetheilet ward. Den 11. Febr. drauf war die zweyte Zusammenkunft, wobey man die Belohnung einer goldenen Schaumünze für die beste Geschichte der schwedischen Handlung aussetzte, welche dem itzigen Sekretär derselben, dem Herrn Moder zufiel. Die Geschichte selbst in zwoen Abtheilungen macht das erste Stück der Abhandlungen dieser Gesellschaft aus. Vielleicht hätte sie mit dem Tode ihres obenbenannten Stifters noch in eben
dem

dem Jahre aufgehöret, wofern nicht die eingekommenen Versuche über die Handelsgeschichte zu einer Zusammenkunft d. 16. März 1768 Gelegenheit gegeben hätten. Seitdem waren innerhalb zweyen Jahren nur 16 Sitzungen. Als aber d. 28. Nov. 1770 der Hr. Gen. Major von Arbin Wortführer, und der Hr. Moder Sekretär derselben wurden, kam sie in vollen Gang. Die Anzahl ihrer Glieder stieg damals, den Präsidenten Carlson und die verstorbenen mit einberechnet, nur bis zwanzig; in der folgenden Zeit hat man sich an keine feste und bestimmte Anzahl gebunden. Die Gesellschaft läßt alljährlich ein Verzeichniß ihrer Glieder drucken und umsonst austheilen; seit dem J. 1777 ward solches zum erstenmale in den stockholmschen Stadt-Calender eingerücket. In dem bemannten Jahre waren 100 einheimische und sieben ausländische. Die Grundgesetze der Gesellschaft wurden von dem Könige den 12. Febr. 1772 bestätiget. Der erste Fond, der von den anfänglich benannten Gliedern zusammengeschossen ward, belief sich auf 55 Rthl. Species; dazu kam noch ein Geschenk des neulich verstorbenen Oberdirectors Faxe von etwas mehr als 300 solchen Rthlrn. Seitdem haben mehrere bekannte und unbekannte Mitbürger ansehnliche Summen beygetragen. Dieß nebenst kleinern von den Mitgliedern nach Erfodernissen zusammengeschossenen Beyträgen macht den Bestand der Gesellschaft aus. Die von ihr im Drucke herausgegebenen Abhandlungen enthalten entweder die Geschichte der mancherley Nahrungszweige oder Betrachtungen über die allgemeine Haushaltung: denn was die Privathaushaltung anbetraf, so überließ man solche der Königl. Akademie der Wissenschaften. Seitdem aber diese anfieng, wie die patriotische Gesellschaft schon zuvor gethan hatte, Belohnungen für verschiedene nützliche Unternehmungen auszutheilen: So wurden jene Grenzen aufgehoben, und die letzte machte mit ihrem Haushaltungsjournale den Anfang, Abhandlungen in der praktischen Oekonomie herauszugeben. Von jenen Abhandlungen sind 5 Stücke, ohne sich an gewisse Zeiten zu binden, herausgekommen; von dem Journale aber kömmt seit dem Sept. 1776 monatlich ein Stück heraus.

Ehe an das letzte gedacht ward, ließ die Gesellschaft verschiedene kleinere Abhandlungen abdrucken und unentgeldlich unter das Publicum verbreiten. Z. E. von der Anpflanzung der Potatos, Unterweisung über den Ackerbau,

der

der Baumzucht, der Rettung der Ertrunkenen, der Nothwendigkeit der Reinigung des Saatkorns, dem Anpflanzen der Nesseln, der Bienenzucht u. s. w. Die Gesellschaft theilet auch Modelle nützlicher Geräthschaften für den Landmann aus. Gedächtnißreden über verstorbene Mitglieder, z. E. den Landshauptmann Baron Tilas und den Schloßvogt Rolin, sind gedruckt. Außer dreyen kleinern Schaumünzen und einer größern werden noch jährlich silberne Becher, Löffel, Hals- und Hutbänder von mehrerm oder minderm Werthe ausgetheilet. Dabey suchet sie ihren kleinen Büchervorrath und ihre ziemlich große Modellkammer zu vermehren.

Die Grundgesetze derselben sind in folgender Schrift enthalten: *Kongl. Maj. nådige Stadfästelse uppå Svenska Patriotiska Sällskapets Grund-reglor; gifven Stockh. i Rådkammaren den 12. Febr. 1772.* Stockh. 1773. bey J. G. Lange auf 36 Octavseiten. Die königl. Bekräftigung rücket die Grundgesetze (S. 5—21) wörtlich ein. Diese sind in 5 Kap. vertheilet. Das erste: von der Wahl der Mitglieder, ihrer Annahme und ihren Obliegenheiten. Das zweyte: von der Wahl des Wortführers und dessen Geschäften. Das dritte: von der Wahl des Sekretärs und seinen Pflichten. Das vierte: von der Casse der Gesellschaft und der Wahl, auch der Obliegenheit des Schatzmeisters. Das letzte: von den Verrichtungen der Gesellschaft insonderheit. So überflüßig es seyn würde, davon einen Auszug zu machen, ohne wörtlich alles abzuschreiben: so verdienet doch die Versicherungsformel, worunter die Mitglieder aufgenommen werden sollten, aber doch itzt nicht mehr aufgenommen werden, hier eine Stelle. Sie lautet so:

„Ich N. N. gelobe und versichere bey Treue und Glau„ben eines ehrlichen Mannes, den Fortgang und die Auf„rechthaltung der schwedischen patriotischen Gesellschaft, „benebst dem dabey beendzweckten Nutzen und Besten des „Vaterlandes, nach äußerstem Vermögen zu befördern; und „deswegen keinem auf irgend eine Art und Weise zum Ein„tritte in solche zu verhelfen, der nicht als tugendhaft be„kannt wäre, und überdieß entweder Proben von Kennt„niß in den zur Gesellschaft gehörigen Wissenschaften und „Verrichtungen überhaupt abgeleget hätte, oder durch An„sehen, oder Vermögen solche und ihre nützlichen Unter„nehmungen unterstützen und befördern könnte. Ich ge„lobe,

„lobe, sowohl ihrem Wortführer, als auch allen ihren
„Mitgliedern ohne Ausnahme, allezeit Achtung zu bewei-
„sen. Ingleichen will ich bey allen Gelegenheiten auf eine
„friedliche und freundschaftliche Weise zu ihrer innern Auf-
„klärung des Meinige beytragen, und stets vor Freunden
„und Feinden, Bekannten und Unbekannten, Höhern und
„Niedrigern verschwiegen halten, was nicht durch den
„Beschluß derselben bekannt gemacht werden soll: Alles
„dieß, so wahr ich meinen Namen und Angedenken unter
„den Tugendhaften und Rechtschaffenen bey meinem Leben
„geachtet und bey der Nachwelt erhalten wissen will."

Dem Gesellschaftssekretär und Schatzmeister ist alsdenn noch eine besondere Vorschrift, jenem von S. 23—33,
diesem aber von S. 34—E. angehängt.

Die hauptsächlichsten Schriften der Societät bestehen,
wie schon vorher gemeldet worden, theils in Abhandlungen, theils in einem, mehrere Jahre fortdaurenden Haushaltungsjournale.

Von jenen sind 5 Stücke in verschiedenen Jahren herausgekommen. Das erste unter dem Titel: *Svenska Patriotiska Sällskapets Handlingar.* Stockh. 1770. 8. bey
J. G. Lange. Es enthält bloß die oben erwähnte Preisschrift des Herrn A. Modeer in 2 Abtheilungen auf 342
Seiten in sich: *Försök til en allmän Historia om svea
Rikes Handel.* Die erste Abtheilung erstrecket sich von
den ältesten Zeiten bis zur Königinn Ulrica Eleonora
Thronbesteigung S. 1—159; die zweyte von da an bis
auf das angezeigte Jahr 1770. S. 161—E.

Das zweyte unter eben dem Titel und in eben dem
Verlage 1771. 8. auf 333 Seiten hat drey Abtheilungen.
In der ersten sind folgende Aufsätze: J. Frypells Abhandlung von dem Anbaue des weitläuftigen Westbothniens und Lapplands; A. Modeer Beantwortung der Frage:
Was einen jeden Landmann am sichersten aufmuntern
könnte, das Feld, ohne Rücksicht auf seine Eigenthums-
gerechtigkeit daran, zu bauen; und J. Dubbs Hindernisse und Hülfsmittel des Ackerbaues. S. 1—134. In
der zweyten, folgende drey, nämlich C. G. Nordströms,
O. Hindbecks und E. G. Liedbecks, Antworten auf die
Frage: Wie kann das Publikum auf dem platten Lande
am besten zur Anpflanzung der Wälder aufgemuntert und
angetrieben werden; A. Modeers Beantwortung der
Frage: Ob es in der Reichshaushaltung jedes Landes,
und

und insonderheit Schwedens, so allgemeine Wahrheiten gäbe, aus welchen, gleichsam als aus Grundsätzen, alle besondere Verfassungen, wofern sie anders nützlich werden sollten, natürlich herflössen? M. Blix Beschreibung des Zustandes der schwedischen Schären in Rücksicht auf den Ackerbau; J. Nordenankers Vortheile und Nothwendigkeit der Seemacht, benebst A. Modeers Zusätzen und einem Auszuge aus dem Tagebuche der Gesellschaft. — bis S. 234. In der dritten finden sich zuvörderst fünf Antworten auf die Frage: Ob irgend ein, es sey Vortheil oder Schaden, dem Landmanne durch das ihm auferlegte Halten der Postpferde zuwachse; hiernächst M. Biuggrens unvorgreisliche Gedanken über Daland und seine Einwohner nebst P. N. Christiernins Zusätzen; endlich A. Modeers Abh. von dem gegenwärtigen Zustande der Landstädte und ihrer Verbesserung und abermaligen Auszügen aus dem Tagebuche der Gesellschaft.

Das dritte im J. 1774. 8. auf 370 Seiten. In der ersten Abtheilung kommen bloß Antworten auf die aufgeworfene Frage über eine Nationalkleidung vor. Es waren zwar 65 ein- und ausländische eingelaufen, diejenigen unberechnet, deren Verfasser selbst solche durch den Druck bekannt gemacht hatten. Die hauptsächlichste darunter von E. Waller gewann die vornehmste Belohnung. Die Verfasser der übrigen, A. Modeer und P. Juringius, innerhalb Schweden, und J. P. Mean, kaiserl. Sekr. zu Brüssel, empfiengen silberne Schaumünzen. Die zweyte Abtheilung liefert v. Storchs, J. L. Munthe und M. Blix Gedanken über eine Ackerbaugesellschaft durch Actien, und A. Jettrens Betrachtung über den Ueberfluß und dessen Wirkung (S. 129 – 250); so wie die letzte J. F. Angerstein Anleitung zu der Haushaltungsverbesserung in Daland; A. Modeers Untersuchung über die Volksmenge in Schweden; S. Hofs Ursachen der vermehrten Bettleren und die Mittel ihr abzuhelfen; A. G. Barchäus Bericht von der pommerschen Haushaltung, und einige Anmerkungen über die Haushaltung von A. F. Ristell.

Das vierte, ebenfalls unter dem Titel und in demselben Verlage 1776. 8. auf 248 Seiten, enthält nur zwo, aber sehr ausführliche Abhandlungen. 1) Fr. Mozelius Untersuchung von den Schicksalen des Landbaues in Schweden. S. 1 — 100. 2) C. A. v. Storchs Versuch einer

einer Prüfung der in dem dritten Stücke der patriotischen Gesellschaftsabhandlungen eingeführten und mit dem höchsten Preise belohneten Antwort auf die eine octroirte Ackerbaugesellschaft betreffende Frage. Er nimmt den Ueberrest des Bandes ein, und ist mit mehrern Tabellen, auch einigen in Kupfer gestochenen Planen versehen.

Das fünfte von dem J. 1777. 8. macht den Beschluß dieser Abhandlungen. Der erste Abschnitt auf 135 Seiten liefert C. Webers Gedanken über die Aufhelfung des Ackerbaues in den Finnischen Provinzen Savolax, Carelen und Tavastland; alsdenn vier Beantwortungen der Frage über die noch vorhandenen Hindernisse, weswegen bey der versprochenen ansehnlichen königl. Belohnung die Städte den für das Reich und die Eigener so vortheilhaften Hanffanbau nicht unternommen haben, von J. L. Munthe, P. A. Gadd, J. Ström und D. D. Swebilius; des T. Tiburtius Gedanken über Haushaltungsangelegenheiten und allgemeine Haushaltungsgründe vom A. Jettren. Der zweyte und dritte Abschnitt ist im Jahre 1779 ohne besondern Titel auf 216 Seiten besonders abgedruckt. Anfänglich stehen A. G. Barchäi Anmerkungen über die im vierten Stücke stehende Schrift des Hrn. v. Storch und desselben Aeußerung; hiernächst L. Jörlins Sammlungen zu der Geschichte des schwedischen Ackerbaues und Saatkornes, sowohl in den heydnischen (S. 66 — 150.), als papistischen (bis S. 188.), als letztern Zeiten seit der Reformation (bis S. 206.). Des P. Holmbergers Gedanken von dem Anbaue und der Pflege der Wiesen steht zum Schlusse.

Zum Theile ist der nähere Inhalt dieser Stücke sowohl innerhalb Landes aus Gjörwells Särde Tidningar, als auch außerhalb aus den göttingischen und greifswaldischen gelehrten Zeitungen zulänglich bekannt; zum Theile wird er vielleicht noch, wofern es nöthig seyn sollte, zu seiner Zeit näher angezeigt werden.

Das Haushaltungsjournal (*Hushållnings Journal* etc.) erfodert nur hier zur Vollständigkeit der Gesellschaftsgeschichte bis zur nähern Recension an seinem Orte eine allgemeine Anzeige. Mit dem Sept, 1776 ward der Anfang darin gemacht, und mit dem Aug. 1780 der vierte Jahrgang beschlossen, ist auch 1781 mit dem fünften fortgesetzet worden. Um diese Zeit hatte die Societät bey-

beynahe 200 einländische, und 21 ausländische Mitglieder von allerley Stande.

Der oben gegebenen Anzeige von den Belohnungen muß noch hinzugefüget werden, daß die Gesellschaft auf 12 Octavseiten ihre angenommenen Grundgesetze zur Austheilung derselben durch den Druck bekannt gemacht. Die Belohnungen sind für das Urbarmachen der wüsten Ländereyen zu Aeckern und Wiesen; die Anpflanzung von Frucht= und edlern Laubbäumen; die Errichtung der Steingehäge um Wiesen, Waldungen und Felder; die Bienenzucht; die Erfindungen in der Haußhaltung, Fabriken und Gewerken, und für treue zehn= bis funfzehnjährige Dienstboten bey einer und eben derselben Herrschaft auf dem Lande bestimmet. Jährlich sind auch dergleichen für die Preißschriften, und noch überdieß besonders der Werth, zukünftig aber eine goldene Schaumünze von funfzig Rthlr. Spec. für vortheilhafte Anschläge im Handel, Manufacturen und der Seefahrt ausgesetzt. Diese Schaumünze, deren Gepräge sich auf die angezeigten Nahrungszweige beziehen wird, wird die fünfte werden, welche bis 1781 diese für das Reich so nützliche Gesellschaft hat prägen lassen.

Erstes

Erstes Register,

der Bücher und Schriften,

die in diesem zweyten Theile des Allgem. Schw. Gel. Archivs vorkommen.

A.

Acrel (O.) Chirurg. Gesch.
Acta noua reg. Soc. Vpsal. 136
— Promotionis Doctorum 23
Adelaidas Brefväxling 181
Adesons och Salvini Äfventyr 181
Akens Afhandl. 198
Anekd. om namenk. Sv. Men
Anmärkn. öfver Uppenb. boken 139
Arbetshus - Directionens
Arbins (A. M. v.) Tal
Arosenii (P.) Biblisk Språk-Bok 140
Aurivillii (C.) Dissert. 73

Barchaei Svar 135
Berch (Chr.) Dissert..
— (C. R.) Beskr. ofver Sv. Mynt
Bergii (I. G.) Evang. Pred. Värk 147
Bergman Dissert.
——— — Beskr. öfver Jordkl.
Bergstedt (I.) Diff. synod. 51
Berndtsons (B.) Beskr. öfver &c.
Berättelse om Cath. D. Dotter 140
Berättelse om Kon af Pählen Mord
——— — Lapparnes omvändelse
Beskr. om Samojed. etc.
——— — Transplantering
Betänkande, som visar
Biercheen (I.) Åmin. Tal
Billmark (I.) Diff.
Blocks (M. G.) Betenkande
Bloms M.) Kundgör
Bonde - Practica 168
Pred.
Bredings (I.) Memorial
Bref til Gr. Struensee
Brunkmans (C.) Ováldigh. Lof
Bruzelii (N.) Diff.
Buffers (I. B.)
——— — Beskr. om Upsala 3

C.

Callerholm (I.) Pred.
Carpelius (Henr.) Diff. synod.
Christiernin (P. N.) Differt. 98
Colling Differt. 10
——— — Tilökning
Corteggio del Princ. Reale
Coursen
Cranz (D.) Brädra - Historien 193

Erstes Register.

D.

Dagbok, Stockholms
Doddridge (P.) Betraktelfe
Don Quichote, den nye 1
Duraei Differt.
Duvaeri (I.) Differt.

E.

Ehrenfvärds (A.) Circulaire
Ekebergs (C. G.) Oftind. Refa
Ekerman (D. Iac.) Differt.
Elers (L) Tal
Elfving (A.) Pred. 148
Eloifas Br. til Abelard 181
Enckell (H.) Diff. 109
Engftröm v.) Befkr. på et M. Lab.
Erxlebens (L. C. P.) Underr.
Exempel af Mennifkor

F.

Fernow (E.) Befkr. öfver Värmeland
Financé-Verk
Floderus (I.) Differt.
Floding (P.) Solenniteter
Flygare (I.) Differt.
Francheville Hiftoire des Camp.
Franckes (A. Predikn.
Fritfchens (A.) inv. Chriftend.
Frofterus (E.) Catechifmus
Frågor och Refl.
Färgebok 200
Föreftällning om Sabb. dagens

Förklaring öfver Fader vår
Förfök til en rätt Lärebok

G.

Gadd (P. A.) Differt.
——— — Förfök til Inledn. 170
——— — Upmuntran och Underr. 170
——— — Åminn. 202
Geer (Ch. de) Mémoires etc.
Genväg at lära Franfyfka Spr.
Georgii (C. F.) Differt. 73
Gerfonii (I.) Differt.
Gezelii (I.) Gramm. Graec.
Gjörwels Samlaren
Gouges (Th.) Ord til dare
Grill (I. A.) Tal
Gröndahl (P.) Skriftebarn

Gudaktighets Öfning
Gullhonan
Guftafs A. Hiftoria
Gyllander (P.) Svar 178
Gyllenborgs (G.F.) Tal

H.

Haartman (I.) Diff.
Hagftröm
Hallenii (I. P.) Underr.
Halls (B. M.) Underr.
Handbok utaf adel. öfning
Hedin Differt. 98
Hermelin (B, Tal
Hernquift (P.) Underr. etc. Svar. etc.

Hefslen

Erstes Register.

Heßlen (N.) Diff. syn.
Hist. om Bethsi Thougtless
Hof   Dial. Vestrogoth. 196
Hübners Inl. til Geogr.
Hülphers (A.   Afh. om Musik   180

Hästgubben
Högströms (P.) Betrakt. öfver Bön. Text.
— — förnuftige Tankar

I.
Jemförelser
Jerninghams   Curate
Ihre (I.) Differt.
— — Scripta verf. Vl-phil.
Isländische Litteratur und Gesch.
Iuuelii (E.) Berättelse 200
— — om Hushållningen

K.
Kemners (C.) Svar
Kinmark (E.) Praenotiones
Knös (A.) Anm. öfver St. P. Ep. til the Romare
— — Comp. Pract.
— — Delineatio Theol. Past. Pr.
Kraack (I.) Fransk Grammat.
Kraftman (I.) Tankar

L.
Lagerbrink   Svea Hist.

Landt-Nöjet 181
Lanvills Händelser 181
Lefvernes Beskr. öfver Gyllenstjerna
Lettres à Msgr. Visconti.

Leyonhartins (M. E.) Färgekonsten
Leyonhufvud (A.

Liljeståle (I. W.) Tal
— Grifte-Tal 202
Lindblom (I.   Åmin. Tal
— (N.) Tal
Linné (C. von) Deliciae Naturae
Lissander (A.) om Iordp. plant.
Lostbom (I.) Differt.
Lund (G.) Svar
Sv. Trägårds-praxis
Lüdeke (C. W.) *Nachr. v. d. deutschen Lyceo* 163
Lütkeman (G. T.) Pred.
Lütteman (M.) Pred.

M.
Manderströms Tal
Mennandri F.) oratio de synodis
Menoza
Michelessi Lettre
Modeer (A.) Svar
Möllers (I.) Sammandrag
Muhrbeck (P.) Pred. 151
Munck (P.) Differt.
Murray (I. P.) de re nauali

N. Na-

Erstes Register.

N.
Naturens och Konstens Skådep.
Norberg (M. M.) Anmärkn.
Näsduken 181

P.
Palm (F. C.) Diff. 130
Palmberg (L.) Diff.
Paqualin (N.) Pred. 5
Petersson (A.) Nattv. Förhör
Pipers Tal
Plaan Tal
Prof-Öfversättning af then hel. Skr. 37
Prosperin (E.) Diff.

Q.
Quaestionis Lincop. folutio
Quanten (C. v.) Tankar
Quist (I. F.) Tal

R.
Rabeners Satyren
Rabenius (O.) de Fatis Litt. Iurid. 195
Rambacks (I. L.) Barnabok 154
Rensi
Rosenadlers A.) Förteckning 207
Rosenblad (E.) 117
Rothof (L. W.) Jordmärg 176

S.
Sahlstedts (A.) Svensk Ordbok
— — in Gloff. obscruat.
Samling af Lefv. Beskr.
— — Skattl. Methoderne

Tal
Scheffers (Gr. C. F.) Discours
— — Handlingar
— — Pièces
Schulteen (N. G.) Diff. 109
Schulzenheim (D. v.)
Schönberg 2 Tal
Sinclair (C. G.) Inftitutions militaires 183
Skoges (G. F.) om Sv. Silkes Afvelen 176
Skrå-Ordning
Sleincour (I. P.) Diff.
Solanders (D.) Differt. 60
Sommelius (G.) —
Stenbeck (Th.) Skäl
Stockenftröm (E. v.) Tal 134
Strelings (I.) Gramm. lat. 164
Struenfees och Brandts Omv. Hist.
Ström Differt.
Strömflykts Samtal 182
Svar på Fr. om Biskötseln 178

T.
Tankar om en Giro-Banque 176
— — medel til Sv. välmåga 176
Tegnaeus Saml. af Tal
Tidgren (G.) Diff. 109
Trendelenburg (P.) Diff. 130
Trozelius (C. B.) Diff.
Tunelds (E.) Geogr. öfver Sverige 206

U.
Undersökning om Christendomen 155
Under-

Zweytes Register.

Underſökning om Bångka-
rin 195
Underviſning, en Faders

V.
Vocabulaire François-Sue-
dois

W.
Warg (C.) Hjelpreda
— — (C.) Bibl.
Sueo-Goth.
Wegelius (I.) Diſſert.
Weibull Diſſ. 131

Weſtelius Anm. öfver Upp-
boken
Weſtrin (C. P.) Pred.
Wetenſkaps (Kongl.) Ac.
Handl. 132
Wrangel (C. M. v.) Pred.
153

Z.
Zadecks Prophetia

Ö.
Öhrwalls (B.)-Göth. Spio-
nen 182
— — (I.
Örnſkölds Riksd. Relat.

Zweytes Register,
über die erklärten Schriftstellen und Wörter.

	S.		
2 B. Moſ. 1,		Ap. Geſch. 1.	123
Joſ.		— —	82
1 Sam. 10, — 12.	120	1 Kor.	82
— 1.		Phil. 1,	
— 10, 2 — 4.		Kol.	
2 Kön. 18.		Jakob.	80
1 Chron.		חשבן	
Pſalm 10.		קנא	1
Sprüchw.		ἀναλυσαι.	
Luc.		καταβραβευειν.	81
— 1.		οικυμενη.	
		πορνεια.	
Johann.		ὑποπιαζειν.	82

Drittes

Drittes Register,
über die merkwürdigsten Sachen.

A.

Abhandlung der Stockh. Ak. der Wissensch. im Auszuge
Akademie der schönen Künste u. Wissenschaften
Agur
Aramäische Sprache
Arieplog, Kirchspiel in Finnland
Ausleger, der gelehrte

B.

Betteley zu verhindern
Bibelübersetzung
— — Probe im Schwedischen
Bisthümer Schwedens 211
Buchdruckereyen in Schweden

C.

Chanans That
Christenthumszustand, ist er itzt schlechter, als ehemals?
Cicero wird vertheidiget
Codex argenteus 11
Concilien s. Synoden
Concordienbuch
Confession, augsburgische, ihre Geschichte ihre Ausgaben in deutscher Sprache
— — in finnisch. Sprache
— — in latein. Sprache
— — in schwed. Sprache

D.

Davids geübte Strafe an die Ammoniter
Deismus
Despotismus, asiatischer
Dissertationen der Synoden
der Universitäten zu Lund 110
— — zu Upsal
— — zu Åbo
Doctoralpromotion zu Upsal
Domkirche daselbst
Dreschmaschinen

E.

Edda
Eid der Doctorum zu Upsal
Eifer in der Sache Gottes
Eifriger Gott
Engel
Empfindungen, angenehme und unangenehme
Erneuerung u. Heiligung
Erziehungswerk und dessen Hindernisse in Schweden
Exempel der Regenten 71

G.

Gebeth, Erklärung desselben
— — Verbindung desselben mit der göttlichen Vorsehung
Gedanken, dem Christenth. aufzuhelfen

Geister,

Drittes Register.

Geister, ihre intensive Größe 127
Gerichtsstätten 110
Gesellschaft, patriotische 136
  ihre Geschichte 236
Gesellschaft pro Fide et Christian. 136
Gesundheitsbrunn zu Dännemark 89
Gewächse, giftige 101 f.
Gottesdienst, innerer und äußerer 88
Gregorius XI. bestrafet die schwed. Geistlichkeit 33
Güldene Ader 117
Gustafs, K. v. Schw., Aeußerung über das Erziehungswerk 105
Gustafs I. Bildsäule von Metall 185

H.

Hacke im Ackerbaue 76
Heiligung 51

J.

Ideen 95
Ihre über die Edda 184
Innocentius III. will, daß die schwedischen Bischöfe die ausländischen Concilien besuchen sollen 30
Jubeljahrs Berechnung 120

K.

Kenntnisse auszubreiten ist Pflicht 86
Kirchenstaat Schwedens 211
Kleidertracht, Schriften darüber 172
Komödien 97
Komödienschreiber, griechische 82
Krieg 68
Kriegswissenschaft 159
Kupferstiche, in Schweden gestochene 186

L.

Lappländer 77. Schriften über ihre Bekehrung 140
Lehramt 49

M.

Mäklerrecht in Schweden 61
Michelessi giebt des Gr. Scheffers Acten, des Königs von Schweden Erziehung betreffend, auf Schwed. und Franz. heraus 162
Mose, Herleitung seines Namens 122

N.

Naamans Religion 128
Nachkommen, Pflichten gegen sie 104
Natur, sittliche des Menschen 62
Nösselts Auszug der Vertheidigung der christlichen Religion auf Schwedisch 157

O.

Obrigkeit, ihr Recht in Kirchensachen 55
Offenb. Johannis 139
Osterlamm 58
Öster-Aros, itzt Upsala 5

P.

Phosphorus 99
Prediger, ob ihnen die Landwirthschaft und die Ländereyen abzunehmen sind? 22
Preis-Ausgaben, biographische 205

R.

Rache 70
Rechtsfälle, Wahrheit darin heraus zu bringen 107

Rechts-

Drittes Register.

Rechtsgelehrsamkeit, werkstättische 104
Religion, evangelischlutherische, ihr Vortheil für den Staat 107
—— ihre Ausbreitung im A. T. 126
—— Ursachen ihrer Geringschätzung 88
Resenius Ausgabe eines Theils der Edda 16
Rousseau Erziehungsmethode in der Religion 18 f.
Runenschrift, ihr Untergang 64
Russen, ihr Name und Herkommen 108

S.

Sal sedatiuum Hombergii 130
Sauls Regierung 120
Schande Aegyptens 129
Schlange im Paradiese 129
Schönheit, moralische 84
Schwärmerey 195
Selah 121
Sittenverbesserung 85
Söderhamn, Stadt in Schweden 73
Spiele der Griechen 80

Sprache, deutsche 130
—— hebr. ihre Vortrefflichkeit 129
—— schwedische, habe vielleicht ihre höchste Vollkommenheit erreichet 27
—— Übereinstimmung der lat. und schwedischgothischen 70
—— westgothische 196
Symbol. Bücher in Schweden 228
Synoden in Schweden 212
—— zu Abo 28

T.

Taufe der Kinder 143
Theophilus im N. T. 123
Tugenden, ihr Unterschied 87

U.

Universität zu Upsal 8
Unschuld, wenn sie verdächtig ist 106
Upsala, Beschreibung 3

V.

Vernunft, menschliche 131

W.

Wärmland, Provinz in Schweden 165
Wissenschaften, ihr Abnehmen und Steigen 72